Langenscheidt

Geschäftsbriefe
Französisch

Mustersätze und Briefe
im Baukastensystem

Von Birgit Abegg
und Micheline Funke

Langenscheidt

Berlin · München · Wien · Zürich · New York

Herausgegeben von der Langenscheidt-Redaktion

© 2000 Langenscheidt KG, Berlin und München
Druck: Druckhaus Langenscheidt, Berlin-Schöneberg
Printed in Germany

ISBN 3-468-**40952**-4

Vorwort

Weit mehr noch als bei der privaten Korrespondenz folgen Briefe geschäftlichen Inhalts bestimmten Modellen oder beziehen sich auf ständig wiederkehrende Standardsituationen. So lassen sich in einer großen und guten Auswahl von Briefanlässen und Korrespondenzsituationen rund 95 % aller gängigen Geschäftsbriefe erfassen. Die aktuelle Neubearbeitung des vorliegenden Titels enthält eine solche Zusammenstellung und bietet einen Vorentwurf für die meisten der im Geschäftsleben anfallenden Briefe.

Mit Hilfe der nach Sachgebieten geordneten Geschäftsbriefe und der französischen Paralleltexte lassen sich französische Geschäftsbriefe, Faxe und E-Mails schnell und korrekt abfassen. Der Benutzer profitiert dabei v. a. von der Breite der Auswahl, der Vielzahl der behandelten Einzelpunkte und der praktischen Verwendbarkeit der Vorlagen.

Bei der Neubearbeitung blieb die bewährte Systematik erhalten: Der erste Teil bietet Briefbeispiele für die wichtigsten Geschäftsbereiche, der zweite, weit umfangreichere bringt – auf Deutsch und Französisch – Mustersätze, die es Ihnen erlauben, Ihren Brief individuell im Baukastensystem zusammenzustellen.

Sprache und Inhalt wurden modernisiert und aktualisiert, die vielfältigen Neuerungen der letzten Jahre wurden eingearbeitet, und auch die einzelnen Sachgebiete wurden ihrer jetzigen Bedeutung entsprechend neu gewichtet und ergänzt.

Beim Arbeiten mit diesem Titel, der die im Französischen gebräuchlichen Ausdrücke und Wendungen wiedergibt, können Sie sich im Laufe der Zeit einen umfassenden Wortschatz und einen natürlichen Umgang mit den französischen Satzkonstruktionen aneignen, die Ihnen im täglichen Geschäftsleben von großem Nutzen sein werden.

Die Verfasser, die sich auf langjährige Erfahrung in Wirtschaft und Praxis stützen, sind Birgit Abegg, Gerichtsdolmetscherin und Dozentin in verschiedenen Industrieunternehmen, und Micheline Funke, langjährige Dozentin für Französisch in Wirtschaft und Beruf sowie im Bereich Erwachsenenbildung.

Wir möchten uns bei allen Personen und Firmen bedanken, die durch ihre Zuschriften und Anregungen einen Beitrag zur vorliegenden Neubearbeitung geleistet haben.

Autorinnen und Verlag

Hinweise für den Benutzer

Briefbeispiele

Der erste Teil des vorliegenden Buches enthält Beispiele für Briefe in deutscher und französischer Sprache, wie sie in der täglichen Geschäftspraxis vorkommen. Darin werden die wichtigsten Bereiche der Geschäftskorrespondenz angesprochen: Anfrage, Angebot (verlangt und unverlangt), Referenzen, Lieferkonditionen, Aufträge und ihre Abwicklung, Abweichungen in der Lieferung, Reklamationen, Vertretungen und Kommissionsgeschäfte, besondere Anlässe (Einladungen, Geschäftseröffnungen, Besuchstermine usw.), Hotelkorrespondenz, Schriftverkehr im Bankwesen, Marketing und Werbung, Empfehlungs- und Bewerbungsbriefe, Einstellung und Kündigung sowie das Transportwesen.

Selbstverständlich ist eine vollständige Erfassung aller in der Geschäftspraxis vorkommenden Gebiete nicht angestrebt, doch bietet uns dieser Teil Beispiele für möglichst viele Gelegenheiten des täglichen Berufslebens anhand im jeweiligen Fall tatsächlich geschriebener Briefe.

Austauschsätze

Der zweite Teil enthält eine Reihe von Austauschsätzen, die im Baukastensystem mit den Briefen aus Teil 1 kombiniert oder zu neuen Briefen zusammengestellt werden können. Die Aufteilung der Kapitel erfolgt analog zur Aufteilung des ersten Teils, so dass der Benutzer des vorliegenden Buches die Möglichkeit hat, Austauschsätze für einen Brief aus dem ersten Teil im entsprechenden Kapitel des zweiten Teils zu suchen und zu verwenden. Die Austauschsätze sind zusätzlich in weitere Unterkapitel eingeteilt, um dem Benutzer die Suche nach dem „richtigen" Satz zu erleichtern und die Auswahlmöglichkeiten zu vergrößern.

Bei der Übersetzung der Satzbeispiele vom Deutschen ins Französische ist nicht immer die wörtliche Entsprechung im *strengen* Sinn gewählt worden. Vielmehr haben wir versucht, den Sinn des jeweiligen Austauschsatzes in der Zielsprache korrekt wiederzugeben. So kommt es durchaus vor, dass ein Tempus im Deutschen sich im Französischen ändert, weil dies im Kontext des französischen Satzes sinnvoller erscheint oder auch stilistisch besser ist. Gleichwohl wurden alle Sätze so übersetzt, dass sie die Aussage des Ursprungstextes inhaltlich genau und sprachlich adäquat wiedergeben.

Formale Besonderheiten

Am Anfang des Buches schließlich findet sich eine allgemeine Einführung in die Formalien, die bei der Abfassung eines französischen Geschäftsbriefes zu beachten sind: Anhand von Mustern eines Briefes, Faxes und einer E-Mail werden Besonderheiten kommentiert und Hinweise auf die äußere Form gegeben sowie Musteradressen französischer Adressaten präsentiert. Des Weiteren finden sich postalische Angaben und eine Übersicht über das System der französischen Postleitzahlen. Im Anhang folgt dann eine Liste wichtiger Handelsabkürzungen sowie ein Länderverzeichnis mit Angabe der jeweiligen Landeswährung.

Der Zugriff zu Briefbeispielen und Austauschsätzen wird durch ein ausführliches Inhaltsverzeichnis am Anfang des Buches und ein umfassendes alphabetisches Glossar am Schluss erleichtert.

Inhaltsverzeichnis

Vorwort	3
Benutzerhinweise	4
Der korrekte französische Geschäftsbrief	15
Briefbeispiel	15
Struktur	16
Muster korrekter Anschriften	17
Fax und E-Mail	18
Postalische Vermerke und Ausdrücke	19
Die französischen Postleitzahlen und Departements	20
Briefbeispiele	21
Die Anfrage	23
Angebotsanforderungen	23
Das Angebot	25
Antwort auf Angebotsanforderungen	25
Ablehnung	25
Angebot entsprechend der Anfrage	27
Angebot von der Anfrage abweichend – andere Ausführung	29
Qualitätsabweichung	29
Probelieferungen können nicht ausgeführt werden	30
Angebot mit Einschränkungen	30
Unverlangtes Angebot	32
Antwort auf Angebot	34
Eingangsbestätigung	34
Negative Antwort	34
Positive Antwort	34
Bitte um Änderung des Angebots	35
Ablehnung des Wunsches auf Angebotsänderung	35
Dem Wunsch kann entsprochen werden	35
Dem Wunsch kann bedingt entsprochen werden	36
Referenzen	37
Bitte um Referenzen	37
Beim Geschäftspartner	37
Bei Dritten	37
Antwort auf Referenzersuchen	38
Positive Auskunft	38
Vage Auskunft	38
Negative Auskunft	39
Abgabe nicht möglich	39
Konditionen	40
Lagerung	40
Lieferung	40
Menge	41
Verpackung	41
Versicherung	42
Zahlungsbedingungen	42
Auftrag	43
Auftragserteilung	43
Auftragsannahme	44
Auftragsablehnung	44
Ordnungsgemäße Auftragsabwicklung	45
Anzeige des Produktionsbeginns	45
Versandanzeige	45
Rechnungsstellung	46
Warenempfangsbestätigung	47
Abweichungen und Störungen	48
Lieferverzug	48
Zahlungsverzug	49
Mängelrüge	49
Antwort auf Reklamationen	51
Bitte um Verständnis	51
Beanstandung wird überprüft	51
Beanstandung wird zurückgewiesen	52

Die Firmen und ihre Vertreter	53
Vertretungsangebot	53
Bewerbung	54
Antwort auf angebotene Vertretung	54
Vertretungsgesuch	55
Antwort der zu vertretenden Firma	55
Vertretungsvertrag	56
Bekanntgabe des Vertreters	57
Vertragskündigung durch den Vertreter	57
Vertragskündigung durch die Firma	58
Kommissionsgeschäft	58
Provisionsgeschäft	59
Schreiben zu besonderen Gelegenheiten	60
Dankschreiben	60
Glückwünsche	61
Firmenjubiläum	61
Geburtstag	61
Filialeröffnung	61
Berufsjubiläum	62
Anzeige der Geschäftseröffnung	62
Änderung von Firmennamen und Anschrift	63
Übernahme einer Gesellschaft	63
Austritt eines Gesellschafters	64
Ernennung zum Direktor	64
Anzeige eines Besuchstermins	65
Bestätigung eines Besuchstermins	65
Einladung zu einer Ausstellung	66
Annahme der Einladung zu einer Ausstellung	66
Mitteilung über Umstellung auf neues Software-System	67
Bitte um Auskunft an eine offizielle Stelle	68
Hotelkorrespondenz	69
Anfrage	69
Reservierung Einzelperson	70
Reservierung Tagung	70
Reservierung Gruppe	71
Antwort des Hotels	72
Absage	72
Positive Antwort	72
Bestätigung einer Konferenz	73
Bankkorrespondenz	74
Kontoeröffnung	74
Anfrage	74
Anfrage auf Durchführung von Inkassoaufträgen	74
Auftrag	75
Kontoschließung	75
Kreditanträge	76
Reisekreditbrief	76
Kontokorrentkredit	76
Kontoüberziehung	77
Blankokredit	77
Übersendung von Dokumenten	78
Eröffnung eines Dokumentenakkreditivs	78
Vorlage von Dokumenten zum Inkasso	79
Vorlage von Dokumenten gegen Akzept	80
Einziehung eines Wechsels	80
Zahlungsauftrag	81
Kontoauszug	81
Bitte um Zusendung	81
Übereinstimmung mit Auszug	81
Nichtübereinstimmung mit dem Kontoauszug	82
Geschäfte mit Schecks	82
Vorlage eines Schecks	82
Rücksendung eines Schecks	82
Annullierung eines Schecks	83
Verlust der Kreditkarte	83
Anschluss an elektronisches Bankensystem	83
Anlage von Kapital	84
Börsengeschäfte	85
Ankauf von Effekten	85
Verkauf von Effekten	85
Korrespondenz in Marketing und Werbung	86
Anfrage auf Erstellung einer Marktstudie	86
Antwort auf Anfrage zur Erstellung einer Marktstudie	87
Einschaltung einer Werbeagentur	87
Werbung und Publicrelations	88
Bitte um Ausarbeitung einer Anzeigenkampagne	88
Übersendung von Werbematerial	88
Mitteilung der Werbeagentur	88
Werbung im Internet	89
Bitte um Ausarbeitung einer Homepage	89
Beantwortung einer Homepage-Anfrage	89
Empfehlungsbriefe, Einführungsbriefe, Bewerbungen	90
Ankündigung eines Besuchers	90
Beantwortung eines Einführungsbriefes	91

Positive Referenz	91
Vage Referenz	92
Bewerbungsschreiben	92
Einladung zum Vorstellungsgespräch	93
Einstellung	93
Absage auf Bewerbung	94
Kündigung	94

Korrespondenz im Transportwesen 95

Luftfracht	95
Anfrage an Spediteur (Ausfuhr)	95
Anfrage an Spediteur (Inland)	95
Auftrag an Spediteur (Einfuhr)	96
Antwort des Spediteurs	96
Seefracht und Binnenschifffahrtsfracht	97
Anfrage an Reederei	97
Anfrage an Reederei auf Übernahme einer Voyage-Charter	97
Antwort der Reederei	98
Auftragserteilung an Binnenschifffahrtsunternehmen	98
Straßentransport und Bahnfracht	99
Anfrage an Spediteur	99
Angebot des Spediteurs	100
Auftrag an Lkw-Spediteur	101
Auftrag an Bahn-Spediteur	101

Austauschsätze 103

Die Anfrage 105

Allgemeine Nachfrage	105
Prospektanforderung	105
Preis- und Preislistenanforderung	106
Anforderung von Qualitäts- und Garantieangaben	106
Anforderung von Mengen- und Größenangaben	107
Musteranforderung	107
Probelieferung	108
Kauf auf Probe	108
Nachfrage nach Sonderangebot	108
Nachfrage nach Lieferungs- und Zahlungsbedingungen	109

Das Angebot 111

Antwort auf Angebotsanforderungen	111
Keine Angebotsabgabe	111
Angebot entsprechend der Nachfrage	112
Einführungssätze	112
Preisangabe	113
Preisnachlässe und -zuschläge	114
Gültigkeit des Angebots	114
Qualität und Garantie	115
Mengen- und Größenangaben	116
Verpackung	116
Lieferfrist	117
Versandanzeige von Prospekten	118
Versandanzeige von Preislisten	118
Versandanzeige von Mustern	118
Antwort auf Anfrage nach Probelieferung	119
Abweichendes Angebot	119
Qualitätsabweichungen	119
Mengen- und Größenabweichungen	120
Preisabweichungen	121
Abweichungen in der Verpackung	121
Kein Musterversand	122
Keine Probelieferungen	123
Kein Kauf auf Probe	123
Abweichungen von den Lieferbedingungen	124
Abweichungen von den Zahlungsbedingungen	124
Angebot mit Einschränkungen	125
Zeitlich beschränktes Angebot	125
Mengenmäßig begrenztes Angebot	126
Mindestabnahme	126
Unverlangtes Angebot	127
Antwort auf Angebot	129
Empfangsbestätigung	129
Negative Antwort	130
Positive Antwort	130
Bitte um Änderung des Angebots	130
Qualität	130
Menge und Größe	131
Preise	132
Verpackung	132
Lieferung	133
Zahlungsbedingungen	134
Garantien	135
Versandart	135
Ablehnung des Wunsches auf Angebotsänderung	136
Dem Wunsch kann entsprochen werden	137
Ablehnung des Änderungswunsches und neues Angebot	138

Referenzen 139

Referenzanforderung	139
Geschäftspartner	140
Zusicherung der Diskretion und Schlusssätze	140

Referenzanforderung bei Banken	140
Referenzanforderung bei Auskunfteien	141
Antwort auf Referenzersuchen	143
Positive Auskunft	143
Vage Auskunft	143
Negative Auskunft	144
Ablehnung des Referenzgesuchs	145
Die Firma ist nicht bekannt	145
Erteilung von Referenzen nicht üblich	145

Konditionen 146

Lagerung	146
Allgemeines	146
Spezielles	146
Transport zum Lager	147
Allgemeine Angebote	148
Absagen	148
Angebot Freilager	148
Angebot Lagerraum mit Sonderausstattung	149
Verweis an Geschäftspartner	150
Auftragserteilung	150
Absagen	151
Bestätigung	151
Lieferung	152
Anfragen	152
Angebot	152
Versand	153
Zeitliche Bindung	153
Menge	154
Mindestabnahmemengen	154
Ware kann nicht in ausreichender Menge geliefert werden	154
Verpackung	155
Allgemeine Anfragen	155
Spezielle Anfragen	155
Allgemeine Angebote	157
Spezielle Angebote	157
Allgemeine Auftragserteilung	158
Spezielle Auftragserteilung	158
Auftragsbestätigung und Versandavis	159
Allgemeine Verpackungsbedingungen	160
Versicherung	161
Anfrage	161
Bitte um Abschluss der Versicherung	161
Zahlungsbedingungen	162
Barzahlung ohne Skonto bei Wareneingang	162
Nach Erhalt der Rechnung	163
Skonto	163
Zahlungsziel	163
Kreditgewährung	164
Barzahlung	164
Banküberweisung	164
Scheck	165
Forderungsabtretung	165
Wechsel	166
Lieferung gegen Akkreditiv	166
Lieferung mit Eigentumsvorbehalt	166
Erfüllungsort	166
Gerichtsstand	167
Inkasso	167

Auftrag 168

Auftragserteilung	168
Einleitende Sätze	168
Mengen	169
Qualität	170
Verpackung	170
Preise	171
Versandart	171
Lieferfrist	172
Erfüllungsort	172
Zahlungsbedingungen	173
Durchführung des Auftrags	173
Hinweis auf Folgeaufträge	174
Bitte um Auftragsbestätigung	174
Auftragsbestätigung	175
Auftragsannahme	175
Annahme mit dem Vermerk „Laut Bestellung"	175
Annahme mit Wiedergabe der Bestellung	175
Annahme mit Änderungen	176
Auftragsablehnung	176
Ablehnung des Auftrags ohne Grund	176
Ablehnung des Auftrags mit Angabe des Grundes	176

Ordnungsgemäße Auftragsabwicklung 178

Anzeige des Produktionsbeginns	178
Anzeige des Produktionsendes und Abholbereitschaft	178
Versandanzeige	179
Rechnungsstellung	180
Begleitsätze für Rechnungsübersendung	180
Warenempfangsbestätigung	181
Bestätigung des Zahlungseingangs	181

Abweichungen und Störungen 183

Anzeige des Bestellungsverzugs	183

Widerruf des Angebots	183
Lieferverzug	184
Nachlieferfrist	185
Regressandrohung	185
Rücktritt vom Vertrag	186
Deckungskauf und Schadenersatz	187
Zahlungsverzug	188
Erste Mahnung	188
Zweite Mahnung	188
Dritte Mahnung und Fristsetzung	189
Strenge Mahnung und Androhung von rechtlichen Maßnahmen	190
Übergabe an Rechtsanwalt	190
Mängelrüge	191
Mengenabweichung	191
Qualitätsabweichung vom Muster	192
Qualitätsabweichung von der Probelieferung	192
Qualitätsabweichung von der Bestellung	193
Qualitätsabweichung von den Angaben	193
Mangelhafte Verpackung	194
Falschlieferung	194
Falsche Rechnungsstellung	195
Nichteinhaltung der versprochenen Abzüge	196
Missverständnisse und Unklarheiten	197
Verlorene Sendungen	198
Antworten auf Störungsanzeigen	198
Angebotswiderruf	198
Auftragswiderruf	199
Rechtfertigung des Verzugs	199
Lieferverzug	199
Zahlungsverzug	200
Entschuldigung für Lieferverzug	201
Entschuldigung für Zahlungsverzug	202
Ablehnende Antworten auf Mängelrügen	203
Nichtannahme einer Mehrlieferung	203
Unvollständigkeit	204
Qualitätsrügen	204
Verpackungsmängel	205
Anerkennung der Mängel	206
Liefermenge	206
Qualität	207
Verpackung	207
Falschlieferung	208
Rechtfertigung der Rechnungsstellung	208
Antworten auf fehlerhafte Abzüge	209
Gutschriftsanzeige	210
Antworten auf Missverständnisse und Unklarheiten	211
Vorbeugende Maßnahmen	211
Lieferung	211
Zahlung	212
Mengen	212
Qualität	213
Verpackung	213
Verschiedenes	214
Antwort wegen verlorener Sendungen	214

Rechtsfragen   216

Anfragen	216
Antworten	216

Die Firmen und ihre Vertreter   218

Vertretungsangebot	218
Zeitungsannoncen	218
Persönliche Briefe	218
Beschreibung der Tätigkeit	219
Beschreibung der Produkte	220
Marktbeschreibung	220
Beschreibung der Werbemaßnahmen	221
Beschreibung des Vertretungsgebiets	222
Anforderungen	222
Persönlichkeit	222
Fachwissen	223
Lebenslauf	223
Zeugnisse	224
Referenzen	224
Vergütungen	224
Gehalt	224
Provisionen	225
Spesen	225
Anstellungszeit	226
Beginn	226
Dauer	227
Vorstellung	227
Bewerbung auf Vertretungsangebot	227
Einleitende Sätze	227
Angaben zur Person	228
Vorstellungstermin	228
Antwort auf angebotene Vertretung	229
Ablehnung	229
Annahme	229
Vertretungsgesuch	230
Zeitungs- und Internetannoncen	230
Angaben zur Person	230
Referenzen	230

Branche	231
Vergütungen (aus der Sicht des Vertreters)	231
Vertragsdauer (aus der Sicht des Vertreters)	231
Vertretungsgebiet (aus der Sicht des Vertreters)	232
Ablehnung des Gesuchs	232
Annahme des Gesuchs	233
Branchenangabe	233
Gebietsangabe	234
Vergütungen (aus der Sicht der zu vertretenden Firma)	234
Vertragsdauer (aus der Sicht der zu vertretenden Firma)	235
Vorstellungstermin	236
Vertretungsvertrag	236
Parteien	236
Tätigkeit	236
Vertretungsgebiet	238
Vergütungen	238
Gehalt	238
Provisionen	239
Spesen	239
Abrechnung	240
Werbung	240
Unterstützung durch die Firma	240
Alleinwerbung des Vertreters	241
Wettbewerbsverbot	241
Vertragsdauer	241
Kündigung	242
Vertragsänderungen	242
Einführung des Vertreters	243
Bericht des Vertreters	244
Tätigkeit	244
Schwierigkeiten	245
Allgemeine Marktlage	245
Kaufkraft	246
Konkurrenten	246
Verbesserungsvorschläge	248
Aufträge	248
Firmenbericht an den Vertreter	249
Bestätigung der Aufträge	249
Formelles zu den Aufträgen	250
Materielles zu den Aufträgen	250
Anerkennungsschreiben	251
Zurechtweisung des Vertreters	251
Produktionsausweitung	251
Auslaufende Artikel	252
Preisveränderungen	252
Briefwechsel zwischen Kunde, Firma und Vertreter	253
Kunde an Firma	253
Firma an Vertreter	253
Vertreter an Firma	254
Firma an Kunden	254
Unstimmigkeiten zwischen Firma und Vertreter	255
Auftragsabwicklung	255
Beschwerden der Firma	255
Antwort des Vertreters	256
Provisions- und Spesenabrechnung	256
Aufstellung des Vertreters	256
Antwort der Firma	257
Stellungnahme des Vertreters	258
Kündigung der Vertretung	258
Vertragsgemäße Kündigung durch die Firma	258
Vertragsgemäße Kündigung durch den Vertreter	259
Fristlose Kündigung durch die Firma	259
Fristlose Kündigung durch den Vertreter	260
Kommissions- und Provisionsgeschäfte	260
Anbieten eines Kommissionsgeschäfts: Einkauf	260
Antwort des Kommissionärs	261
Anbieten eines Kommissionsgeschäfts: Verkauf	262
Antwort des Kommissionärs/Konsignatars	263
Kommissionär ersucht um Einkaufskommission	263
Antwort des Kommittenten	264
Kommissionär ersucht um Verkaufskommission	265
Antwort des Kommittenten/Konsignanten	265
Unstimmigkeiten zwischen Kommittenten/Konsignanten und Kommissionär/Konsignatar	266
Schreiben des Kommittenten/Konsignanten	266
Antwort des Kommissionärs/Konsignatars	267
Beendigung des Kommissionsgeschäfts	268
Kündigung durch den Kommittenten/Konsignanten	268
Kündigung durch den Kommissionär/Konsignatar	269

Schreiben zu besonderen Gelegenheiten 270

Dankschreiben	270
Glückwünsche	271
Geschäftsjubiläum	271
Weihnachten und Neujahr	271

Geschäftseröffnung	271
Vermählung, Geburtstag	272
Kondolenzbriefe	272
Firmeninformation	273
Geschäftseröffnung/ Eröffnung einer Filiale oder Verkaufsniederlassung/ Änderungen innerhalb der Firma	273
Änderung des Firmennamens	274
Änderung der Firmenanschrift	274
Änderung der Telefon- und/oder Fax-Nummern sowie der E-Mail-Adresse	275
Faxankündigung und -änderung	275
Änderung der Beteiligungsverhältnisse	275
Austritt eines Gesellschafters	276
Aufnahme eines Gesellschafters	276
Ernennungen	277
Abberufungen	277
Verabredungen	278
Besuchsanzeige	278
Bitte um Empfang	278
Bitte um Zimmerbestellung und -abbestellung	279
Treffpunkt, Bitte um Abholung	279
Besuchsabsage	279
Ausstellungen	280
Bekanntgabe einer Ausstellung	280
Einladung zum Besuch einer Ausstellung	280
Organisation der Ausstellung	281
Hinweis auf Computer/Internet	281

Korrespondenz mit offiziellen Stellen	**283**
Anschreiben an offizielle Stellen	283
Antworten offizieller Stellen	283

Hotelkorrespondenz	**285**
Allgemeines	285
Sonderwünsche	286
Transport	286
Reservierungen	287
Rechnungsstellung	287
Auskunft	288
Anforderung von Unterlagen	288
Menüvorschläge	288
Prospekte	288
Fundgegenstände	289
Zimmer, Wert- und Fundgegenstände	289
Checklists	289
Buchungen	289
Formularvorschlag	290

Telefon – Fax – Computer	290
Telefon	290
Fax	290
Computer	290
Internet	290

Bankkorrespondenz	**291**
Kontoeröffnung	291
Kontoschließung	292
Kreditanträge	292
Übersendung von Dokumenten	293
Kontoauszug	294
Börsengeschäfte	295
Bargeldloser Zahlungsverkehr	296

Marketing und Werbung	**297**
Marktforschung	297
Anfragen	297
Antworten	297
Werbung und Publicrelations	299
Anfragen	299
Antworten	300
Angebot einer Werbe- oder PR-Agentur	300
Positive Antwort auf Angebot der Werbe- oder PR-Agentur	301
Negative Antwort auf Angebot einer Werbe- oder PR-Agentur	302

Empfehlungsbriefe, Einführungsbriefe, Bewerbungen	**303**
Ankündigung eines Besuchers	303
Bitte um Unterstützung	303
Auskunft über neue Mitarbeiter	304
Einarbeitung	304
Positive Referenz	305
Vage Referenz	306
Bewerbungsschreiben	306
Eingangsformeln	306
Weitere Einzelheiten	307
Schlussworte	308
Antwort auf Bewerbung und Einladung zum Vorstellungsgespräch	308
Einstellung	309
Absage auf Bewerbung	309
Kündigung durch den Arbeitgeber	310
Kündigung des Arbeitnehmers	310

Korrespondenz im Transportwesen	**311**
Luftfracht	311
Anfrage an die Spedition	311

Antwort des Spediteurs	312
Auftragserteilung	313
Auftragsbestätigung	314
Diverse Bestimmungen	314
Seefracht und Binnenschifffahrtsfracht	315
Angebotsanforderungen	315
Allgemeine Anfragen an die Spedition	315
Charteraufträge	316
Lademöglichkeit	316
Verladen, Löschen, Verfrachten	317
Container	318
Gebühren	319
Aufträge	320
Antworten auf Anfragen	320
Auftragserteilung	323
Auftragserteilung mit Vorbehalten	324
Auftragsbestätigung	325
Straßentransport und Bahnfracht	327
Allgemeine Anfragen	327
Spezielle Anfragen	328
Anschlussgleis	328
Bitte um Konditionen	329
Verpackungsmaterial	330
Transportkombinationen	330
Beförderungspapiere	331
Diverses	332
Angebote	333
Kostenstellung	334
Kosten für Verpackungsmittel	335
Transportkombinationen	335
Fracht- und Begleitpapiere	336
Diverses	336
Spezielle Auftragserteilung	338
Versandanzeige	339
Transportversicherung	339
Konditionen	339
Anfragen	340
Angebote	341
Auftragserteilung	342
Auftragsbestätigung	342
Umfang des Versicherungsschutzes	343
Schadensfall	343

Anhang

Internationale Handelsabkürzungen und Fachausdrücke	345
Länderverzeichnis und Landeswährungen	349
Alphabetisches Register	355

Der korrekte französische Geschäftsbrief

Beispiel eines französischen Geschäftsbriefes

Binet & Cruchet
Export-Import Tissus africains ①
36, rue du Faubourg St Martin
F-75011 Paris
Tel 42033386 Fax 42033387
e-mail: info@binet_cruchet.fr.

Ets Lama
11, rue Bobillon ②
Dakar
Sénégal

V/Réf.
N/Réf.: JB 4356 ④

Paris, le 25 juin 20.. ③

Objet: Demande de renseignements ⑤

Madame, Monsieur, ⑥

Nous sommes à la recherche d'un nouveau fournisseur de tissus africains au Sénégal et avons lu avec intérêt votre annonce parue dans le...

Nous vous demandons de nous communiquer vos prix ainsi que vos conditions de livraison et de paiement. ⑦

Dans l'attente d'une réponse rapide de votre part, nous vous prions d'agréer, Madame, Monsieur, nos salutations distinguées. ⑧

Jacques Binet
Directeur commercial ⑨

P.J. ⑩

Übliche Struktur eines französischen Geschäftsbriefes
Disposition

1 **Briefkopf** (gedruckt)
Firmenname
Firmenanschrift mit Postleitzahl
Telefon- und Faxnummern, Internet- oder E-Mail-Adresse

L'en-tête
Nom de l'entreprise
Adresse de l'entreprise avec code postal,
N° de téléphone et de fax et adresse internet ou e-mail

2 **Adresse des Empfängers**
(muss rechts stehen; hierzu gehört die Postleitzahl und ggf. das Bestimmungsland)

L'adresse du destinataire
(figure à droite avec mention du code postal et éventuellement nom du pays)

3 **Datum**
(wird oft ausgeschrieben, also Paris, le 25 juin… od. Paris, le 25/06/…)

La date
(souvent écrite en entier, Paris, le 25 juin… ou bien Paris, le 25/06/…)

4 **Referenz**
(oft vorgedruckt: V/Réf. od. Votre Réf. bzw. N/Réf. od. Notre Réf. = Ihre bzw. Unsere Zeichen)

Les références
(souvent imprimées: V/Réf. ou Votre Réf., Notre/Réf. ou Notre Réf.)

5 **Bezug**
Diese Angabe ist ein Hinweis auf den Briefinhalt. Bei allgemeinen Anfragen ist Objet fakultativ.

Objet
Cette mention renvoie au contenu de la lettre. Facultatif pour les demandes de renseignements.

6 **Anrede**
(noch häufig in der männlichen Form Messieurs bei Briefen an eine Firma bzw. an mehrere Personen. Heute ist aber in diesen Fällen die Anrede Madame, Monsieur üblich und vorzuziehen. Bei Einzelpersonen wählen Sie zwischen der Anrede Madame oder Monsieur. Wenn Sie den Empfänger gut kennen, können Sie Chère Madame, Cher Monsieur schreiben; der Familienname wird dabei nicht erwähnt, nur auf dem Briefumschlag.) Bei einer Person in leitender Stellung sollten Sie die Funktion in der Anrede erwähnen, z. B. Monsieur le Directeur. Berufsbezeichnungen und Titel werden im Allgemeinen in die Anrede nicht aufgenommen; Docteur z. B. bezeichnet lediglich einen Arzt und ist eine mündliche Anrede.

La formule d'appel
(la formule Messieurs est encore souvent utilisée dans le courrier destiné à une entreprise ou à plusieurs personnes. Actuellement la formule Madame, Monsieur est plus courante, à utiliser de préférence. Si vous adressez votre lettre à une seule personne, employez soit Madame soit Monsieur. Si vous connaissez bien le destinataire, vous pouvez écrire Chère Madame ou Cher Monsieur; le nom de famille figure uniquement sur l'enveloppe.) Si votre lettre s'adresse à une personne ayant un titre hiérarchique, reprenez ce titre dans l'appel, ex. Monsieur le Directeur. En général, titres et termes de nomenclature des professions ne sont pas utilisés dans l'appel. C'est ainsi que Docteur s'emploie pour adresser la parole à un médecin.

7 **Briefinhalt**
(Der Text beginnt nach dem Komma hinter der Anrede stets mit einem Großbuchstaben. Formal können Sie wählen zwischen eingerückten Absätzen [s. Musterbrief] oder der modernen linksbündigen Textanordnung.)

Corps de la lettre
(Le corps de la lettre commence par une majuscule après la virgule qui vient après la formule d'appel. Vous avez le choix entre la disposition française classique [cf lettre modèle] ou celle plus moderne, où tous les paragraphes commencent à gauche.)

8 **Grußformel**
(verschiedene Möglichkeiten, gängigste Form für Geschäftsbriefe: Nous vous prions d'agréer,... oder Veuillez agréer, [Anrede], nos salutations distinguées. Als Einzelperson schließen Sie: Je vous prie d'agréer,... Wenn Sie den Empfänger sehr gut kennen, schreiben Sie: Je vous prie de croire, Cher Monsieur [Chère Madame], à l'assurance de mes sentiments les plus cordiaux oder: Je vous prie d'agréer, Cher Monsieur [Chère Madame], mes cordiales salutations. Endet der Brief mit Dans l'attente d'une réponse de votre part/de votre réponse..., so muss die gewählte Grußformel unmittelbar folgen.)

Formule de politesse
(plusieurs variantes, la plus standard en correspondance commerciale est: Nous vous prions d'agréer, ... ou: Veuillez agréer, [formule d'appel], nos salutations distinguées. Vous utilisez: Je vous prie d'agréer, ... lorsque vous écrivez en votre propre nom. Si vous connaissez bien votre destinataire vous écrivez: Je vous prie de croire, Cher Monsieur [Chère Madame], à l'assurance de mes sentiments les plus cordiaux ou: Je vous prie d'agréer, Cher Monsieur [Chère Madame], mes cordiales salutations. Si la lettre se termine par: Dans l'attente d'une réponse de votre part/de votre réponse, la formule de politesse doit venir immédiatement après.)

9 **Unterschrift**
(rechts unter dem Text; der Name steht vor der Funktion. p. p. [par procuration] entspricht per procura, p. o. [par ordre] entspricht im Auftrag.)

Signature
(en dessous du corps de la lettre à droite; le nom du signataire figure avant sa fonction. p. p. (par procuration correspond à per procura, p. o. par ordre à im Auftrag.)

10 **Anlagen**
Die Abkürzung P.J. (pièces jointes) oder auch Annexe(s) steht entweder nach Objet oder am Schluss links nach der Unterschrift.

Pièces jointes/Annexe(s)
L'abbréviation P.J. (pièces jointes) ou Annexe(s) figure soit après Objet soit en fin de lettre à gauche après la signature.

Muster korrekter Anschriften
Modèles d'adresses

Monsieur Lionel Gaume	Ets Maillon	Editions des Arts
3, bd Césaire	Service du personnel	10, rue de l'Odéon
F-26000 Valence	18, av. Daumier	F-75006 Paris
	F-69003 Lyon	à l'attention de Mme Kress

Bei Firmenanschriften schreibt man oft Ets = Etablissements; dies entspricht der deutschen Bezeichnung Firma/Fa. Die Funktion des Empfängers kann in der Anschrift ebenso erwähnt werden wie eine bestimmte Abteilung oder Person, z. B.:

Ets X
Monsieur le Directeur commercial
Jacques Binet
Ets X
Service X
M./Mme/Mlle X

Auch mit dem Vermerk *à l'attention de* (z. Hd. von) nach der Anschrift wendet man sich speziell an eine Person in der Firma.

In der Anschrift häufig verwendete Abkürzungen sind ferner:
av. = avenue, bd = boulevard, B. P. = boîte postale (Postfach), Cedex (+ Nr.) = Postadresscode für Großbetriebe (*wörtlich:* courrier d'entreprise à distribution exceptionnelle).

Fax und E-Mail
Fax et e-mail/email/courriel

FAX

De: Ets Binet & Cruchet Paris – 42033387

A: A l'attention de M. Mamadou Lama Dakar Sénégal

Date: 15/07/20..

Confirmons rendez-vous Dakar 22 juillet 10 heures dans vos bureaux.

Cordialement.

Jacques Binet

e-mail

De:	ber.masson@plastech.net.fr.
A:	b.ritter@technolyte.de
Date:	26 juin 2000, 10:29
Copie:	Sylvie Coelho, Bertrand Faugère
Objet:	Votre demande du 25 juin

Madame, Monsieur,

Nous vous remercions beaucoup de votre demande du 25 juin 2000. Nous sommes au regret de vous informer que nous ne faisons pas d'exportation. Nous approvisionnons uniquement le marché français.

Cordialement.

Bernard Masson
Directeur commercial

Postalische Vermerke und Ausdrücke
Indications postales

Absender *expéditeur*	Paketpost *paquets poste*
An Absender zurück *retour à l'expéditeur*	Persönlich *personnel*
per Adresse, bei *c/o*	Persönlich zu übergeben *à remettre en mains propres*
Annahme verweigert *envoi refusé*	Porto *affranchissement*
Brief *lettre/pli*	Portofrei *franchise postale*
Büchersendung *journaux, livres, brochures*	Postamt *poste/bureau distributeur*
Dringend *urgent*	Postanweisung *mandat-carte*
Per Eilboten *par exprès*	Postfach *boîte postale/B. P.*
Eilbrief *lettre par exprès/pli urgent*	Postlagernd *poste restante*
Eilzustellung *envoi par exprès/envoi prioritaire*	Postleitzahl *code postal*
Einschreiben *recommandé*	Poststempel *tampon de la poste*
Empfänger (unbekannt) *destinataire (inconnu)*	Postwurfsendung *publiposte*
Falls unzustellbar, bitte zurück *si inconnu à l'adresse indiquée, prière de retourner à l'expéditeur*	Mit bezahlter Rückantwort *carte-réponse (affranchie)*
Nicht falten *ne pas plier s.v.p.*	Telegramm *télégramme*
Internationaler Antwortschein *coupon-réponse international*	Vertraulich *confidentiel*
(Per) Luftpost *par avion*	Verzollt *droits de douane acquittés*
Muster ohne Wert, Warensendung *échantillon (sans valeur)*	Vorsicht, zerbrechlich! *attention, fragile!*
(Gegen) Nachnahme *contre remboursement*	Wert(brief) *valeur déclarée*
Bitte nachsenden *faire suivre s.v.p.*	Zollfrei *exempté de droits de douane*
Päckchen *petit colis*	Zurück an Absender *retour à l'expéditeur*

Französische Postleitzahlen
Le code postal

Die französischen Postleitzahlen sind fünfstellig. Die ersten beiden Ziffern sind die Erkennungszahlen für die verschiedenen „départements" (z. B. 06 Bouches-du-Rhône, 75 Paris, 38 Isère usw.). Die letzten drei Ziffern bezeichnen den Zustellbereich; dabei ist 000 Kennzeichen für die Hauptstadt (chef-lieu/préfecture) des jeweiligen Departements, z. B. 26000 Valence (Dept. Drôme). Bei Lyon, Paris und Marseille kennzeichnen die beiden letzten Ziffern den Stadtbezirk, z. B. 75011 Paris (Dept. Seine), 11e arrondissement (Bezirk). Sonderzustellungen über B. P. (Postfach) oder Cedex sind ebenfalls aus den letzten Ziffern ersichtlich.

Die französischen Départements
Les départements français

01 Ain *(l' m)*
02 Aisne *(l' f)*
03 Allier *(l' m)*
04 Alpes-de-Haute-Provence *(les f/pl)*
05 Hautes-Alpes *(les f/pl)*
06 Alpes Maritimes *(les f/pl)*
07 Ardèche *(l' f)*
08 Ardennes *(les f/pl)*
09 Ariège *(l' m)*
10 Aube *(l' f)*
11 Aude *(l' m)*
12 Aveyron *(l' m)*
13 Bouches-du-Rhône *(les f/pl)*
14 Calvados *(le)*
15 Cantal *(le)*
16 Charente *(la)*
17 Charente-Maritime *(la)*
18 Cher *(le)*
19 Corrèze *(la)*
2A Corse-du-Sud *(la)*
2B Haute-Corse *(la)*
21 Côte d'Or *(la)*
22 Côtes-d'Armor *(les f/pl)*
23 Creuse *(la)*
24 Dordogne *(la)*
25 Doubs *(le)*
26 Drôme *(la)*
27 Eure *(l' f)*
28 Eure-et-Loire *(l' m)*
29 Finistère *(le)*
30 Gard *(le)*

31 Haute-Garonne *(la)*
32 Gers *(le)*
33 Gironde *(la)*
34 Hérault *(l' m)*
35 Ille-et-Vilaine *(l' f)*
36 Indre *(l' f)*
37 Indre-et-Loire *(l' f)*
38 Isère *(l' f)*
39 Jura *(l' m)*
40 Landes *(les f/pl)*
41 Loir-et-Cher *(le)*
42 Loire *(la)*
43 Haute-Loire *(la)*
44 Loire-Atlantique *(la)*
45 Loiret *(le)*
46 Lot *(le)*
47 Lot-et-Garonne *(le)*
48 Lozère *(la)*
49 Maine-et-Loire *(le)*
50 Manche *(la)*
51 Marne *(la)*
52 Haute-Marne *(la)*
53 Mayenne *(la)*
54 Meurthe-et-Moselle *(la)*
55 Meuse *(la)*
56 Morbihan *(le)*
57 Moselle *(la)*
58 Nièvre *(la)*
59 Nord *(le)*
60 Oise *(l' f)*
61 Orne *(l' f)*
62 Pas-de-Calais *(le)*
63 Puy-de-Dôme *(le)*
64 Pyrénées-Atlantiques *(les f/pl)*

65 Hautes-Pyrénées *(les f/pl)*
66 Pyrénées-Orientales *(les f/pl)*
67 Bas-Rhin *(le)*
68 Haut-Rhin *(le)*
69 Rhône *(le)*
70 Haute-Saône *(la)*
71 Saône-et-Loire *(la)*
72 Sarthe *(la)*
73 Savoie *(la)*
74 Haute-Savoie *(la)*
75 Ville de Paris *(la)*
76 Seine-Maritime *(la)*
77 Seine-et-Marne *(la)*
78 Yvelines *(les f/pl)*
79 Deux-Sèvres *(les f/pl)*
80 Somme *(la)*
81 Tarn *(le)*
82 Tarn-et-Garonne *(le)*
83 Var *(le)*
84 Vaucluse *(le)*
85 Vendée *(la)*
86 Vienne *(la)*
87 Haute-Vienne *(la)*
88 Vosges *(les f/pl)*
89 Yonne *(l' f)*
90 Territoire-de-Belfort *(le)*
91 Essonne *(l' f)*
92 Hauts-de-Seine *(les m/pl)*
93 Seine-Saint-Denis *(la)*
94 Val-de-Marne *(le)*
95 Val d'Oise *(le)*

Briefbeispiele
Exemples de lettres

Die Anfrage
La demande

Angebotsanforderungen

Angebot für Elektromotoren

1 Sehr geehrte Damen und Herren,

als Hersteller von vollautomatischen Waschmaschinen haben wir einen großen Bedarf an elektrischen Motoren von 0,1 bis 0,5 PS.

Können Sie uns für solche Motoren ein Angebot unterbreiten? Bitte kalkulieren Sie dabei unter Zugrundelegung eines Jahresbedarfs von ... Motoren äußerste Preise.

Dem Eingang Ihrer ausführlichen Offerte sehen wir mit Interesse entgegen.

Mit freundlichen Grüßen

2 Sehr geehrte Damen und Herren,

wir haben Ihre Anschrift von der Telekommunikationsfirma ... in ... erhalten. Herr/Frau ... sagte uns, dass Sie für den Vertrieb von Mobiltelefonen der Marke ... im EU-Markt zuständig seien. Wir würden gern Ihr Produkt in unser Telefonprogramm aufnehmen.

Sollten Sie an einer längerfristigen Geschäftsverbindung mit uns interessiert sein, bitten wir Sie, uns nähere Informationen zukommen zu lassen.

Gern hören wir wieder von Ihnen.

Mit freundlichen Grüßen

Demandes d'offre

Offre de moteurs électriques

1 Madame, Monsieur,

Fabricants de machines à laver, nous avons besoin d'une importante quantité de moteurs électriques de 0,1 à 0,5 CV.

Veuillez nous soumettre une offre correspondant à ce type de moteurs en tenant compte d'une commande annuelle de ... moteurs et en calculant vos prix au plus juste.

C'est avec un vif intérêt que nous attendons une offre détaillée de votre part.

Veuillez agréer, Madame, Monsieur, nos salutations distinguées.

2 Madame, Monsieur,

L'entreprise de télécommunication ... de ... nous a communiqué votre adresse. Monsieur/Madame ... nous a indiqué que vous êtiez responsable de la distribution des téléphones portables de la marque ... sur le marché de l'UE. Nous aimerions bien proposer votre produit dans notre gamme de téléphones.

Si vous êtes intéressé par une relation d'affaires à long terme avec nous, nous vous remercions de nous faire parvenir des informations plus détaillées.

Nous restons dans l'attente d'une réponse de votre part.

Veuillez agréer, Madame, Monsieur, nos salutations distinguées.

3 Sehr geehrte Damen und Herren,

wir haben in den letzten Jahren verschiedene ausländische ...marken auf dem Markt eingeführt und für die Lieferfirmen beträchtliche Umsätze erzielt.

Ihr Verkaufsprogramm hat bei der Ausstellung in ... überzeugt und unser besonderes Interesse gefunden. Deshalb bitten wir Sie, uns alle Unterlagen über Ihre ... zu übersenden.

Wir möchten noch darauf hinweisen, dass unsere Abnehmer über eine ausgezeichnete Kundendienstorganisation verfügen.

Ihrer Nachricht sehen wir mit großem Interesse entgegen.

Mit freundlichen Grüßen

3 Madame, Monsieur,

Au cours des dernières années nous avons lancé sur le marché ... différentes marques étrangères et avons fait réaliser aux fabricants des chiffres d'affaires considérables.

Nous avons beaucoup apprécié votre programme de vente lors de l'exposition à ... C'est pourquoi nous vous demandons de bien vouloir nous envoyer toute la documentation concernant vos ...

Par ailleurs nous attirons votre attention sur le fait que nos acheteurs disposent d'un service après-vente très performant.

C'est avec un vif intérêt que nous attendons une réponse de votre part.

Veuillez agréer, Madame, Monsieur, nos salutations distinguées.

Das Angebot
L'offre

Antwort auf Angebotsanforderungen

Ablehnung

1 Sehr geehrte Damen und Herren,

vielen Dank für Ihr Schreiben vom ... und das darin zum Ausdruck gebrachte Interesse an unseren Erzeugnissen.

Wir waren aus Wettbewerbsgründen jedoch leider gezwungen, die Vielfalt unserer Produktpalette zu beschränken. Wir stellen deshalb den von Ihnen genannten Artikel nicht mehr her.

Soviel uns bekannt ist, wird er in der gesamten EU nur noch von der Firma ... in ... gefertigt.

Bei dieser Gelegenheit dürfen wir Ihnen jedoch, um Ihnen einen Überblick über die von uns nunmehr gefertigten Waren zu geben, als Anlage einen illustrierten Prospekt überreichen. Sollte ein ähnlicher Artikel für Sie interessant sein, sind wir gern bereit, Ihnen ein ausführliches Angebot mit Lieferfristen, Preisen, Zahlungsbedingungen usw. zuzusenden.

Mit freundlichen Grüßen

Anlage
1 Prospekt

Réponse à des demandes d'offre

Refus

1 Madame, Monsieur,

Nous vous remercions de votre lettre du ... et de l'intérêt porté à nos produits.

Malheureusement nous avons été obligés de restreindre la gamme de nos produits pour des raisons de concurrence. C'est pourquoi nous ne produisons plus l'article ... que vous avez mentionné.

Selon nos informations il est uniquement produit au sein de l'UE par l'entreprise ... à ....

Nous nous permettons toutefois de joindre en annexe un prospectus illustré qui vous donnera une vue d'ensemble de notre gamme de production. Si vous êtes intéressé par un article analogue nous sommes tout à fait disposés à vous envoyer une offre détaillée avec les délais de livraison, les prix et les modalités de paiement etc.

Veuillez agréer, Madame, Monsieur, nos salutations distinguées.

P.J.
1 prospectus

2 Sehr geehrte Damen und Herren,

auf Ihre Anfrage vom … müssen wir Ihnen mitteilen, dass wir uns nicht in der Lage sehen, Ihnen ein Angebot zu unterbreiten, da wir mit Aufträgen für die nächsten … Monate voll ausgelastet sind. Eine kurzfristige Kapazitätsausweitung ist leider nicht möglich.

Wir bitten um Ihr Verständnis.

Mit freundlichen Grüßen

2 Madame, Monsieur,

En réponse à votre demande du … nous regrettons de vous informer que nous ne sommes pas en mesure de vous soumettre une offre, notre carnet de commandes étant complet pour les … mois à venir. Malheureusement, nous ne pouvons pas augmenter à court terme notre capacité de production.

Nous vous remercions de votre compréhension.

Veuillez agréer, Madame, Monsieur, nos salutations distinguées.

3 Sehr geehrte Damen und Herren,

besten Dank für Ihre Anfrage vom … Dazu müssen wir Ihnen leider mitteilen, dass wir selbst keine Exportgeschäfte tätigen. Wir beliefern nur den … Markt.

Alle von uns hergestellten Erzeugnisse werden von der Firma … exportiert. Wir haben Ihre Anfrage dorthin weitergeleitet und gebeten, Ihnen das gewünschte Angebot zu unterbreiten. Sie werden in Kürze von dort Nachricht erhalten.

Mit freundlichen Grüßen

3 Madame, Monsieur,

Nous vous remercions beaucoup de votre demande du … Nous sommes au regret de vous informer que nous ne faisons pas d'exportation. Nous approvisionnons uniquement le marché …

L'entreprise … exporte tous les produits que nous fabriquons. Nous leur avons donc transmis votre demande en les priant de vous soumettre l'offre que vous désirez. Vous serez contactés sous peu par cette entreprise.

Veuillez agréer, Madame, Monsieur, nos salutations distinguées.

4 Sehr geehrte Damen und Herren,

Wir danken Ihnen für Ihre Anfrage vom …

Leider sind wir nicht in der Lage, Ihnen ein direktes Angebot zu unterbreiten.

Wir werden seit vielen Jahren durch die Firma … vertreten. Mit diesem Unternehmen haben wir vertragliche Vereinbarungen. Wir können daher in das dortige Gebiet keine unmittelbaren Lieferungen vornehmen.

Wenden Sie sich deshalb bitte – unter Bezugnahme auf dieses Schreiben – an die Firma …

Mit freundlichen Grüßen

4 Madame, Monsieur,

Nous vous remercions de votre demande du …

Nous regrettons de ne pas pouvoir vous soumettre une offre directe.

L'entreprise … nous représente depuis de nombreuses années. Aux termes du contrat qui nous lie à cette entreprise, nous ne pouvons effectuer aucune livraison directe dans cette région.

Veuillez donc vous adresser à l'entreprise … en vous référant à la présente lettre.

Nous vous prions, Madame, Monsieur, d'agréer nos salutations distinguées.

Angebot entsprechend der Anfrage

1 Sehr geehrte Damen und Herren,

wir danken Ihnen für Ihre Anfrage vom ... Als Anlage erhalten Sie ein Muster der nachgefertigten ... Diese bieten wir Ihnen wie folgt an:

... aus Kunststoff: per ... Stück

Mindestabnahme: ... Stück

Lieferung: frachtfrei Grenze

Verpackung: wird nicht berechnet

Zahlung: durch unwiderrufliches Akkreditiv.

Wir würden uns sehr freuen, von Ihnen den Auftrag zu erhalten, und sichern Ihnen schon heute eine prompte Abwicklung zu.

Mit freundlichen Grüßen

Anlage
1 Muster

2 Sehr geehrte Damen und Herren,

Ihrem Wunsch, Ihnen unsere Musterkollektion zu übersenden, kommen wir gern nach. Gleichzeitig erhalten Sie die Preisliste für alle von uns hergestellten Artikel.

Wir sind sehr daran interessiert, Sie zu beliefern und möchten daher mit einem Probeauftrag unsere Leistungsfähigkeit unter Beweis stellen. Sie dürfen versichert sein, dass wir evtl. Aufträge sorgfältig ausführen werden.

Bitte geben Sie uns bald Bescheid.

Mit freundlichen Grüßen

Anlagen
1 Musterkollektion
1 Preisliste

Offre correspondant à la demande

1 Madame, Monsieur,

Nous vous remercions de votre demande du ... Nous vous adressons ci-joint un échantillon des...demandé(e)s. Nous vous soumettons l'offre suivante:

... en plastique: la/les pièce(s)

Commande minimum: ... pièces

Livraison: franco frontière

Emballage: compris

Paiement: accréditif irrévocable.

Nous serions très heureux de votre passation de commande et vous en garantissons d'emblée son exécution dans les plus brefs délais.

Veuillez agréer, Madame, Monsieur, nos salutations distinguées.

P.J.
1 échantillon

2 Madame, Monsieur,

Nous avons le plaisir de vous adresser la collection d'échantillons que vous avez demandée. Vous trouverez en même temps la liste des prix pour tous les articles de notre fabrication.

Nous attachons un grand intérêt à vous livrer en nous confiant une commande d'essai, vous pourriez tester notre compétitivité. Nous vous offrons la garantie d'une exécution soignée de vos commandes éventuelles.

Dans l'attente d'une réponse rapide de votre part,

nous vous prions d'agréer, Madame, Monsieur, nos salutations distinguées.

P.J.
1 collection d'échantillons
1 liste des prix

3   Sehr geehrte Damen und Herren,

wir danken Ihnen für Ihre Anfrage vom … und bestätigen den Erhalt Ihres Warenmusters.

Nach Prüfung können wir Ihnen mitteilen, dass wir jederzeit in der Lage sind, den uns vorgelegten Artikel in gleicher Qualität und Ausführung zu liefern.

Sie wünschen ein Angebot auf der Basis eines Jahresbedarfs von … Stück, das wir wie folgt detaillieren:

Preis: ab Werk je Stück …

Verpackung: wird zu Selbstkosten (nicht) berechnet

Zahlung: durch unwiderrufliches Akkreditiv

Liefertermin: … Tage nach Auftrag.

Wir versichern Ihnen, dass unter Zugrundelegung der genannten Jahresmengen unsere Preise äußerst kalkuliert sind.

Über die technischen Details informiert Sie der beigefügte Prospekt. Sollten Sie noch Einzelfragen haben, bitten wir Sie um Nachricht.

Mit freundlichen Grüßen

3   Madame, Monsieur,

Nous vous remercions de votre demande du … et accusons réception de votre échantillon.

Après examen, nous pouvons vous assurer que nous sommes à tout moment en mesure de livrer cet article dans la même qualité et la même fabrication.

Ci-dessous, l'offre détaillée que vous avez demandée, calculée sur la base d'une commande annuelle de … pièces:

Prix: départ usine … pièce

Emballage: calculé (non calculé) au prix coûtant

Paiement: accréditif irrévocable

Délai de livraison: … jours après passation de commande.

Nous vous assurons avoir effectué un calcul de nos prix au plus juste basé sur les quantités indiquées.

Vous trouverez dans le prospectus ci-joint les détails techniques. Nous sommes à votre disposition pour préciser certains points.

Veuillez agréer, Madame, Monsieur, nos salutations distinguées.

4   Sehr geehrte Damen und Herren,

vielen Dank für Ihre Anfrage vom …

In der Anlage erhalten Sie einen detaillierten Prospekt über das von Ihnen angefragte Dienstleistungsprogramm mit genauen Preisen und Bedingungen.

Unser Herr …/Unsere Frau … steht Ihnen für weitere Auskünfte jederzeit unter der Tel.-Nr … oder unter der E-Mail-Adresse … zur Verfügung.

Weitere Informationen entnehmen Sie bitte unserer Homepage www …

Mit freundlichen Grüßen

4   Madame, Monsieur,

Nous vous remercions de votre demande du …

Vous trouverez ci-joint un prospectus détaillé relatif à la liste de services que vous avez demandée incluant les prix exacts et les conditions.

Monsieur …/Madame … se tient à votre disposition pour tout renseignement complémentaire au numéro de téléphone … ou à l'adresse email … .

Vous pouvez également consulter notre site internet www … pour des informations complémentaires.

Veuillez agréer, Madame, Monsieur, nos salutations distinguées.

Angebot von der Anfrage abweichend
Andere Ausführung

Sehr geehrte Damen und Herren,

zu unserem Bedauern müssen wir Ihnen mitteilen, dass wir Waren in der von Ihnen geforderten Ausführung nicht herstellen.

Über unser Fertigungsprogramm gibt Ihnen der beigefügte Prospekt Auskunft. Es würde uns freuen, wenn einige Artikel für Ihr Verkaufsprogramm geeignet wären.

Wir sehen Ihrer weiteren Nachricht mit Interesse entgegen und verbleiben

mit freundlichen Grüßen

Divergences entre offre et demande
Autre type de fabrication

Madame, Monsieur,

Nous regrettons de devoir vous signaler que nous ne fabriquons pas de produits du type demandé.

Vous trouverez dans le prospectus ci-joint des informations concernant notre gamme de fabrication. Nous serions très heureux que l'un ou l'autre de nos produits soit adapté à votre programme de vente.

Nous restons à votre disposition pour tous renseignements complémentaires.

Veuillez agréer, Madame, Monsieur, nos salutations distinguées.

Anlage
1 Prospekt

P.J.
1 prospectus

Qualitätsabweichung

Sehr geehrte Damen und Herren,

Ihre Anfrage vom ... haben wir mit Interesse zur Kenntnis genommen. Wir mussten aber leider feststellen, dass die von Ihnen gewünschten Waren in gleicher Qualität von uns nicht produziert werden.

Zu Ihrer Information übersenden wir Ihnen Qualitätsmuster unserer Erzeugnisse und bitten Sie zu prüfen, ob diese Ihren Ansprüchen genügen. Sollte für Ihr Programm nur die von Ihnen geforderte Qualität infrage kommen, so wären wir nach Anlaufzeit von ca. ... Monaten in der Lage, auch diese Ausfertigung zu liefern.

Für die Preiskalkulationen sind genaue Angaben über Abnahmemengen erforderlich. Sobald wir Ihre Mitteilung erhalten haben, können wir Ihnen ein Angebot unterbreiten.

Wir freuen uns auf Ihre Nachricht.

Mit freundlichen Grüßen

Qualité divergente

Madame, Monsieur,

C'est avec intérêt que nous avons pris connaissance de votre demande du ... Nous regrettons de vous informer que nous ne produisons pas ces produits dans la qualité que vous souhaitez.

A toutes fins utiles, nous vous envoyons des échantillons de la qualité de nos produits pour vous permettre de tester celle-ci et de voir si elle correspond à vos exigences. Au cas où seule la qualité que vous aviez requise vous intéresserait, nous serions en mesure de vous fournir cette dernière après un délai de mise en route d'env. ... mois.

Nous avons besoin de données précises pour calculer nos prix. Dès que vous nous aurez communiqué celles-ci, nous vous soumettrons une offre.

Nous restons dans l'attente d'une réponse de votre part et nous vous prions d'agréer, Madame, Monsieur, nos salutations distinguées.

Probelieferungen können nicht ausgeführt werden

Sehr geehrte Damen und Herren,

leider müssen wir Ihnen mitteilen, dass wir Lieferungen auf Probe nicht durchführen.

Unsere Produkte haben sich in vielen Ländern einen ausgezeichneten Ruf erworben, deshalb bitten wir Sie für diese Entscheidung um Verständnis.

Wir sind an einem Export in Ihr Land durchaus interessiert und möchten Ihnen in der Weise entgegenkommen, dass wir Ihnen für die ersten ... Lieferungen einen Einführungsrabatt von ... % gewähren.

Lassen Sie uns bitte wissen, ob wir auf dieser Basis eine Vereinbarung treffen können. Ihrem Bescheid sehen wir gern entgegen.

Mit freundlichen Grüßen

Pas de livraisons à titre d'essai

Madame, Monsieur,

Nous regrettons de vous signaler que nous ne faisons pas de livraisons à l'essai.

Nos produits ayant une excellente réputation dans de nombreux pays, nous espérons que vous comprendrez cette décision.

Cependant, désireux d'exporter dans votre pays, nous espérons que la proposition suivante sera susceptible de vous intéresser. Nous vous accordons une remise de ... % pour lancement de produit, valable pour les premières ... livraisons.

Nous aimerions savoir si un accord sur cette base est possible. Dans l'attente d'une réponse de votre part, veuillez agréer, Madame, Monsieur, nos salutations distinguées.

Angebot mit Einschränkungen

1 Sehr geehrte Damen und Herren,

in Beantwortung Ihrer Anfrage vom ... müssen wir Ihnen leider mitteilen, dass wir die von Ihnen gewünschten Warenposten nicht in vollem Umfang liefern können.

Wir sind jedoch in der Lage, innerhalb von ... Tagen eine Teillieferung von ... vorzunehmen.

Bitte lassen Sie uns umgehend wissen, ob wir Ihnen hiermit dienen können.

Mit freundlichen Grüßen

Offre avec restrictions

1 Madame, Monsieur,

Suite à votre demande du ... nous avons le regret de vous communiquer que nous ne pouvons effectuer qu'une livraison partielle de ... dans un délai de ... jours.

Veuillez nous communiquer par retour du courrier si cette proposition vous convient.

Nous vous prions d'agréer, Madame, Monsieur, nos salutations distinguées.

2 Sehr geehrte Damen und Herren,

wir freuen uns über Ihre Anfrage vom ... Die von Ihnen verlangte Lieferung können wir nur durchführen, wenn Sie den Warenposten, der gerade verfügbar ist, bis spätestens zum ... abnehmen.

Bitte geben Sie uns Ihre Entscheidung so bald wie möglich bekannt.

Mit freundlichen Grüßen

2 Madame, Monsieur,

Nous vous remercions de votre demande du ... Nous ne pouvons effectuer la livraison demandée que si vous êtes preneur du lot de marchandises actuellement disponible, ceci d'ici le ... au plus tard.

Veuillez nous communiquer votre décision le plus rapidement possible.

Nous vous prions d'agréer. Madame, Monsieur, nos salutations distinguées.

3 Sehr geehrte Damen und Herren,

vielen Dank für Ihre Anfrage.

Als Anlage überreichen wir Ihnen wunschgemäß unsere zurzeit gültige Exportpreisliste. Da die Preise auf dem Rohstoffmarkt seit einigen Monaten ständig steigen, können wir das Angebot nur dann aufrechterhalten, wenn Sie uns in den nächsten ... Tagen Ihren Auftrag erteilen.

Nach diesem Zeitpunkt werden unsere Vorräte restlos erschöpft sein, und wir werden unter Berücksichtigung eventueller Bewegungen auf dem Rohstoffmarkt unsere Preise überprüfen, gegebenenfalls auch neu festsetzen müssen.

Bitte haben Sie Verständnis. Wir erwarten gern Ihren weiteren Bescheid.

Mit freundlichen Grüßen

Anlage
1 Exportpreisliste

3 Madame, Monsieur,

Nous vous remercions de votre lettre.

Comme vous le demandez, nous vous envoyons notre tarif exportation actuellement en vigueur. Etant donné l'augmentation constante des prix des matières premières depuis quelques mois, nous ne pouvons maintenir cette offre que si votre ordre nous parvient dans les ... jours.

Passé cette date, nos stocks seront épuisés, et compte tenu des fluctuations éventuelles des prix des matières premières sur le marché, nous devrons alors revoir nos prix, et le cas échéant les réajuster.

Nous sollicitons votre compréhension pour cette décision. Dans l'attente d'une réponse de votre part, nous vous prions d'agréer, Madame, Monsieur, nos salutations distinguées.

P.J.
1 tarif-exportation

4 Sehr geehrte Damen und Herren,

in Ihrem Schreiben vom ... fehlt leider der Vermerk, welche Mengen der angebotenen Waren für Sie infrage kommen.

Als Anlage überreichen wir Ihnen eine Preisliste unseres Sortiments, müssen aber dazu bemerken, dass alle Preise auf der Abnahme von ... Stück pro Artikel basieren. Aufträge von geringerem Umfang können wir aus kalkulatorischen Gründen und wegen der verwendeten Verpackungseinheiten nicht annehmen.

Bitte unterrichten Sie uns, ob Sie mit unseren Bedingungen einverstanden sind. Wir könnten Ihnen die Ware binnen ... liefern.

Mit freundlichen Grüßen

Anlage
1 Preisliste

4 Madame, Monsieur,

Votre lettre du ... n'indique pas la quantité de marchandises susceptible de vous intéresser.

Vous trouverez ci-joint une liste des prix de notre assortiment, nous vous signalons toutefois que ces prix sont calculés sur la base d'une commande minimum de ... unités par article. Nous ne pouvons donner suite à des commandes de volume inférieur, ceci pour des raisons de rentabilité et à cause de l'emballage standard utilisé.

Veuillez nous faire savoir si ces conditions vous conviennent. Nous pourrions effectuer la livraison dans un délai de ...

Nous vous prions d'agréer, Madame, Monsieur, nos salutations distinguées.

P.J.
1 liste des prix

Unverlangtes Angebot

1 Sehr geehrte Damen und Herren,

Ihre Anschrift entnahmen wir der Homepage im Internet.

Mit dieser E-Mail dürfen wir uns Ihnen als Hersteller von … vorstellen. Durch weltweit steigende Absatzzahlen unseres Unternehmens konnten wir in den letzten Jahren unser Produktionsnetz ständig ausbauen.

Aus diesem Grund sind wir sehr daran interessiert, auch in Ihrem Land Fuß zu fassen und unsere Produkte auf Ihren Markt zu bringen.

Um Ihnen einen Einblick in die Leistungsfähigkeit unseres Unternehmens zu geben, erhalten Sie als Anlage eine Aufstellung unserer Produktpalette mit Preisen und Beschreibungen.

Wir würden uns freuen, von Ihnen zu hören.

Mit freundlichen Grüßen

2 Sehr geehrte Damen und Herren,

da Sie seit Jahren zu unseren besten Kunden gehören, möchten wir nicht versäumen, Sie heute von unserem Sonderangebot als Erste zu informieren.

Sie haben Gelegenheit, vom … bis … in unserem Lager in … alle Produkte mit einem außergewöhnlichen Nachlass von … % zu erwerben.

Wir denken, dass Sie sich diese einmalige Gelegenheit nicht werden entgehen lassen, und freuen uns auf Ihren Besuch.

Mit freundlichen Grüßen

Anlage

Offre directe

1 Madame, Monsieur,

Nous avons obtenu votre adresse par votre site internet.

Nous nous permettons de nous présenter en qualité de producteur de … par cet email. Nous avons pu élargir en permanence notre réseau de production au cours des dernières années grâce aux chiffres d'affaires de notre entreprise qui s'accroissent sur le plan mondial.

De ce fait une implantation dans votre pays et une mise en circulation de nos produits sur votre marché nous intéressent.

Pour vous donner un aperçu de la capacité de notre entreprise vous trouverez en annexe la composition de notre gamme de produits incluant les prix et les descriptions.

Dans l'attente du plaisir de vous entendre, veuillez agréer, Madame, Monsieur, nos salutations distinguées.

2 Madame, Monsieur,

Depuis des années vous faites partie de nos meilleurs clients et nous tenons à ce que vous soyez à ce titre les premiers informés de notre offre spéciale.

Vous avez la possibilité d'acheter tous les produits disponibles dans notre stock en bénéficiant d'une remise exceptionnelle de … %, cette offre est valable du … au …

Nous sommes persuadés que vous ne manquerez pas de profiter de cette offre exceptionnelle et nous attendons votre venue avec plaisir.

Veuillez agréer, Madame, Monsieur, nos salutations distinguées.

P.J.

3 Sehr geehrte Damen und Herren,

unsere Erzeugnisse erfreuen sich im In- und Ausland wachsender Beliebtheit. Wir haben die Absicht, in Ihrem Land ein bis zwei gut gehende Importunternehmen mit unseren Waren zu beliefern.

Vor einigen Tagen haben wir bei der Handelsvertretung Ihres Landes festgestellt, welche Firmen dort für den Import von ... infrage kämen. Unter anderem wurde uns auch Ihre Adresse genannt, und wir erlauben uns, Ihnen heute ein Angebot zu unterbreiten.

Mit gesonderter Post lassen wir Ihnen von unseren diversen Modellen Muster zugehen. Exportpreislisten sind ebenfalls beigefügt.

Falls Sie sich für unser Angebot interessieren, wären wir Ihnen für einen baldigen Bescheid dankbar, damit Verhandlungen aufgenommen werden können.

Mit freundlichen Grüßen

3 Madame, Monsieur,

Nos produits sont de plus en plus connus sur le marché intérieur et à l'étranger. Nous avons l'intention d'introduire nos produits dans votre pays, ceci par l'intermédiaire de un ou deux importateurs bien établis.

A partir d'informations des services commerciaux de votre pays, nous venons d'opérer une sélection concernant les entreprises éventuellement intéressées par l'importation de ... Ayant obtenu entre autres votre adresse, nous nous permettons de vous soumettre une offre.

Nous vous faisons parvenir par courrier séparé des échantillons de nos différents modèles et nos tarifs exportation.

Si cette proposition vous intéresse, nous vous serions reconnaissants de bien vouloir nous donner une réponse rapide pour pouvoir entamer les négociations.

Veuillez agréer, Madame, Monsieur, nos salutations distinguées.

4 Sehr geehrte Damen und Herren,

anlässlich der Ausstellung für ... in ... hatten wir auf unserem Stand Gelegenheit zu einem längeren Gespräch mit Ihrem Vertreter, Herrn ...

Dabei war vereinbart worden, dass Sie uns kurzfristig mitteilen, ob unsere Erzeugnisse für Ihren Markt infrage kommen. Leider sind wir bis heute ohne Nachricht von Ihnen geblieben.

Nachdem auch mit verschiedenen anderen Interessenten verhandelt wurde, müssen wir jetzt zu einer Entscheidung kommen. Wir wären Ihnen deshalb dankbar, wenn Sie uns Ihren Entschluss umgehend wissen ließen.

Wir dürfen Sie nochmals auf die Qualität unserer Erzeugnisse, auf günstige Preise und Konditionen hinweisen.

Wir erwarten mit Interesse Ihre Nachricht.

Mit freundlichen Grüßen

4 Madame, Monsieur,

A l'occasion de l'exposition de ... à ..., nous avons rencontré votre collaborateur, Monsieur ..., avec qui nous avons eu un long entretien.

Au cours de celui-ci il avait été convenu que vous nous donneriez une réponse rapide concernant d'éventuels débouchés de nos produits sur votre marché. Nous regrettons d'être toujours sans nouvelles de votre part.

Nous sommes en négociations avec d'autres partenaires éventuels et devons à présent prendre une décision. Nous vous demandons de bien vouloir nous communiquer votre réponse par retour du courrier.

Nous attirons encore une fois votre attention sur la qualité de nos produits, sur nos prix intéressants et sur nos conditions avantageuses.

Dans l'attente de votre réponse, veuillez agréer, Madame, Monsieur, nos salutations distinguées.

Antwort auf Angebot

Eingangsbestätigung

Sehr geehrte Damen und Herren,

verbindlichen Dank für Ihr Angebot vom … über …, das wir sofort zur Überprüfung an unsere technische Abteilung weiterleiteten.

Bitte haben Sie einige Tage Geduld; wir kommen so schnell wie möglich auf die Angelegenheit zurück.

Mit freundlichen Grüßen

Negative Antwort

Sehr geehrte Damen und Herren,

wir danken für Ihr Angebot vom … Leider entspricht es nicht unseren Erwartungen, da Ihre Preise wesentlich über denen anderer vergleichbarer Konkurrenzartikel liegen.

Wir bedauern, Ihnen keinen günstigeren Bescheid geben zu können.

Mit freundlichen Grüßen

Positive Antwort

Sehr geehrte Damen und Herren,

auf Grund Ihres Angebots geben wir hiermit gemäß separatem Bestellschein Nr. … die angeführten Dienstleistungen zu den von Ihnen genannten Preisen und Zahlungsbedingungen in Auftrag.

Die Termine ergeben sich aus dem Bestellschein.

Mit freundlichen Grüßen

Anlage
1 Bestellschein

Réponse à une offre

Accusé de réception

Madame, Monsieur,

Nous vous remercions vivement de votre offre de … datée du … que nous avons de suite transmise pour examen à nos services techniques.

Nous vous demandons de bien vouloir patienter quelques jours et nous vous communiquerons le plus vite possible la suite donnée à cette affaire.

Veuillez agréer, Madame, Monsieur, nos salutations distinguées.

Réponse négative

Madame, Monsieur,

Nous vous remercions de votre offre du … Nous regrettons de ne pouvoir y donner suite, vos prix étant sensiblement plus élevés que ceux d'articles comparables proposés par vos concurrents.

Nous regrettons de ne pouvoir vous communiquer une réponse positive.

Veuillez agréer, Madame, Monsieur, nos salutations distinguées.

Réponse positive

Madame, Monsieur,

Suite à votre offre nous commandons par la présente, selon le bon de commande joint N° …, les prestations de services suivantes aux prix et aux conditions de paiement que vous avez indiqués.

Les délais résultent du bon de commande.

Veuillez agréer, Madame, Monsieur, nos salutations distinguées.

P.J.
1 bon de commande

Bitte um Änderung des Angebots

Sehr geehrte Damen und Herren,

in Ihrem uns vorliegenden Angebot vom ... fehlen leider die Angaben über abzunehmende Mindestmengen.

Senden Sie uns bitte ein überarbeitetes Angebot zu und vermerken Sie darin auch, welche Garantieleistungen Sie gewähren.

Mit freundlichen Grüßen

Demande de modification d'offre

Madame, Monsieur,

Les données sur le volume minimum de commande ne figurent malheureusement pas dans l'offre du ...

Veuillez nous faire parvenir une offre rectifiée précisant également les garanties que vous accordez.

Nous vous prions d'agréer, Madame, Monsieur, nos salutations distinguées.

Ablehnung des Wunsches auf Angebotsänderung

Sehr geehrte Damen und Herren,

mit Ihrem Schreiben vom ... bitten Sie um eine Änderung unseres Angebotes vom ... hinsichtlich des Umfanges unserer Software-Dienstleistungen zum angegebenen Festpreis.

Wir müssen Ihnen leider mitteilen, dass dies auf Grund unserer sehr scharf kalkulierten Preise leider nicht möglich ist, wenn wir die Qualität unserer Software aufrechterhalten wollen.

Bitte haben Sie hierfür Verständnis.

Mit freundlichen Grüßen

Refus de demande de modification d'offre

Madame, Monsieur,

Par lettre du ... vous demandez une modification de notre offre du ... portant sur le volume de nos prestations en matière de logiciel en maintenant le prix fixe indiqué.

Malheureusement nous avons le regret de vous informer que c'est impossible du fait du calcul au plus juste de nos prix et du souhait de maintenir la qualité de notre logiciel.

Nous vous remercions de votre compréhension.

Veuillez agréer, Madame, Monsieur, nos salutations distinguées.

Dem Wunsch kann entsprochen werden

Sehr geehrte Damen und Herren,

mit der von Ihnen im Schreiben vom ... gewünschten Änderung unseres Angebots sind wir einverstanden.

Wir werden den Auftrag Ihren Weisungen entsprechend prompt ausführen.

Mit freundlichen Grüßen

Acceptation de la demande de modification

Madame, Monsieur,

Nous sommes d'accord pour procéder à une modification de notre offre comme vous le souhaitez dans votre lettre du ...

Nous nous chargeons d'exécuter rapidement votre commande selon vos instructions.

Veuillez agréer, Madame, Monsieur, nos salutations distinguées.

Dem Wunsch kann bedingt entsprochen werden

Sehr geehrte Damen und Herren,

mit Ihrem Schreiben vom … wünschen Sie eine Änderung unseres Angebotes.

Soweit wir zu Änderungen in der Lage sind, haben wir diese in unserem neuen, beiliegenden Angebot entsprechend berücksichtigt.

Wir hoffen, Ihnen hiermit gedient zu haben.

Mit freundlichen Grüßen

Anlage
1 Angebot

Acceptation sous réserve de la demande de modification

Madame, Monsieur,

Dans votre lettre du … vous nous demandez de modifier notre offre.

Vous trouverez ci-joint une nouvelle offre incluant les modifications que nous sommes en mesure de pratiquer.

Nous espérons pouvoir ainsi vous donner satisfaction.

Veuillez agréer, Madame, Monsieur, nos salutations distinguées.

P.J.
1 offre

Referenzen
Références

Bitte um Referenzen

Beim Geschäftspartner

Sehr geehrte Damen und Herren,

wir danken Ihnen sehr für den uns erteilten Auftrag.

Da wir bis heute noch nicht in Geschäftsverbindung mit Ihnen gestanden haben, bitten wir Sie höflich, uns einige Referenzen anzugeben.

Wir hoffen, dass Sie unserer Bitte Verständnis entgegenbringen.

Mit freundlichen Grüßen

Bei Dritten

Sehr geehrte Damen und Herren,

die Firma ... beabsichtigt, uns einen größeren Auftrag zu erteilen.

Wie wir erfahren haben, stehen Sie seit Jahren mit diesem Unternehmen in Geschäftsverbindung. Wir wären Ihnen sehr dankbar, wenn Sie uns kurz über seinen Ruf und seine Kreditwürdigkeit unterrichten könnten.

Wir sichern Ihnen selbstverständlich äußerste Diskretion zu und sind jederzeit zu entsprechenden Gegendiensten bereit.

Mit freundlichen Grüßen

Demande de références

De la part du partenaire commercial

Madame, Monsieur,

Nous vous remercions beaucoup de la commande que vous nous avez passée.

Comme nous n'avons pas encore été en relations d'affaires jusqu'à ce jour, nous vous prions de bien vouloir nous fournir quelques références.

Nous sollicitons votre compréhension pour cette demande et vous prions d'agréer, Madame, Monsieur, nos salutations distinguées.

De la part d'une tierce personne

Madame, Monsieur,

L'entreprise ... projette de nous confier une grosse commande.

Nous avons appris que vous entretenez des relations d'affaires avec cette entreprise depuis des années. Nous vous serions très reconnaissants de bien vouloir nous renseigner brièvement sur sa réputation et sa solvabilité.

Il est bien entendu que vous pouvez compter sur notre entière discrétion. Nous sommes disposés à vous rendre le même type de service.

Veuillez agréer, Madame, Monsieur, nos salutations distinguées.

Antwort auf Referenzersuchen

Positive Auskunft

Sehr geehrte Damen und Herren,

Ihre Anfrage über die Firma … liegt uns vor. Wir haben mit diesem Unternehmen gute Erfahrungen gemacht und können es bestens empfehlen. Die Geschäftsführung ist korrekt und fachlich versiert. Bisher hatten wir keinerlei Beanstandungen.

Wir hoffen, Ihnen mit dieser Auskunft geholfen zu haben.

Mit freundlichen Grüßen

Vage Auskunft

1 Sehr geehrte Damen und Herren,

wir haben Ihr Schreiben vom … mit der Bitte um Auskunft über die Firma … erhalten.

Leider können wir Ihrer Bitte nicht entsprechen, da wir mit … seit Jahren keine Geschäftsbeziehungen mehr unterhalten.

Wir bedauern, Ihnen in dieser Angelegenheit nicht weiterhelfen zu können.

Mit freundlichen Grüßen

2 Sehr geehrte Damen und Herren,

vielen Dank für Ihr Schreiben vom …

Wir sehen uns leider nicht in der Lage, Ihrer Bitte um Auskunft über diese Firma zu entsprechen, da der Umfang unserer Geschäfte zu gering ist.

Wir würden Sie bitten, sich in dieser Angelegenheit an eine andere Firma oder Bankverbindung zu wenden.

Mit freundlichen Grüßen

Réponse à une demande de références

Renseignements positifs

Madame, Monsieur,

Nous avons bien reçu votre demande de renseignements concernant l'entreprise … Nous avons fait des expériences positives avec cette entreprise et vous la recommandons vivement: gestion correcte et professionnelle. Aucune réclamation de notre part jusqu'à présent.

En espérant vous avoir aidé, nous vous prions d'agréer, Madame, Monsieur, nos salutations distinguées.

Renseignements vagues

1 Madame, Monsieur,

Nous avons bien reçu votre lettre du … concernant une demande de renseignements sur l'entreprise …

Nous regrettons de ne pouvoir vous donner de réponse, car nous n'entretenons plus de relations d'affaires avec … depuis des années.

Regrettant de ne pouvoir vous être utiles, nous vous prions d'agréer, Madame, Monsieur, nos salutations distinguées.

2 Madame, Monsieur,

Nous vous remercions pour votre lettre du …

Nous ne sommes malheureusement pas en mesure de répondre à votre demande de renseignements concernant cette entreprise car les relations commerciales que nous avons avec elle sont insuffisantes.

Nous vous demandons donc de bien vouloir vous adresser à une autre maison ou à un institut bancaire.

Nous vous prions d'agréer, Madame, Monsieur, nos salutations distinguées.

Negative Auskunft

1 Sehr geehrte Damen und Herren,

zu Ihrer Anfrage über die Firma ... müssen wir Ihnen leider mitteilen, dass wir mit diesem Unternehmen keine guten Erfahrungen gemacht haben. Die Geschäftsführung erwies sich als äußerst unzuverlässig. Bereits vor zwei Monaten ist deshalb die Geschäftsverbindung abgebrochen worden.

Da diese Auskunft nicht für Dritte bestimmt ist, bitten wir, volle Diskretion zu wahren.

Mit freundlichen Grüßen

2 Betreff: Fa. ...

Sehr geehrte Damen und Herren,

auf Ihre Anfrage müssen wir Ihnen leider mitteilen, dass wir mit diesem Unternehmen sehr schlechte Erfahrungen gemacht haben.

Termingebundene Verpflichtungen wurden nicht eingelöst; unsere Forderungen konnten nur auf dem Rechtsweg eingezogen werden. Die Geschäftsverbindung ist abgebrochen worden.

Wir bitten um volle Diskretion.

Mit freundlichen Grüßen

Auskunft nicht möglich

Betreff: Fa. ...

Sehr geehrte Damen und Herren,

das Unternehmen ist uns nicht bekannt, deshalb sind wir nicht in der Lage, Ihnen die gewünschte Auskunft zu erteilen.

Wir bedauern, Ihnen nicht behilflich sein zu können.

Mit freundlichen Grüßen

Renseignements négatifs

1 Madame, Monsieur,

En ce qui concerne votre demande de renseignements concernant l'entreprise ..., nous regrettons d'avoir à vous signaler les expériences négatives que nous avons faites: gestion dénuée entièrement de sérieux. Ceci explique l'interruption de toute relation d'affaires depuis déjà deux mois.

Cette information ayant un caractère confidentiel, nous comptons sur votre discrétion.

Veuillez agréer, Madame, Monsieur, nos salutations distinguées.

2 Objet: entreprise ...

Madame, Monsieur,

En réponse à votre demande de renseignements, nous avons le regret de vous signaler les très mauvaises expériences que nous avons faites:

incapacité à respecter les engagements de délai; recouvrement de nos créances par procès. Nous ne sommes plus du tout en relation avec eux.

Nous vous demandons d'observer la discrétion la plus complète.

Veuillez agréer, Madame, Monsieur, nos salutations distinguées.

Pas d'obtention de renseignements

Objet: entreprise ...

Madame, Monsieur,

Nous ne connaissons pas cette entreprise et ne sommes donc pas en mesure de vous donner le renseignement souhaité.

Nous regrettons de ne pouvoir vous être utiles.

Veuillez agréer, Madame, Monsieur, nos salutations distinguées.

Konditionen
Conditions

Lagerung

Sehr geehrte Damen und Herren,

für die voraussichtlich am 10. August dieses Jahres im Hafen von Rotterdam ankommenden Waren, die in der beiliegenden Liste im Einzelnen aufgeführt sind, benötigen wir ein Freilager von ca. ... m². Die Freifläche müsste mit Maschendraht eingezäunt sein, um die Güter vor Diebstahl oder missbräuchlicher Benutzung zu schützen.

Bitte machen Sie uns ein Angebot unter Angabe des Quadratmeterpreises für Teil- und Ganzflächen. Gewähren Sie Nachlässe auf längerfristige Mietverträge?

Wir freuen uns auf Ihre baldige Nachricht.

Mit freundlichen Grüßen

Entreposage

Madame, Monsieur,

Nous avons besoin d'un entrepôt d'env. ... m² pour stocker en plein air les marchandises consignées sur la liste ci-jointe qui devraient arriver cette année le 10 août dans le port de Rotterdam. Afin de prévenir tout vol ou emploi abusif de ces marchandises, il est nécessaire d'entourer cette superficie d'un grillage.

Veuillez nous soumettre une offre avec indications sur le prix du mètre carré entièrement ou partiellement stocké. Accordez-vous des remises sur des contrats d'entreposage à long terme?

Dans l'attente d'une réponse rapide de votre part, nous vous prions d'agréer, Madame, Monsieur, nos salutations distinguées.

Lieferung

1 Sehr geehrte Damen und Herren,

in Ihrem Akkreditiv, das uns von der avisierenden Bank unserer Stadt vorgelegt wurde, verlangen Sie die Preisangabe für Lieferung CIF ...

In unserem Kaufvertrag einigten wir uns jedoch auf Lieferung FOB ...

Wir bitten Sie entweder um Änderung der Lieferbedingung im Akkreditiv oder um Mitteilung, ob Sie jetzt doch eine Lieferung CIF ... wünschen, was natürlich eine Preisänderung nach sich ziehen würde.

Mit freundlichen Grüßen

Livraison

1 Madame, Monsieur,

La banque de notre ville chargée de nous transmettre les documents nous a remis votre accréditif avec demande de spécification des prix pour une livraison CAF ...

Nous avions cependant convenu d'une livraison FOB ... dans notre contrat de vente et vous demandons soit de modifier les conditions de livraison dans l'accréditif, soit de nous faire savoir si vous préférez une livraison CAF, ce qui entraînerait bien sûr une modification du prix.

Veuillez agréer, Madame, Monsieur, nos salutations distinguées.

2 Sehr geehrte Damen und Herren,

Ihrem Wunsche gemäß haben wir den Preis, der ab Werk kalkuliert war, in FOB Bremerhaven umberechnet.

Sollten Sie eine über diese Incoterm-Klausel hinausgehende zusätzliche Transportversicherung bis Bremerhaven wünschen, bitten wir um einen entsprechenden Bescheid.

Mit freundlichen Grüßen

2 Madame, Monsieur,

Comme vous le souhaitiez, nous avons modifié le prix basé à l'origine sur départ usine en un prix FOB Bremerhaven.

Au cas où vous souhaiteriez une assurance transport complémentaire dépassant le cadre de cette clause incoterm, veuillez nous le faire savoir.

Nous vous prions d'agréer, Madame, Monsieur, nos salutations distinguées.

Menge

Sehr geehrte Damen und Herren,

Ihre Anfrage nach unseren Konditionen liegt uns vor.

Mit Rücksicht auf die äußerst kalkulierten Preise sind wir gezwungen, Mindestabnahmen von ... zu verlangen. Wir erklären uns jedoch bereit, einem Jahresabschluss in Höhe von ... zuzustimmen, der dann in Teillieferungen von mindestens ... abgerufen werden kann.

Nehmen Sie die vereinbarte Stückzahl nicht voll ab, so wird der Preis berechnet, der sich für die tatsächlich gelieferte Menge ergibt, zuzüglich ... % Aufschlag vom Rechnungsbetrag.

Wir hoffen auf Ihr Verständnis für diese Maßnahme.

Mit freundlichen Grüßen

Quantité

Madame, Monsieur,

Nous avons bien reçu votre lettre nous demandant nos conditions.

Nos prix étant calculés au plus juste, nous sommes obligés d'exiger un volume minimal de commande de ... Cependant nous sommes disposés à conclure un marché sur une quantité annuelle globale de ... livrable par livraisons partielles d'un minimum de ...

Au cas où vous ne prendriez pas livraison de la quantité prévue à l'origine, le prix facturé serait celui de la quantité effectivement livrée, avec ... % du montant de la facture en sus.

Nous sollicitons votre compréhension pour cette mesure et vous prions d'agréer, Madame, Monsieur, nos salutations distinguées.

Verpackung

Sehr geehrte Damen und Herren,

der Versand der von Ihnen bestellten Waren erfolgt in speziellen Kisten, die nach Ihren Vorschriften markiert werden.

Die Verpackung ist im Preis inbegriffen. Eine Rückgabe der Kisten ist nicht erforderlich.

Mit freundlichen Grüßen

Emballage

Madame, Monsieur,

Nous expédions les marchandises commandées par caisses spéciales étiquetées selon vos instructions.

L'emballage est inclus dans le prix. Il n'est donc pas nécessaire de nous le retourner.

Veuillez agréer, Madame, Monsieur, nos salutations distinguées.

Versicherung

Sehr geehrte Damen und Herren,

für den Transport einer Warensendung nach ... benötigen wir eine Versicherungspolice, die alle Risiken abdeckt, also den Institute Cargo Clauses, Klausel A entspricht.

Da wir den Vertrag für Lieferung von Haus zu Haus abgeschlossen haben, benötigen wir, abgesehen von der Seetransportversicherung, noch eine Zusatzpolice für den Weitertransport vom Bestimmungshafen nach ...

Bitte machen Sie uns ein günstiges Angebot. Die weiteren Einzelheiten über die zu versichernden Waren entnehmen Sie bitte der beiliegenden Auftragskopie.

Mit freundlichen Grüßen

Assurance

Madame, Monsieur,

Pour le transport des marchandises à destination de ... nous avons besoin d'une police d'assurances tous risques, correspondant à la clause A de l'Institute Cargo Clauses.

Comme nous avons convenu par contrat d'une livraison de domicile à domicile, nous avons besoin d'une assurance contre les risques de transport maritime et d'une assurance complémentaire pour le transport ultérieur à partir du port de destination pour ...

Veuillez nous faire une offre avantageuse. Les renseignements détaillés sur les marchandises à assurer figurent dans la copie ci-jointe de la commande.

Veuillez agréer, Madame, Monsieur, nos salutations distinguées.

Zahlungsbedingungen

1 Sehr geehrte Damen und Herren,

Auf Ihre Anfrage nach unseren Zahlungsbedingungen teilen wir Ihnen mit, dass wir an neue Kunden nur per Nachnahme liefern können.

Im Falle regelmäßiger Lieferungen ist eine Änderung dieser Bedingung in ein offenes Zahlungsziel möglich.

Wir bitten um Ihr Verständnis.

Mit freundlichen Grüßen

2 Sehr geehrte Damen und Herren,

zu Ihrer Anfrage hinsichtlich unserer Zahlungsbedingungen teilen wir Ihnen Folgendes mit:

Unsere Konditionen sind Barzahlung mit ... % Skonto oder innerhalb von ... Tagen netto.

Mit freundlichen Grüßen

Conditions de paiement

1 Madame, Monsieur,

Suite à votre demande relative à nos modalités de paiement nous vous informons que nous ne pouvons livrer nos nouveaux clients qu'en contre remboursement.

Il est possible de modifier en terme courant cette condition de paiement si nous procédons à des livraisons régulières.

Nous vous remercions de votre compréhension.

Veuillez agréer, Madame, Monsieur, nos salutations distinguées.

2 Madame, Monsieur,

En réponse à votre demande concernant les conditions de paiement nous vous communiquons les informations suivantes:

Paiement comptant avec ... % d'escompte ou net dans les ... jours.

Veuillez agréer, Madame, Monsieur, nos salutations distinguées.

Auftrag
Commande

Auftragserteilung

1 Sehr geehrte Damen und Herren,

wir beziehen uns auf Ihr Angebot vom ... und erteilen Ihnen folgenden Auftrag:

... Stück zum Preis von ... Ausführung gemäß Ihrem Prospekt und den uns übergebenen Proben.

Die Lieferung hat bis ... frachtfrei zu erfolgen. Verpackung in Kisten (...) und ohne gesonderte Berechnung.

Zahlung erfolgt sofort nach Eingang bzw. Prüfung der Ware.

Wir bitten Sie um Auftragsbestätigung.

Mit freundlichen Grüßen

2 Sehr geehrte Damen und Herren,

gemäß Ihrem Angebot vom ... bitten wir um Lieferung von ... Der Versand muss bis zum ... CFR ... erfolgen. Zahlung bei Eingang der Ware unter Abzug von ... % Skonto.

Vereinbarungsgemäß werden uns bei Rücksendung des Verpackungsmaterials innerhalb von ... Wochen ... % des dafür berechneten Betrags gutgeschrieben.

Wir bitten um kurze Auftragsbestätigung. Bei einwandfreier Lieferung können Sie mit regelmäßigen Aufträgen rechnen.

Mit freundlichen Grüßen

Passation de commande

1 Madame, Monsieur,

Nous référant à votre offre du ..., nous vous passons la commande suivante:

... unités au prix de ... Fabrication conforme à votre prospectus et aux échantillons qui nous ont été soumis.

Livraison franco de port d'ici le ... Emballage par caisses (...) non facturé.

Paiement dès réception et vérification de la marchandise.

Nous vous prions de bien vouloir confirmer cette commande.

Veuillez agréer, Madame, Monsieur, nos salutations distinguées.

2 Madame, Monsieur,

Conformément à votre offre du ... nous vous demandons de nous livrer ... Livraison franco gare de ... d'ici le ... Paiement à la réception de la marchandise après déduction de ... % d'escompte.

Comme convenu, ... % de la somme facturée pour emballage sera /seront porté(s) à notre avoir en cas de retour de l'emballage dans les ... semaines.

Nous vous prions de bien vouloir nous envoyer une brève confirmation de commande. En cas d'exécution soignée de la livraison nous vous confierons régulièrement d'autres commandes.

Veuillez agréer, Madame, Monsieur, nos salutations distinguées.

3 Sehr geehrte Damen und Herren,

wir danken für Ihre E-Mail vom ... Gemäß Ihren Allgemeinen Lieferbedingungen bestellen wir hiermit folgende Artikel:
– ... Stück zum Preis von ...
  Gesamtpreis: ...
– Lieferung: Per Nachnahme an unsere obige Adresse.
– Zahlung: Netto Kasse innerhalb von 30 Tagen.

Mit freundlichen Grüßen

3 Madame, Monsieur,

Nous vous remercions de votre email du ... Conformément à vos conditions générales de livraison nous commandons par la présente les articles suivants:
– ... Pièces au prix de ...
  Prix total: ...
– Livraison: en contre remboursement à notre adresse ci-dessus.
– Mode de paiement: montant net au cours de 30 jours.

Veuillez agréer, Madame, Monsieur, nos salutations distinguées.

Auftragsannahme

Sehr geehrte Damen und Herren,

wir bestätigen dankend den Erhalt Ihres Auftrags vom ... zur Lieferung von ...

Die bestellten Artikel werden pünktlich an Sie ausgeliefert werden. Der Versand erfolgt zu den in unserem Angebot vom ... mitgeteilten Konditionen.

Wir sind sicher, dass Sie mit unseren Waren gute Umsätze erzielen werden.

Mit freundlichen Grüßen

Acceptation de la commande

Madame, Monsieur,

Nous accusons réception de votre commande de ... datée du ... et vous en remercions.

Nous vous livrerons les articles commandés selon les délais. L'expédition sera faite selon les conditions mentionnées dans notre offre du ...

Nous sommes certains que vous réaliserez un bon chiffre d'affaires avec notre marchandise.

Nous vous prions d'agréer, Madame, Monsieur, nos salutations distinguées.

Auftragsablehnung

Sehr geehrte Damen und Herren,

wir haben Ihren Auftrag zur Lieferung von ... erhalten.

Leider sehen wir uns im Augenblick nicht in der Lage, die Bestellung zum angegebenen Termin auszuführen, da wir für die nächsten ... Monate restlos ausverkauft sind.

Wir bedauern, Ihnen vorerst keinen anderen Bescheid geben zu können.

Mit freundlichen Grüßen

Refus de la commande

Madame, Monsieur,

Nous avons reçu votre demande de livraison du ...

Nous regrettons de ne pas être actuellement en mesure d'exécuter la commande pour la date citée, en effet nous n'aurons pas la moindre marchandise disponible avant ... mois.

Nous regrettons de ne pouvoir vous donner une autre réponse.

Veuillez agréer, Madame, Monsieur, nos salutations distinguées.

Ordnungsgemäße Auftragsabwicklung
Exécution régulière de la commande

Anzeige des Produktionsbeginns

Sehr geehrte Damen und Herren,

wir beziehen uns auf Ihren Auftrag vom ... für die Lieferung von ... FOB ... und teilen Ihnen wie vereinbart mit, dass wir mit der Fertigung der Artikelserie Nr. ... heute begonnen haben. Die Waren werden voraussichtlich am ... versandbereit sein.

Sie erhalten dann sofort weitere Nachricht. Sollten Sie noch Versandwünsche haben, teilen Sie uns diese bitte rechtzeitig mit.

Mit freundlichen Grüßen

Annonce de mise en fabrication

Madame, Monsieur,

Nous faisons référence à votre commande du ... concernant la livraison du ... FOB ... et nous vous informons comme convenu que nous avons commencé aujourd'hui la production de la série d'articles N° ...

Les marchandises seront probablement prêtes à l'expédition le ...

Nous vous en informerons immédiatement le moment venu. Si vous avez encore des souhaits concernant l'expédition, nous vous remercions de nous les faire parvenir à temps.

Veuillez agréer, Madame, Monsieur, nos salutations distinguées.

Versandanzeige

1 Sehr geehrte Damen und Herren,

wir teilen Ihnen mit, dass wir die Waren gemäß Ihrer Bestellung Nr. ... vom ... heute an Sie versandt haben.

Der Transport erfolgt per Lastkraftwagen durch die Spedition ... frei ...

Wir hoffen, dass Sie mit unserer Lieferung zufrieden sind, und erwarten gern Ihre weiteren Aufträge.

Mit freundlichen Grüßen

Avis d'expédition

1 Madame, Monsieur,

Nous vous signalons que nous vous avons expédié ce jour la marchandise commandée par ordre N° ... daté du ...

Le transporteur ... est chargé du transport franco par camion.

Nous espérons que notre livraison vous donnera satisfaction et espérons que vous nous confierez d'autres commandes.

Veuillez agréer, Madame, Monsieur, nos salutations distinguées.

2   Sehr geehrte Damen und Herren,

unsere Bank hat uns am ... von der Eröffnung Ihres Akkreditivs unterrichtet, das die Lieferung von ... abdeckt.

Wir haben sofort das Nötige veranlasst und erfahren von unserem Spediteur, dass die Ware sich bereits an Bord der „Patricia" befindet, die am ... nach ... ausgelaufen ist.

Die entsprechenden Dokumente einschließlich des reinen Konnossements haben wir unserer Bank zur Weiterleitung an Ihre Bank vorgelegt.

Wir hoffen, dass der Überweisung des Betrages von ... nichts mehr im Wege steht, und wünschen Ihnen einen guten Empfang der Ware.

Mit freundlichen Grüßen

2   Madame, Monsieur,

Notre banque nous a notifié le ... l'ouverture de votre accréditif couvrant la livraison de ...

Nous avons aussitôt fait le nécessaire et avons appris par notre transporteur que la marchandise se trouve déjà à bord du «Patricia» qui a pris la mer le ... pour ...

Nous avons présenté les documents requis y compris le connaissement à notre banque qui les transmettra à la vôtre.

Nous espérons que tout est réglé pour le versement de ... et nous vous souhaitons bonne réception de la marchandise.

Veuillez agréer, Madame, Monsieur, nos salutations distinguées.

Rechnungsstellung

Sehr geehrte Damen und Herren,

die von Ihnen bestellten Waren sind heute an Sie versandt worden.

Als Anlage erlauben wir uns, Ihnen unsere Rechnung für die Gesamtlieferung zu übersenden.

Wir würden uns freuen, weitere Aufträge von Ihnen zu erhalten.

Mit freundlichen Grüßen

Facturation

Madame, Monsieur,

Nous vous avons expédié aujourd'hui les marchandises que vous avez commandées.

Nous nous permettons de vous adresser ci-joint la facture pour la totalité de la livraison.

Nous serions heureux que vous nous confiiez d'autres commandes.

Veuillez agréer, Madame, Monsieur, nos salutations distinguées.

Anlage
1 Rechnung

P.J.
1 facture

Warenempfangs- bestätigung

Sehr geehrte Damen und Herren,

die uns mit Ihrem Avis vom ... angekündigte Warensendung ist heute bei uns eingetroffen.

Eine sofortige Nachprüfung hat ergeben, dass die Bestellung ordnungsgemäß ausgeführt wurde.

Mit freundlichen Grüßen

Accusé de réception de la marchandise

Madame, Monsieur,

La marchandise dont nous avions reçu l'avis d'expédition daté du ... nous est parvenue aujourd'hui.

Selon les résultats du contrôle à la réception, l'exécution de la commande a été correcte.

Nous vous prions d'agréer, Madame, Monsieur, nos salutations distinguées.

Abweichungen und Störungen
Erreurs et irrégularités

Lieferverzug

1 Sehr geehrte Damen und Herren,

laut Kaufvertrag vom ... sollte die bestellte Ware bis spätestens ... bei uns eintreffen.

Leider haben wir bis heute von Ihnen keine Lieferung erhalten. Auch liegt uns die Versandanzeige noch nicht vor.

Da wir die Waren dringend benötigen, stellen wir Ihnen hiermit eine Nachlieferfrist bis zum ... Sollte diese Frist von Ihnen nicht eingehalten werden, müssten wir unseren Auftrag stornieren.

Mit freundlichen Grüßen

2 Sehr geehrte Damen und Herren,

wir müssen Ihnen mitteilen, dass wir die bei Ihnen bestellte Ware nicht abnehmen werden.

Sie haben zu unserer Überraschung die Ihnen mit Schreiben vom ... gesetzte angemessene Nachfrist nicht eingehalten. Deshalb waren wir gezwungen, uns anderweitig einzudecken. Über die uns dadurch entstandenen Mehrkosten fügen wir eine Rechnung bei und bitten Sie um baldige Überweisung des Betrages.

Mit freundlichen Grüßen

Anlage
1 Rechnung

Retard de livraison

1 Madame, Monsieur,

Selon le contrat de vente du ... nous devions recevoir la marchandise le ... au plus tard.

Nous n'avons malheureusement reçu aucune livraison de votre part jusqu'à ce jour. Nous n'avons pas non plus reçu d'avis d'expédition.

Comme nous avons un besoin urgent des marchandises, nous vous accordons un délai supplémentaire de livraison jusqu'au ... Au cas où vous ne respecteriez pas ce délai, nous nous verrions dans l'obligation d'annuler notre commande.

Veuillez agréer, Madame, Monsieur, nos salutations distinguées.

2 Madame, Monsieur,

Nous sommes au regret de vous informer que nous ne prendrons pas livraison de la marchandise commandée chez vous.

Le non-respect du délai supplémentaire raisonnable que nous vous avions accordé nous a beaucoup surpris. C'est ce qui nous a contraints à nous fournir ailleurs. Nous vous envoyons ci-joint la facture de frais supplémentaires encourus de ce fait et vous demandons de nous en virer au plus tôt le montant.

Veuillez agréer, Madame, Monsieur, nos salutations distinguées.

P.J.
1 facture

3 Sehr geehrte Damen und Herren,

die Ihnen mit unserem Schreiben vom ... gesetzte Nachfrist zur Lieferung der bestellten Waren ist leider ungenützt verstrichen.

Wir annullieren hiermit den Ihnen von uns erteilten Auftrag.

Mit freundlichen Grüßen

3 Madame, Monsieur,

Le délai supplémentaire de livraison que nous vous avions accordé dans notre lettre du ... est malheureusement arrivé à expiration sans résultat.

Nous annulons donc par la présente la commande que nous vous avions passée.

Veuillez agréer, Madame, Monsieur, nos salutations distinguées.

Zahlungsverzug

Sehr geehrte Damen und Herren,

am ... haben wir Ihnen aufgrund Ihrer Bestellung vom ... die Waren über die Speditionsfirma ... zugehen lassen.

Nach unseren Zahlungsbedingungen war die Rechnung innerhalb von ... Tagen nach Eingang der Lieferung zu begleichen. Leider können wir bis heute keinen Kontoausgleich feststellen.

Wir bitten Sie deshalb dringend, uns umgehend den Betrag von ... zu überweisen, und erwarten Ihre Bestätigung der erfolgten Zahlung.

Mit freundlichen Grüßen

Retard de paiement

Madame, Monsieur,

Conformément à votre commande du ... nous vous avons fait expédier les marchandises par le transporteur ...

D'après nos conditions de paiement le règlement de la facture devait avoir lieu dans les ... jours suivant la réception de la marchandise livrée. Nous avons malheureusement constaté que jusqu'à ce jour aucun compte n'a été soldé.

Nous vous demandons donc instamment de procéder immédiatement au virement de la somme de ... et de nous confirmer ce règlement.

Veuillez agréer, Madame, Monsieur, nos salutations distinguées.

Mängelrüge

1 Sehr geehrte Damen und Herren,

Ihre Sendung ist am ... bei uns eingegangen. Bei Überprüfung musste eine Mindermenge von ... Stück festgestellt werden. Wir nehmen an, dass es sich hierbei um ein Versehen Ihrer Versandabteilung handelt.

Bitte liefern Sie die fehlenden Stücke umgehend nach. Weitere Frachtkosten dürfen uns jedoch nicht entstehen.

Mit freundlichen Grüßen

Notification d'une erreur

1 Madame, Monsieur,

Nous avons bien reçu votre envoi le .... Lors de la vérification nous avons constaté qu'il manquait ... unités. Nous supposons qu'il s'agit d'une erreur de votre service d'expédition.

Veuillez nous livrer immédiatement les pièces manquantes, sans facturation supplémentaire.

Veuillez agréer, Madame, Monsieur, nos salutations distinguées.

2 Sehr geehrte Damen und Herren,

bei Überprüfung Ihrer heute eingegangenen Teillieferung mussten wir feststellen, dass die Qualität der gelieferten Ware weder Ihrem Angebot noch den uns übersandten Mustern entspricht.

Wir bedauern deshalb, Ihnen den gesamten Warenposten wieder zur Verfügung stellen zu müssen. Geben Sie uns bitte hierzu Ihre Versandanweisungen.

Im Übrigen erwarten wir Ihre umgehende Stellungnahme, ob und gegebenenfalls bis zu welchem Zeitpunkt Sie eine mustergetreue Ersatzlieferung leisten können.

Bis zur Klärung dieser Angelegenheit bitten wir Sie, keine weiteren Sendungen an uns zu richten.

Mit freundlichen Grüßen

2 Madame, Monsieur,

Lors de la vérification de la livraison partielle reçue aujourd'hui, nous avons eu le regret de constater que la qualité de la marchandise livrée ne correspondait ni à votre offre ni aux échantillons envoyés.

Nous regrettons de devoir vous retourner tout le lot de marchandises. Veuillez nous faire savoir où nous devons adresser l'envoi.

Nous vous prions par ailleurs de nous faire savoir immédiatement si, et le cas échéant, jusqu'à quelle date, vous êtes en mesure de pratiquer une livraison de remplacement conforme à l'échantillon.

Jusqu'à ce que cette affaire soit réglée nous vous demandons de ne pas procéder à d'autres livraisons.

Veuillez agréer, Madame, Monsieur, nos salutations distinguées.

3 Sehr geehrte Damen und Herren,

bei Überprüfung Ihrer ersten Lieferung stellten wir fest, dass diese nicht dem von uns bestellten Sortiment entspricht. Ohne Frage liegt hier ein Irrtum Ihrerseits vor. Wir bitten Sie um sofortige Stellungnahme.

Bis zum Erhalt Ihrer Nachricht haben wir die Waren zu Ihrer Verfügung eingelagert.

Mit freundlichen Grüßen

3 Madame, Monsieur,

Lors de la vérification de votre première livraison nous avons constaté que celle-ci n'est pas conforme à l'assortiment commandé. Il s'agit sans aucun doute d'une erreur de votre part. Nous vous demandons de bien vouloir nous fournir une explication.

Nous avons entreposé la marchandise qui est à votre disposition jusqu'à ce que nous ayons une réponse de votre part.

Veuillez agréer, Madame, Monsieur, nos salutations distinguées.

4 Sehr geehrte Damen und Herren,

bei der heute bei uns eingegangenen Sendung von … mussten wir leider feststellen, dass ein Karton vollkommen durchnässt war. Dadurch sind … Stück für den Verkauf unbrauchbar geworden.

Wir lassen Ihnen diese Stücke heute wieder zugehen und bitten um sofortige Ersatzlieferung.

Mit freundlichen Grüßen

4 Madame, Monsieur,

Dans la livraison de … reçue ce jour, nous avons eu le regret de constater qu'un carton nous est parvenu complètement trempé. De ce fait … unités sont impropres à la vente.

Nous vous retournons aujourd´hui ces pièces et vous prions de procéder immédiatement à une livraison de remplacement.

Veuillez agréer, Madame, Monsieur, nos salutations distinguées.

Antwort auf Reklamationen

Bitte um Verständnis

Sehr geehrte Damen und Herren,

wir beziehen uns auf Ihr Schreiben vom ..., in dem Sie uns eine Nachfrist bis zum ... stellen.

Wie Ihnen vielleicht durch Pressenotizen bekannt geworden ist, haben die Arbeiter unserer Branche ... Tage gestreikt, wodurch sich unsere gesamte Produktion verzögerte. Aus diesem Grund waren wir auch nicht in der Lage, fristgemäß zu liefern.

Wir setzen jetzt aber alles daran, die versäumten Arbeitsstunden aufzuholen und die Lieferung innerhalb der von Ihnen gesetzten Frist vorzunehmen.

Für die von uns nicht verschuldete Verzögerung erbitten wir Ihr Verständnis.

Mit freundlichen Grüßen

Réponse à des réclamations

Excuses

Madame, Monsieur,

Nous accusons réception de votre lettre du ... nous accordant un délai supplémentaire jusqu'au ...

Comme vous l'avez peut-être appris par la presse, les ouvriers de notre branche ont fait grève durant ... jours, ce qui a provoqué des retards dans toute notre production. C'est pourquoi nous n'avons pas été en mesure de vous livrer dans les délais prévus.

Nous faisons actuellement le maximum pour rattraper les heures de travail perdues afin de procéder à la livraison dans les délais que vous nous avez impartis.

Nous vous prions de bien vouloir nous excuser pour ce retard indépendant de notre volonté.

Veuillez agréer, Madame, Monsieur, nos salutations distinguées.

Beanstandung wird überprüft

Sehr geehrte Damen und Herren,

wir bedauern, von Ihnen zu erfahren, dass die an Sie gelieferte Ware Sie nicht zufrieden stellt, weil verschiedene Stücke Mängel aufweisen.

Wir haben unseren dortigen Vertreter, Herrn ..., beauftragt, Sie unverzüglich aufzusuchen und die Mängel festzustellen. Sobald uns sein Bericht vorliegt, kommen wir auf die Angelegenheit unaufgefordert zurück.

Bitte gedulden Sie sich einige Tage. Bis dahin verbleiben wir

mit freundlichen Grüßen

Vérification de la réclamation

Madame, Monsieur,

Vous nous avez informés du caractère défectueux de certaines pièces livrées qui ne vous ont pas donné satisfaction, ce dont nous nous excusons.

Nous avons chargé notre représentant local, Monsieur ..., de vous rendre visite au plus tôt afin de constater les défauts de la livraison. Nous réglerons cette affaire dès que nous serons en possession de son rapport.

Nous vous prions de bien vouloir patienter quelques jours.

Veuillez agréer, Madame, Monsieur, nos salutations distinguées.

Beanstandung wird zurückgewiesen

1 Sehr geehrte Damen und Herren,

Ihre Beschwerde hinsichtlich der Qualität der von uns gefertigten Waren müssen wir zurückweisen. Eine genaue Nachprüfung hat ergeben, dass unsere Lieferung voll dem Muster entspricht, das Sie uns anlässlich der Auftragserteilung übersandten.

Wir bitten Sie um nochmalige Überprüfung der Beanstandung.

Mit freundlichen Grüßen

2 Sehr geehrte Damen und Herren,

hiermit teilen wir Ihnen vorsorglich vorab per E-Mail mit, dass die von Ihnen gemäß unserem Auftrag … vom … erbrachte Dienstleistung nicht den gewünschten Erfolg gebracht hat. Sie erhalten in den nächsten Tagen eine ausführliche Darstellung der an unseren Geräten nach der Wartung durch Ihre Monteure noch festgestellten Mängel.

Von einer Bezahlung müssen wir bis zur Klärung der Angelegenheit Abstand nehmen.

Mit freundlichen Grüßen

Contestation de la réclamation

1 Madame, Monsieur,

Nous ne pouvons donner suite à votre réclamation concernant la qualité des marchandises que nous avons fabriquées. Selon les résultats d'une vérification précise, notre livraison est entièrement conforme à l'échantillon que vous nous avez envoyé lors de la passation de commande.

Nous vous demandons de bien vouloir reconsidérer votre réclamation.

Veuillez agréer, Madame, Monsieur, nos salutations distinguées.

2 Madame, Monsieur,

Nous vous informons au préalable et par précaution par email que la prestation de service que vous avez effectuée selon notre commande … du … n'a pas abouti au succès escompté. Vous recevrez dans les prochains jours une liste détaillée des défauts constatés sur nos appareils après les travaux d'entretien effectués par vos techniciens.

Nous ajournons le paiement jusqu'à l'éclaircissement de cette affaire.

Veuillez agréer, Madame, Monsieur, nos salutations distinguées.

Die Firmen und ihre Vertreter
Les entreprises et leurs représentants

Vertretungsangebot

Sehr geehrte Damen und Herren,

wir sind ein bedeutender Hersteller von ... und exportieren unsere Waren bei steigenden Umsätzen in bereits ... Länder.

Vor einiger Zeit haben wir ein Marktforschungsinstitut damit beauftragt, festzustellen, ob auch in Ihrem Land für uns ein interessanter Absatzmarkt vorhanden ist. Das Ergebnis dieser Untersuchung ist sehr positiv ausgefallen.

Wir sind nun daran interessiert, unsere Erzeugnisse auch nach ... zu exportieren.

Wir haben Ihre Adresse dem Katalog der ... Messe entnommen und möchten gern wissen, ob Sie an der Übernahme unserer Vertretung in Ihrem Land interessiert sind. Wie wir aus Ihrer Anzeige ersehen, deckt sich Ihr Programm weitgehend mit unseren Produkten.

Bitte setzen Sie sich so bald wie möglich mit uns in Verbindung.

Mit freundlichen Grüßen

Offre de représentation

Madame, Monsieur,

Nous sommes une entreprise importante qui fabrique ... Nous exportons déjà nos produits dans ... pays, ce qui a fait progresser nos ventes.

Il y a quelque temps nous avions chargé un cabinet spécialisé en études de marché d'une analyse sur la possibilité d'éventuels débouchés intéressants pour nous dans votre pays. Les résultats de cette étude sont très positifs.

L'exportation de nos produits vers ... nous intéresse donc désormais.

Nous avons trouvé votre adresse dans le catalogue du salon ... et nous aimerions savoir si vous êtiez intéressé par la prise en charge de notre représentation dans votre pays. Comme nous le constatons à travers votre annonce, votre gamme de ventes couvre largement nos produits.

Nous vous remercions de nous contacter le plus rapidement possible.

Veuillez agréer, Madame, Monsieur, nos salutations distinguées.

Bewerbung

Sehr geehrte Damen und Herren,

vielen Dank für Ihr Schreiben vom …, das ich mit großem Interesse gelesen habe.

Ich würde Ihre Vertretung gern übernehmen, möchte jedoch verständlicherweise mit Ihnen persönlich über alle Einzelfragen, wie zum Beispiel Gebiet, Provisionen, Kundenschutz usw., sprechen. Deshalb hielte ich es für zweckmäßig, wenn ich Sie aufsuchen würde, um alle anstehenden Probleme zu erörtern.

Ich könnte in der Woche vom … bis … zu Ihnen kommen und gehe davon aus, dass Sie mir die für die Reise entstehenden Kosten gegen Vorlage der üblichen Belege ersetzen werden.

Bitte teilen Sie mir mit, ob Ihnen der Termin recht ist, oder schlagen Sie einen anderen vor.

Ich sehe Ihrer Antwort gern entgegen.

Mit freundlichen Grüßen

Candidature

Madame, Monsieur,

Je vous remercie de votre lettre du … que j'ai lue avec beaucoup d'intérêt.

Je suis disposé à accepter votre offre de représentation, cependant j'aimerais discuter personnellement avec vous de tous les détails, par exemple zone de représentation, commission, clientèle, etc. C'est pourquoi une rencontre est nécessaire pour discuter de tous les problèmes qui se posent.

Je pourrais vous rendre visite dans la semaine du … au … Je pense que vous serez d'accord pour me rembourser tous les frais de ce voyage contre présentation des justificatifs habituels.

Je vous prie de me faire savoir si cette date vous convient ou de m'en proposer une autre si cela n'est pas le cas.

Dans l'attente d'une réponse de votre part, je vous prie d'agréer, Madame, Monsieur, mes salutations distinguées.

Antwort auf angebotene Vertretung

Sehr geehrter Herr …
(Sehr geehrte Frau …),

vielen Dank für Ihr Schreiben vom …, in dem Sie uns Ihre grundsätzliche Bereitschaft zur Übernahme unserer Vertretung in … mitteilten.

Mit dem von Ihnen vorgeschlagenen Besprechungstermin am … sind wir einverstanden. Wir erwarten Sie am … um … am Flughafen in … Sie werden dort von unserem Vertreter/Mitarbeiter, Herrn/Frau …, abgeholt.

Da Sie uns noch nicht persönlich bekannt sind, bitten wir Sie, sich am Informationsschalter zu melden und nach Herrn/Frau … zu fragen. Die Besprechung kann dann in unserem Haus sofort beginnen. Die maßgebenden Mitglieder unserer Geschäftsleitung stehen Ihnen zur Verfügung.

Mit freundlichen Grüßen

Réponse à une proposition de représentation

Monsieur,
(Madame),

Nous vous remercions beaucoup de votre lettre du … où vous nous communiquez votre accord de principe pour nous représenter à …

Nous sommes d'accord pour la date du … concernant notre entrevue. Nous vous attendons le … à … à l'aéroport de … où vous serez accueilli(e) par notre collaborateur, Monsieur/Madame …

Nous vous demandons de bien vouloir vous présenter au service accueil et de demander Monsieur/Madame … Nous pourrons ensuite passer à notre entretien dans nos locaux. Les principaux responsables de notre direction seront à votre disposition.

Veuillez agréer, Monsieur, (Madame), nos salutations distinguées.

Vertretungsgesuch

Sehr geehrte Damen und Herren,

Ihre Anzeige nach der Suche eines Vertreters im EU-Raum habe ich im Internet gelesen.

Ich bin seit Jahren auf dem Gebiet ... tätig und wäre sehr daran interessiert, Ihre Erzeugnisse in mein Programm aufzunehmen. Ich habe ein EU-weites Vertriebsnetz mit Vertragspartnern in allen EU-Ländern, die untereinander in Verbindung stehen und bestens kooperieren.

Durch dieses dichte EU-Netz bin ich in der Lage, überdurchschnittliche Umsätze zu erzielen. In meinem Hauptbüro in ... verfüge ich über einen Stab guter Mitarbeiter sowie ausreichende Lagerkapazitäten und Lieferfahrzeuge.

Falls bei Ihnen Interesse besteht, wäre ich gern bereit, Sie zu besuchen und Ihnen weitere Einzelheiten darzulegen.

Mit freundlichen Grüßen

Demande de représentation

Madame, Monsieur,

J'ai lu sur internet votre annonce relative à la recherche d'un représentant pour l'espace de l'UE.

Depuis des années je suis actif dans le domaine ... et l'intégration de vos produits dans ma gamme de ventes m'intéresserait. Je dispose d'un réseau de distribution qui couvre l'UE avec des partenaires dans tous les pays membres qui sont reliés l'un à l'autre et qui coopèrent d'une excellente façon.

Je suis en mesure de réaliser des chiffres d'affaires au dessus de la moyenne à travers ce réseau dense intercommunautaire. Dans mon bureau principal à ... je dispose d'une équipe de bons collaborateurs ainsi que de capacités de stockage suffisantes et de véhicules de livraison.

Si vous êtes intéressé, je suis prêt à vous rendre visite et à vous entretenir des points complémentaires.

Veuillez agréer, Madame, Monsieur, mes salutations distinguées.

Antwort der zu vertretenden Firma

Sehr geehrte Frau ...
(Sehr geehrter Herr ...),

wir freuen uns Ihnen mitzuteilen, dass wir an Ihrem Angebot, uns EU-weit zu vertreten, sehr interessiert sind.

Zur Besprechung weiterer Einzelheiten würden wir sehr begrüßen, Sie in unserem Hause zu empfangen.

Bitte setzen Sie sich per E-Mail oder telefonisch mit dem/der Unterzeichneten in Verbindung, damit wir einen genauen Termin vereinbaren können.

Wir erwarten gern Ihre baldige Nachricht.

Mit freundlichen Grüßen

Réponse de l'entreprise représentée

Madame
(Monsieur),

Nous avons le plaisir de vous informer que nous sommes très intéressés par votre offre de représentation dans l'espace de l'UE.

Nous aimerions vous rencontrer dans nos locaux afin de discuter des points complémentaires.

Nous vous remercions de vous mettre en contact par email ou par téléphone avec le signataire afin que nous puissions fixer la date exacte du rendez-vous.

Dans l'attente d'une réponse rapide, veuillez agréer, Madame, (Monsieur), nos salutations distinguées.

Vertretungsvertrag

Zwischen der Firma …, im Folgenden kurz Firma genannt,

und Herrn …, nachstehend kurz Generalvertreter (GV) genannt, kommt folgender Generalvertretungsvertrag zustande:

a) Der GV übernimmt ab … für die Firma die Generalvertretung für deren Erzeugnisse in …

b) Das Gebiet der Generalvertretung umfasst …

c) Für seine Tätigkeit erhält der GV Provision. Die Höhe der Provisionen ergibt sich aus beigefügter Provisionsliste, die Bestandteil des Vertrags ist.

d) Der GV erhält ein monatliches Fixum von … für alle ihm für diese Vertretung entstehenden Kosten, wie z.B. Telefon, Fax, E-Mail, Lager usw. Weitere Vergütungen werden nicht bezahlt. Die Reisespesen trägt der GV selbst.

e) Die Firma ist bereit, den GV durch entsprechende Werbemaßnahmen zu unterstützen. Wie die Werbung durchgeführt wird, ist mit dem GV im Einzelnen abzusprechen. Die Gesamtwerbungskosten dürfen den Betrag von … im Jahr nicht überschreiten. Darüber hinausgehende Kosten trägt der GV selbst.

f) Dem GV ist es während der Dauer dieses Vertrags nicht erlaubt, Konkurrenzfirmen zu vertreten.

g) Dieser Vertrag wird zunächst auf die Dauer von fünf Jahren abgeschlossen. Nach Ablauf dieser Zeit kann er von beiden Teilen unter Einhaltung einer Frist von sechs Monaten zum Ende des Kalenderjahres gekündigt werden.

h) Alle Vertragsänderungen bedürfen der Schriftform.

Gerichtsstand ist … (Ort, Land)

Contrat de représentation

Entre l'entreprise … abrégée ci-après en …

et Monsieur … abrégé ci-après en RG (représentant général) a été établi le contrat de représentation suivant:

a) le RG assume à dater du … la représentation générale des produits fabriqués par l'entreprise pour …

b) le RG exerce son activité dans …

c) le RG est rétribué sur la base d'une commission dont le montant est calculé selon le barème ci-joint qui fait partie du contrat.

d) le RG perçoit un forfait mensuel de … dans le cadre de sa représentation pour les frais par exemple de téléphone, de fax, d'email, de stockage etc. Les autres frais ne sont pas remboursés. Les frais de déplacement sont à la charge du RG.

e) l'entreprise est disposée à apporter au RG le soutien publicitaire nécessaire. Le contenu des mesures publicitaires sera fixé en détail avec le RG. Le budget publicitaire ne devra pas excéder la somme de … par an. Les frais excédentaires sont à la charge du RG.

f) le RG n'a pas le droit pour la durée du présent contrat de représenter des maisons concurrentes.

g) le présent contrat est conclu tout d'abord pour une durée de cinq ans. Passé ce délai il est résiliable par l'une ou l'autre partie en respectant un délai de six mois à la fin de chaque année.

h) toute modification du contrat doit revêtir la forme écrite.

En cas de litige, le tribunal de … (lieu, pays) est seul compétent.

Bekanntgabe des Vertreters

Sehr geehrte Damen und Herren,

wir erlauben uns, Ihnen mitzuteilen, dass wir ab ... Herrn/Frau ... mit der Vertretung unserer Interessen in ... betraut haben. Wir bitten Sie, sich mit allen Fragen vertrauensvoll an ihn zu wenden. Er wird Sie in jedem Fall bestens beraten.

Mit freundlichen Grüßen

Avis de représentation

Madame, Monsieur,

Nous nous permettons de vous signaler que nous avons chargé Monsieur/Madame ... de la représentation de nos intérêts pour ... à dater du ... Nous vous prions de vous adresser à lui en toute confiance pour toutes vos questions. Il saura vous conseiller au mieux dans tous les cas.

Veuillez agréer, Madame, Monsieur, nos salutations distinguées.

Vertragskündigung durch den Vertreter

1 Sehr geehrte Damen und Herren,

aus gesundheitlichen Gründen bin ich leider gezwungen, Ihre Vertretung, die ich seit ... innehabe, mit Wirkung vom ... zu kündigen.

Ich bedaure dies außerordentlich, umso mehr, als aus der jahrelangen Verbindung ein Vertrauensverhältnis erwuchs, das zu schönen Erfolgen führte.

Ich bin sicher, dass Sie für meinen Entschluss Verständnis haben werden.

Mit freundlichen Grüßen

Résiliation du contrat par le représentant

1 Madame, Monsieur,

Des raisons de santé me contraignent à devoir malheureusement résilier le contrat nous liant depuis ..., ceci à partir du ...

Je regrette beaucoup cet état de choses étant donné les rapports de confiance instaurés entre nous au cours d'une très longue et fructueuse collaboration.

Je suis certain que vous comprendrez les raisons de ma décision.

Veuillez croire, Madame, Monsieur, à mes sentiments les meilleurs.

2 Sehr geehrter Herr ...
(Sehr geehrte Frau ...),

wie Sie wissen, vertrete ich seit ... Jahren außer Ihrem Haus auch die Firma ...

Diese hat mir nunmehr eine sehr attraktive Exklusivvertretung für den gesamten Raum ... angeboten, die ich gern übernehmen möchte.

Ich bitte Sie daher, meine fristgemäße Kündigung zum ... anzunehmen.

Ich danke Ihnen für das in mich bisher gesetzte Vertrauen und wünsche Ihrem Haus weiterhin alles Gute.

Mit freundlichen Grüßen

2 Monsieur
(Madame),

Vous n'ignorez pas que je représente depuis ... années, en plus de votre entreprise, la maison ...

Or cette dernière vient de me proposer un contrat d'exclusivité pour l'ensemble de la région ... et je souhaite l'accepter.

Je vous prie par conséquent d'accepter ma démission à partir du ..., cette date correspondant au délai habituel prévu.

Je vous remercie de la confiance que vous avez bien voulu me témoigner et vous souhaite beaucoup de succès à l'avenir.

Veuillez agréer, Monsieur (Madame), mes salutations distinguées.

Vertragskündigung durch die Firma

Sehr geehrter Herr ...,

wir müssen Ihnen heute zu unserem Bedauern mitteilen, dass wir gezwungen sind, das mit Ihnen am ... geschlossene Vertretungsverhältnis zum ... zu kündigen. Wir haben alle Lieferungen nach ... eingestellt. Der Markt in Ihrem Land ist für uns in den letzten Jahren stetig rückläufig gewesen.

Wir danken Ihnen für die gute Zusammenarbeit. Unser(e) Herr (Frau) ... wird Sie anlässlich seines (ihres) nächsten Aufenthalts in ... aufsuchen.

Mit freundlichen Grüßen

Résiliation du contrat par l'entreprise

Monsieur,

Nous regrettons de vous informer que nous nous voyons dans l'obligation de résilier le contrat de représentation que nous avions conclu avec vous le ..., ceci à compter du ... La régression constante du marché ces dernières années dans votre pays est à l'origine de notre décision.

Nous vous remercions de votre bonne collaboration. Monsieur (Madame) ... vous rendra visite lors de son prochain séjour à ....

Veuillez agréer, Monsieur, nos salutations distinguées.

Kommissionsgeschäft

Sehr geehrte Damen und Herren,

wir bitten Sie um Mitteilung, ob Sie bereit sind, auf Kommissionsbasis die Produkte Ihres Verkaufsprogramms nach ... zu liefern.

Wir arbeiten in dieser Weise seit Jahren mit bedeutenden Herstellern zusammen. Lagerräume, Lieferfahrzeuge, Kundendienstmonteure usw. stehen ausreichend zur Verfügung.

Falls Sie im Prinzip an einer solchen Zusammenarbeit interessiert sind, lassen Sie uns dies bitte wissen.

Auf Wunsch sind wir auch bereit, die Kommissionsware gegen Feuer und Diebstahl versichern zu lassen und Ihnen für den Warenwert entsprechende Sicherheiten zur Verfügung zu stellen.

Mit freundlichen Grüßen

Commission

Madame, Monsieur,

Nous vous demandons de bien vouloir nous faire savoir si vous êtes disposés à livrer les produits de votre programme de vente sur la base d'une commission.

Nous travaillons depuis des années sur cette base avec des fabricants très connus. Nous disposons en nombre suffisant d'entrepôts, de véhicules de livraison, de monteurs après-vente, etc.

Si vous êtes en principe intéressés par une telle collaboration, veuillez nous le communiquer.

Si vous le souhaitez, nous sommes aussi prêts à assurer la marchandise en commission contre l'incendie et le vol et à vous fournir les garanties correspondant à la valeur de la marchandise.

Veuillez agréer, Madame, Monsieur, nos salutations distinguées.

Provisionsgeschäft

Sehr geehrte Damen und Herren,

ein langjähriger Kunde von uns benötigt im Augenblick einen größeren Posten von ... Da wir diese Ware nicht in unserem Programm führen, bitten wir Sie, dem Kunden unter Berufung auf uns ein entsprechendes Angebot zu unterbreiten, wovon wir eine Kopie erbitten.

Für unsere Bemühungen erwarten wir eine Provision in Höhe von ... %. Geben Sie uns bitte bekannt, ob Sie den angegebenen Warenposten umgehend liefern können und ob Sie mit unserem Vorschlag hinsichtlich der Provisionsvergütung einverstanden sind.

Wir werden Ihnen dann unverzüglich die Adresse des Kunden mitteilen.

Mit freundlichen Grüßen

Commission

Madame, Monsieur,

Un de nos clients de longue date a actuellement besoin d'une quantité importante de ... Cette marchandise ne figurant pas dans notre programme, nous vous prions de lui soumettre une offre correspondante en nous citant comme référence. Veuillez nous envoyer une copie de cette offre.

Nous vous demandons de nous verser une commission de ... % en rétribution de nos services. Veuillez nous faire savoir si vous pouvez livrer immédiatement la marchandise en question et si vous acceptez notre proposition de commission.

Nous vous communiquerons alors immédiatement l'adresse du client.

Veuillez agréer, Madame, Monsieur, nos salutations distinguées.

Schreiben zu besonderen Gelegenheiten
Correspondance pour des occasions particulières

Dankschreiben

1 Sehr geehrte Damen und Herren,

wir möchten das heutige Schreiben zum Anlass nehmen, uns herzlich für die freundliche Aufnahme unseres Mitarbeiters/unserer Mitarbeiterin, Herrn (Frau) ..., in Ihrem Hause zu bedanken.

Wie wir erfuhren, waren die Gespräche und die dabei erzielten Vereinbarungen sehr erfolgreich. Wir sind überzeugt, dass sich dies positiv auf unsere Zusammenarbeit auswirken wird.

Wir haben vorgemerkt, dass Herr (Frau) ... Ende des Monats zu weiteren Besprechungen zu uns nach ... kommen wird. Selbstverständlich wird Herr (Frau) ... für die Dauer seines (ihres) Aufenthaltes unser Gast sein.

Mit freundlichen Grüßen

2 Sehr geehrte Damen und Herren,

wir haben gestern die Besprechungen mit Herrn (Frau) ... abgeschlossen und sind sicher, dass für beide Seiten gute Ergebnisse erzielt wurden.

Bei dieser Gelegenheit möchten wir uns für den Besuch von Herrn (Frau) ... herzlich bedanken, vor allen Dingen auch für die Aufgeschlossenheit, mit der er (sie) die Verhandlungen mit unserer Geschäftsleitung führte.

Mit freundlichen Grüßen

Remerciements

1 Madame, Monsieur,

Nous tenons tout d'abord à exprimer dans cette lettre tous nos remerciements pour l'accueil chaleureux que vous avez réservé à notre collaborateur (collaboratrice), Monsieur (Madame) ...

Nous avons appris le succès des entretiens et des accords passés et sommes certains que cela aura des conséquences positives sur notre collaboration.

Nous avons noté qu'en fin de mois votre collaborateur (collaboratrice), Monsieur (Madame) ..., doit venir poursuivre ces entretiens à ... Bien entendu, Monsieur (Madame) ... sera notre hôte pendant la durée de son séjour.

Veuillez agréer, Madame, Monsieur, nos salutations distinguées.

2 Madame, Monsieur,

Nous avons terminé hier nos entretiens avec votre collaborateur (collaboratrice), Monsieur (Madame) ..., et sommes certains que les deux parties seront satisfaites des résultats obtenus.

Nous tenons à vous remercier à cette occasion pour la visite de Monsieur (Madame) ... et pour l'ouverture d'esprit avec laquelle il (elle) a mené les négociations avec notre direction.

Veuillez agréer, Madame, Monsieur, nos salutations distinguées.

Glückwünsche

Firmenjubiläum

Sehr geehrte Damen und Herren,

zum 25-jährigen Bestehen Ihres Unternehmens erlauben wir uns, Ihnen unsere herzlichen Glückwünsche zu übermitteln.

Wir möchten diese Gelegenheit wahrnehmen, Ihnen zugleich für die jahrelange vertrauensvolle Zusammenarbeit unseren besten Dank auszusprechen.

Mit freundlichen Grüßen

Geburtstag

Sehr geehrte(r) Herr (Frau) ...,

zu Ihrem ... Geburtstag erlauben wir uns, Ihnen unsere besten Glückwünsche auszusprechen.

Wir wünschen Ihnen viele Jahre bei bester Gesundheit und hoffen, dass Ihre unermüdliche Schaffenskraft Ihrem Unternehmen noch lange erhalten bleibt.

Mit freundlichen Grüßen

Filialeröffnung

Sehr geehrte Damen und Herren,

der Tagespresse haben wir entnommen, dass Sie in ... eine neue Zweigstelle eröffnet haben. Dazu möchten wir Ihnen viel Erfolg wünschen.

Wir verbinden damit die Hoffnung, dass sich unsere geschäftliche Zusammenarbeit auch in Zukunft in der gleichen vertrauensvollen Weise weiterentwickeln wird.

Mit freundlichen Grüßen

Félicitations

Anniversaire de fondation

Madame, Monsieur,

A l'occasion du vingt-cinquième anniversaire de la fondation de votre maison, nous nous permettons de vous présenter toutes nos félicitations.

Nous profitons de cette occasion pour vous exprimer tous nos remerciements pour la confiance que vous nous avez accordée lors de notre longue collaboration.

Nous vous prions d'agréer, Madame, Monsieur, nos salutations distinguées.

Anniversaire

Cher Monsieur (Chère Madame),

Nous nous permettons de vous présenter tous nos vœux à l'occasion de votre ... anniversaire.

Nous vous souhaitons de rester en bonne santé de longues années et de continuer à mener votre entreprise avec l'énergie inlassable qu'on vous connaît.

Veuillez croire, Cher Monsieur (Chère Madame), à nos sentiments les meilleurs.

Ouverture de succursale

Madame, Monsieur,

Nous avons appris par la presse que vous venez d'ouvrir une nouvelle succursale à ... Nous vous adressons tous nos vœux de succès à cette occasion.

Nous espérons que cela contribuera à développer à l'avenir notre collaboration dans le même cadre de confiance mutuelle.

Veuillez agréer, Madame, Monsieur, nos salutations distinguées.

Berufsjubiläum

Sehr geehrter Herr (Frau) …,

heute sind es 25 Jahre, dass Sie an der Spitze des von Ihnen gegründeten Unternehmens stehen.

In diesen langen Jahren haben Sie das Unternehmen durch persönliches Engagement und bedachtsame Leitung dank Ihrer großen Erfahrungen zu seiner heutigen Bedeutung geführt.

Wir möchten Ihnen hierzu unsere herzlichen Glückwünsche aussprechen, verbunden mit dem Wunsch für weitere Erfolge und Gesundheit.

Mit verbindlichen Empfehlungen

Appartenance à l'entreprise

Cher Monsieur (Chère Madame),

Cela fait aujourd´hui 25 ans que vous vous trouvez à la tête de l'entreprise dont vous êtes le fondateur (la fondatrice).

Au cours de ces nombreuses années, grâce à votre activité personnelle, à votre sens de la gestion, à votre grande expérience, votre entreprise a réussi à atteindre sa notoriété actuelle.

Nous tenons à vous présenter nos sincères salutations ainsi que nos vœux de santé et de réussite pour l'avenir.

Veuillez agréer, Cher Monsieur (Chère Madame), l'expression de nos salutations distinguées.

Anzeige der Geschäftseröffnung

Sehr geehrte Damen und Herren,

wir freuen uns Ihnen mitzuteilen, dass wir hier in … eine Verkaufsstelle für unsere Produkte eröffnet haben.

Dem Betrieb ist ein eigenes Callcenter angeschlossen. Ferner verfügen wir über fachlich geschulte Kundendienstmonteure, die alle bei uns gekauften Geräte turnusmäßig überprüfen.

Unser Callcenter erreichen Sie unter:
Tel.-Nr.: …
Fax-Nr.: …
E-Mail-Adresse: …

Wir würden uns freuen, wenn Sie von den Diensten und den günstigen Einkaufsmöglichkeiten regen Gebrauch machten. Für beste Qualität unserer Erzeugnisse übernehmen wir volle Gewähr.

Mit freundlichen Grüßen

Annonce d'ouverture de magasin

Madame, Monsieur,

Nous avons le plaisir de vous annoncer l'ouverture d'un point de vente à … pour nos produits.

Ce magasin a son propre centre d'appels. En outre, les monteurs de notre service après-vente sont hautement qualifiés et vont contrôler régulièrement les appareils achetés chez nous.

Notre centre d'appels est accessible au:
Tel: …
Fax: …
Adresse email: …

Nous serions heureux si vous utilisiez régulièrement nos services et profitiez des conditions d'achat avantageuses. Nous nous portons garants de la haute qualité de nos produits.

Veuillez agréer, Madame, Monsieur, nos salutations distinguées.

Änderung von Firmennamen und Anschrift

Sehr geehrte Damen und Herren,

bei unserer Gesellschafterversammlung am ... wurde die Änderung des Firmennamens in ... beschlossen. Gleichzeitig haben wir den Sitz unseres Unternehmens von ... nach ... verlegt.

Bitte unterrichten Sie hiervon Ihre entsprechenden Abteilungen. Besten Dank.

Mit freundlichen Grüßen

Changement de raison sociale et d'adresse

Madame, Monsieur,

Lors de la réunion de nos associés du ... il a été décidé de modifier notre raison sociale ..., désormais ... Le siège social a été en même temps transféré de ... à ...

Nous vous remercions de bien vouloir communiquer ces modifications à vos services concernés.

Veuillez agréer, Madame, Monsieur, nos salutations distinguées.

Übernahme einer Gesellschaft

Sehr geehrte Damen und Herren,

wie Sie sicher aus den Medien erfahren haben, sind alle Gesellschaftsanteile unserer Firma mit Wirkung vom ... von der ... übernommen worden.

Ab ... firmiert unser Unternehmen daher unter dem Namen ... Unser(e) bisheriger (bisherige) alleiniger (alleinige) Geschäftsführer(in), Herr (Frau) ..., wird mit sofortiger Wirkung von Herrn (Frau) ... unterstützt, der (die) gleichberechtigte(r) Geschäftsführer(in) ist.

Alle übrigen Geschäfte werden wie bisher weitergeführt. Wir sichern Ihnen auch in Zukunft unseren bewährten Kundendienst zu und hoffen auf weitere gute Zusammenarbeit.

Mit freundlichen Grüßen

Prise de contrôle d'une société

Madame, Monsieur,

Comme vous l'avez certainemnent appris par les médias, toutes les parts de notre société ont été acquises par ... avec effet au ...

De ce fait notre entreprise portera le nom de ... à partir de ... . Monsieur (Madame) ..., notre gérant (e) jusqu'à présent, est désormais assisté de Monsieur (Madame) ..., également gérant(e), disposant des mêmes prérogatives.

Le reste de notre fonctionnement demeure inchangé. Nous vous assurons donc pour le futur notre service après vente qui a déjà fait ses preuves et nous espérons poursuivre notre bonne coopération.

Veuillez agréer, Madame, Monsieur, nos salutations distinguées.

Austritt eines Gesellschafters

Sehr geehrte Damen und Herren,

wir möchten Ihnen mitteilen, dass mit Wirkung vom ... unser langjähriger Gesellschafter (unsere langjährige Gesellschafterin) ... aus gesundheitlichen Gründen aus der Gesellschaft ausgeschieden ist.

Seine (ihre) Anteile wurden von unseren anderen Gesellschaftern zu gleichen Teilen übernommen.

Auf die Geschäftsführung unserer Gesellschaft hat diese Maßnahme jedoch keinerlei Einfluss, und wir hoffen, dass unsere bestehenden Geschäftsverbindungen weiterhin erfolgreich und zum gegenseitigen Nutzen aufrechterhalten werden.

Mit freundlichen Grüßen

Départ d'un associé

Madame, Monsieur,

Nous nous permettons de vous informer du départ pour raisons de santé, de Monsieur (Madame) ..., notre associé(e) de longue date. Ce départ de notre société a pris effet le ...

Nos autres associés ont repris ses parts réparties en quantité égale.

Cette mesure n'a cependant aucune conséquence sur la gestion de notre société et nous espérons continuer à entretenir avec vous d'excellentes et fructueuses relations d'affaires.

Veuillez agréer, Madame, Monsieur, nos salutations distinguées.

Ernennung zum Direktor

Sehr geehrte Damen und Herren,

wir freuen uns, Ihnen heute bekannt geben zu können, dass unser(e) langjähriger(e) verdienter(e) Mitarbeiter(in), Herr (Frau) ..., mit Wirkung vom ... zum Direktor (zur Direktorin) unseres Unternehmens bestellt wurde. Er (sie) leitet verantwortlich die Abteilungen ... und ... (z.B. Einkauf, Verkauf, Personalwesen usw.).

Wir würden es sehr begrüßen, wenn sich das gute Einvernehmen zwischen unseren beiden Häusern durch diese Maßnahme noch vertiefte.

Mit freundlichen Grüßen

Nomination au poste de directeur

Madame, Monsieur,

Nous avons le plaisir de vous annoncer aujourd'hui la nomination de Monsieur (Madame) ..., notre collaborateur (collaboratrice) émérite de longue date, ... au poste de directeur (directrice) à partir du ... Il (elle) sera responsable des services ... et ... (par exemple des achats, des ventes, des ressources humaines etc.)

Dans l'espoir que cette mesure viendra encore renforcer les bons rapports entre nos deux maisons,

nous vous prions d'agréer, Madame, Monsieur, nos salutations distinguées.

Anzeige eines Besuchstermins

Sehr geehrte Damen und Herren,

wir erlauben uns Ihnen mitzuteilen, dass unser Mitarbeiter, Herr (unsere Frau) ... Sie am ... im Laufe des Vormittags in Ihrem Hause aufsuchen wird.

Der Besuch soll dazu dienen, beiderseits interessierende Fragen zu besprechen und Möglichkeiten zu schaffen, unsere Geschäftsverbindung weiter auszubauen. Herr (Frau) ... ist von uns mit allen Vollmachten ausgestattet.

Wir wären Ihnen dankbar, wenn Sie uns den vorgeschlagenen Zeitpunkt kurz bestätigten. Sollte er nicht in Ihre Pläne passen, bitten wir um Mitteilung eines anderen Gesprächstermins.

Mit freundlichen Grüßen

Avis de passage

Madame, Monsieur,

Nous nous permettons de vous annoncer la visite de notre collaborateur (collaboratrice), Monsieur (Madame) ..., dans la matinée du...

Cette visite a pour objet la discussion de questions présentant un intérêt réciproque et nous donnera l'occasion de continuer à développer les relations existentes. Monsieur (Madame) ... dispose des pleins pouvoirs.

Nous vous prions de bien vouloir nous confirmer brièvement le rendez-vous que nous vous proposons. Au cas où cette date ne correspondrait pas à vos projets, veuillez nous fixer un autre rendez-vous.

Nous vous prions d'agréer, Madame, Monsieur, nos salutations distinguées.

Bestätigung eines Besuchstermins

Sehr geehrte Damen und Herren,

wir danken Ihnen für die Mitteilung, dass Ihr Direktionsmitglied, Herr (Frau) ..., uns am ... besuchen wird. An diesem Tag stehen wir gern zu einem ausführlichen Gespräch zur Verfügung.

Mit freundlichen Grüßen

Confirmation de rendez-vous

Madame, Monsieur,

Nous vous remercions de nous avoir annoncé la visite de Monsieur (Madame...), membre de la direction, pour le ... Nous sommes ce jour-là à son entière disposition pour un entretien détaillé.

Veuillez agréer, Madame, Monsieur, nos salutations distinguées.

Einladung zu einer Ausstellung

Sehr geehrte Damen und Herren,

in der Zeit vom ... bis zum ... findet in ... die ... Messe statt.

Wir möchten Ihnen mitteilen, dass wir an dieser Messe teilnehmen werden, und erlauben uns, Sie herzlich zu einem Besuch an Stand ... in Halle ... einzuladen.

In der Anlage finden Sie zwei Eintrittskarten, die Sie zum Besuch der Messe und unseres Standes berechtigen.

Wir freuen uns, Sie an unserem Stand begrüßen zu dürfen.

Mit freundlichen Grüßen

Anlagen
2 Eintrittskarten

Invitation à une exposition

Madame, Monsieur,

L'exposition ... aura lieu du ... au ... à ...

Nous désirons vous signaler que nous participons à cette exposition et nous vous invitons cordialement à venir nous rendre visite au stand ...

Vous trouverez ci-joint deux billets d'entrée vous permettant de venir à notre stand.

Nous attendons avec plaisir votre visite à notre stand et nous vous prions d'agréer, Madame, Monsieur, nos salutations distinguées.

P.J.
2 billets d'entrée

Annahme der Einladung zu einer Ausstellung

Sehr geehrte Damen und Herren,

über Ihre Einladung zum Besuch Ihres Stands ... in Halle ... auf der ... Messe habe ich mich sehr gefreut und werde die Gelegenheit nicht versäumen, bei Ihnen vorzusprechen.

Ich hoffe, Sie werden mir dann Ihre neue Maschine ... vorführen können, für die ich bereits ein Angebot erhalten habe. Besonders interessiert mich zu erfahren, wie das neue System ... in dieser Maschine arbeitet.

Ich sehe unserem Treffen mit Interesse entgegen.

Mit freundlichen Grüßen

Acceptation de l'invitation à une foire-exposition

Madame, Monsieur,

J'ai reçu avec plaisir l'invitation que vous m'avez envoyée pour venir vous rendre visite au salon de ..., stand ..., hall ... et je ne manquerai pas de venir vous voir.

J'espère que vous pourrez à cette occasion me présenter votre nouvelle machine ..., objet de l'offre que vous m'avez déjà fait parvenir. Le fonctionnement du nouveau système ... intégré à cette machine m'intéresse beaucoup.

J'attends cette rencontre avec un vif intérêt.

Je vous prie d'agréer, Madame, Monsieur, mes salutations distinguées.

Mitteilung über Umstellung auf neues Software-System

Sehr geehrte Damen und Herren,

unsere Direktionszentrale hat am ... die Einführung einer neuen Software verfügt, die in Zukunft unseren Geschäftsablauf wesentlich vereinfachen wird.

Aus diesem Grund werden alle Abteilungen unseres Hauses ... in den nächsten Wochen mit dieser neuen Software ausgestattet. Wir bitten Sie daher höflich, etwaige Verzögerungen in der Übersendung von Rechnungen und sonstigen Unterlagen zu entschuldigen.

Für alle Fragen, die Sie in diesem Zusammenhang haben, wenden Sie sich bitte an Herrn (Frau) ...

Im übrigen steht Ihnen wie immer unser Callcenter, das Sie unter der Tel.-Nr. ... erreichen, jederzeit zur Verfügung.

Wir sind sicher, dass diese Umstellung unsere gute Geschäftsbeziehung in keiner Weise beeinträchtigen wird. Wir werden alles tun, um die Störungen im normalen Geschäftsablauf auf ein Mindestmaß zu reduzieren.

Nach Abschluss der Umstellung werden wir Sie noch schneller und reibungsloser bedienen können als bisher.

Mit freundlichen Grüßen

Information relative au changement de logiciel

Madame, Monsieur,

Le ... notre direction centrale a ordonné l'introduction d'un nouveau logiciel qui facilitera considérablement à l'avenir notre processus opérationnel.

De ce fait tous nos services ... seront équipés de ce nouveau logiciel dans les semaines qui viennent. Nous vous prions de nous excuser pour les éventuels retards liés à l'envoi des factures ou des autres documents.

Pour toutes les questions s'inscrivant dans ce contexte veuillez vous adresser à Monsieur (Madame) ....

En outre notre centre d'appels, que vous pouvez joindre au numéro de téléphone ..., reste comme d'habitude à votre disposition.

Nous sommes certains que ce changement ne portera nullement préjudice à notre bonne relation d'affaires. Nous ferons tout pour réduire au minimum les perturbations du déroulement normal des opérations.

Lorsque ce changement sera intervenu, nous vous servirons encore plus rapidement et plus efficacement que jusqu'à présent.

Veuillez agréer, Madame, Monsieur, nos salutations distinguées.

Bitte um Auskunft an eine offizielle Stelle

Sehr geehrte Damen und Herren,

wir wenden uns an Sie als Deutsch-Niederländische Handelskammer mit der Bitte um Auskunft.

Wir überlegen, ob die … Messe, die vom … bis … in … stattfindet, für unsere Produkte geeignet ist.

Da wir den Veranstalter nicht kennen und auch keine Kontaktadresse für die Messe haben, wären wir Ihnen dankbar, wenn Sie uns mitteilen würden, an wen wir uns wenden können.

Anliegend überreichen wir Ihnen eine Broschüre unseres Produktionsprogramms.

Mit freundlichen Grüßen

Anl.

Demande de renseignements auprès d'une institution

Madame, Monsieur,

Nous nous adressons à vous en votre qualité de chambre de commerce germano-hollandaise pour une demande de renseignements.

Nous nous demandons si le choix de l'exposition … qui a lieu du … au … convient à … nos produits.

Comme nous ne connaissons ni le nom de la société qui organise cette exposition, ni l'adresse du Salon, nous vous serions reconnaissants de bien vouloir nous indiquer à qui nous adresser.

Vous trouverez ci-joint une brochure avec notre programme de production.

Veuillez agréer, Madame, Monsieur, nos salutations distinguées.

pièces annexes

Hotelkorrespondenz
Correspondance avec les hôtels

Anfrage

1 Sehr geehrte Damen und Herren,

wir beabsichtigen, Anfang ... eine Vertretertagung durchzuführen. Dafür benötigen wir vom ... bis ...
... Einzel- und ... Doppelzimmer, alle mit Bad oder Dusche, möglichst mit Fernseher und Minibar.

Wir möchten alle Teilnehmer bei Ihnen unterbringen.

Bitte lassen Sie uns Ihre Preise für Übernachtung, Frühstück, einschließlich aller Nebenkosten wissen.

Für ... haben wir ein Abendessen für ca. ... Personen in einem gesonderten Raum vorgesehen. Gern erwarten wir Ihre Menüvorschläge (Menüpreis zwischen ca. ... und ...).

Mit freundlichen Grüßen

2 Sehr geehrte Damen und Herren,

unser(e) Direktor(in), Herr ... (Frau ...), wird am ... die ... Messe in Ihrer Stadt besuchen.

Wir bitten Sie, vom ... bis ... ein ruhiges Einzelzimmer mit WC und Bad oder Dusche für ihn (sie) zu reservieren.

Könnten Sie uns auch bitte einen Lageplan Ihres Hotels beifügen mit der Angabe, wie man von dort am schnellsten mit öffentlichen Verkehrsmitteln das Messegelände erreichen kann.

Besten Dank im Voraus.

Mit freundlichen Grüßen

Demande

1 Madame, Monsieur,

Nous envisageons une réunion de nos représentants début ... Nous avons donc besoin du ... au ... de ... chambres individuelles et de ... chambres pour deux personnes, toutes avec salle de bain ou douche, si possible avec télévision et minibar.

Nous désirons loger tous les participants dans votre établissement. Veuillez nous soumettre une proposition incluant nuitées, petits déjeuners et frais annexes.

Nous inviterons à dîner env. ... personnes le ... dans une salle réservée à cet effet. Nous attendons vos propositions de menus (le prix du menu variant entre env. ... et ...).

Nous vous prions d'agréer, Madame, Monsieur, nos salutations distinguées.

2 Madame, Monsieur,

Notre directeur (directrice), Monsieur ... (Madame ...), se rendra le ... à la foire-exposition qui a lieu dans votre ville.

Nous vous prions de réserver du ... au ... une chambre individuelle, calme, avec W.-C. et salle de bains ou avec douche.

Veuillez nous envoyer aussi un plan avec l'emplacement de votre hôtel et nous préciser quels sont les transports publics les plus rapides pour se rendre à la foire-exposition.

D'avance merci.

Veuillez agréer, Madame, Monsieur, nos salutations distinguées.

Reservierung Einzelperson

Sehr geehrte Damen und Herren,

bitte reservieren Sie für unseren Kunden (unsere Kundin), Herrn (Frau) …, aus …, vom … bis zum … ein Einzelzimmer mit Bad, möglichst Seeseite.

Herr (Frau) … wird mit dem Flugzeug (Flug Nr. …) aus … kommen und gegen … Uhr im Hotel eintreffen.

Wir bitten Sie, uns die Rechnung (Zimmer und alle Extras) zur Begleichung zuzusenden. (Die Rechnung wird vom Gast bezahlt.)

Gern erwarten wir Ihre Bestätigung und grüßen Sie inzwischen freundlich

Réservation individuelle

Madame, Monsieur,

Nous vous prions de réserver pour notre client (cliente), Monsieur (Madame) …, de …, une chambre individuelle avec si possible vue sur mer du … au …

Monsieur (Madame) … arrivera en avion, vol N° … en provenance de … et sera à votre hôtel vers … heures.

Nous vous demandons de bien vouloir nous envoyer la note (chambre et suppléments). (La note sera réglée par le client.)

Dans l'attente d'une confirmation de votre part, veuillez agréer, Madame, Monsieur, nos salutations distinguées.

Reservierung Tagung

Betr.: Unsere Tagung

Sehr geehrter Herr …
(Sehr geehrte Frau …),

wir danken Ihnen für Ihren freundlichen Empfang (das gestrige Telefongespräch). Nach Rücksprache mit der Direktion bestätigen wir Ihnen heute die Reservierung für obige Tagung wie folgt:

Zimmer:
… Einzelzimmer
… Doppelzimmer, alle mit Bad oder Dusche, Minibar und Fernseher, vom … bis zum …

Konferenzräume:
Montag bis Samstag K III
Konferenzbestuhlung
Blocktisch

Dienstag, Mittwoch und Freitag K I
für … Personen.

Die Konferenzräume werden jeweils von 8.00 bis 18.00 Uhr benötigt.

Zusätzlich bitten wir, die Konferenzräume mit folgenden Geräten auszurüsten: Overheadprojektor, Flipchart, Videorekorder, Tonbandgerät.

Réservation pour un congrès

Objet: Notre congrès …

Monsieur,
(Madame),

Nous vous remercions de votre aimable accueil (de votre appel hier). Après en avoir parlé avec la direction, nous vous donnons aujourd'hui confirmation de la réservation suivante pour le congrès mentionné ci-dessus:

chambres:
… chambres individuelles
… chambres pour deux personnes, toutes avec salle de bains ou douche, minibar et télévision, du … au …

salles de conférences:
du lundi au samedi C III sièges de conférence table modulable

mardi, mercredi et vendredi C I pour … personnes.

Les salles de conférences seront occupées de 8 à 18 heures.

Nous avons besoin de l'équipement suivant pour les salles de conférence: rétroprojecteur, tableau à feuilles mobiles, magnétoscope, lecteur-enregistreur de cassettes.

Wir wären Ihnen dankbar, wenn Sie auch eine Multivisionsanlage (Telefonanlage mit Konferenzschaltung, Kopfhörerkabine für Simultandolmetschen) zur Verfügung stellen könnten. Die Kosten hierfür bitten wir gesondert aufzuführen.

Gemeinsame Mahlzeiten:
Frühstück ab 7 Uhr am Büfett

Kaffeepausen täglich 10.00 und 16.00 Uhr

Arbeitsessen (Mittagessen) im Restaurant um 13.00 Uhr

Abendessen 20.00 im Hotelrestaurant

Bitte schicken Sie die Rechnung direkt an uns.

Wir haben die Gäste darauf hingewiesen, dass Telefongespräche, die vom Zimmer aus geführt werden, sowie Getränke aus der Minibar von ihnen selbst bezahlt werden müssen.

Wir werden Ihnen Ende ... eine Teilnehmerliste zukommen lassen.

Wir bitten um baldige Bestätigung.

Mit freundlichen Grüßen

Nous vous serions reconnaissants de mettre aussi à notre disposition une installation multimédia (équipement téléphonique et circuit conférence, cabine avec écouteurs pour interprétariat simultané). Veuillez nous facturer à part les frais qui en découleront.

Repas pris en commun: petit déjeuner sous forme de buffet à partir de 7 heures; pauses-café tous les jours à 10 heures et à 16 heures

déjeuner au restaurant
déjeuner d'affaires à 13 heures

dîner au restaurant de l'hôtel à 20 heures

Veuillez nous envoyer directement la facture.

Le règlement des coups de téléphone passés des chambres d'hôtel et des boissons du minibar devra être effectué par les congressistes hébergés à l'hôtel.

Nous vous ferons parvenir une liste des participants fin ...

Nous vous demandons de nous donner rapidement confirmation.

Veuillez agréer, Madame, Monsieur, nos salutations distinguées.

Reservierung Gruppe

Sehr geehrte Damen und Herren,

wir beziehen uns auf Ihre E-Mail-Anfrage und bestätigen Ihnen heute die Reservierung wie folgt:

... Einzel- und ... Doppelzimmer, alle mit Bad oder Dusche, für die Zeit vom ... bis zum ...

Unsere Gäste treffen im Laufe des ... – teilweise sehr spät – ein. Die Rechnungen begleichen sie selbst. Wir bitten Sie, die beigefügten Mappen in den Zimmern auszulegen.

Mit freundlichen Grüßen

Anlagen
Mappen

Réservation pour un groupe

Madame, Monsieur,

Suite à votre demande par email nous vous donnons aujourd'hui confirmation de la réservation suivante:

... chambres pour une et ... pour deux personnes, toutes avec salle de bain ou douche, du ... au ...

Nos invités arriveront dans le courant du ... – certains très tard –. Ils régleront directement leur note. Nous vous demandons de bien vouloir déposer les dossiers ci-joints dans les chambres.

Veuillez agréer, Madame, Monsieur, nos salutations distinguées.

P.J.
dossiers

Antwort des Hotels

Absage

Sehr geehrte Damen und Herren,

für Ihre Anfrage vom … danken wir Ihnen sehr. Leider tagt zu diesem Zeitpunkt eine größere Gruppe in unserem Haus. Wir verfügen deshalb nicht mehr über genügend Zimmer und Konferenzräume, um Ihre Tagung bei uns durchführen zu können.

Wir können Ihnen jedoch ein Angebot für eine Woche später – vom … bis … – zum Preis von … pro Person und Tag machen.

Ein Konferenzraum für maximal … Personen ist in dieser Zeit ebenfalls frei. Preis pro Tag: …

Es würde uns sehr freuen, Ihre Tagung in unserem Haus durchführen zu dürfen. Gern erwarten wir Ihre Stellungnahme.

Mit freundlichen Grüßen

Positive Antwort

Sehr geehrte Damen und Herren,

für Ihre Anfrage vom … danken wir Ihnen bestens. Gern stellen wir Ihnen für Ihre Reisegruppe vom …, den … bis …, den … … Doppel- und … Einzelzimmer zum Preis von … netto pro Person und Tag zur Verfügung. Frühstück, … % Bedienungsgeld, Mehrwertsteuer und Taxen sind inbegriffen. Auf je 20 zahlende Gäste ist eine Person frei.

Alle unsere Zimmer sind mit Bad und Dusche, Toilette, Telefon, Rundfunk- und Fernsehempfänger, Safe-Schublade sowie Kühlschrank ausgerüstet. Das Hallenschwimmbad kann kostenlos benützt werden.

Wir freuen uns sehr auf Ihre baldige Bestätigung und versichern Ihnen schon heute, dass wir Ihnen den Aufenthalt so angenehm wie möglich gestalten werden.

Mit freundlichen Grüßen

Réponse de l'hôtel

Refus

Madame, Monsieur,

Nous vous remercions beaucoup de votre lettre du … Malheureusement, un groupe important tient à la même date un congrès dans notre établissement. Pour cette raison nous ne disposons plus d'assez de chambres ni de salles de conférences pour pouvoir recevoir votre congrès.

Nous pouvons toutefois vous faire une offre pour la semaine suivante du … au …

Une salle de conférences pour … personnes maximum est aussi disponible à cette date. Prix par jour: …

Nous serions très heureux de vous recevoir pour votre congrès. Dans l'attente de votre réponse, veuillez agréer, Madame, Monsieur, nos salutations distinguées.

Réponse positive

Madame, Monsieur,

Nous vous remercions vivement de votre lettre du … Pour votre voyage en groupe du … au … nous pouvons mettre à votre disposition … chambres individuelles et … chambres pour deux personnes au prix net de … par personne et par jour. Ce prix inclut les petits déjeuners, … % de service, la TVA et les taxes. Pour 20 hôtes payants nous vous faisons un séjour gratuit pour une personne.

Toutes nos chambres sont avec salle de bain, douche, téléphone, radio et télévision, compartiment coffre-fort, réfrigérateur. L'utilisation de la piscine couverte est gratuite.

Nous espérons recevoir bientôt votre confirmation et vous assurons dès à présent que nous ferons tout notre possible pour vous rendre ce séjour très agréable.

Nous vous prions d'agréer, Madame, Monsieur, nos salutations distinguées.

Bestätigung einer Konferenz

Sehr geehrte Damen und Herren,

gern bestätigen wir Ihnen heute unsere Unterredung vom ... (unser gestriges Telefongespräch) wie folgt:

Zimmerreservierung:
... Einzelzimmer
... Doppelzimmer, wie gewünscht, zum Preis von ... pro Person und Tag.

Wir berechnen für die Bewirtung pauschal einen Preis von ... pro Tag und Person.

Konferenzräume:
K III wie gewünscht Preis pro Tag: ...
K I wie gewünscht Preis pro Tag: ...

Beide Konferenzräume sind mit den nötigen technischen Geräten ausgerüstet.

Für eine Multivisionsanlage (Telefonanlage mit Konferenzschaltung, Kopfhörerkabine für Simultandolmetschen) müssten wir ... pro Tag in Rechnung stellen.

Wir haben zur Kenntnis genommen, dass die Gäste ihre im Zimmer geführten Telefonate und die Minibar-Bedienung selbst zahlen müssen.

Wir freuen uns auf Ihren Besuch und hoffen, dass Sie mit unserem Service zufrieden sein werden.

Bitte teilen Sie uns rechtzeitig (bis spätestens ...) die genaue Teilnehmerzahl der Konferenz mit.

Mit freundlichen Grüßen

Anlagen

Confirmation pour une conférence

Madame, Monsieur,

Suite à notre entretien du ... (notre coup de téléphone d'hier) nous vous envoyons la confirmation suivante:

réservation de chambres:
... chambres individuelles
... chambres pour deux personnes, au prix de ... par personne et par jour.

Nous vous faisons un forfait d'hébergement de ... par jour et par personne.

Salles de conférences:
C III comme souhaité prix par jour: ...
C I comme souhaité prix par jour: ...

Les deux salles de conférences disposent de l'équipement technique nécessaire.

Pour une installation multimédia (équipement téléphonique et circuit de conférence, cabine de traduction simultanée avec écouteurs) nous devrions vous facturer ... par jour.

Les participants hébergés régleront eux-mêmes les appels téléphoniques effectués de leurs chambres et leurs consommations de minibar, nous en avons pris note.

Nous sommes très heureux de vous accueillir et espérons que notre service vous donnera entière satisfaction.

Nous vous prions de nous communiquer à temps (jusqu'au ... au plus tard) le nombre exact des participants à la conférence.

Veuillez agréer, Madame, Monsieur, nos salutations distinguées.

P.J.

Bankkorrespondenz
Correspondance avec les banques

Kontoeröffnung

Anfrage

Sehr geehrte Damen und Herren,

um unsere Geschäfte in Ihrem Land abwickeln zu können, haben wir die Absicht, bei Ihrer Bank ein Girokonto zu eröffnen. Aus diesem Grunde wären wir Ihnen sehr dankbar, wenn Sie uns Ihre Bedingungen hinsichtlich der Zahlung von Zinsen, Provisionen, die Kontoführungsgebühren usw. mitteilen würden.

Außerdem bitten wir Sie um Angabe der Formalitäten, die für eine solche Handlung erforderlich sind.

Wir hoffen, bald von Ihnen zu hören.

Mit freundlichen Grüßen

Ouverture d'un compte

Demande

Madame, Monsieur,

Nous envisageons l'ouverture d'un compte courant auprès de votre établissement afin de règler nos transactions dans votre pays. C'est pourquoi nous vous serions très obligés de nous communiquer vos conditions concernant le paiement d'intérêts, de commissions, de frais de garde, etc.

Veuillez nous informer en outre des démarches à accomplir pour une ouverture de compte.

Dans l'attente d'une réponse rapide de votre part, nous vous prions d'agréer, Madame, Monsieur, nos salutations distinguées.

Anfrage auf Durchführung von Inkassoaufträgen

Sehr geehrte Damen und Herren,

wir tätigen seit einiger Zeit laufend Geschäfte mit Firmen in Ihrem Land auf Akkreditivbasis, und Sie waren dabei mehrmals als Emissionsbank für uns tätig.

Wären Sie bereit, in Zukunft auch Inkassoaufträge für uns zu bearbeiten?

In der Anlage erhalten Sie einen Jahresbericht unseres Hauses, der Ihnen Aufschluss über den Umfang unserer Geschäfte geben wird.

Mit freundlichen Grüßen

Demande d'exécution d'ordres de recouvrement

Madame, Monsieur,

Nous entretenons depuis quelque temps de fréquentes relations commerciales avec des entreprises de votre pays sur la base d'accréditifs, vous avez à plusieurs reprises servi de banque émettrice.

Seriez-vous disposés à effectuer à l'avenir des recouvrements aussi pour notre compte?

Vous trouverez ci-joint le rapport annuel de nos activités qui vous donnera un aperçu du volume de nos transactions.

Veuillez agréer, Madame, Monsieur, nos salutations distinguées.

Auftrag

Sehr geehrte Damen und Herren,

in Beantwortung Ihres Schreibens vom ... bitten wir Sie, ein Girokonto auf den Namen unserer Firma mit der Bezeichnung ... zu eröffnen.

Zur Eröffnung dieses Kontos übersenden wir Ihnen als Anfangssumme einen Scheck in Höhe von ...

Zeichnungsberechtigt für dieses Konto ist Herr/Frau ... allein oder sind die Herren/Damen ... und ... gemeinschaftlich. Wir bitten Sie, die Unterschriften dieser Herren/Damen, die wir am Schluss dieses Briefes angeben, zur Kenntnis zu nehmen.

Mit freundlichen Grüßen

Herr/Frau ... unterschreibt: ...
Herr/Frau ... unterschreibt: ...
Herr/Frau ... unterschreibt: ...

Anlage
1 Scheck

Instruction

Madame, Monsieur,

Suite à votre lettre du ... nous vous prions de procéder à l'ouverture d'un compte courant au nom de notre société avec la mention suivante ...

Pour ouvrir ce compte nous vous faisons parvenir un montant initial de ... sous forme de chèque.

Monsieur/Madame ... est seul habilité ou Messieurs/Mesdames ... sont habilités au même titre à la signature pour ce compte. Nous portons à votre connaissance cette (ces) signature(s) figurant au bas de cette lettre.

Veuillez agréer, Madame, Monsieur, nos salutations distinguées.

Signature ... de Monsieur/Madame ...:
Signature ... de Monsieur/Madame ...:
Signature ... de Monsieur/Madame ...:

P.J.
1 chèque

Kontoschließung

Sehr geehrte Damen und Herren,

seit der Einführung des Euro in unseren Ländern halten wir es nicht mehr für erforderlich, das Konto, das wir bei Ihrem Geldinstitut hatten, weiterzuführen.

Bitte überweisen Sie den Saldo, den dieses Konto aufweist, zu unseren Gunsten an die Bank, Konto Nr. ..., Bankleitzahl: ....

Wir danken für Ihre Bemühungen.

Mit freundlichen Grüßen

Clôture d'un compte

Madame, Monsieur,

Depuis l'introduction de l'euro dans nos pays nous ne jugeons plus nécessaire de maintenir le compte que nous avons dans votre institut bancaire.

Nous vous remercions de virer ... le solde en notre faveur de ce compte à la banque, compte N° ..., code bancaire ....

Nous vous remercions de vos efforts.

Veuillez agréer, Madame, Monsieur, nos salutations distinguées.

Kreditanträge

Kontokorrentkredit

1 Sehr geehrte Damen und Herren,

die globale Tätigkeit unseres Unternehmens macht es für uns erforderlich, an mehreren Plätzen der Welt gleichzeitig präsent zu sein. Aus diesem Grunde möchten wir bei Ihrem Geldinstitut anfragen, ob Sie bereit wären, uns einen ständigen Kredit in Höhe von … zu gewähren.

Wie Sie wissen, unterhalten wir bei Ihnen mehrere Konten in … und … Zusätzliche Referenzen erhalten Sie jederzeit von …

Wir bitten um Mitteilung, in welcher Höhe und zu welchen Bedingungen Sie bereit wären, uns einen solchen Kontokorrentkredit zu gewähren.

Herr …/Frau … steht Ihnen jederzeit unter der Tel./Fax-Nr. …/E-Mail-Adresse … zur Verfügung, um weitere Auskünfte zu erteilen.

Mit freundlichen Grüßen

2 Sehr geehrte Damen und Herren,

um günstige Notierungen des Marktes ausnützen zu können, wären wir gelegentlich daran interessiert, größere Käufe zu tätigen, die wir zum gegebenen Zeitpunkt aus Mangel an Barmitteln nicht durchführen können.

Wir bitten Sie uns mitzuteilen, unter welchen Bedingungen Sie bereit wären, uns einen Kredit bis zur Höhe von … im Rahmen unseres Girokontos zu gewähren.

Als Garantie bieten wir Ihnen die Wertpapiere an, die wir bei Ihrem Bankinstitut im Depot aufbewahren.

Wir erwarten gern Ihre Nachricht.

Mit freundlichen Grüßen

Demandes de crédit

Crédit sur compte courant

1 Madame, Monsieur,

L'activité globale de notre entreprise nécessite d'être présent sur le plan mondial à plusieurs endroits en même temps. De ce fait nous souhaiterions vous demander si vous étiez prêt à nous accorder un crédit permanent d'un montant de …, dans le cadre de votre institut bancaire … .

Comme vous le savez nous disposons chez vous de plusieurs comptes à … et … Vous pouvez obtenir des références complémentaires à tout moment de la part de … .

Nous vous remercions de nous informer du montant et des conditions auxquelles vous seriez disposé à nous accorder un tel crédit sur compte courant.

Monsieur …/Madame … se tient à votre disposition à tout moment au numéro de tel/fax …/adresse email … pour vous donner des renseignements complémentaires.

Veuillez agréer, Madame, Monsieur, nos salutations distinguées.

2 Madame, Monsieur,

Afin de pouvoir profiter des conditions avantageuses du marché, nous aimerions effectuer de temps à autre des achats plus importants que nous ne pouvons réaliser au moment opportun faute de moyens disponibles.

Nous vous prions de nous faire savoir à quelles conditions vous seriez disposés à nous consentir un crédit plafonnant à … dans le cadre de notre compte courant.

Comme garantie nous vous offrons les titres se trouvant en dépôt auprès de votre établissement.

Dans l'attente d'une réponse de votre part, veuillez agréer, Madame, Monsieur, nos salutations distinguées.

Kontoüberziehung

Sehr geehrte Damen und Herren,

durch die besonderen Eigenschaften unseres Geschäfts ist der Stand unseres Kontos großen Schwankungen unterworfen, wodurch sich gelegentlich Sollsalden ergeben.

Unter Berücksichtigung unserer guten Geschäftsbeziehungen erlauben wir uns Sie zu fragen, ob Sie bereit wären, uns einen Überziehungskredit zu gewähren. Sollte dies der Fall sein, bitten wir Sie um Mitteilung der Provision, die Sie für eine Überziehung des Kontos berechnen würden.

Wir erwarten gern Ihre baldige Nachricht.

Mit freundlichen Grüßen

Autorisation de découvert

Madame, Monsieur,

Etant donné les spécificités de notre activité commerciale, notre compte est soumis à de fortes fluctuations entraînant occasionnellement des soldes débiteurs.

Nous nous permettons de solliciter une autorisation de découvert de votre part en nous appuyant sur les bonnes relations d'affaires que nous entretenons. Au cas où vous donneriez votre accord, veuillez nous communiquer le montant des frais occasionnés par le découvert de compte.

Dans l'attente d'une réponse de votre part,

nous vous prions d'agréer, Madame, Monsieur, nos salutations distinguées.

Blankokredit

Sehr geehrte Damen und Herren,

da wir in Kürze große Mengen Lebensmittel aus Ihrem Land importieren möchten, wären wir Ihnen sehr dankbar, wenn Sie uns mitteilen könnten, ob Sie bereit wären, uns bis Ende des laufenden Jahres einen Blankokredit bis zu einem Höchstbetrag von ... zu gewähren.

Wie Sie sich erinnern werden, hat unser Unternehmen vor einigen Jahren bereits die Dienste Ihrer Bank für Importgeschäfte von ... in Anspruch genommen. Wenn Sie jedoch noch zusätzliche Referenzen benötigen, bitten wir Sie, sich mit der Handelskammer in ... in Verbindung zu setzen.

Wir hoffen, dass Sie unserer Bitte entsprechen und uns in diesem Falle Ihre Bedingungen mitteilen werden.

Mit freundlichen Grüßen

Crédit sur notoriété

Madame, Monsieur,

Comme nous désirons importer dans un proche avenir des quantités importantes de denrées de consommation en provenance de votre pays, nous vous serions reconnaissants de nous faire savoir si vous êtes disposés à nous accorder un crédit de notoriété plafonnant à ... jusqu'à la fin de l'année en cours.

Nous nous permettons de vous rappeler que notre entreprise a déjà eu recours aux services de votre établissement pour des activités d'importation de ... Au cas où vous souhaiteriez disposer de références supplémentaires, nous vous demandons de bien vouloir contacter la Chambre de commerce de ...

Nous espérons que vous donnerez suite à notre demande et vous prions, dans ce cas, de nous communiquer vos conditions.

Veuillez agréer, Madame, Monsieur, nos salutations distinguées.

Übersendung von Dokumenten

Eröffnung eines Dokumentenakkreditivs

Sehr geehrte Damen und Herren,

der zwischen unserem Lieferanten, der Firma …, und unserem Unternehmen geschlossene Kaufvertrag für die Lieferung von … CIF … im Werte von … sieht die Zahlung gegen unwiderrufliches Dokumentenakkreditiv, zahlbar bei Sicht, vor.

Wir wären Ihnen sehr dankbar, wenn Sie zulasten unseres Kontos ein unwiderrufliches Akkreditiv zugunsten unseres Lieferanten für den Gegenwert in Landeswährung eröffnen würden. Es soll gegen Vorlage der folgenden Dokumente zahlbar gestellt werden:

- Handelsfaktura im Original mit drei Kopien,
- vollständiger Satz reiner Bordkonnossemente,
- Versicherungspolice oder -zertifikat, das die gewöhnlichen Transportrisiken abdeckt,
- Ursprungszeugnis.

Der Kredit ist gültig bis … Teilverschiffungen sind nicht zugelassen.

Als avisierende Bank für das zu eröffnende Akkreditiv wird auf Wunsch unseres Lieferanten die … Bank in … fungieren.

Wir hoffen, dass Sie uns bald Ihre Antwort zukommen lassen.

Mit freundlichen Grüßen

Envoi de documents

Ouverture d'un crédit documentaire

Madame, Monsieur,

Le contrat de vente passé entre notre fournisseur, la maison … et notre entreprise concernant la livraison de … CAF d'une valeur de … prévoit le paiement par crédit documentaire irrévocable payable à vue.

Nous vous serions très reconnaissants de débiter notre compte pour ouvrir un crédit documentaire irrévocable en faveur de notre fournisseur. Le montant de ce crédit sera calculé en monnaie du pays. L'acceptation aura lieu après présentation des documents suivants:

- facture commerciale, 1 original et trois copies
- jeu complet de connaissements nets à bord
- police d'assurance ou certificat couvrant les risques habituels de transport
- certificat d'origine

Le crédit est valable jusqu'au … Interdiction de faire des expéditions partielles par voie maritime.

Si notre fournisseur le souhaite, la banque … servira de banque notificatrice pour le crédit documentaire à ouvrir.

Dans l'attente d'une réponse rapide de votre part, veuillez agréer, Madame, Monsieur, nos salutations distinguées.

Vorlage von Dokumenten zum Inkasso

Sehr geehrte Damen und Herren,

im Zusammenhang mit einer Lieferung von ... mit dem Motorschiff ..., CIF ..., übersenden wir Ihnen anbei die folgenden Dokumente:

- Konnossement,
- Versicherungspolice,
- Rechnungsdoppel,
- Ursprungszeugnis,
- Ladeschein,
- Analysezertifikat.

Wir bitten Sie, die genannten Dokumente dem Empfänger ... gegen Barzahlung unserer Rechnung Nr. ... im Gesamtbetrag von ... zu übergeben.

Bitte schreiben Sie diesen Betrag unserem Konto bei Ihnen nach Abzug Ihrer Gebühren gut.

Wir danken Ihnen im Voraus für Ihre Unterstützung.

Mit freundlichen Grüßen

Anlagen

Remise de documents contre paiement

Madame, Monsieur,

Dans le cadre d'une livraison de ... par le cargo ..., CAF ..., nous vous transmettons les documents suivants:

- connaissement maritime,
- police d'assurance,
- duplicata de la facture,
- certificat d'origine,
- certificat de chargement,
- certificat d'analyse.

Nous vous prions de remettre les documents cités au destinataire ... en échange du paiement de notre facture N° ... au montant total de ...

Nous vous demandons de créditer cette somme sur notre compte après déduction des frais déboursés.

Avec nos remerciements anticipés, veuillez agréer, Madame, Monsieur, nos salutations distinguées.

P.J.

Vorlage von Dokumenten gegen Akzept

Sehr geehrte Damen und Herren,

zur Begleichung unserer Handelsrechnung Nr. … vom … fügen wir einen 30-Tage-Sichtwechsel zulasten von … über den Betrag von … zum Akzept bei. Ebenso erhalten Sie anliegend den sich auf die erfolgte Lieferung beziehenden Frachtbrief.

Wir wären Ihnen dankbar, wenn Sie den Bezogenen den Frachtbrief und die Rechnung nach Akzeptierung unseres Wechsels mit 30 Tagen Sicht aushändigen und diesen bis zum Datum der Vorlage zum Inkasso im Portefeuille halten würden.

Bitte schreiben Sie zu gegebener Zeit den infrage stehenden Betrag unter Avis dem Konto gut, das wir bei Ihnen führen.

Wir danken Ihnen im Voraus für Ihre Mitarbeit.

Mit freundlichen Grüßen

Anlagen
1 Wechsel
1 Handelsrechnung
1 Frachtbrief

Remise documentaire contre acceptation

Madame, Monsieur,

Nous vous envoyons ci-joint pour acceptation une lettre de change à 30 jours de vue tirée sur … portant sur la somme de … en règlement de notre facture commerciale N^O … Vous trouverez aussi ci-joint la lettre de voiture qui prouve que la livraison a été effectuée.

Nous vous demandons de remettre au tiré cette lettre de voiture et la facture après acceptation de notre lettre de change à 30 jours de vue. Veuillez conserver la lettre de change jusqu'à la date de présentation pour encaissement dans le portefeuille.

Nous vous demandons de créditer en temps voulu après avis d'encaissement la somme indiquée sur le compte que nous avons auprès de votre établissement.

Veuillez agréer, Madame, Monsieur, avec nos remerciements anticipés pour votre collaboration, nos salutations distinguées.

P.J.
1 traite
1 facture commerciale
1 lettre de voiture

Einziehung eines Wechsels

Sehr geehrte Damen und Herren,

wir wären Ihnen dankbar, wenn Sie unseren Wechsel zulasten von … über … aus dem Verkehr ziehen würden, den Ihre Bank mit Datum von … diskontiert hat, da wir heute vom Bezogenen die Mittel zur Deckung dieses Wechsels erhalten haben.

Wir danken Ihnen für Ihre Bemühungen.

Mit freundlichen Grüßen

Encaissement d'une traite

Madame, Monsieur,

Nous vous demandons de retirer de la circulation notre lettre de change tirée sur … s'élevant à … ayant été escomptée par votre banque en date du … ; en effet nous avons aujourd'hui perçu du tiré les fonds pour approvisionner cette traite.

Nous vous remercions de cette opération.

Veuillez agréer, Madame, Monsieur, nos salutations distinguées.

Zahlungsauftrag

Sehr geehrte Damen und Herren,

wir wären Ihnen dankbar, wenn Sie Ihre Filiale in ... baldmöglichst anweisen würden, den Betrag von ... dem Konto Nr. ..., das die Firma ... bei Ihnen unterhält, gutzuschreiben und im Rubrum anzugeben: „Zahlung der Rechnung Nr. ... vom ...".

Wir bitten Sie, uns mit dem genannten Betrag zuzüglich der Überweisungskosten zu belasten.

Wir hoffen auf eine baldige Ausführung dieses Auftrags.

Mit freundlichen Grüßen

Ordre de paiement

Madame, Monsieur,

Nous vous demandons de bien vouloir le plus rapidement possible faire procéder par l'intermédiaire de votre succursale à ... au virement de la somme de ... sur le compte ... de votre client, l'entreprise ..., ceci avec la mention suivante en préambule: «Règlement de la facture No ... du ...»

Nous vous demandons de débiter notre compte de la somme indiquée en y ajoutant les frais de virement.

Nous vous prions d'exécuter cet ordre dans les plus brefs délais.

Veuillez agréer, Madame, Monsieur, nos salutations distinguées.

Kontoauszug

Bitte um Zusendung

Sehr geehrte Damen und Herren,

anlässlich einer bevorstehenden Revision unserer Bücher bitten wir Sie, uns so bald wie möglich einen Kontoauszug mit Gut- und Lastschriften für den Zeitraum vom 1. Januar bis 30. Juni zu übersenden.

Wir danken Ihnen im Voraus für Ihre Bemühungen.

Mit freundlichen Grüßen

Relevé de compte

Demande d'envoi

Madame, Monsieur,

En raison d'une vérification de nos livres comptables devant avoir lieu prochainement, nous vous demandons de bien vouloir nous faire parvenir un relevé de compte avec avis de crédit et de débit pour la période du 1er janvier au 30 juin.

D'avance nous vous remercions de votre obligeance et vous prions d'agréer, Madame, Monsieur, nos salutations distinguées.

Übereinstimmung mit Auszug

Sehr geehrte Damen und Herren,

wir danken Ihnen für die Zusendung Ihres Kontoauszugs zum 31. Dezember ..., der einen Saldo zu unseren Gunsten in Höhe von ... ausweist.

Nach Prüfung desselben stellten wir fest, dass er in Ordnung ist.

Mit freundlichen Grüßen

Vérification du relevé

Madame, Monsieur,

Nous vous remercions de l'envoi de votre relevé de compte du 31 décembre ... indiquant un solde de ... en notre faveur.

Nous avons constaté son exactitude après vérification.

Nous vous prions d'agréer, Madame, Monsieur, nos salutations distinguées.

Nichtübereinstimmung mit dem Kontoauszug

Sehr geehrte Damen und Herren,

in Ihrem Kontoauszug Nr. … vom … belasten Sie uns unter anderem mit dem Betrag von …

Da wir in unseren Büchern keinen Zahlungsauftrag über diese Summe haben, bitten wir Sie, diese Lastschrift zu überprüfen. Falls die Eintragung unrichtig ist, bitten wir um entsprechende Stornierung.

Wir erwarten Ihre diesbezügliche Stellungnahme.

Mit freundlichen Grüßen

Erreur dans le relevé de compte

Madame, Monsieur,

Dans votre relevé de compte N° … du … vous avez débité notre compte de la somme de …

Nous vous demandons de bien vouloir procéder à une vérification de ce poste débiteur; en effet nous n'avons pas trace de cet ordre de virement pour cette somme dans nos livres. Veuillez procéder à la rectification nécessaire en cas d'erreur.

Dans l'attente d'une réponse de votre part concernant cette contestation, veuillez agréer, Madame, Monsieur, nos salutations distinguées.

Geschäfte mit Schecks

Vorlage eines Schecks

Sehr geehrte Damen und Herren,

wir fügen einen Scheck, der auf die … Bank ausgestellt ist, über den Betrag von … bei und bitten Sie, den infrage stehenden Betrag unserem Girokonto Nr. … gutzuschreiben.

Mit freundlichen Grüßen

Opérations par chèque

Présentation d'un chèque

Madame, Monsieur,

Vous trouverez ci-joint un chèque d'un montant de … à l'ordre de la banque … ; veuillez créditer notre compte courant N° … de la somme indiquée.

Nous vous prions d'agréer, Madame, Monsieur, nos salutations distinguées.

Rücksendung eines Schecks

Sehr geehrte Damen und Herren,

zu unserem großen Erstaunen wurde uns der beiliegende Scheck Nr. … über den Betrag von … mit dem Vermerk „ohne Deckung" zurückgesandt.

Da wir überzeugt sind, dass es sich um einen Irrtum handelt, bitten wir Sie, die Angelegenheit zu prüfen und uns Ihre diesbezügliche Stellungnahme umgehend mitzuteilen.

Mit freundlichen Grüßen

Chèque retourné

Madame, Monsieur,

Nous avons été très surpris de nous voir retourner avec la mention «sans provision» le chèque ci-joint N° … portant sur la somme de …

Comme nous sommes persuadés qu'il s'agit d'une erreur, nous vous demandons de bien vouloir procéder à une vérification et de nous en communiquer les résultats dans les plus brefs délais.

Veuillez agréer, Madame, Monsieur, nos salutations distinguées.

Annullierung eines Schecks

Sehr geehrte Damen und Herren,

da der Scheck Nr. ... vom ... zugunsten von ... offensichtlich auf dem Postweg verloren gegangen ist, bitten wir Sie um Sperrung der Zahlung.

Wir erwarten Ihre Bestätigung, bevor wir einen neuen Scheck ausstellen, damit er nicht doppelt ausgefertigt wird.

Mit freundlichen Grüßen

Annulation d'un chèque

Madame, Monsieur,

Nous vous demandons de faire opposition au paiement du chèque N° ... daté du ... à l'ordre de ..., envoyé par la poste, ce chèque s'est manifestement perdu.

Nous attendons confirmation de cette opération de votre part avant de procéder à l'émission d'un nouveau chèque, ceci afin d'éviter une double émission.

Veuillez agréer, Madame, Monsieur, nos salutations distinguées.

Verlust der Kreditkarte

Sehr geehrte Damen und Herren,

hiermit bestätige ich das Telefongespräch von heute mit Herrn ..., in welchem ich Sie über den Verlust meiner Kreditkarte Nr. ... in Kenntnis setzte und Sie bat, diese sofort zu annullieren.

Ich hoffe, dass Sie mir, wie versprochen, bald eine neue Karte zusenden.

Mit freundlichen Grüßen

Perte de la carte de crédit

Madame, Monsieur,

J'ai téléphoné aujourd'hui à Monsieur ... pour vous faire prendre connaissance de la perte de ma carte de crédit N° ... et de la demande immédiate de son annulation.

J'espère que vous me ferez bientôt parvenir une nouvelle carte comme convenu.

Veuillez agréer, Madame, Monsieur, mes salutations distinguées.

Anschluss an elektronisches Bankensystem

Sehr geehrte Damen und Herren,

wir freuen uns Ihnen mitzuteilen, dass ab 1. Januar ... alle Kunden an unser elektronisches Bankensystem angeschlossen sind.

In der Anlage erhalten Sie unsere Broschüre, die Sie über alle wichtigen Einzelheiten informiert.

Ebenso erhalten Sie ein entsprechendes Anmeldeformular.

Connexion au système bancaire électronique

Madame, Monsieur,

Nous avons le plaisir de vous informer qu'à partir du 1er janvier ... tous nos clients seront connectés à notre système bancaire électronique.

Vous trouverez ci-joint notre brochure vous informant des points essentiels.

De même vous trouverez le formulaire adéquat d'inscription.

Fails Sie unserem E-Banking-System beitreten wollen, senden Sie uns dieses Formular bitte ausgefüllt zurück. Sie erhalten dann unsere TAN (Transaction number) sowie Ihre geheime PIN (personal identification number). Aus Sicherheitsgründen wird diese Ihnen getrennt zugesandt.

Mit freundlichen Grüßen

Si vous voulez adhérer à notre système bancaire électronique, renvoyez– nous s'il vous plaît ce formulaire rempli. Vous recevrez ensuite notre code de transaction ainsi que votre code PIN secret (numéro personnel d'identification). Par sécurité les deux vous seront envoyés séparément.

Veuillez agréer, Madame, monsieur, nos salutations distinguées.

Anlage von Kapital

Placement de capitaux

1 Sehr geehrte Damen und Herren,

die Entwicklung der Zinssätze in Ihrem Land scheint uns zurzeit recht günstig zu sein, um eine kurzfristige Kapitalanlage zu tätigen.

Da wir schon bei anderen Gelegenheiten mit Ihrer sachgerechten Beratung in Fragen der Kapitalanlage sehr zufrieden waren, wären wir Ihnen dankbar, wenn Sie uns mitteilen würden, wie wir zurzeit einen Betrag von ungefähr ... günstig anlegen könnten.

Wir erwarten mit Interesse Ihre Stellungnahme.

Mit freundlichen Grüßen

1 Madame, Monsieur,

L'évolution actuelle des taux d'intérêts dans votre pays nous semble propice au placement de capitaux à court terme.

Nous avons été très satisfaits des conseils judicieux que vous nous avez prodigués en d'autres occasions. C'est pourquoi nous vous demandons de bien vouloir nous communiquer votre avis concernant un placement avantageux d'environ ... que nous désirons effectuer actuellement.

Dans l'attente d'une réponse de votre part, nous vous prions d'agréer, Madame, Monsieur, nos salutations distinguées.

2 Sehr geehrte Damen und Herren,

die Öffnung des Geldmarktes innerhalb der EU und die Globalisierung der Weltmärkte machen es m. E. attraktiv, eine andere Kapitalanlage zu suchen als ein Festgeldkonto oder die Investition in Schuldverschreibungen.

In Ihrer Broschüre habe ich gelesen, dass Sie als Bankinstitut eine Möglichkeit des Portfolio-Sparens in Verbindung mit dem Kauf von Wertpapieren anbieten.

Ich wäre Ihnen dankbar, wenn Sie mich näher darüber informieren würden. Sie erreichen mich auch telefonisch unter der Nr. ... oder der Handy-Nr. ...

Mit freundlichen Grüßen

2 Madame, Monsieur,

A notre avis l'ouverture du marché financier au sein de l'UE et la globalisation des marchés mondiaux rend attractive la recherche d'un autre placement de capitaux à taux fixe ou d'investissements en obligations.

J'ai lu dans votre brochure que vous proposez, en tant qu'institut bancaire, un portefeuille d'épargne en combinaison avec l'achat de valeurs.

Je vous serais reconnaissant de bien vouloir m'informer plus précisément sur ce sujet. Vous pouvez également me joindre par téléphone au N° ... ou au N° de portable ...

Veuillez agréer, Madame, Monsieur, mes salutations distinguées.

Börsengeschäfte

Ankauf von Effekten

Sehr geehrte Damen und Herren,

wir wären Ihnen dankbar, wenn Sie zulasten unseres Kontos an der Börse von ... folgende Effekten zur bestmöglichen Notierung („billigst") kaufen würden.

Aktien: ...

Staatsschuldpapiere: ...

Investmentfonds: ...

Obligationen: ...

Wir bitten Sie, diese Wertpapiere auf unsere Rechnung im Depot aufzubewahren.

Wir erwarten Ihre Mitteilung, dass der Auftrag ausgeführt worden ist.

Mit freundlichen Grüßen

Verkauf von Effekten

Sehr geehrte Damen und Herren,

wir bitten Sie, zum besten Kurs („bestens") folgende Aktien zu verkaufen, die Sie auf unseren Namen in Ihrem Depot haben:

...

Da der Markt für diese Effekten in den letzten Tagen zur Hausse tendiert, hoffen wir, dass Sie einen guten Preis bekommen können.

Bitte schreiben Sie den Verkaufserlös unserem Konto gut.

Wir erwarten Ihre Mitteilung, dass der Auftrag ausgeführt worden ist.

Mit freundlichen Grüßen

Opérations de bourse

Achat de titres

Madame, Monsieur,

Veuillez débiter notre compte pour exécuter un ordre d'achat à la Bourse de ... pour les titres suivants ..., ceci en fonction de la cotation optimale:

actions: ...

obligations du Trésor: ...

Sicav: ...

obligations: ...

Nous vous demandons de garder ces titres en dépôt, les frais à la garde étant à notre charge.

Dans l'attente d'une confirmation de l'exécution de notre ordre, veuillez agréer, Madame, Monsieur, nos salutations distinguées.

Vente de titres

Madame, Monsieur,

Nous vous demandons d'exécuter au cours le plus avantageux l'ordre de vente pour les actions suivantes en dépôt à notre nom dans votre établissement:

...

Nous espérons que vous les vendrez à bon prix en raison de la tendance à la hausse enregistrée pour ces titres sur le marché ces derniers jours.

Veuillez créditer notre compte du montant de cette vente.

Dans l'attente d'une confirmation de l'exécution de notre ordre de vente, nous vous prions d'agréer, Madame, Monsieur, nos salutations distinguées.

Korrespondenz in Marketing und Werbung

Correspondance marketing et publicité

Anfrage auf Erstellung einer Marktstudie

Sehr geehrte Damen und Herren,

wir verdanken Ihre Adresse unseren Geschäftsfreunden ... aus ..., die letztes Jahr eine Marktstudie durch Sie erstellen ließen und mit dem Ergebnis sehr zufrieden waren.

Anbei erhalten Sie eine genaue Beschreibung unseres Hauses und der von uns hergestellten Produkte.

Wir haben vor, diese im Zuge des Zusammenwachsens der EU-Länder zu einem einheitlichen Markt verstärkt EU-weit zu vertreiben, und möchten Sie bitten uns mitzuteilen, ob Sie grundsätzlich bereit wären, eine komplette Marktstudie für uns zu erstellen. Wie sind Ihre Konditionen?

Bei Interesse würden wir einen Besuchstermin bei uns durch eine Fachperson Ihres Hauses begrüßen.

Wir freuen uns, bald von Ihnen zu hören.

Mit freundlichen Grüßen

Anlage

Demande d'analyse de marché

Madame, Monsieur,

Votre adresse nous a été communiquée par ... avec qui nous entretenons des relations d'affaires. Il/ils a/ont été très satisfait(s) des résultats de votre analyse de marché effectuée l'année dernière.

Nous joignons à cette lettre une présentation de notre entreprise ainsi que la description de nos produits.

Vu l'extension du Marché intérieur européen, nous projetons un renforcement de la distribution de nos produits dans le Marché unique. Veuillez nous faire savoir si vous êtes disposé à effectuer une étude complète de marché. Quelles sont vos conditions?

Si notre proposition vous intéresse, nous serons très heureux d'avoir la visite d'un spécialiste de votre maison avec qui nous prendrons rendez-vous.

Dans l'attente d'une réponse rapide, nous vous prions d'agréer, Madame, Monsieur, nos salutations distinguées.

P.J.

Antwort auf Anfrage zur Erstellung einer Marktstudie

Sehr geehrte Damen und Herren,

vielen Dank für Ihre Anfrage vom … Es hat uns sehr gefreut zu erfahren, dass wir von der Firma … empfohlen worden sind.

Wir sind gern bereit, mit Ihnen näher ins Gespräch zu kommen, um die von Ihnen gewünschte Marktstudie zu erstellen.

Da dies jedoch umfangreiche Vorgespräche erfordert, schlagen wir vor, dass der Unterzeichner Sie im Laufe der nächsten Woche anruft, um einen Besuchstermin zu vereinbaren.

Sie könnten uns dann auch ausführlich mitteilen, welche Vertriebsvorstellungen Sie haben.

Wir werden uns nächste Woche telefonisch bei Ihnen melden.

Mit freundlichen Grüßen

Réponse à une demande d'étude de marché

Madame, Monsieur,

Tous nos remerciements pour votre demande du … Nous avons été très heureux d'apprendre que nous vous avons été recommandés par la maison …

Nous aimerions avoir un entretien détaillé avec vous au sujet de votre demande d'étude de marché.

Comme cette démarche implique une longue préparation avec discussions préalables, nous proposons que le signataire de cette lettre vous contacte par téléphone dans le courant de la semaine prochaine pour prendre rendez-vous.

Vous pourrez donc nous faire part en détail de vos projets de distribution.

Nous vous contacterons par téléphone la semaine prochaine.

Veuillez agréer, Madame, Monsieur, nos salutations distinguées.

Einschaltung einer Werbeagentur

Sehr geehrte Damen und Herren,

gemäß Ihrem Wunsch haben wir für das neue Vertretungsgebiet die Werbeagentur … mit der Werbung für Ihre Produkte beauftragt.

Die Werbung soll alle Werbeträger, die sich an die Öffentlichkeit wenden, einschließen, also sowohl Rundfunk, Fernsehen, Presse als auch alle Werbemöglichkeiten des Internet.

Sobald wir nähere Einzelheiten von der Werbeagentur erhalten haben, werden wir diese unverzüglich an Sie weiterleiten.

Mit freundlichen Grüßen

Recours à une agence de publicité

Madame, Monsieur,

Comme vous le souhaitiez, nous avons chargé l'agence de publicité … de la publicité de vos produits dans le nouveau secteur de représentation.

Cette publicité aura recours à tous les supports touchant le public, aussi bien radio, télévision, presse écrite que tous les moyens publicitaires sur internet.

Dès que l'agence de publicité nous aura communiqué davantage de détails nous vous les transmettrons immédiatement.

Veuillez agréer, Madame, Monsieur, nos salutations distinguées.

Werbung und Publicrelations

Bitte um Ausarbeitung einer Anzeigenkampagne

Sehr geehrte Damen und Herren,

zur Imagepflege unseres Unternehmens wollen wir zum Jahresende eine groß angelegte Anzeigenkampagne in der lokalen Presse starten.

Wir wären Ihnen sehr verbunden, wenn Sie uns ein detailliertes Angebot ausarbeiten könnten, das alle Aspekte einer solchen Kampagne bestmöglich berücksichtigt.

Sie haben freie Wahl bezüglich der Ideen. Wir verlassen uns hier auf Ihren werbefachlichen Rat. Der Kostenrahmen dürfte jedoch den Betrag von ... nicht übersteigen.

Wir freuen uns, bald Ihr Angebot zu erhalten.

Mit freundlichen Grüßen

Publicité et relations publiques

Demande de plan d'une campagne de publicité par annonces dans la presse

Madame, Monsieur,

En vue de promouvoir l'image de marque de notre entreprise nous désirons lancer une opération publicitaire de vaste envergure dans la presse locale à la fin de l'année.

Nous vous serions reconnaissants de bien vouloir nous faire une offre détaillée en tenant compte au mieux possible de tous les aspects que recouvre une telle campagne.

Nous vous laissons toute liberté quant au choix des idées car nous faisons confiance à votre professionalisme dans ce domaine. Les frais à engager ne devront cependant pas excéder la somme de ...

Dans l'attente d'une réponse rapide de votre part nous soumettant vos propositions, veuillez agréer, Madame, Monsieur, nos salutations distinguées.

Übersendung von Werbematerial

Mitteilung der Werbeagentur

Sehr geehrte Damen und Herren,

in der Anlage erhalten Sie das von uns inzwischen fertig gestellte Verkaufsförderungsprogramm (die neue Werbebroschüre) für die Produkte ... Ihres Hauses.

Sollten Sie noch Fragen oder Änderungswünsche haben, bitten wir um umgehende Mitteilung.

Wir danken Ihnen für das in uns gesetzte Vertrauen und stehen Ihnen jederzeit gern wieder zur Verfügung.

Mit freundlichen Grüßen

Envoi de matériel publicitaire

Communication de l'agence de publicité

Madame, Monsieur,

Vous trouverez ci-joint le plan de promotion des ventes que nous avons réalisé(e) (la nouvelle brochure publicitaire) concernant les produits ... de votre entreprise.

Veuillez nous contacter immédiatement si vous avez encore des questions ou des demandes de modifications.

Nous vous remercions de la confiance que vous nous avez témoignée et restons à votre entière disposition pour d'autres opérations.

Nous vous prions d'agréer, Madame, Monsieur, nos salutations distinguées.

Werbung im Internet

Bitte um Ausarbeitung einer Homepage

Sehr geehrte Damen und Herren,

wir haben Ihre Anschrift aus dem Internet, wo Sie sich als Spezialisten für die Gestaltung von Firmen-Homepages darstellen.

Da wir uns in Zukunft für Absatz- und Werbezwecke dieses Mediums bedienen möchten, bitten wir um Ihre detaillierten Vorschläge.

In der Anlage erhalten Sie nähere Informationen über unser Unternehmen, unsere Produkte und unsere Hauptabsatzmärkte.

Bitte senden Sie Ihr Angebot an unsere Abteilung Werbung und Öffentlichkeitsarbeit.

Mit freundlichen Grüßen

Beantwortung einer Homepage-Anfrage

Sehr geehrte Damen und Herren,

in der Anlage erhalten Sie unseren allgemeinen Werbeprospekt über Homepages mit unserer neuesten Preisliste.

Unser(e) Spezialist(in) für Homepages, Herr (Frau) ... wird sich in den nächsten Tagen mit Ihrer Abteilung Werbe- und Öffentlichkeitsarbeit in Verbindung setzen, um einen Gesprächstermin zur Ausarbeitung eines detaillierten Vorschlags für Ihre Homepage zu vereinbaren.

Wir danken für Ihr Interesse.

Mit freundlichen Grüßen

Anlage

Publicité sur internet

Demande d'une configuration d'un site internet

Madame, Monsieur,

Nous avons obtenu votre adresse par internet sur lequel vous vous présentez comme spécialiste de configuration de sites internet pour les entreprises.

Souhaitant nous servir à l'avenir de ce média comme support de vente et de publicité, nous vous remercions de nous faire parvenir vos propositions détaillées.

Vous trouverez ci-joint des informations plus précises relatives à notre entreprise, nos produits et nos principaux marchés.

Nous vous remercions d'envoyer votre offre à notre département publicité et communication.

Veuillez agréer, Madame, Monsieur, nos salutations distinguées.

Réponse à une demande de configuration d'un site internet

Madame, Monsieur,

Vous trouverez ci-joint notre prospectus général relatif aux sites internet ainsi que notre liste actuelle de prix.

Notre spécialiste des sites internet Monsieur (Madame) ... va prochainement prendre contact avec votre département publicité et communication pour fixer une date d'entretien concernant l'élaboration d'une proposition détaillée pour votre site internet.

Nous vous remercions de votre intérêt.

Veuillez agréer, Madame, Monsieur, nos salutations distinguées.

P.J.:

Empfehlungsbriefe, Einführungsbriefe, Bewerbungen
Lettres de recommandation, Lettres d'introduction, Candidatures

Ankündigung eines Besuchers

Sehr geehrte Damen und Herren,

wie ich Ihnen schon telefonisch mitteilte, wird mein Kollege (Freund), Herr ..., (meine Kollegin, Partnerin, Frau ...) vom ... bis ... in Ihrer Stadt sein.

Ich wäre Ihnen sehr dankbar, wenn er (sie) sich im Falle von Problemen oder Fragen an Sie wenden könnte, und habe mir erlaubt, ihm (ihr) Ihre Anschrift und Telefonnummer zu geben.

Ich danke im Voraus für Ihre freundliche Unterstützung.

Mit freundlichen Grüßen

Annonce de la venue d'un visiteur

Madame, Monsieur,

Comme je vous en ai déjà informé par téléphone, mon collègue (ami), Monsieur ... (ma collègue, partenaire, Madame / Mademoiselle ...), séjournera du ... au ... dans votre ville.

Je me suis permis de lui communiquer votre adresse et votre numéro de téléphone afin qu'il (elle) puisse s'adresser à vous si des questions ou des problèmes se présentaient. Je vous serais alors très reconnaissant d'intervenir.

Je vous adresse mes remerciements anticipés pour votre aide, je suis à votre disposition pour des services similaires.

Veuillez agréer, Madame, Monsieur, mes salutations distinguées.

Beantwortung eines Einführungsbriefes

Sehr geehrter Herr ...
(Sehr geehrte Frau ...),

vielen Dank für Ihr Schreiben vom ... Ihr(e) Kollege(in), Herr (Frau) ..., hat sich am ... an mich gewandt.

Es freut mich Ihnen mitzuteilen, dass ich Herrn (Frau) ... bei einer mir bekannten Firma als Praktikant(in) einführen konnte.

Herr (Frau) ... kann sich auch weiterhin stets an mich wenden.

Mit freundlichen Grüßen

Réponse à une lettre de recommandation

Monsieur
(Madame),

Nous vous remercions pour votre lettre du ... Votre collègue, Monsieur (Madame) ..., s'est adressé(e) à moi.

J'ai le plaisir de vous annoncer que j'ai pu faire entrer Monsieur (Madame) ... comme stagiaire dans une entreprise que je connais.

Monsieur (Madame) ... pourra à l'avenir encore s'adresser à moi chaque fois que cela sera nécessaire.

Veuillez agréer, Monsieur (Madame), mes salutations distinguées.

Positive Referenz

Sehr geehrte Damen und Herren,

Herr ... (Frau ...), dessen (deren) Lebenslauf ich beifüge, hat mich gebeten, für Sie eine Referenz zu verfassen.

Herr ... (Frau ...) hat vom ... bis ... in meinem Unternehmen als ... gearbeitet. Während dieser Zeit konnte ich mich von seinen (ihren) hervorragenden Fähigkeiten überzeugen. Herr ... (Frau ...) war stets pünktlich, fleißig und zuverlässig, und ich habe keine Bedenken, ihn (sie) für eine entsprechende Position zu empfehlen.

Mit freundlichen Grüßen

Références positives

Madame, Monsieur,

Monsieur (Madame / Mademoiselle) ... dont je vous envoie le CV, m'a prié de vous fournir des références.

Monsieur (Madame / Mademoiselle) ... a travaillé comme ... dans mon entreprise du ... au ... Il (elle) a eu l'occasion durant cette période de faire preuve de ses compétences. Monsieur (Madame/Mademoiselle) ... a toujours été ponctuel(le), consciencieux(-ieuse) dans son travail, fiable. Je peux le (la) recommander sans aucune réserve pour un poste correspondant à ses aptitudes.

Veuillez agréer, Madame, Monsieur, mes salutations distinguées.

Anl.

P.J.

Vage Referenz

Sehr geehrte Damen und Herren,

Sie baten mich mit Schreiben vom ... um Abgabe einer Referenz über Herrn ... (Frau ...).

Leider kann ich nur bestätigen, dass Herr ... (Frau ...) ca. ... Monate für uns tätig war. Diese Zeit war zu kurz, um mir einen wirklich gründlichen Eindruck von Herrn ... (Frau ...) zu vermitteln.

Ich bedaure, Ihnen die gewünschte Auskunft in diesem Fall nicht geben zu können.

Mit freundlichen Grüßen

Références vagues

Madame, Monsieur,

Vous m'avez demandé par écrit de vous fournir des références sur Monsieur (Madame/Mademoiselle) ...

Je regrette de pouvoir seulement confirmer que Monsieur (Madame/Mademoiselle) ... a travaillé chez nous pour une durée d'env. ... mois, ce qui est trop court pour être en mesure d'apprécier véritablement les qualités de Monsieur (Madame/Mademoiselle) ...

Je regrette de ne pouvoir vous fournir en ce cas les renseignements que vous souhaitez.

Veuillez agréer, Madame, Monsieur, mes salutations distinguées.

Bewerbungsschreiben

Sehr geehrte Damen und Herren,

Ihrer Anzeige vom ... in ... habe ich entnommen, dass Sie einen ... (eine ...) suchen.

In der Anlage füge ich einen Lebenslauf sowie Zeugnisse und Bescheinigungen meiner schulischen und beruflichen Laufbahn bei.

Wie Sie diesen Unterlagen entnehmen können, habe ich bereits eine mehrjährige Berufserfahrung auf dem Gebiet des ... (der ...).

Ich wäre Ihnen dankbar, wenn Sie mir Gelegenheit zu einem persönlichen Vorstellungsgespräch geben würden, und stehe jederzeit zu Ihrer Verfügung.

Mit freundlichen Grüßen

Anl.

Lettre de candidature

Madame, Monsieur,

J'ai lu dans votre annonce du ... parue dans ... que vous recherchez un(e) ...

Je vous adresse en annexe un dossier de candidature avec CV, diplômes obtenus lors de ma formation scolaire, attestations de mes employeurs sur mes activités professionnelles.

Je dispose d'une expérience professionnelle de plusieurs années dans le secteur ... ainsi que vous pourrez le constater dans mon dossier de candidature.

Je vous serais très reconnaissant(e) de bien vouloir m'accorder un entretien et reste à votre entière disposition.

Veuillez agréer, Madame, Monsieur, mes salutations distinguées.

Annexe

Einladung zum Vorstellungsgespräch

Sehr geehrter Herr ...
(Sehr geehrte Frau ...),

vielen Dank für Ihre Bewerbung vom ...

Wir sind interessiert, Sie persönlich kennen zu lernen, und laden Sie ein, am ... um ... Uhr zu uns zu kommen.

Bitte melden Sie sich am genannten Tag bei Herrn ... (Frau ...) in der Abteilung ...

Sollte Ihnen der Termin nicht zusagen, bitten wir Sie, mit Herrn ... (Frau ...) einen anderen Termin zu vereinbaren.

Wir freuen uns auf Ihren Besuch.

Mit freundlichen Grüßen

Convocation à un entretien d'embauche

Monsieur
(Madame / Mademoiselle),

Nous vous remercions de votre candidature du ...

Nous aimerions faire votre connaissance et nous vous invitons à un entretien le ... à ... heure(s) dans notre entreprise.

Veuillez vous annoncer le jour convenu auprès de Monsieur (Madame) ... du service ...

Au cas où cette date ne vous conviendrait pas, veuillez fixer un autre rendez-vous avec Monsieur (Madame) ...

Dans l'attente du plaisir de votre visite, veuillez agréer, Monsieur (Madame / Mademoiselle), nos salutations distinguées.

Einstellung

Sehr geehrter Herr ...
(Sehr geehrte Frau ...),

wir freuen uns Ihnen mitzuteilen, dass wir Ihnen die Stelle als ... ab ... anbieten.

In der Anlage erhalten Sie unseren Arbeitsvertrag in 2facher Ausfertigung. Bitte unterschreiben Sie diesen und schicken Sie ein Exemplar an uns zurück.

Sollten Sie noch Fragen haben, stehen wir Ihnen gern zur Verfügung.

Ihr 1. Arbeitstag ist der ... Wir wünschen Ihnen und uns eine gute Zusammenarbeit.

Mit freundlichen Grüßen

Anl.

Embauche

Monsieur
(Madame / Mademoiselle),

Nous avons le plaisir de vous annoncer que nous vous proposons le poste de ... à partir du ...

Vous trouverez ci-joint un contrat d'embauche en deux exemplaires. Veuillez nous renvoyer un exemplaire signé.

Si vous avez encore des questions, nous sommes à votre disposition pour y répondre.

Votre première journée de travail est le ... Nous vous souhaitons une agréable collaboration réciproque.

Nous vous prions d'agréer, Monsieur (Madame / Mademoiselle), nos salutations distinguées.

P.J.

Absage auf Bewerbung

Sehr geehrte Herr ...
(Sehr geehrte Frau ...),

zu unserem Bedauern müssen wir Ihnen mitteilen, dass wir Ihre Bewerbung leider nicht berücksichtigen konnten.

In der Anlage erhalten Sie Ihre Bewerbungsunterlagen zurück.

Wir danken für das von Ihnen gezeigte Interesse.

Mit freundlichen Grüßen

Anl.

Refus d'une candidature

Monsieur
(Madame / Mademoiselle),

Nous regrettons de vous informer que votre candidature n'a pas été retenue.

Nous vous retournons par la présente votre dossier de candidature.

Nous vous remercions de l'intérêt que vous nous avez témoigné.

Veuillez agréer, Monsieur (Madame / Mademoiselle), nos salutations distinguées.

P.J.

Kündigung

Sehr geehrter Herr ...
(Sehr geehrte Frau ...),

wir müssen Ihnen leider mitteilen, dass wir den zwischen Ihnen und uns am ... geschlossenen Arbeitsvertrag aus ... Gründen nicht verlängern können.

Die gegenwärtige Lage auf dem Arbeitsmarkt lässt uns im Augenblick keine andere Wahl.

Ihre Anstellung endet mit dem ... nach der gesetzlichen Kündigungsfrist von ... Wochen (... Monaten).

Wir danken für Ihre geleistete Mitarbeit und wünschen Ihnen für die Zukunft alles Gute.

Mit freundlichen Grüßen

Licenciement

Monsieur
(Madame / Mademoiselle),

Nous sommes au regret de vous communiquer que nous ne pouvons pas prolonger le contrat de travail que nous avons passé avec vous le ..., ceci pour des raisons ...

La situation actuelle sur le marché du travail ne nous laisse pas le choix.

Selon le délai de préavis prévu par la loi de ... semaines (... mois) votre contrat expire le ...

Nous vous remercions de votre collaboration et vous présentons nos vœux de réussite pour l'avenir.

Veuillez agréer, Monsieur (Madame / Mademoiselle), nos salutations distinguées.

Korrespondenz im Transportwesen
Correspondance avec les transporteurs

Luftfracht

Anfrage an Spediteur (Ausfuhr)

Sehr geehrte Damen und Herren,

gemäß Kaufvertrag vom ... sollen wir am ... eine Sendung ... nach ... per Luftfracht versenden.

Wir bitten Sie, uns für den entsprechenden Lufttransport ein Angebot zu machen und gleichzeitig für die Zollabfertigung in unserem Land Sorge zu tragen.

Wir erwarten bis zum ... Ihr Angebot für den Lufttransport sowie für die deutsche und ausländische Zollabfertigung.

Mit freundlichen Grüßen

Fret aérien

Demande de renseignements au transporteur (exportation)

Madame, Monsieur,

En vertu du contrat de vente du ... nous devons effectuer le ... une expédition ... à destination de ... par transport aérien.

Nous vous demandons de nous soumettre une offre correspondante concernant ce transport aérien et vous prions de vous charger des formalités de douane à faire au départ de notre pays.

Veuillez nous communiquer votre offre concernant le transport aérien et les opérations de dédouanement en Allemagne et à l'étranger avant le ...

Veuillez agréer, Madame, Monsieur, nos salutations distinguées.

Anfrage an Spediteur (Inland)

Sehr geehrte Damen und Herren,

wir werden in Zukunft eilige Luftfrachtsendungen von Pharmazeutika haben, die innerhalb von 12–24 Stunden ihren Empfänger erreichen müssen.

Sind Sie in der Lage, die nötigen Vorkehrungen zu treffen, damit eine schnelle Beförderung per Kurier gewährleistet ist?

Wir würden Sie jeweils per Fax, E-Mail oder telefonisch so früh wie möglich vorab informieren.

Gern erwarten wir Ihre Antwort mit einem entsprechenden Angebot.

Mit freundlichen Grüßen

Vol intérieur

Madame, Monsieur,

Nous aurons à effectuer à l'avenir l'envoi exprès par avion de médicaments devant parvenir à leur destinataire dans un délai de 12 à 24 heures.

Etes-vous en mesure de prendre les dispositions nécessaires pour garantir un service de messagerie rapide par transport aérien?

Vous serez avisé à chaque fois aussi tôt que possible par fax, email ou par téléphone.

Dans l'attente d'une offre de votre part, nous vous prions d'agréer Madame, Monsieur, nos salutations distinguées.

Auftrag an Spediteur (Einfuhr)

Sehr geehrte Damen und Herren,

wir erwarten am ... mit Luftfrachtbrief Nr. ... die Ankunft einer Sendung von ... aus ... Die Flug-Nr. ist ... der ... Luftfahrtgesellschaft.

Da dies eine Wareneinfuhr aus Drittländern darstellt, überreichen wir Ihnen in der Anlage die Kopie der Einfuhrgenehmigung gemäß §30 Abs.1 der Außenwirtschaftsverordnung.

Der Wert der Sendung beträgt ... Die Originalrechnungen liegen der Sendung bei.

Bitte erledigen Sie für uns alle Zollformalitäten und veranlassen Sie den sofortigen Weitertransport an unsere Anschrift.

Mit freundlichen Grüßen

Ordre donné au transporteur (importation)

Madame, Monsieur,

Nous attendons l'arrivée de ... en provenance de ... prévue le ... avec la lettre de transport aérien N^O ... Numéro de vol: ... Compagnie aérienne: ...

Comme il s'agit d'une importation de marchandises en provenance d'un pays tiers, vous trouverez ci-joint une copie de l'autorisation d'importation conformément au § 30, premier alinéa, du décret réglementant les échanges extérieurs.

Les marchandises expédiées ont une valeur de ..., elles sont accompagnées des factures originales.

Veuillez vous charger pour nous de toutes les formalités de dédouanement et procéder ensuite au postacheminement à notre adresse.

Nous vous prions d'agréer, Madame, Monsieur, nos salutations distinguées.

Anlage

P.J.

Antwort des Spediteurs

Sehr geehrte Damen und Herren,

wir danken für Ihre Anfrage vom ... und sind gern bereit, alle Zollformalitäten für die Luftfrachtsendung Nr. ... zu übernehmen.

Sobald dies geschehen ist, werden wir Sie per Fax oder E-Mail benachrichtigen und den genauen Lieferzeitpunkt mitteilen.

Mit freundlichen Grüßen

Réponse du transporteur

Madame, Monsieur,

Nous vous remercions de votre demande du ... Nous sommes à votre disposition pour effectuer toutes les formalités de dédouanement concernant le fret aérien N^O ...

Dès que ces opérations seront effectuées, nous vous informerons par fax ou par email de la date précise de la livraison.

Veuillez agréer, Madame, Monsieur, nos salutations distinguées.

Seefracht und Binnenschifffahrtsfracht

Anfrage an Reederei

Sehr geehrte Damen und Herren,

wir sind im Begriff, eine Sendung von ca. 10 Tonnen gebrauchter Maschinenteile nach Beirut zu verschiffen. Die Ware wird in insgesamt 15 Kisten mit den Abmessungen ... und ... und einem Bruttogewicht von je ... kg verpackt.

Bitte teilen Sie uns mit, zu welchen Sätzen (von FOB bis CFR) Sie eine solche Verschiffung durchführen können.

Ferner bitten wir Sie, uns die Abfahrtszeiten Ihrer Schiffe, die den Hafen Beirut in den nächsten 6 Monaten anlaufen, mitzuteilen.

Unser Schiffsagent, die Fa. ..., ist mit der Wahrung unserer Interessen beauftragt worden und wird sich um die Beibringung der erforderlichen Papiere kümmern.

Wir erwarten umgehend Ihr Angebot.

Mit freundlichen Grüßen

Anfrage an Reederei auf Übernahme einer Voyage-Charter

Sehr geehrte Damen und Herren,

da wir regelmäßig größere Mengen von Waren nach Lateinamerika verschiffen, fragen wir an, ob Sie ggf. daran interessiert sind, uns für die Dauer von jeweils 6 Monaten eine günstige Voyage-Charter zu besorgen.

Das Schiff müsste zwischen Rotterdam und einem mittelamerikanischen Hafen verkehren.

Bitte teilen Sie uns mit, zu welchen Bedingungen und Preisen und wann Sie eine solche Voyage-Charter übernehmen würden.

Wir sind an einer baldigen Antwort interessiert.

Mit freundlichen Grüßen

Transport maritime et par voie fluviale

Demande de renseignements au transporteur maritime

Madame, Monsieur,

Nous expédierons incessamment env. 10 tonnes de pièces de machines d'occasion par voie maritime à destination de Beyrouth. La marchandise sera emballée dans 15 caisses aux dimensions de ... et ..., chaque caisse a un poids de ... kg.

Nous vous demandons de nous communiquer vos tarifs de fret maritime (de FAB à CFR) et le calendrier de partances de vos navires à destination de Beyrouth pour les six mois à venir.

L'entreprise ..., notre agent maritime, s'occupe de nos affaires et fournira les documents nécessaires.

Dans l'attente d'une réponse rapide, nous vous prions d'agréer, Madame, Monsieur, nos sentiments distingués.

Demande auprès d'une compagnie maritime pour un charter

Madame, Monsieur,

Nous assurons régulièrement le transport de quantités importantes de marchandises vers l'Amérique du Sud et aimerions savoir si, pour une durée de six mois à chaque fois, l'organisation d'un transport charter vous intéresse.

Le bateau devrait assurer la liaison entre Rotterdam et un port d'Amérique centrale.

Nous vous prions de nous faire savoir à quelles conditions, à quel prix et à quel moment vous pourriez vous charger d'un tel transport.

Veuillez agréer, Madame, Monsieur, nos salutations distinguées.

Antwort der Reederei

Sehr geehrte Damen und Herren,

wir danken für Ihre Anfrage vom ... und fügen unsere Seefrachttabelle sowie die Schiffabfahrtslisten für das nächste Jahr bei.

Bei der vorgesehenen Sendung lohnt sich die Verschiffung in einem 10 ft-Container.

Wir fügen einen Fragebogen unserer Reederei mit der Bitte bei, diesen ausgefüllt an uns zurückzusenden. Wir können dann eine genaue Berechnung der Seefracht vornehmen.

Da wir ständig sowohl eigene als auch gecharterte Schiffe nach Beirut einsetzen, wird es kein Problem sein, innerhalb von 4 Wochen eine geeignete Seetransportmöglichkeit für Ihre Ware nach Beirut zu finden.

Mit freundlichen Grüßen

Réponse du transporteur maritime

Madame, Monsieur,

Nous vous remercions de votre lettre du ..., vous trouverez ci-joint nos tarifs de frets maritimes avec le calendrier des partances de navires pour l'année prochaine.

Un conteneur de 10 pieds est approprié au transport de la cargaison prévue.

Vous trouverez ci-joint notre questionnaire pour transport maritime, veuillez le remplir et nous le retourner. Nous pourrons alors faire un calcul exact du fret.

Nos propres navires et des navires affrétés par nos soins étant constamment en partance pour Beyrouth, il ne sera pas difficile de trouver une possibilité de transport adéquate de votre marchandise à destination de Beyrouth dans les quatre semaines à venir.

Veuillez agréer, Madame, Monsieur, nos salutations distinguées.

Auftragserteilung an Binnenschifffahrtsunternehmen

Sehr geehrte Damen und Herren,

wir beauftragen Sie hiermit, die Partie, die per Tanker ... im Binnenhafen von ... eingetroffen ist und dort zwischengelagert, nach ... weiterzutransportieren.

Wie Sie uns telefonisch mitteilten, können Sie ein Tankschiff von ca. 1000 BRT für diesen Transport zur Verfügung stellen und uns die Ankunft der Ware in ... zusagen.

Der Charterpreis von ..., den Sie uns per Fax am ... durchgegeben haben, entspricht unseren Vorstellungen und wird hiermit bestätigt.

Bitte teilen Sie uns rechtzeitig mit, wann mit der Ankunft der Sendung genau gerechnet werden kann.

Mit freundlichen Grüßen

Ordre donné à un transporteur par voie fluviale

Madame, Monsieur,

Nous vous chargeons par la présente d'acheminer vers... la cargaison arrivée au port fluvial de ... à bord du pétrolier ... et qui est entreposée dans ce port fluvial.

Comme vous nous l'avez assuré au téléphone, vous pouvez effectuer ce transport à bord d'un bateau-citerne d'env. 1000 tonneaux de jauge brute et nous garantir que la marchandise atteindra sa destination à ...

Le prix d'affrètement de ... que vous nous avez communiqué par fax le ... correspond à ce que nous envisageons, nous confirmons donc notre ordre.

Veuillez nous communiquer à temps la date précise d'arrivée de la marchandise.

Nous vous prions d'agréer, Madame, Monsieur, nos salutations distinguées.

Straßentransport und Bahnfracht

Anfrage an Spediteur

Sehr geehrte Damen und Herren,

die Erweiterung unseres Transportnetzes in der Europäischen Union hat es mit sich gebracht, dass wir einen versierten Spediteur benötigen, der unsere Waren sorgfältig behandelt und per Lkw (per Bahn) pünktlich in alle Teile der EU transportiert.

Hierzu gehört selbstverständlich die Beschaffung bzw. Zusammenstellung der noch erforderlichen Dokumente, soweit sie nicht vom Absender mitgeliefert werden.

Bitte teilen Sie uns mit, für welche Gebiete Sie einen entsprechenden Dienst anbieten und zu welchen Konditionen Sie bereit sind, für uns regelmäßig Straßen-(Bahn-)Transporte durchzuführen.

Eine spätere Erweiterung auf Transporte in weitere europäische Länder, mit denen Interimsabkommen bestehen, ist möglich.

Wir fügen in der Anlage einen Prospekt bei, der Ihnen einen Überblick über die Produktpalette unseres Unternehmens gibt.

Alle weiteren Einzelheiten könnten in einem persönlichen Gespräch erörtert werden.

Wir hören gern wieder von Ihnen.

Mit freundlichen Grüßen

Anlage

Transport routier et transport ferroviaire

Demande de renseignements au transporteur

Madame, Monsieur,

L'extension de notre réseau de transport routier au sein de l'Union européenne nous amène à rechercher un transporteur chevronné qui assure le transport routier (ferroviaire) de nos marchandises dans tout le territoire de l'Union européenne, ceci avec le soin et la ponctualité requises.

La préparation des documents nécessaires fait bien sûr partie de cette tâche dans le cas où ils ne seraient pas fournis par l'expéditeur.

Nous vous demandons de bien vouloir nous transmettre vos propositions pour un transport régulier routier (ferroviaire) de nos marchandises; veuillez nous préciser vos zones d'activité et vos conditions.

Une extension des transports dans d'autres pays européens avec lesquels il existe des règlements provisoires est envisageable.

Vous trouverez ci-joint une documentation qui vous donnera une vue d'ensemble sur la gamme des produits de notre entreprise.

Tous les autres détails pourront être abordés au cours d'un entretien.

Dans l'attente de votre réponse, veuillez agréer, Madame, Monsieur, nos salutations distinguées.

P.J.

Angebot des Spediteurs

Sehr geehrter Herr …
(Sehr geehrte Frau …),

wir danken für Ihre Anfrage vom …, mit der Sie uns fragen, ob wir für Sie Lkw- (Bahn-)Transporte in die EU und ggf. in weitere europäische Länder durchführen können.

Seit der Erweiterung der EU haben wir in allen größeren Städten des Binnenmarktes Agenturen oder Kontaktstellen eingerichtet, so dass wir im gesamten EU-Raum sofort erreichbar sind.

Unsere Lkw-Transporte (Bahntransporte) werden von uns persönlich überwacht, die Lieferung wird von Haus-zu-Haus (von Bahnanschlussgleis zu Bahnanschlussgleis) durchgeführt. Wir kümmern uns in Ihrem Auftrag um alle Formalitäten.

Wir fügen einen Prospekt unseres Hauses bei, aus dem Sie a) die Leistungen unserer Spedition und b) die zz. gültigen Tarife für Frachtsendungen per Lkw (per Bahn) ersehen können.

Für ein detailliertes Gespräch zur Klärung aller weiteren Fragen, die insbesondere mit dem Transport Ihrer Produkte zu tun haben (wie z. B. die Handhabung der Güter, Verpackung, Umladung usw.), stehen wir jederzeit gern zur Verfügung.

Wir werden Sie in den nächsten Tagen anrufen, um einen Termin zu vereinbaren. Da wir uns auf dieses Gespräch gut vorbereiten wollen, bitten wir Sie, uns den beiliegenden Fragebogen ausgefüllt zurückzuschicken.

Mit freundlichen Grüßen

Anlage

Offre du transporteur

Monsieur,
(Madame),

Nous vous remercions de votre lettre du … par laquelle vous nous demandez de vous soumettre une proposition concernant le transport routier (ferroviaire) au sein de l'Union européenne et éventuellement dans d'autres pays européens.

Depuis l'extension du Marché intérieur européen nous avons ouvert des agences ou des centres dans toutes les villes importantes pour être aussitôt joignables dans tout le territoire de l'Union européenne.

Nous assurons nous-mêmes la supervision de nos transports routiers (ferroviaires), nous livrons de domicile à domicile (de gare à gare). Nous nous chargeons de toutes les formalités.

Vous trouverez ci-joint une documentation sur notre entreprise qui vous renseignera sur a) les prestations de notre entreprise de transport et b) sur les tarifs actuellement en vigueur pour les transports routiers (ferroviaires).

Nous sommes à votre entière disposition pour un entretien portant sur tous les points de détail se rapportant au transport de vos marchandises (comme par exemple leur maniement, leur emballage, leur déchargement, etc.).

Nous vous contacterons par téléphone dans les jours suivants pour fixer un rendez-vous. Afin de mieux préparer cet entretien, nous vous demandons de bien vouloir remplir le questionnaire ci-joint et de nous le renvoyer.

Veuillez agréer, Monsieur (Madame), nos salutations distinguées.

P.J.

Auftrag an Lkw-Spediteur

Sehr geehrte Damen und Herren,

wir beziehen uns auf Ihr fernmündliches Angebot vom ... und übertragen Ihnen hiermit die Durchführung des Transportes von ... bis ... für ...

Wie Sie uns zusicherten, werden Sie uns einen Sattelauflieger von ... m Ladefläche zur Verfügung stellen.

Sie übernehmen neben dem Transport die Abwicklung sämtlicher Formalitäten, soweit diese in der EU noch erforderlich sind.

Nach Durchführung des Transports bitten wir um Übersendung der Rechnung in 4facher Ausfertigung an obige Anschrift.

Mit freundlichen Grüßen

Ordre donné au transporteur routier

Madame, Monsieur,

Suite à l'offre que vous nous avez soumise par téléphone le ... nous vous chargeons par la présente de l'exécution du transport de ... à ... concernant ...

Comme vous nous l'avez promis, vous mettrez à notre disposition un semi-remorque de ... m de surface de chargement.

En plus du transport nous nous chargeons d'accomplir toutes les formalités qui restent nécessaires au sein de l'Union européenne.

Nous vous demandons de nous faire parvenir la facture en 4 exemplaires à l'adresse ci-dessus, ceci après avoir effectué le transport.

Veuillez agréer, Madame, Monsieur, nos salutations distinguées.

Auftrag an Bahn-Spediteur

Sehr geehrte Damen und Herren,

hiermit möchten wir Sie bitten, für uns eine Schüttgutladung per Containerwaggon von ... nach ... zu übernehmen.

Wir bitten Sie, die Ladung am ... ab ... Uhr in unserem Werk, Tor 3, zu übernehmen. Unser Lagerleiter, Herr ..., ist bereits unterrichtet.

Der Container wird am Bestimmungsbahnhof ... von unserem Kunden, der Firma ..., übernommen. Sie sorgt auch für die Umladung der Ware und die Rückgabe des geleerten und gesäuberten Containers an den Containerbahnhof ...

Bitte teilen Sie uns per Fax mit, wann Sie diesen Transport genau durchführen, damit wir unserem Kunden den genauen Ankunftstermin durchgeben können.

Die Rechnung erbitten wir an unsere Anschrift.

Mit freundlichen Grüßen

Ordre donné au transporteur ferroviaire

Madame, Monsieur,

Nous vous chargeons par la présente d'effectuer le transport par conteneur ferroviaire de marchandises en vrac de ... à destination de ...

Nous vous demandons d'effectuer le chargement le ... à partir de ... départ de notre usine, porte 3. Monsieur ..., responsable de notre entrepôt, est déjà au courant.

Le conteneur sera réceptionné à la gare destination de ... par notre client, l'entreprise ... qui se charge du déchargement de la marchandise et du renvoi du conteneur vide et nettoyé à la gare d'origine du conteneur.

Nous vous demandons de nous préciser par fax la date exacte de l'exécution du transport, car nous devons transmettre la date exacte d'arrivée à notre client.

Veuillez envoyer la facture à notre adresse.

Nous vous prions d'agréer, Madame, Monsieur, nos salutations distinguées.

Austauschsätze
Phrases modules

Die Anfrage
La demande

Allgemeine Nachfrage

1 Bitte senden Sie uns ein Angebot Ihrer Erzeugnisse.
2 Wir sind regelmäßige Abnehmer von ... und würden gerne wissen, welches Angebot Sie uns unterbreiten können.
3 Wir sind hier in ... der größte Verteiler von ... und würden gern mit Ihrer Firma in Geschäftsverbindung treten.
4 Bitte lassen Sie uns wissen, welche Produkte Sie uns hier in ... anbieten können.
5 Zurzeit disponieren wir unser kommendes Wintersortiment und benötigen daher schon jetzt Ihr Angebot.
6 Bitte teilen Sie uns mit, ob Sie Ihre Produkte nach ... exportieren.
7 Wir haben soeben eine Einfuhrlizenz für ... erhalten. Bitte unterbreiten Sie uns Ihr günstigstes Angebot.
8 Bitte lassen Sie uns wissen, welche Produkte Sie herstellen.
9 Teilen Sie uns bitte mit, ob Sie in der Lage sind, uns ... zu liefern.
10 Eine Ihrer Konkurrenzfirmen hat uns ein ausführliches Angebot zugehen lassen.
11 Wir sind daran interessiert, unsere lange und gute Geschäftsverbindung mit Ihnen aufrechtzuerhalten, und sehen Ihrem Angebot entgegen.

Demande générale

1 Nous vous prions de nous faire parvenir une offre de vos produits.
2 Nous sommes régulièrement preneurs de ... et aimerions savoir quelle offre vous pouvez nous faire.
3 Nous sommes ici à ... le plus grand distributeur de ... et aimerions entrer en relatioms d'affaires avec vous.
4 Nous vous prions de nous renseigner sur le type de produits que vous nous proposez ici à ...
5 Comme nous sommes en train de préparer notre collection pour l'hiver prochain, nous avons déjà besoin de votre soumission d'offre.
6 Nous vous prions de nous faire savoir si vous exportez vos produits en ...
7 Nous venons d'obtenir une licence d'importation pour ... Nous vous demandons de nous soumettre votre offre la plus avantageuse.
8 Veuillez nous informer sur le type de produits que vous fabriquez.
9 Nous aimerions savoir si vous êtes en mesure de nous livrer ...
10 L'un de vos concurrents nous a communiqué une offre détaillée.
11 Nous désirons poursuivre les excellentes relations d'affaires que nous avons depuis longtemps avec vous et attendons votre offre.

Prospektanforderung

1 Wir sind sehr an Ihren Produkten interessiert. Bitte lassen Sie uns umgehend Ihr Prospektmaterial zugehen.
2 Können Sie uns einen Prospekt zusenden?

Demande de prospectus

1 Vos produits nous intéressent beaucoup. Nous vous prions de bien vouloir nous envoyer votre documentation par retour de courrier.
2 Pourriez-vous nous envoyer un prospectus?

3 Senden Sie uns bitte ... Prospekte. Wir benötigen sie für mehrere Abteilungen unserer Firma.
4 Ihr Informationsmaterial erreichte uns in beschädigtem Zustand. Bitte lassen Sie uns neue Prospekte zukommen.
5 Können Sie uns einen Prospekt in ... (Sprache) senden?
6 Ihre Prospekte sollten alle wichtigen Einzelheiten und die Konditionen enthalten.

3 Nous vous prions de nous envoyer ... prospectus. Nous en avons besoin pour plusieurs services de notre entreprise.
4 La documentation que vous nous avez expédiée est arrivée en mauvais état. Veuillez nous envoyer de nouveaux prospectus.
5 Pourriez-vous nous envoyer un prospectus en ... (langue)?
6 Vos prospectus devraient indiquer tous les détails importants ainsi que les conditions.

Preis- und Preislistenanforderung

1 Bitte senden Sie uns eine ausführliche Preisliste.
2 Teilen Sie uns bitte Ihren Preis mit.
3 Bitte faxen Sie uns Ihren äußersten Preis.
4 Geben Sie uns bitte Ihren niedrigsten Preis an.
5 Bitte berechnen Sie Ihren Preis auf der Basis einer Mindestabnahme von jährlich ...
6 Bitte geben Sie Ihre Preise in ... (Währung) an.
7 Bitte berechnen Sie Ihre Preise CIF ...
8 Bitte kalkulieren Sie Ihren äußersten Preis, da es hier in ... eine starke Konkurrenz gibt.
9 Geben Sie uns bitte Ihre Preise netto (brutto, FOB, CIF) an.
10 Berücksichtigen Sie bitte bei Ihren Preisen den hohen Zoll, den wir zu entrichten haben.
11 Bitte teilen Sie uns mit, wie lange Ihre Preise gültig sind.

Demande de prix et de tarifs

1 Veuillez nous envoyer vos tarifs détaillés.
2 Veuillez nous communiquer votre prix.
3 Veuillez nous communiquer par fax votre dernier prix.
4 Veuillez nous communiquer votre prix le plus bas.
5 Nous vous demandons de calculer votre prix sur la base d'une commande annuelle minimum de ...
6 Nous vous prions de nous donner des indications de prix en ... (monnaie).
7 Nous vous prions de nous indiquer vos prix CAF ...
8 Nous vous demandons de bien vouloir calculer votre prix au plus juste étant donné la forte concurrence ici à ...
9 Veuillez nous indiquer vos prix nets (bruts, FOB, CAF).
10 Nous vous demandons de bien vouloir tenir compte pour vos prix des droits de douane élevés que nous devons payer.
11 Veuillez nous indiquer la durée de validité de vos tarifs.

Anforderung von Qualitäts- und Garantieangaben

1 Bitte geben Sie uns genaue Qualitätsangaben Ihrer Produkte.
2 Teilen Sie uns bitte mit, ob Sie noch immer die gleiche Qualität auf Lager haben.
3 Für uns kommen nur Waren bester Qualität infrage.
4 Teilen Sie uns bitte mit, ob Sie langfristig in der Lage sind, die gleiche Qualität zu liefern.

Demande concernant la qualité et la garantie

1 Nous vous prions de bien vouloir nous fournir des indications détaillées sur la qualité de vos produits.
2 Veuillez nous signaler si vous avez toujours la même qualité en stock.
3 Seules les marchandises de toute première qualité nous intéressent.
4 Nous vous prions de nous faire savoir si vous êtes en mesure de fournir la même qualité à long terme.

5 Bitte lassen Sie uns wissen, ob Ihre Erzeugnisse Qualitätsschwankungen unterliegen.
6 Unsere Kunden legen größten Wert auf erstklassige Qualität.
7 Für uns ist die Qualität wichtiger als der Preis.
8 Teilen Sie uns bitte mit, ob Sie Garantie auf Ihre Produkte geben.
9 Lassen Sie uns bitte wissen, ob Sie Ihre Garantieleistungen erhöhen können.
10 Ihre Produkte finden auf dem EU-Binnenmarkt nur Absatz, wenn Sie entsprechende Garantieleistungen geben.
11 Wir führen nur Waren von erstklassiger Qualität und mit langfristigen Garantiezusagen.

5 Nous vous prions de nous faire savoir si vos produits sont sujets à des variations de qualité.
6 Nos clients attachent beaucoup d'importance à une excellente qualité.
7 La qualité est plus importante pour nous que le prix.
8 Nous vous prions de nous indiquer si vous accordez une garantie sur vos produits.
9 Nous vous prions de nous indiquer si vous êtes en mesure de renforcer les garanties que vous offrez.
10 Vos produits ne sont compétitifs sur le Marché unique européen que si vous accordez les garanties nécessaires.
11 Nous n'avons que des marchandises haut de gamme avec de longs délais de garantie.

Anforderung von Mengen- und Größenangaben

1 Teilen Sie uns bitte mit, welche Mengen Sie auf Lager haben.
2 Von diesem Artikel setzen wir große Mengen ab. Können Sie unseren Bedarf in Höhe von ... monatlich decken?
3 Nennen Sie uns bitte die Mindestabnahmemenge pro Order.
4 Welche Mengen des besorgten Artikels können Sie uns ständig kurzfristig liefern?
5 Wir benötigen in nächster Zeit eine große Menge von ... Können Sie liefern?
6 Machen Sie uns bitte genaue Angaben über Abmessungen und Gewicht der Artikel.
7 Lassen Sie uns bitte wissen, ob Sie in der Lage sind, Ihre Maße und Gewichte zu ändern.

Demande concernant la quantité et la taille

1 Nous vous prions de nous indiquer les quantités que vous avez en stock.
2 Nous vendons cet article en grande quantité. Etes-vous en mesure de couvrir nos besoins en nous fournissant ... par mois?
3 Veuillez nous indiquer la quantité minimum pour une commande.
4 Quelles sont les quantités livrables régulièrement à court terme de l'article que vous nous avez fourni?
5 Nous allons bientôt avoir besoin d'une grande quantité de ... Pouvez-vous nous livrer?
6 Veuillez nous communiquer des indications précises sur les dimensions et le poids des articles.
7 Veuillez nous faire savoir si vous êtes en mesure de pratiquer des modifications de dimensions et de poids.

Musteranforderung

1 Führen Sie Muster Ihrer Artikel?
2 Senden Sie uns bitte einige Muster Ihrer Erzeugnisse.
3 Grundsätzlich erfolgen unsere Bestellungen anhand von Mustern.
4 Ihre Muster sollten uns einen Begriff von Farbe und Qualität Ihrer Produkte vermitteln.

Demande d'échantillon

1 Avez-vous des échantillons de vos articles?
2 Nous vous prions de nous envoyer quelques échantillons de vos produits.
3 En général, nous passons nos commandes sur échantillon.
4 Vos échantillons devraient nous donner une idée des coloris et de la qualité de vos produits.

5 Bitte senden Sie uns ohne Berechnung einige Muster Ihrer Produktion.
6 Bitte achten Sie darauf, dass Ihre Muster korrekt gekennzeichnet sind.
7 Teilen Sie uns bitte mit, ob die uns vor ... gesandten Muster heute noch Gültigkeit haben.
8 Wir lehnen jede Lieferung ab, die nicht genau Ihrem Muster entspricht.

5 Nous vous prions de nous envoyer franco quelques échantillons de votre production.
6 Nous vous demandons de veiller à un marquage correct de vos échantillons.
7 Nous vous prions de nous indiquer si les échantillons envoyés il y a ... sont toujours actuels.
8 Nous refusons toute livraison ne correspondant pas exactement à l'échantillon fourni.

Probelieferung

1 Wir sind an einer Probelieferung Ihres Artikels interessiert.
2 Teilen Sie uns bitte mit, ob Sie uns eine Probelieferung von ... senden können.
3 Geben Sie uns bitte Ihren Preisnachlass für Probelieferungen bekannt.
4 Lassen Sie uns bitte wissen, ab welcher Menge Sie zu einer Probelieferung bereit sind.
5 Sollte Ihre Probelieferung zu unserer Zufriedenheit ausfallen, können Sie mit größeren Bestellungen rechnen.
6 Ihre Probelieferung sollte uns Aufschluss über die Qualität Ihrer Artikel und die exakte Ausführung des Auftrags geben.

Commande à l'essai

1 Nous aimerions passer une commande à l'essai de votre article.
2 Nous vous prions de nous indiquer si vous pouvez nous envoyer une commande à l'essai de ...
3 Nous vous prions de nous indiquer quelle remise vous consentez sur les commandes à l'essai.
4 Nous vous demandons de bien vouloir nous indiquer la quantité minimum pour une commande à l'essai.
5 Vous pouvez compter sur des commandes plus importantes de notre part si cette commande à l'essai nous donne entière satisfaction.
6 La commande à l'essai que nous avons passée nous permettra de tester la qualité de votre article et la fiabilité de votre exécution de commandes.

Kauf auf Probe

1 Teilen Sie uns bitte mit, ob Sie mit einem Kauf auf Probe einverstanden sind.
2 Können Sie uns zum Kauf auf Probe Ihre ... senden?
3 Lassen Sie uns bitte Ihre Bedingungen zum Kauf auf Probe wissen.
4 Wie lange können Sie uns Ihre ... zur Probe überlassen?
5 Grundsätzlich bestellen wir Maschinen nur, nachdem wir sie einem gründlichen Test unterworfen haben.

Vente à l'essai

1 Veuillez nous faire savoir si vous êtes intéressés par une vente à l'essai.
2 Pourriez-vous nous envoyer votre ... dans le cadre d'une vente à l'essai?
3 Veuillez nous communiquer vos conditions pour une vente à l'essai.
4 Combien de temps pouvez-vous nous laisser votre ... à l'essai?
5 En principe, nous effectuons un test minutieux sur les machines avant de les commander.

Nachfrage nach Sonderangebot

1 Wir benötigen für unsere Geschäftseröffnung ein zugkräftiges Sonderangebot.

Demande d'offre spéciale

1 A l'occasion de l'ouverture de notre magasin nous avons besoin d'une offre particulièrement intéressante.

2 Bitte teilen Sie uns mit, welches Sonderangebot Sie uns unterbreiten können.
3 Wir benötigen einen Restposten von ... Sind Sie in der Lage, uns einen solchen zu liefern?
4 Können Sie uns auf der Basis einer Abnahmemenge von ... ein Sonderangebot zukommen lassen?
5 Teilen Sie uns bitte mit, ob Sie daran interessiert sind, uns ständig mit Sonderangeboten zu beliefern.
6 Können Sie uns zur Einführung Ihrer Artikel auf unserem Markt Sonderangebote machen?
7 Können Sie uns hier in ... ein entsprechendes Sonderangebot machen wie in ...?

2 Veuillez nous faire savoir quelles offres spéciales vous pouvez nous consentir.
3 Nous avons besoin d'un lot en solde de ... Pouvez-vous faire une telle livraison?
4 Pouvez-vous nous faire parvenir une offre spéciale basée sur une commande portant sur une quantité de ...?
5 Nous aimerions savoir si cela vous intéresse de nous fournir régulièrement des offres spéciales.
6 Pouvez-vous nous consentir une offre spéciale à l'occasion du lancement de vos produits sur notre marché?
7 Pouvez-vous ici à ... nous consentir une offre spéciale correspondant à celle faite à ...?

Nachfrage nach Lieferungs- und Zahlungsbedingungen

1 Bitte teilen Sie uns Ihre Lieferungsbedingungen mit.
2 Geben Sie uns bitte Ihre kürzeste Lieferfrist an.
3 Können Sie uns ... per sofort ab Lager liefern?
4 Wir bitten Sie um genaue Angabe Ihrer Lieferfristen.
5 Um größeren Schaden zu vermeiden, ist die Einhaltung der Lieferfrist unerlässlich.
6 Für sofortige Lieferung sind wir bereit, einen Zuschlag von ... zu bezahlen.
7 Sollte die Lieferung nicht pünktlich erfolgen, behalten wir uns vor, die Annahme zu verweigern.
8 Können Sie uns die Lieferung bis ... garantieren?
9 Wir können nur eine Lieferfrist von ... Monaten akzeptieren.
10 Sollten Sie nicht innerhalb von ... liefern können, ist Ihr Angebot für uns ohne Interesse.
11 Nennen Sie uns bitte Ihre möglichen Lieferorte.
12 Nennen Sie uns bitte Ihre Zahlungsbedingungen.
13 Teilen Sie uns bitte mit, ob Sie Aufträge nur auf der Basis von Barzahlungen annehmen.

Demande de renseignements sur les conditions de livraison et de paiement

1 Nous vous demandons de bien vouloir nous communiquer vos conditions de livraison.
2 Veuillez nous indiquer quel est votre délai de livraison le plus court.
3 Pouvez-vous effectuer une livraison immédiate de ... pris en stock?
4 Nous avons besoin d'indications précises sur vos délais de livraison.
5 Le respect du délai de livraison prévu s'impose pour éviter de plus graves détériorations.
6 Nous sommes prêts à payer un supplément de ... pour une livraison immédiate.
7 Nous nous réservons le droit de refuser la livraison si celle-ci n'a pas lieu à la date prévue.
8 Pouvez-vous nous garantir que nous serons livrés avant le ...?
9 Nous pouvons seulement accepter un délai de ... pour la livraison.
10 Au cas où vous ne seriez pas en mesure de nous livrer avant le ..., votre offre est dénuée d'intérêt pour nous.
11 Veuillez nous communiquer vos lieux de livraison.
12 Veuillez nous communiquer vos conditions de paiement.
13 Nous vous demandons de nous indiquer si vous n'acceptez les commandes que contre paiement en espèces.

14 Falls Sie uns ein Zahlungsziel bis zu neun Monaten gewähren können, sind wir bereit, Ihnen umfangreiche Aufträge zu erteilen.
15 Können Sie uns einen Kredit von ... gewähren?
16 Wären Sie bereit, gegen Dokumenteninkasso zu liefern?
17 Können Sie uns, wie Ihre Konkurrenz, ein Zahlungsziel bis zu ... einräumen?
18 Sollen Zahlungen durch unwiderrufliches Akkreditiv getätigt werden?
19 Können auch Lieferungen gegen bankbestätigten Auftrag erfolgen?

14 Au cas où vous nous accorderiez un délai de paiement allant jusqu'à neuf mois, nous serions disposés à vous passer de grosses commandes.
15 Pouvez-vous nous accorder un crédit de ...?
16 Accepteriez-vous de livrer en paiement contre document?
17 Pouvez-vous nous accorder un délai de paiement allant jusqu'à ..., comme votre concurrent?
18 Acceptez-vous les paiements par accréditif irrévocable?
19 Effectuez-vous également des livraisons sur garantie bancaire?

Das Angebot
L'offre

Antwort auf Angebotsanforderung

1 Vielen Dank für Ihre Anfrage vom ...
2 Wir danken Ihnen für Ihre Anfrage vom ... und teilen Ihnen mit, dass wir sehr daran interessiert sind, mit Ihnen in Geschäftsverbindung zu treten.
3 Ihre Anfrage vom ... haben wir mit Dank erhalten und gestatten uns, Ihnen folgendes Angebot zu unterbreiten: ...
4 In Beantwortung Ihrer Anfrage vom ... teilen wir Ihnen mit, dass wir uns schon lange bemühen, auf dem dortigen Markt Fuß zu fassen.

Réponse à une demande d'offre

1 Nous vous remercions de votre demande du ...
2 Nous vous remercions de votre demande du ... C'est avec un vif intérêt que nous aimerions vous contacter pour développer des relations d'affaires.
3 Nous avons reçu votre demande du ... dont nous vous remercions. Nous nous permettons de vous soumettre l'offre suivante:
4 En réponse à votre demande du ... nous vous signalons que nous cherchons déjà depuis longtemps à nous implanter sur ce marché.

Keine Angebotsabgabe

1 Leider müssen wir Ihnen mitteilen, dass wir den genannten Artikel nicht führen.
2 Aus markttechnischen Gründen haben wir die Produktion besagter Erzeugnisse eingestellt.
3 Unsere Produktion des angegebenen Artikels ist ausgelaufen.
4 Wir müssen Ihnen leider mitteilen, dass technische Schwierigkeiten uns veranlassten, die Produktion des verlangten Artikels einzustellen.
5 Da unsere gesamte Produktion bereits auf ... Monate verkauft ist, können wir Ihnen leider kein Angebot unterbreiten.
6 Unser Zulieferbetrieb ist zurzeit nicht in der Lage, uns zu beliefern. Deshalb können wir Ihnen heute leider kein Angebot unterbreiten.
7 Wir werden auf Ihre Anfrage zurückkommen, sobald wir Ihnen ein günstiges Angebot unterbreiten können.

Pas de soumission d'offre

1 Nous regrettons de devoir vous informer que nous ne faisons pas cet article.
2 Nous avons stoppé la production de ces articles en raison des conditions du marché.
3 L'article demandé ne fait plus partie de notre gamme de production.
4 Nous regrettons de devoir vous informer que des difficultés techniques nous ont contraints à stopper la production de l'article que vous demandez.
5 Nous regrettons de ne pouvoir vous soumettre d'offre, en effet toute notre production est déjà vendue pour les ... mois à venir.
6 Notre sous-traitant n'est pas en mesure de nous approvisionner pour l'instant. C'est pourquoi nous regrettons de ne pouvoir actuellement vous soumettre d'offre.
7 Nous traiterons votre demande dès que nous serons en mesure de vous soumettre une offre avantageuse.

8 Wir sind leider nicht in der Lage, Ihnen ein Angebot zu unterbreiten, da wir keine Auslandsgeschäfte tätigen.
9 Unsere gesamte Produktion wird durch die Firma ... exportiert.
10 Gebietsabsprachen mit der Firma ... erlauben es uns nicht, Ihnen ein Angebot vorzulegen.
11 Leider können wir Ihnen kein direktes Angebot unterbreiten, da die Firma ... die Generalvertretung unserer Produkte für Ihr Land hat.
12 Der Artikel ist augenblicklich vergriffen. Deshalb können wir Ihnen leider kein Angebot zugehen lassen.
13 Bitte haben Sie Verständnis dafür, dass wir nicht in der Lage sind, Ihnen ein Angebot zu unterbreiten.
14 Wegen geringer Lagerbestände können wir Ihnen leider kein Angebot für sofortige Lieferung unterbreiten. Bitte fragen Sie in ... Wochen erneut bei uns an. Wir hoffen, dass wir zu diesem Zeitpunkt wieder voll lieferfähig sein werden.
15 Wir werden in ... Wochen auf die Angelegenheit zurückkommen.

8 Nous regrettons de ne pouvoir vous faire d'offre, car nous ne traitons pas d'affaires avec l'étranger.
9 L'entreprise ... exporte la totalité de notre production.
10 En vertu des accords sur les zones de distribution que nous avons passés avec l'entreprise ..., nous n'avons pas le droit de vous faire d'offre.
11 Nous regrettons de ne pouvoir vous faire une offre directe, l'entreprise ... détient en effet la représentation générale de nos produits pour votre pays.
12 Cet article n'est pas disponible pour l'instant. Pour cette raison nous regrettons de ne pas pouvoir vous faire d'offre.
13 Nous ne sommes pas en mesure de vous soumettre d'offre et vous prions de bien vouloir accepter toutes nos excuses.
14 En raison de l'insuffisance de stock nous regrettons de ne pouvoir vous faire une offre de livraison immédiate. Veuillez avoir l'obligeance de nous recontacter dans ... semaines. Nous espérons être alors en mesure d'effectuer toutes nos livraisons.
15 Nous reviendrons sur cette affaire dans ... semaines.

Angebot entsprechend der Nachfrage

Einführungssätze

1 Wir erlauben uns, Ihnen folgendes Angebot zu unterbreiten: ...
2 Wir danken Ihnen für Ihre Anfrage und gestatten uns, Ihnen anzubieten: ...
3 Wir bedanken uns für Ihre Anfrage und senden Ihnen das gewünschte Angebot.
4 Wir hoffen auf eine baldige und gute Geschäftsverbindung und senden Ihnen heute unser günstigstes Angebot.
5 Gestatten Sie uns, Ihre besondere Aufmerksamkeit auf Punkt ... unseres Angebots zu lenken.
6 Dies ist das beste Angebot, das wir Ihnen machen können.
7 Um Ihnen entgegenzukommen, sind wir bereit, Ihnen ein Sonderangebot zu unterbreiten.

Offre correspondant à la demande

Phrases d'introduction

1 Nous nous permettons de vous faire l'offre suivante:
2 Nous vous remercions de votre demande et nous nous permettons de vous faire l'offre suivante: ...
3 Nous vous remercions de votre lettre et vous faisons parvenir l'offre demandée.
4 Dans l'espoir d'entretenir dans un proche avenir de bonnes relations d'affaires avec vous, nous vous envoyons aujourd'hui notre offre la plus intéressante.
5 Nous nous permettons d'attirer toute votre attention sur l'aspect ... de notre offre.
6 Ceci est l'offre la plus avantageuse que nous puissions vous faire.
7 Nous sommes disposés à vous faire une offre spéciale pour vous donner satisfaction.

Preisangabe

1 Bitte ersehen Sie unsere Preise aus der beigefügten Preisliste.
2 Mit gleicher Post erhalten sie unsere neueste Preisliste.
3 In Beantwortung Ihrer Anfrage vom ... teilen wir Ihnen folgende Preise mit: ...
4 Unser Preis würde ... (ohne Abzüge) betragen.
5 Unsere Preise sind Festpreise.
6 Die Preise sind augenblicklich sehr niedrig.
7 Dies sind Einführungspreise.
8 Unsere Preise sind nach Abnahmemengen gestaffelt.
9 Wir können den Posten zu stark ermäßigten Preisen an Sie abgeben.
10 Unsere Preise sind auf den Mustern angegeben.
11 Unsere Preise verstehen sich ohne (mit) Verpackung.
12 Unsere Preise beinhalten keine (die) Versicherung.
13 Unsere Preise verstehen sich inklusive Verpackung, Versicherung und Fracht.
14 Aufgrund unserer ausgezeichneten Qualität liegen unsere Preise höher als die der Konkurrenz.
15 Unsere Preise liegen erheblich unter denen der Konkurrenz.
16 Trotz Verbesserung der Qualität berechnen wir nach wie vor dieselben Preise.
17 Unsere Preise sind äußerst scharf kalkuliert.
18 Unsere Preise sind deshalb so niedrig, weil wir mit der kleinsten Gewinnspanne der Branche arbeiten.
19 Wir berechnen Ihnen die niedrigsten Exportpreise.
20 Trotz der ständig steigenden Herstellungskosten sind unsere Preise stabil geblieben.
21 Die Preise werden in nächster Zukunft steigen (fallen).
22 Trotz der hervorragenden Qualität sind unsere Preise niedriger als die anderer Fabrikanten.
23 Sie müssen sich verpflichten, zu den oben genannten Preisen zu verkaufen.
24 Sollten Sie sich an unsere gebundenen Preise nicht halten, wären wir gezwungen, jegliche Lieferung an Sie einzustellen.
25 Ihre Preispolitik unterliegt keinerlei Beschränkungen.
26 Unsere Preise verstehen sich:

Indication des prix

1 Pour les prix veuillez vous référer au tarif ci-joint.
2 Vous recevrez par le même courrier notre tarif le plus récent.
3 En réponse à votre demande du ... nous vous communiquons les prix suivants:
4 Notre prix serait de ... (sans remise).
5 Nos prix sont des prix fermes.
6 Actuellement les prix sont très bas.
7 Il s'agit de prix de lancement.
8 Nos prix sont échelonnés en fonction de la quantité commandée.
9 Nous pouvons vous céder ce lot à un prix très réduit.
10 Nos prix sont indiqués sur les échantillons.
11 L'emballage n'est pas (est) compris dans nos prix.
12 L'assurance n'est pas (est) comprise dans nos prix.
13 Les frais d'emballage, l'assurance et le port sont compris dans nos prix.
14 Nos prix sont plus élevés que ceux de nos concurrents, mais c'est en raison de notre qualité exceptionnelle.
15 Nos prix sont nettement inférieurs à ceux de nos concurrents.
16 Nous appliquons les mêmes prix tout en ayant considérablement amélioré notre qualité.
17 Nos prix sont calculés au plus juste.
18 Nous avons la plus faible marge bénéficiaire dans notre secteur, ce qui explique le très bas niveau de nos prix.
19 Nous vous facturons les prix exportation les plus bas.
20 Malgré une constante augmentation du coût de la production, nos prix sont restés stables.
21 Les prix vont augmenter (diminuer) dans un proche avenir.
22 Bien que nous offrions une qualité haut de gamme, nos prix sont plus bas que ceux des autres producteurs.
23 Vous devez vous engager à vendre aux prix mentionnés ci-dessus.
24 Au cas où vous n'appliqueriez pas nos prix imposés, nous nous verrions contraints de cesser toute livraison.
25 Notre politique des prix n'est soumise à aucune restriction.
26 Nos prix s'entendent:

27 EXW ab Werk	27 EXW départ usine
28 EXW ab Werk einschließlich Verpackung (Container, seetüchtig usw.)	28 EXW départ usine, franco d'emballage (par conteneur, bon état de navigabilité, etc.)
29 FAS frei Längsseite Seeschiff (benannter Verschiffungshafen)	29 FAS franco le long du navire (port d'embarquement nommé)
30 FOB frei an Bord (benannter Verschiffungshafen)	30 FOB franco à bord (port d'embarquement désigné)
31 CFR Kosten und Fracht (benannter Bestimmungshafen)	31 CFR coût et fret (port de destination désigné)
32 CIF Kosten, Versicherung, Fracht (benannter Bestimmungshafen)	32 CIF coût, assurance, fret (port de destination désigné)
33 frei Grenze	33 franco frontière
34 frei Haus	34 franco domicile
35 frei Bahnstation ...	35 franco gare ...
36 frei Hafen ...	36 franco port ...
37 verpackt	37 avec emballage
38 unverpackt	38 sans emballage
39 frei Lager	39 franco entrepôt.

Preisnachlässe und -zuschläge

1 Wir gewähren Ihnen ... % Skonto (Rabatt, Nachlass).
2 Wir können Ihnen einen Sonderrabatt von ... % einräumen.
3 Die Preise verstehen sich ohne Abzug.
4 Bei Barzahlung gewähren wir ... % Skonto.
5 Wir sind bereit, Ihnen einen Einführungsrabatt von ... % einzuräumen.
6 Unsere Exportpreise sind um ... % niedriger als die Inlandspreise.
7 Sie erhalten eine Exportvergütung von ... %.
8 Bei einer Abnahmemenge von ... reduziert sich der Preis um ... %.
9 Bei Inanspruchnahme eines Ziels von mehr als ... Monaten erhöhen sich unsere Preise um ... %.

Réductions et majorations de prix

1 Nous vous accordons ... % d'escompte (de rabais, de remise).
2 Nous pouvons vous consentir un rabais exceptionnel de ... %.
3 Les prix sont nets.
4 Nous accordons un escompte de ... % en cas de paiement comptant.
5 Nous sommes disposés à vous accorder un rabais de ... % pour le lancement de notre produit.
6 Nos prix à l'exportation sont de ... % inférieurs à ceux pratiqués sur le marché intérieur.
7 Vous bénéficiez d'une remise de ... % à l'exportation.
8 Vous avez une réduction de ... % pour un volume de commande de ...
9 Nos prix sont soumis à une majoration de ... % lorsque le délai de paiement dépasse ... mois.

Gültigkeit des Angebots

1 Unsere Preise sind verbindlich bis zum ...
2 Unser Angebot zum gegenwärtigen Preis ist verbindlich (unverbindlich).
3 Unsere Preise gelten nur für den Fall postwendender Bestellung (Antwort).
4 Die Preise sind nur unter der Voraussetzung gültig, dass die gegenwärtigen Rohstoffpreise unverändert bleiben.
5 Wir halten uns an dieses Angebot ... Wochen gebunden.

Validité de l'offre

1 Nos prix sont fermes jusqu'au ...
2 Le prix actuel nommé dans notre offre est ferme (n'est pas ferme).
3 Nos prix ne s'appliquent qu'en cas de commande (de réponse) par retour de courrier.
4 Ces prix restent en vigueur à condition que les cours actuels des matières premières ne changent pas.
5 L'offre que nous soumettons est valable ... semaines.

6 Wir fakturieren zu dem am Versandtag gültigen Marktpreis.

6 Le prix facturé correspond au prix en vigueur sur le marché le jour de l'expédition.

Qualität und Garantie

1 Wir liefern nur Ware von bester Qualität.
2 Wir sind in der Lage, Ihnen eine absolute Qualitätsgarantie zu geben.
3 Wir sind bemüht, die Qualität unserer Produkte ständig zu verbessern.
4 Alle unsere Artikel werden vor Verlassen der Fabrik einer sorgfältigen Qualitätskontrolle unterzogen.
5 Bitte überzeugen Sie sich von der Qualität unserer Produkte anhand der beigefügten Muster.
6 Unsere modernen Maschinen erlauben uns, bei niedrigem Preis beste Qualität zu liefern.
7 Die Verwendung neuer Rohstoffe und Fertigungsverfahren ermöglicht es uns, Waren von so ausgezeichneter Qualität zu liefern.
8 Wir versichern Ihnen, dass wir unser Bestes tun werden, um Sie hinsichtlich der Qualität zufrieden zu stellen.
9 Wir sind davon überzeugt, dass die Qualität unserer Erzeugnisse höchsten Ansprüchen gerecht wird.
10 Unsere Erzeugnisse sind im In- und Ausland stark gefragt.
11 Dank der Qualität erfreuen sich unsere Erzeugnisse im Ausland reger Nachfrage.
12 Wir sind die einzige Firma, die Ihnen diesen Artikel liefern kann.
13 Unsere Maschine ist technisch perfekt und überraschend einfach zu bedienen.
14 Die Benutzung unserer Maschine spart sowohl Zeit als auch Geld.
15 Wir gewähren ... Jahre Garantie auf unsere Maschinen.
16 Alle unsere Erzeugnisse werden mit schriftlicher Garantie geliefert.
17 Die Garantie erstreckt sich nicht auf ...
18 Wir garantieren die Beständigkeit der Farben gegen Licht- und Feuchtigkeitseinflüsse.
19 Wir garantieren den kostenlosen Ersatz defekter Teile für die Dauer von ... Monaten ab Liefertermin.

Qualité et garantie

1 Nous ne livrons que des marchandises de qualité supérieure.
2 Nous sommes en mesure de vous donner une garantie intégrale sur la qualité.
3 Nous nous efforçons d'améliorer sans cesse la qualité de nos produits.
4 Tous nos articles sont soumis à de minutieux tests de qualité à la sortie des unités de production.
5 Les échantillons ci-joints vous permettront de vous assurer de la qualité de nos produits.
6 Nous pouvons fournir une excellente qualité à des prix bas grâce à nos machines modernes.
7 Nous réussissons à fournir des marchandises d'une qualité exceptionnelle grâce à l'emploi de nouvelles matières premières et de nouveaux procédés de fabrication.
8 Soyez certains que nous ferons tout notre possible afin de vous donner entière satisfaction sur le plan de la qualité.
9 Nous sommes persuadés que la qualité de nos produits correspondra à vos exigences concernant la qualité.
10 On enregistre une forte demande de nos produits sur le marché intérieur et à l'étranger.
11 Grâce à leur qualité nos produits sont très demandés à l'étranger.
12 Nous sommes la seule entreprise en mesure de vous fournir cet article.
13 Perfection technique et simplicité de maniement sont les caractéristiques de notre machine.
14 Utiliser notre machine revient à gagner du temps et de l'argent.
15 Nous accordons ... années de garantie sur nos machines.
16 Tous nos articles sont livrés avec un bon de garantie.
17 La garantie ne couvre pas ...
18 Nous garantissons que nos couleurs ne subissent pas d'altération au contact de la lumière et de l'humidité.
19 Nous garantissons le remplacement gratuit de pièces défectueuses pendant ... à dater de la livraison.

20 Unsere Garantieleistung erstreckt sich auch auf Temperaturwechsel zwischen − ...° und + ...° Celsius.
21 Bei falscher Bedienung der Maschinen kann keine Garantie geleistet werden.
22 Die genaue Einhaltung unserer Bedienungsanleitungen garantiert Ihnen eine lange Nutzungsdauer der Maschine.
23 Dank der Qualität unserer Artikel sind wir in der Lage, eine Garantie von ... zu gewähren.
24 Wir garantieren, dass die Artikel in bestem Zustand versandt werden.

Mengen- und Größenangaben
1 Wir haben ... auf Lager.
2 Die Mindestabnahmemenge beträgt ...
3 Ihr Bestellvolumen ist keinen Beschränkungen unterworfen.
4 Wir haben stets ein großes Lager in allen Größen.
5 Wir könnten Ihren Auftrag sofort ausführen.
6 Nachbestellungen können regelmäßig ausgeführt werden.
7 Augenblicklich ist unsere Produktion keinerlei Beschränkungen unterworfen.
8 Wir haben große Schwierigkeiten, die lebhafte Nachfrage nach diesem Artikel zu befriedigen.
9 Wir raten Ihnen, Ihren Bedarf zu decken, ehe das Lager ausverkauft ist.
10 Wir nehmen nur Bestellungen in Höhe von ... an.
11 Bitte ersehen Sie Gewichte und Maße unserer Artikel aus beigefügtem Prospekt.
12 Unsere Maße sind in ... Einheiten angegeben.

Verpackung
1 Die Verpackung unserer Artikel erfolgt
2 in Kisten.
3 in Containern.
4 in Fässern.
5 in Pappschachteln.
6 in Körben.
7 in Ballen.
8 in Kisten auf Paletten.
9 Die Verpackung ist im Preis inbegriffen.
10 Die Verpackung geht zu Ihren Lasten.

20 La garantie que nous offrons est aussi valable en cas d'écarts de température allant de − ...° à + ...° Celsius.
21 Tout maniement défectueux des machines exclut un recours en garantie.
22 Si vous respectez nos consignes de maniement, vous pourrez utiliser longtemps notre machine.
23 La qualité de nos articles nous permet de vous assurer une garantie de ...
24 Nous garantissons le parfait état des articles que nous expédions.

Indications de quantité et de taille
1 Nous avons ... en stock.
2 La quantité commandée doit être de ... au minimum.
3 Le volume de vos commandes n'est pas du tout limité.
4 Nous disposons d'un stock important dans toutes les tailles.
5 Nous pourrions exécuter immédiatement votre commande.
6 Les commandes de réassortiment peuvent être exécutées à un intervalle régulier.
7 Notre production n'est actuellement aucunement limitée.
8 Nous arrivons difficilement à satisfaire la très forte demande pour cet article.
9 Nous vous conseillons de vous approvisionner pour couvrir vos besoins avant l'épuisement du stock.
10 Nous acceptons les commandes seulement à partir de ...
11 Vous trouverez des indications de poids et de dimensions de nos articles dans le prospectus ci-joint.
12 Nos dimensions sont indiquées en ...

Emballage
1 Nous utilisons pour nos articles le type d'emballage suivant:
2 caisse
3 conteneur
4 tonneau
5 carton
6 corbeille
7 ballot
8 caisse sur palette
9 L'emballage est compris dans le prix.
10 L'emballage vous sera facturé.

11 Die Verpackung berechnen wir zum halben Preis.
12 Die Waren sind in Kisten mit Wachstucheinlage verpackt.
13 Die Pakete sind gekennzeichnet und fortlaufend nummeriert.
14 Die Verpackung – Kisten mit Blecheinsatz – ist seetüchtig.
15 Wir achten auf sorgfältige Verpackung der Waren.
16 Unsere Artikel sind in Geschenkschachteln verpackt.
17 Die Ware wird bruchsicher in Holzwolle verpackt.
18 Die Verpackung wird nicht berechnet, wenn sie innerhalb von ... Tagen unbeschädigt zurückgesandt wird.
19 Kisten können nicht zurückgenommen werden.
20 Die Verpackung wird zur Hälfte des berechneten Preises zurückgenommen.
21 Bezüglich der Verpackung halten wir uns streng an Ihre Anweisungen.
22 Wir verpacken den gesamten Posten in einer Kiste.
23 Unsere Verpackung ist für den langen Transport bestens geeignet.
24 Unsere Verpackung hat sich im Exportgeschäft seit langer Zeit bewährt.

Lieferfrist

1 Die Waren können sofort geliefert werden.
2 Die Lieferung kann Ende nächster Woche erfolgen.
3 Wir können frühestens in einem Monat liefern.
4 Mit der von Ihnen gewünschten Lieferzeit erklären wir uns einverstanden.
5 Die Waren werden sofort nach Eingang Ihrer Bestellung versandt.
6 Wir können kein bestimmtes Lieferdatum zusagen.
7 Für die Anfertigung der Artikel benötigen wir ... Tage.
8 Wir sichern Ihnen schnellstmögliche Lieferung zu.
9 Zur Abwicklung größerer Aufträge benötigen wir ... Tage.
10 Die Lieferung kann zu jedem von Ihnen gewünschten Zeitpunkt erfolgen.

11 Nous vous facturons la moitié des coûts d'emballage.
12 Les marchandises sont emballées dans des caisses doublées de toile cirée.
13 Les paquets sont marqués et numérotés dans l'ordre.
14 Emballage maritime étanche: caisses doublées de fer blanc.
15 Nous attachons beaucoup d'importance à la qualité de l'emballage de nos marchandises.
16 Nos articles sont emballés comme paquet cadeau.
17 La marchandise est emballée dans de la laine de bois pour éviter la casse.
18 L'emballage n'est pas facturé s'il est retourné en parfait état dans un délai de ... jours.
19 Les caisses ne sont pas reprises.
20 L'emballage est repris à la moitié du prix facturé.
21 Nous suivons à la lettre vos instructions en ce qui concerne l'emballage.
22 Nous emballons tout le lot dans une caisse.
23 Notre emballage est spécialement conçu pour les transports à longue distance.
24 Les qualités de notre emballage pour l'exportation ont fait leurs preuves depuis longtemps.

Délai de livraison

1 Les marchandises peuvent être livrées immédiatement.
2 La livraison peut être effectuée à la fin de la semaine prochaine.
3 Nous pouvons livrer dans un mois au plus tôt.
4 Nous acceptons le délai de livraison que vous désirez nous impartir.
5 La marchandise sera expédiée dès réception de votre commande.
6 Nous ne sommes pas en mesure de vous promettre une date exacte de livraison.
7 Nous avons besoin de ... jours pour fabriquer ces articles.
8 Nous vous promettons une livraison dans les plus brefs délais possibles.
9 Nous avons besoin de ... jours pour exécuter les commandes importantes.
10 Nous pouvons vous livrer à toutes les dates que vous souhaitez.

Versandanzeige von Prospekten

1 Mit gleicher Post senden wir Ihnen unsere neuesten Prospekte.
2 Sie erhalten als Anlage den gewünschten Katalog.
3 Als Anlage erhalten Sie unseren erheblich erweiterten Prospekt.
4 Wir weisen Sie darauf hin, dass der Artikel Nr. ... unseres Prospekts zurzeit nicht lieferbar ist.
5 Die Prospekte für die kommende Saison sind zz. im Druck. Wir werden Ihnen in ... Wochen die neuesten Unterlagen zugehen lassen.
6 Leider können wir Ihrem Wunsch nach Prospekten nicht nachkommen, da wir über Unterlagen dieser Art nicht verfügen.
7 Als Anlage erhalten Sie unser Prospektmaterial, das Sie ausführlich über unser gesamtes Fertigungsprogramm informiert.

Versandanzeige von Preislisten

1 Sie erhalten mit gleicher Post unsere neuesten Preislisten.
2 Unsere Preislisten sind gültig bis zum ...
3 Mit gleicher Post senden wir Ihnen unsere neuesten Exportpreislisten.
4 Wir gewähren auf die in unserer Preisliste angegebenen Preise eine Exportvergütung von ... %.

Versandanzeige von Mustern

1 Sie erhalten mit getrennter Post die angeforderte Musterkollektion.
2 Die diesem Schreiben beigefügten Muster geben Ihnen eine Vorstellung von der ausgezeichneten Qualität unserer Waren.
3 Unsere beigefügten Muster sind korrekt gekennzeichnet und mit Exportpreisen versehen.
4 Wir werden morgen die gewünschten Muster an Sie absenden.
5 Sie erhalten mit getrennter Post unsere Musterkollektion für die kommende Saison.
6 Leider können wir Ihren Wunsch nach einer Musterkollektion nicht erfüllen.
7 Wir möchten Sie darauf hinweisen, dass wir Ihnen die Muster berechnen müssen, wenn sie uns nicht innerhalb von ... Tagen zurückgeschickt werden.

Avis d'expédition de prospectus

1 Nous vous envoyons par le même courrier nos prospectus les plus récents.
2 Vous trouverez ci-joint le catalogue demandé.
3 Vous trouverez ci-joint notre prospectus avec une nouvelle présentation beaucoup plus détaillée.
4 Nous attirons votre attention sur le fait que l'article N° ... de notre prospectus n'est pas disponible actuellement.
5 Les prospectus pour la saison prochaine sont actuellement à l'impression. Nous vous ferons parvenir notre nouvelle documentation d'ici ... semaines.
6 Ne disposant pas de prospectus, nous ne pouvons vous en envoyer comme vous le souhaitez, nous vous présentons toutes nos excuses.
7 Vous trouverez ci-joint notre documentation qui vous donnera des informations détaillées sur toute notre production.

Avis d'expédition des tarifs

1 Vous recevrez par le même courrier nos derniers tarifs.
2 Nos tarifs sont valables jusqu'au ...
3 Nous vous envoyons par le même courrier nos derniers tarifs exportation.
4 Nous accordons une remise de ... % à l'exportation sur les prix indiqués.

Avis d'expédition d'échantillons

1 Vous recevrez la collection d'échantillons demandée par courrier séparé.
2 Les échantillons ci-joints vous donneront une idée de l'excellente qualité de nos marchandises.
3 Les échantillons ci-joints sont dûment marqués et accompagnés des prix à l'exportation.
4 Nous vous ferons parvenir demain les échantillons demandés.
5 Vous recevrez par courrier séparé notre collection d'échantillons pour la saison prochaine.
6 Nous nous excusons de ne pouvoir vous envoyer une collection d'échantillons comme vous le souhaitez.
7 Nous attirons votre attention sur le fait que nous serons contraints de vous facturer les échantillons s'ils ne sont pas retournés dans les ... jours.

8	Bei einer Bestellung von ... werden die Muster nicht berechnet.	8	Les échantillons ne sont facturés pour un volume de commande de ...
9	Bitte haben Sie dafür Verständnis, dass wir nur einige typische Muster unseres Sortiments an Sie geschickt haben.	9	Nous ne pouvons vous envoyer que quelques échantillons spécifiques de notre assortiment, nous vous remercions de votre compréhension.
10	Bitte senden Sie uns die Muster wieder zurück.	10	Veuillez nous renvoyer les échantillons.
11	Wir haben Ihnen die Muster per Kurier geschickt, damit Sie diese sofort zur Verfügung haben.	11	Nous vous avons envoyé les échantillons par courrier afin que vous en disposiez immédiatement.

Antwort auf Anfrage nach Probelieferung

Réponse à une demande de commande à l'essai

1 Wir teilen Ihnen mit, dass wir gern zu einer Probelieferung bereit sind.
2 Wir möchten Sie darauf hinweisen, dass unsere allgemeinen Geschäftsbedingungen auch (nicht) für Probelieferungen gelten.
3 Eine eventuelle Probelieferung wird Sie von der Qualität unserer Artikel überzeugen.
4 Zum Zweck der Einführung unserer Produkte auf dem dortigen Markt sind wir bereit, Ihnen eine Probelieferung zu besonders günstigen Bedingungen zu schicken.
5 Leider sind wir nicht in der Lage, Probelieferungen durchzuführen.

1 Nous vous informons que nous sommes tout disposés à exécuter votre commande à l'essai.
2 Nous attirons votre attention sur le fait que nos conditions générales de vente sont (ne sont pas) valables pour les commandes à l'essai.
3 Vous pourriez avoir un aperçu de la qualité de nos articles en nous passant éventuellement une commande à l'essai.
4 A l'occasion du lancement de nos produits sur ce marché nous sommes tout disposés à vous livrer une commande à titre d'essai à des conditions particulièrement avantageuses.
5 Nous regrettons de ne pas être en mesure d'accepter de commandes à l'essai.

Abweichendes Angebot

Qualitätsabweichungen

Offre différente de la demande

Différences de qualité

1 Wir müssen Ihnen leider mitteilen, dass wir Waren in der von Ihnen verlangten billigen (teuren) Qualität nicht herstellen.
2 Wir übersenden Ihnen als Anlage ein Qualitätsmuster und bitten Sie um Nachricht, ob Ihnen diese Ausführung zusagt.
3 Die von Ihnen geforderte Qualität können wir nur in Sonderanfertigung herstellen.
4 Das von Ihnen übersandte Muster haben wir erhalten. Leider stellen wir diesen Artikel in der gewünschten Qualität nicht her. Bitte wenden Sie sich an die Firma ... Uns ist bekannt, dass dieses Unternehmen die von Ihnen verlangten Qualitäten produziert.
5 Zu unserem Bedauern müssen wir Ihnen mitteilen, dass wir Artikel der gewünschten Qualität nicht auf Lager haben.

1 Nous sommes au regret de vous signaler que notre type de fabrication ne correspond pas à la qualité bon marché (qualité supérieure) que vous désirez.
2 Nous vous envoyons ci-joint un échantillon pour le choix de la qualité et vous prions de nous faire savoir si cette version vous convient.
3 Nous pouvons vous fournir la qualité que vous demandez uniquement dans le cadre d'une fabrication spéciale.
4 Nous avons bien reçu votre échantillon. Nous ne fabriquons malheureusement pas cet article dans la qualité que vous souhaitez. Veuillez vous adresser à l'entreprise ... Nous sommes certains qu'elle produit les qualités que vous désirez.
5 Nous regrettons de vous signaler que nous ne disposons pas en stock d'articles de la qualité que vous souhaitez.

6 Wir sind in der Lage, Ihnen sofort die gewünschten Artikel in qualitativ besserer Ausführung zu liefern.
7 Die Qualitätsabweichung ist geringfügig.
8 Der Artikel Nr. . . . aus der Produktion des Jahres . . . wurde qualitativ wesentlich verbessert.
9 Leider sind wir nur in der Lage, Ihnen Waren einer mittleren Qualität zu liefern.

Mengen- und Größenabweichungen

1 Leider müssen wir Ihnen auf Ihre Anfrage vom . . . mitteilen, dass wir in den von Ihnen verlangten Mengen nicht lieferfähig sind.
2 Wir können die von Ihnen verlangten Mengen auch in absehbarer Zeit nicht fertigen, weil wir auf Monate hinaus ausverkauft sind.
3 Die von Ihnen verlangten Liefermengen sind zu gering.
4 Wir sind aufgrund der bei uns verwendeten Verpackungseinheiten leider nicht in der Lage, Ihren Auftrag anzunehmen, da er zu geringe Stückzahlen aufweist.
5 Ihren Auftrag können wir nur ausführen, wenn Sie jeweils mindestens . . . Stück gleicher Art und Qualität bestellen.
6 Wie wir Ihrem Muster entnehmen, stimmen die von Ihnen verlangten Größen mit unseren in Serie hergestellten Artikeln nicht überein.
7 Wir müssen Sie darauf aufmerksam machen, dass zwischen Ihrem Muster und dem von uns hergestellten Artikel beträchtliche Abweichungen hinsichtlich der Abmessungen (genormten Größen) bestehen.
8 Bitte teilen Sie uns mit, ob die Größenabweichungen der einzelnen Stücke von Bedeutung für Sie sind.
9 Falls Sie die von uns hergestellten Waren trotz veränderter Größen verwenden können, sind wir bereit, den Auftrag anzunehmen und fristgerecht zu erledigen.
10 Bei einer Auftragserteilung von mindestens . . . Stück sind wir gern bereit, die von Ihnen verlangten Waren in der angegebenen Größe als Sonderanfertigung herzustellen.

6 Nous sommes en mesure de vous livrer immédiatement les articles désirés dans une qualité supérieure.
7 La différence de qualité est minime.
8 La qualité de l'article N° . . . datant de notre programme de fabrication de . . . a été sensiblement améliorée.
9 Nous regrettons de ne pas pouvoir vous fournir de marchandises de qualité moyenne.

Différences de quantité et de dimensions

1 Suite à votre demande datée du . . ., nous regrettons de devoir vous signaler que nous ne pouvons pas livrer les quantités que vous désirez.
2 Nous ne pouvons pas non plus produire bientôt les quantités désirées, car nous n'aurons pas de marchandises disponibles avant plusieurs mois.
3 Les quantités que vous nous demandez de livrer sont insuffisantes.
4 Les unités composant votre commande sont au-dessous du seuil que nous acceptons en raison de notre emballage standard. C'est pourquoi nous sommes au regret de devoir refuser votre commande.
5 Nous ne pouvons exécuter votre commande que si vous commandez au moins . . . unités du même type et de la même qualité.
6 Comme nous le constatons d'après votre échantillon, les dimensions que vous demandez ne correspondent pas à celles des articles que nous produisons en série.
7 Nous attirons votre attention sur le fait que les dimensions de votre échantillon diffèrent sensiblement des dimensions (standard) de l'article que nous fabriquons.
8 Veuillez nous faire savoir si les différences de dimensions des éléments ont de l'importance pour vous.
9 Au cas où vous pourriez utiliser les articles que nous fabriquons malgré les différences de dimensions, nous sommes disposés à accepter votre commande et à l'exécuter dans les délais prévus.
10 Si vous nous passez une commande d'au moins . . . unités, nous sommes disposés à fabriquer hors série les articles que vous demandez aux dimensions indiquées.

11 Wir danken Ihnen für die Übersendung des Warenmusters, müssen aber leider feststellen, dass die Größe Ihres Musters nicht mehr den EU-Normen entspricht, die seit ... Gültigkeit haben.
12 Vom Artikel Nr. ... können wir Ihnen leider nur ... Stück liefern.
13 Da es sich bei der gewünschten Ware um einen Restposten handelt, bieten wir Ihnen statt der bestellten ... Stück die Menge von ... zum Sonderpreis von ... (Betrag, Währung) pro Stück an.
14 Leider stellen wir den Artikel Nr. ... in der von Ihnen gewünschten Größe nicht her. Bitte entnehmen Sie unsere Größenangaben beiliegender Liste.

11 Nous vous remercions de l'envoi de l'échantillon, nous avons malheureusement constaté que la taille de votre échantillon ne correspond plus aux normes de l'Union européenne en vigueur depuis ...
12 Nous regrettons de ne pouvoir vous livrer que ... pièces de l'article N° ...
13 Comme les marchandises que vous demandez font partie d'un lot soldé, nous vous proposons, au lieu des ... unités commandées, une quantité de ... à un prix exceptionnel de ... (somme, monnaie) l'unité.
14 Nous sommes au regret de vous informer que nous ne fabriquons pas l'article N° ... dans les dimensions que vous désirez. Vous trouverez ci-joint une liste avec nos dimensions.

Preisabweichungen

1 Unsere Preise liegen über (unter) Ihren Angaben.
2 Ihre Preisvorstellungen basieren auf unserer nicht mehr gültigen Preisliste Nr. ... Bitte entnehmen Sie unsere neuen Preise der beigefügten Preisliste Nr. ...
3 Unsere Preise liegen geringfügig über Ihren Angaben; die Waren sind jedoch von erheblich besserer Qualität.
4 Bei einer Abnahmemenge von ... Stück sind wir in der Lage, den genannten Artikel zum Sonderpreis von ... (Betrag, Währung) zu liefern.
5 Sollten Sie auf Ihren Preisangaben bestehen, wären wir leider nicht in der Lage, Ihnen ein entsprechendes Angebot zu unterbreiten.
6 Wir bieten Ihnen zu einem geringeren Preis Waren von besserer Qualität.
7 Die Preisabweichung beträgt pro Stück ... (Betrag, Währung).
8 Wir waren leider gezwungen, unsere Preise zu erhöhen. Der Preis für Artikel Nr. ... ist seit dem ... (Betrag, Währung).

Différences de prix

1 Nos prix sont nettement supérieurs (inférieurs) à ceux que vous indiquez.
2 Les prix que vous envisagez sont basés sur le tarif N° ... qui n'est plus en vigueur. Veuillez consulter nos nouveaux prix qui figurent dans le tarif ci-joint N° ...
3 Nos prix sont légèrement supérieurs à ceux que vous mentionnez, la marchandise est cependant d'une qualité sensiblement supérieure.
4 Pour un volume de commande de ... pièces nous pouvons vous fournir l'article en question au prix exceptionnel de ... (somme, monnaie).
5 Si vous tenez absolument au prix que vous indiquez, nous ne sommes malheureusement pas en mesure de vous soumettre une offre correspondante.
6 Nous vous proposons des marchandises de qualité supérieure à un prix plus bas.
7 La différence de prix se monte à ... (somme, monnaie) par pièce.
8 Nous avons été malheureusement contraints d'augmenter nos prix. Le prix de l'article N° ... est de ... (somme, monnaie) depuis le ...

Abweichungen in der Verpackung

1 Unsere Waren sind nicht, wie von Ihnen gefordert, in Kartons, sondern in Kunststoffbehältern verpackt.

Différences d'emballage

1 Nous n'emballons pas nos produits dans des cartons comme vous le demandez, mais dans un emballage plastique.

2 Abweichend von Ihrer Bestellung sind die Artikel in Faltkartons (Containern, Ballen, Kisten) verpackt.
3 Ihrem Wunsch nach Spezialverpackung können wir leider nicht entsprechen. Gestatten Sie uns jedoch den Hinweis darauf, dass unsere Waren bruchfest verpackt sind.
4 Bezüglich der Verpackung bestehen nur geringfügige Unterschiede.
5 Als Anlage übersenden wir Ihnen ein Muster unserer neuen, verbesserten Verpackung, die außerdem den neuen, umweltfreundlichen EU-Normen entspricht.
6 Leider können wir Ihre Sonderwünsche hinsichtlich der Verpackung unserer Waren nur gegen einen entsprechenden Aufpreis erfüllen.
7 Ihre Verpackungswünsche entsprechen nicht den neuesten Umweltschutzbedingungen und können daher von uns nicht erfüllt werden.

2 Les articles ne sont pas emballés comme vous l'avez demandé lors de la commande, il s'agit d'un emballage carton (conteneur, ballot, caisse).
3 Nous regrettons de ne pouvoir donner suite à votre demande d'emballage spécial. Nous attirons votre attention sur le fait que notre emballage garantit les marchandises contre tout risque de casse.
4 Les différences concernant l'emballage sont minimes.
5 Vous trouverez ci-joint un échantillon de notre nouvel emballage dont les améliorations correspondent aux normes de protection de l'environnement émises par l'Union européenne.
6 En ce qui concerne votre demande d'emballage spécial de nos marchandises nous pouvons vous satisfaire, mais devons malheureusement vous faire alors payer un supplément correspondant.
7 Nous ne pouvons pas vous fournir l'emballage que vous souhaitez, car il n'est pas conforme aux nouvelles normes de protection de l'environnement.

Kein Musterversand

1 Wir sind leider nicht in der Lage, Ihnen ein bemustertes Angebot unserer Waren vorzulegen.
2 Ein Musterversand kann von uns leider nicht vorgenommen werden. Wenn Sie sich einen Überblick über Fertigung, Programm, Qualität und Verpackung unserer Waren verschaffen wollen, so empfehlen wir Ihnen, sich mit unserem Mitarbeiter, Herrn ... in ..., in Verbindung zu setzen, der ein komplettes Musterlager unterhält.
3 Aus Kostengründen (produktionstechnischen Gründen) sind wir leider nicht in der Lage, Muster herzustellen.
4 Zu unserem Bedauern müssen wir Ihnen mitteilen, dass wir keine Muster führen.
5 Leider können wir Ihnen keine Muster unserer Artikel zusenden. Als Anlage erhalten Sie jedoch einige Ausschnitte aus Fachzeitschriften mit Berichten über Qualität und solide Verpackung unserer Waren.

Pas d'envoi d'échantillon

1 Nous regrettons de ne pas pouvoir vous soumettre une offre de nos produits avec échantillon.
2 Nous ne pouvons malheureusement pas vous envoyer d'échantillons. Pour vous donner un aperçu de notre production, de notre gamme de produits, de notre qualité et de notre emballage, nous vous conseillons de contacter notre collaborateur, Monsieur ... qui dispose de tout un dépôt d'échantillons.
3 Pour des raisons de prix de revient (des raisons de production technique) nous ne pouvons pas fabriquer d´échantillons.
4 Nous vous signalons que nous ne faisons pas d'échantillons et vous prions de nous en excuser.
5 Nous regrettons de ne pouvoir vous envoyer d'échantillons de nos articles. Vous trouverez par contre quelques extraits ci-joints de la presse spécialisée relatifs à la qualité de la production et la solidité de l'emballage de nos produits.

6 Es ist uns leider nicht möglich, Ihnen Muster zukommen zu lassen. Wir dürfen Ihnen jedoch versichern, dass wir bisher noch alle Sonderwünsche unserer Kunden erfüllen konnten.
7 Unsere Musterkollektion ist für den Versand nicht geeignet (zu umfangreich). Sie können jedoch jederzeit das Musterlager in unserem Zweigwerk in ... besichtigen.

Keine Probelieferungen

1 Wie wir Ihrer Anfrage entnehmen, wünschen Sie eine Probelieferung. Wir dürfen Sie um Verständnis dafür bitten, dass wir aus innerbetrieblichen Gründen keine Probelieferungen vornehmen können.
2 Es ist uns leider nicht möglich, Ihnen eine Probelieferung zukommen zu lassen. Wir übersenden Ihnen als Anlage eine Referenzliste, die über die Qualität unserer Erzeugnisse Aufschluss gibt.
3 Probelieferungen würden die Abwicklung unserer Geschäfte verzögern. Wir können Ihnen versichern, dass wir nur Waren bester Qualität liefern.

Kein Kauf auf Probe

1 Eine probeweise Überlassung unserer Geräte können wir leider nicht vornehmen. Wir bieten für die Funktionstüchtigkeit der von uns gelieferten Maschinen entsprechende Garantien, so dass sich eine Probe vor dem Kauf erübrigt.
2 Aus verschiedenen Gründen können wir einem Kauf nach Probe leider nicht zustimmen. Bitte erkundigen Sie sich beim einschlägigen Fachhandel nach der Qualität unserer Erzeugnisse.
3 Aus bestimmten Gründen können wir Ihnen unsere hochwertigen Erzeugnisse nicht zur probeweisen Benutzung überlassen. Bitte überzeugen Sie sich von der Einsatzmöglichkeit unserer Artikel anhand der beiliegenden Referenzen und Ausschnitte aus Fachzeitschriften.

6 Nous regrettons de ne pouvoir vous envoyer d'échantillons. Nous nous permettons de souligner que nous avons jusqu'à présent toujours pu donner entière satisfaction aux clients désireux d'obtenir quelque chose de spécial.
7 Nous ne pouvons pas expédier notre collection d'échantillons (vu son importance). Nous nous ferons cependant un plaisir de vous accueillir si vous venez nous rendre visite au dépôt d'échantillons de notre unité de production à ...

Pas de commandes à titre d'essai

1 Nous nous référons à votre demande de commande à l'essai et nous excusons de ne pouvoir, pour des raisons internes à l'entreprise, exécuter de commande à l'essai.
2 Nous regrettons de ne pouvoir accepter de commande à l'essai. Nous nous permettons de vous envoyer une liste de références ci-jointe qui vous renseignera sur la qualité de nos produits.
3 L'exécution de commandes à l'essai serait liée à des perturbations dans le suivi de nos commandes. Nous vous garantissons que nous fournissons uniquement des produits de toute première qualité.

Pas de vente à l'essai

1 Nous regrettons de devoir vous refuser une mise à disposition de nos appareils pour un essai. L'étendue des garanties que nous offrons sur nos machines est basée sur leur parfait fonctionnement et rend superflu un essai avant l'achat.
2 Nous ne pratiquons pas de vente à l'essai pour de multiples raisons et nous en excusons. Veuillez bien vous renseigner sur la qualité de nos produits en contactant nos revendeurs spécialisés.
3 Nous ne pouvons pas mettre des produits de toute première qualité à votre disposition pour un essai, ceci pour certaines raisons. Nous vous demandons de bien vouloir vous informer sur les utilisations possibles de nos produits en consultant le dossier ci-joint avec extraits et références de la presse spécialisée.

Abweichungen von den Lieferbedingungen

1 Unsere Lieferbedingungen weichen in einigen Punkten von den von Ihnen gewünschten Bedingungen ab.
2 Gewiss haben Sie Verständnis dafür, dass allen Verkäufen grundsätzlich unsere beigefügten Lieferungsbedingungen zugrunde liegen. Bitte bestätigen Sie uns, dass Sie diese anerkennen.
3 Leider sind wir nicht in der Lage, Ihre Lieferungsbedingungen zu erfüllen.
4 Aus produktionstechnischen Gründen sind wir außerstande, die von Ihnen geforderte Lieferzeit einzuhalten.
5 Abweichend von Ihrer Nachfrage dürfen wir Sie darum bitten, unsere Lieferungsbedingungen den beigefügten Unterlagen zu entnehmen.
6 Grundsätzlich liefern wir frei Haus.
7 Ihre Forderung nach Lieferung frei Haus können wir leider nicht erfüllen. Wir liefern grundsätzlich ab Werk.
8 Bezüglich der Lieferungsbedingungen sind wir flexibel. Bitte teilen Sie uns Ihre Wünsche mit.
9 In Abweichung von Ihrem Wunsch nach Lieferung per (Lkw, Schiff, Flugzeug usw.) erfolgen unsere Lieferungen grundsätzlich per (Lkw, Schiff, Flugzeug usw.).
10 Ihre Lieferungsbedingungen sind für uns nicht akzeptabel.

Abweichungen von den Zahlungsbedingungen

1 Wir teilen Ihnen mit, dass wir uns mit Ihren Zahlungsbedingungen nicht einverstanden erklären können.
2 Wir schlagen Ihnen vor: Zahlung bar mit ... % Skonto oder ... Tage nach Erhalt der Ware netto ohne Abzug.
3 Bitte entnehmen Sie unsere neuen Zahlungsbedingungen den beigefügten Unterlagen.
4 Wir sind außerstande, Ihnen ein Zahlungsziel von ... einzuräumen.
5 Unsere äußerst niedrig kalkulierten Preise erlauben uns nicht, Ihnen einen Abzug zu gewähren.

Différences dans les conditions de livraison

1 Nos conditions de livraison diffèrent sur quelques points de celles que vous demandez.
2 Seules les conditions de livraison ci-jointes s'appliquent à toutes les ventes. Nous nous en excusons et vous demandons de bien vouloir confirmer que vous acceptez ces dernières.
3 Nous regrettons de ne pouvoir accepter vos conditions de livraison.
4 Nous ne sommes pas en mesure de respecter le délai de livraison, ceci pour des raisons de fabrication.
5 Nous vous demandons de prendre connaissance de nos conditions de livraison dans le document ci-joint. Vous constaterez qu'elles divergent de ce que vous avez demandé.
6 En général, nos livraisons se font franco domicile.
7 Nous regrettons de ne pouvoir satisfaire à votre demande de livraison franco domicile, en effet nous livrons uniquement départ usine.
8 Nous sommes très souples sur les conditions de livraison. Veuillez nous communiquer ce que vous désirez.
9 Nous ne pouvons vous livrer par (camion, bateau, avion, etc.) comme vous le demandez, nous effectuons en principe nos livraisons par (camion, bateau, avion, etc.)
10 Nous ne pouvons pas accepter vos conditions de livraison.

Différences dans les conditions de paiement

1 Nous vous signalons qu'il nous est impossible d'accepter vos conditions de paiement.
2 Nous vous faisons la proposition suivante: soit paiement comptant avec ... % d'escompte, soit paiement net ... jours après réception de la marchandise.
3 Vous trouverez nos nouvelles conditions de paiement dans le document ci-joint.
4 Nous ne sommes pas en mesure de vous accorder un délai de paiement de ...
5 Nos prix sont calculés au plus juste, ce qui ne nous permet pas de vous accorder une remise.

6 Abweichend von Ihrer Anfrage vom ... schlagen wir Ihnen folgende Zahlungsbedingungen vor:
   - Barzahlung mit ... % Skonto
   - Zahlung innerhalb von ... Tagen ohne Abzug
   - Zahlung innerhalb von ... Monaten.
7 Sollten Sie auf Ihren Zahlungsbedingungen bestehen, wären wir leider außerstande, einen Auftrag von Ihnen anzunehmen.
8 Aufgrund Ihrer Anfrage vom ... übersenden wir Ihnen unsere Lieferungs- und Zahlungsbedingungen, aus denen ersichtlich wird, dass wir Ihrem Wunsch, ein Ziel von 3 (6, 9 usw.) Monaten zu gewähren, nicht entsprechen können.
9 Wir teilen Ihnen mit, dass wir nur gegen bestätigtes, unwiderrufliches Akkreditiv liefern.
10 Konditionen sind: 1/3 Anzahlung bei Auftragserteilung, 1/3 Zahlung bei Fertigstellung, 1/3 bei Vorlage der Frachtbriefe.
11 Wir nehmen auch Aufträge an, die von der ... Bank garantiert wurden.

Angebot mit Einschränkungen
Zeitlich beschränktes Angebot

1 Dürfen wir Sie darauf aufmerksam machen, dass wir unser Angebot vom ... aus technischen Gründen nur noch bis zum ... aufrechterhalten können?
2 Das folgende Sonderangebot ist auf ... Wochen beschränkt. Bitte beachten Sie das bei Ihren Dispositionen.
3 Wir sind nur im ... (Monat, Jahreszeit) in der Lage, Ihnen ein derartig günstiges Angebot zu unterbreiten.
4 Das obige Angebot können wir leider nur für die Dauer eines Monats aufrechterhalten.
5 Dieses Angebot ist für uns nur für die Dauer eines Monats bindend.
6 Bestellungen, die aufgrund dieses Angebots nach dem ... bei uns eingehen, können wir leider nicht mehr berücksichtigen.

6 En réponse à votre lettre du ... nous vous proposons ces conditions de paiement qui diffèrent de ce que vous avez demandé:
   - paiement comptant avec ... % d'escompte
   - paiement net dans les ... jours
   - paiement dans les ... mois
7 Nous serions contraints de refuser votre commande si vous n'acceptez pas d'autres conditions de paiement que celles que vous proposez.
8 En réponse à votre demande du ..., nous vous envoyons nos conditions de livraison et de paiement. Comme vous le constaterez à leur lecture, il nous est impossible de vous accorder comme vous le souhaitez un délai de paiement de 3 (6,9, etc.) mois.
9 Nous vous signalons que nous n'effectuons de livraison que contre accréditif irrévocable confirmé.
10 Nos conditions de paiement sont les suivantes: acompte d'un tiers à la passation de commande, un autre tiers une fois la commande exécutée, un tiers sur présentation des lettres de voiture.
11 Nous acceptons aussi les ordres ayant été garantis par la banque ...

Offre avec restrictions
Offre limitée dans le temps

1 Nous nous permettons de vous signaler que, pour des raisons techniques, nous ne pouvons maintenir notre offre du ... que jusqu'au ...
2 Veuillez bien tenir compte lors de votre passation de commande du fait que l'offre suivante est limitée à ... semaines.
3 Nous pouvons vous soumettre une offre aussi avantageuse uniquement pour la période de ... (mois, saison).
4 Nous regrettons de ne pouvoir maintenir l'offre faite ci-dessus que pendant un mois.
5 Notre offre est ferme pour seulement un mois.
6 Les commandes qui nous seront passées en fonction de cette offre après le ... ne seront malheureusement plus acceptées.

7 Da wir die Produktion des oben angebotenen Artikels in Kürze einstellen werden, können wir nach dem . . . keine Bestellungen mehr annehmen.
8 Wie jedes Jahr müssen wir auch dieses Mal wieder unser Sonderangebot zeitlich beschränken. Bestellungen, die nach dem . . . bei uns eingehen, können wir deshalb leider nicht mehr bearbeiten. Bitte beachten Sie diesen Termin.
9 Der oben angebotene Artikel läuft aus. Wir müssen deshalb dieses Angebot bis zum . . . befristen.

Mengenmäßig begrenztes Angebot

1 Obiges Angebot ist auf eine maximale Liefermenge von . . . Stück beschränkt.
2 Bitte beachten Sie, dass wir obiges Angebot auf eine maximale Abnahmemenge von . . . (Stück, kg, t, Ballen) begrenzen müssen.
3 Um auch unsere Kunden (Geschäftspartner) ausreichend beliefern zu können, müssen wir dieses Angebot mengenmäßig einschränken.
4 Leider können wir aus verschiedenen Gründen nur Bestellungen bis zu einer Gesamtmenge von . . . Stück berücksichtigen.
5 Dieses Angebot unterliegt einer mengenmäßigen Beschränkung. Die obere Bestellgrenze beträgt . . . (Stück, kg, t, Ballen).
6 Bitte beschränken Sie Ihre Bestellung auf die maximale Menge von . . . Stück, weil wir leider nicht in der Lage sind, größere Mengen zu liefern.

Mindestabnahme

1 Aus wirtschaftlichen Gründen müssen wir für obiges Angebot auf einer Mindestbestellmenge von . . . (Stück, kg, t, Ballen) bestehen.
2 Die Mindestabnahmemenge für obiges Sonderangebot liegt bei . . . Stück. Bitte beachten Sie das bei Ihrer Bestellung.
3 Bitte haben Sie Verständnis dafür, dass wir Bestellungen, die unter der Mindestabnahmemenge liegen, nicht ausführen können.

7 Nous allons bientôt stopper la fabrication du produit proposé ci-dessus, si bien que nous n'acceptons plus de commande après le . . .
8 Comme tous les ans, nous devons à nouveau limiter la durée de notre offre spéciale, les commandes qui nous parviennent après le . . . ne seront donc plus acceptées, ce dont nous nous excusons. Veuillez bien respecter cette date limite.
9 Le produit proposé ci-dessus ne sera bientôt plus disponible. Notre offre actuelle est donc limitée jusqu'à la date du . . .

Offre avec restrictions de quantité

1 L'offre indiquée ci-dessus se limite à une livraison maximum de . . . unités.
2 Nous attirons votre attention sur la quantité maximum . . . (unités, kg, t, ballots) proposée dans l'offre indiqué ci-dessus.
3 Nous nous voyons contraints de restreindre la quantité proposée dans cette offre afin de pouvoir assurer l'approvisionnement de nos clients (relations d'affaires).
4 Nous sommes uniquement en mesure d'accepter les commandes ne dépassant pas au total . . . unités, ceci pour diverses raisons.
5 L'offre présente est limitée quantitativement. Le seuil à ne pas dépasser est de . . . (unités, kg, t, ballots).
6 Veuillez bien faire porter votre commande sur la quantité maximum de . . . unités, nous regrettons de ne pouvoir livrer des quantités dépassant ce seuil.

Commande minimum

1 Pour des raisons de rentabilité nous sommes contraints d'imposer un seuil minimum de . . . (unités,kg,t,ballots) pour la quantité commandée dans le cadre de l'offre proposée ci-dessus.
2 Nous vous demandons de bien vouloir tenir compte du seuil minimum de . . . unités pour la quantité commandée dans le cadre de l'offre spéciale proposée ci-dessus.
3 Nous n'acceptons pas de commandes quantitativement inférieures au seuil minimum fixé et vous prions de nous en excuser.

4 Wir bitten Sie, bei etwaigen Bestellungen die Mindestabnahmemenge von ... Stück zu beachten.
5 Aus verpackungstechnischen Gründen müssen wir auf einer Mindestabnahmemenge bestehen. Sie liegt bei den angebotenen Artikeln jeweils bei ... Stück.

Unverlangtes Angebot

1 Wir haben in Ihrem Gebiet eine Marktforschung durchgeführt. Mit deren Ergebnis waren wir sehr zufrieden. Wir beabsichtigen nun, unsere Waren über einen bekannten Großhandel zu vertreiben. Sollten Sie daran interessiert sein, würden wir Ihnen entsprechende Vorschläge unterbreiten.
2 Wir sind in Ihrem Land seit einigen Jahren durch eine eigene Agentur vertreten. Aus Altersgründen gibt deren Inhaber jetzt seine Tätigkeit auf. Sofern Sie daran interessiert sind, als Importeur unseren Kundenstamm weiter zu beliefern, lassen Sie uns das bitte wissen.
3 Wir erhalten in letzter Zeit aus Ihrem Land immer mehr Anfragen nach Lieferung unserer Produkte. Wären Sie bereit, für das dortige Gebiet unsere Waren in Ihr Sortiment mit aufzunehmen?
4 Unsere neuartigen Produkte entwickeln sich mehr und mehr zu Verkaufsschlagern. Da wir in Ihrem Land noch durch keinen Agenten vertreten sind, möchten wir bei Ihnen anfragen, ob Sie bereit sind, unsere Waren exklusiv in Ihrem Land zu vertreiben.
5 Unsere Waren würden Ihr Handelssortiment beträchtlich vergrößern. Bitte teilen Sie uns umgehend mit, ob Sie uns in ... vertreten wollen.
6 Falls Sie bereit wären, unser Erzeugnis in Ihr Verkaufsprogramm aufzunehmen, würden wir Ihnen das Alleinverkaufsrecht für ... (Land bzw. Gebiet) zusichern.
7 Unsere Maschinen sind auf dem Gebiet der ...verarbeitung führend. Könnten Sie unser Angebot in Ihr Sortiment aufnehmen?

4 Nous attirons votre attention sur la quantité minimum de ... unités en cas d'éventuelle passation de commande.
5 Nous sommes contraints d'imposer une quantité minimum de commande, ceci pour des raisons d'emballage. Ce seuil est de ... unités pour chaque produit proposé.

Offre spontanée

1 Nous avons procédé à une étude de marché dans votre région. Nous sommes très satisfaits des résultats. Nous projetons maintenant une mise en place de la distribution de nos produits par l'intermédiaire d'un grossiste renommé. Si cela vous intéresse, nous vous soumettrons des propositions précises.
2 Le propriétaire de l'agence qui, durant de longues années nous a représenté dans votre pays va prendre sa retraite. Veuillez nous faire savoir si cela vous intéresserait de prendre sa relève comme importateur auprès de notre clientèle.
3 Nous recevons ces derniers temps de plus en plus de demandes de livraisons de nos produits en provenance de votre pays. Seriez-vous disposés à prendre nos articles dans votre assortiment pour cette région?
4 Le chiffre de vente des produits que nous avons récemment sortis ne cesse de croître. Nous ne sommes encore représentés par aucun agent dans votre pays. Nous aimerions savoir si vous seriez disposés à devenir notre distributeur exclusif dans votre pays.
5 Vous pourriez élargir considérablement votre assortiment en y incluant nos produits. Si cette offre de représentation à ... vous intéresse, veuillez nous répondre rapidement.
6 Au cas où vous seriez disposés à inclure nos produits dans votre programme de vente, nous vous accorderions le droit exclusif de distribution pour ... (pays ou région).
7 Nos machines ont une place de leader dans le secteur de ... Cela vous intéresserait-il de les prendre dans la gamme de produits que vous représentez?

8 Damit unsere Waren in ... (Land) bekannt werden, brauchen wir die Unterstützung eines tüchtigen Importeurs.
9 Bitte lassen Sie uns wissen, ob wir mit Ihrer Hilfe rechnen können.
10 Um Ihnen Ihre Aufgabe zu erleichtern, würden wir zur Einführung unsere Listenpreise um 10 % reduzieren.
11 Können Sie die Waren auf Ihre Rechnung kaufen? Wir würden von Ihnen einen Mindestauftrag von ... erwarten.
12 Welchen Umsatz können Sie uns garantieren, damit wir Ihnen den Alleinverkauf überlassen?
13 Unsere Waren müssen durch eine größere, unabhängige Vertriebsgesellschaft verkauft werden, die in der Branche eingeführt ist. Können Sie uns eine Firma nennen, mit der wir uns in Verbindung setzen können (die sich mit uns in Verbindung setzen könnte)?
14 Eine uns vertretende Vertriebsfirma muss auf eigene Rechnung kaufen. Mindestmengen können mit uns vereinbart werden.
15 Wir stellen Waren des täglichen Bedarfs her. Sie sind problemlos und eignen sich deshalb besonders gut für Sonderangebote und für Selbstbedienungsläden.
16 Ihre Aufgabe als unser Vertreter in ... (Land, Gebiet) wäre es, diese Waren in den einschlägigen Geschäften und Großhandlungen einzuführen.
17 Als Provision zahlen wir Ihnen ... % vom getätigten Umsatz; die Abrechnung erfolgt jeweils zum Quartalsende.
18 Wir beziehen uns auf unser Angebot vom ... und konkretisieren es wie folgt:
19 Sie sind unser Alleinvertreter im angegebenen Gebiet.
20 Aufgrund Ihrer Bestellungen werden die Kunden von uns direkt beliefert.
21 Ihre Provision in Höhe von ... % der getätigten Umsätze wird Ihnen monatlich überwiesen.
22 Es ist Ihnen nicht gestattet, Sondervereinbarungen mit den Kunden zu treffen.
23 Die Kunden sollten mindestens einmal pro Monat aufgesucht werden.

8 Nous avons besoin de la collaboration d'un excellent importateur pour faire connaître nos produits en ... (pays).
9 Nous vous prions de nous donner une réponse concernant votre éventuelle collaboration.
10 Pour vous faciliter la tâche nous serions disposés à pratiquer 10 % de remise sur nos prix pour lancer nos produits.
11 Est-ce que vous seriez en mesure d'acheter nos produits à votre propre compte? Dans ce cas, le volume minimum de la commande passée devrait être de ...
12 Quel chiffre d'affaires pourriez-vous nous garantir afin que nous vous accordions l'exclusivité de la distribution?
13 La vente de nos produits devrait s'effectuer par l'intermédiaire d'une société de distribution importante, indépendante, bien introduite dans le secteur. Pourriez-vous nous citer le nom d'une telle entreprise avec qui nous pourrions prendre contact (qui prendrait contact avec nous)?
14 Une société de distribution qui nous représente doit pratiquer les achats à son propre compte. Nous pouvons fixer d'un commun accord le seuil minimum des quantités commandées.
15 Nous produisons des articles de consommation courante. Ces articles ne posent pas de problèmes et sont très bien adaptés à une vente promotionnelle et à une vente en libre-service.
16 En qualité de représentant en ... (pays, région) votre tâche consisterait à introduire ces articles dans les magasins spécialisés et dans la grande distribution.
17 Nous vous proposons une commission de ... % du chiffre d'affaires réalisé; le règlement s'effectue à la fin de chaque trimestre.
18 Nous nous référons à notre offre du ... et la concrétisons comme suit:
19 Vous avez l'exclusivité de la distribution pour la région nommée.
20 Nous livrons directement les clients en fonction de vos commandes.
21 Le règlement de votre commission qui se monte à ... % du chiffre d'affaires réalisé sera viré mensuellement.
22 Vous n'avez pas le droit de passer des accords directs avec les clients.
23 Vous devez effectuer au moins une fois par mois une visite aux clients.

24 Bitte teilen Sie uns mit, ob Sie dieses Angebot akzeptieren. Etwaige Änderungsvorschläge von Ihrer Seite wollen wir gern prüfen.
25 Wie wir erfahren haben, führen Sie in Ihrem Sortiment auch ... (Warenangabe). Wir stellen diese Artikel serienmäßig her. Bitte teilen Sie uns mit, ob Sie auch unsere Waren in Ihr Programm aufnehmen können.
26 Als ...-Großhandlung haben Sie einen laufenden Bedarf an ... (Warenbezeichnung). Wir bieten diesen Artikel zurzeit zu einem Sonderpreis in Höhe von ... (Betrag, Währung) an. Bitte teilen Sie uns umgehend mit, ob Sie an einer Lieferung interessiert sind.
27 Wir führen zurzeit eine Werbewoche für unsere Produkte durch. Dabei haben wir den Preis dieser Waren um ... % gesenkt. Bitte übermitteln Sie uns Ihre Bestellung per Fax/E-Mail.
28 Wir haben einen größeren Posten ... (Warenbezeichnung) auf Lager. Bei einer Abnahmemenge von über ... Stück gewähren wir Ihnen einen Preisnachlass von ... %. Bitte teilen Sie uns umgehend mit, ob Sie von diesem Angebot Gebrauch machen wollen.
29 Wir bieten wöchentlich Sonderposten im Internet an und empfehlen Ihnen, sich unter www ... unsere Homepage regelmäßig anzusehen.
30 Sie finden uns im Internet unter www ... Unsere Homepage informiert Sie ständig über unser neuestes Warenangebot.
31 Falls Sie daran interessiert sind, regelmäßig über unsere Sonderlieferungen informiert zu werden, wenden Sie sich bitte unter der Tel.-Nr. ... an unser Callcenter.

24 Veuillez nous faire savoir si vous acceptez cette offre. Nous sommes disposés à étudier toutes vos propositions de modifications.
25 Nous avons appris que ... (dénomination des produits) font partie de votre assortiment. Nous produisons ces produits en série. Nous vous prions de nous faire savoir si la reprise de nos produits dans votre gamme vous intéresse aussi.
26 En tant que grossiste en ... vous avez constamment besoin de ... (dénomination de l'article). Nous vous soumettons pour cet article une offre spéciale de ... (somme, monnaie) actuellement valable. Si cette livraison vous intéresse, veuillez bien nous répondre rapidement.
27 Nous faisons actuellement une semaine de promotion pour nos produits. Nous avons réduit leur prix de ... % à cette occasion. Veuillez nous faire parvenir votre commande par fax/email.
28 Nous avons un lot important de ... (dénomination de la marchandise). En cas de commande dépassant ... unités, nous vous accordons une remise de ... % sur le prix. Veuillez nous faire savoir par retour du courrier si vous désirez profiter de cette offre.
29 Nous vous offrons chaque semaine des promotions sur internet et nous vous recommandons de consulter régulièrement notre site internet www ....
30 Vous nous trouvez sur internet à www .... Notre site vous informe sur notre gamme actuelle de marchandises.
31 Si une information régulière concernant nos livraisons spéciales vous intéresse, veuillez vous adresser au numéro de téléphone ... de notre centre d'appels.

Antwort auf Angebot

Empfangsbestätigung

1 Wir bestätigen den Empfang Ihres Sonderangebots vom ...
2 Ihr Angebot vom ... ist am ... bei uns eingegangen.
3 Wir danken Ihnen dafür, dass Sie uns auch dieses Mal über Ihr preisgünstiges Sonderangebot unterrichtet haben.

Réponse à une offre

Accusé de réception

1 Nous accusons réception de votre offre spéciale du ...
2 Nous avons reçu votre offre du ... le ...
3 Nous vous remercions de nous avoir à nouveau signalé votre offre spéciale faite à un prix avantageux.

4 Wir möchten Sie bitten, uns auch in Zukunft über Ihre Sonderangebote zu unterrichten.

4 Nous vous prions de continuer à nous communiquer vos offres spéciales.

Negative Antwort

1 Von Ihrem Angebot vom ... können wir leider keinen Gebrauch machen, da wir zurzeit keine der angebotenen Waren benötigen.
2 Da Ihre Preise über denen unseres bisherigen Zulieferers liegen, können wir Ihr Angebot vom ... leider nicht akzeptieren.
3 Da die von Ihnen gewünschte Mindestabnahmemenge über unserem derzeitigen Bedarf liegt, ist Ihr Angebot leider nicht akzeptabel für uns.
4 Leider können wir von Ihrem Sonderangebot vom ... keinen Gebrauch machen. Wir sind bis Ende dieses Jahres an eine andere Zulieferfirma gebunden.
5 Zu unserem Bedauern übersandten Sie uns Ihr Angebot zu spät. In der Zwischenzeit haben wir uns bereits anderweitig eingedeckt.

Réponse négative

1 Nous regrettons de ne pouvoir utiliser votre offre du ..., car actuellement nous n'avons besoin d'aucun des produits proposés.
2 Vos prix étant supérieurs à ceux de nos fournisseurs actuels, nous sommes au regret de refuser votre offre du ...
3 La quantité minimum à commander dépassant nos besoins actuels, nous regrettons de ne pouvoir accepter votre offre.
4 Nous regrettons de ne pouvoir donner suite à votre offre spéciale du ... Nous sommes liés en effet par des engagements avec d'autres fournisseurs jusqu'à la fin de l'année.
5 Nous regrettons que votre offre nous soit parvenue trop tard. Nous nous sommes entre-temps approvisionnés ailleurs.

Positive Antwort

1 Wir beziehen uns auf Ihr Angebot vom ... Bitte übersenden Sie uns umgehend je ... Stück der angebotenen Artikel.
2 Wir nehmen Ihr Angebot vom ... dankend an.
3 Bitte liefern Sie uns umgehend die von Ihnen angegebene maximale Bestellmenge.
4 Die von Ihnen angebotenen Artikel fügen sich gut in unser Verkaufsprogramm ein. Bitte senden Sie uns per Express je ... Stück.
5 Ihr Angebot vom ... sagt uns zu. Als Anlage überreichen wir Ihnen unsere Bestellung.

Réponse positive

1 Nous nous référons à votre offre du ... Veuillez nous envoyer par retour de courrier ... unités de chaque article proposé.
2 Nous acceptons votre offre du ... et vous en remercions.
3 Veuillez nous envoyer par retour du courrier la quantité maximum indiquée pour la commande.
4 Les articles que vous nous proposez conviennent très bien à la gamme de produits que nous vendons. Veuillez nous envoyer par express ... unités de chaque article.
5 Votre offre du ... nous intéresse. Vous trouverez ci-joint notre commande.

Bitte um Änderung des Angebots

Qualität

1 Bitte machen Sie uns auch ein Angebot über Ihre Waren besserer Qualität sowie von Produkten zweiter Wahl.
2 Können Sie uns auch ein gleichwertiges Angebot in Waren bester Qualität machen?

Demande de modification de l'offre

Qualité

1 Veuillez nous faire aussi une offre concernant vos produits de qualité supérieure et ceux de deuxième choix.
2 Pourriez-vous nous soumettre une offre similaire concernant des produits de premier choix?

3 Könnten Sie Ihr Angebot mit einer genauen Angabe der jeweiligen Qualität erneuern?
4 In Ihrem Angebot vom ... vermissen wir Qualitätsangaben. Bitte informieren Sie uns auch darüber.
5 Sie boten uns am ... Waren bester Qualität an. Können Sie die gleichen Artikel auch in einer mittleren Qualität liefern?
6 Ihre erste Qualität ist für uns preislich uninteressant. Bitte teilen Sie uns die Preise Ihrer mittleren Qualität mit.
7 Ihr Angebot ist für uns interessant. Können Sie die angebotenen Waren auch in einer mittleren Qualität liefern?
8 Die Qualität der von Ihnen am ... angebotenen Waren entspricht nicht unseren Erwartungen. Sind Sie in der Lage, qualitativ bessere Artikel zu liefern?

Menge und Größe

1 Ihr Angebot vom ... ist sehr attraktiv. Leider ist die von Ihnen angebotene Menge für unseren Bedarf zu gering. Wären Sie in der Lage, einen Großauftrag in Höhe von ... Stück des Artikels Nr. ... zu liefern?
2 Wir würden Ihr Angebot vom ... gern annehmen, die von Ihnen verlangte Mindestabnahmemenge ist uns jedoch zu hoch. Könnten Sie uns zunächst nur ... Stück liefern?
3 Wir benötigen laufend große Mengen des von Ihnen am ... angebotenen Artikels, jedoch in anderer Größe. Bitte teilen Sie uns umgehend sämtliche von Ihnen lieferbaren Formate mit.
4 Bei Ihrem Angebot vom ... haben Sie die Maße der angebotenen Artikel nicht angegeben. Bitte informieren Sie uns schnellstmöglich über Ihre lieferbaren Größen.
5 Die von Ihnen vorgeschlagene Mindestabnahmemenge können wir in unserem Lager nicht unterbringen. Bitte teilen Sie uns mit, ob es Ihnen möglich ist, Partien von ... Stück des angebotenen Artikels in zeitlichen Abständen von ... zu liefern.
6 Für uns kommen nur Großeinkäufe infrage. Bitte teilen Sie uns die maximale Menge mit, die Sie sofort liefern können.

3 Pourriez-vous nous faire une nouvelle offre avec indications précises sur les qualités proposées?
4 Votre offre du ... ne contient pas d'indications sur la qualité proposée. Veuillez aussi nous renseigner sur ce point.
5 Vous nous avez proposé le ... des marchandises de premier choix. Pouvez-vous aussi livrer les mêmes articles dans une qualité intermédiaire?
6 Votre qualité premier choix est à un prix qui ne nous intéresse pas. Veuillez nous indiquer les prix de la qualité intermédiaire.
7 Votre offre nous intéresse. Etes-vous aussi en mesure de livrer les produits proposés dans une qualité intermédiaire?
8 La qualité des produits que vous nous avez proposés le ... ne correspond pas à nos attentes. Pouvez-vous nous livrer des articles de meilleure qualité?

Quantité et taille

1 Votre offre du ... est très intéressante. Les quantités proposées ne couvrent malheureusement pas nos besoins. Seriez-vous aussi en mesure de livrer une grosse commande de ... unités de l'article N° ... ?
2 Nous aimerions donner suite à votre proposition du ..., la quantité minimum à commander est cependant trop importante pour nous. Pourriez-vous nous livrer dans un premier temps seulement ... unités?
3 Nous avons continuellement besoin de quantités importantes de l'article que vous nous avez proposé le ..., mais dans une autre taille. Veuillez nous indiquer par retour du courrier les tailles disponibles.
4 Vous n'avez pas indiqué les dimensions des articles proposés dans votre offre du ... Veuillez nous faire parvenir le plus rapidement possible des renseignements sur les tailles disponibles.
5 Nous ne sommes pas en mesure de stocker la quantité minimum proposée dans votre offre. Veuillez nous faire savoir s'il vous est possible de nous livrer par tranches de ... unités à intervalle de ...
6 Nous ne sommes intéressés que par des commandes en gros. Veuillez nous indiquer quelle quantité maximum vous pouvez immédiatement livrer.

7 Wegen ihrer aufwendigen Verpackung nehmen die von Ihnen am ... angebotenen Artikel zu viel Platz ein. Ist es Ihnen möglich, uns ein Angebot mit einer Platz sparenden Verpackung zu unterbreiten?
8 Führen Sie die von Ihnen am ... angebotenen Artikel auch in einer kleineren Ausführung?

Preise

1 Die von Ihnen verlangten Preise sind für uns indiskutabel. Bitte teilen Sie uns Ihre äußersten Preise mit.
2 Die Preise der von Ihnen am ... angebotenen Waren sind zu hoch für uns. Wären Sie bereit, uns bei einem Großauftrag einen ... %igen Nachlass zu gewähren?
3 Bitte teilen Sie uns auch die Preise für eine Ausführung mittlerer Qualität mit.
4 Wenn Sie in der Lage wären, die Preise der von Ihnen am ... angebotenen Artikel um ... (Betrag, Währung) zu senken, würden wir gern von Ihrem Angebot Gebrauch machen.
5 Im Hinblick auf die allgemeine Marktsituation liegen die Preise Ihres Angebots vom ... zu hoch. Bitte teilen Sie uns umgehend Ihre äußerste Preisgrenze mit.
6 Für eine qualitativ mittlere Ausführung sind Ihre Preise zu hoch. Wenn Sie bereit wären, zu diesen Preisen eine bessere Qualität zu liefern, würden wir Ihr Sonderangebot vom ... gern akzeptieren.
7 Bitte teilen Sie uns so schnell wie möglich mit, ob in den Preisen Ihres Angebots vom ... bereits die Kosten für Verpackung und Fracht enthalten sind.
8 Wir haben ständig einen großen Bedarf an den von Ihnen angebotenen Artikeln. Bitte informieren Sie uns über Ihre Preise für Großaufträge.

Verpackung

1 Die Verpackung der von Ihnen angebotenen Waren genügt unseren Ansprüchen nicht. Können Sie in bruchfester Verpackung liefern?
2 Bitte unterbreiten Sie uns ein neues Angebot über in Styropor verpackte Waren.

7 Les articles que vous nous avez proposés le ... sont trop encombrants à cause de leur emballage. Pouvez-vous nous soumettre une offre prévoyant un emballage de faible encombrement?
8 Faites-vous aussi les articles que vous nous avez proposés le ... dans une taille plus petite?

Prix

1 Les prix que vous demandez ne sont pas acceptables pour nous. Veuillez nous communiquer vos derniers prix.
2 Les prix des marchandises faisant l'objet de votre offre du ... sont trop élevés pour nous. Seriez-vous disposés à nous accorder une remise de ... % dans le cadre d'une grosse commande?
3 Veuillez nous communiquer les prix des modèles de qualité moyenne.
4 Si vous étiez en mesure de baisser de ... (somme, monnaie) les prix des articles faisant l'objet de votre offre du ... nous l'accepterions volontiers.
5 Les prix de votre offre du ... sont trop élevés par rapport à la situation générale du marché. Veuillez nous communiquer par retour du courrier vos prix limites.
6 Vos prix sont trop élevés par rapport à la qualité moyenne de votre fabrication. Si vous étiez prêts à fournir une meilleure qualité aux mêmes prix, nous accepterions votre offre spéciale du ...
7 Nous vous prions de nous faire savoir le plus rapidement possible si les frais d'emballage et de transport sont inclus dans les prix cités dans votre offre du ...
8 Nous avons constamment besoin de quantités importantes des articles proposés dans votre offre. Veuillez nous communiquer vos prix pour les grosses commandes.

Emballage

1 L'emballage que vous avez prévu pour vos produits ne nous satisfait pas. Pourriez-vous livrer avec un emballage protégeant contre la casse?
2 Nous vous prions de nous communiquer une nouvelle offre pour des articles emballés dans du polystyrène.

3 In Abweichung von Ihrem Angebot vom ... müssen wir auf in Kisten verpackten Waren bestehen.
4 Um Transportschäden auf ein Minimum zu reduzieren, müssen wir eine bessere Verpackung von Ihnen fordern.
5 Um die Transportkosten zu verringern, bestehen wir bei einer derart großen Bestellung auf einer Verpackung in Collis.
6 Wir verstehen die Preise Ihres Angebots vom ... ausschließlich Verpackung. Bei einer etwaigen Bestellung würden wir jedoch Verpackung in Kisten – zum gleichen Preis! – von Ihnen fordern müssen.
7 Die Qualität Ihrer angebotenen Verpackung entspricht nicht den heute gültigen EU-Umweltschutzbestimmungen. Bitte informieren Sie uns umgehend, ob Sie diesen entsprechen können.
8 Wir können von Ihrem Sonderangebot nur dann Gebrauch machen, wenn Sie uns eine bessere Verpackung Ihrer Waren zusichern.
9 Die Verpackung Ihrer Artikel in Faltkartons lässt viel zu wünschen übrig. Bei einer Bestellung müssten wir auf einer Kunststoffverpackung bestehen, die den EU-Normen Rechnung trägt.

3 Nous tenons absolument à un emballage de la marchandise en caisses, ce qui implique une modification de votre offre du ...
4 Nous vous demandons de bien vouloir adopter un meilleur emballage afin de réduire au maximum les dommages subis en cours de transport.
5 Vu l'importance de la commande, nous tenons absolument à une livraison par colis afin de réduire les dommages subis en cours de transport.
6 A notre avis, les prix cités dans votre offre du ... s'entendent emballage non compris. En cas de commande de notre part, nous désirons obtenir pour le même prix un emballage en caisses.
7 La qualité du conditionnement prévu ne correspond plus aux normes européennes de protection de l'environnement actuellement en vigueur. Veuillez nous communiquer rapidement si vous pouvez y remédier.
8 Nous ne pouvons accepter votre offre spéciale que si vous nous garantissez un meilleur conditionnement de vos produits.
9 L'emballage de vos articles dans des cartons laisse beaucoup à désirer. Pour une éventuelle commande nous vous demandons d'adopter un emballage plastique conforme aux normes européennes.

Lieferung

1 Ihr Angebot vom ... sagt uns zu. Wir müssen jedoch auf sofortiger Lieferung bestehen.
2 Der in Ihrem Angebot vom ... angegebene Liefertermin ist für uns zu spät. Können Sie nicht schon früher liefern?
3 Zurzeit haben wir keinen Bedarf an den angebotenen Waren. Bitte teilen Sie uns mit, ob Sie zu den gleichen Konditionen auch in ... Monaten liefern können.
4 Als Großabnehmer der von Ihnen am ... angebotenen Artikel ist eine einmalige Lieferung für uns nicht diskutabel. Bitte teilen Sie uns schnellstmöglich mit, ob Sie in der Lage sind, entsprechend unserem Bedarf wöchentlich (monatlich) ... Stück des Artikels Nr. ... zu liefern.
5 Die in Ihrem Angebot vom ... genannten Lieferbedingungen können wir nicht akzeptieren.

Livraison

1 Votre offre du ... nous convient. Nous tenons toutefois à une livraison immédiate.
2 Si la livraison est effectuée à la date fixée dans votre offre du ..., ce sera trop tard pour nous. Pouvez-vous nous livrer plus tôt?
3 Nous n'avons actuellement pas besoin des articles que vous nous proposez. Veuillez nous faire savoir si vous pouvez aussi nous livrer aux mêmes conditions dans ... mois.
4 Comme nous achetons en gros les articles que vous nous avez proposés le ..., nous ne pouvons accepter de livraison en une seule fois. Veuillez nous faire rapidement savoir si vous êtes en mesure de livrer en fonction de nos besoins, à savoir ... unités de l'article N° ... par semaine (par mois).
5 Nous ne pouvons pas accepter les conditions de livraison que vous nous proposez dans votre offre du ...

6 Da wir nur einen begrenzten Lagerraum zur Verfügung haben, müssen wir auf einer Lieferung in drei Teilmengen bestehen. Halten Sie auch unter diesen Umständen Ihr Angebot aufrecht?
7 Wir können Ihr Angebot vom ... nur dann annehmen, wenn Sie auf unsere Sonderwünsche hinsichtlich der Lieferung eingehen.
8 Wir müssen auf Lieferung per Express bestehen.
9 Warum bieten Sie Ihre Waren nicht zu den üblichen Lieferungsbedingungen an?

Zahlungsbedingungen

1 Wir können nur dann von Ihrem Sonderangebot vom ... Gebrauch machen, wenn Sie uns einen Mengenrabatt in Höhe von ... % einräumen.
2 Preislich ist Ihr Angebot vom ... sehr verlockend. Mit Ihren Zahlungsbedingungen sind wir jedoch nicht einverstanden.
3 Die Zahlungsbedingungen, die Sie in Ihrem Angebot vom ... vorschlagen, können wir nicht akzeptieren.
4 Würden Sie uns bei einer Bestellung von ... Stück ein Zahlungsziel von ... Tagen einräumen?
5 Die Zahlungsbedingungen Ihres Angebots vom ... müssen wir ablehnen. Bei einer etwaigen Bestellung würden wir auf einem Rabatt in Höhe von ... % der Rechnungssumme bestehen. Bitte teilen Sie uns mit, ob Sie unseren Vorschlag akzeptieren.
6 Ihr Angebot vom ... sagt uns zu. Die von Ihnen geforderten Zahlungsbedingungen sind jedoch nicht handelsüblich.
7 Wir würden Ihr Angebot vom ... gern akzeptieren, müssten Sie aber um Zahlungserleichterungen bitten.
8 In Beantwortung Ihres Angebots vom ... müssen wir Ihnen leider mitteilen, dass Ihre Zahlungsbedingungen nicht handelsüblich sind.
9 Nachdem wir nun schon mehrere Monate regelmäßig Waren von Ihnen beziehen, bitten wir Sie um bessere Zahlungsbedingungen.

6 Vu nos capacités restreintes de stockage, nous tenons à être livrés en trois fois. Etes-vous disposés à maintenir votre offre dans ces conditions?
7 Nous vous communiquons les modes de livraison que nous souhaitons. Si vous les acceptez, nous pourrons donner suite à votre offre du ...
8 Nous tenons à une livraison par express.
9 Pourquoi ne proposez-vous pas vos produits aux conditions de livraison habituelles?

Conditions de paiement

1 Nous ne pouvons donner suite à votre offre spéciale du ... que si vous nous accordez une remise de ... % sur la quantité.
2 Les prix cités dans votre offre du ... sont très attractifs, nous estimons par contre que vos conditions de paiement ne sont pas acceptables.
3 Nous ne pouvons pas accepter les conditions de paiement proposées dans votre offre du ...
4 Pourriez-vous nous accorder un délai de paiement de ... jours en cas de passation de commande de ... unités?
5 Nous ne pouvons pas accepter les conditions de paiement de votre offre du ... Dans le cadre d'une éventuelle commande nous vous demandons de nous accorder une remise de ... % sur le montant de la facture. Veuillez nous communiquer votre réponse à notre proposition.
6 Nous trouvons votre offre du ... intéressante. Les conditions de paiement exigées ne sont cependant pas habituelles dans le commerce.
7 Nous aimerions donner suite à votre offre du ... et vous demandons de nous consentir des facilités de paiement.
8 En réponse à votre offre du ..., nous regrettons de vous signaler que vos conditions de paiement ne correspondent pas aux conditions habituelles dans le commerce.
9 Nous vous demandons de nous accorder de meilleures conditions de paiement étant donné que nous achetons maintenant régulièrement depuis plusieurs mois votre marchandise.

Garantien

1. Wir können von Ihrem Sonderangebot vom ... nur dann Gebrauch machen, wenn Sie sich bereit erklären, die üblichen Garantieverpflichtungen zu übernehmen. Bitte nehmen Sie hierzu baldmöglichst Stellung.
2. In Ihrem Sonderangebot vom ... vermissen wir Angaben über Ihre Garantieleistungen.
3. Mit den Garantieleistungen Ihres Angebots vom ... können wir uns nicht zufrieden geben. Wir bitten Sie deshalb um deren Überprüfung.
4. Ihr Angebot vom ... enthält keinen Passus über die von Ihnen gewährten Garantien.
5. Bitte teilen Sie uns umgehend die Gewährleistungsbedingungen mit, die mit Ihrem Angebot vom ... verbunden sind.
6. Laut Angebot vom ... gewähren Sie Garantieleistungen bis zu ... Monaten nach Inbetriebnahme Ihrer Maschinen.
7. Wir wären bereit, Ihr Angebot zu akzeptieren, wenn Sie Ihre Gewährleistungszeit auf ein Jahr ausdehnten.
8. Ihr letztes Angebot ist hinsichtlich der Gewährleistung nicht klar genug formuliert. Bitte teilen Sie uns umgehend Ihre Garantieleistungen mit.
9. In Ihrem Angebot vom ... sind keinerlei Garantieleistungen enthalten. Bitte geben Sie uns auch darüber Auskunft.
10. Bitte teilen Sie uns umgehend mit, welche Garantieleistungen mit Ihrem Angebot vom ... verbunden sind.

Garanties

1. Nous ne pouvons accepter votre offre spéciale du ... que si vous êtes prêts à accorder les garanties habituelles. Veuillez nous communiquer rapidement votre réponse à ce sujet.
2. Votre offre spéciale du ... ne contient pas d'indications relatives au type de garantie que vous accordez.
3. Nous estimons que les garanties que vous proposez dans votre offre du ... sont insuffisantes. Nous vous prions de les revoir.
4. Votre offre du ... ne fait pas du tout mention des types de garantie que vous accordez.
5. Veuillez nous communiquer par retour du courrier les conditions de garantie liées à votre offre du ...
6. Selon votre offre du ... vous garantissez vos machines pour une durée de ... mois à dater de leur mise en service.
7. Nous sommes prêts à accepter votre offre si vous portez à un an la durée de la garantie.
8. Votre dernière offre manque de précision en ce qui concerne la garantie. Veuillez nous indiquer les conditions de garantie par retour du courrier.
9. Votre offre du ... ne mentionne pas votre type de garantie. Nous vous prions de nous renseigner à ce sujet.
10. Nous vous demandons de nous communiquer par retour du courrier les types de garantie qui accompagnent votre offre du ...

Versandart

1. Wir können Ihr Sonderangebot nur dann akzeptieren, wenn Sie uns einen Transport per Express zu Ihren Lasten zusichern.
2. Können Sie Ihr Angebot vom ... hinsichtlich der Versandart abändern?
3. Für uns käme nur ein Versand per Lkw-Sammeltransport infrage.
4. Können Sie uns in Abänderung Ihres Angebots vom ... Versand per Luftfracht zusichern?
5. Da wir die von Ihnen angebotenen Waren dringend benötigen, müssen wir auf Versand per Express bestehen.

Mode d'expédition

1. Nous pouvons accepter votre offre à condition que vous nous garantissiez un transport par express à vos frais.
2. Etes-vous en mesure de modifier votre offre du ... en ce qui concerne le mode d'expédition?
3. Nous tenons absolument à ce que l'expédition soit effectuée par transport routier groupé.
4. Pouvez-vous modifier votre offre du ... et nous garantir un transport aérien?
5. Nous avons besoin de toute urgence des marchandises que vous nous proposez, nous tenons donc à ce que vous nous les expédiez par express.

6 Unseres Erachtens kommt für Ihre leicht verderbliche Ware nur ein Transport in Kühlwagen infrage. Bitte teilen Sie uns umgehend mit, ob das möglich ist.
7 Der von Ihnen mit Angebot vom ... vorgeschlagene Transportweg ist uns zu zeitraubend. Wir können von Ihrer Offerte nur dann Gebrauch machen, wenn Sie unsere Wünsche hinsichtlich des Transportwegs und der Transportart erfüllen.
8 In Abweichung von Ihrem Angebot vom ... müssen wir auf einem Versand per Express bestehen.
9 Das Transportproblem haben Sie in Ihrem Angebot vom ... nicht erwähnt. Bitte informieren Sie uns über die bei Ihnen übliche Versandart.
10 In Ihrem Angebot fehlt die Angabe der Versandart. Wir erwarten dazu Ihre Stellungnahme.

6 A notre avis, le transport de vos denrées périssables est envisageable uniquement par wagons frigorifiques. Veuillez nous communiquer par retour du courrier si cela est possible.
7 L'itinéraire de transport que vous proposez dans votre offre du ... nous fait perdre trop de temps. Nous ne pourrons donner suite à votre offre que si vous revoyez ces questions d'itinéraire et de mode de transport en fonction de nos souhaits.
8 Nous tenons absolument à une expédition par express, ce qui implique une modification de votre offre du ...
9 Votre offre du ... ne fait pas allusion à la question du transport. Veuillez nous renseigner sur votre mode habituel d'expédition.
10 Votre offre ne contient aucune mention se rapportant au mode d'expédition.

Ablehnung des Wunsches auf Angebotsänderung

1 Bei den äußerst niedrigen Preisen unseres Sonderangebots ist es uns leider nicht möglich, auf Ihre Sonderwünsche einzugehen.
2 Wir sehen leider keine Möglichkeit, Ihre Sonderwünsche im Hinblick auf die Verpackung der Waren aus unserem Angebot vom ... zu erfüllen.
3 Die von Ihnen vorgeschlagene Versandart können wir leider nicht akzeptieren, da sie unser Angebot zu sehr verteuern würde.
4 Die Preise unseres Angebots vom ... sind auf das Äußerste kalkuliert. Wir sehen uns daher nicht in der Lage, Ihre Wünsche hinsichtlich der Zahlungsbedingungen und der Versandart zu erfüllen.
5 Ihre Bitte um Änderung unseres Angebots vom ... müssen wir leider abschlägig beantworten.
6 Leider sehen wir uns nicht imstande, Ihre Sonderwünsche hinsichtlich unseres Angebots vom ... zu erfüllen.

Refus de la demande de modification

1 Vu les conditions très avantageuses de notre offre spéciale, nous ne sommes pas en mesure de vous donner satisfaction.
2 Nous ne voyons pas de possibilité de revoir comme vous le souhaitez la question de l'emballage prévu dans notre offre du ..., nous nous en excusons.
3 L'acceptation de votre proposition de modification du mode d'expédition serait liée à une hausse considérable des prix faits dans notre offre. Nous nous excusons de devoir pour cette raison rejeter votre proposition.
4 Les prix indiqués dans notre offre du ... sont calculés au plus juste. Nous ne sommes donc pas en mesure de vous donner satisfaction en ce qui concerne les modifications relatives aux conditions de paiement et au mode d'expédition que vous souhaitiez.
5 Nous regrettons de devoir vous donner une réponse négative en ce qui concerne votre demande de modification de notre offre du ...
6 Nous nous excusons de ne pouvoir donner suite à vos demandes de modifications concernant notre offre du ...

7 In Beantwortung Ihrer Anfrage wegen der Konditionen unseres Angebots vom ... müssen wir Ihnen leider mitteilen, dass wir nicht in der Lage sind, in Ihrem Fall eine Ausnahme zu machen.
8 Den von Ihnen geforderten Versand per Express zu unseren Lasten sind wir nicht in der Lage zu akzeptieren. Wir können unser Angebot vom ... nur zu den angegebenen Konditionen aufrechterhalten.
9 Ihren Wunsch nach Änderung unseres Angebots vom ... können wir leider nicht erfüllen.
10 Bei der heutigen Preissituation auf den Rohstoffmärkten können wir die Konditionen unseres Angebots bedauerlicherweise nicht ändern.

7 Nous regrettons de vous signaler que nous ne pouvons pas faire d'exception dans votre cas, nous ne pouvons donc pas donner suite à votre demande relative aux conditions de notre offre du ...
8 Nous ne sommes pas en mesure d'accepter votre demande d'expédition par express à nos frais. Nous ne pouvons maintenir notre offre du ... qu'aux conditions fixées.
9 Nous regrettons de ne pas pouvoir vous donner satisfaction à propos de votre demande de modification de notre offre du ...
10 Les prix actuels sur le marché des matières premières ne nous permettent pas de modifier les conditions de notre offre, ce que nous regrettons.

Dem Wunsch kann entsprochen werden

1 Ihren Vorschlag zur Abänderung unseres Angebots vom ... akzeptieren wir.
2 Wir sind bereit, Ihre Sonderwünsche hinsichtlich der Verpackung zu akzeptieren. Bitte leiten Sie uns Ihre Bestellung zu.
3 Wir sind bereit, unser Angebot vom ... nach Ihren Wünschen abzuändern.
4 Wir beziehen uns auf Ihr Schreiben vom ... und teilen Ihnen dazu mit, dass wir Ihrer Bitte um eine Änderung unseres letzten Angebots gern nachkommen.
5 In Anbetracht der von Ihnen in Aussicht gestellten großen Bestellmenge sind wir bereit, Ihnen – in Abänderung unseres letzten Angebots – einen Preisnachlass zu gewähren.
6 Es ist uns möglich, unser Angebot vom ... Ihren Wünschen gemäß abzuändern. Wir erwarten nunmehr Ihre Bestellung.
7 Wir teilen Ihnen mit, dass unsere Versandabteilung in der Lage ist, Ihre Sonderwünsche hinsichtlich des Transportwegs zu erfüllen.
8 Ihrem Sonderwunsch bezüglich der Qualität entsprechen wir gern.

Acceptation de la demande de modification

1 Nous acceptons la modification de notre offre du ... que vous nous proposez.
2 Nous sommes disposés à vous fournir l'emballage que vous souhaitez. Veuillez nous faire parvenir votre commande.
3 Nous sommes disposés à modifier notre offre du ... comme vous le souhaitez.
4 Nous référant à votre lettre du ..., nous vous informons que nous modifierons notre dernière offre comme vous l'avez demandé.
5 Vu l'importance du volume des commandes envisagées, nous sommes disposés à modifier notre dernière offre et à vous accorder une remise de prix.
6 Nous sommes en mesure de modifier notre offre du ... en fonction de ce que vous souhaitez. Nous attendons votre commande.
7 Nous vous informons par la présente que notre service d'expédition peut vous donner satisfaction en ce qui concerne la modification désirée de l'itinéraire de transport.
8 Nous acceptons votre demande de modification concernant la qualité.

Ablehnung des Änderungswunsches und neues Angebot

1 Ihren Sonderwunsch in Sachen Verpackung müssen wir leider ablehnen, da das von uns verwendete Verpackungsmaterial durch EU-Richtlinien vorgeschrieben ist.
2 Wir sind gern bereit, Ihnen einen Preisnachlass zu gewähren, wenn Sie mindestens ... Stück des angebotenen Artikels abnehmen.
3 Ihre Sonderwünsche können wir leider nicht berücksichtigen. Als Anlage übersenden wir Ihnen jedoch ein neues, noch günstigeres Angebot.
4 Unsere Geschäftsführung hat es ablehnen müssen, Ihre Sonderwünsche hinsichtlich der Zahlungsbedingungen zu erfüllen. Wir erlauben uns jedoch, Ihnen heute ein weiteres günstiges Angebot zu unterbreiten.
5 Leider können wir Ihrer Bitte um Änderung unseres letzten Angebots nicht nachkommen. Wir sind jedoch in der Lage, Ihnen ein weiteres Sonderangebot zu unterbreiten.
6 Hinsichtlich der Verpackung können wir Ihrer Bitte um Änderung leider nicht nachkommen, da die zz. gültigen Umweltschutzbestimmungen dies nicht erlauben.
7 Da wir auf Sonderwünsche bedauerlicherweise nicht eingehen können, übersenden wir Ihnen ein weiteres Angebot.
8 Da wir nicht in der Lage sind, unser Angebot vom ... zu ändern, möchten wir Ihnen heute ein neues Angebot unterbreiten.
9 Ihren Wunsch hinsichtlich einer Änderung unseres Angebots vom ... können wir leider nicht erfüllen, dürfen Sie jedoch auf unser neuestes Sonderangebot hinweisen.

Refus de la demande de modification et nouvelle offre

1 Nous regrettons de ne pouvoir donner suite à votre demande de modification de l'emballage, nous sommes obligés d'utiliser notre emballage qui est prescrit par les normes européennes.
2 Nous sommes disposés à vous accorder une remise de prix si vous passez commande d'au moins ... unités de l'article proposé.
3 Nous regrettons de ne pouvoir tenir compte de votre demande de modification. Vous trouverez ci-joint une nouvelle offre encore plus avantageuse.
4 Votre demande de modification des conditions de paiement a été malheureusement rejetée par notre direction. Nous nous permettons de vous soumettre aujourd'hui une autre offre plus avantageuse.
5 Nous regrettons de ne pouvoir donner suite à votre demande de modification de notre dernière offre. Nous pouvons toutefois vous soumettre une autre offre spéciale.
6 En fonction de la réglementation actuelle concernant la protection de l'environnement nous regrettons de devoir refuser votre demande de modification concernant l'emballage.
7 Nous nous excusons de ne pouvoir vous donner satisfaction en ce qui concerne vos demandes de modification et nous permettons de vous faire une autre offre.
8 Comme nous ne sommes pas en mesure de modifier notre offre du ..., nous nous permettons de vous soumettre aujourd'hui une autre offre.
9 Nous regrettons de ne pouvoir vous donner satisfaction à propos de votre demande de modification de notre offre du ... et nous nous permettons d'attirer votre attention sur notre dernière offre spéciale.

Referenzen
Références

Referenzanforderung

1 Wir haben erfahren, dass Sie Lieferant der Firma ... sind.
2 Wie wir erfahren, sind Sie Kunde der Firma ...
3 Wir nehmen an, dass Sie mit der Firma ... in Geschäftsbeziehung stehen.
4 Sie arbeiten schon lange mit der Firma ... zusammen. Können Sie uns dieses Unternehmen empfehlen?
5 Uns würde interessieren, welche Erfahrungen Sie mit der Firma ... gemacht haben.
6 Hat sich die Firma ... Ihnen gegenüber Unregelmäßigkeiten zuschulden kommen lassen?
7 Ihnen dürfte die Firma ... schon länger bekannt sein.
8 Wie beurteilen Sie die Kapitalsituation/Bonität/Solvenz der Firma ...?
9 Die Firma ... (Herr ...) hat Sie als Referenz genannt.
10 Wir ersehen aus einem Verzeichnis von Referenzadressen, dass Sie bei der Firma ... gekauft haben.
11 Wir beabsichtigen, Maschinen der Firma ... zu kaufen, und bitten Sie um Auskunft, ob Sie mit den bei Ihnen installierten Anlagen zufrieden sind.
12 Wir bitten Sie uns mitzuteilen, ob Sie mit den von der Firma ... bezogenen Waren zufrieden sind.
13 Würden Sie uns bitte folgende Auskünfte geben: ...
14 Wir bitten Sie, uns einen Termin zu nennen, an dem wir die bei Ihnen installierten ... besichtigen können.
15 Wann und wo dürfen wir die Maschinen der Firma ... im Einsatz besichtigen?

Demande de références

1 Nous avons appris que vous êtes fournisseur de l'entreprise ...
2 Nous avons appris que vous êtes client de l'entreprise ...
3 Nous pensons que vous êtes en relation d'affaires avec l'entreprise ...
4 Vous travaillez déjà depuis longtemps avec l'entreprise ... Pouvez-vous nous la recommander?
5 Nous aimerions savoir quelle a été votre expérience avec l'entreprise ...
6 L'entreprise ... a-t-elle toujours été correcte avec vous?
7 Vous devez connaître l'entreprise ... depuis un certain temps.
8 Comment jugez-vous la situation financière / la solvabilité de l'entreprise ...?
9 La firme ... (Monsieur ...) vous a cité comme référence.
10 D'après une liste d'adresses citées comme références nous constatons que vous vous fournissez auprès de l'entreprise ...
11 Nous avons l'intention d'acheter des machines à l'entreprise... Nous aimerions savoir si vous êtes satisfaits de l'équipement qu'elle vous a installé.
12 Nous vous serions reconnaissants de nous dire si vous êtes satisfaits des produits que vous avez achetés à l'entreprise ...
13 Auriez-vous l'amabilité de nous communiquer les renseignements suivants:
14 Nous aimerions fixer un rendez-vous afin de pouvoir venir voir les ... installé(e)s chez vous.
15 Quand et où pourrions-nous voir les machines de l'entreprise ... en service?

Geschäftspartner

1 Bitte nennen Sie uns Ihre Bank- und Geschäftsreferenzen.
2 Bitte teilen Sie uns die üblichen Referenzen mit.
3 Vor unserem ersten Abschluss bitten wir Sie um die üblichen Bank- und Geschäftsreferenzen.
4 Da wir Ihr Unternehmen noch nicht kennen, bitten wir Sie um Angabe von Referenzen.
5 Bitte informieren Sie uns über Ihren Kundenkreis.

Partenaire en affaires

1 Nous vous demandons de bien vouloir nous fournir des références bancaires et commerciales.
2 Veuillez nous faire parvenir les références habituelles.
3 Avant de conclure notre première affaire, nous vous prions de nous fournir les références bancaires et commerciales habituelles.
4 Ne connaissant pas encore votre entreprise, nous vous demandons de nous communiquer des références.
5 Veuillez nous communiquer des informations concernant votre clientèle.

Zusicherung der Diskretion und Schlusssätze

1 Wir sichern Ihnen ausdrücklich zu, dass Ihre Auskünfte mit Diskretion behandelt werden.
2 Seien Sie versichert, dass diese Informationen für uns streng vertraulich sind.
3 Wir würden uns freuen, Ihnen entsprechende Gegendienste leisten zu können.

Assurance de discrétion et formules finales

1 Nous vous assurons que nous traiterons les renseignements donnés avec toute la discrétion nécessaire.
2 Vous pouvez compter sur notre discrétion à propos des informations communiquées.
3 Nous serions heureux de pouvoir à l'occasion vous rendre service à notre tour.

Referenzanforderung bei Banken

1 Die Firma ... (Herr ...) hat Sie als Referenz genannt.
2 Ihr Haus wurde uns als Referenz genannt.
3 Die Firma ... hat erklärt, schon seit längerer Zeit ein Konto bei Ihnen zu unterhalten.
4 Als möglicher Geschäftspartner der Firma ... wenden wir uns mit der Bitte um folgende Auskünfte an Sie: ...
5 Wir bitten Sie hiermit, uns die entsprechenden Auskünfte zu erteilen.
6 Der Geschäftsführer der Firma ... erwähnte, Sie hätten einen größeren Kredit gewährt.
7 Wir bitten Sie um eine Bestätigung der Kreditzusage, die Sie der Firma ... gegeben haben.

Demande de références auprès de banques

1 L'entreprise ...(Monsieur ...) vous a cité comme référence.
2 Votre maison nous a été citée comme référence.
3 L'entreprise ... a déclaré avoir depuis un certain temps un compte auprès de votre établissement.
4 Voulant éventuellement nouer des relations d'affaires avec l'entreprise ..., nous nous adressons à vous pour obtenir les renseignements suivants:
5 Nous vous demandons par la présente de bien vouloir nous donner les renseignements nécessaires.
6 Selon le gérant de la maison ..., vous auriez accordé un crédit plus important.
7 Nous vous prions de bien vouloir nous donner confirmation du crédit que vous avez accordé à l'entreprise ...

8 Wir bitten Sie um die Bestätigung dieser Kreditzusage, da wir die Lieferung eines großen Warenpostens von der Zahlungsfähigkeit der Firma ... abhängig machen müssen.
9 Unser besonderes Interesse gilt Auskünften über Zahlungsfähigkeit und Kreditwürdigkeit der Firma ...
10 Wir bitten Sie uns mitzuteilen, wie zuverlässig die Firma ... ihren Zahlungsverpflichtungen nachkommt.
11 Wir glauben, dass Ihnen eine Beurteilung der Firma ... am ehesten möglich ist, und legen daher großen Wert auf Ihre Meinung.
12 Da uns selbst Informationen zur Beurteilung der Firma ... nicht in ausreichendem Maße vorliegen, bitten wir Sie, uns Folgendes mitzuteilen:
 – Welchen Ruf genießt sie?
 – Wie sind ihre Vermögensverhältnisse?
 – Ist ihre Zahlungsfähigkeit gewährleistet?
13 Wir glauben, dass die von Ihnen gewünschten Informationen den Interessen beider Parteien dienen.
14 Wir hoffen, dass Ihre Auskünfte den Abschluss mit der Firma ... ermöglichen, und bedanken uns für Ihre Bemühungen.

Referenzanforderung bei Auskunfteien

1 Wir wenden uns an Sie, um Informationen über die Firma ... zu erhalten.
2 Wir bitten Sie um Informationen über die Firma ...
3 Wir beabsichtigen, geschäftliche Beziehungen zur Firma ... aufzunehmen, halten jedoch noch folgende Auskünfte für erforderlich: ...
4 Da wir die Firma ... noch nicht näher kennen, möchten wir Sie beauftragen, Auskünfte einzuholen.
5 Wir bitten Sie, uns die für die Aufnahme geschäftlicher Kontakte erforderlichen Informationen über die Firma ... zu geben.
6 Die von der Firma ... benannten Referenzen konnten unsere Vorbehalte nicht völlig zerstreuen, so dass wir Sie mit der Beschaffung weiter gehender Informationen beauftragen möchten.

8 Nous vous demandons de bien vouloir nous donner confirmation du crédit accordé à l'entreprise ..., la livraison d'un lot important de marchandises dépend en effet pour nous de leur solvabilité.
9 Nous aimerions avoir des informations précises sur la solvabilité de cette entreprise.
10 Nous vous demandons de nous communiquer si l'entreprise ... est en mesure de faire face à ses obligations financières.
11 Nous estimons que vous êtes les mieux placés pour émettre un jugement sur l'entreprise ... et attachons beaucoup d'importance à votre avis.
12 Etant donné que nous ne disposons pas de suffisamment d'informations sur l'entreprise ..., nous vous prions de nous renseigner sur les points suivants:
 – réputation de cette entreprise
 – situation financière de cette entreprise
 – solvabilité de cette entreprise
13 Nous pensons que les informations que vous souhaitez présentent un intérêt pour les deux parties concernées.
14 Nous vous remercions des informations communiquées qui devraient, comme nous l'espérons, nous aider à conclure avec l'entreprise ...

Demande de références auprès d'un bureau de renseignements

1 Nous nous adressons à vous pour obtenir des renseignements sur l'entreprise ...
2 Nous vous prions de nous communiquer des renseignements sur l'entreprise ...
3 Nous avons l'intention d'entrer en relations d'affaires avec l'entreprise ..., toutefois nous avons besoin des renseignements suivants:
4 Ne connaissant pas encore beaucoup l'entreprise ..., nous désirons vous charger d'obtenir des renseignements.
5 Nous vous prions de nous communiquer les renseignements nécessaires sur l'entreprise ... afin que nous puissions entrer en relations d'affaires avec eux.
6 Les références obtenues par l'entreprise nous semblent insuffisantes, c'est pourquoi nous désirons vous charger d'obtenir de plus amples renseignements à son sujet.

7 Wir benötigen dringend folgende Informationen: ...
8 Unser besonderes Interesse gilt Auskünften über die Zahlungsfähigkeit (Zahlungsgewohnheiten, Kreditwürdigkeit, Kreditbeanspruchung, Kundenkreis, Zufriedenheit der Kunden, Kulanz, Konkurrenzsituation, Marktanteil, Wettbewerbsfähigkeit, Zukunftschancen, Eigentumsverhältnisse, Kapitalbasis, Verschuldungsgrad, Zufriedenheit des Personals, Personalsituation, Umsatz, Umsatzentwicklung, Haftung der Gesellschafter) der Firma ...
9 Wichtig wäre für uns auch zu wissen, wie die Eigentumsverhältnisse bei der Firma ... beschaffen sind.
10 Wir halten Informationen über die Zahlungsfähigkeit für dringend erforderlich.
11 Wir bitten Sie in Erfahrung zu bringen, wie groß ihr Marktanteil ist.
12 Bitte verschaffen Sie uns Klarheit über ihren Kundenkreis.
13 Bitte stellen Sie fest, mit welchen unserer Konkurrenten die Firma ... früher zusammengearbeitet hat.
14 Wir bitten um Angaben zur Person des Inhabers.
15 Stimmt es, dass Herr ..., der Inhaber der Firma ..., schon verschiedentlich in anderen Branchen tätig war und dass dabei häufig Schwierigkeiten aufgetreten sind?
16 Wie wir hörten, soll Herr ... schon einmal Konkurs angemeldet haben.
17 Es müsste geklärt werden, ob Herr ... tatsächlich wiederholt mit geschäftlichen Schwierigkeiten zu kämpfen hatte.
18 Können Sie die Hintergründe der angeblichen Schwierigkeiten der Firma ... aufklären?
19 Wir halten diese Angaben für erforderlich, um das für uns entstehende Risiko möglichst gering zu halten.
20 Wir brauchen diese Auskünfte, um uns ein umfassendes Bild von dieser Firma machen zu können.

7 Nous avons besoin de toute urgence des renseignements suivants: ...
8 En ce qui concerne l'entreprise ... nous désirons nous renseigner sur sa solvabilité (sa mentalité de paiement, sa solvabilité, ses divers crédits, son type de clientèle, ses relations avec les clients, sa flexibilité, ses concurrents, ses parts de marché, sa compétitivité, ses perspectives d'avenir, sa situation financière, son capital social, son degré d'endettement, les jugements portés sur elle par son personnel, sa politique de personnel, son chiffre d'affaires, la progression de son CA, le type de responsabilité des associés).
9 Nous avons besoin d'un renseignement important pour nous concernant la situation financière de l'entreprise ...
10 Nous avons besoin de renseignements très importants concernant la solvabilité.
11 Nous vous demandons de faire des recherches concernant les parts de marché.
12 Nous vous demandons des renseignements précis sur la composition de la clientèle.
13 Nous vous prions de rechercher avec lesquels de nos concurrents l'entreprise ... a déjà travaillé.
14 Nous vous prions de nous communiquer des informations sur le propriétaire de l'entreprise.
15 Est-il exact que Monsieur ..., propriétaire de l'entreprise ... a déjà travaillé à plusieurs reprises dans d'autres secteurs et qu'il a souvent rencontré des difficultés?
16 Nous avons entendu dire que Monsieur ... a déjà déposé son bilan une fois.
17 Il faudrait tirer au clair si Monsieur ... a déjà dû à plusieurs reprises faire face à des difficultés d'ordre commercial.
18 Pouvez-vous fournir des éclaircissements sur les prétendues difficultés de l'entreprise ...?
19 Nous estimons que ces renseignements sont indispensables si nous voulons limiter le plus possible des risques éventuels.
20 Nous désirons obtenir ces renseignements afin d'avoir une vue d'ensemble de cette entreprise.

Antwort auf Referenzersuchen

Positive Auskunft

1 Wir freuen uns, Ihnen über die Firma ... Folgendes sagen zu können: ...
2 Gern geben wir Ihnen folgende Auskunft: ...
3 Im Einzelnen können wir Ihnen mit folgenden Informationen dienen: ...
4 Wir können Ihnen nur die besten Auskünfte über diese Firma geben.
5 Die Firma ... war uns stets ein zuverlässiger und angenehmer Geschäftspartner.
6 Die Firma ... gilt in weiten Kreisen als kreditwürdig (krisenfest, kulant, zahlungsfähig, zuverlässig, flexibel geführt, zukunftssicher, guter Vertragspartner).
7 Wir halten die Firma ... für einen guten Geschäftspartner; sie ist absolut kreditwürdig.
8 Diese Firma genießt allgemein hohes Ansehen.

Vage Auskunft

1 Wir kennen zwar das von Ihnen erwähnte Unternehmen, doch ist es zwischen uns nie zu einem Geschäftsabschluss gekommen.
2 Die zwischen der Firma ... und uns getätigten Abschlüsse haben die Summe von ... (Betrag, Währung) nie überschritten, so dass wir über die Höhe eines zu gewährenden Kredits von ... (Betrag, Währung) nichts aussagen können.
3 Über die Bonität (Solvenz, Kreditwürdigkeit, finanzielle Lage) des Herrn ... können wir Ihnen leider keine Auskunft geben, da er uns persönlich nicht bekannt ist. Wir haben nur Verbindung mit seinem Geschäftspartner.
4 Wir haben mit dieser Firma lediglich einmal kurz verhandelt, so dass unsere Informationen für eine Referenzabgabe bedauerlicherweise nicht ausreichen.

Réponse à des demandes de références

Renseignements favorables

1 Nous sommes heureux de pouvoir vous communiquer ce qui suit au sujet de l'entreprise ... :
2 C'est avec plaisir que nous vous communiquons les renseignements suivants:
3 Nous sommes en mesure de vous fournir point par point les informations suivantes:
4 Nous n'avons que d'excellents renseignements à vous communiquer sur cette entreprise.
5 Dans ses relations d'affaires avec nous l'entreprise ... s'est toujours comportée en partenaire fiable et agréable.
6 Dans beaucoup de milieux l'entreprise ... est réputée être solvable (solide, flexible, fiable en matière de paiement, fiable, flexible en matière de gestion, assurée de solides perspectives, agréable comme partenaire dans le cadre d'un contrat).
7 Nous estimons que l'entreprise ... est un excellent partenaire en affaires; sa solvabilité est irréprochable.
8 Cette entreprise jouit d'une excellente réputation.

Renseignements vagues

1 Nous connaissons l'entreprise que vous mentionnez, mais n'avons encore jamais fait d'affaires avec elle.
2 Nous avons déjà fait des affaires avec l'entreprise ... mais sans jamais dépasser ... (somme, monnaie), si bien que nous ne pouvons vous renseigner sur un crédit de ... (montant, monnaie) qui serait à accorder.
3 Ne connaissant pas personnellement Monsieur ..., nous regrettons de ne pouvoir vous communiquer de renseignements sur sa solvabilité. Nous sommes juste en relation avec un de ses partenaires.
4 Nous avons conduit des négociations une seule fois avec cette entreprise, ceci ne nous permet pas, à notre regret, de vous fournir de références.

5 Da wir nur gelegentlich mit der Firma ... Geschäfte tätigen, können wir Ihnen leider keine näheren (genaueren) Auskünfte erteilen.

Negative Auskunft

1 Leider müssen wir Ihnen folgende Auskunft erteilen: ...
2 Zu unserem Bedauern müssen wir Ihnen Folgendes mitteilen: ...
3 Im Einzelnen ist Folgendes zu berichten: ...
4 Unsere Geschäfte mit der Firma ... haben die Erwartungen nicht erfüllt.
5 Wir waren von unseren Geschäften mit der Firma ... enttäuscht.
6 Wir mussten zur Kenntnis nehmen, dass diese Firma mehr verspricht, als sie halten kann.
7 Das Verhalten der Firma ... hat zum Abbruch der Geschäftsbeziehungen geführt.
8 Wir werden in Zukunft nicht mehr mit dieser Firma zusammenarbeiten.
9 Wir mussten uns nach anderen Geschäftspartnern umsehen.
10 In letzter Zeit häufen sich die Beschwerden über diese Firma.
11 Es hat sich erwiesen, dass die Firma ... nicht kreditwürdig (krisenfest, solvent, zahlungsfähig, zuverlässig usw.) ist.
12 Wir glauben, dass größte Vorsicht angebracht ist.
13 Ein Abschluss mit der Firma ... ist nach unseren Erfahrungen zu riskant.
14 Wir halten den geplanten Abschluss für riskant.
15 Wir hatten mehrfach Beanstandungen, die entweder erst nach mehrfacher Mahnung oder überhaupt nicht beseitigt wurden.
16 Die aufgetretenen Mängel an den Geräten der Firma ... wurden nur unwillig behoben.
17 Die Firma ... hat offensichtlich kein Interesse daran, ihre Kunden zufrieden zu stellen.

5 Comme nous n'entretenons pas de relations d'affaires suivies avec l'entreprise ..., nous regrettons de ne pas être en mesure de vous donner de renseignements (de renseignements précis).

Renseignements défavorables

1 Nous regrettons d'avoir à vous communiquer les renseignements suivants:
2 Nous regrettons d'avoir à vous donner les renseignements suivants:
3 Nous vous donnons point par point les informations suivantes:
4 Les affaires que nous avons faites avec l'entreprise ... n'ont pas répondu à nos attentes.
5 Dans le cadre de nos contacts d'affaires nous avons été déçus par l'entreprise ...
6 Nous avons dû constater que cette entreprise fait plus de promesses qu'elle ne peut en tenir.
7 La manière dont l'entreprise ... s'est comportée à notre égard a provoqué la rupture de nos relations d'affaires.
8 A l'avenir nous ne désirons plus travailler avec cette entreprise.
9 Nous nous sommes trouvés dans l'obligation de chercher d'autres partenaires en affaires.
10 Les plaintes contre cette entreprise se sont accumulées ces derniers temps.
11 L'entreprise ... s'est révélée ne pas être solvable (solide, en état d'effectuer ses paiements, solvable, fiable, etc.).
12 Nous pensons qu'il faut observer la plus grande prudence.
13 D'après notre expérience, il est très risqué de faire des affaires avec l'entreprise ...
14 Nous estimons que les affaires que vous projetez de faire sont trop risquées.
15 Nous avons formulé des réclamations à plusieurs reprises, soit celles-ci n'ont pas été prises du tout en considération, soit il nous a fallu réitérer celles-ci pour avoir un résultat.
16 L'entreprise ... a manifesté peu d'empressement à remédier aux vices de ses appareils.
17 L'entreprise ... semble ne pas s'intéresser beaucoup au suivi de sa clientèle.

8 Der Kundendienst der Firma ... ist so schlecht, dass wir in Zukunft unsere Computerprogramme von anderen Providern beziehen werden.

18 Le service après-vente de l'entreprise ... laisse tellement à désirer qu'à l'avenir nous achèterons nos programmes informatiques à d'autres fournisseurs.

Ablehnung des Referenzgesuchs

Refus de donner suite à la demande de références

Die Firma ist nicht bekannt

1 Entgegen Ihrer Annahme ist uns die Firma ... nicht bekannt.
2 Wir kennen die Firma ..., nach der Sie sich erkundigen, nicht.
3 Es trifft nicht zu, dass wir mit der Firma ... zusammenarbeiten.
4 Leider können wir Ihnen mit den gewünschten Auskünften nicht dienen, denn die Firma ... zählt nicht zu unserem Kundenkreis (ist nicht unser Lieferant).

L'entreprise n'est pas connue

1 Contrairement à ce que vous croyez, nous ne connaissons pas l'entreprise ...
2 Vous nous demandez des renseignements sur l'entreprise ... que nous ne connaissons pas.
3 Il est inexact que nous travaillons avec l'entreprise ...
4 Nous ne sommes malheureusement pas en mesure de vous fournir les renseignements souhaités, l'entreprise ... ne fait en effet pas partie de nos clients (de nos fournisseurs).

Erteilung von Referenzen nicht üblich

1 Wir können Ihnen mit Auskünften über die Firma ... leider nicht dienen, weil dies den Gepflogenheiten unserer Branche widersprechen würde.
2 In unserer Branche werden Auskünfte der gewünschten Art nicht erteilt.
3 Wir sind zur Erteilung von Auskünften nur in Ausnahmefällen befugt.
4 Wir können Ihnen die gewünschten Auskünfte leider nicht geben.
5 Um Ihnen die gewünschten Auskünfte geben zu können, müssten wir gegen das Bankgeheimnis verstoßen.
6 Die von Ihnen gewünschten Auskünfte unterliegen der Geheimhaltung.
7 Wir nehmen an, dass die Firma ... mit der Weitergabe dieser Information nicht einverstanden sein würde.
8 Eine Weitergabe dieser Informationen ist uns nicht möglich, da sie geheim sind.

Donner des références est inhabituel

1 Nous regrettons de ne pouvoir vous fournir de renseignements sur l'entreprise ..., car cela serait contraire aux usages de notre branche.
2 Nous n'avons pas l'habitude de donner ce type de renseignements dans notre secteur professionnel.
3 Seules des circonstances exceptionnelles nous habilitent à fournir des informations.
4 Nous regrettons de ne pouvoir vous donner les renseignements souhaités.
5 Nous ne pouvons vous donner les renseignements souhaités, car nous sommes tenus d'observer le secret bancaire.
6 Les informations que vous désirez obtenir doivent rester strictement confidentielles.
7 Nous pensons que l'entreprise ... serait opposée à ce que cette information soit transmise.
8 Etant donné leur caractère hautement confidentiel, nous ne pouvons transmettre ces informations.

Konditionen
Conditions

Lagerung

Allgemeines

1 Ihre Anschrift haben wir einem Adressbuch entnommen. Sind Sie in der Lage, für uns ein Auslieferungslager zu unterhalten? Sobald uns Ihre Stellungnahme vorliegt, werden wir Ihnen Details bekannt geben.
2 Ihre hiesige Interessenvertretung gab uns bekannt, dass Sie ein weiteres Auslieferungslager aufnehmen können.
3 Haben Sie an der Errichtung eines Auslieferungslagers Interesse?
4 Haben Sie alle Voraussetzungen für die ordnungsgemäße Führung eines Auslieferungslagers?
5 Könnten Sie die Grundlagen für ein Auslieferungslager schaffen?

Spezielles

1 Wir benötigen ein Freilager von ca. ... m^3.
2 Das Freilager müsste (nicht) überdacht sein.
3 Das Freilager wäre von Ihnen nach dem normalen Arbeitsschluss zu bewachen.
4 Da es sich bei der einzulagernden Ware um explosionsgefährdete Güter handelt, müsste das Freilager mindestens ... m von Gebäuden jeder Art entfernt sein.
5 Da das einzulagernde Gut in Eisenfässern verpackt ist, kann die Ware im Freien gelagert werden. Jedoch sollte das Gut dort nicht längerer direkter Sonnenbestrahlung ausgesetzt sein.
6 Unsere Ware kann während der Sommerzeit im Freien gelagert werden. Im Winter ist die Lagerhaltung in geschlossenen Räumen vorzunehmen.

Entreposage

Généralités

1 Nous avons eu votre adresse par un annuaire. Etes-vous en mesure de gérer pour nous un dépôt de vente? Nous vous donnerons tous les détails dès que nous aurons votre réponse.
2 L'agence qui vous représente ici nous a fait savoir que vous pouvez gérer un autre dépôt de vente.
3 Cela vous intéresserait-il de créer un dépôt de vente?
4 Remplissez-vous toutes les conditions requises pour une bonne gestion de dépôt de vente?
5 Pourriez-vous fournir les éléments de base nécessités par un dépôt de vente?

Demandes précises

1 Nous avons besoin d'une surface d'entreposage d'env. ... m^3
2 La surface d'entreposage devrait (ne devrait pas) être couverte.
3 Vous devriez assumer le gardiennage du périmètre d'entreposage après les heures d'ouverture habituelles.
4 Etant donné qu'il s'agit de stocker des marchandises présentant un risque d'explosion, l'entreposage doit avoir lieu dans un périmètre situé à une distance d'au moins ... m de toute construction.
5 La marchandise à entreposer est en fûts métalliques, elle peut donc être stockée directement en plein air. Cette marchandise ne doit toutefois pas rester trop longtemps exposée directement en plein soleil.
6 En été, notre marchandise peut être entreposée en plein air. En hiver, l'entreposage doit avoir lieu dans un lieu couvert.

7 Wir suchen einen Lagerraum in einer Größenordnung von ... m².
8 Die Bodenbelastbarkeit muss ... kg/m² betragen.
9 Der Lagerraum sollte gegen andere Einlagerer abgegrenzt sein.
10 Das Lager muss feuersicher sein.
11 Das Lager muss den feuerpolizeilichen Vorschriften voll entsprechen.
12 Das Lager muss trocken sein.
13 Das Lager sollte möglichst einen Gleisanschluss haben.
14 Für die Lagerhaltung wird eine (keine) Rampe benötigt.
15 Wegen Kälteempfindlichkeit der Ware wird ein beheizbarer Lagerraum benötigt.
16 Die Ware kann über einen längeren Zeitraum nur in Kühlhäusern eingelagert werden.
17 Der Lagerraum muss eine Mindesthöhe von ... m aufweisen.
18 Da unsere Ware auf Paletten geliefert wird, wäre es empfehlenswert, Palettenregale – falls nicht schon vorhanden – zu installieren.
19 Unsere Erzeugnisse werden auf Paletten verladen. Demnach ist erforderlich, dass entsprechende Entladegeräte wie etwa Gabelstapler zur Verfügung stehen.
20 Eingelagert wurden folgende Erzeugnisse: ... mit einem durchschnittlichen Monatsumschlag von ... t.
Davon
... t in Kartonware
... t in Kisten
... t in Behältern/Fässern
... t in Trommeln
... t in Kunststoffsäcken.

7 Nous recherchons un entrepôt ayant une surface de ... m².
8 La capacité de charge au sol doit être de ... kg/m²
9 L'espace servant à l'entreposage doit être nettement délimité de celui occupé par d'autres entrepositaires.
10 L'entrepôt doit être protégé contre les risques d'incendie.
11 L'entrepôt doit correspondre aux normes de prévention des incendies exigées par l'administration.
12 L'entrepôt doit être un lieu sec.
13 L'entrepôt devrait si possible avoir une voie de raccordement.
14 Une plateforme de chargement est (n'est pas) nécessaire pour l'entreposage.
15 L'entrepôt doit être chauffé car la marchandise est sensible au froid.
16 Pour une période plus longue un entreposage de la marchandise en chambre froide s'impose.
17 L'entrepôt doit faire au moins ... de haut.
18 Nos marchandises sont livrées sur palettes, l'installation de rayonnages appropriés s'impose donc le cas échéant.
19 Nos produits sont chargés sur palettes. Pour le déchargement il est nécessaire d'utiliser du matériel approprié, par exemple des chariots élévateurs.
20 Les marchandises suivantes ont été entreposées: ... le volume du transfert mensuel est en moyenne de ... t, dont
... t en cartons
... t en caisses
... t en réservoirs/fûts
... t en tambours
... t en sacs plastique.

Transport zum Lager

1 Die Transporte von unserem Werk ... zu Ihnen sollen per Bahn (Lkw/Schiff) vorgenommen werden.
2 Die Verfrachtung von unserem Herstellungswerk ... zu Ihrem Lager könnten Sie mit Ihren eigenen Lkws vornehmen.
3 Berücksichtigen Sie bitte, dass die Lagerbevorratung per Waggon (Lkw, Container) vorgenommen werden kann.
4 Die Lagerhaltung würde mit Hilfe werkseigener Fahrzeuge erfolgen.

Transport à l'entrepôt

1 Le transport au départ de notre usine ... jusqu'à votre point de déchargement doit être effectué par voie ferrée (camion/bateau).
2 Vous pourriez utiliser vos camions pour effectuer le chargement à partir de nos usines de ... jusqu'à votre entrepôt.
3 Le renouvellement des stocks peut s'effectuer par wagon (camion, conteneur), nous vous demandons d'en tenir compte.
4 L'entreposage serait effectué avec les véhicules de l'entreprise.

5 Da unser Betrieb in ... auf bahneigenem Gelände liegt, muss die gesamte Verfrachtung per Bahn erfolgen.
6 Wir haben mit unserem Hausspediteur Vereinbarungen getroffen, nach denen die Transporte an Ihr Lager ausschließlich durch ihn erfolgen.

Allgemeine Angebote

1 Selbstverständlich sind wir in der Lage, Ihren Wünschen hinsichtlich ordnungsgemäßer Lagerhaltung gerecht zu werden.
2 Sobald Sie uns Einzelheiten bekannt geben, werden wir Ihnen ein günstiges Angebot übermitteln.
3 Sollte unsere derzeitige Lagerausstattung Ihren Vorstellungen nicht entsprechen, wären wir bereit, Umstellungen vorzunehmen.
4 Seien Sie versichert, dass wir Ihre Wünsche hinsichtlich der weiteren technischen Ausstattung des Lagers gern berücksichtigen.

Absagen

1 Auf Ihre Anfrage müssen wir Ihnen mitteilen, dass wir den von Ihnen gewünschten Lagerraum leider nicht zur Verfügung stellen können.
2 Unsere Lagerabteilung ist derzeit voll ausgelastet, so dass wir Ihnen – so sehr wir es bedauern – einen abschlägigen Bescheid geben müssen.
3 Wir haben unsere Sparte Lagerhaltung aufgelöst.
4 Da unsere Lagerhaltung ausschließlich auf Massengut ausgerichtet ist, können wir Stückgut-Auslieferungslager nicht übernehmen.

Angebot Freilager

1 In sofortiger Beantwortung Ihres Schreibens vom ... teilen wir Ihnen mit, dass wir Ihnen kurzfristig ein Freilager vermieten können.
2 Ihrem Wunsch gemäß sind wir bereit, die Freifläche mit Maschendraht einzuzäunen.

5 Notre entreprise à ... étant raccordée au réseau ferroviaire, tous les chargements sont effectués par voie ferrée.
6 Nous avons convenu avec notre transporteur habituel que tous les transports à destination de votre entrepôt lui seraient confiés.

Offres générales

1 Nous pouvons bien sûr effectuer l'entreposage en fonction des conditions désirées.
2 Dès que vous nous aurez fourni des informations plus détaillées, nous vous transmettrons une offre intéressante.
3 Au cas où l'équipement actuel de notre entrepôt ne correspondrait pas à vos attentes, nous sommes à votre disposition pour le modifier en conséquence.
4 Nous pouvons vous garantir que nous tiendrons compte de vos demandes spécifiques concernant d'autres points de l'équipement technique de l'entrepôt.

Réponses négatives

1 En réponse à votre demande, nous regrettons de vous informer que l'entrepôt que vous souhaitiez n'est pas disponible.
2 Nous nous excusons de devoir vous communiquer une réponse négative, en effet notre service entrepôt ne dispose plus de place disponible pour l'instant.
3 Nous avons supprimé nos activités d'entreposage.
4 Notre entrepôt est équipé uniquement pour des marchandises de gros tonnage, nous ne pouvons donc pas servir de dépôt de vente pour le détail.

Offre concernant entrepôt en plein air

1 Répondant de suite à votre lettre du ..., nous vous informons que nous pouvons vous louer à court terme un entrepôt en plein air.
2 Nous sommes disposés, comme vous le souhaitez, à entourer d'un grillage l'aire d'entreposage.

3 Sollte eine (teilweise) Überdachung gewünscht werden, erklären wir uns – allerdings gegen Kostenerstattung – bereit, diese errichten zu lassen.
4 Das Freilager ist ca. ... m von festen Gebäuden entfernt.
5 Da wir im Freilager schon artgleiche Güter untergebracht haben, gibt es bei der Einlagerung Ihrer Güter keine Schwierigkeiten.

Angebot Lagerraum mit Sonderausstattung

1 Wir nehmen Bezug auf Ihr Schreiben vom ... und dürfen Ihnen mitteilen, dass wir in der Lage sind, Ihnen einen Ihren Wünschen voll gerecht werdenden Lagerraum zur Verfügung zu stellen.
2 Der vorgesehene Lagerraum umfasst ... m². Er ist feuerpolizeilich abgenommen.
3 Die Bodenbelastbarkeit beträgt ... kg/m². Das Lager ist (nicht) abgegrenzt.
4 Der Lagerraum ist vollkommen trocken.
5 Es ist ein (kein) Gleisanschluss vorhanden.
6 Das Lager hat eine (keine) Rampe.
7 Der vorgesehene Lagerraum ist (nicht) beheizbar.
8 Der Lagerraum weist eine Höhe von ... m auf.
9 Zur Lagereinrichtung gehören Palettenregale.
10 Selbstverständlich sind die für die Be- und Entladung benötigten technischen Geräte (Stapler, Krananlagen usw.) vorhanden.
11 Wir gehen von den uns vorliegenden Daten des derzeitigen Lohn-/Preisniveaus aus und bieten Ihnen als Basis folgende Konditionen an:
12 Meterpreis pro Monat ...
13 Einlagerungsgebühren pro 100 kg ...
14 Auslagerungsgebühren pro 100 kg ...
15 Folgelagergeld für den jeweils am Monatsende zu ermittelnden Bestand pro 100 kg ...
16 Bei Behandlung von Schwergut mit Einzelkolligewichten von über ... kg wird ein Zuschlag von ... pro 100 kg berechnet.
17 Ausstellung von Lieferscheinen (Frachtbriefen usw.) pro Stück ...
18 Lagerversicherung wird auf Wunsch von uns übernommen.

3 Nous sommes prêts à faire installer (partiellement) une toiture – contre remboursement des frais occasionnés – si vous le souhaitez.
4 L'aire d'entreposage est située à env. ... m de bâtiments .
5 Le stockage de vos marchandises sur l'aire d'entreposage ne pose pas de problèmes, car des marchandises de même type y sont déjà entreposées.

Offre concernant entrepôt avec équipement spécial

1 Nous référant à votre lettre du ..., nous vous signalons que nous pouvons mettre à votre disposition un entrepôt correspondant à vos demandes spécifiques.
2 L'entrepôt prévu a une superficie de ... m². Il est conforme aux normes de prévention des incendies.
3 La capacité de charge au sol est de ... kg/m². L'entrepôt est (n'est pas) compartimenté.
4 L'entrepôt est un lieu parfaitement sec.
5 Il y a une voie de raccordement (il n'y a pas de voie de raccordement).
6 L'entrepôt a une plateforme de chargement (n'a pas de plateforme de chargement).
7 On peut (on ne peut pas) chauffer l'entrepôt prévu.
8 L'entrepôt fait ... m de haut.
9 L'entrepôt est équipé de rayonnages pour palettes.
10 L'entrepôt est bien sûr équipé de tous les appareils de manutention (chariots élévateurs, grues,etc.).
11 En partant de nos données concernant le niveau des salaires/ des prix, nous vous proposons les conditions de base suivantes:
12 prix par mètre et par mois ...
13 frais d'entreposage ... les 100 kg.
14 frais de sortie d'entrepôt ... les 100 kg.
15 frais indirects d'entrepôt pour inventaire fin de mois à effectuer ... les 100 kg.
16 surtaxe de ... les 100 kg pour manutention de pondéreux par poids unitaire de colis dépassant ... kg.
17 établissement de bons de livraison (lettres de voiture, etc.) ... par unité.
18 prise en charge éventuelle de l'assurance entrepôt.

149

19 Sollten die angebotenen Sätze Ihre Zustimmung finden, bitten wir Sie, uns zu unterrichten.
20 Sofern Ihnen unser Angebot zusagt, erwarten wir gern Ihre baldige Auftragserteilung.
21 Mit Interesse sehen wir den Abschlussverhandlungen entgegen.
22 Wir erwarten Ihre baldige Antwort, weil wir die Lagerräume sonst anderweitig vermieten müssten.
23 Bitte geben Sie uns bis zum ... Nachricht. Von diesem Tag an betrachten wir unsere Offerte als gegenstandslos.
24 Da es noch weitere Interessenten gibt, bitten wir um Ihren Bescheid bis zum ...
25 Sollten Sie von unserem Angebot keinen Gebrauch machen, bitten wir trotzdem um Ihre Nachricht.
26 Sofern Ihnen das vorliegende Angebot nicht entspricht, bitten wir Sie, uns dies unter Angabe der Gründe kurz mitzuteilen.
27 Sollten Sie sich anders entschieden haben, erbitten wir einen kurzen Bescheid.

Verweis an Geschäftspartner

1 Da wir selbst keine Lagerhaltung betreiben, bitten wir Sie, sich an unsere Schwesterfirma ... zu wenden.
2 Wir haben heute per Fax unserer Zentrale in ... mitgeteilt, dass Sie in ... einen Lagerraum suchen.
3 Unsere Lagerhaltung wird zentral in ... geführt, wenden Sie sich wegen preislicher Absprachen daher bitte dorthin.

Auftragserteilung

1 Wir danken für Ihr Angebot vom ... und bitten Sie, uns einen vorgefertigten Vertrag zukommen zu lassen. Als Vertragsbeginn wünschen wir den ...
2 Ihr Angebot entspricht unseren Erwartungen; wir wollen einen Lagervertrag mit Ihnen abschließen.
3 Wir erhielten Ihr Angebot und teilen Ihnen mit, dass wir vor endgültiger Vertragsschließung eine Besichtigung der Lagerräume vornehmen wollen.
4 Gemäß Ihrem Angebot vom ... erklären wir uns mit Ihren Konditionen einverstanden.

19 Veuillez nous communiquer si les tarifs proposés vous conviennent.
20 Nous espérons recevoir bientôt votre ordre au cas où notre proposition vous intéresse.
24 C'est avec un vif intérêt que nous attendons la fin des négociations.
22 Nous avons besoin d'une réponse de votre part dans les plus brefs délais afin de pouvoir, le cas échéant, disposer autrement des entrepôts à louer.
23 Veuillez nous faire connaître votre réponse d'ici le ... au plus tard. Passé cette date, notre offre est annulée.
24 D'autres clients étant intéressés par notre offre, nous vous demandons de nous communiquer votre décision d'ici le ...
25 Nous attendons une réponse de votre part, même si vous ne donnez pas suite à notre offre.
26 Si notre offre actuelle ne vous intéresse pas, nous vous prions de nous communiquer brièvement votre refus et ses motifs.
27 Si vous avez changé d'avis, veuillez nous le faire savoir.

Renvoi à une tierce personne

1 Nous ne faisons pas d'entreposage, veuillez bien vous adresser à notre partenaire, l'entreprise ...
2 Nous avons aujourd'hui envoyé un fax à notre siège à ... les informant que vous cherchez un entrepôt à ...
3 Notre système d'entreposage est centralisé à ..., veuillez les contacter au sujet des accords tarifaires.

Passation de commande

1 Nous vous remercions de votre offre du ... et vous prions de nous faire parvenir un contrat-type. Nous proposons le ... comme date d'entrée en vigueur du contrat.
2 Votre offre correspond à nos attentes; nous désirons passer un contrat avec vous portant sur l'entreposage.
3 Nous avons reçu votre offre et vous informons que nous désirons visiter les locaux de l'entrepôt avant la signature définitive du contrat.
4 Nous vous communiquons notre accord au sujet des conditions correspondant à votre offre du ...

5 Unter Bezugnahme auf Ihre Offerte vom... teilen wir Ihnen mit, dass wir die besichtigten Lagerräume zu den angegebenen Sätzen übernehmen werden.
6 Wir sind mit Ihrem Angebot generell einverstanden.

5 Nous référant à vos propositions du..., nous vous informons que nous prendrons l'entrepôt que nous avons visité au tarif proposé.
6 En ce qui concerne votre offre, nous vous informons de notre accord de principe.

Absagen

1 Leider müssen wir Ihnen mitteilen, dass wir von Ihrem Angebot keinen Gebrauch machen können, weil:...
2 die angegebenen Sätze zu hoch sind,
3 die vorgesehenen Lagerräume nicht unseren Vorstellungen entsprechen,
4 ein Anschlussgleis fehlt,
5 die Lagerräume keine Rampe aufweisen,
6 das Lager ebenerdig ist,
7 der Lagerplatz verkehrsungünstig liegt,
8 keine Zufahrtsmöglichkeit für Schwerlastzüge besteht,
9 sich unsere Planungsabteilung anders entschieden hat,
10 wir ein günstigeres Angebot vorliegen haben,
11 unsere Verkaufsabteilung das Objekt für nicht zweckmäßig hält.

Refus

1 Nous avons le regret de vous informer que nous ne pouvons pas donner suite à votre offre parce que:
2 les tarifs proposés sont trop élevés,
3 l'entrepôt prévu ne correspond pas à nos attentes,
4 il n'y a pas de voie de raccordement,
5 l'entrepôt n'a pas de plateforme de chargement,
6 l'entrepôt est en rez-de-chaussée,
7 l'entrepôt est mal desservi,
8 il n'y a pas d'accès pour les poids lourds,
9 notre service de planification a pris d'autres dispositions,
10 on nous a fait une offre plus intéressante,
11 notre service des ventes estime ne pas avoir besoin de cette offre.

Bestätigung

1 Ein von uns bereits unterzeichneter Lagervertrag geht Ihnen als Anlage in dreifacher Ausfertigung zu.
2 Den Ihnen als Anlage überreichten Lagervertrag bitten wir Sie genau zu prüfen.
3 Sofern Sie mit den vertraglichen Formulierungen einverstanden sind, bitten wir, eine Vertragsausfertigung unterzeichnet zurückzureichen.
4 Nach Prüfung erwarten wir die Rücksendung einer Vertragsausfertigung, die mit Ihrer Unterschrift versehen ist.
5 Die mit Ihrer rechtsverbindlichen Unterschrift gezeichneten Verträge reichen Sie uns bitte baldigst zurück.
6 Sie dürfen versichert sein, dass wir Ihr Vertrauen zu schätzen wissen.
7 Wir werden das in unsere Firma gesetzte Vertrauen zu rechtfertigen wissen.
8 Wir hoffen zuversichtlich auf eine vertrauensvolle Zusammenarbeit.

Confirmation

1 Vous trouverez ci-joint le contrat d'entreposage en triple exemplaire revêtu de notre signature.
2 Nous vous demandons de lire attentivement le contrat d'entreposage ci-joint.
3 Si vous êtes d'accord avec les clauses formulées dans le contrat, nous vous prions de nous en retourner un exemplaire dûment signé.
4 Après examen du contrat de votre part, nous vous demandons de nous en retourner un exemplaire revêtu de votre signature.
5 Veuillez nous retourner le plus tôt possible les contrats revêtus de votre signature en bonne et due forme.
6 Nous apprécions la confiance dont vous voulez bien nous honorer.
7 Nous saurons nous montrer dignes de la confiance que vous témoignez à notre entreprise.
8 Nous sommes certains que notre collaboration se déroulera dans la plus grande confiance réciproque.

9 Wir wünschen uns eine erfolgreiche Partnerschaft.

9 Nous espérons que notre coopération sera fructueuse.

Lieferung

Anfragen

1 Bitte kalkulieren Sie Ihren Preis unter Berücksichtigung der Incoterms
   a) EXW (ab Werk)
   b) FCA ...
   c) FOB ...
   d) CIF ...
2 Da wir unter den gegebenen Umständen keinerlei Möglichkeit haben, die Waren bei Ihnen abnehmen zu lassen, bitten wir um eine Lieferbedingung FOB ... (Verschiffungshafen).
3 Die letzte Sendung erhielten wir CIF ... Wäre es möglich, für die neue Sendung einen Ab-Werk-Preis zu berechnen?
4 Wir bitten um Mitteilung, wann die Ware EXW abgeholt werden kann.
5 Handelt es sich bei Ihrer Preisangabe FOB ... um die Incoterms 1990 oder 2000?

Livraison

Demandes

1 Veuillez calculer votre prix en tenant compte des incoterms
   a) EXW (à l'usine)
   b) FCA ...
   c) FOB ...
   d) CAF ...
2 Etant donné les circonstances actuelles, nous n'avons aucune possibilité de faire transporter la marchandise au départ de votre usine, nous vous demandons donc de nous livrer FOB ... (port d'embarquement).
3 La dernière fois vous nous avez livrés CAF ... Pourriez-vous calculer le prix départ usine pour la prochaine livraison?
4 Veuillez nous communiquer à quelle date nous pouvons passer prendre la marchandise EXW.
5 Dans vos indications de prix FOB ... s'agit-il d'incoterms 1990 ou 2000?

Angebot

1 Ihrem Wunsche gemäß haben wir den Preis unter Berücksichtigung der Incoterms ... berechnet.
2 Der von uns kalkulierte Preis enthält die Lieferung
   a) CFR ...
   b) CIP ...
   c) DES ...
   d) DDP ...
3 Wie Sie uns mitteilten, haben Sie die Möglichkeit, die Ware mit eigenem Lkw bei uns abholen zu lassen. Wir haben Ihnen daher den Ab-Werk-Preis berechnet.
4 Normalerweise werden unsere Waren ... geliefert. Sollten Sie hinsichtlich der Lieferung andere Wünsche haben, bitten wir Sie, uns dies umgehend mitzuteilen.

Offre

1 Comme vous le désirez nous avons calculé le prix sur la base de l'incoterm ...
2 Les frais de livraison sont inclus dans notre prix, livraison
   a) CFR ...
   b) CIP ...
   c) DES ...
   d) DDP ...
3 Comme vous nous l'avez communiqué, vous avez la possibilité d'assurer le transport de la marchandise avec votre propre camion. Nous vous avons donc calculé un prix départ usine.
4 Nous pratiquons habituellement une livraison ... de notre marchandise. Si vous souhaitez une autre solution, veuillez nous en informer par retour du courrier.

5 Sie wünschen eine Lieferung FOB ... Da wir die in diesem Hafen üblichen Usancen nicht kennen, möchten wir einen Hafenspediteur mit der Abwicklung beauftragen. Dies würde den Preis jedoch um ... (Betrag, Währung) erhöhen.

5 Vous désirez une livraison FOB ... Comme nous ne sommes pas au courant des usages dans ce port d'embarquement, nous devrions charger un transporteur maritime de toutes les formalités, ce qui entraînerait une augmentation des frais de ... (montant, monnaie).

Versand

1 Der Versand unserer Waren erfolgt durch Lkw (Bahn, Schiff, Flugzeug) als Frachtgut (Expressgut).
2 Wir versenden unsere Waren per Lkw (Bahn usw.).
3 Unsere Waren werden durch Kraftfahrzeug (Bahn usw.) geliefert.
4 Wir versenden unsere Waren als Frachtgut (Expressgut).
5 Falls der Kunde ein anderes Transportmittel als Lkw (Bahn usw.) wünscht, hat er die zusätzlichen Kosten selbst zu tragen.
6 In der Wahl der Versandform richten wir uns nach Ihren Wünschen.
7 Wegen der Beschaffenheit der Ware kann der Versand nur per ... (gewünschte Transportform) erfolgen.
8 Wir versenden unsere Waren nur durch Transportmittel mit Kühleinrichtung.
9 Da der Hafen ... nur über einen Containerterminal verfügt, müssen die Waren in Container-Sammelladungen transportiert werden.

Expédition

1 L'expédition de nos marchandises se fait par transport routier (ferroviaire, maritime, aérien) en régime ordinaire (régime express).
2 Nous expédions nos marchandises par transport routier (ferroviaire, etc.).
3 La livraison de nos marchandises se fait par transport routier (ferroviaire, etc.).
4 Nous expédions nos marchandises en régime ordinaire (régime express).
5 Si le client désire un autre mode de transport que le transport routier (ferroviaire, etc.), les frais supplémentaires en découlant seront à sa charge.
6 Nous assurons l'expédition en fonction du mode que vous souhaitez.
7 Etant donné la nature de la marchandise, l'expédition devrait alors être effectuée uniquement par ... (transport souhaité).
8 Nos marchandises sont expédiées uniquement par un moyen de transport avec équipement frigorifique.
9 Le port de ... ne disposant que d'un seul terminal de conteneurs, toutes les marchandises seront expédiées dans un envoi groupé par conteneur.

Zeitliche Bindung

1 An dieses Angebot betrachten wir uns ... Tage (Wochen, Monate) gebunden.
2 Nach Ablauf von ... Tagen halten wir uns nicht mehr an dieses Angebot gebunden.
3 Dieses Angebot gilt nur bis zum ...
4 Dieses Angebot gilt nur, solange der Vorrat reicht.
5 Dieses Angebot erfolgt ohne jede zeitliche Bindung frei bleibend.
6 Mit Bindung bis zum ... bieten wir Ihnen Folgendes an: ...
7 An dieses Angebot sind wir bis zum ... gebunden, wenn nicht vorher schriftlicher Widerruf erfolgt.

Durée de validité

1 Nous maintenons cette offre ... jours (semaines, mois).
2 Passé ... jours, nous ne sommes plus liés à cette offre.
3 Cettre offre est valable uniquement jusqu'au ...
4 Cette offre reste valable jusqu'à épuisement des stocks.
5 Cette offre n'est pas limitée dans le temps et doit être confirmée.
6 Nous vous faisons la proposition suivante ... valable jusqu'au ...
7 Nous nous engageons à faire cette offre jusqu'au ..., sous réserve d'annulation écrite de notre part avant cette date.

8 Dieses Angebot können wir jederzeit schriftlich oder mündlich widerrufen.
9 Dieser Auftrag ist binnen ... Tagen auszuführen.
10 Nach Ablauf von ... Tagen ist die Ausführung dieses Auftrags für uns nicht mehr von Interesse.
11 Wir können Ihnen diesen Auftrag nur erteilen, wenn Sie ihn bis zum ... abwickeln.
12 Wir sind an diesen Auftrag nur gebunden, wenn er bis zum ... ausgeführt wird.
13 Die Bindung an diesen Auftrag ist nur bis zum ... wirksam.

8 Nous nous réservons la possibilité d'annuler à tout moment cette offre par écrit ou verbalement.
9 Cette commande doit être exécutée dans les ... jours.
10 Passé un délai de ... jours, l'exécution de cette commande ne nous intéresse plus.
11 Nous ne pouvons vous passer cette commande que si son exécution a lieu avant le ...
12 En passant cette commande nous faisons dépendre notre engagement de son exécution avant le ...
13 Cette commande reste ferme uniquement jusqu'au ...

Menge

Mindestabnahmemengen

1 Die Mindestabnahme beträgt ... Stück (kg, t usw.).
2 Unser Preis ist so kalkuliert, dass mindestens ... Stück abgenommen werden müssen.
3 Aufträge unter ... Stück können leider nicht ausgeführt werden.
4 Es ist uns nicht möglich, weniger als ... Stück zu liefern.
5 Die von Ihnen bestellte Menge ist bei dem extrem eng kalkulierten Preis zu gering. Wir müssten von Ihnen eine Mindestbestellung von ... Stück (kg, t, Ballen) erhalten.

Ware kann nicht in ausreichender Menge geliefert werden

1 Sie fragen in Ihrem Schreiben an, ob wir von der ... Ware ... Stück (kg, t, Ballen usw.) liefern können. Derzeit haben wir aber nur ... Stück (usw.) auf Lager.
2 Wir bedauern Ihnen mitteilen zu müssen, dass wir von der angefragten Ware nur ... Stück (kg, t, Ballen usw.) sofort liefern können. Für den Rest müssten Sie mit einer Lieferzeit von ... rechnen.

Quantité

Volume minimum de la commande

1 Le volume minimum de la commande est de ... unités (kg, t, etc.).
2 Notre prix est calculé sur la base d'une commande minimum de ... unités.
3 Nous regrettons de ne pouvoir exécuter les commandes dont le volume est inférieur à ... unités.
4 Nous ne pouvons faire de livraison portant sur moins de ... unités.
5 Notre prix étant calculé au plus juste, la quantité que vous avez commandée n'est pas assez importante. Pour pouvoir être livrés vous devez nous commander un minimum de ... unités (kg, t, ballots).

La marchandise ne peut être livrée en quantité suffisante

1 Vous nous demandez dans votre lettre si nous pouvons livrer ... (marchandise) ... unités (kg, t, ballots, etc.). Nous ne disposons pour l'instant que de ... unités (etc.) en stock.
2 Nous regrettons de devoir vous informer que nous ne pouvons livrer que ... unités (kg, t, ballots) de la marchandise. Le reste ne sera pas livrable avant ...

3 Wir danken für Ihre Anfrage vom ... Leider haben wir von diesem Material überhaupt keine Lagerbestände, da es in letzter Zeit so gut wie nicht mehr verlangt wurde. Sollten Sie jedoch eine größere Bestellmenge in Betracht ziehen, sind wir gern bereit, diese in ... Tagen (Wochen, Monaten) zu liefern.
4 Vielen Dank für Ihre Anfrage nach ... Leider haben wir von dieser Ware nur noch eine geringfügige Menge auf Lager. Wir könnten Ihnen entweder sofort ein Ersatzprodukt zur Verfügung stellen oder Sie müssten mit einer Lieferzeit von ... rechnen.
5 Das Produkt ... findet in letzter Zeit bei uns so reißenden Absatz, dass wir kaum mit der Lieferung nachkommen. Wir müssten Sie daher bitten, eine Lieferzeit von ... in Kauf zu nehmen.

3 Nous vous remercions de votre demande du ... Malheureusement, nous ne disposons plus de ce produit en stock, car il n'a pratiquement plus été demandé ces derniers temps. Nous pouvons cependant vous livrer dans un délai de ... jours (semaines, mois) si vous envisagez de nous passer une commande plus importante.
4 Nous vous remercions de votre demande de ... Nous ne disposons malheureusement que de quantités minimes de ce produit en stock. Nous pouvons soit vous livrer immédiatement un produit de remplacement soit vous livrer dans un délai de ...
5 Le produit ... est tellement demandé ces derniers temps que nous n'arrivons plus à livrer. Nous vous demandons donc de bien vouloir accepter un délai de livraison de ...

Verpackung

Allgemeine Anfragen

1 Wie sollen die Güter verpackt werden?
2 Sind bei der Hochwertigkeit der von Ihnen angefragten Produkte besondere Verpackungsvorschriften zu beachten?
3 Nach den neuen EU-Richtlinien darf die Verpackung nicht umweltschädlich sein. Aus diesem Grunde bitten wir um Mitteilung, ob bei der Versendung besondere Vorschriften bezüglich der Verpackung zu beachten sind.
4 Verlangen Sie besondere Verpackungsmethoden?
5 Wird die Verpackung der Güter in Ihrem Betrieb vorgenommen?

Spezielle Anfragen

1 Von einem Geschäftsfreund erfuhren wir, dass Sie sich hauptsächlich mit der Verpackung von Überseesendungen befassen.
2 Wir haben regelmäßige Verpackungsaufträge zu vergeben und bitten Sie, sofern Sie an einer zusätzlichen Geschäftsverbindung interessiert sind, sich mit uns in Verbindung zu setzen.

Emballage

Généralités

1 Qu'est-ce que vous voulez comme emballage pour vos produits?
2 Faut-il prendre des dispositions particulières concernant l'emballage en raison de la valeur des produits que vous désirez?
3 L'emballage doit respecter la protection de l'environnement conformément aux nouvelles directives européennes. Nous vous demandons donc de nous communiquer si des directives particulières sont à appliquer pour l'expédition.
4 Exigez-vous l'emploi d'un certain type d'emballage?
5 L'emballage des marchandises est-il effectué dans votre entreprise?

Demandes spécifiques

1 Nous avons appris par une relation d'affaires que vous vous occupez essentiellement d'emballages maritimes.
2 Nous passons à intervalle régulier des ordres portant sur les emballages. Nous vous demandons de bien vouloir nous contacter au cas où vous désireriez élargir le cercle de votre clientèle.

3 Als Spezialfirma für das Verpackungswesen haben Sie sich einen weltweiten Namen gemacht.
4 Wir haben wegen der Aufstellung von Palettomaten mit unserer derzeitigen Kartonverpackung Schwierigkeiten und bitten Sie deshalb, nach vorheriger Abstimmung mit uns, unser Werk zu besichtigen.
5 Die laufenden Frachterhöhungen fordern von uns, dem Thema Verpackung mehr Augenmerk zu schenken. Können Sie uns für unsere Erzeugnisse vom Gewicht her günstigere Verpackungseinheiten empfehlen?
6 Wie wir erfuhren, haben Sie ein neues Verpackungsmittelverfahren entwickelt, das bruchempfindliche Waren durch chemisches Einschäumen in der Verpackungseinheit gegen äußerliche Gefahren schützt. Können Sie uns hierzu nähere Erläuterungen geben?
7 Bekanntlich gibt es für die Verwendung von Holzverpackung im Überseeverkehr nach bestimmten Ländern besondere Vorschriften. Können Sie uns hierüber informieren?
8 Wir möchten uns von der Karton- auf Folienverpackung umstellen. Bitte unterbreiten Sie uns ein entsprechendes Angebot.
9 Unsere im Umlauf befindlichen Verpackungsmittel bedürfen der Aufstockung. Sind Sie in der Lage, kurzfristig folgende Verpackungseinheiten herzustellen und zu welchen Preisen: ... Kisten, ... Trommeln, ... Fässer, ... Behälter, ... Paletten? Die technischen Einzelheiten wie Maße, Gewichte usw. entnehmen Sie bitte den beigefügten Musterzeichnungen.
10 Wir möchten in Zukunft unsere Waren in Einwegverpackungen versenden. Können Sie uns hierzu Vorschläge unterbreiten?
11 Können Sie uns ein Verpackungsmaterial vorschlagen, das umweltfreundlich ist und den zurzeit geltenden EU-Normen entspricht?

3 En tant que spécialiste de l'emballage vous avez acquis une réputation mondiale.
4 Les cartons employés actuellement nous posent des problèmes de maniement pour les palettiseurs. Nous aimerions vous consulter au préalable à ce sujet et vous prions de venir visiter notre usine.
5 L'augmentation constante des frais de transport nous amène à reconsidérer la question de l'emballage. Avez-vous des unités d'emballages plus légères à nous conseiller?
6 Nous avons appris que vous avez mis au point un nouveau procédé d'emballage pour protéger les marchandises fragiles. Il s'agit d'une mousse chimique employée dans l'unité d'emballage pour protéger contre les dangers extérieurs de casse. Pourriez-vous nous communiquer de plus amples détails à ce sujet?
7 Comme vous le savez, l'emploi de caisses en bois pour les transports maritimes est réglementé pour certains pays. Pourriez-vous nous communiquer des informations plus détaillées à ce sujet?
8 Nous désirons abandonner l'emballage en cartons pour un emballage sous plastique. Veuillez nous faire une offre correspondante.
9 Nous avons besoin d'augmenter le nombre de nos unités d'emballage en circulation. Pouvez-vous fabriquer à court terme les unités d'emballage suivantes et nous communiquer vos prix? ... caisses, ... tambours, ... fûts, ... réservoirs, ... palettes. Pour les détails techniques, poids, dimensions, etc., veuillez vous référer aux croquis modèles ci-joints.
10 Nous désirons à l'avenir expédier nos marchandises en emballages perdus. Pouvez-vous nous soumettre des propositions à ce sujet?
11 Pourriez-vous nous conseiller un emballage dont la nature respecte la protection de l'environnement et qui soit conforme aux directives actuelles européennes en la matière?

Allgemeine Angebote

1 Wir bedanken uns für Ihre Anfrage und übermitteln Ihnen gern unser Informationsmaterial, damit Sie sich von der Leistungsfähigkeit unseres Unternehmens überzeugen können. Die beigefügte Preisliste hat Gültigkeit bis zum ...
2 Auf Ihre Anfrage hin dürfen wir Ihnen mitteilen, dass wir uns neben der Herstellung von Standardverpackungsmitteln auch mit Einzel- und Sonderverpackungen befassen.
3 Unsere besondere Stärke liegt in der Entwicklung von Kunststoffverpackungsmitteln.
4 In speziell gelagerten Fällen kann die Verpackung eines Guts in unserem Werk erfolgen.

Spezielle Angebote

1 Wie Sie von Ihrem Geschäftsfreund zutreffend unterrichtet wurden, beschäftigen wir uns im Besonderen mit der Verpackung von Überseesendungen.
2 Als Anlage übermitteln wir Ihnen ein Verpackungsangebot, dem Sie sämtliche Einzelheiten entnehmen können. Unser Kostenvoranschlag beläuft sich auf insgesamt ...
3 Wir würden uns freuen, wenn Ihnen unser Angebot entspräche.
4 Ihrer Auftragserteilung sehen wir mit großem Interesse entgegen.
5 Wir sind gern bereit, Ihren Pallettomaten zu besichtigen, und werden Ihnen dann nach eingehender Studie unsere Vorschläge unterbreiten.
6 Bevor wir Ihnen eine neue Verpackungseinheit empfehlen, möchten wir diese einem längeren Versuch unterziehen. Die Stückpreise könnten wir Ihnen erst nach erfolgreichem Ablauf des Versuchs nennen.
7 Das chemische Einschäumen stellt eine Neuheit auf dem Verpackungsmittelsektor dar. Als Anlage erlauben wir uns, Ihnen eine Broschüre zu überreichen, aus der Sie Einsatzmöglichkeiten ersehen können. Der Preis beträgt pro kg ... Bei Abnahme von ... kg erhalten Sie einen Mengenrabatt von ... %.
8 Besondere Vorschriften bei Verwendung von Holzverpackungen bestehen für folgende Länder: ...

Offres générales

1 Nous vous remercions de votre lettre et nous vous ferons volontiers parvenir notre documentation pour vous informer sur notre compétitivité. Le tarif ci-joint est en vigueur jusqu'au ...
2 En réponse à votre demande, nous vous informons que nous nous occupons non seulement de la production d'emballages standard mais aussi d'emballages à l'unité et d'emballages spéciaux.
3 Nous sommes les spécialistes des emballages plastique.
4 Dans certains cas l'emballage d'une marchandise peut être effectué dans notre usine.

Offres spécifiques

1 Comme vous l'avez appris par une relation d'affaires, nous sommes surtout spécialisés dans les emballages maritimes.
2 Vous trouverez ci-joint une offre très détaillée concernant l'emballage. Notre devis se monte en tout à ...
3 Nous serions très satisfaits si notre offre vous convenait.
4 C'est avec un vif intérêt que nous attendons votre passation d'ordre.
5 Nous sommes disposés à venir examiner sur place votre palettiseur. Après avoir analysé à fond ce problème, nous vous soumettrons nos propositions.
6 Avant de vous conseiller une unité standard d'emballage, nous aimerions procéder à un essai prolongé. Nous ne pourrons vous communiquer les prix unitaires qu'après avoir obtenu les résultats de cet essai.
7 La mousse chimique représente une nouveauté en matière d'emballage. Nous nous permettons de vous envoyer une brochure qui vous documentera sur les diverses possibilités d'utilisation. Cette mousse coûte ... le kilo. Pour une commande de ... kg, nous accordons une remise de ... %.
8 L'utilisation de caisses en bois est réglementé dans les pays suivants:

9 Die Imprägnierungsmittel stellen wir Ihnen gern zum Preis von ... pro kg zur Verfügung.
10 Anhand der uns vorliegenden Musterzeichnungen ermittelten wir einen Einzelpreis von ... bei Abnahme von mindestens ... Stück.
11 Die in Ihrer Anfrage vom ... genannten Verpackungsmittel können wir zu folgenden Preisen produzieren: ...
12 Wir können jederzeit für Ihre Erzeugnisse Einwegverpackungen herstellen. Unsere Fabrikabgabepreise entnehmen Sie bitte der beigefügten neuesten Preisliste.

9 Nous vous proposons un prix de ... le kilo pour les produits d'imprégnation.
10 Nous avons calculé un prix unitaire de ... pour une commande minimum de ... unités, ceci en nous basant sur les croquis modèles que vous nous avez envoyés.
11 Nous pouvons fabriquer les emballages mentionnés dans votre lettre du ... aux prix suivants:
12 Nous pouvons produire immédiatement des emballages perdus pour vos produits. Vous trouverez ci-joint notre prix courant actuel départ usine.

Allgemeine Auftragserteilung

1 Die uns genannten Preise entsprechen unseren Vorstellungen. Wir geben daher folgende Verpackungseinheiten in Auftrag: ...
2 Ihre Stückpreise entsprechen nicht unseren Erwartungen, daher können wir Ihnen leider keinen Auftrag erteilen.
3 Ihre Konkurrenz bietet erheblich billigere Verpackungsmittel an.
4 Die vorliegenden Musterverpackungen werden unseren Anforderungen leider nicht gerecht.
5 Leider entspricht die von Ihnen angebotene Verpackung nicht den zurzeit geltenden EU-Normen. Wir müssen daher von einer Auftragserteilung Abstand nehmen.

Passation d'ordre standard

1 Les prix indiqués nous conviennent. Nous vous passons donc une commande portant sur les unités d'emballage suivantes:
2 Vos prix unitaires ne répondent pas à nos attentes, nous regrettons de ne pouvoir vous passer d'ordre.
3 Vos concurrents proposent des emballages nettement meilleur marché.
4 Les échantillons d'emballage qui nous ont été soumis ne répondent malheureusement pas à nos attentes.
5 L'emballage que vous nous proposez ne correspond malheureusement pas aux normes européennes actuellement en vigueur. Nous n'envisageons donc plus de passation d'ordre.

Spezielle Auftragserteilung

1 Hiermit erteilen wir Ihnen den Auftrag, gemäß Ihrem Angebot vom ... die Maschinenanlage zum Preis von ... ordnungsgemäß zu verpacken.
2 Wir beziehen uns auf Ihr Angebot vom ... und bestellen zur sofortigen Lieferung folgende Verpackungsmittel:
3 ... Stück Kisten (Zeichnung Nr. ...)
... Stück Einwegpaletten (Zeichnung Nr. ...)
... Stück Eisenfässer (Zeichnung Nr. ...).
4 Sie haben uns von der vielseitigen Verwendungsmöglichkeit Ihres Einschäummittels überzeugt. Wir bestellen ... kg zum Preis von ... je kg.

Passation d'ordre spécifique

1 Conformément à l'offre que vous nous avez faite le ... nous vous passons notre ordre par la présente. Nous vous demandons donc d'emballer soigneusement les machines composant cet équipement.
2 Nous nous référons à votre offre du ... et vous chargeons de nous livrer immédiatement les emballages suivants:
3 ... caisses (dessin N° ...); ... palettes bois perdues (dessin N° ...)
... fûts métalliques (dessin N° ...).
4 Nous sommes convaincus des diverses utilisations possibles de votre mousse chimique. Nous vous en commandons ... kg au prix de ... le kilo.

5 Wir kommen auf Ihr Angebot vom ... zurück und bitten Sie, uns ... kg Holzimprägniermittel, Sorte ... zum Preis von ... je kg frachtfrei (Bahnstation: ...) zu liefern.
6 Gemäß Ihrem Angebot vom ... übertragen wir Ihnen die Herstellung nachstehender Spezialverpackungen: ...
7 Wir erteilen Ihnen den Auftrag, die bei uns im Einsatz befindlichen Verpackungseinheiten zu prüfen und uns Vorschläge für deren Neugestaltung zu machen. Kostenlimit: ...
8 Bitte verpacken Sie die Güter so, dass Umweltschäden ausgeschlossen sind.
9 Da wir als Lieferanten für die Entsorgung der Verpackung verantwortlich sind, bitten wir Sie, die Kosten hierfür so gering wie möglich zu halten.

Auftragsbestätigung und Versandavis

1 Wir danken für die Auftragserteilung und bestätigen Ihnen, dass wir Ihre Verpackungsmittel termingerecht zum ... liefern werden.
2 Die von Ihnen am ... bestellten Verpackungseinheiten werden voraussichtlich am ... ausgeliefert.
3 Wir bestätigen Ihnen mit bestem Dank den Erhalt Ihrer Bestellung und haben heute unsere Versandabteilung angewiesen, die für Sie bestimmte Ware umgehend per Frachtgut an Sie abzuschicken.
4 Das am ... von Ihnen bestellte Verpackungsmaterial wird heute per Lkw-Sammelgutverkehr an Sie expediert.
5 Das mit Auftrag Nr. ... vom ... bestellte Verpackungsmaterial werden wir Ihnen am ... mit werkseigenem Lastzug anliefern.
6 Wir werden am ... per Express eine Vorauslieferung von ... Stück vornehmen.
7 Für die Verpackung der Maschinenanlage gemäß Ihrem Auftrag vom ... haben wir den Termin ... eingeplant.
8 Das Personal für die Verpackung der Maschinenanlage in Ihrem Werksgelände wird rechtzeitig bereitgestellt.

5 Nous revenons à votre offre du ... et vous demandons de nous livrer franco de port (gare ...) ... kg de produit d'imprégnation du bois, qualité ... au prix de ... le kilo.
6 Suite à votre offre du ..., nous vous chargeons de fabriquer les emballages spéciaux suivants:
7 Nous vous chargeons de faire une étude sur les unités d'emballage que nous utilisons actuellement et que nous désirons remplacer. Nous attendons vos propositions, les frais ne devraient pas dépasser ...
8 Veuillez emballer la marchandise de manière à exclure les risques de pollution.
9 En tant que fournisseur nous devons assurer le traitement des emballages livrés et nous vous demandons de nous aider à limiter les frais de cette opération.

Confirmation d'ordre et avis d'expédition

1 Nous vous remercions de l'ordre que vous avez passé et vous confirmons la livraison de vos emballages à la date fixée le ...
2 La livraison des unités d'emballage que vous avez commandées le ... est prévue pour le ...
3 Nous accusons réception de votre commande et vous en remercions. Nous avons donné aujourd'hui les ordres nécessaires à notre service expédition qui vous envoie incessamment vos marchandises en régime ordinaire.
4 Les emballages que vous avez commandés le ... vous seront expédiés aujourd'hui même par transport routier groupé.
5 En ce qui concerne la livraison de votre commande N° ... datée du ..., notre camion assurera le transport des emballages commandés.
6 Vous recevrez le ... une première livraison anticipée portant sur ... unités expédiées en régime express.
7 Nous avons prévu le ... (date) pour procéder à l'emballage des machines composant un équipement conformément à votre ordre du ...
8 Le personnel chargé de l'emballage des machines composant l'équipement sera mis en temps voulu à votre disposition dans votre usine.

9 Bezüglich Ihres Wunsches, die Ware möglichst umweltfreundlich zu verpacken, haben wir das Nötige bereits veranlasst.
10 Das Verpackungsmaterial kann problemlos und äußerst kostengünstig entsorgt werden.

Allgemeine Verpackungsbedingungen

1 Wir verpacken die Waren in (auf) Kisten (Körben, Ballen, Fässern, Containern, Paletten).
2 Als Verpackung wählen wir Kisten.
3 Wir liefern diese Geräte in (auf) Paletten (Kisten usw.).
4 Wir liefern die fertig montierten Geräte in Kisten verpackt.
5 Sie können wählen zwischen montierten Geräten auf Paletten und demontierten Geräten in Kisten.
6 Wenn Ihre Bestellung einen entsprechenden Umfang hat, liefern wir auch in Containern.
7 Wir liefern die Geräte in zerlegtem Zustand in Kisten verpackt.
8 Wir liefern diese Flüssigkeiten in Aluminiumfässern oder Tankfahrzeugen.
9 Unsere Paletten sind so konstruiert, dass sie ohne weiteres den Transport in Containern zulassen.
10 Es werden jeweils ... in Kartons verpackte Einheiten in Kisten zusammengefasst.
11 Gegen den Transport auf Paletten bestehen keine Bedenken, weil Traggitter mit Stahlrahmen zum Schutz der hochwertigen Geräte vorhanden sind.
12 Je nach Größe des Auftrags liefern wir die Waren in Pappkartons, Holzkisten oder Containern.
13 Sie können zwischen folgenden Verpackungen wählen: ...
14 Um Transportschäden zu vermeiden, liefern wir diese hochwertigen Geräte ausschließlich in maßgefertigten Holzrahmen.
15 Zum Schutz gegen Stöße und Erschütterungen sind unsere Kisten ganz mit Schaumstoff ausgekleidet.
16 Die Kosten der Verpackung sind im Preis enthalten.

9 Vous aviez souhaité un emballage préservant si possible l'environnement, nous avons déjà fait le nécessaire dans ce sens.
10 Le traitement des emballages livrés et repris ne pose pas de problèmes et sera effectué à un prix modéré.

Conditions standard d'emballage

1 Nous emballons la marchandise en caisses (paniers, ballots, fûts, conteneurs, palettes).
2 Notre emballage est effectué dans des caisses.
3 La livraison de ces appareils est effectuée en palettes (caisses, etc.).
4 Nous livrons les appareils entièrement montés et emballés dans des caisses.
5 Vous avez le choix entre une livraison par palettes d'appareils montés ou une livraison par caisses d'appareils en pièces détachées.
6 Si votre commande est suffisamment importante, nous livrons aussi par conteneurs.
7 Nous livrons les appareils en kit emballés dans des caisses.
8 Nous livrons les liquides en fûts métalliques ou par camions-citernes.
9 Nos palettes sont conçues pour permettre un transport sans problème en conteneurs.
10 Chaque caisse contient ... unités emballées dans des cartons.
11 Le transport par palettes ne pose aucun problème car un treillis métallique avec cadre en acier est prévu pour protéger les appareils de grande valeur.
12 En fonction du volume de la commande nous livrons les marchandises en cartons, en caisses de bois ou en conteneurs.
13 Vous avez le choix entre les emballages suivants:
14 Pour éviter les dommages subis en cours de transport nous livrons ces appareils de grande valeur uniquement dans des châssis en bois fabriqués sur mesure.
15 Nos caisses sont entièrement doublées de mousse synthétique pour la protection contre les chocs et les secousses.
16 Les frais d'emballage sont compris dans le prix.

17 Für die Verpackung entstehen keine weiteren Kosten.
18 Die Kosten für die Verpackung in Pappkartons sind im Preis inbegriffen.
19 Wird eine andere Verpackungsart gewählt, so gehen die Mehrkosten zulasten des Kunden.
20 Sonderwünsche bei der Verpackung stellen wir getrennt in Rechnung.

17 L'emballage n'entraîne pas de frais supplémentaires.
18 Les frais d'emballage par cartons sont compris dans le prix.
18 Tout autre emballage choisi par le client entraîne des frais supplémentaires qui sont à la charge de ce dernier.
20 Les demandes spécifiques en matière d'emballage sont facturées séparément.

Versicherung

Anfrage

1 Wir möchten eine Versicherung gemäß den Institute Cargo Clauses A (B oder C) abschließen. Bitte unterbreiten Sie uns Ihr günstigstes Angebot.
2 Wir wären Ihnen für umgehende Mitteilung dankbar, zu welchen Bedingungen Sie uns den folgenden Versicherungsschutz anbieten können: ...
3 Teilen Sie uns bitte Ihre günstigste Prämie für alle Risiken für die Verschiffung von ... mit.
4 Nennen Sie uns bitte den niedrigsten Satz für eine Abschreibepolice für alle Risiken in Höhe von ... (Betrag) für ...
5 Da wir regelmäßige Verschiffungen nach ... haben, sind wir am Abschluss einer Abschreibepolice auf Zeit für die Dauer von ... interessiert. Bitte machen Sie uns Ihr günstigstes Angebot.

Bitte um Abschluss der Versicherung

1 Wir danken für Ihr Angebot vom ... und geben Ihnen nachstehend die Mengen bekannt, für die wir eine Versicherungsdeckung benötigen: ...
2 Bitte schließen Sie für uns eine Versicherung ab, die vollständigen Schutz nach den Institute Cargo Clauses A für die Ware bietet.
3 Bitte versichern Sie die Güter gegen alle Risiken, einschließlich besondere Havarie und höhere Gewalt.
4 Wir bitten um Ausstellung einer Versicherungspolice gegen alle Risiken von Lagerhaus zu Lagerhaus.

Assurance

Demande

1 Nous désirons souscrire une assurance conforme aux clauses A (B ou C) Institute Cargo. Nous vous prions de nous soumettre votre offre la plus intéressante.
2 Nous vous prions de nous communiquer par retour du courrier les conditions que vous proposez pour le contrat d'assurance suivant:
3 Veuillez nous indiquer la prime d'assurance la plus avantageuse pour couvrir tous les risques d'embarquement de ...
4 Nous vous demandons de nous communiquer le tarif le moins cher pour une police d'abonnement couvrant tous les risques se montant à ... (somme) pour ...
5 Comme nous effectuons fréquemment des transports maritimes à destination de ..., nous désirons souscrire une police d'abonnement pour une durée de ... Pouvez-vous nous transmettre votre offre la plus avantageuse.

Demande de souscription d'assurance

1 Nous vous remercions de votre offre du ... et vous communiquons comme suit les quantités nécessitant une couverture assurance:
2 Veuillez contracter en notre nom une assurance qui offre une couverture tous risques selon les Institute Cargo Clauses A.
3 Nous vous demandons d'assurer la marchandise tous risques y compris avaries particulières et cas de force majeure.
4 Nous vous demandons de nous proposer une police couvrant tous les risques liés au transport d'entrepôt à entrepôt.

161

5 Die Ware soll folgendermaßen versichert werden:
a) von Haus zu Haus.
b) im Lagerhaus gelagert.
c) auf dem Transportweg.
d) gegen alle Risiken.
e) mit allgemeiner, aber ausschließlich besonderer Havarie.
f) gemäß den Institute Cargo Clauses C (B, A).
6 Bitte veranlassen Sie die notwendige Versicherung und senden Sie uns so bald wie möglich ein Versicherungszertifikat zu, das wir zwecks Auszahlung des Akkreditivs vorzulegen haben.
7 Bitte bestätigen Sie uns Ihre Deckungszusage für die Versicherung der Waren.
8 Die Versicherung wird benötigt:
a) ab ...
b) vom ... bis ...
c) für die Dauer von ... (Tagen, Wochen, Monaten).
9 Da unsere Abschreibepolice am ... ausläuft, bitten wir um die Ausstellung einer neuen zu denselben Bedingungen.
10 Bitte schicken Sie uns die Versicherungsformulare ausgefüllt zurück.

5 La marchandise devra être assurée comme suit:
a) de domicile à domicile
b) stockée en entrepôt
c) en cours de transport
d) tous risques
e) franco d'avaries particulières
f) selon les Institute Cargo Clauses C (B, A).
6 Veuillez faire le nécessaire pour l'assurance adéquate et nous faire parvenir dans les plus brefs délais le certificat d'assurance que nous devons présenter pour le règlement de l'accréditif.
7 Veuillez nous confirmer votre note de couverture pour l'assurance de la marchandise.
8 L'assurance est nécessaire:
a) à partir de ...
b) du ... au ...
c) pour une durée de ... (jours, semaines, mois).
9 Notre police d'abonnement arrivant à échéance le ..., nous vous prions de la renouveler aux mêmes conditions.
10 Veuillez nous renvoyer les formulaires d'assurance dûment remplis.

Zahlungsbedingungen

Barzahlung ohne Skonto bei Wareneingang

1 Unsere Preise verstehen sich netto ohne jeden Abzug, fällig bei Eingang der Ware.
2 Mit Eingang der Ware ist der Rechnungsbetrag in voller Höhe fällig.
3 In unseren Preisen sind Skonti bereits berücksichtigt.
4 Unser Angebotspreis ist so günstig, dass wir auf Barzahlung bei Lieferung bestehen müssen und keine Skonti gewähren können.
5 Zahlungen müssen in jedem Fall durch unwiderrufliches Bankakkreditiv erfolgen. Es hat mit Auftragsbestätigung in Kraft zu treten und wird bei Auslieferung fällig.
6 Zahlungen erfolgen durch unwiderrufliche Bankakkreditive, die uns nach Erhalt der Auftragsbestätigung zugesandt werden müssen.

Conditions de paiement

Paiement comptant sans escompte à l'arrivée de la marchandise

1 Nos prix s'entendent net de toute déduction et le paiement est exigible à l'arrivée de la marchandise.
2 Le montant intégral de la facture est exigible à l'arrivée de la marchandise.
3 Les escomptes sont déjà inclus dans nos prix.
4 Le prix proposé dans notre offre est si avantageux que nous devons exiger le paiement comptant à la livraison et que nous ne consentons aucun escompte.
5 Les paiements doivent être effectués dans tous les cas par accréditif irrévocable. Celui-ci doit prendre effet à la confirmation de la commande et arrive à échéance à la livraison.
6 Les paiements s'effectuent par accréditifs irrévocables qui doivent nous parvenir à la confirmation de la commande.

7 Ein Drittel des Rechnungsbetrags ist bei Auftragserteilung zu zahlen, ein weiteres Drittel bei 50 %iger Fertigstellung und der Rest bei Lieferung der Ware.

Nach Erhalt der Rechnung

1 Nach Erhalt der Rechnung ist der Rechnungsbetrag ohne Abzug von Skonti fällig.
2 Unsere Preise sind Nettopreise; die Rechnung ist nach Erhalt durch Barzahlung (Scheck) zu begleichen.
3 Wir bitten um Barzahlung (Scheck) nach Erhalt der Rechnung; Skonti sind bereits im Preis berücksichtigt.

Skonto

1 Bei Barzahlung innerhalb von ... Tagen nach Eingang der Ware (Erhalt der Rechnung) können ... % Skonto vom Rechnungsbetrag abgezogen werden.
2 Es können ... % Skonto vom Rechnungsbetrag abgezogen werden, wenn innerhalb von ... Tagen nach Lieferung der Ware (Eingang der Rechnung) bezahlt wird.
3 Der Skonto beträgt ... % bei Bezahlung innerhalb von ... Tagen und ... % bei Bezahlung innerhalb von ... Tagen nach Eingang der Ware (Erhalt der Rechnung).
4 Wir bieten Ihnen einen gestaffelten Skontosatz von ... % bei Barzahlung innerhalb von ... Tagen bzw. von ... % bei Barzahlung innerhalb von ... Tagen nach Eingang der Ware (Erhalt der Rechnung).

Zahlungsziel

1 Zahlungsziel ist der ...
2 Diese Forderung ist innerhalb von ... Tagen zu begleichen.
3 Wir gewähren Ihnen ein Zahlungsziel von ... Tagen (Wochen, Monaten), möchten Sie jedoch auf unsere günstigen Skontosätze bei sofortiger Regulierung hinweisen.

7 Un tiers du montant de la facture doit être payé lors de la passation de commande, un tiers lorsque la moitié de la commande est exécutée, le dernier tiers à la livraison.

Après réception de la facture

1 Le montant de la facture est exigible sans déduction d'escompte après réception de la facture.
2 Nos prix sont nets. Le règlement de la facture aura lieu comptant (par chèque) après réception de cette dernière.
3 Nous vous demandons de procéder à un règlement comptant (par chèque) après réception de la facture. Les escomptes sont déjà inclus dans le prix.

Escompte

1 En cas de paiement comptant dans les ... jours qui suivent la réception de la marchandise (de la facture), nous pouvons vous accorder un escompte de ... % sur le montant de la facture.
2 En cas de paiement dans les ... jours qui suivent la livraison de la marchandise (la réception de la facture), nous pouvons vous consentir ... d'escompte sur le montant de la facture.
3 En cas de paiement dans les ... jours, le taux d'escompte consenti est de ... %, ce taux est de ... % en cas de paiement dans les ... jours à compter de la réception de la marchandise (de la facture).
4 Nous vous consentons un taux d'escompte échelonné de ... % en cas de paiement comptant ou de ... % en cas de paiement comptant dans les ... jours à partir de la réception de la marchandise (de la facture).

Délai de paiement

1 Le terme de l'échéance est le ...
2 Le règlement de cette somme est exigible dans les ... jours.
3 Nous accordons un délai de paiement de ... jours (semaines, mois), nous désirons cependant attirer votre attention sur les taux d'escompte intéressants que nous pratiquons en cas de paiement immédiat.

Kreditgewährung

1 Bei der Finanzierung können wir Ihnen durch Gewährung eines mittel-(lang-)fristigen Kredits behilflich sein.
2 Wir können Ihnen einen Kredit mit einer Laufzeit von ... Monaten (Jahren) gewähren.
3 Auf Wunsch sind wir Ihnen bei der Finanzierung durch Gewährung eines mittel-(lang-)fristigen Kredites mit einer Laufzeit bis zu ... Monaten (Jahren) behilflich.
4 Unter bestimmten Voraussetzungen können wir auch die Finanzierung durch einen mittel-(lang-)fristigen Kredit mit einer Laufzeit von ... übernehmen.
5 Wir können Ihnen für ... Monate (Jahre) Kredit zu folgenden Konditionen gewähren: ...
6 Die Bedingungen, zu denen wir Ihnen Kredit gewähren können, bitten wir der Anlage zu entnehmen.
7 Wir übernehmen die Finanzierung durch einen mittel-(lang-)fristigen Kredit zu den banküblichen Konditionen.
8 Wenn Sie unseren Kredit beanspruchen, entstehen Ihnen lediglich die banküblichen Kosten.
9 Wir sind gern bereit, Ihnen Kredit zu gewähren, wenn Sie einen (selbstschuldnerischen) Bürgen stellen.
10 Wir gewähren Ihnen ein offenes Zahlungsziel mit monatlichem (vierteljährlichem) Ausgleich der Konten.

Accord de crédit

1 Nous pouvons vous aider à assurer le financement en vous accordant un crédit à moyen (long) terme.
2 Nous pouvons vous accorder un crédit d'une durée de ... mois (ans).
3 Sur demande de votre part, nous pouvons vous aider à assurer le financement en vous accordant un crédit à moyen (long) terme d'une durée de ... mois (ans).
4 Nous pouvons sous certaines conditions nous charger du financement en vous accordant un crédit à moyen (long) terme d'une durée de ...
5 Nous pouvons vous accorder un crédit d'une durée de ... mois (ans) aux conditions suivantes:
6 Veuillez prendre connaissance dans le document ci-joint de nos conditions d'accord de crédit vous concernant.
7 Nous nous chargeons du financement en vous accordant un crédit à moyen (long) terme consenti aux conditions bancaires habituelles.
8 Les seuls frais à votre charge dans le cadre du crédit que nous vous proposons sont les frais bancaires habituels.
9 Nous sommes disposés à vous accorder un crédit si vous fournissez une caution (solidaire).
10 Nous vous proposons un délai de paiement sans date impérative avec engagement de votre part d'équilibrer vos comptes tous les mois (tous les trimestres).

Barzahlung

1 Die Bezahlung hat in bar zu erfolgen.
2 Wir bitten um Barzahlung nach Erhalt der Rechnung.
3 Die Rechnung ist durch Barzahlung zu begleichen.
4 Gemäß unseren Vertragsbedingungen ist bar zu bezahlen.

Paiement comptant

1 Le paiement doit s'effectuer comptant.
2 Nous vous demandons de payer comptant à réception de la facture.
3 La facture doit être payée comptant.
4 En vertu des conditions fixées par contrat, le paiement doit être comptant.

Banküberweisung

1 Bitte überweisen Sie den Rechnungsbetrag auf unser Konto Nr. ... bei der ...-Bank.
2 Zur Rechnungsbegleichung bitten wir um Überweisung auf unser Bankkonto.

Virement bancaire

1 Veuillez virer le montant de la facture sur notre compte N° ... auprès de la banque ...
2 En règlement de la facture nous vous prions de faire un virement bancaire sur notre compte en banque.

3 Bitte begleichen Sie die Rechnung bis zum ... durch Banküberweisung.
4 Wir bitten um Rechnungsbegleichung bis zum ... durch Überweisung auf unser Konto Nr. ... bei der ...-Bank.
5 Unser Konto bei der ...-Bank hat die Nummer ...
6 Bitte überweisen Sie den Rechnungsbetrag noch vor dem ... auf dieses Konto.

3 Veuillez régler la facture d'ici le ... par virement bancaire.
4 Nous vous prions d'effectuer le règlement de la facture jusqu'au ... par virement bancaire sur notre compte ... auprès de la banque ...
5 Nous avons le numéro de compte suivant ... auprès de la banque ...
6 Veuillez virer le montant de la facture sur ce compte avant le ...

Scheck

1 Zur Begleichung der Rechnungen werden Schecks angenommen.
2 Bis zu Rechnungsbeträgen in Höhe von ... (Betrag, Währung) nehmen wir Schecks an.
3 Bezahlung mit Scheck ist möglich.
4 Bei Bezahlung mit Scheck behalten wir uns das Eigentum an der Lieferung bis zur Gutschrift des geschuldeten Betrags auf unserem Konto vor.
5 Wir nehmen Schecks zahlungshalber an, behalten uns aber bis zu deren Einlösung das Eigentum an der Ware vor.
6 Schecks können nur unter Eigentumsvorbehalt bis zur Einlösung angenommen werden.

Chèque

1 Nous acceptons les chèques en règlement des factures.
2 Nous acceptons les chèques en règlement des factures jusqu'à un montant de ... (somme, monnaie).
3 Il est possible de payer par chèque.
4 Lors d'un paiement par chèque nous demeurons propriétaires des marchandises livrées jusqu'à ce que notre compte soit crédité de la somme due.
5 Nous acceptons les chèques en paiement, mais nous demeurons propriétaires de la marchandise jusqu'à leur encaissement.
6 Les chèques ne sont acceptés qu'accompagnés d'une clause de réserve de propriété jusqu'à leur encaissement.

Forderungsabtretung

1 Wir treten unsere Forderung gegen Sie an unsere Hausbank, die ...-Bank, ab.
2 Wir teilen Ihnen mit, dass wir unsere Forderung gegen Sie aus der Warenlieferung vom ... an die ...-Bank (Firma) abgetreten haben.
3 Wir geben Ihnen hiermit die Forderungsabtretung an die ...-Bank bekannt.
4 Wir sind damit einverstanden, wenn Sie uns zur Rechnungsbegleichung Forderungen an Ihre Kunden abtreten.
5 Ihr Konto bei uns ist ausgeglichen, da wir die Forderung an die Firma ... abgetreten haben.
6 Zum Ausgleich Ihres Kontos können Sie uns auch Forderungen gegen die Firmen ... und ... abtreten.
7 Zahlungshalber nehmen wir gern Ihre Forderungen gegen die Firma ... an.

Cession de créance

1 Nous cédons notre créance sur vous à notre banque habituelle, la banque ...
2 Nous vous avisons par la présente que nous avons cédé à la banque (l'entreprise) ... la créance que nous avons sur vous issue de la livraison de marchandises faite le ...
3 Nous vous informons par la présente que nous avons cédé notre créance à la banque ...
4 Nous acceptons les créances sur vos clients en règlement de notre facture.
5 Votre compte chez nous est soldé car nous avons fait une cession de créance à l'entreprise ...
6 Pour solder votre compte, vous pouvez également nous céder des créances sur les entreprises ... et ...
7 Nous acceptons volontiers en paiement vos créances sur la maison ...

Wechsel

1 Zum Ausgleich der Rechnung werden wir
   a) mit 30 Tagen Sicht einen Wechsel über
      ... (Betrag) auf Sie ziehen.
   b) mit 2 Monaten ab Datum der Verschiffung Ihres Auftrages einen Wechsel auf Sie ziehen.
   c) einen Wechsel zum Umrechnungskurs von ... auf Sie ziehen, der am ... fällig wird.
2 Gemäß unseren Zahlungsbedingungen werden wir auf Sie einen Wechsel mit einer Laufzeit von ... ziehen, den Sie uns bitte nach Akzept zurückgeben.
3 Die Zahlung erfolgt per Wechsel mit einer Laufzeit von ...

Traite

1 En règlement de la facture nous
   a) tirerons sur vous une traite payable à 30 jours de vue se montant à ... (somme).
   b) tirerons sur vous une traite payable à 2 mois de la date de l'embarquement de la marchandise commandée.
   c) tirerons sur vous une traite payable ... calculée au taux de change du ...
2 Selon nos conditions de paiement nous tirerons sur vous une traite payable ... (date) que nous vous prions de nous retourner après acceptation.
3 Le paiement sera effectué par une traite payable ... (date).

Lieferung gegen Akkreditiv

1 Wir liefern nur gegen unwiderrufliches Akkreditiv.
2 Wir können nur gegen Akkreditiv liefern.
3 Wir bitten Sie um Eröffnung eines unwiderruflichen (bestätigten) Akkreditivs.
4 Bitte stellen Sie uns bei Ihrer Bank ein Akkreditiv.
5 Auslandsgeschäfte können wir nur gegen Akkreditiv bei einer renommierten Bank ausführen.

Livraison contre accréditif

1 Nous ne livrons que sur présentation d'un accréditif irrévocable.
2 Nous ne pouvons livrer que sur présentation d'un accréditif.
3 Nous vous demandons l'ouverture d'un accréditif irrévocable (confirmé).
4 Veuillez nous ouvrir un accréditif auprès de votre banque.
5 Nous ne traitons d'affaires à l'étranger que contre accréditif ouvert auprès d'une banque ayant une bonne réputation.

Lieferung mit Eigentumsvorbehalt

1 Wir bleiben bis zur vollständigen Bezahlung Eigentümer der Ware.
2 Der Übergang des Eigentums tritt erst mit der vollständigen Bezahlung ein.
3 Sie werden erst mit Bezahlung des Rechnungsbetrags Eigentümer der Waren.

Livraison avec clause de réserve de propriété

1 Nous demeurons propriétaires de la marchandise jusqu'à paiement intégral.
2 Le transfert de la propriété ne s'opère qu'après paiement intégral.
3 Vous ne deviendrez propriétaire de la marchandise qu'après paiement du montant de la facture.

Erfüllungsort

1 Erfüllungsort ist der Sitz unseres Stammwerks in ...
2 Erfüllungsort ist ...
3 Als Erfüllungsort ist ... vereinbart worden.

Lieu d'exécution

1 Le lieu d'exécution est le siège social de notre maison mère à ...
2 Le lieu d'exécution est ...
3 Il a été convenu que le lieu d'exécution serait fixé à ...

Gerichtsstand

1 Gerichtsstand ist ...
2 Ausschließlicher Gerichtsstand für alle sich aus diesem Vertrag etwa ergebenden Rechtsstreitigkeiten ist ...
3 Gerichtsstand für alle Rechtsstreitigkeiten ist ...
4 Gerichtsstand ist der Sitz der für den jeweiligen Abschluss zuständigen Zweigniederlassung.

Inkasso

1 Wir teilen Ihnen mit, dass Herr (Frau) ... (nicht) inkassoberechtigt ist.
2 Wir setzen Sie davon in Kenntnis, dass Herr (Frau) ... nur in Verbindung mit einer Vollmacht zum Inkasso berechtigt ist.
3 Grundsätzlich ist keiner unserer Angestellten inkassoberechtigt.
4 Herr (Frau) ... ist bis zur Höhe von ... zum Inkasso berechtigt.
5 Bitte teilen Sie uns mit, ob Ihr Vertreter, Herr ..., inkassoberechtigt ist.

Tribunal compétent

1 En cas de litige, le tribunal de ... est compétent.
2 Pour tout litige résultant de l'exécution du présent contrat, le tribunal de ... est seul compétent.
3 Pour tout litige, le tribunal de ... est seul compétent.
4 En cas de litige, le seul tribunal compétent est celui de la succursale ayant conclu l'affaire.

Encaissement

1 Nous vous signalons que Monsieur (Madame) ... est (n'est pas) autorisé(e) à faire des encaissements.
2 Nous vous informons que Monsieur (Madame) ... ne dispose de l'autorisation d'encaissement que s'il (si elle) a reçu la procuration correspondante.
3 Par principe personne ne dispose ici d'autorisation d'encaissement.
4 Monsieur (Madame) ... est autorisé(e) à encaisser des sommes ne dépassant pas ...
5 Veuillez nous faire savoir si votre représentant, Monsieur ..., dispose d'une autorisation d'encaissement.

Auftrag
Commande

Auftragserteilung

Einleitende Sätze

1 Wir beziehen uns auf die Übersendung Ihres Prospekts und erteilen Ihnen folgenden Auftrag: ...
2 Bei der folgenden Bestellung beziehen wir uns auf das auf Ihrer Homepage gemachte Angebot.
3 Die in Ihren Prospekten angebotenen Waren entsprechen unseren Anforderungen.
4 Wir wurden durch eine Anzeige in der Fachpresse auf Ihre Produkte aufmerksam.
5 Die auf Ihrer Homepage angebotenen Artikel könnten in unser Produktprogramm passen. Schicken Sie uns daher bitte folgende Probelieferung:
6 Wir danken Ihnen für die Übersendung Ihrer neuen Preisliste. Hiermit erteilen wir Ihnen folgenden Auftrag: ...
7 Ihre Preislisten haben uns von den günstigen Preisen Ihrer Produkte überzeugt.
8 Vielen Dank für die Übersendung Ihrer neuen Preislisten.
9 Zwar liegen Sie preislich etwas über dem Angebot Ihrer Konkurrenz; uns hat jedoch die Qualität Ihrer Erzeugnisse beeindruckt, so dass wir Ihnen folgenden Auftrag erteilen möchten: ...
10 Nach Ihren Preislisten zu schließen, sind Ihre Waren preisgünstiger als die unserer bisherigen Zulieferfirma. Wir möchten Ihnen, um die Qualität Ihrer Waren zu überprüfen, folgenden Probeauftrag erteilen: ...

Passation de commande

Phrases d'introduction

1 Nous référant à votre envoi de prospectus, nous vous passons la commande suivante ...
2 Nous nous référons pour la commande suivante à l'offre figurant sur votre site internet.
3 Les articles proposés dans vos prospectus correspondent à nos attentes.
4 C'est une annonce dans la presse spécialisée qui nous a fait découvrir vos produits.
5 Les articles présentés sur votre site internet pourraient convenir à notre gamme de produits. Nous vous remercions de nous faire un envoi à titre d'essai:
6 Nous vous remercions de nous avoir envoyé votre dernier tarif et vous passons par la présente la commande suivante:
7 Vos tarifs nous ont prouvé à quel point vos prix sont avantageux.
8 Nous vous remercions de nous avoir envoyé vos derniers tarifs.
9 Vos prix sont plus élevés que ceux de vos concurrents, cependant la qualité de vos produits nous a fait une excellente impression, nous désirons vous passer la commande suivante: ...
10 Nous avons constaté à la lecture de vos tarifs que vos produits sont à un prix plus avantageux que ceux de notre sous-traitant habituel. Pour tester la qualité de vos produits, nous vous passons la commande suivante à titre d'essai: ...

1 Unser Vertreter (Delegierter) hat Ihren Stand auf der Ausstellung in ... besucht und sich von der Qualität Ihrer Waren sowie Ihres Kundendienstes überzeugen können. Wir möchten Ihnen daher folgenden Auftrag erteilen: ...
2 Wir danken Ihnen für das ausführliche Informationsgespräch, das Sie unserem Mitarbeiter/Vertreter, Herrn ..., während der Ausstellung in ... gewährten. Nun erteilen wir Ihnen folgenden Auftrag: ...
3 Der von uns beauftragte Makler, Herr ..., hat Ihren Stand auf der Ausstellung in ... besucht. Aufgrund seiner Informationen erteilen wir Ihnen den folgenden Auftrag: ...
4 Ein Informationsgespräch mit Ihrem Vertreter, Herrn ..., veranlasst uns, Ihnen folgende Bestellung aufzugeben: ...
5 Ihr Vertreter, Herr ..., hat uns von der Qualität Ihrer Artikel überzeugt.
6 Wir sind mit der Qualität Ihrer Probelieferung sehr zufrieden und erteilen Ihnen deshalb folgenden Auftrag: ...
7 Nachdem wir die einzelnen Artikel Ihrer Probelieferung genau überprüft haben, möchten wir Ihnen folgenden Auftrag erteilen: ...
8 Wir bedanken uns für die uns am ... zugesandte Probelieferung und hoffen, dass Sie den folgenden Auftrag in der gleichen Qualität abwickeln werden.
9 Die von Ihrem Vertreter, Herrn ..., vorgelegten Muster haben uns von der Qualität Ihrer Waren überzeugt.

11 Notre représentant (mandataire) vous a rendu visite à votre stand au cours de l'exposition ... et a pu se convaincre de la qualité de vos produits et de votre service après-vente. Nous vous passons donc la commande suivante: ...
12 Nous vous remercions des informations détaillées que vous avez communiquées à notre collaborateur, Monsieur ..., au cours d'un entretien à l'exposition de ... En conséquence nous vous passons la commande suivante:
13 Le courtier chargé de nous représenter, Monsieur ..., s'est rendu à votre stand à la foire de ... C'est en fonction de son rapport que nous vous passons la commande suivante: ...
14 Les renseignements que nous avons recueillis au cours de notre entretien avec Monsieur ..., votre représentant, nous ont amenés à vous envoyer la commande suivante: ...
15 Votre représentant, Monsieur ..., nous a convaincus de la qualité de vos produits.
16 La qualité de votre livraison à titre d'essai nous a donné entière satisfaction, nous vous passons donc la commande suivante: ...
17 Après avoir soumis chaque article de votre livraison à titre d'essai à un examen détaillé, nous vous passons la commande suivante: ...
18 Nous vous remercions de votre livraison à titre d'essai qui nous est parvenue le ... et espérons que l'exécution de la commande qui suit sera tout aussi satisfaisante.
19 Les échantillons que votre représentant, Monsieur ..., nous a présentés nous ont convaincus de la qualité de vos produits.

Mengen

1 Wir geben Ihnen je ... Stück der folgenden Artikel in Auftrag: ...
2 Bitte senden Sie uns umgehend ... Stück von Ihrem Artikel Nr. ...
3 Wir benötigen dringend je ... Stück der folgenden Artikel: ...
4 Ihre Probelieferung hat uns zugesagt. Wir erteilen Ihnen deshalb einen Auftrag über ... Stück von dem Artikel Nr. ...

Quantité

1 Nous vous passons commande de ... unités de chacun des articles suivants.
2 Veuillez nous envoyer dans les plus brefs délais ... unités de votre article N° ...
3 Nous avons besoin de toute urgence de ... unités des articles suivants: ...
4 Les marchandises que vous nous avez livrées à titre d'essai nous ont donné satisfaction. Nous vous passons donc commande de ... unités de votre article N° ...

5 Wir möchten unsere Bestellung vom . . . hiermit auf . . . Stück erhöhen.
6 Hiermit erteilen wir Ihnen folgenden Auftrag: . . .

5 Nous vous demandons d'augmenter le volume de notre commande du . . . qui portera donc sur . . . unités.
6 Nous vous passons par la présente la commande suivante: . . .

Qualität

1 Wir benötigen ausschließlich Waren bester Qualität.
2 Bitte senden Sie uns die bestellten Waren in Ihrer qualitativ besten Auswahl.
3 Der oben erteilte Auftrag bezieht sich auf Waren erster Qualität.
4 Wir sind gern bereit, eine geringfügige Preiserhöhung in Kauf zu nehmen, wenn Sie uns dafür Waren erster Qualität liefern.
5 Für unsere Erzeugnisse kommen nur Zwischenprodukte bester Qualität infrage.

Qualité

1 Nous utilisons uniquement des marchandises de première qualité.
2 Veuillez nous envoyer les articles commandés dans la meilleure qualité dont vous disposez.
3 La commande passée ci-dessus porte sur des produits de première qualité.
4 Nous sommes disposés à accepter une légère augmentation de prix, si vous nous fournissez en contrepartie des produits de première qualité.
5 Pour notre fabrication nous n'employons que des semi-produits de première qualité.

Verpackung

1 Um Schäden beim Versand zu vermeiden, müssen wir auf Verpackung in stabilen Holzkisten bestehen.
2 Die Verpackung Ihrer letzten Sendung ließ zu wünschen übrig.
3 Bitte versenden Sie die oben bestellten Waren in mit Schaumstoff ausgelegten Collis.
4 Um die Verlade- und Transportkosten so niedrig wie möglich zu halten, möchten wir Sie bitten, uns obige Artikel in Containern zu senden.
5 Wir legen größten Wert auf ordnungsgemäße Verpackung.
6 Bitte verpacken Sie die oben bestellten Waren so, dass eine Beschädigung während des Transports ausgeschlossen ist.
7 Bitte verpacken Sie die bestellten Waren in stabilen Kartons.
8 Hinsichtlich der Verpackung haben wir keine speziellen Wünsche.
9 Wir hoffen, dass Sie obigen Artikel ordnungsgemäß verpackt versenden werden.
10 Bitte senden Sie uns die bestellten . . . in mit Styropor ausgelegten Holzkisten.

Emballage

1 Pour éviter toute détérioration lors du transport, nous insistons pour avoir un emballage en caisses de bois solides.
2 L'emballage de votre dernier envoi était loin de donner satisfaction.
3 Veuillez nous expédier les marchandises commandées ci-dessus dans des colis garnis de mousse synthétique.
4 Afin de réduire le plus possible les frais de déchargement et de transport, veuillez nous envoyer les articles commandés ci-dessus en conteneurs.
5 Nous attachons beaucoup d'importance à un emballage correct.
6 Veuillez emballer les marchandises commandées de manière à éviter d'éventuels dommages en cours de transport.
7 Veuillez emballer les marchandises commandées dans des cartons solides.
8 Nous n'avons pas d'exigence particulière concernant l'emballage.
9 Nous espérons que vous enverrez les articles commandés ci-dessus soigneusement emballés.
10 Veuillez nous envoyer la commande de . . . dans des caisses en bois garnies de polystyrène.

Preise

1 Wir müssen darauf bestehen, dass Sie unseren Ihnen am ... erteilten Auftrag noch zu den alten Preisen ausliefern.
2 Ihre uns am ... übersandten Preislisten betrachten wir als verbindlich.
3 Der obigen Bestellung legen wir Ihre letzte Preisliste zugrunde.
4 Wir möchten Sie bitten, bei der Festlegung des Preises für obigen Auftrag sowohl einen Mengen- als auch einen Barzahlungsrabatt zu berücksichtigen.
5 Bitte machen Sie uns genaue Angaben über die Staffelung Ihrer Preise.
6 Die Preise verstehen wir inklusive Verpackungs- und Versandkosten.
7 Bitte berücksichtigen Sie bei Ihrer Preisfestlegung einen angemessenen Mengenrabatt.

Prix

1 Nous insistons pour que la commande que nous vous avons passée le ... nous soit livrée en respectant les prix alors en vigueur.
2 Nous considérons comme fermes les tarifs que vous nous avez envoyés le ...
3 Nous nous référons à votre dernier tarif à propos de la commande passée ci-dessus.
4 A propos de la commande mentionnée ci-dessus, nous vous demandons de prendre en compte dans le calcul de votre prix définitif une remise sur la quantité ainsi qu'un escompte pour paiement comptant.
5 Veuillez nous fournir des précisions sur l'échelonnement de vos prix.
6 Les prix s'entendent franco de port et d'emballage.
7 Nous vous serions très obligés de nous accorder une remise de quantité adéquate lors du calcul de votre prix.

Versandart

1 Bitte liefern Sie die oben bestellten Waren per Express.
2 Da wir die oben bestellten Waren dringend benötigen, müssen wir auf Versand per Express bestehen.
3 Obige Bestellung wollen Sie bitte per Express ausliefern.
4 Um schnellste Lieferung zu gewährleisten, bitten wir Sie, obigen Auftrag per Luftfracht auszuliefern.
5 Die von uns beauftragte Spedition ... wird in den nächsten Tagen die bestellte Ware bei Ihnen abholen.
6 Wir haben mit der Spedition ... die besten Erfahrungen gemacht.
7 Bitte beauftragen Sie obige Spedition mit dem Transport der von uns bestellten Maschinen.
8 Wir möchten Sie bitten, obigen Auftrag als Bahnfracht auszuliefern.
9 Als Versandart bevorzugen wir den Transport per Lastkraftwagen.
10 Bitte senden Sie uns die Waren per Schiff.

Expédition

1 Veuillez expédier la commande ci-dessus par express.
2 Nous avons besoin de toute urgence des marchandises commandées ci-dessus, nous tenons donc à être livrés en express.
3 Veuillez bien livrer la commande ci-dessus en express.
4 Nous vous demandons d'opter pour un transport aérien pour la commande mentionnée ci-dessus afin de garantir la rapidité de la livraison.
5 Nous avons chargé le transporteur ... de passer prendre chez vous la marchandise commandée dans les prochains jours.
6 Le transporteur ... nous a toujours donné entière satisfaction.
7 Veuillez charger le transporteur nommé ci-dessus du transport des machines que nous avons commandées.
8 Nous vous demandons de livrer la commande mentionnée ci-dessus par transport ferroviaire.
9 Nous préférons le transport routier comme mode de livraison.
10 Veuillez nous envoyer les marchandises par transport maritime.

Lieferfrist

1 Wir müssen auf Lieferung der oben bestellten Artikel bis spätestens . . . bestehen.
2 Bitte liefern Sie obigen Auftrag sofort nach Fertigstellung der Waren aus.
3 Wir bitten um sofortige Lieferung.
4 Wir benötigen die oben bestellten Waren dringend. Deshalb müssen wir auf schnellstmöglicher Lieferung bestehen.
5 Ihre Lieferung erwarten wir binnen . . . Monaten.
6 Wir können Ihnen eine Lieferfrist von . . . Monaten einräumen.
7 Bitte stellen Sie uns die Ware nicht vor dem . . . zu.
8 Bitte liefern Sie Pos. 1 der obigen Bestellung postwendend aus. Bei den übrigen Positionen können wir Ihnen eine Lieferfrist von . . . Monaten einräumen.
9 Wir hoffen, dass Sie obigen Auftrag binnen . . . (Tagen) abwickeln können.
10 Wir benötigen die bestellten Waren dringend und möchten Sie daher um schnellste Lieferung bitten.
11 Um Verzögerungen in unserer Fertigung zu vermeiden, muss Ihre Lieferung bis zum . . . bei uns eingetroffen sein.
12 Halten Sie bitte unsere Bestellung ab . . . auf Abruf.
13 Wir erwarten Ihre Lieferung am . . .

Délai de livraison

1 Nous tenons absolument à ce que les articles commandés nous soient livrés d'ici le . . . au plus tard.
2 Veuillez nous livrer la présente commande dès qu'elle sera prête.
3 Nous vous prions de nous livrer immédiatement.
4 Nous avons besoin de toute urgence de la marchandise commandée ci-dessus. Nous tenons donc à être livrés le plus tôt possible.
5 Nous comptons recevoir votre livraison dans les . . . mois.
6 Nous pouvons vous accorder un délai de livraison de . . . mois.
7 Veuillez ne pas nous expédier la marchandise avant le . . .
8 Veuillez nous envoyer par retour le poste 1 de la présente commande. Pour les autres postes nous pouvons vous accorder un délai de livraison de . . . mois.
9 Nous espérons que vous pourrez exécuter la présente commande d'ici le . . .
10 Nous avons besoin de toute urgence des marchandises commandées et vous demandons donc de nous livrer le plus rapidement possible.
11 Pour éviter un ralentissement de notre production, la livraison devrait nous parvenir d'ici le . . .
12 Veuillez prévoir une livraison sur appel à partir du . . . pour notre commande.
13 Nous comptons sur votre livraison le . . .

Erfüllungsort

1 Bitte liefern Sie obige Bestellung an unser Hauptwerk in . . . aus.
2 Den Bestimmungsort können Sie unserem Briefkopf entnehmen.
3 Ihre Lieferung wollen Sie bitte an unsere Zweigniederlassung in . . . adressieren.
4 Bestimmungsbahnhof Ihrer Lieferung ist . . .
5 Richten Sie Ihre Lieferung bitte direkt an obige Adresse.
6 Wir bitten Sie, den obigen Auftrag an unseren Zweigbetrieb auszuliefern. Die Anschrift lautet: . . .
7 Die Versandadresse für obigen Auftrag ist: . . .

Lieu de livraison

1 Veuillez expédier la présente commande à . . . où se trouve notre usine principale.
2 Le lieu d'exécution figure dans notre en-tête.
3 Veuillez effectuer la livraison à . . . où se trouve notre succursale.
4 La gare de . . . est le point de destination convenu de votre livraison.
5 Veuillez envoyer directement votre livraison à l'adresse mentionnée ci-dessus.
6 Nous vous demandons de livrer la présente commande à notre succursale. Voici l'adresse: . . .
7 La présente commande doit être expédiée à l'adresse suivante:

Zahlungsbedingungen

1 Wir zahlen bei Lieferung bar.
2 Als Zahlungsbedingungen für obigen Auftrag möchten wir Ihnen vorschlagen: 1/3 bei Auftragsbestätigung, 1/3 bei Fertigstellung und 1/3 bei Lieferung.
3 Wir müssen Sie bitten, uns ein Zahlungsziel von ... Monaten zu gewähren.
4 Bitte räumen Sie uns auch dieses Mal ein Zahlungsziel von ... Monaten ein.
5 Nach erfolgter Lieferung und Prüfung der Ware begleichen wir den Rechnungsbetrag innerhalb von 14 Tagen unter Abzug von 3 % Skonto.
6 Bitte senden Sie uns die Waren per Nachnahme.
7 Können Sie uns einen mittel-(lang-)fristigen Kredit von ... Monaten gewähren?
8 Nach Erhalt der Ware werden wir unsere Bank beauftragen, den Rechnungsbetrag an Sie zu überweisen.
9 Bitte ziehen Sie auf uns einen Warenwechsel auf ... Monate.
10 Die Zahlung des Rechnungsbetrags erfolgt per Verrechnungsscheck.
11 Wir sind bereit, Ihnen ein unwiderrufliches Akkreditiv zu stellen.
12 Die Begleichung der Rechnungssumme erfolgt durch Aufrechnung gegen unsere Forderung an Sie.

Conditions de paiement

1 Nous payons comptant à la livraison.
2 Pour le règlement de la présente commande, nous vous proposons les conditions de paiement suivantes: un tiers lors de la confirmation de commande, un autre tiers à l'exécution, le dernier tiers à la livraison.
3 Nous vous demandons de bien vouloir nous accorder un délai de paiement de ... mois.
4 Nous vous demandons de bien vouloir nous accorder cette fois encore un délai de paiement de ... mois.
5 Nous réglerons la facture sous quinzaine après déduction de 3 % d'escompte, ceci dès réception et après vérification de la marchandise.
6 Veuillez nous envoyer les marchandises contre remboursement.
7 Pouvez-vous nous accorder un crédit à moyen (long) terme de ... mois?
8 Dès que nous aurons reçu la marchandise, nous chargerons notre banque de vous virer le montant de la facture.
9 Veuillez tirer sur notre compte une lettre de change à ... mois.
10 Nous vous enverrons un chèque barré en règlement de la facture.
11 Nous sommes disposés à vous donner un accréditif irrévocable.
12 Nous sommes titulaires de votre créance et vous proposons de régler la facture que nous vous devons par voie de compensation de la dite créance.

Durchführung des Auftrags

1 Bitte lassen Sie die Abwicklung dieses Auftrags sorgfältig überwachen.
2 Wir müssen Sie bitten, bei der Durchführung des obigen Auftrags laufende Qualitätskontrollen durchzuführen.
3 Eine laufende Überwachung bei der Ausführung des obigen Auftrags erscheint uns unerlässlich.
4 Wir hoffen, dass Sie bei der Ausführung obigen Auftrags das von uns in Sie gesetzte Vertrauen rechtfertigen.
5 Wir hoffen, dass die Abwicklung unseres Auftrags reibungslos erfolgt.

Exécution de la commande

1 Nous vous demandons de veiller à ce que la commande soit exécutée avec le plus grand soin.
2 Nous vous prions de procéder à un contrôle permanent de la qualité au cours de l'exécution de la présente commande.
3 Un contrôle permanent nous semble indispensable au cours de l'exécution de la présente commande.
4 Nous espérons que l'exécution de la présente commande sera à la mesure de la confiance que nous vous accordons.
5 Nous espérons qu'il n'y aura pas de problèmes au cours de l'exécution de notre commande.

6 Wir bitten um beschleunigte Abwicklung unseres Auftrags.
7 Wir hoffen, dass die Lieferung termingemäß erfolgt.

6 Nous vous demandons de bien vouloir exécuter notre commande le plus rapidement possible.
7 Nous espérons que la livraison aura lieu dans les délais prévus.

Hinweis auf Folgeaufträge

1 Wir möchten Sie darauf hinweisen, dass es von der Ausführung obigen Auftrags abhängt, ob Ihre Firma auch in Zukunft mit Aufträgen von uns rechnen kann.
2 Sollten Sie obige Bestellung zu unserer Zufriedenheit ausführen, können Sie mit weiteren Aufträgen rechnen.
3 Sollten wir mit der Qualität Ihrer Produkte zufrieden sein, sind wir bereit, einen langfristigen Liefervertrag mit Ihnen abzuschließen.
4 Wir benötigen jährlich große Mengen der oben bestellten Waren.
5 Von der Durchführung obigen Auftrags hängt es ab, ob Sie uns weiterhin zu Ihrem Kundenkreis zählen können.
6 Entsprechen Ihre Produkte unseren Anforderungen, können Sie mit weiteren Aufträgen rechnen.
7 Einwandfreie Auftragsabwicklung ist Voraussetzung für größere Folgeaufträge.

Eventuelles commandes ultérieures

1 Nous vous signalons que nous faisons dépendre d'autres commandes éventuelles du soin apporté à l'exécution de cette commande.
2 Vous pouvez compter sur d'autres commandes de notre part si l'exécution de la présente commande nous donne entière satisfaction.
3 Si la qualité de vos produits nous donne satisfaction, vous pouvez compter sur un contrat de livraison à long terme.
4 Nous avons besoin tous les ans de grosses quantités des marchandises commandées ci-dessus.
5 Nous continuerons à compter parmi vos clients si la qualité de l'exécution de la présente commande est parfaite.
6 Vous pourrez compter sur d'autres commandes de notre part si vos produits correspondent à nos exigences.
7 La perfection de l'exécution de cette commande est la condition pour la passation de commandes ultérieures.

Bitte um Auftragsbestätigung

1 Bitte bestätigen Sie uns obigen Auftrag per Fax/E-Mail.
2 Nach Erhalt dieser Bestellung wollen Sie uns bitte eine Auftragsbestätigung übersenden.
3 Bitte bestätigen Sie uns den obigen Auftrag mit genauer Angabe des Liefertermins.
4 Eine schriftliche Auftragsbestätigung betrachten wir als selbstverständlich.
5 Wir bitten Sie um eine Auftragsbestätigung mit genauen Angaben im Hinblick auf Preisstaffelung und Liefertermin.
6 Würden Sie uns bitte obigen Auftrag per E-Mail bestätigen?
7 Bitte bestätigen Sie uns den Eingang obiger Bestellung.

Demande de confirmation de commande

1 Veuillez nous envoyer confirmation par fax/email de cette commande.
2 Nous vous demandons de nous confirmer la présente commande dès sa réception.
3 Veuillez nous confirmer la présente commande en précisant la date de livraison.
4 Nous tenons à avoir une confirmation écrite de la commande.
5 Nous vous demandons de nous envoyer une confirmation de la commande mentionnant vos catégories de prix et la date de livraison.
6 Nous vous demandons de nous confirmer la présente commande par email.
7 Veuillez nous envoyer une confirmation de la présente commande.

Auftragsbestätigung

1 Wir bestätigen dankend den Erhalt Ihres Auftrags vom ...
2 Ihr Auftrag Nr. ... vom ... ist am ... bei uns eingetroffen. Wir haben sofort mit der Produktion begonnen.
3 Ihre Bestellung ist gestern bei uns eingegangen; besten Dank.
4 Wir sichern Ihnen sorgfältige Ausführung Ihres Auftrags zu.
5 Wir sind sicher, dass mit der exakten Durchführung Ihres Auftrags vom ... eine erfolgreiche Zusammenarbeit zwischen unseren Firmen beginnen wird.
6 Wir danken Ihnen für den Auftrag Nr. ... vom ... Wir werden am ... lieferbereit sein.

Accusé de réception

1 Nous accusons réception de votre commande du ... et vous en remercions.
2 Votre commande N^o ... du ... nous est parvenue le ... Nous avons commencé immédiatement la production.
3 Nous avons reçu votre commande hier et vous en remercions.
4 Nous vous garantissons que votre commande sera exécutée avec le plus grand soin.
5 Nous sommes certains que la parfaite exécution de votre commande du ... marquera le début d'une collaboration fructueuse entre nos deux maisons.
6 Nous vous remercions de votre commande N^o ... du ... Nous pourrons vous livrer le ...

Auftragsannahme

Annahme mit dem Vermerk „Laut Bestellung"

1 Hiermit nehmen wir Ihren Auftrag laut Bestellung an.
2 Ihr Auftrag vom ... wird von uns laut Bestellung ausgeführt werden.
3 Gleichzeitig möchten wir Ihnen die Annahme Ihres Auftrags laut Bestellung mitteilen.

Annahme mit Wiedergabe der Bestellung

1 Ihren Auftrag vom ... über ... Stück des Artikels Nr. ... nehmen wir dankend an.
2 Wir bestätigen Ihnen dankend Eingang und Annahme Ihres Auftrags vom ... über je ... Stück der Artikel Nr. ..., Nr. ... und Nr. ...
3 Wir werden Ihren Auftrag über ... Stück unseres Artikels Nr. ... schnellstens ausführen.
4 Wir danken Ihnen für Ihren Auftrag über ... (Anzahl und Bezeichnung) und sind sicher, dass wir Sie mit unseren Erzeugnissen zufrieden stellen werden.

Acceptation de la commande

Acceptation avec mention «conformément à votre commande»

1 Nous prenons note de votre ordre conformément à la commande.
2 Votre ordre du ... sera exécuté par nos soins, conformément à votre commande.
3 Nous vous avisons en même temps de l'acceptation de votre ordre conformément à la commande.

Acceptation avec reprise des termes de la commande

1 Nous prenons note de votre ordre du ... portant sur ... unités de l'article N^o ... et vous en remercions.
2 Nous vous confirmons la réception et l'acceptation de votre ordre du ... portant sur ... unités de l'article N^o ..., N^o ..., et N^o ...
3 Nous exécuterons le plus rapidement possible votre ordre portant sur ... unités de l'article N^o ...
4 Nous vous remercions de votre commande portant sur ... (quantité et références) et espérons que nos produits vous donneront entière satisfaction.

Annahme mit Änderungen

1 Wir bedanken uns für Ihren Auftrag vom ..., den wir gern annehmen. Leider können wir Ihnen jedoch die Position ... Ihrer Bestellung nicht wie gewünscht bis zum ... liefern. Wir sind frühestens am ... in der Lage, diesen Artikel zu versenden. Bitte teilen Sie uns mit, ob Sie mit dieser Lieferverzögerung einverstanden sind.
2 Der von Ihnen unter anderem bestellte Artikel Nr. ... ist zurzeit nicht auf Lager. Wir sind bereit, Ihnen hierfür die qualitativ bessere Ausführung zum gleichen Preis zu liefern.
Wir hoffen, mit dieser Änderung in Ihrem Sinne gehandelt zu haben.
3 Leider können wir die in Ihrem Auftrag vom ... vorgeschlagenen Lieferungs- und Zahlungsbedingungen nicht akzeptieren. Wir sind jedoch gern bereit, Ihren Auftrag zu den für unsere Branche üblichen Konditionen zu übernehmen.
4 Wir nehmen Ihren Auftrag vom ... gern an, müssen jedoch die Position ... Ihrer Bestellung geringfügig abändern.

Acceptation avec modifications

1 Nous vous remercions de votre ordre du ... que nous acceptons avec plaisir. Nous regrettons de ne pouvoir vous livrer le poste ... de votre commande avant le ... comme vous le souhaitez. Nous serons en mesure d'expédier cet article le ... au plus tôt. Veuillez nous faire savoir si vous acceptez ce retard de livraison.
2 L'article N^O ... que vous avez commandé entre autres n'est pas disponible en stock pour l'instant. Nous vous proposons de vous livrer la qualité supérieure pour le même prix.
Nous espérons que cette proposition vous conviendra.
3 Nous regrettons de ne pouvoir accepter les conditions de livraison et de paiement que vous nous proposez dans votre commande du ... Nous pourrions toutefois accepter votre commande aux conditions habituelles dans notre secteur d'activités.
4 Nous acceptons avec plaisir votre commande du ..., mais nous devons apporter une légère modification au poste ...

Auftragsablehnung

Refus de la commande

Ablehnung des Auftrags ohne Grund

1 Leider sind wir nicht in der Lage, Ihren Auftrag vom ... zu den gewünschten Bedingungen anzunehmen.
2 Den uns am ... zugegangenen Auftrag über ... können wir bedauerlicherweise nicht annehmen.
3 Die von Ihnen gewünschten Artikel können wir leider nicht herstellen. Als Anlage reichen wir Ihnen deshalb Ihre Bestellung zurück.

Refus de la commande sans indication de motifs

1 Nous regrettons de ne pouvoir accepter votre commande du ... aux conditions demandées.
2 Nous ne pouvons malheureusement pas accepter votre ordre du ... portant sur ...
3 Nous regrettons de ne pouvoir produire les articles que vous souhaitez. Nous vous retournons ci-joint votre commande.

Ablehnung des Auftrags mit Angabe des Grundes

1 Da wir im Augenblick über keine freien Kapazitäten verfügen, müssen wir Ihren Auftrag leider ablehnen.
2 Infolge des Mangels an Fachkräften ist es uns nicht möglich, Ihren Auftrag vom ... zu übernehmen.

Refus de la commande avec indication de motifs

1 Notre capacité de production étant actuellement saturée, nous regrettons de devoir refuser votre commande.
2 Le manque de personnel qualifié nous empêche de pouvoir donner suite à votre commande du ...

3 Da unsere Rohstoffvorräte auf Monate hinaus disponiert sind, können wir Ihren Auftrag bedauerlicherweise nicht übernehmen.
4 Ein Programmabsturz in unserem Computer hat uns in unserer Produktion zurückgeworfen.
5 Wirtschaftliche Umstände zwingen uns, die Produktion ins Ausland zu verlagern. Wir können Ihren Auftrag daher nicht termingemäß ausführen.
6 Der Mangel an Computerfachkräften zwingt uns, diesen Auftrag abzulehnen.
7 Da wir Schwierigkeiten mit unseren Zulieferfirmen haben, können wir Ihren Auftrag leider nicht annehmen.
8 Stockungen in der Materialzufuhr zwingen uns zu unserem Bedauern, Ihren Auftrag vom ... abzulehnen.
9 Ein Streik in einer unserer Zulieferfirmen macht es uns leider unmöglich, Ihren Auftrag vom ... anzunehmen.
10 Ihre Referenzen genügen uns nicht, wir sehen uns daher leider außerstande, Ihren Auftrag auszuführen.

3 Nos disponibilités en matières premières sont limitées pour plusieurs mois, ce qui nous empêche de donner suite à votre ordre.
4 Notre production a pris du retard à la suite d'une défaillance de notre programme informatique.
5 Des contraintes économiques nous obligent à transférer notre production à l'étranger. Nous ne sommes donc pas en mesure d'exécuter votre commande dans les délais prévus.
6 Le manque de spécialistes en informatique nous oblige à refuser votre ordre.
7 Des problèmes avec nos fournisseurs ne nous permettent pas d'accepter votre commande, ce dont nous nous excusons.
8 Notre approvisionnement en matières premières est soumis à des perturbations qui nous contraignent à refuser votre ordre.
9 A cause d'une grève de l'un de nos fournisseurs nous nous excusons de ne pouvoir accepter votre commande du ...
10 Etant donné le caractère insuffisant de vos références, nous ne pouvons exécuter votre commande et nous en excusons.

Ordnungsgemäße Auftragsabwicklung
Exécution régulière de la commande

Anzeige des Produktionsbeginns

Avis de mise en fabrication

1 Wir möchten Ihnen mitteilen, dass Ihr Auftrag vom ... bei uns in Produktion gegangen ist.
2 Nach Beendigung der Umrüstarbeiten unserer Maschinen werden wir noch im Laufe dieser Woche mit der Produktion Ihres Auftrags beginnen.
3 Die Produktion Ihres letzten Auftrags ist bereits voll angelaufen.
4 Wir haben mit der Produktion der von Ihnen am ... bestellten Güter begonnen und werden Sie rechtzeitig von Ihrer Fertigstellung unterrichten.

1 Nous vous informons par la présente que votre commande du ... vient d'être mise en fabricatiom.
2 Devant terminer la réorganisation de nos services techniques, nous pourrons commencer la mise en fabrication dans le courant de cette semaine.
3 Votre dernière commande est en cours de fabrication.
4 Nous avons commencé la fabrication des produits que vous avez commandés le ... et nous vous préviendrons dès que celle-ci sera terminée.

Anzeige des Produktionsendes und Abholbereitschaft

Avis de fin de fabrication et de prise de livraison

1 Wir teilen Ihnen mit, dass Ihr Auftrag vom ... fertig gestellt ist.
2 Wir haben die Produktion Ihres Auftrags fristgerecht beendet und erwarten Ihre Instruktionen bezüglich des Versands (der Abholung).
3 Die Waren liegen zurzeit in unserer Prüfabteilung zur Durchsicht.
4 Sämtliche Arbeitsgänge an den Waren Ihres Auftrags vom ... sind abgeschlossen und wir teilen Ihnen mit, dass Sie abholbereit sind.
5 Die Waren aus Ihrem Auftrag vom ... befinden sich seit ... abholbereit in unserem Auslieferungslager.

1 Nous vous informons que la production de votre commande du ... est terminée.
2 Le stade de production de votre commande est terminé, nous attendons vos instructions concernant l'expédition (l'enlèvement) des marchandises.
3 Le service responsable s'occupe actuellement du contrôle des marchandises fabriquées.
4 Tous les stades de production des marchandises commandées le ... sont terminés. Nous vous informons que vous pouvez venir les prendre.
5 Vous pouvez passer prendre les marchandises commandées le ... à notre dépôt de vente où elles sont à votre disposition depuis ...

6 Bitte veranlassen Sie, dass die in Auftrag gegebenen Waren in den nächsten Tagen in unserem Werk abgeholt werden.
7 Die Waren Ihres letzten Auftrags sind vorschriftsmäßig verpackt und abholbereit.
8 Ihr Auftrag ist abgewickelt; wir erwarten gern Ihre diesbezüglichen Anweisungen.
9 Die Produktion Ihres Auftrags ist abgeschlossen. Die Waren lagern versandbereit in unserem Fertigungslager. Bitte teilen Sie uns umgehend die Versandadresse mit.
10 Die Waren aus Ihrem Auftrag vom ... sind versandbereit. Sie können sofort darüber verfügen.

6 Nous vous demandons de faire procéder dans les jours qui viennent à l'enlèvement des marchandises que vous avez commandées.
7 Les marchandises de votre dernière commande ont été emballées selon vos instructions et vous pouvez venir les prendre.
8 Votre ordre a été exécuté. Nous attendons maintenant vos directives.
9 La fabrication de votre commande est terminée. Les marchandises sont stockées dans notre magasin et sont prêtes à être expédiées. Veuillez nous indiquer par retour du courrier où nous devons les expédier.
10 Les marchandises de votre commande du ... sont prêtes à être expédiées. Vous pouvez en disposer immédiatement.

Versandanzeige

1 Die von Ihnen am ... bestellten Waren haben heute (gestern, am ...) unser Werk per Express (per Lkw, als Frachtgut, als Eilgut) verlassen.
2 Die von Ihnen beauftragte Spedition ... hat die Waren heute bei uns abgeholt.
3 Ihre Waren haben heute Vormittag als Bahnfracht unser Werk verlassen.
4 Die von Ihnen am ... bestellten Waren werden heute verschifft.
5 Wir teilen Ihnen mit, dass die von Ihnen am ... bestellten Waren heute unser Werk mit der Spedition ... verlassen haben.
6 Unser Spediteur, die Fa. ..., hat uns von der ordnungsgemäßen Verschiffung der Güter an Bord der MS ... unterrichtet.
7 Die Spedition ... wurde von uns am ... mit der Verschiffung der Waren beauftragt und wird alle Zollformalitäten erledigen.
8 Sobald wir von der Spedition die Verschiffungsdokumente erhalten und diese unserer Bank vorgelegt haben, werden wir Sie per Fax (telefonisch, per E-Mail) benachrichtigen.

Avis d'expédition

1 Les marchandises que vous avez commandées le ... ont quitté aujourd'hui (hier, le ...) notre usine par transport en régime express (transport routier, en régime ordinaire, en régime accéléré).
2 Le transporteur ... que vous avez choisi est venu aujourd'hui procéder à l'enlèvement des marchandises.
3 Vos marchandises ont quitté notre usine ce matin et sont acheminées par transport ferroviaire.
4 L'embarquement (transport maritime) des marchandises commandées le ... a lieu aujourd'hui.
5 Le transporteur ... est venu enlever aujourd'hui à notre usine les marchandises que vous avez commandées le ...
6 L'entreprise ..., notre transporteur, nous a avisés du bon déroulement de l'embarquement (transport maritime) des marchandises à bord du MS ...
7 Nous avons chargé le ... (date) le transporteur ... du transport maritime des marchandises et de toutes les formalités douanières à accomplir.
8 Dès que nous aurons reçu les documents de transport maritime et que nous les aurons présentés à notre banque, nous vous préviendrons par fax (par téléphone, par email).

9 Wir haben unsere Spedition, die Fa. . . . in . . ., angewiesen, sich sofort mit Ihnen in Verbindung zu setzen, sobald die Zollformalitäten erledigt sind und sich die Ware sicher an Bord der MS . . . befindet.

9 Nous avons chargé l'entreprise . . ., notre transporteur, de vous contacter immédiatement après accomplissement des formalités douanières et embarquement sans problème des marchandises à bord du MS . . .

Rechnungsstellung

Facturation

1 Als Anlage überreichen wir Ihnen unsere Rechnung für die am . . . gelieferten Waren.
2 Wir sandten Ihnen am . . . Stück unseres Artikels Nr. . . . zu einem Einzelpreis von . . . Der Gesamtbetrag beläuft sich – abzüglich eines Mengenrabatts in Höhe von . . . % – auf . . .
3 Der zu begleichende Rechnungsbetrag für unsere Lieferung vom . . . beträgt . . .
4 Der Rechnungsbetrag für unsere letzte Lieferung beläuft sich auf . . . In dieser Summe ist der von Ihnen erbetene Sonderrabatt bereits berücksichtigt.
5 Die zu begleichende Rechnungssumme für unsere Lieferung vom . . . beträgt . . . Der branchenübliche Barzahlungsrabatt wurde bereits berücksichtigt.
6 Die von uns ausgestellte Rechnung bezieht sich auf das von Ihnen eröffnete unwiderrufliche Akkreditiv vom . . .

1 Vous trouverez ci-joint la facture des marchandises livrées le . . .
2 Nous vous avons envoyé le . . . . . . unités de notre article N^O . . . au prix unitaire de . . . Le montant total s'élève à . . . après déduction d'une remise de quantité de . . . %.
3 Le montant de la facture à payer pour notre livraison du . . . s'élève à . . .
4 La facture de notre dernière livraison se monte à . . . La remise exceptionnelle que vous avez demandée est incluse dans cette somme.
5 Le montant de la facture à régler pour notre livraison du . . . s'élève à . . . La remise habituelle pour paiement comptant est incluse dans cette somme.
6 La facture que nous vous avons adressée se rapporte à l'accréditif irrévocable que vous avez ouvert le . . .

Begleitsätze für Rechnungsübersendung

Formules accompagnant l'envoi de la facture

1 Als Anlage überreichen wir Ihnen unsere Rechnung über die von Ihnen bestellten Waren.
2 Bei unserer Rechnungslegung haben wir bereits einen Mengenrabatt (Barzahlungsrabatt) berücksichtigt.
3 Die Versandkosten haben wir Ihnen nicht in Rechnung gestellt.
4 Die beigefügte Rechnung bezieht sich auf unsere Preise ab Werk.
5 Die Versandkosten rechnen wir direkt mit dem Spediteur ab.
6 Unserer Rechnungserstellung haben wir die Preise unserer Preisliste vom . . . zugrunde gelegt.

1 Vous trouverez ci-joint la facture concernant les marchandises que vous avez commandées.
2 Nous avons déjà tenu compte d'une remise de quantité (d'une remise pour paiement comptant) dans notre facturation.
3 Nous ne vous avons pas facturé les frais d'expédition.
4 La facture ci-jointe est établie sur nos prix départ usine.
5 Nous traiterons directement avec le transporteur pour le règlement des frais d'expédition.
6 Nous avons basé notre facturation sur les prix du tarif de . . .

7 Bei der Rechnungslegung sind Ihre Wünsche hinsichtlich der Zahlungsbedingungen weitgehend berücksichtigt worden.
8 Bitte überweisen Sie den Rechnungsbetrag auf unser Konto Nr. ... bei der ...- Bank in ...
9 Gestatten Sie uns, Sie nochmals auf unsere Zahlungsbedingungen hinzuweisen.
10 Übersenden Sie uns bitte einen Warenwechsel in Höhe des Rechnungsbetrags.
11 Das von Ihnen gestellte Akkreditiv vom ... dient zur Zahlung unserer Rechnung ... vom ...
12 Über den Betrag hinaus, der durch das von Ihnen gestellte Akkreditiv für die Begleichung der Rechnung zur Verfügung steht, fallen zusätzlich noch ... zur Zahlung an. Wir bitten um sofortigen Ausgleich.

7 Pour la facturation nous avons tenu compte dans une large mesure des conditions spécifiques de paiement que vous souhaitiez.
8 Veuillez nous virer le montant de la facture sur notre compte N^o ... auprès de la banque ... à ...
9 Nous nous permettons d'attirer encore une fois votre attention sur les conditions de paiement.
10 Veuillez nous envoyer une lettre de change correspondant au montant de la facture.
11 L'accréditif que vous avez ouvert le ... servira au règlement de notre facture du ...
12 En plus de la somme correspondant à l'accréditif ouvert en règlement de la facture il reste un supplément de ... à payer. Nous vous demandons de régler de suite ce reliquat.

Warenempfangsbestätigung

1 Wir bestätigen Ihnen dankend den Empfang Ihrer Lieferung vom ...
2 Ihre Lieferung vom ... ist gestern bei uns eingetroffen.
3 Wir bestätigen Ihnen mit Dank den Erhalt Ihrer Sendung vom ...
4 Die von uns am ... bei Ihnen bestellten Waren sind fristgerecht eingetroffen.
5 Dieses Schreiben ist gleichzeitig unsere Empfangsbestätigung der von Ihnen am ... versandten Waren.
6 Die Lieferung aus unserer letzten Bestellung haben wir fristgerecht und unbeschädigt erhalten.
7 Wir danken Ihnen für die termingerechte Lieferung der von uns bestellten Waren.
8 Ihre Sendung ist heute in einwandfreiem Zustand bei uns eingetroffen.

Accusé de réception de la marchandise

1 Nous accusons réception de votre livraison du ... et vous en remercions.
2 Votre livraison du ... est arrivée hier.
3 Nous accusons réception de votre envoi du ... et vous en remercions.
4 Les marchandises que nous avons commandées le ... sont arrivées dans les délais prévus.
5 Cette lettre fait fonction d'accusé de réception pour les marchandises que vous avez expédiées le ...
6 Notre dernière commande est arrivée hier en bon état et dans les délais prévus.
7 Nous vous remercions d'avoir livré dans les délais prévus les marchandises commandées.
8 Votre envoi est arrivé aujourd'hui en bon état.

Bestätigung des Zahlungseingangs

1 Wir bestätigen Ihnen dankend den Eingang Ihrer Überweisung am ...

Accusé de réception du paiement

1 Nous accusons réception en date du ... de votre virement et vous en remercions.

2 Am ... ist Ihr Rechnungsbetrag bei uns eingegangen.
3 Am ... bekamen wir von unserer Bank die Mitteilung, dass Ihre Überweisung eingetroffen ist.
4 Wir bedanken uns für die prompte Begleichung unserer Rechnung vom ...
5 Ihr Akzept vom ... ist heute bei uns eingetroffen.
6 Wir bestätigen Ihnen mit Dank den Eingang Ihrer Überweisung vom ...
7 Ihr Konto bei uns ist nun ausgeglichen.
8 Nach Ihrer Überweisung vom ... beträgt Ihr Kontostand bei uns ... (Betrag, Währung).
9 Mit der heutigen Überweisung ist Ihr Konto bei uns ausgeglichen.
10 Wir danken Ihnen für Ihren Scheck, den Sie uns zur Begleichung unserer Rechnung vom ... gesandt haben.
11 Ihr Scheck ist bei uns eingegangen.
12 Der Betrag von ... (Betrag, Währung) zur Begleichung unserer Rechnung vom ... wurde Ihrem Konto bei uns gutgeschrieben. Hiermit ergibt sich ein derzeitiger Habensaldo (Sollsaldo) in Höhe von ... (Betrag, Währung).

2 Le montant de votre facture nous est parvenu le ...
3 Votre virement a été effectué le ..., notre banque nous en a avisés.
4 Nous vous remercions du règlement rapide de notre facture du ...
5 Votre traite acceptée nous est parvenue aujourd'hui.
6 Nous accusons réception de votre virement du ... et vous en remercions.
7 Votre compte chez nous est à présent soldé.
8 Suite à votre virement du ..., votre compte chez nous se chiffre maintenant à ... (somme, monnaie).
9 Votre virement de ce jour solde votre compte chez nous.
10 Nous vous remercions du chèque que vous nous avez envoyé en règlement de notre facture du ...
11 Nous avons bien reçu votre chèque.
12 La somme de ... (montant, monnaie) a été (n'a pas été) aujourd'hui créditée sur votre compte chez nous en règlement de notre facture du ... Vous disposez donc en conséquence d'un actif (d'un passif) de ... (somme, monnaie).

Abweichungen und Störungen
Irrégularités et perturbations

Anzeige des Bestellungsverzugs

1 Leider können wir unser Angebot vom ... nur noch bis ... (Tag), den ... (Datum), aufrechterhalten.
2 Wir erwarten umgehend Ihre Bestellung.
3 Eine spätere Auftragsannahme ist uns leider nicht mehr möglich.
4 Wir bitten Sie, diesen Termin bei Ihren Dispositionen zu beachten.
5 Ihrer sofortigen Bestellung sehen wir gern entgegen.
6 Auf unser Angebot vom ... ist uns von Ihnen noch keine Bestellung zugegangen. Wir möchten Sie darauf hinweisen, dass wir uns nur noch bis zum ... an dieses Angebot gebunden fühlen.
7 Da Sie unser Angebot vom ... bisher nicht berücksichtigten, erlauben wir uns den Hinweis, dass es uns aus organisatorischen Gründen nur noch bis zum ... möglich ist, zu den angegebenen Bedingungen zu liefern.
8 Da unser Angebot vom ... am ... ausläuft, erbitten wir möglichst umgehend Ihre Bestellung.
9 Da unser Angebot vom ... auf den ... befristet ist, erbitten wir umgehend Ihre Bestellung.

Avis de retard de la commande

1 Nous regrettons de ne pouvoir maintenir notre offre du ... que jusqu'au ...
2 Nous attendons votre commande par retour du courrier.
3 Nous regrettons de ne pouvoir accepter votre commande à une date ultérieure.
4 Nous vous demandons de tenir compte de cette date en prenant vos dispositions.
5 Nous serons heureux de recevoir sans retard votre commande.
6 Notre offre du ... n'a encore été suivie d'aucune commande de votre part. Nous vous signalons que cette offre ne nous engage que jusqu'au ...
7 Vous n'avez pas encore répondu à notre offre du ..., aussi tenons-nous à vous signaler que pour des raisons d'organisation, il ne nous sera possible de livrer aux conditions indiquées que jusqu'au ...
8 Nous ne maintenons notre offre du ... que jusqu'au ..., veuillez nous envoyer si possible votre commande dans les plus brefs délais.
9 Notre offre du ... n'est valable que jusqu'au ..., nous vous demandons donc de bien vouloir nous envoyer immédiatement votre commande.

Widerruf des Angebots

1 Zu unserem großen Bedauern ist uns auf unser Angebot vom ... noch keine Bestellung von Ihnen zugegangen.
2 Leider sind wir nicht mehr in der Lage, unser bisheriges Angebot aufrechtzuerhalten.
3 Wir betrachten uns an dieses Angebot nicht mehr gebunden.

Annulation de l'offre

1 Nous regrettons de ne pas avoir reçu de commande de votre part à la suite de notre offre du ...
2 Nous regrettons de ne plus être en mesure de maintenir notre offre actuelle.
3 Nous considérons que nous ne sommes plus liés aux termes de cette offre.

4 Wir müssen unser Angebot leider zurücknehmen.
5 Da die angebotene Ware ausläuft, können wir keine Bestellungen mehr entgegennehmen.
6 Es ist uns nicht mehr möglich, zu den angebotenen Preisen zu liefern. Als Anlage erhalten Sie unsere neuen Preislisten.
7 Da Sie bis heute auf unser Angebot vom ... nicht geantwortet haben, nehmen wir an, dass Sie kein Interesse an der Ware haben. Hiermit ziehen wir unser Angebot zurück.
8 Bis heute haben wir auf Ihre Bestellung gewartet. Da für die Ware bereits andere Interessenten vorhanden sind, können wir eine etwaige Bestellung von Ihnen nicht mehr berücksichtigen.
9 Wir möchten Sie darauf hinweisen, dass die mit unserem Angebot vom ... verbundene Frist mit dem heutigen Tag abgelaufen ist. Wir sehen uns außerstande, noch Bestellungen entgegenzunehmen.
10 Aus produktionstechnischen Gründen können wir unser Angebot vom ... nicht mehr aufrechterhalten.
11 Wir müssen unser Angebot vom ... bedauerlicherweise zurücknehmen, da die Ware inzwischen nicht mehr lieferbar ist.
12 Da wir Schwierigkeiten mit unseren Zulieferern haben, müssen wir unser Angebot leider zurückziehen.

4 Nous regrettons de devoir annuler notre offre.
5 La marchandise proposée dans notre offre sera bientôt épuisée, nous ne pouvons donc plus accepter de commande.
6 Il ne nous est plus possible de livrer aux prix proposés. Vous trouverez ci-joint nos nouveaux tarifs.
7 Vous n'avez toujours pas réagi à notre offre du ..., nous supposons que la marchandise ne vous intéresse pas et annulons donc notre offre par la présente.
8 Nous avons attendu votre commande jusqu'à ce jour. Comme nous avons d'autres preneurs pour cette marchandise, nous ne pouvons plus tenir compte d'une éventuelle commande de votre part.
9 Nous vous avisons que le délai dont était assortie notre offre du ... expire aujourd'hui. Nous sommes dans l'obligation de ne plus accepter de commandes.
10 Des problèmes de production nous contraignent à annuler notre offre du ...
11 Nous devons malheureusement annuler notre offre du ..., car entre-temps la marchandise est épuisée.
12 Les problèmes que nous avons avec nos fournisseurs nous obligent malheureusement à annuler notre offre.

Lieferverzug

1 Die bei Ihnen bestellten Waren sind bis heute nicht bei uns eingetroffen.
2 Seit ... Tagen warten wir auf die am ... bestellte Ware.
3 Zu unserem großen Bedauern müssen wir feststellen, dass Sie unseren Auftrag vom ... noch nicht ausgeführt haben.
4 Auf unsere Bestellung vom ... haben wir weder die Waren noch irgendeine Mitteilung von Ihnen erhalten.
5 Da wir die am ... bestellten Waren dringend benötigen, bitten wir um schnellste Zusendung.
6 Wir möchten Sie darauf aufmerksam machen, dass Sie mit Ihrer Lieferung bereits ... Tage im Verzug sind.

Retard de livraison

1 Les marchandises que nous avons commandées ne nous sont toujours pas parvenues.
2 Nous attendons depuis ... jours la marchandise commandée le ...
3 Nous constatons à regret que vous n'avez pas encore exécuté notre commande du ...
4 Les marchandises commandées le ... ne nous sont toujours pas parvenues et vous ne nous avez pas non plus fourni d'explications pour ce retard.
5 Nous vous demandons de procéder immédiatement à la livraison, nous avons besoin de toute urgence des marchandises commandées le ...
6 Nous vous signalons que votre retard de livraison se monte déjà à ... jours.

7 Sollten Sie die bestellten Waren nicht fristgemäß liefern können, teilen Sie uns dies bitte unverzüglich mit, damit wir anders disponieren können.

7 Si vous n'êtes pas en mesure de livrer les marchandises commandées dans les délais prévus, nous voulons être prévenus tout de suite pour trouver une autre solution.

Nachlieferfrist

Délai de livraison supplémentaire

1 Die am ... bei Ihnen bestellten Waren sind bis heute nicht eingetroffen.
2 Sollten Sie Ihren Lieferungsverpflichtungen nicht bis zum ... nachkommen, sehen wir uns gezwungen, unseren Auftrag zurückzuziehen.
3 Wir bitten Sie, unsere Bestellung schnellstens zu bearbeiten; eine Abnahme nach dem ... wäre uns nicht mehr möglich.
4 Da wir die Waren dringend benötigen, müssen wir auf Lieferung innerhalb von ... Tagen bestehen.
5 Wir bitten um Zusendung noch in dieser Woche.
6 Wir bestehen auf Lieferung bis zum ...
7 Da unsere Kunden ungeduldig werden, benötigen wir die Ware binnen ... Wochen.
8 Bis heute sind Sie Ihren Lieferungsverpflichtungen nicht nachgekommen. Wir gewähren Ihnen eine letzte Frist bis zum ...
9 Die Lieferfrist für unseren Auftrag vom ... ist seit ... Wochen abgelaufen. Wir müssen deshalb auf schnellster Zusendung (Express, per Kurier-Schnelldienst zu Ihren Lasten) bestehen.

1 Les marchandises commandées le ... ne nous sont toujours pas parvenues.
2 Au cas où vous ne tiendriez pas vos engagements concernant la livraison d'ici le ..., nous serions dans l'obligation d'annuler notre commande.
3 Nous vous demandons d'exécuter notre commande le plus rapidement possible. Passé le ..., nous nous verrions obligés de refuser la livraison.
4 Nous avons besoin de toute urgence des marchandises et nous comptons donc fermement sur une livraison dans les ... jours.
5 Nous vous demandons de nous livrer avant la fin de la semaine.
6 Nous tenons absolument à être livrés avant le ...
7 Nos clients s'impatientent, nous avons besoin de la marchandise d'ici ... semaines.
8 Vous n'avez toujours pas tenu vos engagements concernant la livraison. Nous vous accordons un dernier délai jusqu'au ...
9 Le délai de livraison de notre commande du ... est passé depuis ... semaines. Nous vous demandons donc de nous livrer immédiatement (par express, par service de messagerie privée) à vos frais.

Regressandrohung

Demande de compensation

1 Wir möchten Sie darauf aufmerksam machen, dass Sie mit Ihrer Lieferung bereits ... Tage im Verzug sind.
2 Etwaige Schadenersatzansprüche behalten wir uns vor.

1 Nous vous signalons que vous avez déjà ... jours de retard dans votre livraison.
2 Nous nous réservons le droit d'exiger des dommages pour le préjudice subi.

3 Sollten die Waren nicht innerhalb von ... Tagen geliefert werden, würden wir Sie für entgangenen Gewinn und zusätzliche Kosten verantwortlich machen müssen.
4 Wir werden die Ware nur unter Vorbehalt abnehmen.
5 Durch Ihren langen Lieferverzug ist die Ware für uns nahezu wertlos geworden. Für etwaige Verluste werden wir Sie haftbar machen.
6 Sie sind mit Ihrer Lieferung in Verzug. Wir behalten uns das Recht vor, von Ihnen eine Entschädigung zu verlangen.
7 Sollte uns durch Ihre Lieferungsverzögerung Schaden entstehen, werden wir Sie dafür haftbar machen.
8 In Anbetracht Ihrer Lieferungsverspätung müssen wir Sie auf unser Recht hinweisen, Schadenersatzforderungen geltend zu machen.
9 Sollte Ihre Lieferung nicht innerhalb einer Woche bei uns eintreffen, werden wir uns weitere Schritte vorbehalten.

3 Dans le cas où les marchandises ne nous parviendraient pas dans les ... jours, nous nous verrions dans l'obligation de vous rendre responsables de notre manque à gagner et des frais supplémentaires occasionnés.
4 Nous nous réservons le droit de refuser la livraison.
5 En raison des retards de livraison accumulés la marchandise a perdu pour nous de son intérêt. Nous nous réservons le droit de vous rendre responsables d'éventuels préjudices.
6 Nous nous réservons le droit de vous demander des dommages pour le préjudice subi à la suite de votre retard de livraison.
7 Nous serons amenés à vous demander de couvrir le préjudice que nous risquons de subir suite à votre retard de livraison.
8 Nous attirons votre attention sur notre droit à vous réclamer des dommages pour tout préjudice subi suite à votre retard de livraison.
9 Dans le cas où la marchandise ne nous parviendrait pas d'ici une semaine, nous nous réservons le droit de prendre des mesures.

Rücktritt vom Vertrag

1 In Anbetracht Ihres Lieferverzugs sehen wir uns außerstande, die Ware noch anzunehmen.
2 Wir machen unsere Bestellung hiermit rückgängig.
3 Leider sind wir gezwungen, vom Vertrag zurückzutreten.
4 Die Ware ist für uns wertlos geworden. Wir werden sie deshalb zurücksenden.
5 Infolge Ihres erheblichen Lieferverzugs erklären wir Ihnen hiermit unseren Rücktritt vom Vertrag.
6 Ihre Waren sind mit ...-wöchiger Verspätung bei uns eingetroffen. Die Rücksendung ist bereits veranlasst.
7 Wir fühlen uns nicht mehr an unsere Bestellung vom ... gebunden, weil Ihre Lieferung nunmehr bereits ... (Zeitraum) überfällig ist.
8 Aufgrund Ihrer nachlässigen Bearbeitung unseres Auftrags vom ... widerrufen wir unsere Bestellung.

Annulation de commande

1 Suite au retard de livraison nous nous voyons dans l'obligation de refuser votre livraison.
2 Nous annulons par la présente notre commande.
3 Nous sommes obligés à notre regret de résilier notre contrat.
4 Nous vous retournons la marchandise reçue car la livraison ne présente plus d'intérêt pour nous.
5 En raison du retard important de votre livraison, nous résilions par la présente notre contrat.
6 Les marchandises ayant été livrées avec un retard de ... semaines, nous avons fait le nécessaire pour vous les retourner.
7 Nous annulons notre commande du ... en raison du retard de votre livraison. Cette dernière était à l'origine prévue pour le ...
8 Nous annulons notre commande en raison de la négligence apportée à son exécution.

9 Ihre lange Lieferverspätung hat es uns unmöglich gemacht, unsere Kunden fristgerecht zu bedienen. Wir ziehen hiermit unseren Auftrag vom ... zurück. Gleichzeitig teilen wir Ihnen mit, dass Sie in Zukunft nicht mehr mit Aufträgen von uns rechnen können.

9 Nous n'avons pas pu respecter nos engagements de délais envers nos clients en raison de votre énorme retard de livraison. Nous annulons donc notre commande du ... et tenons à vous préciser que vous ne recevrez plus d'ordres de notre part à l'avenir.

Deckungskauf und Schadenersatz

Achat de remplacement et dédommagement

1 ... Monat(e) haben wir auf Ihre Lieferung gewartet. Nun sind wir gezwungen, uns anderweitig einzudecken. Für den Preisunterschied machen wir Sie haftbar.
2 Ihr Lieferverzug hat uns veranlasst, die Waren bei der Firma ... zu beschaffen. Wir senden Ihre Lieferung zu Ihren Lasten zurück und werden Sie für den Mehrpreis regresspflichtig machen.
3 Ihr Lieferverzug hat uns großen Schaden zugefügt. Wir werden Sie wegen Nichterfüllung belangen.
4 Ihr Lieferverzug hat uns dazu gezwungen, die Waren anderweitig zu beschaffen. Sollte Ihre Lieferung doch noch eintreffen, werden wir sie zu Ihren Lasten zurücksenden.
5 Da Ihre Lieferung seit ... Wochen überfällig ist, mussten wir andere Waren beschaffen. Für unseren Gewinnverlust machen wir Sie haftbar.
6 Durch Ihre Nichtlieferung ist uns ein hoher Verlust entstanden. Wir werden Ihr Konto mit ... belasten.
7 Da Ihre Ware nicht rechtzeitig eingetroffen ist, mussten wir unsere Kunden zum ursprünglichen Preis mit teureren Waren beliefern. Für den entstandenen Schaden machen wir Sie regresspflichtig.
8 Aufgrund unserer vertraglichen Abmachungen (Konventionalstrafe bei Lieferverzug) werden wir einen Teil des Rechnungsbetrags einbehalten.

1 Nous attendons votre livraison depuis ... mois. Nous sommes obligés de nous fournir ailleurs et vous prions de nous verser la différence de prix à titre de dédommagement.
2 Nous avons été obligés de nous approvisionner auprès de l'entreprise ... en raison de votre retard de livraison. Nous vous retournons votre livraison à vos frais et vous prions de nous rembourser les frais supplémentaires occasionnés.
3 Votre retard de livraison nous a fait subir un grave préjudice. Nous allons exiger des dommages pour non-exécution du contrat.
4 Votre retard de livraison nous a mis dans l'obligation de nous approvisionner ailleurs. Au cas où votre livraison nous parviendrait maintenant, nous vous retournerions la marchandise à vos frais.
5 Votre livraison aurait dû nous parvenir depuis ... semaines. Nous avons été obligés de nous procurer d'autres marchandises et vous rendons responsables du manque à gagner subi.
6 Pour compenser le grave préjudice subi pour non-exécution de la livraison nous débiterons votre compte de ...
7 Nous avons été obligés de livrer à nos clients des marchandises de qualité supérieure au prix initial en raison de l'arrivée tardive de votre livraison. Nous vous rendons responsables du préjudice subi que vous devrez couvrir.
8 Nous sommes amenés à utiliser les réserves formulées dans le contrat (amende conventionnelle en cas de retard de livraison) et retiendrons cette somme sur le montant de la facture.

Zahlungsverzug

Erste Mahnung

1 Wir möchten Sie darauf hinweisen, dass auf Ihrem Konto noch ein Betrag von ... offen steht.
2 Vermutlich ist es Ihrer Aufmerksamkeit entgangen, dass unsere Rechnung vom ... noch nicht beglichen ist.
3 Leider mussten wir feststellen, dass Sie mit Ihren Zahlungen im Rückstand sind.
4 Wir warten nun bereits ... Monate auf die Regulierung unserer Rechnung vom ...
5 Leider müssen wir Sie darauf aufmerksam machen, dass Ihr Konto mit einem Betrag von ... belastet ist.
6 Ihr Konto weist einen Saldo von ... zu unseren Gunsten auf.
7 Leider mussten wir feststellen, dass Sie dieses Mal Ihren Zahlungsverpflichtungen nicht nachgekommen sind.
8 Wir bitten Sie um baldige Überweisung des noch ausstehenden Betrages von ...
9 Bei dieser Gelegenheit möchten wir Sie darauf hinweisen, dass Sie uns noch den Betrag von ... schulden.
10 Unsere Rechnung vom ... über ... (Betrag, Währung) ist noch nicht bezahlt. Wir glauben, dass es sich um ein Versehen Ihrerseits handelt, und fügen eine Kopie der Rechnung (des Kontoauszugs) bei.

Zweite Mahnung

1 Wir hoffen, dass Sie Ihre noch offen stehenden Rechnungen bis zum Ende dieses Monats begleichen werden.
2 Unsere Rechnung Nr. ... vom ... steht noch offen. Wir erwarten Ihre Zahlung binnen ... Wochen.
3 Wir hatten per Auftrag Nr. ... vom ... sofortige Bezahlung vereinbart. Ihr Zahlungsverzug veranlasst uns, Ihr Konto mit monatlich ... % des ausstehenden Betrags zu belasten.
4 Ihr ...-monatliches (vierteljährliches) Zahlungsziel haben Sie schon beträchtlich überschritten. Wir sehen uns deshalb gezwungen, in Zukunft auf sofortiger Bezahlung zu bestehen.

Retard de paiement

Premier rappel

1 Nous vous signalons que votre compte est encore débiteur d'une somme de ...
2 Notre facture du ... est encore impayée. Nous sommes certains qu'il s'agit d'un oubli de votre part.
3 Nous regrettons de devoir vous signaler que vous avez pris du retard dans vos paiements.
4 Nous attendons depuis déjà ... mois le règlement de notre facture du ...
5 Nous sommes amenés à vous signaler que votre compte est débiteur de la somme de ...
6 Votre compte accuse un solde de ... à notre profit.
7 Nous regrettons de constater que vous n'avez pas cette fois-ci respecté vos engagements concernant le paiement.
8 Nous vous demandons de nous virer rapidement la somme de ... qui reste à régler.
9 Nous vous rappelons également que vous nous devez encore la somme de ...
10 Notre facture datée du ... se montant à ... (somme, monnaie) n'a toujours pas été réglée. Nous sommes certains qu'il s'agit d'une erreur de votre part et vous faisons parvenir une copie de la facture (du relevé de compte).

Deuxième rappel

1 Nous vous prions de procéder au règlement de vos factures impayées avant la fin du mois.
2 Notre facture N° ... datée du ... est toujours impayée. Nous attendons son règlement d'ici ... semaines.
3 Nous avions convenu d'un paiement immédiat de la commande N° ... du ... En raison de votre retard de paiement nous sommes dans l'obligation de débiter chaque mois votre compte de ... % de la somme due.
4 Vous avez déjà largement dépassé votre délai de paiement fixé à ... mois (à échéance trimestrielle). Nous serons donc obligés d'exiger à l'avenir un paiement immédiat.

5 Unsere Rechnung vom ... über ... wurde bisher nicht bezahlt, und Sie haben auf unsere 1. Mahnung nicht geantwortet. Wir bitten nunmehr um sofortige Überweisung des offen stehenden Betrages.
6 Unsere Mahnung vom ... ist noch unbeantwortet. Sollten Sie irgendwelche Gründe haben, die Sie veranlassen, die Zahlung zurückzuhalten, bitten wir um umgehenden Bescheid.
7 Da Sie bisher stets pünktlich alle offen stehenden Beträge beglichen haben, können wir Ihren Zahlungsverzug nicht verstehen. Sollten Sie vorübergehend in Schwierigkeiten sein, wären wir zu einer Aussprache bereit.
8 Da der Betrag von ... immer noch nicht unserem Konto gutgeschrieben wurde, gewähren wir Ihnen eine letzte Frist bis zum ...

5 Notre facture du ... se montant à ... n'a toujours pas été payée et vous n'avez pas réagi à notre premier rappel. Nous vous demandons de procéder immédiatement au règlement de la facture impayée.
6 Nous n'avons pas reçu de réponse à notre rappel du ... Si vous deviez avoir des raisons de ne pas procéder au règlement des sommes dues, veuillez nous les faire connaître rapidement.
7 Vous avez par le passé toujours payé régulièrement vos factures, nous comprenons donc mal ce retard de paiement. Au cas où vous seriez aux prises avec des difficultés passagères, nous sommes disposés à en discuter avec vous.
8 Notre compte n'a toujours pas été crédité de la somme due de ..., nous vous accordons un ultime délai de paiement jusqu'au ...

Dritte Mahnung und Fristsetzung

1 Ihr Zahlungsverzug steht im Widerspruch zu unseren Geschäftsbedingungen. Weitere Schritte behalten wir uns vor.
2 Ihr Zahlungsrückstand stellt einen Vertragsbruch dar. Wir erwägen den Abbruch unserer geschäftlichen Beziehungen.
3 Sollten Sie Ihren finanziellen Verpflichtungen nicht in Kürze nachkommen, werden wir uns nach anderen Geschäftspartnern umsehen müssen.
4 Wir möchten Sie auf mögliche Folgen Ihres Zahlungsverzugs hinweisen.
5 Zur Begleichung der noch offenen Rechnungen gewähren wir Ihnen eine letzte Frist von ... Tagen.
6 Ihr uns am ... telefonisch zugesagter Scheck ist bis heute nicht bei uns eingetroffen. Wir gewähren Ihnen eine letzte Frist von einer Woche.
7 Seit ... Monaten warten wir auf die Begleichung unserer Rechnungen Nr. ... und Nr. ... Bitte überweisen Sie den offen stehenden Betrag in Höhe von ... noch in dieser Woche an unsere Bank.
8 Wir möchten Sie bitten, binnen ... Wochen Ihren Zahlungsverpflichtungen nachzukommen.

Troisième rappel et fixation d'un délai

1 Votre retard de paiement contrevient à nos conditions générales de vente. Nous nous réservons de prendre les mesures qui s'imposent.
2 Votre retard de paiement représente une violation de notre contrat. Nous avons l'intention de rompre nos relations d'affaires avec vous.
3 Si vous ne tenez pas vos engagements financiers dans les plus courts délais, nous nous verrons dans l'obligation de choisir d'autres partenaires.
4 Nous attirons votre attention sur les conséquences possibles de votre retard de paiement.
5 Nous vous accordons un ultime délai de ... jours pour régler vos factures impayées.
6 Le chèque que vous aviez promis au téléphone le ... ne nous est toujours pas parvenu. Nous vous accordons un ultime délai d'une semaine.
7 Nous attendons le règlement de nos factures N^o ... et N^o ... depuis ... mois. Veuillez procéder cette semaine à un virement auprès de notre banque afin de régler la somme due de ...
8 Nous vous prions de vous acquitter de vos obligations de paiement d'ici ... semaines.

9 Sie haben auf unsere beiden Mahnungen nicht geantwortet. Wir räumen Ihnen daher eine letzte Frist von ... Tagen ein.

Strenge Mahnung und Androhung von rechtlichen Maßnahmen

Übergabe an Rechtsanwalt

1 Sollte Ihre Zahlung nicht bis Ende dieser Woche bei uns eintreffen, werden wir unsere Rechtsabteilung (unseren Rechtsanwalt) mit der Erledigung der Angelegenheit beauftragen.
2 Sollten Sie mit Ihren Zahlungen weiter im Rückstand bleiben, sehen wir uns genötigt, die Angelegenheit unserer Rechtsabteilung (unseren Anwälten) zu übergeben.
3 Ihr Zahlungsverzug stellt eine schwer wiegende Verletzung unserer Geschäftsbedingungen dar. Sollten wir bis ... nichts von Ihnen gehört haben, werden wir gerichtliche Schritte gegen Sie einleiten.
4 Da wir auf unsere Mahnungen von Ihnen keine Antwort erhalten haben, haben wir keine andere Wahl, als nunmehr gerichtlich gegen Sie vorzugehen.
5 Wir teilen Ihnen mit, dass wir Ihre offen stehenden Rechnungen unserer Rechtsabteilung (unserem Rechtsanwalt) zur weiteren Bearbeitung übergeben haben.
6 Da Sie auf unsere beiden (drei) Mahnungen nicht reagiert haben, mussten wir leider unseren Rechtsanwalt einschalten.
7 Ihr Zahlungsrückstand veranlasst uns, unsere Forderungen auf gerichtlichem Wege einzutreiben.
8 Wir haben unseren Rechtsanwalt mit der Wahrnehmung unserer Interessen beauftragt. Anbei erhalten Sie eine Kopie unseres Schreibens an ihn.
9 Rückfragen bei Ihrer Bank haben ergeben, dass Ihr Scheck nicht gedeckt war. Trotz mehrmaligen Mahnens haben Sie darauf nicht reagiert. Falls Sie bis zum ... nicht gezahlt haben, werden wir die Sache gerichtlich weiterverfolgen.

9 Vous n'avez pas réagi à nos deux rappels. Nous vous consentons un ultime délai de ... jours.

Mise en demeure et menace de procédure

Recours à un avocat

1 Si vous n'avez pas effectué de paiement à la fin de cette semaine, nous remettrons cette affaire à notre service du contentieux (à notre avocat).
2 Si vous persistez dans le non-paiement des sommes déjà dues, nous serons obligés de transmettre cette affaire à notre service du contentieux (à notre avocat).
3 Votre retard de paiement représente une grave infraction à nos conditions de vente. Si vous ne vous manifestez pas d'ici le ..., nous entamerons la procédure de recouvrement.
4 Comme vous n'avez pas réagi à nos rappels précédents, nous sommes dans l'obligation de recourir à une procédure de recouvrement.
5 Nous vous informons que nous avons transmis le dossier de vos factures impayées à notre service du contentieux (à notre avocat) qui fera le nécessaire.
6 Comme vous n'avez pas réagi à nos deux (trois) rappels, nous regrettons d'avoir à faire intervenir notre avocat.
7 Votre retard de paiement nous oblige à entamer contre vous la procédure de recouvrement de créance.
8 Nous avons chargé notre avocat de représenter nos intérêts. Vous trouverez ci-joint une copie de la lettre que nous lui avons adressée.
9 Nous avons appris par votre banque que le chèque émis était sans provision. Vous n'avez pas réagi à nos nombreuses injonctions. Si vous ne payez pas d'ici le ..., nous entamerons une procédure de recouvrement.

Mängelrüge

Mengenabweichung

1 Leider mussten wir bei der Überprüfung Ihrer Sendung vom ... feststellen, dass Sie sich nicht an unsere Mengenangaben gehalten haben. Nur gegen einen Preisnachlass von 25 % sind wir bereit, die nicht bestellten Stücke abzunehmen.
2 Anstatt der bestellten ... haben Sie uns ... Stück zugesandt und in Rechnung gestellt. Sollten Sie uns einen angemessenen Preisnachlass gewähren, wären wir bereit, auch die Mehrlieferung abzunehmen.
3 Mit Ihrer Lieferung vom ... haben Sie unseren Auftrag um mehr als ... % überschritten. Wir sind nicht bereit, diese Mehrlieferung zum ursprünglichen Preis abzunehmen.
4 Für Ihre Mehrlieferung haben wir keine Verwendung. Die überzähligen Stücke werden wir Ihnen umgehend zurücksenden.
5 Wir haben keine Verwendung für die zu viel gelieferten ... Stücke und stellen sie Ihnen wieder zur Verfügung.
6 Zu unserem großen Bedauern liegt die von Ihnen gelieferte Stückzahl beträchtlich unter der von uns lt. Auftrag Nr. ... bestellten Warenmenge. Wir bitten daher um schnellste Zusendung der fehlenden ... Stück.
7 Wir müssen auf baldige Zusendung der fehlenden Ware bestehen.
8 Bitte senden Sie uns die fehlenden Stücke per Express (Eilgut, Kurier-Schnelldienst) zu.
9 Leider haben Sie unseren Auftrag vom ... nicht vollständig ausgeführt. Wir erwarten die fehlende Ware dringend.
10 Bei Ihrer Lieferung vom ... vermissten wir den Artikel ... Wir erwarten Ihre Nachricht über den Verbleib der Ware.
11 Bei Ihrer letzten Sendung ist Ihnen leider ein Fehler unterlaufen. Sie vergaßen, ... Kartons des Artikels Nr. ... mitzuliefern.

Réclamations concernant un défaut

Erreur de quantité

1 En contrôlant la marchandise livrée le ... nous avons constaté que vous n'avez pas respecté nos indications de quantité. Nous acceptons de garder les quantités non commandées si vous nous consentez un rabais de 25 % sur le prix.
2 Au lieu des ... unités commandées, vous nous en avez livré et facturé ... Si vous nous accordez un rabais intéressant, nous sommes disposés à garder la quantité livrée en trop.
3 Lors de votre livraison du ... vous avez dépassé de ... % la quantité commandée à l'origine. Nous ne désirons pas garder cet excédent de livraison facturé au prix initial.
4 Nous ne pouvons pas utiliser la marchandise livrée en trop. Nous allons procéder immédiatement au renvoi de cette marchandise.
5 Nous n'avons pas besoin des ... unités livrées en trop et les tenons à votre disposition.
6 Lors du contrôle de livraison nous avons découvert une erreur de quantité de la marchandise livrée qui est très inférieure à celle commandée par ordre N° ... Nous vous demandons de procéder rapidement à la livraison des ... unités manquantes.
7 Veuillez nous faire parvenir le plus vite possible la marchandise commandée qui manque à la livraison.
8 Veuillez nous expédier en express (en régime accéléré, par service de messagerie privée) les unités de commande manquantes.
9 Vous avez fait une livraison incomplète de notre commande du ... Veuillez faire le nécessaire pour nous faire parvenir la marchandise manquante dans les plus brefs délais.
10 Votre livraison du ... ne comprenait pas l'article ... Veuillez nous fournir des explications à ce sujet.
11 Vous avez commis une erreur lors de votre dernier envoi. Vous avez oublié de livrer une partie de la commande, à savoir ... cartons de l'article N° ...

12 Wir hoffen, dass Sie uns die fehlenden Stücke sofort zusenden werden.
13 Unsere letzte Bestellung wurde nicht ordnungsgemäß ausgeführt. Leider fehlen ... Stück des Artikels ..., den wir dringend benötigen.
14 Bitte senden Sie uns umgehend die ... Kartons, die Sie bei Ihrer letzten Sendung vergessen haben.
15 Sie haben ... Stück des Artikels Nr. ... zwar in Rechnung gestellt, aber nicht mitgeliefert. Wir erwarten Ihre Stellungnahme.

12 Nous comptons sur vous pour nous envoyer immédiatement les unités de commande manquantes.
13 L'exécution de notre dernière commande laisse à désirer. La livraison est malheureusement incomplète, il nous manque ... unités de l'article ... dont nous avons besoin tout de suite.
14 Veuillez nous expédier immédiatement les ... cartons que vous avez oubliés de livrer lors de votre dernière livraison.
15 Vous avez facturé ... unités de l'article N°... que vous n'avez pas livrées. Nous attendons vos explications à ce sujet.

Qualitätsabweichung vom Muster

1 Die Qualität Ihrer Lieferung vom ... weicht beträchtlich von den Mustern ab.
2 Die Muster, die uns Ihr Vertreter, Herr ..., am ... vorgelegt hat, waren von weitaus besserer Qualität als Ihre letzte Lieferung.
3 Die Artikel Nr. ... und ... Ihrer Lieferung vom ... sind qualitativ schlechter als die vorgelegten Muster.
4 Wir sind nicht gewillt, von Ihren Mustern abweichende Waren anzunehmen.
5 Wir müssen darauf bestehen, dass Sie uns die gleiche Qualität wie die der am ... vorgelegten Muster liefern.
6 Wir haben die Rücksendung Ihrer Lieferung vom ... veranlasst, da die Qualität beträchtlich von Ihren Mustern abweicht.
7 Wir werden Ihnen die Artikel Nr. ..., ... und ... zu Ihren Lasten zurücksenden, da deren Qualität vom Muster abweicht.

Qualité différant de celle de l'échantillon

1 La qualité livrée le ... diffère sensiblement de celle des échantillons.
2 Les échantillons que votre représentant, Monsieur ..., nous a présentés le ... étaient d'une qualité sensiblement supérieure à celle de votre dernière livraison.
3 Les articles N°... et N°... livrés le ... sont d'une qualité inférieure à celle des échantillons présentés.
4 Nous ne sommes pas disposés à accepter des marchandises qui ne correspondent pas aux échantillons.
5 Nous insistons pour avoir une livraison de marchandises correspondant exactement à la qualité des échantillons présentés le ...
6 Nous vous retournerons les marchandises livrées le ..., la qualité de celles-ci différant sensiblement de vos échantillons.
7 Nous vous retournerons les articles N°... et N°... à vos frais, la qualité livrée ne correspondant pas à celle des échantillons.

Qualitätsabweichung von der Probelieferung

1 Ihre Probelieferung vom ... war von weitaus besserer Qualität als die Artikel Ihrer letzten Sendung.
2 Wir sehen uns nicht in der Lage, Ihre letzte Lieferung anzunehmen, da sie qualitativ von Ihrer Probelieferung abweicht.

Qualité différant de celle de la livraison à titre d'essai

1 Les articles livrés à titre d'essai le ... étaient d'une qualité nettement supérieure à celle de votre dernier envoi.
2 Nous sommes obligés de refuser votre dernière livraison en raison de sa non-conformité à la qualité livrée à titre d'essai.

3 Wir haben die Rücksendung Ihrer Lieferung vom ... in die Wege geleitet, da sie uns – im Gegensatz zu Ihrer Probelieferung – nicht überzeugte.
4 Die Rücksendung haben wir bereits veranlasst.

3 Nous avons fait le nécessaire pour vous retourner la marchandise livrée le ... Contrairement à la livraison à titre d'essai, cette livraison-ci ne nous donne pas satisfaction.
4 Nous vous retournons la marchandise livrée.

Qualitätsabweichung von der Bestellung

1 Leider müssen wir Sie darauf hinweisen, dass Ihre Lieferung vom ... nicht der von uns bestellten Qualität entspricht.
2 Wir haben Posten mittlerer Qualität bestellt, erhielten jedoch nur diese minderwertige Ware.
3 Wir hatten beste Qualität bestellt und sehen uns außerstande, Ihre schlechte Ware abzunehmen.
4 Ihre Lieferung vom ... entspricht nicht unseren Qualitätsvorstellungen.

Qualité différant de celle commandée

1 Nous regrettons de devoir vous signaler que votre livraison du ... ne correspond pas à la qualité commandée.
2 Nous avons commandé des lots de qualité moyenne et avons reçu de la marchandise de qualité inférieure.
3 Nous avions commandé de la première qualité et refusons de garder la mauvaise qualité livrée.
4 Votre livraison du ... ne correspond pas à nos attentes en matière de qualité.

Qualitätsabweichung von den Angaben

1 Die Waren entsprechen nicht der von Ihnen angebotenen Qualität.
2 In Ihrem Prospekt bieten Sie Waren einer weitaus besseren Qualität an.
3 Bitte teilen Sie uns den Grund für die Qualitätsabweichung zwischen Angebot und Lieferung mit.
4 In Ihrem Prospekt kündigen Sie Waren bester Qualität an. Sollten Sie uns nicht einen beträchtlichen Preisnachlass gewähren, müssten wir die Posten minderer Qualität zurücksenden.
5 Bei der Überprüfung Ihrer Sendung vom ... mussten wir feststellen, dass Sie Ihre Qualitätszusage nicht gehalten haben.
6 Die von Ihnen übersandte Software entspricht nicht den gemachten Angaben. Wir können Sie für unseren Bedarf leider nicht verwenden.
7 Die auf Ihrer Homepage abgebildeten Artikel erfüllen in keinem Punkt die versprochenen Bedingungen. Wir geben Sie daher wieder zurück.

Qualité différant de celle indiquée

1 Les marchandises ne correspondent pas à la qualité proposée dans votre offre.
2 Vous proposez une bien meilleure qualité de marchandise dans votre prospectus.
3 Veuillez nous fournir des explications au sujet de l'écart entre qualité proposée et qualité livrée.
4 Dans votre prospectus vous proposez des marchandises de première qualité. Nous avons reçu des lots de qualité inférieure, nous ne sommes disposés à les garder que si vous nous consentez un rabais important.
5 Lors du contrôle de la marchandise livrée le ..., nous avons constaté que vous n'avez pas tenu vos promesses en matière de qualité.
6 Le logiciel que vous nous avez envoyé ne correspond pas aux indications données. Nous ne pouvons malheureusement pas l'utiliser pour nos besoins.
7 Les articles présentés sur votre site internet ne satisfont en aucun point aux conditions promises. De ce fait nous vous les rendons.

Mangelhafte Verpackung

1 Die Verpackung Ihrer letzten Sendung ließ viel zu wünschen übrig. Ein beträchtlicher Teil der Lieferung ist beschädigt.
2 Leider müssen wir die Beschädigung des Artikels Nr. ... Ihrer letzten Sendung reklamieren.
3 Die Waren Ihrer letzten Lieferungen waren nachlässig verpackt. Die beschädigten Waren erhalten Sie zurück.
4 Ein Teil der Ware ist beschädigt bei uns eingetroffen. Ihre nachlässige Verpackung ist uns bei dieser wertvollen Ware einfach unverständlich.
5 Infolge schlechter Verpackung kam ein Teil Ihrer Lieferung vom ... feucht an.
6 Die Verpackung war derart mangelhaft, dass der größte Teil Ihrer Lieferung vom ... beschädigt ist.
7 Für die beschädigten Stücke haben wir keine Verwendung. Wir hoffen, dass Sie bei unserer nächsten Bestellung die Waren sorgfältiger verpacken werden.
8 Eine derart schlechte Verpackung ist uns unverständlich. Die beschädigten Stücke senden wir Ihnen zu Ihren Lasten zurück.
9 Infolge mangelhafter Verpackung sind ... Artikel Ihrer Lieferung vom ... beschädigt und daher unverkäuflich. Wir bitten dies bei der Rechnungsstellung zu berücksichtigen.
10 Leider müssen wir auf Ersatzlieferung von ... Stück des Artikels ... bestehen, da sie infolge schlechter Verpackung beschädigt angekommen sind.
11 Ihre Sendung vom ... kam in unbrauchbarem Zustand bei uns an. Bitte verpacken Sie die Waren in Zukunft sorgfältiger.

Emballage défectueux

1 L'emballage de votre dernier envoi laisse beaucoup à désirer. Une partie importante de la livraison nous est parvenue endommagée.
2 Nous regrettons d'avoir à faire une réclamation concernant l'article N^O ... qui nous est parvenu endommagé.
3 Les marchandises de votre dernière livraison n'ont pas été emballées avec le soin nécessaire. Nous vous retournons les articles endommagés.
4 Une partie de la marchandise est arrivée en mauvais état. Nous ne comprenons pas qu'une marchandise de cette valeur ait été emballée avec autant de négligence.
5 Une partie de la marchandise livrée le ... nous est parvenue humide en raison de votre emballage défectueux.
6 La plus grande partie de votre livraison du ... nous est parvenue endommagée en raison de la très mauvaise qualité de votre emballage.
7 Nous ne pouvons pas utiliser les articles endommagés. Nous espérons que vous apporterez plus de soin à l'emballage lors de notre prochaine livraison.
8 Nous ne comprenons pas le peu de soin apporté à l'emballage de la marchandise. Nous vous retournons à vos frais les articles endommagés.
9 En raison de votre emballage défectueux ... articles livrés le ... nous sont parvenus endommagés. Nous vous demandons de tenir compte de cet incident lors de votre facturation.
10 Nous sommes obligés de vous réclamer le remplacement de ... unités de l'article ... qui nous sont parvenues endommagées en raison de l'emballage défectueux.
11 L'état dans lequel les marchandises livrées le ... sont arrivées les rend inutilisables. Veuillez à l'avenir apporter plus de soin à votre emballage.

Falschlieferung

1 Zu unserem Bedauern müssen wir Ihnen mitteilen, dass Ihre am ... gelieferte Ware nicht unserer Bestellung entspricht.
2 Leider haben Sie uns nicht die bestellten Waren geliefert.

Erreur de livraison

1 Nous regrettons de vous signaler que la marchandise livrée le ... ne correspond pas à celle que nous vous avons commandée.
2 Vous ne nous avez malheureusement pas livré les marchandises que nous avons commandées.

3 Wir müssen Sie darauf hinweisen, dass Sie uns anstelle des bestellten Artikels Nr. ... den Artikel Nr. ... geliefert haben.
4 Sie erhalten in den nächsten Tagen die irrtümlich gelieferten Posten zurück. Bitte senden Sie uns umgehend die am ... bestellten Artikel.
5 Ihre Lieferung weicht beträchtlich von unserer Bestellung vom ... ab.
6 Ihrer Versandabteilung ist ein Fehler unterlaufen. Irrtümlich wurden uns Waren zugesandt, die laut Rechnung für eine andere Firma bestimmt waren.
7 Leider müssen wir Ihre Lieferung Nr. ... zurückweisen. Sie entspricht in keiner Weise unserer Bestellung vom ...
8 Für die am ... bei uns eingegangene falsch ausgeführte Lieferung haben wir keine Verwendung. Bitte überprüfen Sie nochmals unseren Auftrag.
9 Bitte teilen Sie uns die Höhe Ihrer Skonti auf die irrtümlich gelieferten Artikel ... und ... mit. Wir sind nur bei beträchtlichem Preisnachlass bereit, diese Ware anzunehmen.
10 Sie haben unsere letzte Bestellung nachlässig bearbeitet; die Posten ... und ... hatten wir nicht bestellt.

3 Nous vous signalons une erreur de livraison, vous nous avez livré l'article N° ... à la place de l'article N° ..., objet de notre commande.
4 Vous recevrez bientôt les lots que vous nous avez livrés par erreur et que nous vous retournons. Veuillez nous envoyer immédiatement les articles commandés le ...
5 Votre livraison n'est pas du tout conforme à la commande passée le ...
6 Suite à une erreur de votre service expéditions, nous avons reçu des marchandises destinées à une autre entreprise comme le prouve la facture accompagnant cet envoi.
7 Nous sommes obligés de refuser votre livraison N° ..., car elle ne correspond pas du tout à notre commande du ...
8 Suite à votre erreur de livraison nous ne pouvons pas utiliser la marchandise reçue. Veuillez vérifier à nouveau la commande que nous avons passée.
9 Veuillez nous indiquer le montant des escomptes consentis sur les articles ... et ... livrés par erreur. Nous sommes disposés à garder cette marchandise si la remise consentie est intéressante.
10 Vous avez commis une erreur dans l'exécution de notre dernière commande, nous n'avions commandé ni les lots ... ni ...

Falsche Rechnungsstellung

1 Bei der Berechnung Ihrer letzten Lieferung ist Ihnen ein Fehler von ... zu Ihren Gunsten unterlaufen.
2 Zu unserer Überraschung mussten wir feststellen, dass Sie in Ihrer Rechnung Nr. ... vom ... höhere Preise in Rechnung stellen als in Ihrem Angebot angekündigt.
3 In Ihrer letzten Rechnung ist Ihnen ein Fehler unterlaufen. Als Anlage erhalten Sie die Faktura zur Korrektur zurück.
4 Die Berechnung der Preise entspricht nicht den am ... vertraglich festgelegten Bedingungen.
5 Sie berechnen höhere Preise als in Ihrem Prospekt angekündigt.
6 Ihre Rechnung Nr. .... vom ... ist in US $ fakturiert. Bitte senden Sie uns eine in Euro fakturierte Zweitschrift.
7 Wir möchten Sie bitten, uns Ihre Rechnungen in Zukunft in ...facher Ausfertigung zu senden.

Erreur de facturation

1 Votre facture portant sur la dernière livraison contient une erreur de calcul de ... à votre avantage.
2 Nous avons constaté avec surprise que votre facture N° ... datée du ... est basée sur des prix plus élevés que ceux de votre offre.
3 Vous avez commis une erreur dans votre dernière facture. Nous vous envoyons en annexe la facture erronée que vous voudrez bien rectifier.
4 Les prix facturés ne correspondent pas aux conditions du contrat établi le ...
5 Les prix calculés sont plus élevés que ceux de votre prospectus.
6 Votre facture N° ... est libellée en dollars US. Veuillez nous faire parvenir une deuxième facture en euro.
7 Nous vous demandons de bien vouloir à l'avenir nous envoyer vos factures en ... exemplaires.

8 Aus Ihrer Rechnung vom ... geht der Preis des Artikels ... nicht klar hervor. Wir erwarten umgehend eine übersichtliche Fakturierung.
9 In Ihrer Rechnung Nr. ... vom ... haben Sie die Mehrwertsteuer nicht gesondert ausgewiesen. Wir bitten um Ausstellung einer neuen Rechnung.

Nichteinhaltung der versprochenen Abzüge

1 Ihr Vertreter versprach uns einen Mengenrabatt von ... %. Bitte senden Sie uns eine neue, korrigierte Rechnung.
2 In Ihrem Angebot versprachen Sie uns einen Preisnachlass von ... % pro Artikel.
3 Bei der Berechnung unserer Bestellung vom ... haben Sie leider den versprochenen Preisnachlass vergessen. Bitte senden Sie uns eine neue Rechnung.
4 In Ihrem Prospekt sind die Preise nach Mengen gestaffelt. Leider haben Sie dies bei der Fakturierung Ihrer letzten Rechnung übersehen.
5 Mit Schreiben vom ... versprachen Sie uns einen Treuebonus in Höhe von ... % des Rechnungsbetrags. Bitte senden Sie uns eine entsprechend korrigierte Faktura.
6 Bei der Fakturierung unseres Auftrags vom ... vergaßen Sie den versprochenen Einführungsrabatt auf die neuen Artikel Nr. ... und ... Wir erlauben uns, diesen Betrag bei der Überweisung abzuziehen.
7 Sie versprachen uns bei Barzahlung einen Skonto von ... %. Deshalb ist es uns unerklärlich, warum Sie jetzt diesen Skontoabzug reklamieren.
8 Leider haben Sie die in Ihrem Angebot vom ... zugesagten Preisnachlässe nicht berücksichtigt. Deshalb senden wir Ihnen Ihre Rechnung Nr. ... vom ... zur Korrektur zurück.
9 Bei der Fakturierung unserer Bestellung vom ... vergaßen Sie den versprochenen Mengenrabatt. Wir bitten Sie, diesen Betrag bei unserer nächsten Bestellung zu berücksichtigen.

8 L'indication du prix de l'article ... dans votre facture du ... n'est pas claire. Veuillez nous envoyer le plus tôt possible une facture plus précise.
9 Votre facture N^O ... du ... ne mentionne pas le montant de la T.V.A. Nous vous demandons de nous envoyer une facture rectifiée dans ce sens.

Réclamations sur des remises promises

1 Votre représentant nous a promis une remise de quantité de ... %. Veuillez en tenir compte et nous faire parvenir une facture rectifiée.
2 Vous nous avez promis dans votre offre une remise de ... % par article.
3 En facturant notre commande du ... vous avez oublié de tenir compte de la remise promise. Veuillez nous faire parvenir une facture rectifiée.
4 Les prix indiqués dans votre prospectus sont échelonnés en fonction des quantités. Nous avons constaté lors de la dernière facture que vous n'en aviez pas tenu compte.
5 Vous nous aviez promis ... % de ristourne sur le montant de la facture, ceci dans votre lettre du ... Veuillez nous envoyer une facture rectifiée dans ce sens.
6 Lors de la facturation de notre commande du ... vous avez oublié la remise promise pour le lancement du nouvel article N^O ... Nous nous permettons de déduire cette réduction de la somme virée en règlement.
7 Vous nous aviez promis ... % d'escompte en cas de paiement comptant. Nous ne comprenons pas pourquoi vous nous réclamez à présent le montant de cet escompte.
8 Vous avez omis de tenir compte des réductions de prix accordées dans votre offre du ... Nous vous retournons donc la facture N^O ... et vous demandons de nous la renvoyer après rectification.
9 Vous avez oublié la remise de quantité promise en nous facturant la commande du ... Nous vous prions de prendre en compte l'octroi de cette remise lors de notre prochaine commande.

Missverständnisse und Unklarheiten

1 Wir haben zwei Ausführungen des Artikels ... auf Lager. Bitte teilen Sie uns umgehend mit, welche Art/Sorte wir Ihnen liefern sollen.
2 Die Posten ... und ... Ihrer Bestellung sind unklar. Bitte geben Sie uns telefonisch die gewünschten Farben an.
3 In Ihrer letzten Bestellung haben Sie die gewünschten Größen nicht angegeben.
4 Bei unserer Bestellung vom ... ist uns leider ein Fehler unterlaufen. Bitte senden Sie uns anstelle des ursprünglich bestellten Artikels ... den Artikel ...
5 Teilen Sie uns bitte mit, ob Ihr Angebot vom ... noch gültig ist.
6 Bitte fakturieren Sie unsere Bestellung vom ... in ... (Währung). Wir haben vergessen, dies anzugeben.
7 Bei unserer letzten Bestellung ist uns ein Fehler unterlaufen. Bitte senden Sie die Waren nicht vor dem ... (Datum) nächsten Monats.
8 Die Adressenangabe Ihrer letzten Bestellung ist uns unklar. Bitte teilen Sie uns mit, wohin die Ware geschickt werden soll.
9 Aus Ihrer Bestellung vom ... ist die von Ihnen gewünschte Versandart nicht ersichtlich. Bitte geben Sie uns umgehend Bescheid.
10 Bitte teilen Sie uns den Grund für die Stornierung Ihrer letzten Bestellung mit.
11 Ihre per Fax/E-Mail aufgegebene Bestellung haben wir heute erhalten. Leider ist sie teilweise unleserlich, so dass wir um ein erneutes Fax/E-Mail bitten.
12 Leider müssen wir auf Rückerstattung des fälschlich abgezogenen Betrags in Höhe von ... bestehen.
13 Wir möchten Sie darauf hinweisen, dass wir beste Qualität bestellt hatten. Eine derartige Qualitätsabweichung können wir nicht akzeptieren.
14 Ihre Waren entsprechen nicht unserer Bestellung.
15 Bitte senden Sie Waren der von uns bestellten Qualität.

Malentendus et imprécisions

1 Nous avons en stock deux modèles de l'article N° ... Veuillez nous préciser par retour du courrier quel modèle nous devons vous livrer.
2 Les postes ... et ... mentionnés dans votre commande sont imprécis. Veuillez nous préciser par téléphone quelles couleurs vous souhaitez.
3 Vous avez oublié de signaler les tailles que vous désirez lors de votre dernière commande.
4 Nous avons commis une erreur dans notre commande du ... et nous en excusons. Veuillez nous envoyer l'article ... à la place de l'article ... commandé par erreur.
5 Veuillez nous faire savoir si votre offre du ... est encore valable.
6 Veuillez nous facturer notre commande du ... en ... (monnaie). Nous avons oublié de mentionner ce détail.
7 Nous avons commis une erreur lors de notre dernière commande. Nous vous demandons de ne pas nous envoyer les marchandises avant le ... du mois prochain.
8 L'adresse mentionnée dans votre dernière commande est imprécise. Veuillez nous indiquer où nous devons expédier la marchandise.
9 Votre commande du ... ne contient aucune mention concernant le mode de transport souhaité. Veuillez nous fournir rapidement des précisions.
10 Veuillez nous fournir des explications concernant l'annulation de votre dernière commande.
11 Nous avons reçu aujourd'hui votre commande par fax/email, mais ce fax/email est en partie illisible. Veuillez nous en envoyer un autre.
12 Nous regrettons de devoir exiger le remboursement de la somme de ... que vous avez déduite, car il s'agit d'une erreur de votre part.
13 Nous vous signalons que nous avions commandé la meilleure qualité. Nous sommes dans l'obligation de refuser de tels écarts de qualité.
14 Les marchandises livrées ne correspondent pas à celles commandées.
15 Veuillez nous expédier des marchandises dans la qualité commandée.

16 Wir bitten Sie, bei der nächsten Lieferung die bestellte Qualität genau zu beachten.
17 Die Posten ... und ... entsprechen nicht der von uns bestellten Qualität.

16 Veuillez procéder à une soigneuse vérification de la qualité commandée lors de votre prochaine livraison.
17 Les postes ... et ... ne correspondent pas à la qualité commandée.

Verlorene Sendungen

1 Wir teilen Ihnen mit, dass Ihre letzte Sendung anscheinend verloren gegangen ist.
2 Zu unserem Bedauern müssen wir Ihnen mitteilen, dass der Artikel Nr. ... Ihrer Lieferung vom ... auf dem Transport verloren ging.
3 Ihre Lieferung vom ... ist auf dem Transport von ... nach ... verloren gegangen. Bitte veranlassen Sie entsprechende Nachforschungen und geben Sie uns über den Verbleib der Sendung Bescheid.
4 Trotz umfangreicher Nachforschungen konnten wir bis heute den Verbleib Ihrer (unserer) Lieferung vom ... leider nicht ermitteln.
5 Bis heute ist Ihre Sendung vom ... nicht bei uns eingegangen. Wir nehmen an, dass sie auf dem Transport verloren ging. Bitte veranlassen Sie entsprechende Nachforschungen.

Perte de marchandises envoyées

1 Nous vous avisons de la perte probable de votre dernier envoi de marchandise.
2 Nous regrettons de devoir vous signaler la perte en cours de transport de l'article N° ..., objet de la livraison du ...
3 Il y a eu perte de la marchandise devant être livrée le ... en cours de transport, sur le trajet de ... à ... Veuillez entreprendre les démarches nécessaires pour retrouver cette marchandise et nous informer des résultats.
4 Malgré de nombreuses recherches nous n'avons pu malheureusement retrouver votre (notre) marchandise qui devait être livrée le ...
5 Votre envoi du ... ne nous est toujours pas parvenu à ce jour. Nous pensons qu'il s'agit d'une perte en cours de transport. Veuillez effectuer les recherches nécessaires.

Antworten auf Störungsanzeigen

Réponses aux notifications d'incidents

Angebotswiderruf

1 Mit großem Bedauern nehmen wir den Widerruf Ihres Angebots vom ... zur Kenntnis.
2 Wir bedauern den Widerruf Ihres letzten Angebots, bitten Sie jedoch, uns auch in Zukunft Ihre Sonderangebote zukommen zu lassen.
3 Die Zurückziehung Ihres Angebots nehmen wir mit Bedauern zur Kenntnis. Hoffentlich ist es Ihnen noch möglich, unsere gestrige Bestellung auszuführen.
4 Heute erfahren wir vom Widerruf Ihres Angebots. Wir müssen dennoch auf Ausführung unseres Ihnen vor zwei Tagen erteilten Auftrages bestehen.

Annulation d'une offre

1 C'est à notre grand regret que nous prenons connaissance de l'annulation de votre offre du ...
2 Nous regrettons l'annulation de votre dernière offre et vous demandons de continuer à nous soumettre à l'avenir vos offres spéciales.
3 Nous regrettons d'apprendre l'annulation de votre offre. Nous espérons toutefois que cela n'entravera pas l'exécution de la commande que nous vous avons passée hier.
4 Nous apprenons aujourd'hui l'annulation de votre offre. Nous insistons cependant pour que vous exécutiez la commande que nous vous avons passée il y a deux jours.

Auftragswiderruf

1 Den Widerruf Ihres Auftrags vom ... können wir nicht akzeptieren; die Ware hat gestern unser Werk verlassen.
2 Eine Stornierung Ihrer Bestellung ist nicht mehr möglich, da wir bereits mit der Produktion Ihres Auftrags begonnen haben.
3 Unser Lieferverzug war durch produktionstechnische Schwierigkeiten bedingt. In Anbetracht dieser Tatsachen möchten wir Sie bitten, Ihren Auftrag aufrechtzuerhalten.
4 Da unsere Lieferung an keinen Termin gebunden war, können wir Ihren Auftragswiderruf nicht anerkennen.
5 Unser Lieferverzug ist die Folge einer Reihe nicht von uns verschuldeter unglücklicher Zwischenfälle. Wir sind sicher, dass wir Ihren nächsten Auftrag pünktlich ausführen können.
6 In Sachen Lieferverzug trifft uns keine Schuld. Wir haben Ihre Beschwerde an unseren Exporteur weitergeleitet. Eine Stornierung Ihrer Bestellung können wir leider nicht mehr veranlassen.
7 Wir bedauern den Rückruf Ihres Auftrags, hoffen jedoch für die Zukunft auf gute Geschäftsverbindung.

Annulation d'une commande

1 Nous ne pouvons plus accepter l'annulation de votre commande du ... La marchandise commandée a quitté notre usine hier.
2 Il n'est plus possible d'annuler votre commande car nous en avons déjà commencé la production.
3 Notre retard de livraison était dû à des problèmes de production. C'est pourquoi nous vous demandons de bien vouloir maintenir votre ordre.
4 Nous ne pouvons accepter votre annulation d'ordre, car nous n'avions pas convenu de délai de livraison précis.
5 Notre retard de livraison était dû à une série de perturbations dont nous n'étions pas responsables. Nous avons la certitude de pouvoir exécuter votre prochaine commande en respectant les délais prévus.
6 Le retard apporté à la livraison est indépendant de notre volonté. Nous avons transmis vos réclamations au transporteur. Nous ne pouvons plus accepter l'annulation de votre commande.
7 Nous regrettons l'annulation de votre commande, mais espérons continuer à entretenir de bonnes relations avec vous.

Rechtfertigung des Verzugs
Lieferverzug

1 Unser Lieferverzug ist durch eine bedauerliche Fehlplanung unserer Auftragsabteilung entstanden. Wir versichern Ihnen, dass wir in Zukunft Ihre Aufträge bevorzugt bearbeiten werden.
2 Unsere Exportabteilung ist zurzeit derart überlastet, dass es uns leider nicht möglich war, Ihren Auftrag vom ... fristgerecht abzuwickeln.
3 Unsere Lieferungsverzögerung bitten wir zu entschuldigen. Wir wurden von einer Zulieferfirma im Stich gelassen.
4 Die Waren aus Ihrer Bestellung vom ... machten eine Sonderanfertigung erforderlich. Wir bitten deshalb, unseren Lieferverzug zu entschuldigen.

Justification du retard
Retard de livraison

1 Notre retard de livraison est dû à une regrettable erreur de planification du service responsable des commandes. Nous vous assurons que vos ordres seront à l'avenir exécutés en priorité.
2 Notre service export est tellement débordé en ce moment que nous n'avons malheureusement pu exécuter votre commande du ... dans les délais prévus.
3 Nous nous excusons de notre retard de livraison. L'un de nos fournisseurs nous a laissés tomber.
4 Les marchandises commandées le ... ont dû être fabriquées hors série, ce qui explique le retard de livraison dont vous voudrez bien nous excuser.

5 Der Artikel Nr. ... wird auf einer neuen Anlage produziert. Den durch technische Schwierigkeiten entstandenen Verzug bitten wir zu entschuldigen.
6 Wir möchten Sie darauf aufmerksam machen, dass unser Lieferverzug auf eine Unklarheit in Ihrer Bestellung zurückzuführen ist.
7 Ihr Auftrag war derart missverständlich, dass wir erst nach mehrmaligen Rückfragen mit der Bearbeitung beginnen konnten. Jegliche Schuld an der Lieferungsverzögerung müssen wir deshalb ablehnen.
8 Mit Schreiben vom ... haben wir Ihnen mitgeteilt, dass wir Ihre Bestellung vom ... erst nach Bezahlung Ihres vorhergehenden Auftrags ausführen können. Sie haben sich den Lieferverzug demnach selbst zuzuschreiben.
9 Der große Lieferverzug ist durch eine Nachlässigkeit unseres Spediteurs entstanden. Wir haben Ihr Schreiben vom ... an ihn weitergeleitet.
10 Durch eine Störung in unserem Computersystem wurde unser gesamter Betrieb mehrere Tage stillgelegt. Es war uns deshalb nicht möglich, Ihren Auftrag pünktlich auszuführen.

5 L'article N° ... est fabriqué sur une nouvelle chaîne de production. Les problèmes techniques survenus ont causé ce retard dont vous voudrez bien nous excuser.
6 Nous vous signalons que notre retard de livraison est dû à une formulation imprécise de votre ordre.
7 En raison de multiples imprécisions dans votre commande, nous avons dû éclaircir de nombreux points avant de pouvoir commencer son exécution. C'est pourquoi nous ne sommes pas du tout responsables du retard de livraison survenu.
8 Dans notre lettre du ... nous vous avons informé que nous ne pouvions commencer l'exécution de votre commande du ... qu'après le règlement de la commande précédente. Vous êtes donc seuls responsables de ce retard de livraison.
9 L'important retard de livraison est imputable à la négligence du transporteur. Nous lui avons transmis votre lettre du ...
10 Une perturbation de notre système informatique a immobilisé toute notre entreprise pendant plusieurs jours. De ce fait il nous a été impossible d'exécuter votre commande dans les délais prévus.

Zahlungsverzug

1 Da wir ein Zahlungsziel von ... vereinbart hatten, ist uns Ihre Mahnung vom ... unverständlich.
2 Ihre Mahnung kam für uns überraschend. Wir haben unsere Bank schon in der letzten Woche angewiesen, den angegebenen Betrag an Sie zu überweisen.
3 Unser Zahlungsverzug ist auf eine vorübergehende Liquiditätsschwierigkeit zurückzuführen. Wir werden den Betrag in Höhe von ... Anfang nächster Woche an Sie überweisen.
4 Da Ihr Konto in unseren Büchern ausgeglichen ist, ist uns Ihre letzte Mahnung unverständlich. Wir bitten Sie um Überprüfung der Angelegenheit.
5 Da wir hohe Außenstände haben, sind wir mit unseren Zahlungsverpflichtungen in Verzug geraten. Wir bitten, dies zu entschuldigen, und werden den Betrag unverzüglich an Sie überweisen.

Retard de paiement

1 Etant donné que nous avions convenu du ... comme échéance, nous ne comprenons pas votre rappel.
2 Nous avons été très surpris de recevoir votre rappel. Nous avons avisé notre banque de procéder au règlement au cours de la semaine dernière.
3 Notre retard de paiement est dû à des difficultés provisoires de trésorerie. Nous effectuerons le virement de la somme de ... au début de la semaine prochaine.
4 Votre compte est crédité dans nos livres, nous ne nous expliquons donc pas votre rappel. Nous vous demandons de bien vouloir procéder à une vérification.
5 Nous avons d'importantes sommes à recouvrir, ce qui explique notre actuel retard de paiement. Nous nous en excusons et vous ferons rapidement un virement de la somme due.

6 Ihre Ware kam in schlechtem Zustand bei uns an. Es war uns deshalb bis jetzt noch nicht möglich, größere Mengen abzusetzen. Unseren Zahlungsverpflichtungen werden wir nachkommen, sobald wir einen größeren Posten abgesetzt haben.
7 Sobald Sie uns den Preisnachlass für den beschädigten Artikel mitgeteilt haben, werden wir unsere Bank beauftragen, den entsprechenden Betrag an Sie zu überweisen.
8 Nachdem Sie die Ware mit ...-monatiger Verspätung geliefert haben, ohne uns dies zu avisieren, haben wir wenig Verständnis für Ihre in unfreundlichem Ton gehaltene Mahnung. Wir werden den Betrag wie vereinbart ... Tage nach Erhalt der Ware begleichen.
9 Da wir eine größere Forderung gegen Ihre Zweigniederlassung in ... haben, erlauben wir uns, die beiden Beträge gegeneinander aufzurechnen.

Entschuldigung für Lieferverzug

1 Unser Lieferverzug resultiert aus einer falschen Disposition. Wir bitten Sie um Entschuldigung.
2 Unseren Lieferverzug bitten wir zu entschuldigen.
3 Ihre Bestellung vom ... wurde bei uns leider fehlgeleitet. Wir bitten Sie für die Lieferungsverzögerung um Verständnis und versprechen Ihnen für die Zukunft bevorzugte Bearbeitung Ihrer Bestellungen.
4 Unserem zuständigen Sachbearbeiter ist ein Fehler unterlaufen. Wir bitten, die verspätete Auslieferung zu entschuldigen.
5 Wegen einer Fehlplanung unserer Fertigungsabteilung konnten wir Ihren Auftrag leider nicht fristgerecht abwickeln.
6 Wegen der Einführung einer neuen Software sind wir mit der Bearbeitung unserer Aufträge in Rückstand geraten. Wir hoffen, Ihnen die Waren Ihrer Bestellung vom ... in ... Tagen zustellen zu können.
7 Wir bitten, unsere Lieferungsverzögerung zu entschuldigen. Schwierigkeiten in der Fertigung machten es uns unmöglich, Ihren Auftrag früher auszuführen.

6 Votre marchandise nous est parvenue en mauvais état. Nous n'avons donc pu en vendre de grandes quantités pour l'instant. Nous respecterons nos engagements de paiement dès que nous aurons écoulé un lot plus important.
7 Dès que vous nous aurez communiqué le rabais consenti pour les articles en mauvais état nous aviserons notre banque de procéder au virement de la somme correspondante.
8 Vous nous avez livré la marchandise avec un retard de ... mois sans nous fournir d'explications, si bien que nous sommes désagréablement surpris par le ton de votre rappel. Nous réglerons comme convenu la somme de ... dès réception de la marchandise.
9 Comme votre succursale de ... nous doit une somme importante, nous nous sommes permis de régler ce que nous vous devons par compensation des deux créances.

Excuses pour retard de livraison

1 Notre retard de livraison est dû à des problèmes d'organisation. Nous vous prions de nous en excuser.
2 Nous vous présentons nos excuses pour ce retard de livraison.
3 Votre commande du ... n'est pas parvenue de suite au service responsable. Nous vous présentons nos excuses pour le retard de livraison qui s'est produit et vous assurons à l'avenir une exécution rapide de vos commandes.
4 Nous vous prions de nous excuser pour ce retard de livraison dû à une erreur du responsable des commandes.
5 Nous n'avons malheureusement pas pu exécuter votre commande dans les délais prévus en raison de problèmes d'organisation de notre service de production.
6 Nous avons pris du retard dans l'exécution des commandes en raison de la mise en fonction du nouveau logiciel. Nous espérons pouvoir vous expédier les marchandises commandées le ... d'ici ... jours.
7 Nous nous excusons du retard apporté à la livraison. En raison de problèmes de fabrication, nous n'avons pu exécuter votre commande plus tôt.

8 Die Lieferungsverzögerung von ... Tagen bedauern wir außerordentlich. Wir sind deshalb bereit, Ihnen die Ware zu einem reduzierten Preis zu überlassen.
9 Unser neu eingerichtetes Bestell-Center im Internet ist so gut angelaufen, dass wir mit der Auftragsbearbeitung kaum nachkommen, Bitte haben Sie deshalb noch etwas Geduld. Wir werden Sie so bald wie möglich beliefern.

Entschuldigung für Zahlungsverzug

1 Wegen Überlastung unserer Buchhaltung sind wir mit den Zahlungen in Verzug geraten. Wir werden den Betrag umgehend an Sie überweisen und bitten Sie, die Verzögerung zu entschuldigen.
2 Ihre Rechnung vom ... wurde bei uns falsch abgelegt und daher nicht beglichen. Wir bitten Sie, dies zu entschuldigen.
3 Ihre letzte Rechnung ist durch ein Versehen noch nicht beglichen worden.
4 Unserem zuständigen Sachbearbeiter ist ein Buchungsfehler unterlaufen. Die dadurch bedingte Zahlungsverspätung bitten wir Sie zu entschuldigen.
5 Wir haben unser Buchungsprogramm auf Computer umgestellt, was zu Anfangsschwierigkeiten führte. Wir bitten, etwaige Zahlungsverzögerungen zu entschuldigen.
6 Wie telefonisch mit Ihnen vereinbart, haben wir bei unserer Bank nachgefragt. Diese teilt uns mit, dass durch ein technisches Versehen im Computersystem Ihr SWIFT-Auftrag verzögert wurde. Die Überweisung ist inzwischen veranlasst worden.
7 Die Regulierung Ihrer Rechnung vom ... ist durch ein Versehen unterblieben.
8 Durch die Verlegung unserer Buchhaltung in das neue Bürogebäude sind wir mit unseren Zahlungen in Rückstand geraten. Bitte haben Sie für diesen Umstand Verständnis.
9 Leider wurde Ihre letzte Rechnung von uns übersehen.
10 Wir danken Ihnen dafür, dass Sie uns an die noch offene Rechnung erinnert haben. Sie wurde versehentlich in das falsche PC-System eingespeichert. Wir haben den Fehler korrigiert und den Betrag zur sofortigen Zahlung angewiesen.

8 Nous vous présentons toutes nos excuses pour ce retard de livraison de ... jours. Nous vous consentons une remise sur la marchandise pour vous dédommager.
9 Notre centre de commande sur internet récemment installé a connu un tel succès que nous arriverons à peine à satisfaire les commande. Nous vous demandons de ce fait un peu de patience. Nous allons vous livrer si tôt que possible.

Excuses pour retard de paiement

1 En raison d'un surcroît de travail notre service comptabilité a pris du retard dans le règlement des factures. Nous allons procéder à un virement immédiat de la somme due et vous présentons nos excuses.
2 A la suite d'une erreur de classement nous n'avons pas encore réglé votre facture du ... Nous vous demandons de bien vouloir nous en excuser.
3 A la suite d'une erreur votre facture n'a pas encore pu être réglée.
4 A la suite d'une erreur du responsable du service comptabilité nous avons pris du retard dans le règlement des factures et vous prions de nous en excuser.
5 Nous venons d'informatiser notre service de comptabilité, ce qui a perturbé au début le paiement des factures. Nous vous prions de bien vouloir nous en excuser.
6 Nous nous sommes renseignés auprès de notre banque comme convenu par téléphone. La banque nous a précisé que l'exécution tardive de votre ordre de règlement par SWIFT était due à des perturbations du système d'exploitation informatique. Entre-temps le virement a été effectué.
7 A la suite d'un oubli le règlement de votre facture du ... n'a pas été effectué.
8 En raison de perturbations survenues au cours de notre emménagement dans nos nouveaux bureaux nous avons pris du retard dans nos paiements et vous prions de nous en excuser.
9 Nous nous excusons d'avoir oublié de régler votre dernière facture.
10 Nous vous remercions de nous avoir signalé le non-règlement de votre facture. Nous avons procédé à un virement immédiat, ce retard était dû à une erreur de saisie informatique de notre part que nous avons rectifiée.

11 Durch die Umstellung auf den Euro haben sich in unserer Buchhaltung Engpässe ergeben. Wir bitten deshalb, die Zahlungsverzögerung zu entschuldigen.

11 Notre comptabilité a connu des perturbations liées au changement de monnaie en euro. Nous vous demandons donc de bien vouloir excuser les retards de paiement.

Ablehnende Antworten auf Mängelrügen

Nichtannahme einer Mehrlieferung

1 Der Artikel Nr. ... ist in Kartons zu je ... Stück verpackt. Da wir keine Verwendung für angebrochene Kartons haben, bitten wir Sie, die zu viel gelieferten Stücke abzunehmen.
2 Ihre Bestellung vom ... gab zu Missverständnissen Anlass. Eine Schuld bezüglich der Mehrlieferung des Postens ... können wir deshalb nicht anerkennen.
3 Ihre Bestellung Nr. ... wurde von uns ordnungsgemäß abgewickelt.
4 Aus unseren Unterlagen ist keine Mehrlieferung Ihrer letzten Bestellung um ... % ersichtlich. Bitte überprüfen Sie nochmals Ihren Auftrag.
5 Ihre Mängelanzeige wegen Mehrlieferung ist uns unverständlich. Während unseres letzten Telefongesprächs zeigten Sie sich mit einer Mehrlieferung von ... Stück einverstanden.
6 Ihre Beschwerde in Sachen Mehrlieferung Ihres letzten Auftrages ist unbegründet, da Sie uns in Ihrem Schreiben vom ... um zusätzliche Lieferung von ... Stück des Artikels ... baten.
7 Ihre Beschwerde wegen der Mehrlieferung von ... Stück des Artikels ... ist uns unbegreiflich. Dürfen wir Sie an den einschlägigen Briefwechsel erinnern?
8 Mit Fax/E-Mail vom ... baten Sie um eine Zusatzlieferung von ... Stück. Diese erfolgte termingerecht zu den vereinbarten Bedingungen. Wir müssen daher Ihre Beschwerde wegen Mehrlieferung als unbegründet zurückweisen.

Refus de réclamation concernant un défaut

Refus de la quantité livrée en trop

1 L'article N° ... est emballé en cartons contenant chacun ... unités. Nous vous prions de reprendre les unités livrées en excédent car nous ne pouvons pas utiliser les cartons entamés.
2 Le libellé de votre commande du ... était imprécis. Nous estimons donc ne pas être responsables de la livraison excédentaire du lot ...
3 Nous estimons avoir exécuté parfaitement votre commande N° ...
4 Après vérification de nos dossiers nous vous informons que la quantité livrée ne présentait pas d'excédent de ... %. Veuillez revoir le libellé de votre commande.
5 Nous avons été très surpris de recevoir votre réclamation. Au cours de notre dernier entretien téléphonique vous nous aviez en effet donné votre accord sur la livraison supplémentaire de ... unités.
6 Vos réclamations portant sur la quantité livrée en trop lors de notre dernière commande ne sont pas fondées. Nous nous référons à votre lettre du ... dans laquelle vous demandiez expressément une livraison supplémentaire de ... unités de l'article ...
7 Nous comprenons mal la réclamation que vous formulez à propos d'une livraison de ... unités en trop de l'article ... Nous nous permettons de vous rappeler les termes de notre correspondance à ce sujet.
8 Vous nous avez demandé dans votre fax/email du ... de vous livrer ... unités en plus, ce que nous avons fait selon les conditions fixées. Nous ne pouvons donc accepter vos réclamations à propos de la quantité livrée en trop.

Unvollständigkeit

1. Sie haben ... Stück bestellt; wir haben Ihnen diese geliefert. Ihre Beschwerde wegen unvollständiger Lieferung ist uns unbegreiflich.
2. Nach unseren Unterlagen ist Ihre Beschwerde wegen unvollständiger Lieferung unbegründet.
3. Die fehlenden Stücke könnten beim Transport verloren gegangen sein.
4. Da wir Ihren letzten Auftrag ordnungsgemäß ausgeliefert haben, möchten wir Sie bitten, unsere Lieferung nochmals genau zu überprüfen.
5. Zur Überprüfung Ihrer Beschwerde wegen unvollständiger Lieferung wird in den nächsten Tagen unser Mitarbeiter/Vertreter, Herr ..., bei Ihnen vorbeikommen.
6. In unseren Büchern (PC-Unterlagen) haben wir keine Fehler entdecken können. Bitte überprüfen Sie nochmals unsere letzte Bestellung.
7. Mit der Überprüfung Ihrer Mängelanzeige haben wir unseren Vertreter, Herrn ..., beauftragt.
8. Wir können Ihre Beschwerde wegen unvollständiger Lieferung erst nach genauer Prüfung anerkennen.
9. Mit Ihrem Schreiben vom ... reduzierten Sie Ihre letzte Bestellung um ... Stück. Ihre Beschwerde ist somit gegenstandslos.
10. Sie baten uns telefonisch (per Fax/E-Mail), vom Posten ... Ihres letzten Auftrags nur die Hälfte zu liefern.

Livraison incomplète

1. Vous aviez commandé ... unités que nous vous avons livrées. Nous ne comprenons donc pas la réclamation que vous formulez pour livraison incomplète.
2. Après vérification de nos dossiers nous estimons que votre réclamation pour livraison incomplète est injustifiée.
3. A propos des unités manquantes il est probable qu'il y a eu perte en cours de transport.
4. La livraison de votre dernière commande a été exécutée parfaitement, nous vous demandons donc de procéder à une nouvelle vérification de notre livraison.
5. Nous avons chargé Monsieur ..., notre collaborateur, de passer vous voir dans les prochains jours afin de vérifier le bien-fondé de votre réclamation.
6. Nous n'avons pas découvert d'erreur en vérifiant nos livres (nos données informatisées). Nous vous demandons de procéder à une nouvelle vérification de notre dernière commande.
7. Nous avons chargé Monsieur ..., notre représentant, de procéder à la vérification du bien-fondé de votre réclamation.
8. Nous ne pouvons accepter vos réclamations concernant la livraison incomplète qu'après une minutieuse vérification.
9. Dans votre lettre du ... vous avez réduit le volume de votre commande de ... unités. Votre réclamation est donc injustifiée.
10. Vous nous avez demandé par téléphone (par fax/email) de ne vous livrer que la moitié du poste ..., objet de votre dernière commande.

Qualitätsrügen

1. Wir haben Ihnen die bestellte Qualität geliefert.
2. Die Waren entsprechen der von Ihnen bestellten Qualität.
3. Mit Schreiben vom ... änderten Sie Ihre Bestellung bezüglich der Qualität des Artikels ... ab.
4. Die Ihnen zugesandten Waren entsprechen qualitativ korrekt unserer Musterlieferung vom ... dieses Jahres.

Réclamation concernant la qualité

1. Nous vous avons livré la qualité commandée.
2. La qualité des marchandises livrées correspond à celle de votre commande.
3. Dans votre lettre du ... vous aviez modifié votre commande et demandé l'article ... dans une autre qualité.
4. Les marchandises livrées correspondent exactement à la qualité des échantillons livrés cette année le ...

5 Ihre plötzliche Beschwerde hinsichtlich der „schlechten Qualität" unserer Waren ist uns unverständlich, da wir Ihnen schon seit Jahren eben diese Qualität liefern, ohne dass es je zu einer Beschwerde gekommen wäre.
6 Die Waren verließen unser Werk in einwandfreiem Zustand.
7 Da wir nur Waren der gelieferten Qualität führen, ist uns Ihre Beschwerde unverständlich.
8 Sie haben es versäumt, in Ihrer Bestellung vom... Qualitätsangaben zu machen. Ihre Beschwerde ist deshalb unbegründet.
9 Weil Sie keine konkreten Wünsche äußerten, sandten wir Ihnen Waren mittlerer Qualität.
10 Die von Ihnen gewünschte mittlere Qualität wird nicht mehr gefertigt. Bitte berücksichtigen Sie dies bei Ihren weiteren Bestellungen.

Verpackungsmängel

1 Ihre Wünsche hinsichtlich besserer Verpackung können wir nur bei Erhöhung der Preise erfüllen. Die Verpackung unserer Waren hat sich seit Jahren bewährt. Wir sind deshalb über Ihre Beschwerde erstaunt.
2 Die für Sie bestimmte Lieferung wurde vorschriftsmäßig verpackt. Für Beschädigungen während des Versands können wir keine Haftung übernehmen.
3 Die Ware verließ unser Werk am ... in einwandfreier Verpackung.
4 Sie sind die erste Firma, die sich über unsere Verpackung beschwert.
5 Die Sperrigkeit der Güter ließ keine andere Verpackung zu.
6 Da Sie auf schnelle Lieferung drängten, konnten wir leider unsere Spezialverpackung nicht verwenden.
7 Ihre Schadenersatzansprüche müssen wir zurückweisen.

5 Nous ne comprenons pas pourquoi vous vous plaignez tout à coup de la «mauvaise qualité» de nos marchandises, depuis des années nous vous livrons cette qualité et n'avons jamais eu de réclamations de votre part à ce sujet.
6 Les marchandises ont quitté notre usine en excellent état.
7 Etant donné que nous n'avons que des marchandises dans la qualité livrée, nous ne comprenons pas votre réclamation.
8 Vous avez oublié de mentionner la qualité souhaitée dans votre commande du... ce qui retire tout bien-fondé à votre réclamation.
9 Comme vous n'avez pas donné de précisions à ce sujet, nous vous avons envoyé des marchandises de qualité moyenne.
10 Nous ne fabriquons plus la qualité moyenne que vous souhaitez. Veuillez en tenir compte lors de vos prochaines commandes.

Emballage défectueux

1 Si nous tenions compte de vos demandes spécifiques concernant l'emballage, nous devrions augmenter nos prix. L'emballage actuel de nos produits a fait ses preuves depuis des années, nous sommes donc très surpris de votre réclamation à ce sujet.
2 Nous avons apporté beaucoup de soin à l'emballage de la marchandise qui vous était destinée. Nous ne sommes pas responsables des avaries en cours de transport.
3 L'emballage était parfait lorsque la marchandise a quitté notre usine le ....
4 Vous êtes la première maison à formuler des réclamations concernant notre emballage.
5 En raison de la nature encombrante des marchandises un autre emballage n'était pas envisageable.
6 Comme vous avez exigé une livraison rapide, nous n'avons malheureusement pas pu tenir compte de vos demandes spécifiques concernant l'emballage.
7 Nous opposons un refus à votre demande de dommages et intérêts.

205

8 Die Verpackung unserer Waren hat sich weltweit bewährt und entspricht den neuesten EU-Richtlinien. Ihre Beschwerde ist uns daher völlig unverständlich.
9 Ihre Schadenersatzansprüche wegen mangelhafter Verpackung werden wir nicht anerkennen.
10 Die Waren wurden nicht von uns, sondern von einer Spezialfirma verpackt. Ihre Beschwerde haben wir an sie weitergeleitet.

8 L'emballage choisi pour nos produits a fait ses preuves partout dans le monde et correspond aux plus récentes directives européennes. Nous ne comprenons donc pas vos réclamations.
9 Nous ne reconnaissons pas votre demande de dommages et intérêts concernant l'emballage défectueux.
10 Nous n'avons pas procédé à l'emballage des marchandises, celui-ci a été confiée à une entreprise spécialisée à qui nous avons transmis vos réclamations.

Anerkennung der Mängel

Acceptation des réclamations

Liefermenge

1 Da Ihre Bestellung die vorrätige Menge überschritt, konnten wir Ihren Auftrag leider nicht wunschgemäß ausführen.
2 Der Artikel ... wird bei uns nicht mehr gefertigt. Haben Sie deshalb bitte Verständnis, wenn wir Ihren letzten Auftrag nicht ordnungsgemäß ausführen konnten.
3 Durch ein Versehen haben wir Ihnen ... Stück zu viel geliefert. Sollten Sie die überzähligen Artikel dennoch abnehmen, würden wir Ihnen einen Preisnachlass von ... gewähren.
4 Die unvollständige Lieferung Ihrer letzten Bestellung ist auf einen Fehler unserer Auftragsabteilung zurückzuführen.
5 Bitte entschuldigen Sie die zu geringe Belieferung bezüglich Ihrer letzten Bestellung.
6 Wir haben die fehlenden Artikel bereits zum Versand angewiesen. Bitte entschuldigen Sie unseren Irrtum.
7 Die fehlenden Waren werden Ihnen zu unseren Lasten per Express (per Lkw, Luftfracht) zugesandt.
8 Wir sind sicher, dass uns solche Fehler nicht mehr unterlaufen werden.
9 Sollten Sie für die zu viel gelieferten Waren keine Verwendung haben, schicken Sie sie bitte zu unseren Lasten zurück.

Quantité livrée

1 Comme votre commande dépassait notre quantité disponible en stock, nous n'avons malheureusement pas pu exécuter votre ordre comme vous le souhaitiez.
2 Nous ne fabriquons plus l'article ... Nous nous excusons de n'avoir pas pu exécuter votre dernière commande selon vos instructions.
3 Nous vous avons livré par erreur ... unités en trop. Si vous étiez disposés à les garder, nous vous accorderions ... % de remise.
4 A la suite d'une erreur du service responsable des commandes nous vous avons livré seulement une partie de la commande.
5 Nous vous présentons nos excuses pour la livraison incomplète de votre dernière commande.
6 Notre service d'expédition a reçu les instructions nécessaires et vous enverra les articles manquants. Veuillez nous excuser de cette erreur.
7 Nous vous expédions à nos frais les marchandises manquantes en express (par transport routier, aérien).
8 Nous vous assurons que de telles erreurs ne se reproduiront plus.
9 Si vous ne pouvez pas les utiliser, veuillez nous retourner à nos frais les marchandises que nous vous avons livrées en trop.

10 Durch ein Versehen wurde Ihnen eine veraltete Software zugesandt. Anbei erhalten Sie das überarbeitete Programm. Wir bitten, den Fehler zu entschuldigen.

Qualität

1 Durch ein Versehen wurden Ihnen Waren minderer Qualität geliefert. Bitte senden Sie uns diese Artikel zurück.
2 Die von Ihnen gewünschte Qualität hatten wir nicht auf Lager. Wir schickten Ihnen deshalb – übrigens zum gleichen Preis – Waren einer höheren Güteklasse.
3 Bitte entschuldigen Sie die schlechte Ausführung des Artikels ... Wir werden dies bei der Rechnungserstellung berücksichtigen.
4 Die Stücke minderer Qualität tauschen wir auf unsere Kosten um.
5 Bei der Bearbeitung Ihrer Bestellung vom ... ist uns leider ein Fehler unterlaufen.
6 Wir erkennen Ihre Schadenersatzansprüche für die Stücke der minderen Qualität an und bitten für das Versehen um Nachsicht.
7 Bitte entschuldigen Sie unseren Irrtum hinsichtlich der Qualität des Postens Ihrer letzten Bestellung.
8 Wir sind bereit, Ihnen auf die qualitativ weniger guten Stücke einen Preisnachlass von ... % zu gewähren.
9 Bitte schicken Sie die beanstandeten Stücke zurück. Wir werden Ihnen umgehend die gewünschte Qualität zukommen lassen.

Verpackung

1 Wir bitten um Nachsicht für die unsachgemäße Verpackung.
2 Da unser Spezialverpackungsmaterial ausgegangen ist, konnten wir Ihre Sendung leider nicht besser verpacken.
3 Wir erkennen Ihre Schadenersatzansprüche an und bitten für die Verpackung um Entschuldigung.
4 Ihre Beschwerde wegen unsachgemäßer Verpackung erkennen wir an. Bitte senden Sie die beschädigten Stücke zurück.

10 Il vous a été envoyé par méprise un logiciel obsolète. Vous trouverez ci-joint le programme réactualisé. Nous vous prions de bien vouloir excuser cette erreur.

Qualité

1 Nous vous avons livré des marchandises de qualité inférieure. Il s'agit d'une erreur de notre part, veuillez nous retourner les articles livrés.
2 Nous n'avions pas en stock la qualité demandée. Nous vous envoyons toutefois pour le même prix des marchandises de qualité supérieure.
3 Nous nous excusons pour la mauvaise qualité de l'article ... Nous en tiendrons compte lors de la facturation.
4 Nous échangerons les unités de qualité inférieure à nos frais.
5 Nous nous excusons pour l'erreur commise lors de l'exécution de votre commande du ...
6 Nous reconnaissons le bien-fondé de votre demande de dommages et intérêts concernant les unités de qualité inférieure et nous excusons de notre erreur.
7 Nous vous présentons nos excuses pour l'erreur concernant la qualité du lot que vous venez de commander.
8 Nous vous consentons ... % de rabais sur les unités de moins bonne qualité.
9 Veuillez nous retourner les unités qui faisaient objet de votre réclamation. Nous vous ferons parvenir immédiatement la qualité demandée.

Emballage

1 Nous nous excusons pour cet emballage défectueux.
2 Notre matériel spécial d'emballage étant épuisé, nous n'avons pas pu procéder à un emballage de meilleure qualité.
3 Nous reconnaissons le bien-fondé de votre demande de dommages et intérêts relative à l'emballage et vous présentons nos excuses.
4 Vos réclamations concernant la mauvaise qualité de l'emballage sont justifiées. Veuillez nous retourner la marchandise endommagée.

5 Die mangelhafte Verpackung des Artikels Nr. ... ist durch einen Fehler an unserer Verpackungsmaschine entstanden.
6 Wegen Personalmangels und Terminschwierigkeiten konnten wir die Waren leider nicht sorgfältiger verpacken lassen.
7 Sie sind die erste Firma, die mit unserer Spezialverpackung nicht zufrieden ist. Wir werden Ihre Beschwerde überprüfen lassen.
8 In Anbetracht der von Ihnen zu Recht gerügten schlechten Verpackung sind wir bereit, Ihnen einen Preisnachlass von ... % zu gewähren.
9 Wir bedauern sehr, dass die Ware infolge eines Verpackungsfehlers beschädigt bei Ihnen eingetroffen ist. Bitte teilen Sie uns die Höhe des Ihnen entstandenen Schadens mit.

Falschlieferung

1 Durch ein Versehen wurden Ihnen falsche Waren zugesandt. Wir bitten, diesen Irrtum zu entschuldigen.
2 Sollten Sie für die irrtümlich gelieferten Artikel Verwendung haben, wären wir bereit, Ihnen einen Preisnachlass von ... % zu gewähren.
3 Bitte senden Sie die falsch gelieferten Posten an uns zurück. Ihr letzter Auftrag wird bereits bearbeitet.
4 Durch einen Fehler im Aufzeichnungsprogramm unseres Computers sind Ihnen irrtümlich statt der Seriennummern ... die Artikelnummern ... zugesandt worden.

Rechtfertigung der Rechnungsstellung

1 Da wir die vereinbarten Preise in Rechnung gestellt haben, ist uns Ihre Beschwerde über unsere Rechnung vom ... unverständlich.
2 Ihre Beschwerde bezüglich unserer Rechnung Nr. ... müssen wir zurückweisen.
3 Ihre Forderung auf Preisnachlass können wir nicht anerkennen, da unsere Preisstaffelung bei derart kleinen Mengen noch nicht in Kraft tritt.

5 L'emballage défectueux de l'article N° ... est dû à un mauvais fonctionnement de notre machine à emballer.
6 Le manque de personnel et un calendrier surchargé nous ont empêché de soigner davantage l'emballage des marchandises, ce dont nous nous excusons.
7 Vous êtes la première maison qui ne soit pas satisfaite de notre emballage spécial. Nous allons vérifier le bien-fondé de vos réclamations.
8 Vos réclamations portant sur la mauvaise qualité de l'emballage sont justifiées. Nous vous consentons donc un rabais de ... %.
9 Nous vous présentons toutes nos excuses pour la détérioration de la marchandise suite à notre erreur d'emballage. Veuillez nous communiquer le montant des dommages subis.

Erreur de livraison

1 Nous vous avons expédié des marchandises qui ne vous étaient pas destinées. Veuillez nous excuser pour cette erreur de livraison.
2 Si vous êtes disposés à garder les articles que nous vous avons livrés par erreur, nous vous consentons un rabais de ... %
3 Veuillez nous retourner les lots livrés par erreur. Nous sommes en train d'exécuter votre dernière commande.
4 Suite à un défaut dans le programme d'enregistrement de notre ordinateur vous avez reçu notre article ... par erreur au lieu de recevoir les N° de série ...

Justification de la facturation

1 Etant donné que nous avons facturé les prix convenus, nous ne comprenons pas votre réclamation au sujet de notre facture du ...
2 Nous ne pouvons donner suite à votre réclamation au sujet de notre facture du ...
3 Nos prix échelonnés sont réservés à une certaine catégorie de commande. Nous ne pouvons vous consentir la remise que vous demandez pour une commande portant sur des petites quantités.

4 Wir können in unserer letzten Rechnung keinen Additionsfehler entdecken.
5 Wir sind nicht verpflichtet, die Kosten des Versands zu übernehmen.
6 Der vereinbarte Preisnachlass wurde in unserer Rechnung vom ... bereits berücksichtigt. Die in Rechnung gestellten Preise entsprechen unserer derzeit gültigen Preisliste.
7 Unsere Preise sind äußerst kalkuliert. Ihrer nachträglichen Forderung auf Mengenrabatt können wir leider nicht nachkommen.
8 Wir können in unserer Rechnung vom ... keinen Fehler entdecken. Bitte überprüfen Sie die Angelegenheit nochmals.

4 Nous n'avons pas découvert d'erreur de calcul dans notre dernière facture.
5 Le paiement des frais d'expédition ne fait pas partie de nos obligations.
6 Le rabais accordé a déjà été déduit du montant de la facture du ... La dernière facture a été établie à partir des prix actuellement en vigueur.
7 Nos prix étant calculés au plus juste, nous ne pouvons donner suite à votre demande ultérieure de remise de quantité.
8 Nous n'avons pas découvert d'erreur dans notre facture du ... Veuillez procéder à une nouvelle vérification.

Antworten auf fehlerhafte Abzüge

1 Wir werden Ihnen umgehend eine berichtigte Rechnung zugehen lassen.
2 Bitte entschuldigen Sie den Additionsfehler in unserer letzten Rechnung.
3 Den zu viel berechneten Betrag in Höhe von ... haben wir Ihrem Konto gutgeschrieben.
4 Als Anlage erhalten Sie die berichtigte Rechnung in dreifacher Ausfertigung. Bitte entschuldigen Sie das Versehen.
5 Die beanstandete Rechnung wird von uns korrigiert und Ihnen umgehend zurückgesandt.
6 Ihrem Wunsch entsprechend haben wir die korrigierte Rechnung in ... (Währung) fakturiert.
7 Den Betrag in Höhe von ... für die irrtümlich berechneten Frachtkosten haben wir auf Ihr Konto Nr. ... bei Ihrer Bank überwiesen.
8 Den irrtümlich in Rechnung gestellten Betrag von ... werden wir bei unserer nächsten Fakturierung berücksichtigen.
9 Bitte entschuldigen Sie, dass wir in unserer Rechnung vom ... nicht die versprochenen Mengenrabatte berücksichtigt haben.
10 Ihre Beschwerde wegen Nichtgewährung der versprochenen Preisnachlässe ist berechtigt. Bitte entschuldigen Sie dieses Versehen. Wir werden den zu viel berechneten Betrag Ihrem Konto gutschreiben.

Réponses au sujet d'erreurs de calcul des réductions

1 Nous vous envoyons immédiatement une facture rectifiée.
2 Nous nous excusons pour l'erreur de calcul dans notre dernière facture.
3 Nous vous avions facturé ... en trop et portons cette somme sur votre avoir.
4 Vous trouverez ci-joint la facture rectifiée en trois exemplaires. Veuillez nous excuser pour cette erreur.
5 Nous allons rectifier la facture contestée et vous la renvoyer par retour du courrier.
6 Nous avons établi la facture rectifiée en ... (monnaie) comme vous le demandez.
7 Nous vous avons facturé en trop les frais de transport se montant à ... Nous avons procédé au virement de cette somme sur votre compte N° ... auprès de votre banque.
8 Par erreur nous vous avions facturé la somme de ... et en tiendrons compte lors de notre prochaine facturation.
9 Nous vous prions de nous excuser de n'avoir pas tenu compte dans notre facture du ... de la remise de quantité consentie.
10 Votre réclamation concernant l'oubli des rabais accordés est justifiée. Nous nous excusons de cette erreur et créditerons votre compte de la somme facturée en trop.

11 Wie am ... telefonisch (per Fax/E-Mail) vereinbart, gehen die Versandkosten zu unseren Lasten. Bitte entschuldigen Sie unseren Irrtum.
12 Sie erhalten umgehend eine neue Rechnung, in der wir den versprochenen Mengenrabatt berücksichtigen werden.
13 Den vereinbarten Preisnachlass werden wir bei unserer nächsten Rechnung berücksichtigen.
14 Wir danken Ihnen, dass Sie uns auf unseren Irrtum aufmerksam gemacht haben. Der versehentlich nicht abgezogene Betrag wurde bereits auf Ihrem Konto gutgeschrieben.
15 Bitte entschuldigen Sie unsere Beschwerde. Durch ein Versehen wurde der Betrag falsch (ohne Berücksichtigung des Mengenrabatts) in das Computer-Programm eingegeben.
16 Den ungerechtfertigt abgezogenen Rabatt werden wir umgehend auf Ihr Konto Nr. ... bei der ...-Bank in ... überweisen.
17 Bitte stellen Sie uns den irrtümlich abgezogenen Mengenrabatt bei unserer nächsten Bestellung in Rechnung.
18 Wir werden den abgezogenen Betrag in Höhe von ... Ihrem Konto bei uns gutschreiben.
19 Als Anlage erhalten Sie eine Gutschrift für den irrtümlich abgezogenen Bonus in Höhe von ...
20 Ihre Mahnung bezüglich des von uns irrtümlich abgezogenen Betrags ist berechtigt.
21 Wir möchten Sie bitten, in Ihren Rechnungen in Zukunft den abgezogenen Mengenrabatt deutlich zu kennzeichnen.
22 Als Anlage übersenden wir Ihnen einen Verrechnungsscheck über den zu viel abgezogenen Betrag.
23 Bitte belasten Sie unser Konto mit dem irrtümlich abgezogenen Skonto.

Gutschriftsanzeige

1 Wir haben am ... Ihrem Konto den Betrag von ... gutgeschrieben.
2 Wir haben heute unserer Buchhaltung Anweisung erteilt, Ihnen ... gutzuschreiben.

11 Comme convenu le ... par téléphone (par fax/email), les frais d'expédition sont à notre charge. Nous nous excusons de cette erreur.
12 Nous vous envoyons par retour du courrier une facture rectifiée tenant compte de la remise de qualité consentie.
13 Nous tiendrons compte de la remise consentie lors de notre prochaine facturation.
14 Nous vous remercions de nous avoir signalé notre erreur. Votre compte a déjà été crédité du montant de la somme que nous avions omis de déduire.
15 Par suite d'une erreur de saisie sur ordinateur, le montant à payer notifié était inexact (la remise de quantité avait été omise). Veuillez accepter nos excuses pour notre réclamation injustifiée.
16 Nous allons procéder immédiatement au virement du montant de la remise déduite par erreur sur votre compte N^O ... auprès de la banque ... à ...
17 Veuillez reporter le montant de la remise que vous avez déduite par erreur sur la prochaine facture à établir lors d'une commande ultérieure.
18 Nous créditerons votre avoir de la somme de ... déduite par erreur.
19 Vous trouverez ci-joint un avoir correspondant à la remise de ... déduite par erreur.
20 Votre rappel au sujet de la somme que nous avons déduite par erreur est justifié.
21 Nous vous demandons de mentionner désormais plus lisiblement sur vos factures la remise de quantité consentie.
22 Vous trouverez ci-joint un chèque barré portant sur la somme déduite en trop.
23 Veuillez débiter notre compte de l'escompte déduit par erreur.

Facture d'avoir

1 Nous avons crédité la somme de ... sur votre compte le ...
2 Nous avons donné nos instructions à notre service comptabilité qui vous créditera la somme de ...

3 Auf die beanstandeten Artikel Nr. ... und Nr. ... gewähren wir Ihnen einen Nachlass in Höhe von ... %des Rechnungsbetrags. Entsprechende Gutschrift ist bereits erfolgt.

3 Nous vous accordons une remise de ... % sur la facture concernant les articles N° ... et N° ... qui nous ont été retournés. Une facture d'avoir correspondante a été établie.

Antworten auf Missverständnisse und Unklarheiten

1 Wir sind überrascht zu hören, dass Sie unsere Bestellformulare (Computerbögen) nicht übersichtlich genug finden.
2 Wir werden Ihre Anregung in Sachen unserer Mustermappe überprüfen.
3 Wir verstehen Ihre erneute Anfrage nicht. Bei sämtlichen Mustern ist doch die Qualität angegeben.
4 Es tut uns Leid, dass unsere Bestellung vom ... zu Missverständnissen Anlass gab und dadurch Verzögerungen entstanden.
5 Wir werden uns bemühen, Ihre Bestellformulare in Zukunft gut leserlich auszufüllen.
6 Bitte entschuldigen Sie unsere unklare Rechnungsstellung. Der Mengenrabatt wurde bereits bei der Preisstellung berücksichtigt.
7 Die Fehllieferung ist durch einen Übertragungsfehler entstanden. Bitte haben Sie dafür Verständnis.

Réponses au sujet de malentendus et d'imprécisions

1 Vous nous reprochez le manque de clarté de nos bons de commande (imprimés sur ordinateur), cette communication nous surprend.
2 Nous examinerons vos suggestions concernant la présentation de notre jeu d'échantillons.
3 Nous ne comprenons pas votre demande réitérée. Les indications de qualité figurent en effet sur tous les échantillons.
4 Notre commande du ... prêtait à des malentendus qui ont provoqué des retards, ce dont nous nous excusons.
5 Nous nous efforcerons à l'avenir de remplir plus lisiblement vos bons de commande.
6 Nous nous excusons pour les imprécisions de notre facturation. La remise de quantité a déjà été prise en compte lors du calcul du prix.
7 Nous nous excusons pour notre erreur de livraison due à une mauvaise transcription.

Vorbeugende Maßnahmen

Lieferung

1 Vielleicht ist es Ihnen in Zukunft möglich, unsere Aufträge sofort nach Eingang zu bearbeiten.
2 Wir bitten Sie, die für uns bestimmten Lieferungen in Zukunft per Express (per Eilgut, per Luftfracht) zu versenden.
3 Um solche Lieferungsverzögerungen zu vermeiden, wollen Sie die Waren in Zukunft per Lkw-Sammelverkehr expedieren.

Mesures préventives

Livraison

1 Nous nous permettons de vous suggérer de commencer désormais l'exécution de nos commandes dès réception de celles-ci.
2 Nous vous prions d'expédier désormais les livraisons qui nous sont destinées en régime express (en régime accéléré, par avion).
3 Pour éviter de tels retards de livraison, nous vous suggérons de choisir désormais le transport routier groupé.

4 Wir möchten Sie bitten, in Zukunft nur die Aufträge anzunehmen, die Sie auch ausliefern können.
5 Vermutlich ist die Ursache für Ihren fast schon chronischen Lieferverzug in der schlechten Organisation Ihrer Auftragsabteilung zu suchen.
6 Wir bitten Sie, die Fertigungstermine künftig genauer zu überwachen.
7 Wir sind sicher, dass Ihre Lieferungsverzögerungen bei besserer Terminplanung vermeidbar wären.

4 Nous vous demandons de bien vouloir désormais accepter uniquement les commandes que vous êtes en mesure de livrer.
5 Nous estimons qu'il faut rechercher les causes de vos retards de livraison devenus presque chroniques dans la désorganisation de votre service des commandes.
6 Nous vous prions de vous efforcer à l'avenir de mieux respecter vos délais de production.
7 Nous sommes certains qu'une meilleure planification de vos délais devrait vous permettre de supprimer vos retards de livraison.

Zahlung

1 Um ähnliche Zahlungsverzögerungen zu vermeiden, bitten wir für die Zukunft um sofortige Barzahlung (Zahlung per Scheck) bei Wareneingang.
2 Vielleicht können Sie einen kurzfristigen Kredit aufnehmen?
3 Warum nehmen Sie nicht einen Bankkredit auf, wenn Sie in Liquiditätsschwierigkeiten geraten sind?
4 Sie hätten uns um ein ... Zahlungsziel bitten können.
5 Bitte weisen Sie Ihre Buchhaltung an, geschuldete Beträge in Zukunft rechtzeitig zu überweisen.

Paiement

1 Pour éviter désormais la répétition des retards de paiement, nous vous demandons de bien vouloir à l'avenir régler immédiatement comptant (par chèque).
2 N'avez-vous jamais pensé à recourir à un crédit à court terme?
3 A propos de vos difficultés de trésorerie, nous nous permettons de vous conseiller de recourir à un crédit bancaire.
4 Vous auriez dû nous demander un délai de paiement de ...
5 Nous vous demandons d'exiger désormais de votre service de comptabilité de régler en temps voulu les sommes dues.

Mengen

1 Um Fehllieferungen zu vermeiden, bitten wir Sie, künftig unsere Auftragsmengen bei Verpackung nochmals zu überprüfen.
2 Vielleicht können unvollständige Lieferungen vermieden werden, wenn Sie das Verpacken der Waren genauer kontrollieren lassen.
3 Sie könnten die bearbeiteten Bestellungen von einem zuverlässigen Mitarbeiter überprüfen lassen.
4 Mit Hilfe eines entsprechenden computergesteuerten Kontrollsystems könnten Sie sicher eine genauere Auftragsbearbeitung erreichen.

Quantités

1 Pour éviter les erreurs de livraison, nous vous suggérons de procéder dans la phase emballage à un contrôle renforcé des quantités commandées.
2 Si vous procédiez de manière plus efficace au contrôle à l'emballage, vous pourriez éviter les livraisons incomplètes.
3 Nous vous suggérons de confier à un collaborateur fiable le contrôle des commandes au dernier stade de leur exécution.
4 Si vous aviez recours à un système de vérifications informatique, votre contrôle du traitement des commandes serait nettement plus fiable.

Qualität

1 Durch ständige Kontrollen Ihrer Fertigung ließen sich derartige Qualitätsabweichungen sicherlich vermeiden.
2 Besitzen Sie keine Prüfabteilung, in der die Qualität Ihrer Waren kontrolliert wird?
3 Derartige Fehler ließen sich sicherlich vermeiden, wenn Ihr Warenlager nach Qualitätsgruppen gegliedert wäre.
4 Wenn Sie Ihre Artikelbezeichnungen neu festlegten, wären derartige Fehler sicherlich zu vermeiden.
5 Bitte lassen Sie die Qualität der Waren bei der Verpackung genau überprüfen.
6 Wäre es nicht möglich, an Ihren Maschinen automatische (computerüberwachte) Qualitätskontrollen anzubringen?
7 Durch Entnahme von Stichproben könnten Sie sich von der Qualität Ihrer Fertigung überzeugen.
8 Was Ihnen fehlt, ist offensichtlich eine klare Qualitätskontrolle.
9 Durch den Einsatz einer neuen Maschine könnten die Qualitätsschwankungen Ihrer Produktion vermieden werden.
10 Durch Lagerung in temperierten Hallen ließe sich der Qualitätsabfall gewiss vermeiden.

Verpackung

1 Durch eine bessere Verpackung könnte ein Großteil der Transportschäden vermieden werden.
2 Warum liefern Sie Ihre Waren nicht in Kisten?
3 Bei derartig großen Bestellmengen wäre doch ein Transport in Containern gerechtfertigt.
4 Kisten wären eine weitaus bessere Verpackung als diese zu dünnen Faltkartons.
5 Durch Einsatz einer automatischen Verpackungsmaschine ließe sich Ihre teilweise sehr schlechte Verpackung sicherlich verbessern.
6 Wenn Sie Ihre empfindlichen Geräte in Styropor verpacken würden, könnten Sie einen Großteil der Reklamationen vermeiden.

Qualité

1 L'instauration d'un contôle permanent de votre production supprimerait certainement de tels écarts de qualité.
2 Ne disposez-vous pas d'un service de vérification chargé du contrôle de la qualité de la marchandise?
3 On pourrait certainement supprimer de telles erreurs en regroupant les marchandises par qualité dans l'entrepôt.
4 De telles erreurs pourraient être évitées en repensant votre système actuel de références des articles.
5 Veuillez faire vérifier soigneusement la qualité des marchandises lors de l'emballage.
6 Pourquoi ne pas envisager l'installation d'un système de contrôle de qualité automatique (informatisé) sur vos machines?
7 En pratiquant un contrôle sporadique, vous pourriez vérifier la qualité de votre production.
8 Il vous reste à organiser un contrôle de la qualité fiable.
9 La mise en service d'une nouvelle machine serait susceptible de supprimer les écarts de qualité dans votre production.
10 L'entreposage à température constante de la marchandise dans des hangars vous permettrait d'éviter les baisses de qualité.

Emballage

1 Une meilleure qualité de l'emballage permettrait d'éviter la plus grande partie des dommages subis en cours de transport.
2 Pourquoi ne pas livrer vos marchandises en caisses?
3 Le transport par conteneurs serait plus approprié à cause de l'importance du volume des commandes.
4 Des caisses assureraient une protection plus efficace que ces cartons minces.
5 Votre emballage laisse partiellement beaucoup à désirer, la mise en service d'une machine à emballer automatique vous permettrait d'obtenir de meilleurs résultats.
6 Si vous emballiez vos appareils fragiles dans du polystyrène, vous supprimeriez la majorité des réclamations qui vous parviennent.

7 Es gibt doch bestimmt besser zu faltendes Verpackungsmaterial, das weitaus widerstandsfähiger, aber trotzdem leicht ist.
8 Wäre nicht eine Schaumstoffverpackung für Ihre Artikel geeigneter?

Verschiedenes

1 Mit übersichtlicherer Lagerung könnten Sie diese verhältnismäßig oft auftretenden Artikelverwechslungen sicher vermeiden.
2 Bitte lassen Sie in Zukunft eine abschließende Auftragskontrolle durchführen.
3 Bitte unterziehen Sie die bearbeiteten Bestellungen künftig einer gründlicheren Kontrolle.
4 Bitte lassen Sie an Ihren Kisten die alten Adressen entfernen. Vermutlich liegt hier die Ursache der Fehlzustellung.
5 Wir müssen auf einer genaueren Kontrolle Ihrer Auftragsabwicklung bestehen.

Antwort wegen verlorener Sendungen

1 Nach Erhalt Ihrer Reklamation vom ... haben wir Nachforschungen über den Verbleib der verloren gegangenen Sendung angestellt, diese jedoch bisher nicht auffinden können.
2 Wir konnten den Verbleib besagter Sendung ermitteln. Versehentlich wurde sie von unserem Spediteur an einen falschen Bestimmungsort befördert.
3 Unser Spediteur hat die Sendung – trotz Versandanzeige an uns – bis heute noch nicht an Sie weitergeleitet.
4 Versehentlich wurden die Waren in einem Lagerhaus in ... eingelagert.
5 Besagte Sendung wurde infolge starker Beschädigung auf dem Transport an uns zurückgesandt. Wir haben Ihnen daher heute eine neue Lieferung zukommen lassen.

7 Il existe certainement un autre type amélioré d'emballage pliable qui soit en même temps résistant et léger.
8 Un emballage dans de la mousse synthétique ne serait-il pas mieux adapté à vos produits?

Divers

1 Une organisation plus fonctionnelle de votre entreposage vous permettrait d'éviter de confondre les articles, ce qui se produit relativement souvent.
2 Veuillez désormais faire effectuer un contrôle des produits commandés en stade final de production.
3 Nous vous demandons de procéder à l'avenir à un contrôle plus sérieux du traitement des commandes.
4 Veuillez faire enlever les vieilles étiquettes sur vos caisses qui ont sans doute été la cause de cette erreur d'expédition.
5 Nous exigeons un contrôle plus rigoureux de l'exécution des commandes.

Réponse concernant la perte de marchandises envoyées

1 Dès réception de votre réclamation du ..., nous avons fait des recherches pour retrouver les marchandises envoyées non arrivées à destination. Nous n'avons malheureusement pas de résultats jusqu'à ce jour.
2 Nous avons réussi à retrouver l'envoi en question que notre transporteur avait par erreur expédié à une tout autre destination.
3 Notre transporteur ne vous a toujours pas fait parvenir notre envoi malgré l'avis d'expédition qu'il nous a adressé.
4 Les marchandises ont été entreposées par erreur dans un entrepôt à ...
5 La marchandise en question a été très endommagée en cours de route et nous a été retournée. Nous vous faisons donc parvenir aujourd'hui une nouvelle livraison.

6 Wir versichern Ihnen, dass wir alles tun werden, um Ihnen die Sendung schnellstens zugehen zu lassen.
7 Bitte gedulden Sie sich noch ein paar Tage. Wir werden alles tun, um den Verbleib der Sendung festzustellen und diese umgehend an Sie weiterzuleiten.
8 Damit Sie die Waren noch rechtzeitig vor dem Weihnachtsgeschäft erhalten, haben wir Ihnen heute vorsorglich nochmals den gesamten Posten per Express (per Eilgut, per Luftfracht, per Sonderkurier) zugeleitet. Sollte die verlorengegangene Sendung inzwischen bei Ihnen eingetroffen sein, bitten wir Sie uns mitzuteilen, ob Sie die zweite Lieferung behalten oder an uns zurücksenden wollen.
9 Es ist uns unverständlich, wie Ihre Internet-Bestellung verlorengehen konnte. Wir werden die entsprechenden Nachforschungen anstellen. Inzwischen ist eine Ersatzlieferung an Sie unterwegs.

6 Nous ferons tout notre possible pour vous faire parvenir la marchandise le plus rapidement possible, vous pouvez compter sur nous.
7 Nous vous demandons de bien vouloir patienter encore quelques jours. Nous ferons tout notre possible pour retrouver la marchandise perdue en route et vous la faire immédiatement parvenir.
8 Nous vous avons expédié aujourd'hui même tout le lot commandé et momentanément perdu en régime express (en régime accéléré, par avion, par messagerie privée) afin que les marchandises vous parviennent à temps avant Noël. Au cas où le premier envoi, dont nous sommes sans nouvelles, vous parvienne quand même entre-temps, veuillez nous faire savoir si vous souhaitez garder le deuxième envoi ou nous le retourner.
9 Nous ne comprenons pas du tout comment votre commande sur internet a pu se perdre. Nous allons faire les recherches appropriées. Entre temps nous avons mis en route une une livraison de remplacement.

Rechtsfragen
Questions juridiques

Anfragen

1 Wir benötigen die Dienste eines Anwalts, der sich auf EU-Recht (internationales Recht) spezialisiert hat. Können Sie uns eine Kanzlei empfehlen?
2 Wir haben die Adresse von ... erhalten und würden es begrüßen, wenn Sie uns in (Angelegenheit) ... vertreten könnten.
3 Es handelt sich um einen Anspruch, den wir gegen die Firma ... haben. Wir bitten Sie, unsere Forderungen einzutreiben. Welche Maßnahmen empfehlen Sie?
4 Leider müssen wir in (Angelegenheit) ... gegen ... Klage erheben. Wir bitten Sie, unsere Vertretung zu übernehmen und uns mitzuteilen, wie hoch sich die Kosten dafür belaufen.
5 Können Sie uns eine Inkasso-Agentur in ... empfehlen?
6 Wie hoch sind Ihre Kosten?
7 Sollten Sie nicht in der Lage sein, diesen Fall zu übernehmen, bitten wir Sie, uns freundlicherweise eine andere Anwaltskanzlei zu nennen, mit der wir uns in Verbindung setzen können.
8 In Sachen unserer Forderung gegen ... überlassen wir es ganz Ihnen, wie Sie vorgehen. Was empfehlen Sie?
9 Wir verfügen über das Eigentumsrecht an den noch nicht voll bezahlten Waren, die die Firma ... bei uns gekauft hat. Wie können wir dieses Recht geltend machen?

Demandes

1 Nous avons besoin des services d'un avocat spécialisé en droit européen (droit international). Pouvez vous nous recommander un cabinet d'avocats?
2 ... nous a communiqué votre adresse. Nous aimerions vous confier la représentation de nos intérêts.
3 Nous désirons faire valoir nos droits contre l'entreprise ... Nous vous demandons de faire procéder au recouvrement de nos créances. Que nous conseillez-vous?
4 Nous sommes obligés d'intenter un procès contre ... à ... Nous vous prions de représenter nos intérêts et de nous informer du montant des frais entraînés.
5 Pouvez-vous nous recommander une entreprise de recouvrement à ...?
6 A combien estimez-vous les frais entraînés?
7 Au cas où vous ne pourriez pas vous charger de cette affaire, pourriez-vous nous recommander un autre cabinet d'avocats que nous puissions contacter le cas échéant?
8 Nous vous laissons le libre choix des moyens dans le cas de recouvrement de notre créance contre ... Que nous conseillez-vous?
9 Nous détenons le titre de propriété des marchandises que l'entreprise ... nous a achetées et pas fini de payer. Comment pouvons-nous faire valoir ce titre?

Antworten

1 Wir möchten Ihnen die Anwaltskanzlei ... in ... empfehlen. Gewiss werden Sie mit ihr zufrieden sein.

Réponses

1 Nous vous recommandons le cabinet d'avocats ... à ... qui vous donnera entière satisfaction.

2 Ich wäre gern bereit, Sie in ... zu vertreten. Bitte teilen Sie mir mit, was ich für Sie tun kann.	2 Je suis disposé à représenter vos intérêts à ... Veuillez me communiquer les détails nécessaires.
3 Gemäß beigefügter Kopie habe ich heute die Firma ... angeschrieben und sie zur Zahlung Ihrer Rechnung aufgefordert. Sofern die Angelegenheit keine zufrieden stellende Regelung erfährt, erhebe ich in Ihrem Namen Klage. Ich werde Sie über die Entwicklung auf dem Laufenden halten.	3 Vous trouverez ci-joint une copie de ma lettre sommant l'entreprise ... de régler votre facture. Au cas où cette lettre demeure sans résultat, j'intenterai en votre nom une action en justice contre ladite entreprise. Je vous tiendrai au courant de l'évolution de cette affaire.
4 Ich übernehme Ihre Vertretung in der Sache gegen ... Die Kosten belaufen sich auf ca. ... Nach Abschluss erhalten Sie eine Rechnung.	4 J'accepte de représenter vos intérêts dans l'affaire contre ... Les frais entraînés se monteront à env. ... et seront facturés ultérieurement.
5 Ob Sie oder der Beklagte die Kosten tragen, hängt vom Ausgang des Verfahrens ab. Auf alle Fälle muss ich zunächst Sie für die Kosten meiner Tätigkeit haftbar machen.	5 Selon l'issue du procès, les frais seront à votre charge ou à celle de la partie adverse. Le règlement de mes honoraires vous incombe en tout cas pour l'instant.
6 Die Ihnen entstehenden Kosten kann ich zum gegenwärtigen Zeitpunkt noch nicht präzisieren. Sie werden weitgehend davon abhängig sein, wie intensiv ich mich mit dieser Angelegenheit befassen muss.	6 Je ne peux pas actuellement préciser le montant exact des frais que vous aurez à régler. Ils seront en tout cas proportionnels à la somme de travail qu'il me faudra consacrer pour régler cette affaire.
7 Es tut mir Leid, diese Sache nicht übernehmen zu können. Ich möchte Ihnen jedoch die Sozietät ... nennen, die bereit sein dürfte, sich der Sache anzunehmen.	7 Je regrette de ne pouvoir accepter votre cas. Je vous recommande toutefois le cabinet ... qui devrait être disposé à représenter vos intérêts.
8 Ich danke Ihnen für Ihr Vertrauen und werde Ihre Interessen gern wahrnehmen.	8 Je vous remercie de la confiance que vous m'accordez et accepte volontiers de représenter vos intérêts.
9 Der Bundesgerichtshof (Europäische Gerichtshof) hat in dieser Sache in einem ähnlichen Fall zugunsten des Klägers entschieden. Ich rate Ihnen daher, gegen die Fa. ... eine Klage anzustrengen.	9 Dans un cas similaire un arrêt de la cour de cassation (Cour Européenne) a été pris en faveur du demandeur. Je vous recommande donc d'intenter une action contre l'entreprise ...
10 Nach geltendem EU-Recht sieht es nach unserem Ermessen nicht so aus, als wenn Sie mit einer Klage Erfolg haben würden. Wir müssen im vorliegenden Fall von gerichtlichen Schritten abraten.	10 Nous estimons que l'action que vous pourriez intenter a peu de chances d'aboutir à cause de la législation européenne en vigueur. Dans le cas présent, nous vous déconseillons d'intenter un procès.
11 Die für diesen Fall zuständige EU-Direktive ist noch nicht verabschiedet worden. Wir raten deshalb, die Sache vorerst nicht gerichtlich zu verfolgen.	11 Les directives européennes qui s'appliquent à ce cas n'ont pas encore été votées. Nous vous conseillons donc de ne pas intenter de procès pour l'instant.
12 Da in den Staaten der Europäischen Union in dieser Angelegenheit juristisch noch unterschiedliche Standpunkte vertreten werden, würden wir Ihnen raten, von einem Rechtsstreit abzusehen, bis eine einheitliche Regelung erfolgt ist.	12 Cette affaire donne lieu à des interprétations très différentes sur le plan juridique au sein de l'Union européenne. Nous vous conseillons d'attendre une uniformisation en la matière avant de vous engager dans un procès.

Die Firmen und ihre Vertreter
L'entreprise et ses représentants

Vertretungsangebot

Zeitungsannoncen

1 Vertreter für ausgewähltes Programm bei hoher Provision gesucht.
2 Wir haben eine Generalvertretung anzubieten. Sind sie daran interessiert?
3 Als Außendienstmitarbeiter für den Raum ... können Sie monatlich bis zu ... verdienen.
4 Die Firma ... sucht einen zuverlässigen Vertreter für den Raum ...
5 Diese Vertretung umfasst den Raum ... und könnte ggf. auf exklusiver Basis vergeben werden.
6 Wir suchen zum ... eine(n) erfahrene(n) Vertreter(in) für unsere Produkte.
7 Für unsere Filiale in ... suchen wir eine(n) Außendienstmitarbeiter(in).
8 Unsere Produkte haben sehr gute Absatzchancen. Wir suchen noch Vertreter für den Raum ...
9 Wir suchen junge, unabhängige Damen und Herren, die sofort einsatzbereit sind. Als Vertreter garantieren wir Ihnen einen Monatsverdienst von ...
10 Wir sind ein Markenartikelhersteller der Konsumgüterindustrie und suchen junge, redegewandte Vertreter.
11 Junge Damen und Herren mit eigenem Personenkraftwagen zur Übernahme einer Vertretung gesucht.

Persönliche Briefe

1 Wir wenden uns an Sie, da wir gehört haben, dass Sie im Raum ... Vertretungen übernehmen würden.

Offre de représentation

Annonces de journaux

1 On recherche représentant pour programme spécifique, commission élevée.
2 Proposons représentation multicarte. Cela vous intéresse-t-il?
3 En tant que représentant pour la région de ..., votre rémunération peut atteindre ... par mois.
4 L'entreprise ... cherche un représentant fiable pour la région de ...
5 Ce poste de représentant est pour la région de ..., une représentation éventuellement exclusive est à débattre.
6 Nous cherchons pour nos produits un représentant ayant de l'expérience, date d'entrée en fonction: ...
7 Nous cherchons un représentant pour notre succursale de ...
8 Nos produits se vendent très bien sur le marché. Nous recherchons encore des représentants pour la région de ...
9 Nous recherchons des jeunes, hommes et femmes, immédiatement disponibles. Nous vous garantissons comme représentant une rémunération mensuelle de ...
10 Nous fabriquons des articles de marque et des biens de consommation. Nous recherchons des représentants jeunes et sachant convaincre.
11 Recherchons jeunes, hommes et femmes, disposant d'une voiture, désirant travailler comme représentant.

Lettres personnelles

1 Nous nous adressons à vous, car nous avons appris que vous aimeriez éventuellement être représentant pour la région de ...

2 Wir möchten Ihnen mitteilen, dass wir in ... eine Vertretung zu vergeben haben.
3 Wir möchten bei Ihnen anfragen, ob Sie bereit wären, den Verkauf unserer Waren in Ihrem Land zu übernehmen.
4 Die Industrie- und Handelskammer in ... hat uns Ihren Namen als mögliche(n) Interessenten(in) für die Übernahme einer Vertretung in ... genannt.
5 Wir haben Ihre Anschrift der neuen EU-Broschüre ... über den Vertrieb von ... entnommen.
6 Die Firma ... hat uns Ihren Namen und Ihre Anschrift gegeben und uns mitgeteilt, dass Sie an einer Vertretung für das Produkt ... im Raum ... interessiert sind.

2 Nous vous informons que nous avons des postes de représentant à pourvoir à ...
3 Nous aimerions savoir si la vente de nos produits dans votre pays vous intéresse.
4 Nous cherchons un représentant pour ... La Chambre de commerce et d'industrie de ..., estimant que cette offre était susceptible de vous intéresser, nous a communiqué votre nom.
5 Nous avons trouvé votre adresse dans une documentation ... éditée par l'UE et distribuée par ...
6 L'entreprise ... nous a communiqué votre nom et votre adresse, estimant que vous êtes susceptible d'accepter le poste de représentant du produit ... dans la région de ...

Beschreibung der Tätigkeit

1 Sie haben die Aufgabe, die Restaurants in ... zu besuchen.
2 Ihre Tätigkeit würde sich auf den Raum ... beschränken.
3 Ihre Aufgabe bestünde lediglich darin, den Kunden unsere Kataloge und Muster vorzulegen.
4 Als unser Generalvertreter hätten Sie die Aufgabe, sich persönlich um unsere Kunden zu kümmern.
5 Die Tätigkeit, die Ihnen übertragen wird, erfordert gewandtes Auftreten und Verhandlungsgeschick.
6 Durch die Erweiterung des Binnenmarktes sind für Ihre Tätigkeit englische und französische Sprachkenntnisse unerlässlich.
7 Die Exklusivvertretung macht es erforderlich, alle Kunden wöchentlich (monatlich) einmal aufzusuchen.
8 Ihre Aufgabe bestünde darin, ein Callcenter zu unterhalten, von dem aus ein Großteil der Vertretertätigkeit erledigt werden kann.
9 Einen Pkw stellen wir Ihnen zur Verfügung. Für Ihre spätere Tätigkeit erhalten Sie bei voller Gehaltszahlung eine intensive Schulung.
10 Für Ihre Vertretertätigkeit ist ein Pkw unerlässlich. Wir erstatten Ihnen eine (Kilometer-)Pauschale von ... pro ...

Description des activités

1 Votre tâche consiste à rendre visite aux restaurants de ...
2 Vos activités seraient limitées à la région de ...
3 Votre tâche consisterait uniquement à présenter nos catalogues et nos échantillons aux clients.
4 Les contacts directs avec notre clientèle feraient partie de votre tâche d'agent général.
5 Pour exercer vos futures activités, vous devez savoir vous présenter et mener habilement des négociations.
6 Etant donné l'élargissement du marché européen, il est indispensable que vous parliez français et anglais pour exercer vos activités.
7 En tant que représentant exclusif vous devez faire la tournée de tous vos clients une fois par semaine (par mois).
8 Votre tâche consiste à entretenir un centre d'appels à partir duquel une grande partie de l'activité du représentant peut être exécutée.
9 Nous mettons une voiture à votre disposition. Vous suivrez des cours intensifs de formation pour assumer votre future tâche, vous toucherez l'intégralité de votre salaire durant cette formation.
10 Pour exercer vos activités de représentant il vous faut une voiture. Nous vous accordons un forfait (kilométrique) de ... par ...

Beschreibung der Produkte

1 Unsere Produkte sind von bester Qualität und finden einen ausgezeichneten Absatz.
2 Wir vertreiben Waren des täglichen Bedarfs, die einen hohen Umsatz garantieren.
3 Damit Sie sich ein besseres Bild von Ihrer Tätigkeit machen können, führen wir hier einige unserer Artikel auf: ...
4 Unsere Maschinen haben einen ausgezeichneten Ruf.
5 Da Sie schon auf dem Gebiet des ...-handels tätig waren, werden Sie schnell mit unseren Produkten vertraut sein.
6 Das Produkt, das Sie zu vertreiben hätten, ist ein Schlager auf dem ...markt.
7 Unsere Firma vertreibt ... (Nahrungsmittel, Textilien, Werkzeuge, Motoren, Haushaltswaren, Möbel, CD's, Computerprogramme, Computerspiele usw.).
8 Wir produzieren ... (Bezeichnung).
9 Wir sind eine ...-Firma.
10 Die von Ihnen vertretenen Waren des täglichen Bedarfs sind problemlos und lassen sich gut absetzen.

Description des produits

1 Nos produits sont d'excellente qualité et se vendent très bien.
2 Nous distribuons des produits de consommation courante garantissant un chiffre d'affaires élevé.
3 Pour vous donner un aperçu de vos futures activités, nous vous citons quelques articles: ...
4 Nos machines sont connues pour leur excellente qualité.
5 Ayant déjà travaillé dans le secteur ..., vous serez vite au courant de notre production.
6 Le produit que vous auriez à vendre a beaucoup de succès sur le marché de ...
7 Notre entreprise vend ... (des produits alimentaires, des textiles, des outils, des moteurs, des appareils ménagers, des meubles, des CD, des logiciels, des jeux électroniques etc.).
8 Nous produisons ... (désignation)
9 Nous sommes une entreprise de ...
10 Vous allez vendre des articles de consommation courante qui se vendent sans problèmes.

Marktbeschreibung

1 Der Markt ist für unser Produkt aufnahmefähig.
2 Der Absatz unserer Bedarfsartikel ist keinen Marktschwankungen unterworfen.
3 Der Artikel, den Sie vertreten werden, hat gute Absatzchancen.
4 Unsere Produkte sind in Ihrem Raum noch nicht genügend bekannt. Ihre Aufgabe wäre es, den Markt zu erschließen.
5 Unser Bestreben ist es, durch Qualität den Markt zu erobern.
6 Der Artikel ist auf dem dortigen Markt bereits hinreichend bekannt. Sie hätten lediglich die Aufgabe, unsere Kunden ständig mit Ware zu versorgen.
7 Die Marktverhältnisse sind sehr zufriedenstellend.
8 Da es für diesen Artikel nahezu keine Konkurrenz gibt, sind die Verkaufschancen besonders gut.
9 Unser Produkt ist neu auf dem Markt. Es sind gute Verkaufschancen vorhanden.

Description du marché

1 Il y a de bons débouchés pour notre produit sur le marché.
2 La vente de nos articles de consommation courante n'est pas sujette à des fluctuations de marché.
3 Vous allez vendre un article ayant d'excellentes perspectives de débouchés.
4 Nos produits ne sont pas encore suffisamment connus dans cette région. Votre travail consisterait à établir de nouveaux débouchés sur ce marché.
5 Notre qualité nous permettra de conquérir le marché, voilà sur quoi nous portons nos efforts.
6 Cet article est déjà bien introduit sur le marché en question. Votre tâche consisterait à approvisionner en permanence notre clientèle.
7 La situation sur le marché est très satisfaisante.
8 Cet article est pratiquement sans concurrence, d'où les excellentes perspectives de vente.
9 Notre produit est nouveau sur le marché. Les perspectives de vente sont bonnes.

10 Mit unseren neuartigen Produkten rechnen wir uns vor allem auf großstädtischen Märkten beste Absatzchancen aus.
11 Auf dem Markt unserer Produkte herrscht ein starker Konkurrenzkampf. Da unsere Waren jedoch ein ausgezeichnetes Image besitzen, sind die Absatzchancen gut.
12 Das Ergebnis einer langfristigen Marktforschung hat uns von den guten Absatzchancen unserer Waren überzeugt.

10 Selon nos prévisions de ventes, nos nouveaux produits devraient très bien se vendre, surtout sur les marchés des grandes villes.
11 La concurrence est très dure sur le marché de nos produits. Les perspectives de débouchés sont pourtant excellentes en raison de la bonne image de marque de nos produits.
12 Nous nous basons sur les résultats d'une étude de marché à long terme qui nous a convaincu des excellentes perspectives de débouchés pour nos produits.

Beschreibung der Werbemaßnahmen

1 Für den Artikel, den Sie vertreten werden, haben wir eine große Werbekampagne gestartet.
2 Unsere Produkte sind durch Werbung in Film, Funk und Fernsehen und im Internet gut bekannt.
3 Sie können voraussetzen, dass der von Ihnen vertretene Artikel durch Werbung bestens bekannt ist.
4 Ihre Tätigkeit beschränkt sich nicht nur auf den Vertrieb unserer Artikel, sondern sie beinhaltet auch eine intensive eigene Werbetätigkeit.
5 Sie hätten lediglich die Aufgabe, bei unseren Kunden für unsere Produkte zu werben.
6 Vor allem müssten Sie die ausgezeichnete Qualität unserer Ware anpreisen.
7 Als unser Generalvertreter müssten Sie auch die Werbung in Ihrem Gebiet überwachen.
8 In dem Ihnen anvertrauten Gebiet wäre in erster Linie der Schwerpunkt auf die Werbung zu legen.
9 Die Werbung für die von Ihnen vertretenen Artikel hat eine bekannte Werbeagentur übernommen.
10 Wir geben im Jahr durchschnittlich ... für Werbung aus.
11 Wir verfügen über ausgezeichnetes Werbematerial. Eine kleine Auswahl haben wir diesem Schreiben beigefügt.

Description des opérations publicitaires

1 Nous venons de lancer une campagne de publicité de grande envergure pour faire connaître le produit que vous allez vendre.
2 Nos produits sont très connus grâce à la publicité faite au cinéma, à la radio et à la télévision et sur internet.
3 Nos produits étant déjà très connus grâce au travail de publicité accompli, vous avez déjà un acquis appréciable en tant que représentant.
4 Vos activités ne se limitent pas à la vente de nos produits, vous devrez faire aussi tout un travail personnel de publicité.
5 Votre tâche consiste uniquement à faire de la publicité pour nos produits auprès de notre clientèle.
6 Vous devez avant tout insister sur la qualité exceptionnelle de nos articles.
7 En tant qu'agent général vous êtes chargé de la supervision des opérations publicitaires dans votre secteur.
8 Votre premier objectif est fixé: vous devez vous occuper en priorité de la publicité dans le secteur qui vous est confié.
9 Une agence de publicité très connue a été chargée de la publicité des articles que vous vendez.
10 Notre budget annuel publicitaire se chiffre à env. ...
11 Nous disposons d'un excellent matériel publicitaire. Vous trouverez ci-joint une petite sélection représentative.

Beschreibung des Vertretungsgebiets

1 Ihr Gebiet würde den Raum ... umfassen.
2 Sie würden die Alleinvertretung in Ihrem Land übernehmen.
3 Wir können Ihnen das Exklusivvertriebsrecht in ... (Land) einräumen.
4 Sie hätten das Gebiet ... zu bereisen.
5 Ihre Vertretung umfasst das Gebiet ...
6 Unsere Firma wäre bereit, Ihnen das Gebiet um ... zu überlassen.
7 Was das Vertretungsgebiet anbelangt, wären wir bereit, uns weitgehend nach Ihren Wünschen zu richten.
8 Unter folgenden Vertretungsgebieten können Sie wählen: ...
9 Die Firma erklärt sich bereit, Ihnen das gewünschte Vertretungsgebiet zu überlassen. Sie sind dann unser einziger Vertreter im Raum ...
10 Nach Erzielung eines Umsatzes von ... sind wir bereit, Ihr Gebiet zu erweitern.

Description du secteur de représentation

1 Votre secteur devrait inclure la région de ...
2 Vous seriez notre représentant exclusif dans votre pays.
3 Vous pourriez être notre représentant exclusif pour ... (pays)
4 Vous auriez à effectuer vos voyages dans la région de ...
5 Votre secteur de représentation comprend ...
6 Notre entreprise serait disposée à vous confier le secteur de ...
7 Nous tiendrons compte en gros de vos souhaits pour délimiter votre secteur de représentation.
8 Vous avez le choix entre les secteurs de représentation suivants: ...
9 Notre entreprise est disposée à vous accorder le secteur de représentation que vous souhaitez. Vous êtes désormais notre représentant exclusif pour le secteur ...
10 Nous sommes disposés à étendre votre secteur de représentation une fois que vous aurez atteint un chiffre d'affaires de ...

Anforderungen

Persönlichkeit

1 Unsere Firma hat ein ausgezeichnetes Image. Wir fordern deshalb von unseren Mitarbeitern ein Auftreten, das diesem Ruf in jeder Weise gerecht wird.
2 Für diesen verantwortungsvollen Posten sind persönlicher Einsatz und selbstständiges Handeln erforderlich.
3 Diese Aufgabe setzt Erfahrung im Umgang mit Menschen voraus.
4 Wir setzen Fleiß und Verantwortungsbewusstsein voraus.
5 Diese Tätigkeit setzt gute Umgangsformen und ein gewisses Maß an Kontaktfähigkeit voraus.
6 Für diesen Kundenkreis sind ausgezeichnete Umgangsformen und ein hohes Bildungsniveau unerlässlich.

Qualités requises

Personne

1 Notre entreprise a une excellente réputation. Nous exigeons en conséquence de nos collaborateurs une présentation adéquate.
2 Engagement personnel et initiative sont les qualités requises pour ce poste qui implique de nombreuses responsabilités.
3 Cette tâche requiert beaucoup d'expérience dans les contacts humains.
4 Nous estimons que l'ardeur au travail et le sens des responsablités sont indispensables.
5 Cette tâche exige un comportement irréprochable et un certain sens des contacts.
6 Un excellent niveau de culture générale allié à un comportement agréable est indispensable dans les rapports avec ce type de clientèle.

7 Da sich Ihre Tätigkeit auf einen ausgesuchten Kundenkreis erstreckt, sind korrekte Kleidung und gute Umgangsformen Grundvoraussetzung.
8 Für diesen Wirkungskreis suchen wir eine(n) selbstsichere(n), wendige(n) Dame (Herrn).
9 Einfühlungsvermögen und fachliches Wissen sind Voraussetzung.

7 Notre clientèle est très distinguée, pour la contacter vous devez impérativement avoir une présentation impeccable et un comportement agréable.
8 Nous recherchons pour cette activité un homme (une femme) ayant une certaine assurance et de bonnes capacités d'adaptation.
9 Une grande réceptivité et de solides connaissances en la matière sont les conditions préalables.

Fachwissen

1 Außer fachlichen Vorkenntnissen benötigen Sie Sprachkenntnisse und die einwandfreie Beherrschung eines PCs.
2 Vorkenntnisse in diesem Fach sind unerlässlich.
3 Wir möchten Sie darauf aufmerksam machen, dass wir größten Wert auf fachliche Vorbildung legen.
4 Fachkenntnisse auf dem Gebiet der Informationstechnologie/Telekommunikation sind unerlässlich.
5 Es sind keine besonderen Vorkenntnisse in diesem Fach notwendig.
6 Sie müssten eine langjährige Vertretererfahrung haben.
7 Sie hätten Kenntnisse auf dem Gebiet der (des) ... mitzubringen.
8 Für uns kommen nur Leute infrage, die eine kaufmännische Ausbildung haben.
9 Die Tätigkeit erfordert Kenntnisse im ...wesen.
0 Ohne ausreichende Kenntnisse in ... wäre eine Anstellung leider nicht möglich.
1 Sprachkenntnisse in ... sind für die Übernahme der Vertretung im Raum ... unerlässlich (unbedingt erforderlich).
2 Diese Tätigkeit verlangt vor allem technische Kenntnisse.
3 Es sind keine besonderen Kenntnisse erforderlich. Sie werden durch uns geschult.

Formation

1 En plus des connaissances de base en la matière, vous devez avoir des connaissances de langue et savoir parfaitement vous servir d'un ordinateur.
2 Il est indispensable de posséder des connaissances de base en cette matière.
3 Nous vous signalons que nous attachons beaucoup d'importance à une formation spécialisée.
4 Des connaissances spécialisées dans le domaine des technologies d'information / télécommunication sont indispensables.
5 Des connaissances préalables en la matière ne sont pas nécessaires.
6 Vous devez avoir une longue expérience de représentant.
7 Vous devez avoir des connaissances dans le domaine de ...
8 Nous n'engageons que des personnes disposant d'une formation commerciale.
9 Ce travail nécessite des connaissances en ...
10 Si le niveau des connaissances en ... est insuffisant, il nous est impossible de vous engager.
11 Pour pouvoir être représentant dans la région de ... vous devez absolument avoir les connaissances de langue suivantes: ...
12 Ce poste requiert avant tout des connaissances techniques.
13 Vous ne devez pas avoir de connaissances en la matière. Nous assurerons votre formation.

Lebenslauf

1 Wir bitten Sie, einen (handgeschriebenen) Lebenslauf beizulegen.
2 Wir möchten Sie bitten, Ihrem Bewerbungsschreiben einen handgeschriebenen Lebenslauf beizufügen.

Curriculum vitae

1 Veuillez nous joindre un CV (manuscrit).
2 Veuillez joindre un CV manuscrit à votre dossier de candidature.

3 Bitte bewerben Sie sich mit den üblichen Unterlagen einschließlich eines tabellarischen Lebenslaufs.

Zeugnisse

1 Für eine Anstellung sind ein tabellarischer Lebenslauf, Zeugnisse, Nachweise der beruflichen Tätigkeit und Referenzen notwendig.
2 Bitte legen Sie Ihre Zeugnisse bei.
3 Bitte senden Sie uns Ihre Zeugnisse oder beglaubigte Abschriften.
4 Bitte legen Sie uns die Zeugnisse bei Ihrer persönlichen Bewerbung vor.
5 Wir bewerten den Ausgang eines persönlichen Gesprächs mehr als Ihre Zeugnisse.
6 Bitte legen Sie uns Dokumente über Ihren schulischen und beruflichen Werdegang vor.
7 Zeugnisse sind nicht erforderlich.
8 Bitte legen Sie uns einen Nachweis über Sprachkenntnisse in ... (Computer-/IT-Kenntnisse) vor.

Referenzen

1 Wir bitten Sie, auch Referenzen beizubringen.
2 In Anbetracht der verantwortungsvollen Stellung sind ausgezeichnete Referenzen unbedingt erforderlich.
3 Wir bitten Sie, Ihrem Bewerbungsschreiben Referenzen Ihrer bisherigen Arbeitgeber beizufügen.
4 Legen Sie bitte Ihrem Bewerbungsschreiben neben den sonst üblichen Unterlagen auch Referenzen bei.
5 Referenzen sind nicht (unbedingt) erforderlich.

Vergütungen

Gehalt

1 Wir würden Ihnen ein festes Gehalt von ... bieten.
2 Ihr Gehalt würde sich auf ... belaufen.
3 Ihr festes Anfangsgehalt beträgt ...
4 Wir bieten Ihnen ein Jahresfixum von ...

3 Veuillez nous envoyer votre dossier de candidature avec un CV présenté par ordre chronologique.

Diplômes

1 Veuillez joindre à votre demande d'emploi votre CV présenté par ordre chronologique, vos diplômes, vos références professionnelles.
2 Veuillez nous envoyer vos diplômes.
3 Veuillez nous envoyer vos diplômes ou des copies certifiées de ceux-ci.
4 Veuillez amener vos diplômes lorsque vous viendrez vous présenter.
5 Nous attachons davantage d'importance à l'entretien que nous aurons avec vous qu'à vos diplômes.
6 Veuillez nous fournir des détails sur votre formation scolaire et vos expériences professionnelles.
7 Il n'est pas nécessaire de présenter des diplômes.
8 Veuillez nous fournir un certificat attestant vos connaissances de langue en ... (connaissances en informatique / technologies d'information)

Références

1 Nous vous prions de nous fournir aussi des références.
2 De très solides références sont demandées pour pourvoir ce poste qui comporte de hautes responsablités.
3 Nous vous demandons de joindre des références de votre dernier employeur à votre dossier de candidature.
4 Veuillez présenter dans votre dossier de candidature les documents habituels et des références.
5 Il n'est pas (absolument) nécessaire de fournir des références.

Rémunérations

Salaire

1 Nous pourrions vous proposer un salaire fixe de ...
2 Le montant de votre salaire serait de ...
3 Votre salaire de départ fixe s'élève à ...
4 Nous vous proposons un fixe annuel de ...

5 Das vorgesehene Gehalt beträgt ...
6 Ihr fixes Monatsgehalt würde sich auf ... belaufen. Durch Provisionen können Sie es natürlich wesentlich erhöhen.
7 Wir gewähren Ihnen ein monatliches Fixum von ... zuzüglich Provisionen laut beiliegender Provisionsliste.
8 Ihre Gehaltsforderung sollten wir bei einem persönlichen Treffen diskutieren.
9 Wir können Ihnen heute die ungefähre Höhe Ihres Fixums mitteilen, nämlich ... Über den genauen Betrag müssten wir uns persönlich unterhalten.

5 Le salaire prévu s'élève à ...
6 Votre fixe mensuel serait de ... Les commissions versées vous permettent évidemment de le compléter sensiblement.
7 Nous vous accordons un fixe mensuel de ..., en plus des commissions définies dans le barême ci-joint.
8 Nous discuterons de vos prétentions (de salaire) au cours de notre entretien particulier.
9 Nous pouvons aujourd'hui vous indiquer le montant approximatif de votre fixe, à savoir ... Nous discuterons du montant définitif au cours d'un entretien particulier.

Provisionen

1 Wir gewähren Ihnen zusätzlich zu Ihrem Fixum eine Provision von ... %.
2 Ihre Provision würde ... % betragen.
3 Außerdem gewähren wir Ihnen eine Delkredere-Provision von ... %.
4 Ihr Provisionssatz beträgt ... % der von Ihnen getätigten Umsätze.
5 Ihre Verkaufsprovision beträgt ... %.
6 Außerdem vergüten wir Ihnen für Waren, die von Ihnen auf Ihre Rechnung auf Lager gehalten werden, ... % Provision des (durchschnittlichen monatlichen) Lagerbestands.
7 Außer der regulären Provision von ... % werden wir weitere ... % bei einem monatlichen Umsatz von ... zahlen.
8 Ihre Provision in Höhe von ... % wird beim jeweiligen Eingang des Rechnungsbetrags fällig.
9 Die Provisionsbeträge werden Ihnen monatlich (vierteljährlich, halbjährlich, jährlich) ausbezahlt.

Commissions

1 Nous vous accordons une commission de ... % qui vient s'ajouter à votre fixe.
2 Votre commission devrait se monter à ... %.
3 Nous vous accordons en plus un ducroire de ... %.
4 Le taux de votre commission se monte à ... % du chiffre d'affaires réalisé.
5 Votre commission sur les ventes s'élève à ... %.
6 Vous toucherez en plus, pour les marchandises entreposées par vos soins à vos frais, une commission (mensuelle d'une moyenne) de ... % calculée sur la valeur du stock constitué.
7 En plus de la commission habituelle de ... %, vous toucherez ... % en supplément sur un chiffre d'affaires mensuel supérieur à ...
8 Le versement de votre commission s'élevant à ... % sera effectué dès encaissement des factures.
9 Le versement de vos commissions sera effectué une fois par mois (tous les trois mois, tous les six mois, une fois par an).

Spesen

1 Sie erhalten Ihre Spesen im Rahmen der gesetzlichen Vorschriften voll vergütet.
2 Wir gewähren Ihnen pro Tag einen durchschnittlichen Spesensatz von ...
3 Gegen entsprechende Quittungen erstatten wir Ihnen Ihre Auslagen zurück.
4 Die Spesenabrechnung ist uns jeweils am Monatsende zu schicken.

Frais professionnels

1 Vous serez remboursé entièrement de vos frais selon la règlementation légale en vigueur.
2 Nous vous accordons pour vos frais professionnels une indemnité journalière de... en moyenne.
3 Vos frais vous seront remboursés sur présentation des justificatifs correspondants.
4 Le décompte des frais doit nous être envoyé régulièrement en fin de mois.

5 Wir sind bereit, Ihre Unkosten zu tragen.
6 Eine Spesenrückerstattung ist nur bei vollständiger Vorlage aller Belege möglich.
7 Es werden auch Spesen für Kundenbewirtungen gewährt.
8 Wir sind nicht in der Lage, bestimmte Extraspesen (wie Barbesuche, Mittag- und Abendessen usw.) zu erstatten.
9 Sie erhalten Ihre Spesen von uns zurückvergütet, Sie sind jedoch verpflichtet, diese so niedrig wie möglich zu halten.
10 Ihre Spesen werden von uns bis zu einer Höhe von ... erstattet.
11 Ihre Spesen werden mit einer monatlichen Pauschale von ... abgegolten.
12 Die Spesen sind von Ihnen selbst zu tragen.
Spesen können Sie uns nicht in Rechnung stellen.
13 Spesen werden Ihnen von uns nicht vergütet.
14 Ihre Spesen sind in unsere hohen Provisionssätze einkalkuliert und können nicht gesondert in Rechnung gestellt werden.

5 Nous acceptons de prendre vos frais en charge.
6 Le remboursement des frais a lieu uniquement sur présentation de tous les justificatifs.
7 Les notes de repas d'affaires font partie des frais professionnels.
8 Nous ne sommes pas en mesure de rembourser certaines catégories de frais (par ex. sorties en boîte de nuit, déjeuners, dîners, etc.).
9 Nous vous remboursons vos frais, en contrepartie vous vous engagez à les maintenir aussi bas que possible.
10 Nous vous remboursons vos frais jusqu'à un plafond de ...
11 Le remboursement de vos frais est prévu uniquement dans le cadre d'un forfait mensuel de ...
12 Les frais professionnels sont à votre charge.
Nous n'acceptons pas de facturation de frais.
13 Nous ne remboursons pas les frais.
14 Nous estimons avoir réglé le remboursement des frais en accordant d'emblée des commissions aux taux élevés, les frais ne sont donc pas facturables à part.

Anstellungszeit

Beginn

1 Die Vertretung wird am ... frei.
2 Ihre Anstellung ist ab ... wirksam.
3 Wir würden Sie ab ... einstellen.
4 Sie können die Vertretung am ... übernehmen.
5 Sie können die Vertretung sofort nach Ablauf Ihrer Kündigungsfrist übernehmen.
6 Sie können jederzeit mit der Vertretung beginnen.
7 Die Kündigungsfrist unseres jetzigen Vertreters läuft am ... ab. Bitte übernehmen Sie ab diesem Tag Ihre neue Aufgabe.
8 Die Vertretung wäre ab ... neu zu besetzen.
9 Wir bitten Sie um Übernahme dieser Vertretung ab ...
10 Bitte teilen Sie uns Ihre Wünsche hinsichtlich des Vertretungsbeginns mit.

Date d'entrée en fonction

Début

1 Le poste de représentant est à pourvoir à partir du ...
2 Vous êtes engagé(e) ferme à partir du ...
3 Nous vous engagerions à partir du ...
4 Vous pourriez reprendre le poste de représentant le ...
5 Vous pouvez commencer à travailler comme représentant pour nous, dès la fin de votre actuel contrat de travail.
6 A vous de choisir votre date d'entrée en fonction comme représentant.
7 Le contrat de travail qui nous lie à notre représentant actuel expire le ... Nous vous demandons d'entrer en fonction à cette date.
8 Le poste de représentant serait vacant à partir du ...
9 Nous vous demandons de reprendre le poste de représentant à partir du ...
10 Veuillez nous communiquer à quelle date vous souhaitez entrer en fonction.

Dauer

1 Der Vertrag erstreckt sich (vorerst) auf ... Jahre.
2 Der Vertrag ist auf ... Jahre befristet.
3 Nach ...-jähriger Dauer ist der Vertrag jederzeit fristlos kündbar.
4 Die Anstellung erfolgt vorerst auf Probe.
5 Nach sechs Monaten wären wir bereit, einen Vertrag über ... Jahre einzugehen.
6 Nach einer bestandenen Probezeit von ... Monaten sind wir bereit, Ihr Gehalt auf ... zu erhöhen und einen Vertrag von ...-jähriger Dauer mit Ihnen abzuschließen.
7 Die Regelung der Vertragsdauer behalten wir uns vor.
8 Über die Vertragsdauer würden wir uns gern bei Ihrer persönlichen Vorstellung mit Ihnen unterhalten.
9 Die Vertragsdauer wird vorläufig auf 3 Jahre festgesetzt und ist von beiden Seiten jeweils 6 Wochen zum Quartalsende kündbar.

Durée

1 Le contrat est (dans un premier temps) limité à ... ans.
2 Ce contrat est à durée déterminée, à savoir ... ans.
3 Le contrat est résiliable à tout moment après une durée de ... ans.
4 Dans un premier temps vous êtes engagé à l'essai.
5 Nous sommes disposés à porter la durée de votre contrat à ... ans, ceci après les premiers six mois.
6 A la fin d'une période d'essai concluante de ... mois, nous vous accorderons un salaire plus élevé, se montant à ... et vous ferons un contrat de travail d'une durée de ... ans.
7 Nous nous réservons le droit de fixer la durée de validité du contrat.
8 Nous aimerions discuter avec vous de la durée du contrat lorsque vous viendrez vous présenter.
9 La durée de validité du contrat est provisoirement fixée à trois ans. Les deux parties prenantes ont le droit de résilier ce contrat 6 semaines avant la fin d'un trimestre.

Vorstellung

1 Wir bitten Sie um persönliche Vorstellung am ...
2 Wir bitten Sie nach Möglichkeit um eine persönliche Vorstellung am ... um ... Uhr in unserem Hause.
3 Wenn Sie sich am ... bei uns vorstellen, könnten wir uns über bestimmte Vertragsbedingungen einigen.
4 Wäre Ihnen der ... als Vorstellungstermin angenehm?
5 Wir werden Ihnen Ihre Reisespesen erstatten. Bitte legen Sie uns die entsprechenden Belege vor.

Présentation

1 Nous vous demandons de venir vous présenter le ...
2 Nous aimerions vous convoquer à un entretien d'embauche dans notre entreprise le ... à ... heures.
3 Si vous veniez vous présenter chez nous le ..., nous pourrions discuter de certains points de votre contrat.
4 Le ... vous convient-il pour votre entretien d'embauche?
5 Nous vous rembouserons vos frais de voyage. Veuillez nous présenter les justificatifs correspondants.

Bewerbung auf Vertretungsangebot

Einleitende Sätze

1 Ich möchte mich bei Ihnen auf Ihre Anzeige vom ... in ... (Zeitung) bewerben.

Candidature à une offre de représentation

Phrases d'introduction

1 En réponse à votre annonce du ... parue dans ... (journal), je me permets de vous écrire pour poser ma candidature.

2 Es wurde mir mitgeteilt, dass Ihre Firma für den Raum ... einen Vertreter sucht. Ich bin zurzeit in ungekündigter Stellung, möchte mich aber trotzdem zum ... bei Ihnen bewerben.
3 Ich beziehe mich auf Ihr schriftliches Angebot und bewerbe mich bei Ihnen um die Generalvertretung.
4 Ich möchte mich zum ... um die ausgeschriebene Stelle bewerben.
5 Ich möchte mich für die von Ihnen ausgeschriebene Stelle bewerben. Bitte machen Sie mir nähere Angaben.

2 J'ai appris que votre entreprise cherchait un représentant pour la région de ... Je suis pour l'instant sous contrat, mais désire néanmoins poser ma candidature, je pourrais être disponible à partir de ...
3 Me référant à votre proposition écrite, je pose ma candidature pour votre poste d'agent général.
4 Je me permets de poser ma candidature au poste à pourvoir, je serais disponible à partir du ...
5 Je me permets de poser ma candidature pour le poste que vous désirez pourvoir. Veuillez me communiquer des informations détaillées.

Angaben zur Person

1 Ich bin ... Jahre alt, verheiratet (ledig) und habe ... (keine, 1, 2, 3) Kinder.
2 Ich bin ... Jahre alt und bereits ... Jahre in dieser Branche tätig.
3 Meine Personalien: Name: ..., Geburtsdatum: ..., Geburtsort: ..., Familienstand: ...
4 Hiermit überreiche ich Ihnen meinen Lebenslauf in tabellarischer Form. Geburtsdatum: ..., Geburtsort: ..., Grundschule in ... von ... bis ..., Lehre als ..., Abschluss am ..., seit ... Jahren als Vertreter tätig.

Renseignements personnels

1 J'ai ... ans, je suis marié sans enfant (avec 1 enfant, 2, 3 enfants)(je suis célibataire).
2 J'ai ... ans, j'ai déjà ... ans d'expérience professionnelle dans ce secteur.
3 Etat civil: Nom ..., né le ... à ..., situation de famille: ...
4 Je vous fais parvenir un CV présenté par ordre chronologique. Date de naissance: ..., à ..., formation de base: ... (établissements scolaires), apprentissage du ... au ..., fin de formation ...(diplôme), expérience professionnelle: travaille comme représentant depuis ... ans.

Vorstellungstermin

1 Wenn Sie damit einverstanden sind, würde ich den ... als Vorstellungstermin vorschlagen.
2 Ich werde mich zum vereinbarten Termin bei Ihnen vorstellen.
3 Bitte teilen Sie mir einen Vorstellungstermin mit.
4 Sie würden mir sehr entgegenkommen, wenn Sie den Vorstellungstermin auf den ... legen könnten.
5 Würden Sie bitte den Vorstellungstermin auf eine Vormittag (Nachmittag) legen?
6 Dürfte ich Sie am ... um eine persönliche Unterredung bitten?
7 Ich wäre an einem persönlichen Gespräch sehr interessiert.
8 Ich würde mich gern vor Vertragsabschluss eingehend mit Ihnen über die Konditionen unterhalten.

Entretien d'embauche

1 Si cela vous convient, je vous propose le ... comme date pour un entretien d'embauche.
2 Je viendrai me présenter à la date convenue.
3 Veuillez me fixer une date pour l'entretien d'embauche.
4 Si vous pouviez reporter l'entretien d'embauche au ..., je vous en serais très reconnaissant.
5 Je vous prie de bien vouloir fixer l'entretien d'embauche le matin (l'après-midi).
6 Je me permets de solliciter un entretien particulier.
7 J'aimerais beaucoup avoir l'occasion de vous rencontrer pour un entretien.
8 J'aimerais pouvoir discuter avec vous en détail des termes du contrat avant sa signature.

9 Zur Klärung einiger Fragen würde ich gern einen Termin mit Ihnen vereinbaren.

9 Pourrions-nous prendre rendez-vous afin d'éclaircir quelques points?

Antwort auf angebotene Vertretung

Réponse à une offre de représentation

Ablehnung

Refus

1 Ich bedanke mich für Ihr Stellenangebot, muss aber leider ablehnen.
2 Vielen Dank für Ihr großzügiges Angebot, das ich aus persönlichen Gründen leider ablehnen muss.
3 Es ist mir leider nicht möglich, auf Ihr Angebot einzugehen, da ich noch auf ... Jahre vertraglich gebunden bin.
4 Ihr Angebot ehrt mich. Ich bedauere jedoch, Ihnen wegen anderer geschäftlicher Verpflichtungen absagen zu müssen.
5 Bedauerlicherweise kann ich Ihr Angebot aus familiären Gründen nicht annehmen.
6 Ich bedaure ablehnen zu müssen, weil mir Ihre Konditionen nicht zusagen.
7 Es tut mir Leid, Ihr Angebot ablehnen zu müssen, da das Vertretungsgebiet für mich denkbar ungünstig liegt.

1 Je vous remercie beaucoup de votre offre d'emploi que je regrette de devoir refuser.
2 Pour des raisons personnelles je suis obligé(e) de renoncer à votre généreuse proposition.
3 Etant lié(e) par un contrat pour ... ans, je regrette de ne pouvoir accepter votre offre.
4 Je suis très flatté(e) par votre proposition, mais regrette de devoir la refuser à cause d'autres engagements contractés.
5 Pour des raisons familiales je regrette de devoir refuser votre offre.
6 Vos conditions ne me conviennent pas, je regrette de vous donner une réponse négative.
7 Le secteur de représentation proposé ne me convient pas, je regrette donc de devoir refuser votre offre.

Annahme

Acceptation

1 Ich danke Ihnen für das Vertrauen, das Sie mir entgegenbringen. Gern bin ich bereit, Ihre Vertretung in ... zu übernehmen.
2 Die mir von Ihnen angebotene Vertretung in ... nehme ich an.
3 Ihr Vertretungsangebot interessiert mich. Ich bin gern bereit, für Sie tätig zu werden.
4 Ich bin Ihrem Vertretungsangebot nicht abgeneigt. Bitte teilen Sie mir einen Termin für ein persönliches Gespräch mit.
5 Obwohl ich mich zurzeit in ungekündigter Stellung befinde, akzeptiere ich schon heute Ihr Vertretungsangebot.
6 Das Angebot, Ihre Vertretung in ... zu übernehmen, reizt mich sehr. Wann kann ich mich bei Ihnen vorstellen?

1 Je vous remercie de la confiance que vous voulez bien me témoigner. J'accepte votre offre de représentation à ...
2 J'accepte le poste de représentant que vous proposez à ...
3 Je suis très intéressé(e) par votre offre. C'est avec plaisir que je travaillerai pour vous.
4 Votre offre de représentation m'intéresse éventuellement. Veuillez m'accorder un rendez-vous pour que nous en parlions.
5 Bien que je sois actuellement encore lié(e) par des engagements contractuels, j'accepte d'emblée votre offre.
6 Votre offre de représentation à ... est bien tentante. J'aimerais venir me présenter; pouvons-nous fixer un rendez-vous?

Vertretungsgesuch

Zeitungs- und Internetannoncen

1. Suche eine Vertretung in der weiteren Umgebung von ...
2. Bin als Vertreter tätig und möchte mich verändern. Angebote unter Chiffre-Nr. ... an die ... Zeitung.
3. Vertreter in ungekündigter Stellung möchte sich verändern. Angebote erbeten an ...
4. Welche renommierte Firma hat noch eine Vertretung frei? Angebote unter ...
5. Vertreter der ...industrie sucht sich zu verändern.
6. Vertreter möchte sich verbessern. Kein spezieller Branchenwunsch. Angebote erbeten unter ...
7. Kenne mich nach langjähriger Tätigkeit als Vertreter der ...industrie in ... gut aus. Offerten an ... (Zeitungsanschrift mit Chiffre, E-Mail-Adresse)

Angaben zur Person

1. Ich habe eine Ausbildung als ... erhalten.
2. Ich habe nach dem Abitur eine kaufmännische Lehre gemacht.
3. Ich wurde kaufmännisch ausgebildet und bin anschließend zur Vertretertätigkeit übergewechselt.
4. Die einzelnen Stationen meiner Ausbildung sind: mittlere Reife, kaufmännische Lehre und Vertretertätigkeit.
5. Durch meine langjährige Tätigkeit als ... für die Firma ..., bei der ich auch eine kaufmännische Lehre absolvierte, habe ich mir gründliche Branchenkenntnisse angeeignet.

Referenzen

1. Als Referenzen für meine bisherige Vertretertätigkeit lege ich Ihnen die Namen der bisher von mir vertretenen Firmen vor.
2. Als Referenz kann ich anführen, dass ich gleichzeitig für so bekannte Unternehmen wie ... und ... tätig bin.
3. Bitte erkundigen Sie sich bei der von mir bisher vertretenen Firma nach mir. Ihre Anschrift lautet: ...

Demande d'emploi représentation

Annonces dans les journaux et sur internet

1. Recherche poste de représentant dans les environs de ...
2. Représentant désireux de changer de poste. Offres au journal ... N° ...
3. Représentant encore sous contrat recherche autre situation. Offres au journal ...
4. Recherche poste de représentant pour entreprise connue. Offres au journal ... N° ...
5. Représentant de ... (secteur d'activités) recherche autre poste.
6. Représentant recherche poste plus intéressant. Secteur indifférent. Offres au journal ... N° ...
7. Dispose d'une longue expérience professionnelle comme représentant de ... (secteur). Offres ... (adresse du journal sous chiffre, adresse email)

Données personnelles

1. J'ai une formation de ...
2. Après le bac, j'ai fait une formation commerciale basée sur un apprentissage.
3. J'ai une formation de base commerciale et me suis orienté(e) par la suite vers la représentation.
4. Phases de ma formation: B.E.P., apprentissage commercial, activité de représentant.
5. J'ai travaillé longtemps pour l'entreprise ... où j'avais effectué mon apprentissage commercial, j'ai donc de solides connaissances de base.

Références

1. La liste ci-jointe de noms d'entreprises où j'ai déjà travaillé comme représentant vous servira de références.
2. Je vous cite comme références les entreprises ... et ... très connues pour lesquelles j'ai travaillé.
3. Pour vous permettre de vous renseigner à mon sujet, je vous communique l'adresse de mon dernier employeur: ... pour qui j'ai travaillé comme représentant.

4 Würden Sie sich bitte bei Herrn Direktor ... in der Firma ... nach mir erkundigen?
5 Als Anlage erhalten Sie meine Referenzen.

4 Je me permets de vous demander de vous renseigner à mon sujet auprès de Monsieur ..., directeur de l'entreprise ...
5 Vous trouverez ci-joint mes références.

Branche

1 Ich würde eine Vertretung in der ...branche vorziehen.
2 Da ich bereits in der ...branche tätig war, möchte ich wieder eine Vertretung in diesem Bereich übernehmen.
3 Ich habe eine technisch orientierte Ausbildung erhalten und würde deshalb gern eine Vertretung in der ...industrie übernehmen.
4 In der ...industrie könnte ich meine Erfahrung gut verwerten.
5 Ich komme aus der Computerbranche und bin daher für die Vertretung Ihres Produkts besonders geeignet.

Secteur d'activité

1 Je préférerais être représentant dans le secteur de ...
2 Ayant déjà travaillé dans le secteur de ..., je désire retrouver un poste de représentant dans ce secteur.
3 Je dispose d'une formation de type technique et désire donc trouver un poste de représentant dans le secteur de ...
4 Je pourrais utiliser mes compétences acquises dans le secteur de ...
5 Issu du domaine informatique je suis donc particulièrement apte à assurer la représentation de votre produit.

Vergütungen
(aus der Sicht des Vertreters)

1 Ich bin bereit, auf einer Provisionsbasis von ... % für Sie tätig zu werden.
2 Als Vergütung für meine Vertretertätigkeit stelle ich mir ein Fixum mit zusätzlichen Provisionen vor.
3 Auf einer Provision von ... % des von mir getätigten Umsatzes muss ich allerdings bestehen.
4 Meine Provision wäre monatlich auszubezahlen.
5 Zusätzlich zu der branchenüblichen Provision erwarte ich Kilometergeld für die geschäftliche Nutzung meines Privat-Pkw.
6 Zu der branchenüblichen Provision von ... % käme noch die Delkredere-Provision von ... %.
7 Wie Sie mir zusicherten, erhalte ich ein monatliches Fixum von ... sowie eine Provision von ... % auf den erzielten Umsatz sowie die Erstattung von 50 % meines Werbeetats.

Rémunération
(proposée par le représentant)

1 Je suis disposé(e) à travailler pour vous sur la base d'une commission de ... %.
2 En tant que représentant je souhaite avoir comme type de rémunération un fixe complété par une commission.
3 Je me permets d'insister pour avoir une commission de ... % sur le chiffre d'affaires réalisé.
4 Je souhaite que ma commission me soit versée mensuellement.
5 Je désire avoir un forfait kilométrique en plus de la commission habituelle, ceci pour couvrir les frais d'utilisation de ma propre voiture.
6 La commission habituelle de ... % serait complétée par un ducroire de ... %.
7 Comme vous me l'avez garanti, je touche un fixe mensuel de ... ainsi qu'une commission de ... sur le chiffre d'affaires réalisé. De plus, 50 % de mes frais opérations publicitaires me sont remboursés.

Vertragsdauer
(aus der Sicht des Vertreters)

1 Ich würde vorschlagen, den Vertretungsvertrag vorerst für eine Probezeit von ... abzuschließen.

Durée du contrat
(souhaitée par le représentant)

1 Je propose qu'une période d'essai de ... prélude à la signature définitive du contrat de représentation.

2 Als Vertragsdauer schlage ich ... Jahre vor.
3 Der Vertrag sollte vorläufig für eine Dauer von ... Monaten (Jahren) abgeschlossen werden.
4 Ich bitte, den Vertrag für eine Dauer von ... aufzusetzen. Hiernach sollte er sich automatisch um ein Jahr verlängern, wenn er nicht von einer Seite mit einer Frist von ... zum Quartalsende gekündigt wird.
5 Im Vertretungsvertrag sollte die Kündigungsfrist auf ein halbes Jahr festgelegt werden.
6 Der Vertrag sollte unbefristet sein. Kündigung erfolgt durch Einschreibebrief mit ...-monatiger Kündigungsfrist.
7 Die Dauer des Vertrags bitte ich in einem persönlichen Gespräch festzulegen.

2 Je propose ... ans comme durée de validité du contrat.
3 Dans un premier temps il serait souhaitable de s'engager par contrat pour une durée de ... mois (ans).
4 Je vous demande de bien vouloir établir le contrat pour une durée de ... Par la suite, il y aura un renouvellement tacite du dit contrat pour un an, à moins que l'une des parties prenantes ne se rétracte à la fin d'un trimestre en observant le délai de ...
5 Selon les termes du contrat, le délai de préavis devrait être fixé à six mois.
6 Le contrat devrait être à durée indéterminée. Il serait à résilier par lettre recommandée avec un délai de préavis de ... mois.
7 La durée de validité du contrat devrait faire l'objet d'un entretien personnel.

Vertretungsgebiet
(aus der Sicht des Vertreters)

1 Ich bin sehr an einer Exklusivvertretung im Raum ... interessiert.
2 Da ich in ... ansässig bin, wäre ich an einer Alleinvertretung im Gebiet ... besonders interessiert.
3 Als Vertretungsgebiet kommt für mich nur ... infrage.
4 Im Raum ... wären meine Gebietskenntnisse und Beziehungen für Sie von großem Vorteil.
5 Da ich vollkommen ungebunden bin, ist die Übernahme Ihrer Vertretung mit keinerlei Gebietswünschen verbunden.
6 Mein bisheriges Vertretungsgebiet war der Raum ...
7 Für die Firma ... hatte ich die Alleinvertretung für ...

Secteur de représentation
(souhaité par le représentant)

1 J'aimerais être votre représentant exclusif pour la région ...
2 Vivant à ..., j'aimerais assurer une représentation exclusive, de préférence dans la région ...
3 Seule la région de ... est intéressante pour moi comme secteur de représentation.
4 Je connais très bien la région de ... où j'ai de nombreux contacts qui vous serviraient beaucoup.
5 Je suis parfaitement disponible et n'ai donc pas de vœux particuliers en ce qui concerne le secteur de représentation à reprendre.
6 Mon secteur de représentation était jusqu'à présent ...
7 J'étais le représentant exclusif de l'entreprise ... pour ...

Ablehnung des Gesuchs

1 Wir bedauern Ihnen mitteilen zu müssen, dass wir die Vertretung in der Zwischenzeit vergeben haben.
2 Wir können Ihnen leider keine Vertretung übertragen.
3 Unsere Vertretungsbezirke sind zurzeit alle besetzt.

Refus de candidature

1 Nous sommes au regret de vous informer que nous avons entre-temps pourvu le poste de représentant.
2 Nous sommes au regret de vous informer que nous n'avons pas de poste de représentant à vous proposer.
3 Tous nos secteurs de représentations sont pourvus.

4 Bitte fragen Sie in ... Monaten nochmals bei uns an.
5 Wir müssen Ihnen leider mitteilen, dass unser Vertreterstamm komplett ist.
6 Den vakanten Vertreterposten haben wir inzwischen wieder besetzt.
7 Die Generalvertretung des Raums ... haben wir bereits vergeben.
8 Da wir dazu übergegangen sind, unsere Waren durch fest angestellte Field Worker zu vertreiben, müssen wir Ihr Vertretungsgesuch leider ablehnend beantworten.
9 Wir bedauern, Ihr Gesuch aufgrund Ihrer Forderungen (Bedingungen) ablehnen zu müssen.

4 Veuillez nous recontacter dans ... mois.
5 Nous sommes au regret de vous communiquer que notre équipe de représentants est au complet.
6 Nous avons entre-temps pourvu le poste disponible de représentant.
7 Nous avons déjà attribué l'agence générale pour le secteur de ...
8 Ayant changé notre système de représentation, nous recrutons uniquement du personnel de terrain. Nous sommes au regret de vous faire savoir que nous n'avons pas de poste à vous proposer.
9 Nous ne sommes pas en mesure d'accepter votre demande à cause des prétentions (conditions) exigées.

Annahme des Gesuchs

1 Wir sind gern bereit, Sie mit einer unserer Vertretungen zu betrauen.
2 Bitte sprechen Sie zur Regelung aller Einzelheiten am ... bei uns vor.
3 Sie können sofort als unser Vertreter tätig werden.
4 Wir sind bereit, Ihnen unsere Exklusivvertretung für den Raum ... zu übertragen. Zur Erledigung aller relevanten Formalitäten bitten wir um Ihren Besuch am ...
5 Eine unserer Vertretungen im Raum ... ist vor kurzer Zeit frei geworden. Wir könnten Ihnen diese Stelle übertragen.
6 Wir freuen uns, Ihnen eine unserer Vertretungen übertragen zu können, und hoffen auf gute Zusammenarbeit.
7 Wir begrüßen Sie als unseren neuen Mitarbeiter.

Réponse positive à la demande

1 Nous désirons vous confier un poste de représentant.
2 Nous vous prions de passer nous voir le ... pour régler tous les détails.
3 Vous pouvez commencer immédiatement à travailler pour nous comme représentant.
4 Nous sommes disposés à vous accorder la représentation exclusive du secteur ... Nous vous demandons de passer nous voir le ... pour discuter des modalités.
5 L'un de nos postes de représentation à ... vient de se libérer. Nous vous proposons donc ce poste.
6 Nous avons le plaisir de vous proposer un poste de représentant et espérons que notre collaboration sera fructueuse.
7 Nous avons le plaisir de vous accueillir dans l'équipe de nos collaborateurs.

Branchenangabe

1 Wir werden Ihnen die Vertretung unserer ... übertragen.
2 Wir möchten Sie mit der Vertretung unserer Markenartikel des Lebensmittelbereichs betrauen.
3 Erfahrungsgemäß sind in der ...branche die Verdienstchancen besonders gut.
4 Als Produzent von hochwertigen Investitionsgütern müssen wir von unseren Vertretern technische Kenntnisse verlangen.

Définition du secteur d'activité

1 Le secteur qui vous sera attribué sera ...
2 Nous vous proposons de représenter nos produits de marque du secteur alimentaire.
3 En ce qui concerne les perspectives de salaire, le secteur de ... est particulièrement intéressant.
4 En tant que producteur de biens d'équipement haut de gamme, nous estimons qu'une solide formation technique est de rigueur pour nos représentants.

5 Wie Sie sicherlich wissen, sind wir in der ...industrie tätig.
6 Da Sie bereits in der ...branche als Vertreter tätig waren, würde es Ihnen sicherlich keine großen Schwierigkeiten bereiten, unsere neuartige ... zu vertreiben.
7 Ihre Vertretung umfasst sämtliche Artikel der ... verarbeitenden Industrie und des Handwerks.

Gebietsangabe

1 Ihr Vertretungsgebiet wird sich auf den Raum ... beschränken.
2 Ihre Vertretung beschränkt sich auf die Städte ..., ... und ...
3 Ihr Vertretungsgebiet liegt in ...
4 Wir haben nur noch in ... eine Vertretung zu vergeben.
5 Bitte teilen Sie uns umgehend mit, ob dieses Gebiet Ihren Vorstellungen entspricht.
6 Wir können Ihnen zur Auswahl die Gebiete ..., ... und ... vorschlagen.
7 Bitte teilen Sie uns mit, welches Gebiet Ihnen zusagt.
8 Durch die Schaffung des Europäischen Marktes ergeben sich völlig neue Perspektiven hinsichtlich der Gebietsaufteilung. Wir könnten Ihnen den Raum ... oder ... als erweitertes Vertretungsgebiet offerieren.

Vergütungen (aus der Sicht der zu vertretenden Firma)

1 Als Vergütung erhalten Sie ... % Provision auf die von Ihnen getätigten Umsätze.
2 Ihre Provisionsforderungen können wir in dieser Form leider nicht erfüllen.
3 Wie unsere anderen Vertreter, würden auch Sie eine Provision von ... % erhalten.
4 Als Vergütungen erhalten Sie eine Provision in Höhe von ... % und eine ...-prozentige Gewinnbeteiligung zum Ende eines jeden Geschäftsjahrs.
5 Die höchstmögliche Provision, die wir Ihnen anbieten können, liegt bei ... %.

5 Notre secteur d'activité est ..., comme vous le savez sans doute.
6 Vous avez déjà travaillé comme représentant dans le secteur ... et devrez certainement vendre facilement nos nouveaux produits ...
7 La gamme des produits à représenter comprend tous les articles de l'industrie de transformation et de l'artisanat.

Délimitation du secteur géographique

1 Votre secteur se limite à ...
2 Votre secteur se limite aux villes de ... et de ...
3 Votre secteur de représentation est ...
4 Nous avons encore un poste de représentant à pourvoir pour le secteur ...
5 Nous vous demandons de nous faire savoir si vous êtes disposé(e) à accepter ce secteur.
6 Nous vous proposons le choix entre les secteurs ... et ...
7 Veuillez nous indiquer le secteur que vous souhaitez.
8 Grâce au marché européen, la délimitation des secteurs de représentation est placée sous de nouvelles perspectives. Nous vous proposons donc au choix le secteur ... ou ... comme secteur étendu.

Rémunération (propositions de l'entreprise à représenter)

1 Nous vous proposons comme rémunération une commission de ... % sur le chiffre d'affaires réalisé.
2 Nous sommes au regret de devoir refuser le montant de la commission que vous exigez.
3 Vous toucheriez ... % de commission comme nos autres représentants.
4 Votre rémunération est basée d'une part sur ... % de commission, d'autre part sur une participation de ... % sur les bénéfices qui vous sera versée à la fin de chaque exercice.
5 Nous pouvons vous proposer jusqu'à ... % de commission, ce chiffre représente notre maximum.

6 Zuzüglich zu der branchenüblichen Provision von ... % zahlen wir eine Delkredere-Provision von ... %.
7 Zu Verhandlungen über die Höhe Ihres Provisionssatzes bitten wir Sie, in den nächsten Tagen bei uns vorzusprechen.
8 Sie erhalten ein monatliches Fixum von ... und ... % Provision aus den von Ihnen getätigten Umsätzen.
9 Sie erhalten eine ...-prozentige Umsatzprovision und eine monatliche Spesenpauschale von ...
10 Wir gewähren Ihnen eine Umsatzprovision von ... %. Ihre gesamten Unkosten gehen zu Ihren Lasten.
11 Da unsere Umsatzprovision bereits ... % beträgt, ist es uns leider nicht möglich, uns an Lagerungs- oder Werbekosten zu beteiligen.

6 Nous vous versons la commission habituelle de ... % accompagnée d'un ducroire de ... %.
7 Nous vous demandons de passer nous voir dans les prochains jours pour que nous discutions du montant de votre commission.
8 Vous toucherez un fixe mensuel de ... et ... % de commission sur le chiffre d'affaires réalisé.
9 Vous toucherez ... % de commission sur le chiffre d'affaires et un forfait mensuel de ... pour vos frais.
10 Nous vous accordons une commission sur le chiffre d'affaires de ... %. Nous ne vous remboursons aucun frais.
11 Vu les ... % que nous vous accordons comme commission sur le chiffre d'affaires, nous ne pouvons pas prendre en charge une partie des frais d'entrepôt et des frais de publicité.

Vertragsdauer (aus der Sicht der zu vertretenden Firma)

1 Nach einer halbjährigen Probezeit sind wir bereit, den Vertretungsvertrag auf unbestimmte Zeit mit ...-monatiger Kündigungsfrist einzugehen.
2 Als Vertragsdauer schlagen wir zunächst ... Jahre vor.
3 Wir sind bereit, mit Ihnen einen Vertretungsvertrag von ...-jähriger Dauer abzuschließen.
4 Nach einer Einarbeitungszeit von sechs Monaten können wir uns dann über die Dauer Ihres Vertretungsvertrages unterhalten.
5 Ihr Vertretungsvertrag wird auf unbestimmte Zeit abgeschlossen. Er ist von beiden Seiten durch eingeschriebenen Brief mit einer ...-monatigen Kündigungsfrist kündbar.
6 Ihre Wünsche hinsichtlich der Vertragsdauer werden wir gern berücksichtigen.
7 Leider ist es uns nicht möglich, derart spezielle Vertragswünsche zu erfüllen.
8 Jede Kündigung muss schriftlich erfolgen.
9 Die Vertragsdauer möchten wir in einem persönlichen Gespräch festlegen.

Durée du contrat (propositions de l'entreprise à represénter)

1 Après une période d'essai de six mois, nous sommes prêts à vous accorder un contrat indéterminé de représentation avec un délai de préavis de ... mois.
2 Dans un premier temps nous vous proposons un contrat d'une durée de ... ans.
3 Nous sommes d'accord pour vous faire un contrat de représentation d'une durée de ... ans.
4 Après une période d'essai de six mois, nous pourrons reconsidérer la question de la durée de votre contrat.
5 La durée de votre contrat de représentation est indéterminée. La résiliation du contrat liant les parties prenantes ne sera valable que si elle est faite par lettre recommandée et que si le délai de préavis de ... mois est respecté.
6 Nous tiendrons compte de votre demande concernant la durée du contrat.
7 Nous ne pouvons malheureusement pas tenir compte de vos demandes spécifiques concernant le contrat.
8 Tout préavis de dénonciation du contrat de travail doit être revêtu de la forme écrite.
9 La question de la durée du contrat sera abordée au cours d'un entretien personnel.

Vorstellungstermin

1 Wir möchten Sie bitten, sich am ... bei uns vorzustellen.
2 Bitte teilen Sie uns mit, ob Ihnen der ... als Vorstellungstermin angenehm ist.
3 Als Vorstellungstermin käme nur der ... infrage.
4 Als Vorstellungstermine schlagen wir Ihnen den ... oder den ..., jeweils um ... Uhr, in unserem Haus vor.
5 Ihren Wünschen hinsichtlich des von Ihnen vorgeschlagenen Vorstellungstermins entsprechen wir gern.
6 Die Kosten, die Ihnen durch die Vorstellung in unserem Hause entstehen, werden wir gegen Belege übernehmen.

Date de l'entretien d'embauche

1 Nous vous demandons de passer nous voir le ... pour un entretien d'embauche.
2 Veuillez nous donner votre réponse concernant la date prévue de l'entretien d'embauche.
3 La seule date disponible pour l'entretien d'embauche serait le ...
4 Nous vous proposons les dates suivantes pour un entretien d'embauche, le ... ou le ... à ... heures.
5 Nous acceptons votre proposition concernant la date d'un entretien d'embauche.
6 Sur présentation des justificatifs, nous vous rembourserons les frais occasionnés par votre venue pour l'entretien d'embauche.

Vertretungsvertrag

Parteien

1 Zwischen Herrn (Frau) ... und der Firma ... wird folgender Vertretungsvertrag geschlossen: ...
2 Vertrag zwischen Herrn (Frau) ... als Vertreter(in) und der Firma ... als vertretene Firma.
3 Die Firma ... und Herr (Frau) ... schließen den folgenden Vertretungsvertrag: ...
4 Vertragspartner des folgenden Vertretungsvertrags sind Herr (Frau) ... als Vertreter(in) und die Firma ... als Vertretene.
5 Zwischen dem Unterzeichnenden, der Firma ..., und Herrn (Frau) ... wird der folgende Vertretungsvertrag geschlossen: ...
6 Vertragliche Regelung der Vertretertätigkeit des (der) Herrn (Frau) ... für die Firma ...

Contrat de représentation

Parties prenantes

1 Le contrat de représentation entre Monsieur (Madame) ... d'une part, et l'entreprise ... d'autre part, est convenu comme suit: ...
2 Contrat passé entre le représentant, Monsieur (Madame) ..., et la direction de l'entreprise ...
3 Le contrat de représentation suivant est conclu entre l'entreprise ... et Monsieur (Madame) ...
4 Le représentant, Monsieur (Madame) ... et son employeur, l'entreprise ..., sont les parties prenantes du contrat de représentation suivant.
5 Le contrat de représentation suivant est conclu entre les signataires ci-dessous, à savoir Monsieur (Madame) ... et l'entreprise ...
6 Convention réglant les obligations engageant Monsieur (Madame) ..., en qualité de représentant, et l'entreprise ..., son employeur.

Tätigkeit

1 Die Vertretertätigkeit des (der) Herrn (Frau) ... beschränkt sich auf Kundenbesuche und die Entgegennahme von Aufträgen.

Activité

1 La tâche de représentant de Monsieur (Madame)... consiste à rendre visite aux clients et à prendre les commandes.

2 Herr (Frau) ... übernimmt die Vertretung für unsere Markenartikel der ...branche.
3 Neben der Entgegennahme von Aufträgen umfasst die Vertretertätigkeit des (der) Herrn (Frau) ... auch die Beratung unserer Kunden.
4 Die Vertretertätigkeit des (der) Herrn (Frau) ... muss so ausgeführt werden, dass die Interessen unseres Hauses jederzeit gewahrt werden.
5 Geschäftsvermittlungen und -abschlüsse hat der Vertreter sofort an die zuständigen Stellen der Firma weiterzuleiten.
6 Die Tätigkeit des Vertreters umfasst neben den handelsüblichen Tätigkeiten auch den Kundendienst für unsere technischen Artikel.
7 Über die genaue Abgrenzung der Vertretertätigkeit des (der) Herrn (Frau) ... wird ein Zusatzvertrag abgeschlossen.
8 Da die Vertretertätigkeit mit Reisen verbunden ist, wird dem Vertreter ein Firmenwagen zur Verfügung gestellt.
9 Die Vertretertätigkeit verlangt den regelmäßigen Besuch unserer Kunden im Vertretungsgebiet.
10 Der Vertreter darf ausschließlich nur für uns arbeiten.
11 Will der Vertreter für andere Firmen tätig sein, bedarf es der Zustimmung der hier vertretenen Firma.
12 Anfragen der Kunden bei der Firma werden an den Vertreter weitergeleitet.
13 Direktfragen leiten wir an den Vertreter weiter.
14 Dem Vertreter wird Gebietsschutz zugesichert.
15 Für Kundenbestellungen, die direkt an uns gehen, wird dem Vertreter eine um ...% geringere Provision gezahlt.
16 Direktbestellungen werden wie Bestellungen behandelt, die über den Vertreter laufen.

2 Monsieur (Madame) ... est chargé(e) de représenter notre gamme de produits de marque du secteur ...
3 Monsieur (Madame) ... est chargé(e) de conseiller nos clients, cette activité s'ajoute à la prise de commande habituelle.
4 Notre représentant, Monsieur (Madame) ..., s'engage à représenter le mieux possible les intérêts de notre entreprise.
5 La notification des prospections accomplies et des marchés conclus au services responsables de l'entreprise fait partie des obligations du représentant.
6 Le représentant est chargé des tâches habituelles de représentation ainsi que du service après-vente pour nos produits techniques.
7 La délimitation exacte des tâches de notre représentant, Monsieur (Madame) ... fera l'objet d'une convention additionnelle.
8 Une voiture de fonction sera attribuée au représentant en raison du caractère professionnel de tous ses déplacements.
9 Les visites régulières de la clientèle font partie de la tâche du représentant.
10 Le représentant s'engage à représenter uniquement notre entreprise.
11 Au cas où le représentant souhaite exercer son activité pour le compte d'autres entreprises, il a besoin de notre accord préalable.
12 Le représentant est chargé du suivi de la clientèle et devra traiter toutes les demandes qui lui seront transmises dans ce cadre.
13 Nous transmettrons toutes les demandes au représentant.
14 Nous garantissons au représentant le droit exclusif d'exercer son activité dans son secteur.
15 Toute passation directe de commandes par les clients aura comme conséquence une réduction de ...% de la commission versée au représentant.
16 Les passations directes de commandes seront traitées de la même façon que les commandes passées par l'intermédiaire du représentant.

Vertretungsgebiet

1 Dem Vertreter wird ein noch genau zu bezeichnendes Gebiet zugeteilt. Er muss seine Tätigkeit auf dieses Gebiet beschränken.
2 Das Vertretungsgebiet umfasst den gesamten Raum ...
3 Der Vertreter übernimmt eine Bezirksvertretung in ...
4 Der Vertreter darf ausschließlich Kunden im Raum ... aufsuchen.
5 Der Vertretungsvertrag erstreckt sich auf die folgenden Gebiete: ...
6 Herr (Frau) ... ist Alleinvertreter(in) für unsere Produkte in ...
7 Es ist dem Vertreter nicht erlaubt, über die Grenzen seines Vertretungsgebiets hinweg tätig zu werden.
8 Das Vertretungsgebiet ist vom Vertreter unbedingt einzuhalten.
9 Innerhalb seines Vertretungsgebiets wird dem Vertreter Gebietsschutz zugesichert.
10 Als unser Alleinvertreter im Raum ... wird Ihnen absoluter Gebietsschutz zugesichert.

Secteur de représentation

1 Le secteur de représentation reste à définir exactement, il sera ensuite attribué au représentant et délimitera sa sphère d'activité.
2 Le secteur de représentation s'étend à toute la région ...
3 Le représentant prend le poste recouvrant la région de ...
4 L'activité du représentant ne devra s'exercer que dans la région de ...
5 Le contrat de représentation s'applique aux régions suivantes: ...
6 Monsieur (Madame) ... est le représentant exclusif de nos produits pour ...
7 Il est interdit au représentant de transgresser les limites géographiques de son secteur pour y exercer son activité.
8 Le représentant est tenu de se limiter à son secteur de représentation.
9 L'entreprise garantit au représentant le droit exclusif à l'exercice de son activité dans le secteur qui lui est réservé.
10 En tant que représentant exclusif pour la région ... vous disposez d'un droit illimité d'exercice de votre activité dans ce secteur.

Vergütungen

Gehalt

1 Der Vertreter bekommt für seine Tätigkeit ein Fixum in Höhe von ... zuzüglich der handelsüblichen Provisionen.
2 Dem Vertreter wird ein Fixum von ... gewährt.
3 Für seine (ihre) Tätigkeit als Vertreter(in) bekommt Herr (Frau) ... ein Fixum von ... monatlich im Voraus ausgezahlt.
4 Wir garantieren unserem Vertreter ein monatliches Fixum in Höhe von ...
5 Neben Provision und handelsüblichen Spesen wird Herrn (Frau) ... ein Gehalt in Höhe von ... zugesichert.
6 Das monatlich zugesicherte Mindesteinkommen in Form eines Fixums beträgt ...
7 Herr (Frau) ... erhält ein Gehalt in Höhe von ...
8 Unabhängig von den erzielten Umsätzen erhält Herr (Frau) ... ein monatliches Fixum in Höhe von ...

Rémunérations

Salaire

1 Le représentant perçoit pour son activité un fixe se montant à ... qui s'ajoute aux commissions habituelles.
2 Nous accordons au représentant un fixe de ...
3 Notre représentant, Monsieur (Madame) ... perçoit pour son activité un fixe mensuel de ... payable à l'avance.
4 Nous garantissons à nos représentants un fixe mensuel de ...
5 Nous garantissons à Monsieur (Madame) ... un salaire se montant à ... et venant s'ajouter à une habituelle commission et au remboursement des frais.
6 La rémunération mensuelle garantie est versée sous la forme d'un fixe de ...
7 Monsieur (Madame) perçoit un salaire s'élevant à ...
8 Monsieur (Madame) ... perçoit un fixe mensuel de ... indépendamment du chiffre d'affaires réalisé.

Provisionen

1 Als Provision werden ... % der getätigten Umsätze vergütet.
2 Die anfallenden Provisionsbeträge werden monatlich an den Vertreter überwiesen.
3 Für seine Bemühungen wird dem Vertreter eine Provision in Höhe von ... % des von ihm getätigten Umsatzes vergütet.
4 Wir gewähren weiterhin eine Provision in Höhe von 1 % auf die vom Vertreter auf Lager gehaltenen Waren.
5 Provisionen für stornierte Aufträge werden zurückbelastet.
6 Unserem Gebietsvertreter zahlen wir ... % Provision auf die von ihm getätigten Umsätze und ... % Provision auf die aus seinem Vertretungsgebiet direkt eingehenden Aufträge.
7 Die Provisionen betragen ... % auf den getätigten Umsatz und ... % auf die auf Lager gehaltenen Waren.
8 Provisionen werden nur für Waren gewährt, die vom Kunden bereits bezahlt worden sind.

Spesen

1 Nur unbedingt notwendige Übernachtungskosten werden als Spesen anerkannt.
2 Angemessene Reisespesen werden dem Vertreter zurückerstattet.
3 Aufwendungen des Vertreters werden nur bis zu einer Höhe von maximal ... (pro Monat) rückvergütet.
4 Der Vertreter hat Anspruch auf die handelsüblichen Spesen.
5 Gegen Einreichung der erforderlichen Belege werden dem Vertreter die handelsüblichen Spesen vergütet.
6 Zur Abgeltung der Aufwendungen erhält der Vertreter einen monatlichen Pauschalbetrag von ...
7 Die Firma behält sich eine genaue Überprüfung der Spesenabrechnungen vor.
8 Spesen können im Rahmen der gesetzlichen Bestimmungen nur bis zur Höhe von ... monatlich anerkannt werden.
9 Die Spesen werden zusammen mit den Provisionen monatlich an den Vertreter überwiesen.

Commissions

1 La commission versée sera de ... % sur le chiffre d'affaires réalisé.
2 Les commissions à payer feront l'objet d'un virement mensuel.
3 En rémunération pour son activité, le représentant touchera une commission de ... % du chiffre d'affaires réalisé.
4 Nous continuons à payer une commission de 1 % sur la valeur des marchandises entreposées par les soins du représentant.
5 Les commissions calculées sur des commandes ultérieurement annulées seront redébitées.
6 Notre représentant régional touchera ... % de commission sur le chiffre d'affaires réalisé et ... % de commission sur les commandes en provenance de son secteur et directement passées à l'entreprise.
7 Les commissions sont calculées sur la base de ... % sur le chiffre d'affaires réalisé et ... % sur les marchandises entreposées.
8 Les commissions ne seront versées que sur les marchandises déjà payées par le client.

Frais

1 Les frais d'hébergement à l'hôtel ne seront remboursés que si cet hébergement était absolument indispensable.
2 Les frais de déplacement seront remboursés à condition de se limiter à un montant raisonnable.
3 Le remboursement des frais du représentant est limité à un plafond s'élevant à ...
4 Le représentant a droit au remboursement habituel de ses frais.
5 Le remboursement habituel des frais au représentant sera pratiqué sur présentation des justificatifs.
6 Un forfait mensuel sera versé au représentant comme mode de remboursement de ses frais.
7 L'entreprise se réserve le droit de vérifier en détail les notes de frais.
8 Seuls les frais ne dépassant pas le plafond mensuel de ... seront remboursés dans le cadre des dispositions légales.
9 Le remboursement des frais au représentant aura lieu en même temps que le règlement des commissions, à savoir une fois par mois.

10 Spesen werden nicht vergütet.
11 Sämtliche anfallenden Spesen hat der Vertreter selbst zu tragen.
12 Mit der Zahlung der Provision sind sämtliche Ansprüche von Seiten des Vertreters abgegolten.

Abrechnung

1 Die Gehalts- und Provisionsabrechnungen erfolgen monatlich.
2 Die angefallene Provision wird monatlich an den Vertreter überwiesen.
3 Provisionen und Spesen werden monatlich an Sie überwiesen.
4 Auf Wunsch erfolgt eine Bevorschussung der Provisionen. Die Abrechnung wird vierteljährlich durchgeführt.
5 Die Abrechnung wird Ihnen per Einschreiben zugesandt.
6 Einspruch gegen die Provisionsabrechnung kann nur innerhalb von ... Tagen erfolgen.
7 Das vertraglich vereinbarte Gehalt wird monatlich auf das Konto des Vertreters überwiesen. Die Abrechnung erfolgt dann vierteljährlich.

Werbung

Unterstützung durch die Firma

1 Bei der Werbung wird der Vertreter von der Firma unterstützt.
2 Für Werbezwecke wird dem Vertreter eine Summe von ... jährlich zur Verfügung gestellt.
3 Die Werbung für die vom Vertreter vertretenen Produkte wird je zur Hälfte von beiden Vertragspartnern getragen.
4 Ausgaben des Vertreters für Werbezwecke werden von uns erstattet.
5 Die Werbung für die von Herrn (Frau) ... vertretenen Markenartikel wird von uns durchgeführt.
6 Wir haben die Werbeagentur ... mit der Werbung für die von Herrn (Frau) ... vertretenen Produkte beauftragt.
7 Die Werbungskosten des Vertreters werden bis zur Höhe von ... jährlich von uns getragen.

10 Les frais ne seront pas remboursés.
11 Tous les frais sont à la charge du représentant.
12 Le représentant ne peut faire valoir d'autres prétentions une fois que sa commission lui a été payée.

Règlement des comptes

1 Le règlement du salaire et des commissions sera mensuel.
2 Les commissions dues seront réglées mensuellement au représentant.
3 Le montant des commissions et des notes de frais vous sera viré mensuellement.
4 Sur demande, le représentant peut percevoir une avance sur les commissions. Le règlement des comptes aura lieu tous les trois mois.
5 Vous recevrez votre arrêté de compte par lettre recommandée.
6 Les réclamations concernant le décompte des commissions doivent nous parvenir dans les ... jours.
7 Le virement du salaire fixé par contrat sera effectué mensuellement sur le compte du représentant. Le règlement des comptes se fera tous les trois mois.

Publicité

Soutien apporté par l'entreprise

1 L'entreprise apporte un soutien publicitaire au représentant.
2 Un budget annuel publicité de ... sera mis à la disposition du représentant.
3 L'entreprise financera la moitié des frais d'opérations publicitaires liés à l'activité du représentant, l'autre moitié sera à la charge du représentant.
4 Nous prendrons en charge les frais d'opérations publicitaires engagés par le représentant.
5 Nous prendrons en charge la publicité qui sera faite pour les produits représentés par Monsieur (Madame) ...
6 Nous avons chargé l'agence de publicité ... de s'occuper des opérations publicitaires pour les produits représentés par Monsieur (Madame) ...
7 Nous prenons en charge les frais d'opérations publicitaires du représentant allant jusqu'à un montant de ... par an.

8 Die Werbung wird von uns nach modernsten Methoden durchgeführt.
9 Der Hersteller verpflichtet sich, für seine Markenartikel selbst zu werben.
0 Der jährliche Werbeetat beträgt (mindestens) ...

Alleinwerbung des Vertreters

1 Der Vertreter hat die Werbung für seine Produkte selbst durchzuführen.
2 Die Firma ist bereit, die dem Vertreter entstehenden Werbungskosten zur Hälfte zu tragen.
3 Die Produktwerbung muss der Vertreter aus eigenen Mitteln bestreiten.
4 Dem Vertreter wird von uns kostenlos Werbematerial zur Verfügung gestellt.
5 Dem Vertreter wird das ihm von der Firma zur Verfügung gestellte Werbematerial berechnet.

Wettbewerbsverbot

1 Der Vertreter verpflichtet sich, nach Kündigung dieses Vertrages ... Jahre nicht für Konkurrenzfirmen tätig zu werden.
2 Das Wettbewerbsverbot wird auf ... Jahre festgesetzt.
3 Der Vertreter verpflichtet sich, ausschließlich für uns zu arbeiten.
4 Der Vertreter darf erst nach ... Jahren ab Kündigung dieses Vertrages für Konkurrenzfirmen tätig werden.
5 Bestandteil dieses Vertretungsvertrags ist ein Wettbewerbsverbot von ... Monaten nach Kündigung.

Vertragsdauer

1 Dieser Vertretungsvertrag hat eine Gültigkeitsdauer von ... Jahren.
2 Der Vertretungsvertrag wird auf unbestimmte Zeit geschlossen.
3 Der Vertrag wird vorerst für eine Dauer von ... Jahren geschlossen. Wird er innerhalb dieses Zeitraums nicht gekündigt, so verlängert er sich stillschweigend um ein weiteres Jahr.
4 Die Vertragsdauer beträgt ... Jahre.

8 Nous ferons notre propre publicité en ayant recours aux méthodes les plus modernes.
9 Le fabricant s'engage à faire lui-même la publicité de ses produits de marque.
10 Le budget annuel publicité se monte à ... (minimum).

Publicité personnelle du représentant

1 Le représentant doit se charger lui-même de la publicité de ses produits.
2 L'entreprise accepte de prendre en charge la moitié des frais de publicité engagés par le représentant.
3 Le représentant doit prendre en charge la publicité à faire pour le produit.
4 Nous mettons le matériel publicitaire gratuitement à la disposition du représentant.
5 Le représentant prend en charge les coûts du matériel publicitaire mis à sa disposition par l'entreprise.

Obligation de non-concurrence

1 Le représentant s'engage à ne pas travailler pour des maisons concurrentes pendant ... ans après résiliation du présent contrat.
2 La durée de l'obligation de non-concurrence est fixée à ... ans.
3 Le représentant s'engage à travailler exclusivement pour notre compte.
4 Le représentant n'aura le droit de travailler pour des maisons concurrentes qu'après un délai de ... ans.
5 L'obligation de non-concurrence pendant ... mois après résiliation du contrat est partie intégrante du présent contrat.

Durée du contrat

1 Le présent contrat de représentation est valable ... ans.
2 Le contrat du représentant est signé pour une durée indéterminée.
3 Dans un premier temps le contrat est valable ... ans. S'il n'est pas résilié pendant cette période, il sera reconduit tacitement pour une autre année à venir.
4 La durée de validité du présent contrat est de ... ans.

5 Der zwischen dem Vertreter, Herrn (Frau) ..., und der Firma geschlossene Vertretungsvertrag ist erstmals frühestens am ... kündbar.
6 Nach Ablauf des Probehalbjahrs ist der Vertretungsvertrag erstmals frühestens zum ... kündbar.
7 Dieser Vertretungsvertrag wird vorerst zur Probe auf ein halbes Jahr abgeschlossen. Nach Ablauf der Probezeit verlängert er sich stillschweigend um ... Jahre.
8 Die Probezeit für die Vertretertätigkeit des (der) Herrn (Frau) ... beträgt ... Monate.
9 Nach Ende der Probezeit von ... Monaten kann die Vertretung mit sofortiger Wirkung gekündigt werden.

Kündigung

1 Nach einer Mindestvertragsdauer von ... Jahren ist dieser Vertretungsvertrag von beiden Parteien mit ...-monatiger Frist kündbar.
2 Verstößt eine der beiden Parteien gegen diesen Vertrag, kann er fristlos gekündigt werden. Die Kündigung muss per eingeschriebenem Brief erfolgen.
3 Nach ... Jahren ist dieser Vertretungsvertrag jeweils vierteljährlich kündbar.
4 Bei der Kündigung muss von beiden Parteien eine Frist von ... Monaten eingehalten werden.
5 Sollte einer der Vertragspunkte verletzt werden, kann nicht der gesamte Vertrag als nichtig erklärt werden.

Vertragsänderungen

1 Beide Parteien behalten sich Vertragsänderungen vor.
2 Bei einer unvorhergesehenen Veränderung der Wirtschaftslage können einzelne Punkte dieses Vertretungsvertrags in beiderseitigem Einverständnis geändert werden.
3 Wir behalten uns eine Änderung des Fixums und der Provision vor.

5 Le contrat de représentation passé entre le représentant, Monsieur (Madame) ... et l'entreprise ..., sera résiliable à partir du ... au plus tôt.
6 Après la période des six mois d'essai le contrat est résiliable seulement à partir du ...
7 Ce contrat de représentation est tout d'abord passé à titre d'essai pour six mois. Après cette période d'essai il est reconduit tacitement pour une durée de ... ans.
8 Avant d'être définitivement embauché(e) comme représentant, Monsieur (Madame) ... a une période d'essai de ... mois.
9 Après la période d'essai de ... mois, le contrat de représentation peut être immédiatement résilié.

Résiliation

1 Passé un délai minimum de ... ans, le présent contrat est résiliable par l'une et l'autre partie en respectant le délai de préavis de ... mois.
2 Si l'une des parties prenantes manque aux obligations du contrat, le contrat peut être immédiatement dénoncé, ce qui doit être fait par lettre recommandée.
3 Après ... ans le présent contrat de représentation est résiliable à la fin d'un trimestre.
4 Les deux parties prenantes doivent respecter un délai de préavis de ... lors de la résiliation du contrat.
5 Au cas où une des obligations résultant du contrat ne serait pas respectée, ce contrat peut être déclaré nul dans sa totalité.

Modifications du contrat

1 Les deux parties prenantes se réservent le droit de modifier les termes du contrat.
2 En cas de modification imprévue des données économiques, les parties prenantes peuvent, d'un commun accord, procéder au remaniement de points du contrat.
3 Nous nous réservons le droit de modifier les montants du fixe et de la commission du représentant.

4 Die Probezeit für den Vertreter, Herrn (Frau) ..., kann von uns verlängert bzw. verkürzt werden.
5 Änderungen des Vertretungsvertrags vom ... zwischen Herrn (Frau) ... und der Firma ...: ...
6 Die Mindestvertragsdauer wird in beiderseitigem Einverständnis um ... Jahre verlängert. Danach ist der Vertrag von beiden Seiten mit sofortiger Wirkung kündbar.
7 In Abänderung des Vertrags vom ... gewähren wir unserem(r) Vertreter(in), Herrn (Frau) ..., ab sofort eine Provision in Höhe von ... %.
8 Jede Vertragsänderung bedarf zu ihrer Gültigkeit der Schriftform.
9 Mündliche Vertragsänderungen sind nicht gültig.
10 Auf Wunsch des Vertreters, Herrn ..., wird seine Probezeit um ... Monate verlängert.
11 Zusatzvertrag zu obigem Vertretungsvertrag: ...
12 Auf Wunsch des Vertreters, Herrn ..., wird das Vertretungsgebiet um die Städte ... und ... vergrößert.
13 Der Vertreter, Herr ..., erhält zusätzlich das Alleinvertretungsrecht für unsere Artikel für ...
14 Der Provisionssatz wird auf ... % erhöht.
15 Auf Wunsch des(r) Vertreters(in), Herrn (Frau) ..., wird obiger Vertretungsvertrag wie folgt abgeändert: ...
16 Vertragsänderungen bleiben vorbehalten.
17 Auf Wunsch des Vertreters kann die Probezeit verlängert werden.
18 Durch Änderung einzelner Punkte wird der übrige Vertrag in seiner Gültigkeit nicht beeinträchtigt.

4 Nous nous réservons le droit de prolonger ou d'écourter la période d'essai de notre représentant, Monsieur (Madame) ...
5 Modifications du contrat de représentation daté du ... entre Monsieur (Madame) ... et l'entreprise ...
6 Les deux parties prenantes sont d'accord pour prolonger de ... ans la durée minimum de validité du contrat. Après cette période les deux parties peuvent résilier immédiatement le dit contrat.
7 Par modification des termes du contrat du ... nous accordons dès maintenant à notre représentant, Madame ... une commission de ... %.
8 Pour être valable, toute modification du contrat doit revêtir la forme écrite.
9 Les modifications orales du contrat ne sont pas valables.
10 La période d'essai du représentant, Monsieur ..., est prolongée de ... mois à la demande expresse de celui-ci.
11 Convention additionnelle au contrat de représentation ci-dessus:
12 Le secteur de représentation de Monsieur ... est étendu à sa demande et comprend les villes de ... et de ...
13 Le droit de représentation exclusive de nos articles pour ... est confié en plus à notre représentant, Monsieur ...
14 Le pourcentage de la commission est porté à ... %.
15 A la demande expresse du représentant, Madame ..., le contrat de représentation ci-dessus est modifié comme suit:
16 Sous réserve de modification de contrat.
17 A la demande expresse du représentant, la période d'essai peut être prolongée.
18 La modification de points du contrat ne remet pas en question la validité du reste du contrat.

Einführung des Vertreters

1 Wir möchten unserer verehrten Kundschaft in ... mitteilen, dass ab ... Herr (Frau) ... unsere Firma dort vertreten wird.
2 In Zukunft wird Sie unser neuer Vertreter, Herr ..., besuchen.
3 Wir würden uns sehr freuen, wenn Sie auch unserem(r) neuen Vertreter(in), Herrn (Frau) ..., Ihr Vertrauen schenkten.

Présentation du représentant

1 Nous informons notre aimable clientèle à ... que Monsieur (Madame) ... représentera notre entreprise à dater du ...
2 Monsieur ..., notre nouveau représentant, vous rendra visite à l'avenir.
3 Nous espérons que vous voudrez bien accorder votre confiance à notre nouveau représentant, Monsieur (Madame) ...

4 Wir haben Herrn (Frau) ... zum Alleinvertreter unserer Markenartikel im Raum ... ernannt und sind überzeugt, dass er (sie) zu Ihrer vollen Zufriedenheit arbeiten wird.
5 Herr (Frau) ... übernimmt ab ... unsere Vertretung bei Ihnen. Wir hoffen, dass Sie ihm (ihr) ebenso viel Vertrauen entgegenbringen wie seinem (ihrem) Vorgänger.
6 Unser neuer Vertreter für den Bezirk ..., Herr ..., nimmt am ... seine Tätigkeit auf.
7 Unser neuer Vertreter, Herr ..., wird sich am ... bei Ihnen vorstellen. Er wird sich bemühen, zu Ihrer vollen Zufriedenheit zu arbeiten.
8 Herr (Frau) ... hat mit Wirkung vom ... unsere Alleinvertretung in ... übernommen.
9 Unser neuer Vertreter, Herr ... wird in Zukunft das Callcenter leiten und Ihnen für alle Fragen zur Verfügung stehen.
10 Bitte teilen Sie uns mit, wann unser neuer Vertreter, Herr ..., bei Ihnen vorsprechen kann.

4 Nous avons choisi Monsieur (Madame) ... pour représenter exclusivement nos produits de marque dans la région de ... Nous sommes convaincus qu'il (qu'elle) vous donnera entière satisfaction.
5 Monsieur (Madame) ... sera chargé(e) de nous représenter à partir du ... Nous espérons que vous lui accorderez la même confiance qu'au représentant l'ayant précédé(e).
6 Monsieur ..., notre nouveau représentant pour le secteur ..., entrera en fonction le ...
7 Monsieur ..., notre nouveau représentant, se présentera chez vous le ... Il s'efforcera de vous donner entière satisfaction.
8 Monsieur (Madame) ... est notre représentant exclusif à ... à partir du ...
9 Monsieur ..., notre nouveau représentant, dirigera à l'avenir le centre d'appels et sera à votre disposition pour toute question.
10 Nous vous prions de nous communiquer une date à laquelle notre nouveau représentant, Monsieur ..., pourra venir se présenter chez vous.

Bericht des Vertreters

Tätigkeit

1 Ich habe bereits eine Anzahl von Kunden mit Erfolg besucht.
2 Mit meinem neuen computergestützten Besuchssystem habe ich gute Erfolge erzielen können.
3 Ich bin zurzeit im Raum ... tätig.
4 Der Pkw hat meine Tätigkeit wesentlich erleichtert.
5 Ich habe den Kunden ... leider nicht angetroffen. Deshalb werde ich bei meiner nächsten Tour wieder bei ihm vorsprechen.
6 Leider muss ich Ihnen mitteilen, dass der neue Artikel nicht ankommt.
7 Meine Tätigkeit im Raum ... hat viel versprechend begonnen.
8 Mit dem neuen Verkaufsprogramm konnte ich bis jetzt meinen Umsatz um ... % steigern.

Rapport du représentant

Activité

1 Ma tournée a déjà donné de bons résultats.
2 J'ai obtenu d'excellents résultats avec mon nouvel assistant numérique personnel qui gère les données de ma tournée.
3 Je suis pour l'instant opérationnel dans la région ...
4 Mon travail a été considérablement facilité par cette voiture.
5 Je n'ai malheureusement pas réussi à rencontrer notre client, Monsieur (Madame) ... J'essaierai de le (la) contacter lors de ma prochaine tournée.
6 Je regrette de vous annoncer que le nouveau produit n'a pas de succès.
7 Les débuts de mon activité dans la région ... sont prometteurs.
8 Grâce au nouvel éventail de produits en vente, j'ai déjà réalisé une augmentation de ... % de mon chiffre d'affaires.

9 Durch die Marktentwicklung haben sich die Absatzchancen Ihrer Produktion beträchtlich verbessert.

Schwierigkeiten

1 Leider sind bei unseren Verhandlungen mit der Firma (Herrn) ... Schwierigkeiten aufgetreten.
2 Aufgrund des weit verzweigten Kundennetzes ergeben sich Besuchsschwierigkeiten.
3 Es ist mit großen Schwierigkeiten verbunden, den Artikel Nr. ... zu verkaufen.
4 Die derzeit denkbar ungünstigen Straßenverhältnisse machen es unmöglich, die Kunden fristgerecht aufzusuchen.
5 Unsere Kunden weigern sich, auf die geforderten Zahlungsbedingungen einzugehen.
6 Die neue Kollektion lässt sich nur in Großstädten und mittelgroßen Städten absetzen.
7 Bei der Vorführung des Artikels ergeben sich Probleme.
8 Schwierigkeiten ergeben sich aus der schlechten Belieferung der Kunden.
9 Bei der Vorführung des Artikels Nr. ... haben sich technische Probleme ergeben.
10 Einige Kunden befürchten aufgrund der neuen technischen EU-Vorschriften Schwierigkeiten bei der Benutzung des Geräts.
11 Könnte man den Artikel Nr. ... nicht in einer einfacher zu handhabenden Ausführung auf den Markt bringen?
12 Mir scheint der Markt für den Artikel Nr. ... noch nicht aufnahmefähig genug.
13 Das Kundennetz ist derart weit verzweigt, dass ich die von Ihnen vorgeschriebene Tour nicht einhalten kann.
14 Es ergibt sich im neuen Callcenter das Problem, dass wir die Kunden nur telefonisch beraten können.

Allgemeine Marktlage

1 Die Marktverhältnisse sind zurzeit ausgezeichnet.
2 Aufgrund der hervorragenden Marktverhältnisse ist ein bedeutender Mehrverkauf zu erwarten.

9 L'évolution du marché a favorisé l'augmentation considérable des chances de débouchés pour vos produits.

Difficultés

1 Il y a eu malheureusement des problèmes au cours de nos négociations avec l'entreprise (Monsieur) ...
2 La programmation de la tournée est difficile en raison de l'étendue du réseau de la clientèle.
3 La vente de l'article N° ... se révèle être difficile.
4 Les mauvaises conditions de circulation actuelles provoquent des retards dans les délais prévus pour les rendez-vous avec la clientèle.
5 Nos clients se refusent à accepter les conditions de paiement exigées.
6 La nouvelle collection ne se vend bien que dans les grandes villes et dans les agglomérations moyennes.
7 Il y a des problèmes au cours de la présentation de cet article.
8 L'exécution peu soignée des livraisons est source de difficultés avec la clientèle.
9 Des problèmes techniques sont venus perturber la présentation de l'article N° ...
10 L'utilisation de l'appareil semble problématique à certains clients en raison des nouvelles directives techniques européennes.
11 Ne serait-il pas possible de modifier l'article N° ... et de lancer sur le marché une version améliorée au niveau maniement?
12 A mon avis, le marché pour l'article N° ... manque encore de réceptivité.
13 L'étendue du réseau de la clientèle me pose des problèmes, je n'arrive pas à faire toutes les visites prévues aux clients.
14 Le problème avec le nouveau centre d'appels c'est que nous ne pouvons conseiller les clients que par téléphone.

Situation générale sur le marché

1 La situation actuelle sur le marché est excellente.
2 On peut s'attendre à une hausse sensible des chiffres de vente en raison de la très bonne situation sur le marché.

3 Zurzeit herrscht Hochkonjunktur auf unserem Markt. Daher wäre ich für möglichst schnelle Ausführung meiner Aufträge dankbar.
4 Die Marktverhältnisse sind ausgeglichen.
5 Es freut mich, Ihnen mitteilen zu können, dass der Markt für unsere Artikel wieder aufnahmefähig ist.
6 Wegen der angespannten Marktverhältnisse ist es uns leider unmöglich, mehr Ware abzusetzen.
7 Die anhaltende, weltweite Rezession erschwert das Geschäft.
8 Ich möchte Ihnen mitteilen, dass der Markt gesättigt ist. Ich sehe deshalb für die Zukunft keine großen Verkaufschancen.
9 Durch das Auftreten einer neuen Firma auf unserem Markt haben sich unsere Absatzchancen merklich verschlechtert.
10 Ich glaube, dass der Markt nunmehr ein neues Produkt aufnehmen kann.
11 Es scheint, dass der Markt für Ihre Artikel ... und ... gesättigt ist.

Kaufkraft

1 Die Kaufkraft des Geldes sinkt rapide.
2 Die Kaufkraft der Kunden lässt nach.
3 Die Kauflust unserer Kunden wird auch durch die wirtschaftliche Unsicherheit nicht beeinträchtigt.
4 Unsere Kunden scheinen wieder kauffreudiger zu werden.
5 Es ist mit einem Anstieg/Nachlassen der Kaufkraft zu rechnen.
6 Zunehmende Belebung der Konjunktur lässt ein Ansteigen der Kauflust unserer Kunden erwarten.
7 Die Abschwächung der Konjunktur lässt einen Rückgang der Kauflust unserer Kunden befürchten.
8 Beträchtliche Lohnerhöhungen haben die Absatzchancen für Ihre Produkte verbessert.
9 Die Konjunkturentwicklung hat die Kaufkraft weiter gesteigert/verringert.

Konkurrenten

1 Wir sind auf diesem Markt konkurrenzlos.
2 Die Zahl der Konkurrenten steigt ständig.

3 Notre marché est pour l'instant en pleine expansion. Je vous serais reconnaissant en conséquence d'accélérer l'exécution de mes commandes.
4 La situation sur le marché est équilibrée.
5 J'ai le plaisir de vous informer d'un regain de réceptivité du marché à nos produits.
6 Nous ne pouvons pas écouler davantage de marchandise en raison des tensions actuellement enregistrées sur le marché.
7 Le phénomène actuel de récession constante partout dans le monde rend les affaires difficiles.
8 Je vous signale que le marché est saturé. A mon avis, les pronostics de vente ne sont donc pas très optimistes.
9 L'arrivée d'une autre entreprise sur notre marché a contribué à la dégradation de notre chiffre de vente réalisable.
10 A mon avis, le marché serait actuellement réceptif à un nouveau produit.
11 Il semble que le marché pour vos articles ... et ... soit arrivé à saturation.

Pouvoir d'achat

1 Le pouvoir d'achat est en baisse rapide.
2 Le pouvoir d'achat des clients faiblit.
3 Le caractère incertain de la situation économique n'influence pas le comportement d'achat de nos clients.
4 Le désir d'achat de nos clients semble s'affirmer nettement.
5 Il faut s'attendre à une hausse/baisse du pouvoir d'achat.
6 La reprise de l'activité économique devrait créer un désir d'achat accru de nos clients.
7 La baisse de l'activité économique devrait affaiblir le désir d'achat de nos clients.
8 En raison des augmentations considérables de salaire, les perspectives de débouchés de vos produits se sont améliorées.
9 Le pouvoir d'achat continue à augmenter/baisser en raison de l'évolution de la situation économique.

Concurrents

1 Nous n'avons pas de concurrents dans ce domaine.
2 Le nombre de nos concurrents augmente continuellement.

3 Ich muss Ihnen leider mitteilen, dass die Zahl der Konkurrenten auf diesem Markt von Jahr zu Jahr zunimmt.
4 Das Anwachsen der Konkurrenten ist auf den steigenden Bedarf an diesen Produkten zurückzuführen.
5 Die Globalisierung der Wirtschaft hat dazu geführt, dass die Zahl der Konkurrenten von ... auf ... gestiegen ist.
6 Die Zahl der Konkurrenten geht zurzeit etwas zurück.
7 Dank der hervorragenden Qualität unserer Produkte nimmt die Zahl der Konkurrenten ab.
8 Ich freue mich, Ihnen mitteilen zu können, dass wir mit unseren Produkten der Konkurrenz weit überlegen sind.
9 Durch die Fusion der Firmen ... und ... ist uns ein nicht zu übersehender neuer Konkurrent entstanden.
10 Die Firma ... möchte auf unserem Markt tätig werden.
11 Wir können unsere Position nur halten, wenn wir gegen die immer stärker werdende Konkurrenz vorgehen.
12 Unsere Konkurrenz ist noch schwach. Sie wird einen Preiskampf wohl kaum überstehen.
13 Durch den Konkurs der Firma ... dürfte der Konkurrenzkampf auf unserem Markt beendet sein.
14 Das Verhalten der Konkurrenten ist bedenklich.
15 Bedauerlicherweise gelingt es der Firma ..., den Markt immer mehr an sich zu reißen.
16 Die Konkurrenz versucht, den Markt mit unlauteren Mitteln an sich zu reißen.
17 Die Konkurrenz bemüht sich, unsere Kunden abzuwerben.
18 Wiederholt musste ich feststellen, dass Vertreter der Konkurrenz unsere Kunden aufgesucht haben.
19 Leider erobert unsere Konkurrenz mit besserer Qualität den Markt.
20 Durch eine große Werbekampagne versucht die Konkurrenz, den Markt an sich zu reißen.
21 Das Verhalten der Konkurrenz ist (nicht) Besorgnis erregend.
22 Die Konkurrenz versucht, mit neuen Artikeln den Markt zu erobern.

3 Je dois malheureusement vous signaler que le nombre des concurrents sur ce marché augmente d'année en année.
4 L'augmentation du nombre des concurrents est due à un besoin croissant de ces produits.
5 La globalisation de l'économie a amené une augmentation du nombre des concurrents qui sont passés de ... à ...
6 On note actuellement une légère diminution du nombre des concurrents.
7 L'excellente qualité de nos produits a contribué à faire diminuer le nombre de nos concurrents.
8 J'ai une excellente communication à vous faire: la qualité de nos produits est largement supérieure à celle de la concurrence.
9 La fusion des entreprises ... et ... a généré un concurrent dont nous devrons tenir compte.
10 L'entreprise ... a l'intention de s'introduire sur notre marché.
11 Pour garder notre position il nous faudra intensifier l'offensive menée contre nos concurrents.
12 Notre concurrent est encore faible et ne devrait pas être en mesure de gagner la guerre des prix.
13 L'entreprise ... a fait faillite, ce qui entraîne pour nous la suppression de toute concurrence sur notre marché.
14 Le comportement des concurrents est inquiétant.
15 L'entreprise ... est malheureusement en train de s'emparer de plus en plus du marché.
16 Nos concurrents cherchent à conquérir le marché à l'aide de procédés déloyaux.
17 Nos concurrents s'efforcent d'attirer notre clientèle.
18 J'ai constaté à plusieurs reprises que des représentants de la concurrence avaient rendu visite à nos clients.
19 Pour conquérir le marché nos concurrents disposent malheureusement d'une meilleure qualité.
20 Grâce à une campagne de publicité de grande envergure, nos concurrents cherchent à conquérir le marché.
21 Le comportement de nos concurrents est (n'est pas) inquiétant.
22 Nos concurrents s'emploient à conquérir le marché grâce à de nouveaux produits.

23 Die stürmische Expansion unserer Konkurrenzfirma lässt vermuten, dass diese demnächst den Preiskampf aufnehmen wird.
24 Die neuen Bestimmungen der WHO (Welthandelsorganisation) haben dazu geführt, dass sich auf dem ohnehin umkämpften Markt noch mehr Anbieter gegenseitig Konkurrenz machen.

23 L'expansion foudroyante de notre concurrent laisse supposer qu'il nous déclarera bientôt une guerre des prix.
24 Les nouvelles dispositions de la OMC (Organisation mondiale du commerce) ont provoqué un renforcement de la concurrence sur ce marché déjà encombré.

Verbesserungsvorschläge

1 Den Anstrengungen der Konkurrenz ist nur mit einer großen Werbekampagne zu begegnen.
2 Die Konkurrenz muss mit besserer Qualität übertroffen werden.
3 Durch eine Verkürzung der Lieferfristen wären wir der Konkurrenz gegenüber im Vorteil.
4 Um die Konkurrenz bei unseren Kunden auszuschalten, sollten wir bessere Zahlungskonditionen anstreben.
5 Durch die Einrichtung einer Homepage im Internet könnten Sie die Werbung wesentlich intensivieren.
6 Durch gezielte Werbeaktionen könnten wir den Markt erobern und den Konkurrenzkampf beenden.
7 Für eine etwas preiswertere Ausführung Ihres Artikels Nr. . . . wäre der Markt noch aufnahmefähig.
8 Die Verpackung Ihrer Produkte müsste stabiler sein.
9 Die Verpackung Ihrer Waren entspricht nicht den neuen Richtlinien der EU. Bitte treffen Sie entsprechende Vorkehrungen.

Propositions pour une meilleure stratégie

1 Seule une campagne publicitaire de grande envergure nous permettra de lutter contre les efforts de la concurrence.
2 Une meilleure qualité devrait nous permettre de vaincre la concurrence.
3 Des délais de livraison plus courts nous donneraient un avantage sur la concurrence.
4 Si nous proposions de meilleures conditions de paiement, nous pourrions éliminer la concurrence auprès de notre clientèle.
5 Vous pourriez améliorer considérablement la publicité en installant un site internet.
6 Des opérations publicitaires mieux ciblées devraient nous permettre de conquérir le marché et d'éliminer la concurrence.
7 La réceptivité du marché à votre article N° . . . serait améliorée, si un modèle sensiblement meilleur marché était produit.
8 L'emballage de vos produits devrait être plus solide.
9 L'emballage de vos produits n'est pas conforme aux nouvelles directives européennes. Veuillez prendre les mesures qui s'imposent.

Aufträge

1 Ich füge die Aufträge der Firma . . . bei.
2 Hiermit überreiche ich Ihnen die eingeholten Aufträge.
3 Als Anlage erhalten Sie die eingegangenen Aufträge.
4 Die in dieser Woche erhaltenen Aufträge lege ich bei.
5 Die beigefügten Aufträge sind sofort zu bearbeiten.

Commandes

1 Vous trouverez ci-joint les commandes de l'entreprise . . .
2 Je vous adresse ci-joint les commandes que j'ai prises.
3 Vous trouverez ci-joint les commandes enregistrées.
4 Vous trouverez ci-joint les commandes notées cette semaine.
5 Les commandes ci-jointes sont à exécuter immédiatement.

6 Ich bitte den beiliegenden Auftrag des Kunden, Herrn ..., bis zum ... zu bearbeiten.
7 Die Aufträge sind auf Wunsch des Kunden bis Anfang nächsten Monats zurückzustellen.
8 Bitte beachten Sie beim Auftrag der Firma ... die Sonderwünsche hinsichtlich der Qualität.
9 Die Aufträge der beiden Firmen ... und ... konnte ich nur mit der Zusage eines Zahlungszieles von ... Monaten erhalten.
10 Um den Auftrag der Firma ... einzuholen, musste ich ihr einen Mengenrabatt von ... % zusichern.
11 Ich habe der Firma ... zugesagt, dass wir ihr die Lieferung per Express zu unseren Lasten senden werden.
12 Da die Firma ... mit der Bearbeitung ihres letzten Auftrags unzufrieden war, konnte ich diesmal keinen Abschluss tätigen.

6 Je vous demande d'exécuter la commande ci-jointe de notre client, Monsieur ..., avant le ...
7 Sur demande du client, les commandes sont à reporter au début du mois prochain.
8 Veuillez tenir compte des demandes spécifiques portant sur la qualité lors de l'exécution de la commande de l'entreprise ...
9 J'ai pu obtenir les commandes des deux entreprises ... et ... seulement en promettant un délai de paiement de ... mois.
10 J'ai dû accorder une remise de quantité de ... % pour obtenir la commande de l'entreprise ...
11 J'ai promis à l'entreprise ... que nous allions la livrer par express à nos frais.
12 L'entreprise ... n'a pas été satisfaite de l'exécution de votre dernière commande, je n'ai donc pas pu obtenir de commandes cette fois-ci.

Firmenbericht an den Vertreter

Bestätigung der Aufträge

1 Hiermit bestätigen wir Ihnen den Eingang der Aufträge vom ...
2 Am ... sind Ihre Aufträge bei uns eingegangen. Wir danken Ihnen dafür.
3 Die Aufträge der Kunden ... sind bei uns eingetroffen. Lieferung erfolgt wie vorgeschrieben (gewünscht).
4 Mit Dank bestätigen wir Ihnen den Eingang Ihrer Aufträge.
5 Wir bedanken uns für Ihre Aufträge. Die Sonderwünsche der Firma ... werden wir gern erfüllen.
6 Die Aufträge der Firma ... sind bei uns eingegangen. Bitte teilen Sie Herrn ... mit, dass sich die Lieferung durch die Sonderwünsche hinsichtlich Farbgebung und Qualität um ca. ... Tage verzögert.

Rapport de l'entreprise destiné au représentant

Confirmation des commandes

1 Nous confirmons par la présente avoir reçu les commandes du ...
2 Nous accusons réception de vos commandes qui nous sont parvenues le ... et vous en remercions.
3 Les commandes des clients ... nous sont parvenues. La livraison sera effectuée comme prévu (comme souhaité).
4 Nous avons reçu vos commandes et vous en remercions.
5 Nous vous remercions pour vos commandes. Nous tiendrons compte des demandes spécifiques de l'entreprise ...
6 Nous avons bien reçu les commandes de l'entreprise ... Veuillez informer Monsieur ... que la livraison sera retardée d'env. ... jours en raison des demandes spécifiques concernant la couleur et la qualité.

Formelles zu den Aufträgen

1 Dürfen wir Sie bitten, bei den nächsten Aufträgen deutlicher zu schreiben, da sonst Fehllieferungen nicht ausgeschlossen sind.
2 Bitte geben Sie beim nächsten Mal das Ausstellungsdatum an.
3 Wir bitten Sie, die Auftragsnummer des Kunden und die zuständige Abteilung zu vermerken.
4 Wir bitten Sie, E-Mail-Aufträge direkt an uns weiterzuleiten, sie aber vorsichtshalber nochmals per Brief oder Fax zu bestätigen.
5 Wir möchten Sie darauf hinweisen, dass von jetzt an das Original und ein Durchschlag des Auftrags eingesandt werden müssen.
6 Versäumen Sie bitte nicht, den Kunden persönlich unterschreiben zu lassen, da sonst die Gefahr der Annahmeverweigerung bei Eingang der Ware besteht.
7 Sie können in Zukunft derartige Sonderwünsche unserer Kunden keinesfalls akzeptieren.
8 Bitte vermerken Sie auf allen Aufträgen die Mehrwertsteuer-Nr., die Identifikationsnummer sowie die Verbrauchssteuer-Nr., wie dies in den EU-Richtlinien vorgeschrieben wird.

Materielles zu den Aufträgen

1 Sie forderten mit Auftragsnummer ... für den Kunden ... einen Artikel Nr ... an. Dieser Artikel ist in unserem Katalog nicht enthalten.
2 Den angegebenen Artikel führen wir nicht.
3 Sie führten in Ihrem Auftrag Nr. ... vom ... den Artikel Nr. ... an, den es gar nicht gibt. Bitte berichtigen Sie diesen Irrtum.
4 Wir möchten Sie auf einen Fehler in Ihrem Auftrag Nr. ... hinweisen: Die Artikelnummer ist nicht ..., sondern ...
5 Die Waren aus dem Auftrag des Kunden ... sind zur vorgesehenen Zeit leider nicht lieferbar.
6 Der Artikel Nr. ... aus Ihrem Auftrag vom ... ist nicht mehr lieferbar.
7 Bitte fragen Sie Ihre Kunden, ob wir für den Artikel Nr. ... Ersatz liefern sollen.

Aspects formels des commandes

1 Nous vous prions de bien vouloir écrire plus lisiblement les prochaines commandes pour éviter des erreurs de livraison.
2 Veuillez penser la prochaine fois à mettre la date de la commande.
3 Nous vous prions de mentionner le numéro de commande du client et le service concerné.
4 Nous vous prions de nous transférer directement les ordres par email, mais néanmoins de les confirmer par prudence par courrier ou par fax.
5 Nous attirons votre attention sur le fait que vous devez désormais nous envoyer l'original et une copie de la commande.
6 N'oubliez pas de faire signer le client pour éviter tout risque de refus de la commande lors de la livraison.
7 Nous vous demandons de ne plus accepter à l'avenir ce type de demandes spécifiques de la part de nos clients.
8 Pour respecter les directives européennes en vigueur, veuillez faire figurer sur toutes les commandes les N^o de TVA et le N^o de la taxe sur le chiffre d'affaires.

Références de commandes

1 Vous avez demandé sous le N^o de commande ... l'article N^o ... pour le client ... Cet article ne figure pas dans notre catalogue.
2 Nous ne faisons pas l'article que vous avez indiqué.
3 Vous avez indiqué dans votre commande N^o ... du ... l'article N^o ... qui n'existe pas. Veuillez rectifier cette erreur.
4 Nous attirons votre attention sur une erreur dans votre commande N^o ...: le numéro de l'article n'est pas ... mais ...
5 Les marchandises commandées par le client ... ne sont malheureusement pas disponibles à la date prévue.
6 L'article N^o ... de la commande N^o ... du ... n'est plus disponible.
7 Veuillez demander à vos clients s'ils désirent un autre article à la place de l'article N^o ...

8 Sie sind keinesfalls berechtigt, ein Zahlungsziel von ... Monaten einzuräumen.

8 L'accord d'un délai de paiement de ... ne fait pas du tout partie de vos attributions.

Anerkennungsschreiben

1 Für die uns geleisteten Dienste möchten wir Ihnen unsere Anerkennung aussprechen.
2 Wir sind mit Ihrer Vertretertätigkeit bisher sehr zufrieden.
3 Es ist uns eine Freude, Ihnen als einem unserer besten Vertreter zu danken und unser Lob auszusprechen.
4 In Anerkennung Ihrer ausgezeichneten Leistungen haben wir uns entschlossen, ab sofort Ihre Provision um ... % zu erhöhen.

Appréciations

1 Nous avons beaucoup apprécié le travail que vous avez accompli pour nous et vous en remercions.
2 Nous sommes jusqu'à présent très satisfaits de votre travail de représentation.
3 Vous êtes l'un de nos meilleurs représentants, nous nous félicitons pour vos excellents résultats et vous en remercions.
4 Nous avons décidé d'augmenter immédiatement de ... % votre commission en signe de reconnaissance pour les excellents services rendus à notre maison.

Zurechtweisung des Vertreters

1 Leider können wir Ihre derzeitigen Arbeitsmethoden nicht dulden.
2 Wir bedauern, Ihnen sagen zu müssen, dass wir mit Ihrer Arbeit nicht zufrieden sind.
3 Wir bitten Sie, in Zukunft sorgfältiger zu arbeiten.
4 Ihre Arbeitsweise befriedigt uns nicht.
5 Ihre im letzten Quartal getätigten Abschlüsse sind wenig zufrieden stellend.
6 Ihre Umgangsweise mit den Kunden hat häufig zu Beschwerden Anlass gegeben.
7 Leider sind bei uns Beschwerden über Ihre Verhandlungsweise eingegangen. Wir bitten Sie um mehr Höflichkeit den Kunden gegenüber.
8 Ihre Kunden klagen über Unzuverlässigkeit.
9 Wir bitten Sie, Ihre Kunden besser zu betreuen.
10 Wir müssen Sie darauf aufmerksam machen, dass die Zahl der bisher von Ihnen eingegangenen Aufträge zu niedrig ist.

Reproches faits au représentant

1 Nous ne pouvons pas continuer à tolérer votre manière de travailler actuelle.
2 Nous sommes désagréablement surpris par les résultats de votre travail.
3 Nous vous prions de manifester à l'avenir davantage de conscience professionnelle.
4 Nous n'apprécions pas du tout votre façon de travailler.
5 Les résultats de vente obtenus au cours du dernier trimestre ne sont pas très satisfaisants.
6 Les clients se sont souvent plaints de votre comportement à leur égard.
7 Nous avons été désagréablement surpris des plaintes des clients déplorant votre manque de courtoisie. Veuillez à l'avenir vous montrer plus poli.
8 Nos clients se plaignent de votre manque de fiabilité.
9 Nous vous prions d'accorder plus d'importance au suivi de la clientèle.
10 Le nombre de commandes que vous nous avez fait parvenir est insuffisant. Nous vous prions de tenir compte de cet avertissement.

Produktionsausweitung

1 Wir haben einen neuen Artikel in unser Programm aufgenommen.
2 Wir möchten Sie darauf hinweisen, dass wir neue Produkte herstellen.

Elargissement de la production

1 Nous avons ajouté un nouvel article à notre gamme de production.
2 Nous attirons votre attention sur nos nouveaux produits.

3 Ein neues Produkt von uns ist auf dem Markt. Die Prospekte liegen bei. Bitte werben Sie bei Ihren Kunden für den Artikel.
4 Wir freuen uns Ihnen mitteilen zu können, dass wir unser Warenangebot wesentlich erweitert haben. Bitte sprechen Sie darauf auch Ihre Kunden an.
5 Wir haben folgende Artikel neu in unser Programm aufgenommen: ...
6 Wegen der starken Nachfrage haben wir unser Warenangebot im Hinblick auf ... erweitert. Teilen Sie das bitte Ihrer Kundschaft mit.
7 Unser neuestes Modell der Serie ... ist fertig gestellt. Prospekte haben wir beigefügt.
8 Folgende neue Artikel haben wir anzubieten: ... Wir hoffen, Sie verkaufen diese mit großem Erfolg.

3 Nous avons lancé un nouveau produit sur le marché que vous devez faire découvrir à vos clients. Vous trouverez ci-joint les prospectus.
4 Nous avons le plaisir de vous annoncer que nous avons considérablement élargi la gamme de nos produits. Nous vous demandons de mettre vos clients au courant.
5 Nous avons élargi notre gamme de produits avec les articles suivants: ...
6 En raison de la forte demande, nous avons élargi avec ... notre gamme de produits. Veuillez le signaler à votre clientèle.
7 Nous venons de sortir un nouveau modèle de la série ... Vous trouverez ci-joint la documentation correspondante.
8 Nous vous proposons les nouveaux articles suivants: ... Nous espérons qu'ils vous feront réaliser un bon chiffre de ventes.

Auslaufende Artikel

1 Bitte weisen Sie Ihre Kunden darauf hin, dass wir die Produktion des Artikels Nr. ... eingestellt haben.
2 Folgende Artikel haben wir aus unserem Verkaufsprogramm gestrichen: ...
3 Bitte machen Sie bei Ihren nächsten Besuchen Ihre Kunden darauf aufmerksam, dass der Artikel Nr. ... ausläuft.
4 Wir fertigen folgende Artikelserie nicht mehr: ... Bitte berücksichtigen Sie dies bei Ihren Verkaufsgesprächen.
5 Die Produktion des Artikels Nr. ... ist für uns unrentabel geworden. Unterrichten Sie die Kunden in Ihrem Vertretungsgebiet bitte davon, dass wir diesen Artikel nicht mehr fertigen.

Articles épuisés

1 Veuillez signaler à votre clientèle que nous avons arrêté la production de l'article N^O...
2 Les articles suivants ne font plus partie de notre gamme de produits:
3 Lors de votre prochaine passage n'oubliez pas de signaler à vos clients que l'article N^O ... ne sera plus disponible.
4 Nous vous demandons de tenir compte au cours de vos négociations avec la clientèle du fait que nous avons arrêté la production de la série d'articles suivante : ...
5 Pour des raisons de rentabilité, nous ne fabriquons plus l'article N^O ... Nous vous demandons de communiquer cette information aux clients de votre secteur de représentation.

Preisveränderungen

1 Infolge ständig steigender Kosten sehen wir uns leider gezwungen, unsere Preise ab ... um ... % zu erhöhen.
2 Wir sind sicher, dass unsere Marktposition trotz der notwendigen Preiserhöhung um ... % ungefährdet ist.

Modifications des prix

1 Nous regrettons de devoir majorer nos prix de ... % à partir du ..., ceci en raison de l'augmentation constante des frais.
2 Cette augmentation des prix de ... % est incontournable, mais nous estimons qu'elle ne devrait pas mettre en danger notre position sur le marché.

3 Um unseren Marktanteil in Ihrem Land zu erhöhen, reduzieren wir ab sofort unsere Preise um ... %.

3 Nous faisons immédiatement une réduction de ... % sur nos prix pour augmenter nos parts sur le marché de votre pays.

Briefwechsel zwischen Kunde, Firma und Vertreter

Correspondance entre client, entreprise, représentant

Kunde an Firma

Le client à l'entreprise

1 Bitte teilen Sie mir mit, wann ich mit dem Eintreffen der Lieferung rechnen kann.
2 Unterrichten Sie Ihren Vertreter bitte darüber, dass weitere Besuche zwecklos sind.
3 Bei Ihrer letzten Lieferung fehlte der Lieferschein (die Rechnung). Bitte senden Sie ihn (sie) nach.
4 Lassen Sie mir durch Ihren Vertreter bitte Prospekte über Ihr neues Sonderangebot zukommen.
5 Wenn uns Ihr Vertreter die neue Musterkollektion vorlegen könnte, wären wir in der Lage, bis zum ... zu bestellen.
6 Wir haben mehrmals das Callcenter Ihrer Vertretung in ... angerufen. Es war jedoch nicht in der Lage, uns in angemessener Weise zu helfen.
7 Ihr Vertreter ist in der letzten Woche nicht erschienen; wir senden Ihnen deshalb unseren Auftrag direkt zu.
8 Der jetzige Vertreter ist sehr unhöflich.
9 Wir müssen annehmen, dass unsere Aufträge von Ihrem Vertreter nicht sachgemäß bearbeitet werden.
10 Das Verhalten Ihres Vertreters gibt zu Klagen Anlass.
11 Ihr Vertreter, Herr ..., ist unzuverlässig.

1 Quand puis-je compter sur votre livraison? Veuillez me communiquer une date précise.
2 Je ne désire plus à l'avenir avoir la visite de votre représentant, veuillez l'en informer.
3 Vous avez oublié de joindre le bon de commande (la facture) à votre dernière livraison. Veuillez me l'envoyer.
4 Je n'ai pas les prospectus de votre dernière offre spéciale, veuillez me les faire parvenir par l'intermédiaire de votre représentant.
5 Si votre représentant voulait bien nous présenter la nouvelle collection d'échantillons, nous serions en mesure de vous passer nos commandes avant le ...
6 Nous avons appelé plusieurs fois le centre d'appels de votre représentation à .... Toutefois il n'a pas été en mesure de nous aider de façon satisfaisante.
7 Votre représentant n'est pas passé la semaine dernière, nous vous envoyons donc directement notre commande.
8 Votre représentant actuel manque totalement de courtoisie à notre égard.
9 Nous avons de bonnes raisons pour affirmer que votre représentant ne traite pas nos commandes comme il se doit.
10 Nous avons lieu de nous plaindre du comportement de votre représentant.
11 Votre représentant, Monsieur ..., n'est pas fiable.

Firma an Vertreter

L'entreprise au représentant

1 Wie uns der Kunde ... mitteilte, sind Sie in der letzten Woche nicht bei ihm erschienen. Bitte teilen Sie uns Ihre Gründe mit.

1 Le client ... nous a signalé que vous n'étiez pas passé le voir la semaine dernière. Nous attendons vos explications à ce sujet.

2 Der Kunde … schreibt uns, dass ihm die neue Musterkollektion nicht vorgelegt wurde. Bitte holen Sie das Versäumte nach.
3 Der Kunde, Herr … , moniert, dass Sie zum vereinbarten Termin nicht bei ihm erschienen sind. Bitte holen Sie den Besuch sofort nach.
4 Uns ist berichtet worden, dass Ihr Callcenter nicht effizient arbeitet. Bitte nehmen Sie hierzu Stellung.
5 Bitte nehmen Sie Stellung zu dem Vorfall vom …
6 Die Firma … hat sich zum zweiten Mal über Sie beschwert. Was haben Sie dazu zu sagen?
7 Hiermit leiten wir eine Beschwerde aus Ihrem Kundenkreis an Sie weiter.
8 Wie kommt es, dass sich unsere Kunden immer wieder über Ihre Unzuverlässigkeit beschweren?

Vertreter an Firma

1 Ich möchte mich für den Vorfall vom … entschuldigen.
2 Leider war es mir am … nicht mehr möglich, den Kunden … aufzusuchen.
3 Weil ich mich an dem fraglichen Tag nicht wohl fühlte, habe ich meine Tour vorzeitig abbrechen müssen.
4 Ich werde das Versäumte binnen kurzem nachholen.
5 Die Beschwerde des Herrn … ist mir unverständlich; ich habe ihn termingerecht aufgesucht.
6 Die Beschuldigungen des Kunden … weise ich zurück.
7 Ich war zum verabredeten Zeitpunkt bei Herrn (Frau) …, er (sie) war jedoch nicht anzutreffen.
8 Die Firma … ist ein sehr schwieriger Kunde. Bitte prüfen Sie die Beschwerden sorgfältig.
9 Ich versichere Ihnen, dass derartige Fehler in Zukunft nicht mehr vorkommen werden.

Firma an Kunden

1 Unser Vertreter ist bevollmächtigt, den Rechnungsbetrag entgegenzunehmen.
2 Die von unserem Vertreter angegebenen Konditionen sind verbindlich.

2 Dans sa lettre, le client … nous signale que vous ne lui aviez pas présenté la nouvelle collection d'échantillons. Veuillez faire le nécessaire pour réparer cet oubli.
3 Le client, Monsieur …, s'est plaint de ce que vous n'êtes pas venu au rendez-vous fixé. Veuillez lui rendre visite immédiatement.
4 On nous a indiqué que votre centre d'appels ne travaille pas d'une manière efficace. Nous vous remercions de nous fournir des explications.
5 Veuillez nous fournir des explications sur l'incident qui s'est produit le …
6 C'est la deuxième fois que l'entreprise … se plaint à nous de votre comportement. Nous attendons vos explications.
7 Nous vous transmettons une lettre de réclamation de l'un de vos clients.
8 Nous aimerions bien savoir pourquoi nos clients se plaignent continuellement de votre manque de fiabilité.

Le représentant à l'entreprise

1 Je vous prie d'accepter mes excuses pour l'incident du …
2 Je regrette de n'avoir pas réussi à passer chez le client … le …
3 J'ai dû interrompre ma tournée ce jour-là à cause d'un malaise.
4 Je ferai sous peu le nécessaire pour réparer cet oubli.
5 Je ne comprends de quoi Monsieur … se plaint, je lui ai rendu visite à la date prévue.
6 Je rejette les reproches formulés à mon sujet par le client …
7 J'étais au rendez-vous à l'heure convenue chez Monsieur (Madame) … qui n'était pas là.
8 L'entreprise … fait partie des clients peu commodes. Veuillez vérifier soigneusement le bien-fondé de ses réclamations.
9 Je vous promets que des erreurs de ce type ne se reproduiront plus à l'avenir.

L'entreprise au client

1 Notre représentant est habilité à percevoir le montant de la facture.
2 Les conditions transmises par notre représentant sont fermes.

3 Wir danken Ihnen für Ihre Anfrage. Unser Vertreter, Herr..., wird Ihnen demnächst einen Besuch abstatten.
4 Wir hoffen, dass unser neuer Vertreter Ihre Wünsche erfüllen wird.
5 Wir können uns nicht vorstellen, dass unser Vertreter, Herr..., zu Klagen Anlass gibt. Unsere Kunden sind außerordentlich zufrieden mit ihm.
6 Herr (Frau)... konnte Sie wegen Krankheit am... leider nicht besuchen.
7 Wir werden in Zukunft nicht mehr Herrn..., sondern Frau... beauftragen, mit Ihnen zu verhandeln.
8 Ihre Beschwerde haben wir an unseren Vertreter, Herrn..., weitergeleitet.
9 Unser Vertreter, Herr..., wird zur Überprüfung der Angelegenheit am... zu Ihnen kommen.
10 Bitte sprechen Sie den Vertreter bei seinem nächsten Besuch bei Ihnen auf diesen Vorfall an.

3 Nous vous remercions de votre demande. Notre représentant, Monsieur..., vous rendra visite prochainement.
4 Nous espérons que notre nouveau représentant vous donnera satisfaction.
5 Nous sommes très étonnés de vos plaintes concernant notre représentant, Monsieur... Nos autres clients ne tarissent pas d'éloges à son sujet.
6 Monsieur (Madame)... était malade le... et n'a pas pu passer vous voir ce jour-là.
7 Nous avons décidé de charger désormais Madame... de traiter avec vous à la place de Monsieur...
8 Nous avons transmis vos plaintes à notre représentant, Monsieur...
9 Notre représentant, Monsieur..., passera vous voir le... afin d'examiner cette affaire.
10 Nous vous prions de parler de cet incident à notre représentant lors de son prochain passage.

Unstimmigkeiten zwischen Firma und Vertreter

Auftragsabwicklung

Beschwerden der Firma

1 Mit der Art Ihrer Auftragsabwicklung sind wir nicht einverstanden.
2 Bei Ihren Aufträgen häufen sich die Stornierungen.
3 Bitte gehen Sie bei der Auftragsabwicklung sorgfältiger vor.
4 Sie sind nicht berechtigt, Kunden Sondervergünstigungen zu gewähren.
5 Wir hoffen, dass Sie sich in Zukunft an Ihre Vorschriften hinsichtlich der Auftragsannahme halten.
6 Auf Ihren Aufträgen fehlen die Mehrwertsteuer, die Identifikationsnummer und auch die Verbrauchssteuer-Nummer. Diese sind nach den EU-Vorschriften aber unerlässlich.
7 Die von Ihnen zugesicherte Lieferzeit können wir nicht einhalten.
8 Die von Ihnen zugesicherten Sonderrabatte machen die Aufträge für uns zu einem Verlustgeschäft.

Divergences entre entreprise et représentant

Exécution de la commande

Plaintes de l'entreprise

1 Nous ne sommes pas satisfaits de votre manière de traiter les commandes.
2 Les annulations de commandes que vous avez prises s'accumulent.
3 Veuillez apporter plus de soin au traitement des commandes.
4 Ce n'est pas à vous d'accorder un traitement privilégié à certains clients.
5 Nous espérons qu'à l'avenir vous respecterez les instructions relatives à la prise de commandes.
6 Vos commandes ne mentionnent pas la TVA, le numéro de TVA, et le numéro de la taxe sur le chiffre d'affaires. Ces indications sont obligatoires selon les directives européennes.
7 Nous ne pouvons pas tenir le délai de livraison que vous avez promis.
8 Les remises exceptionnelles que vous avez consenties nous font perdre de l'argent sur ces commandes.

9 Unsere Kunden beschweren sich, dass das Person Ihres Callcenters unhöflich ist und oft nicht erschöpfende Auskunft geben kann. Bitte stellen Sie diese Mängel unverzüglich ab.

Antwort des Vertreters

1 Bitte teilen Sie mir die Gründe für Ihre plötzliche Unzufriedenheit mit meiner Auftragsabwicklung mit.
2 Bisher waren Sie mit meiner Arbeitsweise zufrieden. Lassen Sie mich bitte umgehend Ihre Wünsche im Hinblick auf die Auftragsabwicklung wissen.
3 Um überhaupt Aufträge zu erhalten, muss ich den Kunden immer weiter entgegenkommen.
4 Bei dieser Auftragsabwicklung laufen Sie Gefahr, von der Konkurrenz vom Markt verdrängt zu werden.
5 Ich muss darauf bestehen, dass meine Aufträge schneller und sorgfältiger ausgeführt werden.
6 Ihre Auftragsabwicklung lässt sehr zu wünschen übrig.
7 Die Erledigung der Aufträge entspricht nicht unseren vertraglichen Vereinbarungen.
8 Ich habe das Personal des Callcenters angewiesen, sich besonders höflich zu verhalten. Hinsichtlich der Auskunftserteilung ist es schwierig, alle Fragen am Telefon zu beantworten.

Provisions- und Spesenabrechnung

Aufstellung des Vertreters

1 Mit der Durchführung Ihrer Provisionsabrechnung bin ich nicht einverstanden.
2 Ich bin nicht bereit, auf meine Provision zu warten, bis der Kunde zahlt. Bitte machen Sie mir einen neuen Abrechnungsvorschlag.
3 Die Provisionszahlung für den letzten Monat steht heute noch aus.

9 Nos clients se plaignent du manque de correction de l'employé de votre centre d'appels qui de plus n'est souvent pas en mesure de donner des renseignements détaillés. Nous vous prions de combler immédiatement ces insuffisances.

Réponse du représentant

1 Veuillez m'indiquer les raisons de ce brusque mécontentement de votre part au sujet de mon traitement des commandes.
2 Vous ne vous êtes encore jamais plaints de ma façon de travailler. Veuillez me donner rapidement des précisions sur ce que vous attendez de moi pour la prise de commandes.
3 Je dois continuer à faire des concessions à la clientèle pour pouvoir décrocher des commandes.
4 Votre façon d'exécuter les commandes vous rend très vulnérables à la concurrence qui pourrait bien vous prendre le marché.
5 Davantage de rapidité et une meilleure exécution de mes commandes, voilà ce que je suis obligé d'exiger de votre part.
6 Votre façon d'exécuter les commandes laisse beaucoup à désirer.
7 Le traitement des commandes n'est pas du tout conforme à ce que nous avions convenu dans notre contrat.
8 J'ai donné ordre au personnel du centre d'appels de faire preuve d'une correction particulière. En ce qui concerne le renseignement par téléphone il est difficile de répondre à toutes les questions.

Calcul de la commission et des frais

Relevé des comptes fait par le représentant

1 Je ne suis pas d'accord avec votre façon de calculer ma commission.
2 Je ne suis pas disposé à attendre que le client ait payé sa facture pour toucher ma commission. Veuillez me soumettre une autre proposition à ce sujet.
3 Vous n'avez toujours pas réglé ma commission pour le mois dernier.

4 Ihre Provisionszahlungen werden von Jahr zu Jahr geringer. Ich bin nicht bereit, bei ständig steigenden Unkosten diese Kürzungen hinzunehmen.
5 Es wurden mir vertraglich ... % Provision zugesichert. Die Kürzungen meiner Provision auf ... % kann ich nicht hinnehmen.
6 In meiner Provisionsabrechnung vom letzten Monat hatten Sie ... Aufträge nicht berücksichtigt. Ich bitte um sofortige Berichtigung und Überweisung des Betrags.
7 Nach meinen Unterlagen müsste sich meine Provision für den letzten Monat auf ... belaufen. Bitte überprüfen Sie die Abrechnung.
8 Bitte überweisen Sie mir unverzüglich meine fällige Provision.
9 Ihre Provisionszahlungen verzögern sich leider von Monat zu Monat.
10 Auch für stornierte Aufträge muss ich auf Zahlung meiner Provision bestehen, weil die Stornierungen durch Ihr Verschulden verursacht wurden.
11 Leider enthalten Ihre Provisionsabrechnungen immer wieder Fehler. Ich bitte Sie nochmals um genaue Berechnung meines Anteils.

4 Les commissions que vous consentez diminuent d'année en année. Mes frais par contre augmentent sans cesse, vous comprendrez que je ne peux accepter cet état de choses.
5 ... % de commission m'ont été promis par contrat. Je refuse donc que cette commission soit ramenée à ... %.
6 En faisant le calcul de ma commission pour le mois dernier, vous n'avez pas tenu compte de ... commandes. Je vous demande de procéder immédiatement à la rectification nécessaire et au virement de la somme due.
7 D'après mes dossiers, ma commission du mois dernier devrait s'élever à ... Veuillez procéder à une vérification de vos calculs.
8 Veuillez procéder immédiatement au virement de la commission due.
9 Vous prenez du retard dans le paiement de ma commission sans cesse reporté d'un mois sur l'autre.
10 J'exige que ma commission me soit versée aussi en cas d'annulation de commandes, vous êtes en effet responsables des dites annulations.
11 Je regrette de constater de plus en plus d'erreurs dans vos calculs de commissions. Veuillez procéder à une nouvelle vérification.

Antwort der Firma

1 Ihre Beschwerde in Sachen Provisionsabrechnung ist unbegründet.
2 In unserer Provisionsabrechnung für den Vormonat können wir keinen Fehler entdecken.
3 Wir bitten den Additionsfehler in unserer letzten Provisionsabrechnung zu entschuldigen.
4 Für diese kleinen Aufträge sind Ihre Provisionsforderungen zu hoch.
5 Ihre Beschwerde in Sachen unserer letzten Provisionsabrechnung ist uns unverständlich.
6 Wir werden den irrtümlich übersehenen Provisionsbetrag bei Ihrer nächsten Abrechnung berücksichtigen.
7 Bitte entschuldigen Sie den Fehler in unserer letzten Provisionsabrechnung.

Réponse de l'entreprise

1 Vos réclamations concernant le calcul de votre commission ne sont pas fondées.
2 Nous n'avons pas trouvé d'erreur sur le montant à payer de votre commission du mois dernier.
3 Nous vous prions de nous excuser de notre erreur de calcul lors du règlement de votre dernière commission.
4 Vos prétentions concernant votre commission sont trop élevées par rapport au volume restreint des commandes.
5 Nous ne comprenons pas vos réclamations concernant le règlement de votre dernière commission.
6 Nous avons omis de vous compter votre commission et rectifierons cette erreur lors de notre prochain règlement de comptes.
7 Nous vous présentons nos excuses pour l'erreur commise lors de notre dernier règlement de commission.

8 Wir haben bereits am ... unsere Bank beauftragt, die fällige Provision auf Ihr Konto zu überweisen.
9 Wir weisen Sie darauf hin, dass laut Vertrag die Provisionen erst nach Eingang der Rechnungsbeträge fällig werden. Ihre Reklamation ist deshalb unbegründet.
10 Die Höhe Ihrer Spesen ist für uns nicht mehr tragbar.
11 Ihre Ausgaben stehen in keinem Verhältnis zu Ihren Erfolgen.
12 Wir sind nicht bereit, Ihre Spesen in voller Höhe zu tragen.
13 Wir sind der Meinung, dass Ihre Spesenabrechnungen zu hoch ausfallen.
14 Wir werden Ihnen die Spesen in Höhe der vorgelegten Quittungen vergüten.
15 Ihre Angaben zur Spesenhöhe stimmen nicht mit der Gesamtsumme der Quittungen überein. Den Differenzbetrag können wir leider nicht übernehmen.

8 Nous avons avisé notre banque dès le ... de virer sur votre compte la commission due.
9 Nous attirons votre attention sur le fait que selon les termes du contrat, les commissions ne sont dues qu'après encaissement des factures. Votre réclamation est donc dénuée de fondement.
10 Nous ne pouvons pas prendre à notre charge vos frais qui sont trop élevés.
11 Le montant de vos frais est disproportionné par rapport aux résultats que vous pouvez présenter.
12 Nous nous refusons à prendre en charge la totalité de vos frais.
13 Nous estimons que le montant de vos frais est trop élevé.
14 Nous rembourserons vos frais jusqu'à concurrence des factures fournies comme justificatifs.
15 Le montant des frais que vous citez ne correspond pas à celui des justificatifs fournis. Nous regrettons de ne pouvoir prendre la différence à notre charge.

Stellungnahme des Vertreters

1 Ihre Spesenabrechnung liegt unter dem vertraglich vereinbarten Betrag.
2 Ich bin nicht bereit, die Spesen selbst zu tragen.
3 Ich werde Ihnen Belege zusenden, die die Höhe meiner Spesenabrechnung rechtfertigen.
4 Eine Diskussion über die Richtigkeit meiner Spesenangaben dürfte sich angesichts der beigefügten Belege wohl erübrigen.
5 Im Hinblick auf meine Aufträge kann es keine Debatte über meine Spesen geben.
6 Wie ich Ihrem Brief entnehme, sind Sie nicht mehr bereit, meine Spesen voll zu tragen. Ich muss deshalb auf einer Provisionserhöhung von ... % bestehen.

Mise au point du représentant

1 La somme versée en règlement des frais est inférieure à celle fixée dans le contrat.
2 Je me refuse à prendre tout seul les frais en charge.
3 Je vous enverrai les justificatifs concernant le montant de ma note de frais.
4 Les justificatifs ci-joints devraient rendre superflue toute discussion sur le bien-fondé de la réclamation que j'ai formulée sur ma commission.
5 Etant donné les commandes que j'ai prises, toute discussion sur mes frais me semble superflue.
6 Je conclus d'après votre lettre que vous n'êtes plus disposés à me rembourser intégralement mes frais. Je me vois donc obligé d'exiger une augmentation de ma commission de l'ordre de ... %.

Kündigung der Vertretung

Vertragsgemäße Kündigung durch die Firma

1 Wir weisen Sie darauf hin, dass Ihre Vertretung vertragsgemäß zum Ende dieses Jahres ausläuft.

Résiliation du contrat de représentation

Notification de licenciement avec préavis

1 Nous vous signalons que votre représentation se termine à la fin de l'année comme prévu dans notre contrat.

2 Wir sind an einer Verlängerung Ihrer Vertretertätigkeit nicht interessiert.
3 Wir werden Ihren demnächst auslaufenden Vertrag nicht erneuern.
4 Schon heute teilen wir Ihnen mit, dass wir Ihren Vertretungsvertrag fristgerecht zum Ende dieses Jahres kündigen werden.
5 Da Sie den Anforderungen, die wir an unsere Vertreter stellen, nicht genügen, sehen wir uns bedauerlicherweise gezwungen, Ihren Vertrag zum ... termingerecht zu kündigen.
6 Ihr Vertretungsvertrag läuft am ... aus. Wir sind nicht bereit, diesen Vertrag zu erneuern.

Vertragsgemäße Kündigung durch den Vertreter

1 Da ich eine andere Tätigkeit annehmen werde, kündige ich meinen Vertretungsvertrag fristgerecht zum Ende dieses Jahres.
2 Mein Vertretungsvertrag läuft am ... aus. An einer Verlängerung bin ich nicht interessiert.
3 Aus persönlichen Gründen kann ich den Vertretungsvertrag leider nicht erneuern.
4 Mein Gesundheitszustand erlaubt es mir nicht, weiterhin als Vertreter tätig zu sein.
5 Da ich meinen Wohnsitz ändern werde, ist es mir leider unmöglich, den Vertretungsvertrag zu erneuern.
6 Eine andere Firma hat mir eine Exklusivvertretung angeboten. Meinen Vertretungsvertrag bei Ihnen werde ich deshalb nicht verlängern.

Fristlose Kündigung durch die Firma

1 Sie haben unsere vertraglichen Vereinbarungen nicht eingehalten. Ihren Vertretungsvertrag kündigen wir aus diesem Grund mit sofortiger Wirkung.
2 Ihre Vertretertätigkeit für uns endet mit dem heutigen Tage.
3 Es sind häufig Klagen aus dem Kundenkreis Ihres Gebietes an uns herangetragen worden. Wir sind deshalb leider gezwungen, Ihren Vertretungsvertrag fristlos zu kündigen.

2 Nous ne désirons pas prolonger vos activités de représentant pour notre compte.
3 Nous ne désirons pas reconduire votre contrat de représentation.
4 Nous vous signalons dès à présent que nous dénoncerons votre contrat de représentation à la fin de l'année comme prévu.
5 Vous n'avez pas réussi à atteindre le niveau de productivité des autres représentants, nous sommes donc dans l'obligation de résilier votre contrat à partir du ... comme prévu.
6 Votre contrat de représentation se termine le ... Nous ne sommes pas disposés à le reconduire.

Dénonciation du contrat avec préavis de la part du représentant

1 Etant donné que je vais exercer une autre activité, je donne mon congé pour la fin de l'année selon les délais prévus.
2 Mon contrat de représentation se termine le ... Je ne désire pas reconduire mon contrat.
3 Pour des raisons personnelles, je ne peux pas renouveler ce contrat de représentation.
4 Mon état de santé ne me permet pas de poursuivre mon activité de représentant.
5 Devant changer de domicile, il m'est malheureusement impossible de renouveler le contrat de représentation.
6 Une autre entreprise m'a proposé une représentation exclusive. Je ne reconduirai donc pas mon contrat de représentation.

Notification de licenciement immédiat

1 Vous n'avez pas satisfait aux obligations du contrat. Pour cette raison, nous dénonçons avec effet immédiat le contrat de représentation pour nous lie.
2 Votre activité de représentant pour notre compte cesse ce jour-même.
3 Face à l'accumulation des plaintes formulées par les clients de votre secteur à votre égard, nous nous voyons dans l'obligation de dénoncer avec effet immédiat le contrat de représentation qui nous lie.

4 Da Sie mehrfach gegen Artikel . . . unseres Vertrags verstoßen haben, sehen wir uns leider gezwungen, Ihnen die Vertretung fristlos zu kündigen.
5 Wenn Sie nicht bis zum . . . den vertraglich festgelegten Mindestumsatz erreichen, sehen wir uns leider gezwungen, die Vertretung fristlos zu kündigen.

Fristlose Kündigung durch den Vertreter

1 Da Sie gegen Punkt . . . unseres Vertrags verstoßen haben, kündige ich die Vertretung hiermit fristlos.
2 Die von der Firma vertraglich zugesicherte Werbeunterstützung ist bis heute ausgeblieben. Ich sehe mich deshalb gezwungen, den Vertretungsvertrag fristlos zu kündigen.
3 Die Vertretertätigkeit für Sie bietet mir nicht den vertraglich in Aussicht gestellten Verdienst. Ich muss deshalb mit sofortiger Wirkung vom Vertrag zurücktreten.
4 Da sich Ihre Provisionsabrechnungen immer mehr verzögern, sehe ich mich gezwungen, mit sofortiger Wirkung vom Vertretungsvertrag zurückzutreten.
5 Von Ihrer Seite ist keine Bereitschaft zu erkennen, Ihren Verpflichtungen aus unserem Vertretungsvertrag nachzukommen. Deshalb kündige ich ihn mit sofortiger Wirkung.

Kommissions- und Provisionsgeschäfte

Anbieten eines Kommissionsgeschäfts: Einkauf

1 Wie wir gehört haben, übernehmen Sie Einkaufskommissionen im Raum . . . Bitte teilen Sie uns mit, ob Sie auch für uns tätig werden können.
2 Wir würden Sie gern mit unserer Einkaufskommission in . . . betrauen.

4 Vous avez à plusieurs reprises contrevenu à l'article . . . de notre contrat. Nous nous voyons donc dans l'obligation de dénoncer avec effet immédiat le contrat qui nous lie.
5 Si vous ne parvenez pas à réaliser jusqu'au . . . le chiffre d'affaires minimum fixé par contrat, nous nous verrons dans l'obligation de dénoncer avec effet immédiat le contrat de représentation qui nous lie.

Dénonciation du contrat sans préavis de la part du représentant

1 Vous n'avez pas tenu vos engagements concernant le point . . . de notre contrat de représentation, c'est pourquoi je dénonce ce contrat avec effet immédiat.
2 L'entreprise ne m'a toujours pas apporté le soutien publicitaire auquel elle s'était engagée par contrat. Je me vois donc dans l'obligation de dénoncer avec effet immédiat le contrat qui nous lie.
3 Ma rémunération de représentant est loin d'approcher celle que vous me promettiez par contrat. Je dénonce donc avec effet immédiat le contrat qui nous lie.
4 Vos retards de paiement de mes commissions ne cessent de s'accumuler, je me vois donc dans l'obligation de dénoncer avec effet immédiat le contrat de représentation qui nous lie.
5 Vous ne manifestez aucun empressement à satisfaire aux obligations auxquelles vous vous êtes engagés par contrat. Je dénonce donc avec effet immédiat le contrat qui nous lie.

Commissions diverses

Offre de commission: commission sur les achats

1 Nous avons appris que vous travaillez sur la base d'une commission sur les achats dans le secteur de . . . Veuillez nous faire savoir si cela vous intéresserait de travailler pour nous.
2 Nous aimerions vous charger de travailler pour nous à . . . sur la base d'une commission sur les achats.

3 Könnten Sie in Ihrem Namen und für unsere Rechnung in ... Einkäufe tätigen?
4 Für die Beschaffung unserer Rohstoffe in ... suchen wir einen Kommissionär. Wären Sie bereit, diese Aufgabe zu übernehmen?
5 Sie wurden uns von der Firma ... als Einkaufskommissionär empfohlen.
6 Sollten Sie bereit sein, für uns in ... eine Einkaufskommission zu übernehmen, so teilen Sie uns bitte Ihre Bedingungen mit.
7 Unser Einkaufskommissionär in ... steht leider nicht mehr zu unserer Verfügung. Könnten Sie seine Geschäfte für uns übernehmen?
8 Wir sind ein mittleres Unternehmen der ...branche und würden Sie gern mit unserer Einkaufskommission in ... betrauen.
9 Um uns von Zulieferern unabhängig zu machen, möchten wir im Raum ... eine Einkaufskommission errichten. Wären Sie bereit, diese Aufgabe zu übernehmen?
10 Wir sichern Ihnen überdurchschnittliche Provisionen zu.

3 Pourriez-vous effectuer en votre nom et pour notre compte des achats à ...?
4 Nous recherchons un commissionnaire qui nous approvisionne en matières premières provenant de ... Seriez-vous disposé à accepter notre offre?
5 Vous nous avez été recommandé par l'entreprise ... comme commissionnaire d'achat.
6 Si vous êtes disposé à prendre en commission nos achats à ..., veuillez nous communiquer vos conditions.
7 Notre commissionnaire d'achat à ... n'est malheureusement plus à notre disposition. Pourriez-vous reprendre ses activités?
8 Nous sommes une entreprise moyenne travaillant dans le secteur de ... et aimerions vous confier nos achats à ... sur la base d'une commission.
9 Pour ne pas dépendre de nos fournisseurs, nous souhaitons avoir un commissionnaire d'achat pour la région de ... Etes-vous disposé à vous charger de cette tâche?
10 Nous vous garantissons des commissions exceptionnelles.

Antwort des Kommissionärs

1 Aus zeitlichen Gründen ist es mir leider nicht möglich, eine Einkaufskommission für Sie zu übernehmen.
2 Bedauerlicherweise kann ich nicht für Sie als Einkaufskommissionär tätig werden.
3 Gegen eine gute Provision bin ich bereit, Ihre Einkaufskommission zu übernehmen.
4 Ich bin bereit, ab Anfang des nächsten Jahres auf Kommissionsbasis für Sie als Einkäufer tätig zu werden.
5 Zu meinem Bedauern bin ich nicht in der Lage, eine Einkaufskommission zu übernehmen. Ich kann Ihnen aber die Firma ... empfehlen.
6 Ich bin bereit, als Kommissionär für Sie tätig zu werden. Bitte teilen Sie mir Ihre Provisionssätze mit.

Réponse du commissionnaire

1 Je regrette de ne pas avoir le temps nécessaire pour me charger d'achats pour votre compte sur la base d'une commission.
2 Je regrette de ne pas pouvoir travailler pour vous comme commissionnaire d'achat.
3 Je suis disposé à travailler pour vous si la commission sur les achats proposée est intéressante.
4 Je suis prêt à travailler pour vous comme commissionnaire d'achat sur la base d'une commission au début de l'année prochaine.
5 Je regrette de ne pouvoir accepter de travailler sur la base d'une commission sur les achats. Je peux toutefois vous recommander l'entreprise ...
6 Je suis disposé à travailler comme commissionnaire pour vous. Veuillez me faire connaître le montant des commissions que vous accordez.

7 Wenn Sie gewillt sind, neben einer angemessenen Provision auch für meine Spesen und Lagerkosten aufzukommen, bin ich bereit, Ihre Einkaufskommission zu übernehmen.
8 Ich bin bereit, für Sie auf Kommissionsbasis einzukaufen. Bitte senden Sie mir eine Liste über Art, Menge und Qualität der gewünschten Waren.
9 Ich teile Ihnen mit, dass ich grundsätzlich bereit bin, für Sie als Einkaufskommissionär tätig zu werden, und schlage vor, alle weiteren Fragen in einem persönlichen Gespräch zu erörtern.

7 Si, en plus du paiement d'une commission correcte, vous êtes aussi disposés à me dédommager de mes frais y compris mes frais d'entrepôt, je suis pour ma part disposé à me charger de vos achats sur la base d'une commission.
8 Je suis disposé à faire des achats pour vous sur la base d'une commission. Veuillez me faire parvenir une liste indiquant la nature, la quantité et la qualité des marchandises souhaitées.
9 Je vous informe que je suis en principe prêt à travailler pour vous comme commissionnaire d'achat. Je vous propose de discuter de tous les détails au cours d'un entretien.

Anbieten eines Kommissionsgeschäfts: Verkauf

Offre d'une commission: commission sur les ventes

1 Wir suchen für den Raum ... ein Handelsunternehmen, das unsere Produkte in Kommission vertreibt.
2 Wären Sie bereit, unsere Produkte auf Kommissionsbasis zu verkaufen?
3 Wie wir erfahren haben, haben Sie in ... noch freie Lagerkapazitäten. Würden Sie für uns als Verkaufskommissionär tätig werden?
4 Sie wurden mir von meinem Geschäftspartner, Herrn ..., empfohlen. Wären Sie gewillt, auch für unsere Rechnung zu verkaufen?
5 Unser bisheriger Verkaufskommissionär in ... hat sein Geschäft aufgegeben. Könnten Sie den Verkauf unserer Produkte übernehmen?
6 Der Markt ist für unsere Waren aufnahmefähig. Die Übernahme unserer Verkaufskommission in ... wäre sicher lohnend für Sie.
7 Wir versuchen, unser Verkaufsnetz in der EU weiter auszubauen. Könnten Sie in ... unsere Produkte auf Kommissionsbasis vertreiben?
8 Eine monatliche Provisionsgarantie in Höhe von ... sichern wir Ihnen zu, wenn Sie unsere Verkaufskommission für ... übernehmen.
9 Wir haben vor, ein Konsignationslager in Übersee einzurichten. Könnten Sie uns einen guten Konsignatar empfehlen?

1 Nous recherchons pour la région de ... une entreprise commerciale qui vende nos produits sur la base d'une commission.
2 Seriez-vous disposé à vendre nos produits sur la base d'une commission?
3 Nous avons appris que la capacité de votre entrepôt à ... n'est pas encore saturée. Accepteriez-vous de travailler pour nous comme commissionnaire de vente?
4 Vous nous avez été recommandé par notre partenaire, Monsieur ... Seriez-vous disposé à vendre pour notre compte?
5 Notre commissionnaire de vente habituel à ... a cessé ses activités. Pourriez-vous reprendre la vente de nos produits?
6 La réceptivité du marché à nos produits est bonne. Leur vente sur la base d'une commission serait certainement une affaire lucrative pour vous.
7 Nous essayons d'étendre notre réseau de vente dans l'UE. Pourriez-vous vendre nos produits sur la base d'une commission?
8 Nous vous garantissons une commission se montant à ... si vous acceptez de travailler comme commissionnaire de vente pour nous.
9 Nous désirons organiser une vente en consignation dans un dépôt outre-mer. Pourriez-vous nous recommander un bon consignataire?

10 Unsere Firma beabsichtigt, als Konsignant einen Konsignationshandel in ... zu errichten. Wären Sie bereit, für uns als Konsignatar tätig zu werden?
11 Als Konsignatar können Sie uns die unverkäufliche Ware zurückschicken und Zollrückerstattung beantragen.

Antwort des Kommissionärs/Konsignatars

1 Ich bin gern bereit, hier in ... Ihre Verkaufskommission zu übernehmen.
2 Ich nehme Ihr Angebot zur Errichtung einer Verkaufskommission gern an.
3 Obwohl ich mich auf Einkaufskommission spezialisiert habe, übernehme ich Ihre Verkaufskommission sehr gern.
4 Gegen eine angemessene Provision bin ich bereit, Ihre Produkte auf Kommissionsbasis zu vertreiben.
5 Da ich geschäftlich überlastet bin, muss ich Ihr Kommissionsangebot leider ablehnen.
6 Es ist mir bedauerlicherweise nicht möglich, als Verkaufskommissionär für Sie tätig zu werden.
7 Leider muss ich Ihr Kommissionsangebot ablehnen. Ich kann Ihnen aber die Firma ... empfehlen.
8 Da ich mich vertraglich an die Firma ... gebunden habe, kann ich für Sie nicht als Verkaufskommissionär tätig werden.
9 Ich habe Ihr Angebot hinsichtlich der Übernahme einer Verkaufskommission an die Firma ... weitergeleitet und hoffe, damit in Ihrem Sinne gehandelt zu haben.
10 Ich bin an der Übernahme eines Konsignationslagers sehr interessiert und bitte um Mitteilung Ihrer Bedingungen.
11 Ich arbeite bereits als Konsignatar für ... und bin ggf. durchaus bereit, auch für Sie tätig zu werden.

Kommissionär ersucht um Einkaufskommission

1 Könnten Sie mir Ihre Einkaufskommission für ... übertragen?

10 Notre entreprise désire développer des activités de consignation à ... Seriez-vous disposé à travailler pour nous comme consignataire?
11 En tant que consignataire vous pouvez nous retourner la marchandise invendue et demander le remboursement des droits de douane.

Réponse du commissionnaire/consignataire

1 Je suis disposé à travailler pour vous ici à ... sur la base d'une commission sur la vente.
2 J'accepte avec plaisir votre proposition d'organiser la vente de vos articles en commission.
3 Bien que je sois spécialisé(e) dans les achats sur la base d'une commission, j'accepte avec plaisir de me charger de vos ventes en commission.
4 Contre paiement d'une commission appropriée je suis disposé(e) à vendre vos articles en commission.
5 Etant surchargé(e) de travail, je regrette de ne pouvoir accepter votre offre de commission.
6 Il m'est malheureusement impossible de travailler pour vous comme commissionnaire de vente.
7 Je regrette de ne pouvoir accepter votre proposition de commission. Je peux toutefois vous recommander l'entreprise ...
8 Etant lié(e) par contrat avec l'entreprise .. ., je ne peux pas travailler pour vous comme commissionnaire de vente.
9 J'ai transmis à l'entreprise ... votre offre de vente en commission et espère avoir ainsi agi au mieux de vos intérêts.
10 Je suis prêt(e) à reprendre un dépôt en consignation et vous prie de me communiquer vos conditions.
11 Je suis déjà consignataire pour ..., le cas échéant je serais disposé à travailler aussi pour vous.

Commissionnaire recherche achats en commission

1 Pourriez-vous me confier vos achats en commission pour ...?

2 Wie ich gehört habe, suchen Sie einen Einkaufskommissionär für den Raum ... Ich wäre bereit, für Sie tätig zu werden.
3 Ich habe mich auf den Einkauf von ... spezialisiert. Könnte ich auch für Sie als Einkaufskommissionär tätig werden?
4 Als Einkaufskommissionär für ... genieße ich einen guten Ruf. Darf ich auch Ihnen meine Dienste anbieten?
5 Es wäre mir eine große Freude, im Raum ... als Einkaufskommissionär für Sie tätig zu werden.
6 Ich habe gute Beziehungen nach Übersee. Darf ich Ihnen meine Dienste als Einkaufskommissionär anbieten?

2 J'ai appris que vous cherchiez un commissionnaire d'achat pour la région de ... Je serais disposé(e) à travailler pour vous.
3 Je me suis spécialisé(e) dans l'achat de ... Je vous propose mes services comme commissionnaire d'achat et espère que mon offre est susceptible de vous intéresser.
4 Je me suis fait un nom comme commissionnaire d'achat pour ... et me permets de vous proposer mes services.
5 Je serais très heureux(-se) de pouvoir travailler pour vous comme commissionnaire d'achat dans la région de ...
6 J'ai de bons contacts avec les pays d'outre-mer et me permets de vous proposer mes services comme commissionnaire d'achat.

Antwort des Kommittenten

1 In Beantwortung Ihres Schreibens vom ... möchten wir Ihnen mitteilen, dass wir gern bereit sind, Ihnen unsere Einkaufskommission in ... zu übertragen.
2 Bitte besuchen Sie uns am ... zur vertraglichen Fixierung unserer Abmachungen.
3 Wir sind bereit, Ihnen eine Einkaufskommission zu übertragen.
4 Da Ihre Referenzen uns sehr befriedigen, übertragen wir Ihnen unseren Einkauf auf Kommissionsbasis für den Raum ... Wir hoffen auf gute Zusammenarbeit.
5 Wir freuen uns über Ihr Angebot zur Übernahme einer Einkaufskommission.
6 Unser Geschäftsführer, Herr ..., wird Sie in den nächsten Tagen aufsuchen. Bei diesem Besuch können alle Fragen bezüglich der Qualitäten, Preise, Provisionen, Spesenvergütung usw. besprochen werden.
7 Aus organisatorischen Gründen müssen wir Ihr Angebot, eine Einkaufskommission für uns zu übernehmen, bedauerlicherweise ablehnen.
8 Obwohl Ihre Referenzen hervorragend sind, können wir Ihnen den kommissionsweisen Einkauf unserer Rohstoffe nicht übertragen. Die Gründe für diese Entscheidung sind ausschließlich innerbetrieblicher Natur.

Réponse du mandant

1 En réponse à votre lettre du ..., nous vous informons que nous avons le plaisir de vous charger de nos achats en commission à ...
2 Nous vous demandons de bien vouloir passer chez nous le ... afin de fixer les termes de notre contrat.
3 Nous sommes disposés à vous confier nos achats en commission.
4 Nous sommes très satisfaits des références que vous nous avez fournies et vous confions nos achats en commission pour la région de ... Nous espérons que notre collaboration sera productive.
5 Nous avons noté avec satisfaction votre proposition de collaboration comme commissionnaire d'achat.
6 Monsieur ..., notre gérant, vous rendra visite dans les jours qui viennent afin de discuter avec vous en détail de la qualité, des prix, de la commission, des frais etc.
7 Nous ne pouvons malheureusement accepter votre proposition de collaboration comme commissionnaire d'achat, ceci pour des raisons d'organisation.
8 Malgré vos excellentes références, nous ne pouvons pas vous confier les achats de nos matières premières sur la base d'une commission. Cette décision est uniquement dictée par des impératifs internes de notre entreprise.

9 Wir können Ihr Angebot, Einkäufe in Ihrem Namen und für unsere Rechnung zu tätigen, nicht akzeptieren, haben Sie jedoch unserem Geschäftspartner, der Firma ..., empfohlen. Bitte richten Sie Ihre Bewerbung dort an Herrn ...

Kommissionär ersucht um Verkaufskommission

1 Es wäre für mich eine große Freude, Ihre Produkte auf Kommissionsbasis vertreiben zu können.
2 Könnten Sie mir den kommissionsweisen Verkauf Ihrer Waren in ... übertragen?
3 Ich bin auf den Verkauf von ... spezialisiert. Darf ich als Kommissionär auch für Sie tätig werden?
4 Als Verkaufskommissionär genieße ich einen guten Ruf. Darf ich auch Ihnen meine Dienste anbieten?
5 Ihr Warensortiment ist in ... sehr beliebt. Darf ich mich deshalb für das hiesige Gebiet als Verkaufskommissionär empfehlen?
6 Die Absatzchancen Ihrer Produkte halte ich für gut. Es würde mich freuen, wenn ich für Sie als Verkaufskommissionär tätig werden könnte.
7 Da ich nicht voll ausgelastet bin, würde ich gern Ihre Verkaufskommission übernehmen.

Antwort des Kommittenten/Konsignanten

1 Leider müssen wir Ihr Angebot bezüglich der Übernahme einer Verkaufskommission ablehnen.
2 Da es uns aus organisatorischen Gründen nicht möglich ist, unsere Waren auf Kommissionsbasis zu vertreiben, können wir Ihr Angebot zu unserem Bedauern nicht annehmen. Dürfen wir Ihr Angebot an unseren Geschäftspartner, die Firma ... in ..., weiterleiten?
3 Wir eröffnen in ... eine Geschäftsstelle. Es ist uns deshalb nicht möglich, Ihnen den kommissionsweisen Verkauf unserer Waren zu übertragen.

9 Nous ne pouvons accepter votre proposition de faire des achats en votre nom et pour notre compte, nous vous avons toutefois recommandé à l'entreprise ..., notre partenaire. Veuillez adresser votre dossier de candidature à Monsieur...

Commissionnaire recherche vente en commission

1 J'aimerais beaucoup vendre vos produits sur la base d'une commission.
2 Pourriez-vous me confier les ventes de vos produits en commission à ...?
3 Je suis spécialisé(e) dans la vente de ... Je vous propose mes services comme commissionnaire de vente et espère que ma proposition est susceptible de vous intéresser.
4 Je me suis fait un nom comme commissionnaire de vente. Je me permets de vous proposer mes services.
5 Votre gamme de produits a beaucoup de succès à ... Je me permets donc de vous proposer mes services comme commissionnaire de vente dans cette région.
6 J'estime que vos produits ont d'excellentes perspectives de vente. J'aimerais beaucoup travailler pour vous comme commissionnaire de vente.
7 Mon programme d'activités n'est pas complet, j'aimerais donc me charger de la vente en commission de vos produits.

Réponse du mandant/consignateur

1 Nous ne pouvons malheureusement pas donner suite à votre proposition concernant la vente en commission de nos produits.
2 Nous ne vendons pas nos marchandises en commission et devons donc refuser votre proposition pour des raisons d'organisation. Avec votre accord nous allons transmettre votre proposition à l'entreprise ... à ... qui est notre partenaire.
3 Nous allons ouvrir une agence à ... Nous ne sommes donc pas en mesure de vous confier la vente de nos produits en commission.

4 Ihr Angebot, ein Konsignationslager in ... für unsere Produkte einzurichten, ist für uns von großem Interesse. Wir sind gern bereit, Sie mit dieser Aufgabe zu betrauen.
5 Zur vertraglichen Fixierung unserer Geschäftsbedingungen wird unser Geschäftsführer, Herr ..., am ... bei Ihnen vorsprechen.
6 Wir nehmen Ihr Angebot, unsere Produkte auf Konsignationsbasis zu vertreiben, gern an.
7 Mit der Regelung der Geschäftsbedingungen haben wir unseren Prokuristen, Herrn ..., beauftragt. Bitte teilen Sie uns einen Termin für seinen Besuch mit.
8 Wir freuen uns, Sie als Konsignatar mit dem Verkauf unserer Produkte betrauen zu können.

4 Votre proposition d'organisation de vente de nos produits en dépôt de consignation à ... nous intéresse beaucoup. Nous sommes disposés à vous charger de cette vente.
5 Monsieur ..., notre gérant, passera vous voir le ... pour discuter des conditions de vente à fixer par contrat.
6 Nous acceptons avec plaisir votre proposition de vente de nos produits en consignation.
7 Nous avons chargé Monsieur ..., notre fondé de pouvoir, de régler avec vous les conditions de vente. Veuillez nous proposer une date pour ce rendez-vous.
8 Nous sommes heureux de pouvoir vous confier comme consignateur la vente de nos produits.

Unstimmigkeiten zwischen Kommittenten/Konsignanten und Kommissionär/Konsignatar

Schreiben des Kommittenten/Konsignanten

1 Ihre Spesenabrechnung erscheint uns zu hoch. Bitte überprüfen Sie Ihre Angaben.
2 Mit der Höhe Ihrer Spesenabrechnung sind wir nicht einverstanden.
3 Sollten sich Ihre Spesenforderungen nicht verringern, sähen wir uns gezwungen, Ihnen unsere Kommissionsgeschäfte (Konsignationsgeschäfte) zu entziehen.
4 Bei derartig hohen Spesen ist der kommissionsweise (konsignationsweise) Verkauf unserer Waren ein glattes Verlustgeschäft für uns.
5 In Ihrer Spesenabrechnung vom letzten Monat ist Ihnen ein Rechenfehler in Höhe von ... zu Ihren Gunsten unterlaufen.
6 Ihre Spesenforderungen sind uns zu hoch. Wir werden eine andere Firma mit dem kommissionsweisen (konsignationsweisen) Verkauf unserer Produkte beauftragen.
7 Wir hatten eine Provision in Höhe von ... % des Rechnungsbetrags vereinbart. Deshalb können wir nicht zulassen, dass Sie uns neuerdings eine Provision von ... % in Rechnung stellen.

Divergences entre mandant/consignateur et commissionnaire/consignataire

Lettre du mandant/consignateur

1 Votre note de frais nous semble trop élevée. Veuillez vérifier vos données.
2 Nous ne sommes pas d'accord avec le montant de votre note de frais.
3 Si vous ne réduisez pas vos prétentions en matière de remboursement de notes de frais, nous serons dans l'obligation de vous retirer votre mandat de commissionnaire (de consignataire).
4 Avec ces frais exhorbitants, la vente de nos produits en commission (consignation) est une véritable opération à perte pour nous.
5 En calculant le mois dernier le montant remboursable de vos frais, vous avez fait une erreur de calcul à votre avantage s'élevant à ...
6 Vos prétentions à propos du remboursement des frais déboursés nous semblent trop élevées. Nous allons confier la vente de nos produits en commission (consignation) à une autre entreprise.
7 Nous avions convenu d'une commission de ... % du montant de la facture. Nous refusons donc votre récente facturation de commission portée à ... %.

8 Ihre letzte Provisionsabrechnung ist um ... zu hoch ausgefallen. Wir bitten Sie deshalb, Ihre nächste Abrechnung um diesen Betrag zu kürzen.
9 Wir werden Ihre Provisionsabrechnungen künftig genauer überprüfen müssen.
10 Die von Ihnen für unsere Kommissionswaren (Konsignationswaren) berechnete Lagermiete ist unbegreiflich hoch.
11 Im letzten Monat haben Sie für uns keine Einkäufe getätigt. Ihre Lagergeldforderung in Höhe von ... ist uns deshalb unverständlich. Wir bitten Sie, sich in Zukunft an die üblichen Lagermieten zu halten.
12 Ihre Lagergeldabrechnungen werden von Monat zu Monat höher.

8 Vous nous avez facturé ... en trop en calculant votre dernière commission. Nous vous demandons de déduire le trop perçu de votre prochaine facture.
9 Nous allons devoir à l'avenir procéder à une vérification plus précise du montant de votre commission.
10 Vous avez loué un dépôt pour nos marchandises en commission (consignation) à un prix qui nous semble exhorbitant.
11 Vous n'avez pas effectué d'achats pour nous le mois dernier. Nous avons donc du mal à nous expliquer vos prétentions concernant les frais d'entreposage. Veuillez à l'avenir veiller à ne pas dépasser un loyer raisonnable pour l'entrepôt.
12 Les frais que vous nous facturez pour l'entreposage augmentent de mois en mois.

Antwort des Kommissionärs/Konsignatars

1 Da meine Spesenabrechnung nach bestem Wissen und Gewissen erfolgte, ist mir Ihre Beschwerde wegen deren Höhe unverständlich.
2 Den Additionsfehler in meiner Spesenabrechnung vom ... bitte ich zu entschuldigen.
3 Als Anlage überreiche ich Ihnen die Originalbelege, damit Sie sich von der Richtigkeit meiner Spesenabrechnung überzeugen können.
4 Die Spesen, die ich Ihnen in Rechnung stellte, sind mir tätsächlich entstanden. Als Beweis dafür überreiche ich Ihnen als Anlagen die betreffenden Originalbelege.
5 Ich kann in meiner Spesenabrechnung keinen Fehler entdecken.
6 Bei der Berechnung meiner Provision habe ich mich korrekt an unseren Kommissionsvertrag (Konsignationsvertrag) gehalten. Deshalb weise ich Ihre Beschwerde mit Nachdruck zurück.
7 Bitte entschuldigen Sie den Fehler in meiner Provisionsabrechnung vom ...
8 Ihre Beschwerde wegen meiner Provisionsabrechnung ist mir unverständlich. Ich habe genau ... % des Rechnungsbetrags als Provision berechnet.

Réponse du commissionnaire/consignataire

1 Je ne comprends pas vos réclamations à propos des frais que je vous ai facturés en toute bonne foi.
2 Je vous présente mes excuses pour l'erreur de calcul dans ma note de frais datée du ...
3 Je vous adresse ci-joint mes justificatifs de frais (en original) pour que vous puissiez vous convaincre de l'exactitude de ma note de frais.
4 J'ai vraiment déboursé les sommes figurant sur ma note de frais. Comme preuve de ma bonne foi je vous adresse ci-joint les justificatifs correspondants originaux.
5 Je n'ai pas trouvé d'erreur dans ma note de frais.
6 Pour calculer ma commission je me suis basé uniquement sur notre contrat de commission (consignation). Je refuse donc expréssement votre réclamation non fondée.
7 Je vous prie de m'excuser pour l'erreur commise dans ma note de frais de ...
8 Je ne m'explique pas vos réclamations concernant mes calculs de commission. Je me suis basé exactement sur ... % du montant de la facture.

9 Ich habe meine Provisionsabrechnung nochmals geprüft und keinen Fehler entdecken können. Deshalb bitte ich Sie, Ihre Kommissionskonten (Konsignationskonten) zu überprüfen.
10 Bitte entschuldigen Sie den Additionsfehler in meiner letzten Provisionsabrechnung.
11 Der Fehler in meiner letzten Provisionsabrechnung ist durch die Stornierung eines Auftrags entstanden.
12 Für Ihre Kommissionswaren (Konsignationswaren) habe ich Ihnen die übliche Lagermiete berechnet. Ihre Beschwerde wegen der Höhe des Lagergeldes ist mir daher unverständlich.
13 Für meinen Fehler bei der Berechnung des Lagergeldes für Ihre Kommissionswaren (Konsignationswaren) bitte ich um Entschuldigung. Ich werde den Betrag in Höhe von ... bei meiner nächsten Abrechnung berücksichtigen.
14 Das Lagergeld für Ihre Kommissionswaren (Konsignationswaren) habe ich nach bestem Wissen berechnet.

9 J'ai vérifié à nouveau le montant de ma commission et n'ai pas découvert d'erreur. Je vous prie de procéder à une vérification de vos comptes de commission (consignation).
10 Je vous présente mes excuses pour l'erreur de calcul dans mes derniers comptes de commission.
11 L'erreur sur le montant de ma dernière facture de commission est due à l'annulation d'une commande.
12 Je vous ai facturé le montant tout à fait normal pour un loyer d'entrepôt destiné aux marchandises en commission (consignation). Je ne m'explique donc pas votre réclamation au sujet d'un loyer trop élevé.
13 Je vous présente mes excuses pour l'erreur de calcul dans les frais d'entreposage pour vos marchandises en commission (consignation). Je tiendrai compte des ... trop perçus lors de ma prochaine facture.
14 Je vous ai facturé en toute bonne foi les frais d'entreposage pour vos marchandises en commission (consignation).

Beendigung des Kommissionsgeschäfts

Kündigung durch den Kommittenten/Konsignanten

1 Da Sie unsere Vorstellungen von der Qualität der von Ihnen einzukaufenden Waren wiederholt nicht berücksichtigt haben, sehen wir keine Grundlage mehr für eine weitere Zusammenarbeit. Wir sind deshalb gezwungen, unseren Einkaufskommissionsvertrag mit sofortiger Wirkung zu kündigen.
2 Da Sie unsere Interessen nicht nachhaltig genug vertreten, sehen wir keine Basis mehr für eine weitere Zusammenarbeit.
3 Bitte betrachten Sie unsere Geschäftsverbindung auf Kommissionsbasis (Konsignationsbasis) als beendet.
4 Aus organisatorischen Gründen müssen wir unser Kommissionsgeschäft (Konsignationsgeschäft) leider beenden.

Fin du contrat de commission

Dénonciation du contrat par le mandant/consignateur

1 A plusieurs reprises vous n'avez pas tenu compte de nos desiderata concernant la qualité des marchandises que vous deviez acheter. Nous sommes donc dans l'obligation de renoncer à une collaboration qui n'a plus de raison d'être. Nous dénonçons donc avec effet immédiat le contrat d'achats en commission qui nous lie.
2 Comme vous ne défendez pas nos intérêts avec l'énergie souhaitable, nous sommes dans l'obligation de renoncer à une collaboration dénuée de tout fondement.
3 Nous sommes obligés de mettre un terme à nos relations d'affaires sur une base de commission (consignation).
4 Nous regrettons de mettre un terme à nos activités sur la base d'une commission (consignation), ceci pour des raisons d'organisation.

5 Ihre Spesen- und Lagergeldforderungen sind uns zu hoch geworden. Wir müssen deshalb unser Kommissionsgeschäft (Konsignationsgeschäft) mit Wirkung vom ... beenden.
6 Wie wir erfuhren, haben Sie gleichzeitig für unsere Konkurrenz eine Verkaufskommission übernommen. Wir sehen uns daher gezwungen, unsere Interessen in ... künftig selbst wahrzunehmen. Unsere Geschäftsverbindung ist beendet.
7 Bitte stellen Sie Ihre Einkäufe für unsere Rechnung sofort ein.

Kündigung durch den Kommissionär/Konsignatar

1 Da Sie mit meiner Arbeitsweise unzufrieden sind, werde ich für Sie leider nicht länger tätig sein können.
2 Ihre Beschwerden wegen meiner Lagergeldabrechnungen veranlassen mich, unser Kommissionsgeschäft (Konsignationsgeschäft) als beendet zu betrachten.
3 Da ich am ... mein Geschäft aufgeben werde, kann ich in Zukunft leider nicht mehr als Ihr Einkaufskommissionär tätig sein.
4 Meine Geschäftsaufgabe zwingt mich, unseren Kommissionsvertrag (Konsignationsvertrag) mit sofortiger Wirkung zu kündigen. Die noch auf Lager befindliche Ware werde ich umgehend zurücksenden (sofern Sie keine anderen Anweisungen haben).
5 Ihre ständigen Beschwerden lassen mich vermuten, dass ich Ihre Interessen nicht zu Ihrer Zufriedenheit vertreten habe. Ich sehe mich deshalb veranlasst, von unserem Kommissionsgeschäft (Konsignationsgeschäft) zurückzutreten.
6 Da Sie mit der Zahlung des Lagergeldes schon ... Monate in Verzug sind, muss ich unsere Geschäftsverbindung abbrechen.
7 Da Sie nicht bereit sind, meine Spesenforderungen anzuerkennen, trete ich mit sofortiger Wirkung von unserem Kommissionsvertrag (Konsignationsvertrag) zurück.
8 Ihre Konkurrenz hat mir ein besseres Angebot gemacht, deshalb beende ich meine Tätigkeit als Ihr Verkaufskommissionär.

5 Nous estimons que les frais, y compris les frais d'entreposage, que vous nous facturez sont devenus trop élevés. Nous nous voyons donc obligés de dénoncer notre contrat de commission (consignation) à partir du ...
6 Nous avons appris que vous aviez pris en charge une autre commission de vente pour notre concurrent. Nous sommes donc dans l'obligation de représenter désormais nous-mêmes nos intérêts à ... Veuillez considérer nos relations d'affaires comme terminées.
7 Veuillez cesser immédiatement d'effectuer des achats pour notre compte.

Dénonciation du contrat par le commissionnaire/consignataire

1 Puisque vous n'êtes pas satisfaits de ma façon de travailler, je me vois dans l'obligation de cesser toute activité pour votre compte.
2 Vos réclamations au sujet du montant de mes frais d'entreposage me contraignent à dénoncer notre contrat de commission (consignation).
3 En raison de ma cessation d'activité à compter du ... je regrette de ne pouvoir désormais continuer à travailler pour vous comme commissionnaire d'achat.
4 En raison de ma cessation d'activité je dénonce avec effet immédiat le contrat de commission (consignation) qui nous lie. Les marchandises encore entreposées vous seront retournées immédiatement (sauf instructions contraires de votre part).
5 Vos plaintes continuelles m'amènent à supposer que vous n'êtes pas satisfaits de la façon dont j'ai représenté vos intérêts. Je me vois donc dans l'obligation de dénoncer notre contrat de commission (consignation).
6 Vous n'avez toujours pas payé les frais d'entreposage depuis ... mois, je me vois donc dans l'obligation de cesser toute relation d'affaires avec vous.
7 Etant donné que vous refusez de me rembourser mes frais comme je l'exige, je dénonce avec effet immédiat le contrat de commission (consignation) qui nous lie.
8 Votre concurrent m'a fait une proposition plus intéressante. Je mets donc un terme à mes activités de commissionnaire de vente pour votre compte.

Schreiben zu besonderen Gelegenheiten

Correspondance pour des occasions particulières

Dankschreiben

1. Wir bedanken uns für das uns entgegengebrachte Vertrauen.
2. Wir danken Ihnen für den bei uns am ... eingegangenen Auftrag.
3. Für Ihr Verständnis hinsichtlich des Lieferverzugs danken wir Ihnen sehr.
4. Für die uns eingeräumte Zahlungsfrist möchten wir uns bestens bedanken.
5. Wir danken dafür, dass Sie die Mehrlieferung trotzdem abgenommen haben.
6. Für die zum Geschäftsjubiläum entgegengebrachten Glückwünsche bedanken wir uns herzlich.
7. Wir danken Ihnen für die uns gewährte längere Lieferfrist. In dieser Zeit war es uns möglich, die Ware zu beschaffen.
8. Besten Dank für den Auftrag. Wir möchten Ihnen gleichzeitig ein Sonderangebot unterbreiten.
9. Wir danken Ihnen für die freundliche Aufnahme unseres Herrn (unserer Frau) ... in Ihrem Hause.
10. Herzlichen Dank für Ihre freundliche Vermittlung in der Sache ...
11. Wir bedanken uns sehr und sind zu Gegenleistungen jederzeit gern bereit.

Remerciements

1. Nous vous remercions de la confiance que vous avez bien voulu nous témoigner.
2. Nous vous remercions de votre commande qui nous est parvenue le ...
3. Nous vous remercions de l'indulgence dont vous avez fait preuve pour notre retard de livraison.
4. Nous vous remercions du délai de paiement que vous avez bien voulu nous accorder.
5. Nous vous remercions d'avoir gardé la livraison supplémentaire faite par erreur.
6. Nous vous remercions de tout cœur des vœux que vous nous avez adressés à l'occasion de l'anniversaire de la fondation de notre maison.
7. Nous vous remercions de nous avoir accordé un délai de livraison supplémentaire. Nous avons réussi entre-temps à nous procurer la marchandise.
8. Nous vous remercions de la commande que vous nous avez passée et nous permettons de vous soumettre à cette occasion une offre spéciale.
9. Nous vous remercions de l'accueil chaleureux que vous avez réservé chez vous à notre collaborateur (collaboratrice), Monsieur (Madame) ...
10. Nous vous remercions de tout cœur pour votre aimable intervention dans l'affaire ...
11. Nous vous présentons tous nos remerciements et serions heureux de pouvoir vous être à notre tour utiles.

Glückwünsche

Geschäftsjubliäum

1 Zu Ihrem ...-jährigen Geschäftsjubliäum möchten wir Ihnen unsere herzlichsten Glückwünsche aussprechen.
2 Bei dieser Gelegenheit gratulieren wir zu Ihrem Geschäftsjubiläum herzlich.
3 Wir erlauben uns, Ihnen zu Ihrem Geschäftsjubliäum zu gratulieren, und hoffen auf weitere gute Zusammenarbeit.

Weihnachten und Neujahr

1 Die besten Glückwünsche zum Weihnachtsfest und Jahreswechsel!
2 Wir wünschen Ihnen schöne Feiertage und alles Gute im neuen Jahr.
3 Ein frohes Weihnachtsfest und ein gesundes neues Jahr wünschen wir Ihnen allen.
4 Wir gestatten uns, Ihnen und Ihren Mitarbeitern ein frohes Fest und ein erfolgreiches neues Jahr zu wünschen.
5 Schöne Feiertage und ein gesundes, erfolgreiches neues Jahr wünscht Ihnen ...
6 Auch für das neue Jahr hoffen wir auf eine gute Zusammenarbeit und wünschen Ihnen alles Gute.
7 Wir gestatten uns, Ihnen die besten Grüße und Wünsche für das neue Jahr zu übermitteln.

Geschäftseröffnung

1 Zur Geschäftseröffnung wünschen wir Ihnen viel Erfolg.
2 Wir hoffen, dass Sie mit Ihrem neuen Geschäft schöne Erfolge haben werden.
3 Wir gestatten uns, Ihnen zur Eröffnung Ihrer Verkaufsniederlassung in ... zu gratulieren, und hoffen auf eine gute Zusammenarbeit.

Félicitations

Anniversaire de la fondation d'une maison

1 Nous vous adressons nos vives félicitations à l'occasion du ... anniversaire de fondation de votre maison.
2 Toutes nos félicitations pour l'anniversaire de la fondation de votre établissement.
3 Nous nous permettons de vous féliciter à l'occasion de l'anniversaire de fondation de votre maison et espérons poursuivre longtemps notre excellente collaboration.

Noël et nouvelle année

1 Nos meilleurs vœux à l'occasion de Noël et du nouvel an!
2 Nous vous souhaitons de joyeuses fêtes de Noël et une bonne année.
3 Nous vous souhaitons à tous de joyeuses fêtes de Noël, tous nos vœux de bonne année et de bonne santé.
4 Nous vous présentons tous nos vœux de bonne année sans oublier vos collaborateurs et vous souhaitons beaucoup de succès l'année prochaine.
5 Bonnes fêtes de Noël, tous nos vœux de bonne santé et de réussite pour la nouvelle année de la part de ...
6 Nous souhaitons que l'année nouvelle continuera à placer notre collaboration sous d'heureux auspices et vous présentons tous nos vœux de bonne année.
7 Nous vous adressons nos meilleurs vœux à l'occasion de la nouvelle année et nos cordiales salutations.

Ouverture d'une maison de commerce

1 Nous vous adressons tous nos vœux de succès à l'occasion de l'ouverture de votre maison.
2 Tous nos vœux de prospérité pour votre nouvelle maison.
3 Nous vous présentons nos vœux de succès à l'occasion de l'ouverture de votre établissement à ... et espérons que notre collaboration sera fructueuse.

271

4 Wir erlauben uns, zu Ihrer Geschäftseröffnung am ... herzlich zu gratulieren.
5 Beste Wünsche zur Eröffnung Ihrer Zweigniederlassung! Bei dieser Gelegenheit möchten wir Sie auf unser Sonderangebot hinweisen.
6 Wir gratulieren Ihnen zu Ihrer Geschäftseröffnung und hoffen, dass wir bald zusammenarbeiten werden.
7 Wir beglückwünschen Sie zu Ihrer Geschäftserweiterung und hoffen zuversichtlich, Sie jederzeit zufrieden stellen zu können.

4 Nous vous présentons nos vives félicitations pour l'ouverture de votre maison à ...
5 Toutes nos félicitations à l'occasion de l'ouverture de votre succursale! Nous profitons de cette occasion pour attirer votre attention sur notre offre spéciale.
6 Nous vous félicitons pour l'ouverture de votre établissement et espérons instaurer rapidement une collaboration avec vous.
7 Nous vous adresssons nos vœux de réussite à l'occasion de l'extension de votre maison et demeurons à votre service.

Vermählung, Geburtstag

1 Wir möchten Ihnen anlässlich der Vermählung Ihres Sohnes (Ihrer Tochter) unsere herzlichen Glückwünsche übermitteln.
2 Zum ... Geburtstag senden wir Ihnen herzliche Glückwünsche.
3 Anlässlich der Geburt Ihres Sohnes (Ihrer Tochter) möchten wir Ihnen unsere herzlichsten Glückwünsche übermitteln.

Mariage, anniversaire

1 A l'occasion du mariage de votre fils (fille) nous vous présentons tous nos vœux de bonheur à transmettre aux jeunes mariés.
2 Nous vous souhaitons un bon anniversaire à l'occasion de vos ... ans.
3 Nous partageons votre joie à l'occasion de la naissance de votre fils (fille).

Kondolenzbriefe

Lettres de condoléances

1 Wir möchten Sie unseres tiefen Bedauerns über das Hinscheiden Ihres Aufsichtsratsvorsitzenden (-mitglieds), Herrn ..., versichern.
2 Es ist uns ein Bedürfnis, Ihnen zum Ableben Ihres Herrn (Ihrer Frau) ... unser aufrichtiges Beileid auszudrücken.
3 Zutiefst bedauern wir das plötzliche Ableben Ihres(r) hochgeschätzten Mitarbeiters(in), Herrn (Frau) ...
4 Die Belegschaft unserer Firma bedauert aufrichtig das unerwartete Ableben Ihres Betriebsleiters, Herrn ...
5 Über das unerwartete Ableben Ihrer verehrten Frau Gemahlin sind wir zutiefst erschüttert. Gestatten Sie uns, Ihnen unsere aufrichtige Anteilnahme zu bekunden.
6 Wir versichern Sie unserer aufrichtigen Anteilnahme.
7 Wir müssen Ihnen das Ableben unseres Herrn ... mitteilen.

1 Nous sommes profondément attristés par la nouvelle du décès de Monsieur ..., président (membre) de votre conseil d'administration et vous présentons nos condoléances.
2 Nous tenons à vous présenter nos sincères condoléances à l'occasion de la disparition de votre collaborateur (collaboratrice), Monsieur (Madame) ...
3 Nous sommes profondément attristés par le décès subit de votre collaborateur (collaboratrice) estimé(e), Monsieur (Madame) ...
4 Le personnel de notre entreprise vous adresse ses sincères condoléances à l'occasion du décès subit de Monsieur ..., votre directeur.
5 C'est avec une profonde émotion que nous avons appris le décès subit de votre épouse. Nous vous présentons nos très sincères condoléances.
6 Nous vous présentons nos sincères condoléances.
7 Nous avons le regret de vous informer du décès de Monsieur ..., notre collaborateur.

Firmeninformation

Geschäftseröffnung/Eröffnung einer Filiale oder Verkaufsniederlassung/Änderungen innerhalb der Firma

1. Wir teilen Ihnen mit, dass wir am ... in ... ein neues Geschäft eröffnen werden.
2. Bei dieser Gelegenheit möchten wir Ihnen mitteilen, dass wir in ... eine Zweigniederlassung eröffnet haben.
3. Am ... werden wir eine Verkaufsniederlassung in ... eröffnen.
4. Wir gestatten uns Ihnen mitzuteilen, dass wir in ... ein neues Geschäft eröffnet haben, und hoffen, Ihnen schon in Kürze ein günstiges Angebot unterbreiten zu können.
5. In ..., ...straße ..., haben wir ein neues Geschäft eröffnet. Wir hoffen, Sie werden sich bald mit uns in Verbindung setzen.
6. Die Eröffnung unseres neuen Geschäfts erfolgt am ...
7. Wir freuen uns Ihnen mitzuteilen, dass wir unseren gesamten Auftragsablauf auf ein neues Computer-Software-Programm umgestellt haben.
8. Bitte nehmen Sie zur Kenntnis, dass wir ab sofort alle Aufträge online bearbeiten werden.
9. Sie erreichen unser neues Callcenter unter der Tel.-Nr. ...
10. Seit der Zusammenlegung unserer Geschäftsaktivitäten mit ... firmieren wir unter ... und sind telefonisch unter der Nr. ... und per Fax unter der Nr. ... zu erreichen. Unsere E-Mail-Adresse lautet ...
11. Unsere neue Telefonnummer lautet: ... Per Fax erreichen Sie uns unter ... Ihre E-Mails schicken Sie bitte an: ...
12. Wir möchten Sie darauf hinweisen, dass unserer Zweigniederlassung ein Auslieferungslager angegliedert ist.
13. Unsere Zweigniederlassung ist mit einer modernen Datenverarbeitungsanlage ausgestattet.
14. Über ein computergesteuertes Netzwerk steht unsere neue Zweigniederlassung in ständigem direktem Kontakt mit der Zentrale.

Informations de l'entreprise

Avis d'ouverture d'un établissement/d'une agence/d'une succursale/modifications au sein de l'entreprise

1. Nous vous informons de la prochaine ouverture de notre nouveau magasin à ... le ...
2. Nous vous informons à cette occasion de la récente ouverture de notre succursale à ...
3. Nous ouvrirons une succursale à ... le ...
4. Nous nous permettons de vous signaler l'ouverture d'un nouvel établissement à ... et espérons vous présenter bientôt une offre intéressante.
5. Nous avons ouvert un nouveau magasin dans la rue ... Nous espérons que vous nous contacterez rapidement.
6. L'ouverture de notre nouveau magasin aura lieu le ...
7. Nous avons le plaisir de vous informer que nous avons réorganisé le processus complet de la commande au moyen d'un nouveau logiciel informatique.
8. Nous vous demandons de bien vouloir noter qu'à partir de maintenant toutes les commandes sont traitées en ligne.
9. Notre nouveau centre d'appels est joignable au numéro de téléphone ...
10. Depuis la fusion de nos activités ... avec ... nous portons le nom social ... et nous sommes joignables au numéro de téléphone ... et par fax au N° .... Notre adresse email est la suivante: ...
11. Notre nouveau numéro de téléphone est le suivant: .... Nous sommes joignable par fax au numéro .... Veuillez envoyer votre email à: ...
12. Nous vous signalons que notre succursale dispose d'un dépôt de vente.
13. Notre succursale dispose d'un système de traitement de données très moderne.
14. Notre succursale est reliée en permanence à notre centrale par réseau informatique.

Änderung des Firmennamens

1 Wir möchten Ihnen mitteilen, dass wir unseren Firmennamen geändert haben. Ab sofort heißt unsere Firma: ...
2 Nach erfolgtem Ausscheiden unseres(r) Gesellschafters (Gesellschafterin), Herrn (Frau) ..., heißt unsere Firma in Zukunft: ...
3 Wir teilen Ihnen mit, dass wir unsere Firma in eine KG umgewandelt haben.
4 Nach dem Zusammenschluss unseres Hauses mit ... möchten wir Ihnen die Firmenänderung bekannt geben. Der neue Name der Firma lautet: ...
5 Wegen der häufigen Verwechslung des Namens unserer Firma mit dem eines anderen Unternehmens haben wir uns zur Umbenennung unserer Firma entschlossen.
6 Laut Gesellschafterbeschluss vom ... führen wir ab ... den Namen ...
7 Ich teile Ihnen mit, dass ich mein Einzelunternehmen in eine ...gesellschaft umgewandelt habe.
8 Ab ... ist unsere Firma eine börsennotierte Aktiengesellschaft und heißt: ...

Changement de raison sociale

1 Nous désirons vous informer de notre changement de raison sociale. Voici la nouvelle désignation de notre entreprise: ...
2 Par suite du départ de notre associé(e), Monsieur (Madame)..., nous avons changé notre raison sociale qui sera à l'avenir: ...
3 Nous vous informons que nous sommes devenus une société en commandite.
4 Nous vous communiquons la nouvelle désignation de notre entreprise résultant d'une fusion avec ... Voici notre nouvelle raison sociale: ...
5 Notre raison sociale était source de confusions répétées avec une autre entreprise, si bien que nous avons décidé d'en changer.
6 Conformément à la décision prise par tous les associés le ..., nous prenons le nom de ... à partir de ...
7 Mon entreprise individuelle a été transformée en une société ..., je vous communique ce changement.
8 A dater du ..., notre entreprise est une société anonyme cotée en bourse portant le nom suivant: ...

Änderung der Firmenanschrift

1 Wir teilen Ihnen mit, dass unsere Adresse ab ... wie folgt lautet: ...
2 Unsere neue Anschrift ist: ...
3 Wir sind umgezogen. Unsere neue Anschrift ist: ...
4 Bei dieser Gelegenheit möchten wir Ihnen mitteilen, dass sich unsere Adresse geändert hat. Bitte richten Sie Ihre Angebote in Zukunft an folgende Anschrift: ...
5 Seit dem ... hat unser Unternehmen mit ... fusioniert. Wir werden daher ab ... unseren Firmensitz in ... haben. Die Anschrift lautet: ...
6 Ab ... haben wir eine neue Anschrift. Wir sind in ... zu erreichen.
7 Unsere Firma hat den Sitz gewechselt. Wenden Sie sich bitte künftig an folgende Adresse: ...
8 Die erhebliche Expansion unseres Unternehmens hat uns dazu bewogen, einen neuen Standort zu wählen. Unser neues Fabrikgelände ist in ...

Changement d'adresse de l'entreprise

1 Nous vous informons de notre changement d'adresse valable à partir du ..., nouvelle adresse: ...
2 Voici notre nouvelle adresse: ...
3 Nous avons déménagé. Voici notre nouvelle adresse: ...
4 Nous vous signalons à cette occasion que nous avons changé d'adresse. Veuillez désormais nous adresser vos offres à l'adresse suivante: ...
5 Depuis le ... notre entreprise a fusionné avec .... Nous aurons donc notre siège social à ... à partir de .... L'adresse est la suivante: ...
6 A partir du ... nous avons une nouvelle adresse. Vous pouvez nous joindre à ...
7 Notre entreprise a changé de siège social. Veuillez désormais envoyer votre courrier à l'adresse suivante: ...
8 En raison de l'expansion considérable de notre entreprise, nous avons décidé de déménager. Le nouvel emplacement de notre usine se trouve maintenant à ...

9 Durch das Outsourcing bestimmter Unternehmensteile sehen wir uns genötigt, die Auftragsannahme nach ... zu verlegen. Bitte senden Sie Ihre zukünftigen Bestellungen an folgende Anschrift:

9 Suite à la mise en sous-traitance de certains secteurs de notre entreprise nous sommes obligés de transférer le service commande à .... Nous vous remercions d'envoyer vos commandes futures à l'adresse suivante:

Änderung der Telefon- und/oder Faxnummern sowie der E-Mail-Adresse

1 Unser Telefonanschluss hat sich geändert. Die neue Nummer lautet: ...
2 Bitte notieren Sie unsere neue Telefonnummer: ...
3 Wir haben ein Callcenter eingerichtet. Ab sofort wenden Sie sich bitte an folgende Tel.-Nr.: ...
4 Bitte notieren Sie unsere neue Fax-Nr. Sie lautet: ...
5 Bitte wählen Sie zwischen ... Uhr und ... Uhr unsere Tel.-Nr ..., unsere Fax-Nr ... oder schicken Sie uns unter ... eine E-Mail.
6 Klicken Sie bitte www ... an und Sie erhalten Zugang zu unserer Homepage im Internet. Dort finden Sie unser ständig aktualisiertes Angebot.

Nouveau numéro de téléphone et/ou de fax, adresse email

1 Nous avons changé de numéro de téléphone. Voici notre nouveau numéro: ...
2 Veuillez prendre note de notre nouveau numéro de téléphone: ...
3 Nous avons installé un centre d'appels. A partir de maintenant adressez vous au numéro de téléphone suivant ...
4 Veuillez prendre note de notre nouveau numéro de fax ...
5 Veuillez composer notre numéro de téléphone entre ...heures et ... heures, notre numéro de fax ... ou envoyez – nous un email à ....
6 Veuillez cliquer www ... et vous accédez à notre site internet. Vous y trouvez notre offre actualisée en permanence.

Änderung der Beteiligungsverhältnisse

1 Bei dieser Gelegenheit möchten wir Ihnen mitteilen, dass die Firma ... inzwischen ... % unseres Aktienkapitals besitzt.
2 Die ...-Bank hat ein größeres Aktienpaket unseres Unternehmens erworben.
3 Wir haben die Kapitalbasis unserer Firma um ... verbreitert.
4 Der Kapitalanteil unseres verstorbenen Gesellschafters, Herrn ..., ist auf Herrn (Frau) ... übergegangen.
5 Herr (Frau) ... und ich besitzen jetzt je ... % des Geschäftskapitals.
6 Im Zuge der Umwandlung unserer Gesellschaft in eine GmbH haben wir die Kapitalanteile verändert.
7 Im Zuge der Fusion mit ... sind ... % des Aktienkapitals auf die ... Gesellschaft übergegangen.

Nouvelle répartition des parts sociales

1 Nous profitons de l'occasion pour vous signaler que l'entreprise ... détient entretemps ... % de notre capital-actions.
2 La banque ... a acheté un gros bloc d'actions de notre entreprise.
3 Nous avons procédé à une augmentation de capital social s'élevant à ...
4 A la suite du décès de Monsieur ..., notre associé, il y a eu transfert de ses parts à Monsieur (Madame) ...
5 Actuellement Monsieur (Madame) ... et moi-même détenons chacun ... % du capital social.
6 Suite à la transformation de notre entreprise en S.A.R.L. la répartition des parts a été modifiée.
7 Suite à la fusion avec ... il y a eu un transfert de ... % de notre capital-actions à la société ....

Austritt eines Gesellschafters

1 Wegen des Austritts des Gesellschafters (der Gesellschafterin), Herrn (Frau) ..., bin ich seit dem ... alleiniger Inhaber der Firma ...
2 Herr (Frau) ... ist aus unserer Gesellschaft ausgetreten.
3 Hiermit möchte ich Ihnen den Austritt meines(r) Gesellschafters (Gesellschafterin), Herrn (Frau) ..., bekannt geben.
4 Ich habe die traurige Pflicht, Sie vom plötzlichen Ableben unseres(r) Gesellschafters (Gesellschafterin), Herrn (Frau) ..., zu unterrichten.
5 Der Gesellschaftsanteil unseres(r) ausgeschiedenen Prokuristen (Prokuristin), Herrn (Frau) ..., wurde zu gleichen Teilen von den Herren ... und ... übernommen.
6 Wir sind sicher, dass sich der Austritt unseres(r) Gesellschafters (Gesellschafterin), Herrn (Frau) ..., nicht nachteilig auf unsere Geschäftsbeziehungen auswirken wird.
7 Mein(e) Teilhaber(in), Herr (Frau) ... , ist aus der Firma ausgeschieden.
8 Ich habe den Gesellschaftsanteil meines(r) verstorbenen Teilhabers (Teilhaberin) übernommen.

Retrait d'un associé

1 Par suite du retrait de Monsieur (Madame) ..., mon associé, je suis le seul propriétaire de l'entreprise ..., ceci depuis le ...
2 Monsieur (Madame) ... s'est retiré(e) de notre société.
3 Je vous avise par la présente du retrait de mon associé, Monsieur (Madame) ...
4 Je vous fais part du décès subit de notre associé, Monsieur (Madame) ...
5 Monsieur ... et Monsieur ... ont repris à parts égales les parts du capital social détenues par notre ancien fondé de pouvoir, Monsieur (Madame) ... qui s'est retiré(e) de notre société.
6 Nous pouvons vous assurer que le retrait de notre associé, Monsieur (Madame) ... n'aura pas de retombées négatives sur nos relations d'affaires.
7 Mon associé, Monsieur (Madame) ..., s'est retiré(e) de l'entreprise.
8 J'ai repris les parts sociales de mon associé décédé.

Aufnahme eines Gesellschafters

1 Herr (Frau) ... ist mit Wirkung vom ... als beschränkt haftender (haftende) Gesellschafter (Gesellschafterin) in unsere Firma eingetreten.
2 Wir haben Herrn (Frau) ... als Komplementär(in) in unsere Firma aufgenommen.
3 Wir möchten Ihnen mitteilen, dass Herr (Frau) ... als Gesellschafter(in) in unsere Firma eingetreten ist.
4 Durch die Aufnahme von Herrn (Frau) ... als Gesellschafter(in) haben wir unsere Kapitalbasis beträchtlich verbreitern können.
5 Herr (Frau) ... ist mit einer Kapitaleinlage von ... in unsere Gesellschaft eingetreten.
6 Herr (Frau) ... ist als neue(r) Gesellschafter(in) unserer Firma mit der Geschäftsführung betraut worden.
7 In Zukunft wird unser(e) neue(r) Gesellschafter(in), Herr (Frau) ..., unsere Firma leiten.

Entrée d'un nouvel associé

1 Monsieur (Madame) ... est entré(e) comme associé dans notre société à responsabilité limitée, cette entrée a pris effet le ...
2 Nous avons fait entrer dans notre société Monsieur (Madame) ... comme commandité.
3 Nous nous permettons de vous annoncer l'entrée de Monsieur (Madame) ... comme associé dans notre société.
4 Avec l'entrée de Monsieur (Madame) ... comme associé dans notre société nous avons pu effectuer une augmentation de capital considérable.
5 Monsieur (Madame) ... est entré(e) dans notre société, son apport de capitaux se chiffre à ...
6 Monsieur (Madame) ... vient d'entrer comme associé dans notre société et reprend la direction de l'entreprise.
7 Notre nouvel associé, Monsieur (Madame) ... dirigera à l'avenir notre entreprise.

8 Unser Gesellschaftskapital hat sich durch die Aufnahme von Herrn (Frau) ... als neuem(r) Gesellschafter(in) auf ... erhöht.

Ernennungen

1 Mit sofortiger Wirkung wurde unser derzeitiger Prokurist, Herr ..., zum Direktor ernannt.
2 Aufgrund seiner (ihrer) besonderen Leistungen erteilen wir Herrn (Frau) ... Prokura.
3 Wir freuen uns, Ihnen die Wahl des Herrn (der Frau) ... zu unserem neuen Direktor (zu unserer neuen Direktorin) bekannt geben zu dürfen.
4 Wir möchten Sie davon in Kenntnis setzen, dass seit dem ... die Geschäftsleitung unseres Unternehmens bei Herrn (Frau) ... liegt.
5 Mit Wirkung vom ... wurde Frau (Herr) ... zum Mitglied des Vorstandes berufen.
6 Im Zuge der Zusammenlegung unserer Geschäftsaktivitäten sind folgende Damen (Herren) ... in den Vorstand berufen worden.
7 Unser(e) neue(r) Aufsichtsratsvorsitzende(r) ist mit Wirkung vom Frau(Herr) ...

Abberufungen

1 Herr (Frau) ..., Direktor(in) unseres Unternehmens, tritt mit Wirkung vom ... in den Ruhestand.
2 Wir möchten Ihnen mitteilen, dass der Geschäftsführer (die Geschäftsführerin) unserer Filiale in ... aus der Firma ausscheidet.
3 Hiermit teilen wir Ihnen mit, dass Frau (Herr) ... mit Wirkung vom ... nicht mehr Mitglied des Vorstandes (Aufsichtsrats) sein wird.
4 Zu unserem Bedauern müssen wir Ihnen mitteilen, dass unser langjähriges Vorstandsmitglied, Frau (Herr) ... mit Wirkung vom in den Ruhestand treten wird.
5 Am ... verlässt uns unser(e) langjährige(r) Geschäftsführer(in), Herr (Frau) ...
6 Aus gesundheitlichen Gründen ist unser(e) Direktor(in), Herr (Frau) ..., vorzeitig in den Ruhestand getreten.

8 L'entrée de notre nouvel associé, Monsieur (Madame) ... dans notre société a entraîné une augmentation du capital social porté à ...

Nominations

1 La nomination de Monsieur ..., notre fondé de pouvoirs actuel, au poste de directeur prend effet immédiatement.
2 En raison de ses excellents résultats, Monsieur (Madame) ... est nommé(e) fondé(e) de pouvoirs.
3 Nous avons le plaisir de vous annoncer la nomination de Monsieur (Madame) ... au poste de directeur (directrice).
4 Nous vous signalons que depuis le ... Monsieur (Madame) ... a pris la direction de notre entreprise.
5 Madame ... (Monsieur) ... a été nommée (nommé) membre du comité de direction avec effet au ....
6 Mesdames (Messieurs) ont été nommées (nommés) au comité de direction suite à la fusion de nos activités.
7 La présidence de notre conseil de surveillance est confiée à Madame (Monsieur) ..., avec effet au ....

Départ de fonctions

1 Le directeur (la directrice) de notre établissement, Monsieur (Madame) ..., prendra sa retraite à partir du ...
2 Nous vous signalons le départ de Monsieur (Madame) ..., le gérant (la gérante) de notre succursale de ...
3 Nous vous informons que Madame (Monsieur) ... ne sera plus membre du comité de direction (conseil de surveillance) à partir du ....
4 Nous avons le regret de vous informer du départ à la retraite de Madame (Monsieur) ..., membre de notre comité de direction, prévu le ..., qui a été notre collaboratrice (collaborateur) pendant de longues années.
5 Monsieur (Madame) ... quitte notre société le ... Il (elle) a été de longues années durant notre gérant(e).
6 Pour des raisons de santé, notre directeur (directrice), Monsieur (Madame) ... a dû prendre prématurément sa retraite.

7 Wir möchten Sie darüber informieren, dass Herr (Frau) ... nicht mehr als Vertreter(in) für uns tätig ist. Bitte wenden Sie sich in Zukunft direkt an die Firmenzentrale.

7 Nous vous signalons que Monsieur (Madame) ... ne travaille plus pour nous comme représentant. Veuillez désormais contacter directement notre centrale.

Verabredungen

Besuchsanzeige

1 Unser Vertreter wird sich erlauben, Sie am ... zu besuchen.
2 Wir möchten Ihnen den Besuch unseres Rechtsanwalts (unserer Rechtsanwältin), Herrn (Frau) ..., ankündigen.
3 Unser(e) Anwalt(Anwältin) wird Sie demnächst in der Angelegenheit ... aufsuchen.
4 Wegen der Verhandlung über ... wird Sie in Kürze unser(e) Geschäftsführer(in) aufsuchen.
5 Wegen unvorhergesehener Terminschwierigkeiten müssen wir unseren Besuch bei Ihnen leider auf den ... verschieben.
6 Bei der derzeitigen Lage ist es uns unmöglich, den vorgesehenen Besuchstermin einzuhalten. Wir bitten deshalb um einen späteren Termin.
7 Leider kann unser(e) Vertreter(in) erst ... Tage später als verabredet zu Ihnen kommen.

Bitte um Empfang

1 Wir bitten Sie, unsere(n) Vertreter(in) am ... zu empfangen.
2 Es wäre sehr freundlich von Ihnen, wenn Sie Herrn (Frau) ... am ... empfangen könnten.
3 Wir hoffen, Sie empfangen Herrn (Frau) ... zu dem vorgeschlagenen Termin.
4 Wir würden uns freuen, wenn Sie unseren (unsere) Geschäftsführer(in) noch in dieser Woche empfangen könnten.
5 Unser(e) Experte (Expertin) wird am ... bei Ihnen eintreffen. Es wäre sehr freundlich, wenn Sie ihn (sie) zu diesem Zeitpunkt empfangen könnten.
6 Es wäre uns angenehm, wenn Sie uns am ... empfangen würden.
7 Da sich unser(e) Vertreter(in) zurzeit in Ihrer Stadt aufhält, würden wir uns freuen, wenn Sie ihm (ihr) einen Gesprächstermin geben könnten.

Rendez-vous

Avis de passage

1 Notre représentant passera vous voir le ...
2 Nous vous annonçons pour le ... la visite de Monsieur (Madame) ..., notre avocat(e).
3 Notre avocat(e) passera vous voir dans les prochains jours pour discuter de l'affaire ...
4 Notre gérant(e) vous rendra prochainement visite pour discuter des négociations concernant ...
5 A cause de recoupements de rendez-vous, nous nous excusons de repousser notre visite chez vous et reportons la date de notre rendez-vous au ...
6 Nous regrettons de ne pouvoir actuellement respecter notre calendrier de visites prévues et vous prions de nous fixer un autre rendez-vous.
7 Notre représentant ne pourra pas passer vous voir à la date prévue, il (elle) passera ... jours plus tard. Nous nous excusons de ce contretemps.

Demande d'entretien

1 Nous vous demandons de bien vouloir recevoir notre représentant le ...
2 Nous vous serions très obligés d'accorder un entretien à Monsieur (Madame) ... le ...
3 Nous espérons que vous pourrez recevoir Monsieur (Madame) ... à la date que nous vous proposons.
4 Nous espérons que vous voudrez bien accorder un entretien au cours de cette semaine à notre gérant(e).
5 Notre spécialiste se présentera chez vous le ... Nous espérons que vous pourrez lui accorder un entretien à cette date.
6 Nous espérons que vous aurez le temps de nous recevoir pour un entretien le ...
7 Notre représentant est actuellement en déplacement dans votre ville. Nous espérons que vous voudrez bien lui accorder un rendez-vous.

Bitte um Zimmerbestellung und -abbestellung

1 Wir bitten Sie, für Herrn (Frau) ... anlässlich seines (ihres) Besuches in Ihrem Haus vom ... bis ... ein Zimmer zu bestellen.
2 Bitte bestellen Sie für uns im Hotel ... vom ... bis zum ... ein Doppelzimmer mit Bad.
3 Können Sie für Herrn (Frau) ... eine geeignete Unterkunft besorgen?
4 Bitte annullieren Sie unsere Zimmerbestellung im Hotel ...

Treffpunkt, Bitte um Abholung

1 Wir treffen uns am ... um ... Uhr im Hotel ... Bitte melden Sie sich am Empfang.
2 Bitte begeben Sie sich nach Ihrer Ankunft zum Schalter ... im Bahnhofsgebäude. Sie werden dort von Herrn (Frau) ... erwartet.
3 Können Sie uns vom Flugplatz abholen lassen?
4 Da wir die örtlichen Verkehrsverhältnisse nicht kennen, bitten wir um Abholung vom Flugplatz (Bahnhof).
5 Unser(e) Mitarbeiter(in)/Vertreter(in), Herr (Frau) ... kommt am ... mit Flug (Zug) ... um ... in ... an. Wir würden es dankbar begrüßen, wenn Sie dafür sorgen könnten, dass er (sie) dort abgeholt wird.

Besuchsabsage

1 Leider müssen wir unseren Besuch am ... bei Ihnen absagen.
2 Wir bedauern, unseren Besuchstermin nicht wahrnehmen zu können.
3 Bitte bestellen Sie unsere Zimmer im Hotel ... ab, da wir den vereinbarten Termin leider nicht wahrnehmen können.

Réservation de chambre et annulation

1 Monsieur (Madame) ... vous rendra visite du ... au ... Nous vous demandons de lui réserver une chambre d'hôtel.
2 Veuillez réserver à notre nom une chambre pour deux personnes avec salle de bains à l'hôtel ... du ... au ...
3 Monsieur (Madame) ... a besoin d'un hébergement. Pourriez-vous faire le nécessaire?
4 Veuillez annuler notre réservation de chambre à l'hôtel ...

Point de rencontre, service d'accueil

1 Nous avons rendez-vous le ... à ... heure(s) à l'hôtel ... Veuillez annoncer votre arrivée à la réception.
2 Nous vous demandons de vous rendre au guichet ... de la gare à votre arrivée. Monsieur (Madame) ... vous y attendra.
3 Quelqu'un pourrait-il venir nous chercher à l'aéroport?
4 Ne connaissant pas les transports locaux, nous vous demandons de bien vouloir venir nous chercher à l'aéroport (à la gare).
5 Notre collaborateur (collaboratrice), Monsieur (Madame) ..., arrivera à l'aéroport de (la gare de) ... à ... heure(s). Nous vous serions reconnaissants de faire le nécessaire pour aller le (la) chercher.

Visite annulée

1 Nous nous excusons de ne pas pouvoir venir vous voir le ... comme prévu.
2 Nous nous excusons de devoir annuler notre rendez-vous.
3 Nous nous excusons de ne pas pouvoir venir à la date prévue et vous demandons de bien vouloir annuler la réservation de chambre à l'hôtel ...

Ausstellungen

Bekanntgabe einer Ausstellung

1. Gestatten Sie uns, Sie auf unsere Ausstellung in ... hinzuweisen.
2. Bei dieser Gelegenheit erlauben wir uns, Sie zu unserer Ausstellung in ... einzuladen.
3. In unserem neuen Ausstellungsgelände findet in der Zeit vom ... bis zum ... eine Fachmesse für ... statt.
4. Auf der Messe in ... sind wir mit einem eigenen Stand vertreten.
5. Wir freuen uns, Ihnen bekannt geben zu können, dass am ... eine Ausstellung unserer Erzeugnisse in ... stattfinden wird.
6. Vom ... bis zum ... ist in ... eine Ausstellung. Wir sind dort mit unseren Sommerartikeln vertreten. Unser Stand befindet sich in Halle Nr. ...
7. Die Firmen ... und ... geben bekannt, dass sie am ... eine gemeinsame Ausstellung in ... veranstalten.
8. Auf der vom ... bis ... in ... stattfindenden Fachmesse sind unsere Waren auf dem deutschen Stand in Halle ... ausgestellt.
9. In den Messehallen der Stadt findet zurzeit die ...-Ausstellung statt. Wir sind dort mit zwei Ständen vertreten.
10. Bitte entnehmen Sie die Lage unserer Stände dem Ausstellungskatalog.
11. Im Rückgebäude unseres Hauses findet vom ... bis zum ... eine kleine Ausstellung statt, in der alle unsere Artikel gezeigt werden.

Einladung zum Besuch einer Ausstellung

1. Bitte beehren Sie uns mit Ihrem Besuch auf der ...-Messe.
2. Wir freuen uns auf Ihren Besuch unseres Standes während der ...-Messe.
3. Wir würden uns sehr freuen, wenn Sie uns auf der Ausstellung besuchen könnten.
4. Wir erlauben uns, Sie zur Eröffnung der ...-Messe herzlich einzuladen.
5. Vielleicht können Sie es ermöglichen, am ... an unserem kleinen Empfang zur Eröffnung der Ausstellung teilzunehmen. Er beginnt am ... um ... in ...

Expositions

Annonce d'une exposition

1. Nous nous permettons de vous signaler notre exposition à ...
2. Nous nous permettons à cette occasion de vous inviter à notre exposition à ...
3. Un salon professionnel de ... a lieu du ... au ... sur notre nouveau terrain d'exposition.
4. Nous avons un stand à la foire de ...
5. Nous avons le plaisir de vous annoncer que nous organisons une exposition de nos produits à ... le ...
6. Nous présenterons nos articles d'été à l'exposition qui aura lieu du ... au ... à ... Notre stand se trouve dans le hall N° ...
7. Une exposition commune organisée par les entreprises ... et ... aura lieu le ... à ...
8. Nous présentons nos produits au stand de l'Allemagne dans le hall ... au salon professionnel qui aura lieu à ... du ... au ...
9. Nous avons deux stands à l'actuelle foire de ... au parc des expositions de notre ville.
10. Veuillez consulter le catalogue de l'exposition pour repérer nos stands.
11. Nous organisons une présentation de certains de nos produits qui seront exposés du ... au ... dans des salles situées derrière notre bâtiment.

Invitation à une exposition

1. Nous espérons avoir votre visite dans le cadre de l'exposition de ...
2. Nous espérons avoir votre visite à notre stand pendant le salon du ...
3. Nous espérons avoir le plaisir de vous recevoir au cours de cette exposition.
4. Nous vous invitons cordialement à venir à l'ouverture de l'exposition de ...
5. Nous aimerions vous compter au nombre de nos invités à la petite réception que nous organisons à l'occasion de l'ouverture de l'exposition. La réception aura lieu le ... à ...

6 Zu unserer Ausstellung laden wir Sie herzlich ein und hoffen zuversichtlich, dass unser dort gezeigtes Sortiment von Interesse für Sie sein wird.
7 Unsere Musterausstellung beginnt am ... Wir gestatten uns, Sie herzlich dazu einzuladen.
8 Die Geschäftsleitung erlaubt sich, Sie zur Eröffnung unserer Frühjahrsausstellung am ... um ... einzuladen.
9 Die Ausstellung beginnt am ... Wir bitten Sie, unseren Stand zu besuchen. Seine Lage erfahren Sie am Informationsschalter.

6 Nous vous invitons cordialement à notre exposition et espérons que la gamme de produits présentés vous intéressera.
7 Nous nous permettons de vous inviter à notre présentation d'échantillons qui débutera le ...
8 La direction a le plaisir de vous inviter à l'ouverture de son salon de printemps qui aura lieu à ... le ...
9 L'exposition commence le ... Nous espérons avoir le plaisir de votre visite à notre stand, le service d'informations vous indiquera notre emplacement.

Organisation der Ausstellung

1 Hiermit bestellen wir gemäß Ausstellungskatalog für die Zeit vom ... bis zum ... den Stand Nr. ... in Halle ...
2 Bitte reservieren Sie uns für die ...-Ausstellung den Stand Nr. ... im Freigelände.
3 Wir benötigen auf unserem Stand zwei elektrische Anschlüsse.
4 Bitte tragen Sie dafür Sorge, dass unser Stand mit Strom- und Wasseranschluss ausgestattet ist.
5 Können Sie uns für die Dauer der Ausstellung einen Dolmetscher vermitteln?
6 Entsprechend Ihrer Bitte haben wir Ihren Stand mit allen gewünschten audiovisuellen Einrichtungen versehen.
7 Wir bitten Sie um Installierung von 3 ISDN-Leitungen, einer Internet- und einer E-Mail-Verbindung.
8 Können Sie bitte dafür sorgen, dass wir auf unserem Stand auch Projektionsmöglichkeiten für Computergrafiken haben?
9 Für die Dauer der Messe benötigen wir Telefon-, Fax- und E-Mail-Anschluss auf unserem Stand. Bitte machen Sie uns ein Angebot.

Organisation de l'exposition

1 Nous souhaitons louer du ... au ... le stand N° ... dans le hall ... selon les conditions du catalogue de l'exposition.
2 Nous désirons participer à l'exposition ... Veuillez nous réserver le stand N° ... dans une allée non couverte.
3 Nous avons besoin de deux prises de courant sur notre stand.
4 Nous avons besoin d'eau et de courant électrique sur notre stand. Veuillez faire le nécessaire.
5 Pourriez-vous mettre un interprète à notre disposition pour la durée de l'exposition ?
6 Comme vous l'aviez demandé, nous avons pourvu votre stand de tout l'équipement audiovisuel souhaité.
7 Nous vous prions d'installer 3 lignes RNIS, une connexion internet et une connexion email.
8 Pourriez-vous occuper de l'installation sur notre stand des moyens de projection des schémas informatiques ?
9 L'équipement de notre stand devra inclure téléphone, fax et email. Veuillez nous soumettre votre offre.

Hinweis auf Computer/ Internet

1 Dürfen wir Sie auf unsere Homepage im Internet unter www ... hinweisen.
2 Sicherlich sind Sie unserem Namen schon auf Bannern im Internet begegnet und kennen daher unser Ausstellungsprogramm.

Indication concernant l'informatisation/internet

1 Nous nous permettons de vous signaler l'existence de notre site internet www ....
2 Vous avez certainement rencontré notre nom sur des bannières sur internet et de ce fait vous connaissez notre programme d'exposition.

3 Unter www … können Sie alle Informationen über das Messeprogramm der … Ausstellung erfahren.
4 Bestellen Sie online! Besuchen Sie unseren Internet-Shop unter www …!
5 Wir haben unser Bestellsystem modernisiert. Sie können jetzt auch online bestellen (buchen).
6 Lassen Sie sich bei uns registrieren, damit Sie mit eigenem Password Zugang zu Ihren Daten haben.
7 Sie erhalten ab sofort ein neues Password. Damit können Sie alle Vorgänge auf dem Bildschirm weiterverarbeiten.
8 Unser computergestütztes Auftragsprogramm ermöglicht Ihnen eine direkte Einschaltung in unser System. Hierdurch kann wertvolle Arbeitszeit gespart werden.
9 Die neue Software ermöglicht es Ihnen, unsere Werbevorlagen individuell für Ihre Zwecke zu bearbeiten.
10 Mit dieser Software können Sie selbst eigene Programme erstellen. Bei Fragen hilft Ihnen unser Callcenter unter der Nr. … oder unser Internet-Dienst unter www …
11 Die Gebrauchsanweisung für unsere neue Software ist leicht verständlich. Sollten Sie trotzdem Fragen haben, hilft Ihnen die Rubrik FAQ(Frequently Asked Questions) im Internet unter www … weiter.
12 Als besonderen Service bieten wir Ihnen die Teilnahme an regionalen Internet-Foren. Dort können Sie mit Kollegen Erfahrungen austauschen.

3 Vous pouvez trouver toutes les informations relatives au programme du salon de … sur le site internet www ….
4 Passez votre commande en ligne! Visitez notre commerce électronique sur le site internet www …!
5 Nous avons modernisé notre système de commande. Vous pouvez désormais commander (réserver) également en ligne.
6 Faites-vous enregistrer chez nous afin d'avoir accès à vos données avec votre propre mot de passe.
7 Vous obtenez dès à présent un nouveau mot de passe. Grâce à celui-ci vous pouvez traiter tous les documents sur écran.
8 Notre programme de commande informatisé vous offre la possibilité de vous connecter directement à notre système. Vous pouvez ainsi économiser du temps de travail précieux.
9 Le nouveau logiciel vous permet de modifier nos modèles de publicité individuellement en fonction de vos besoins.
10 Avec ce logiciel vous pouvez créer vos propres programmes. Pour toute question notre centre d'appels se tient à votre disposition au numéro … ou notre service internet à www ….
11 Le mode d'emploi de notre nouveau logiciel est facile à comprendre. Si toutefois vous avez encore des questions, la rubrique FAQ (Questions posées fréquemment) sur internet à www … vous aidera.
12 Nous vous proposons, comme service spécial, une participation aux forum internet régionaux. Dans ce cadre vous pouvez échanger vos expériences avec des collègues.

Korrespondenz mit offiziellen Stellen
Correspondance officielle

Anschreiben an offizielle Stellen

1 An die Handelskammer in ...
2 An ... Handelskammer in ...
3 Wir bitten Sie um Mitteilung, ob und wann in ... eine ...-Messe stattfindet.
4 Würden Sie uns bitte mitteilen, an wen wir uns wenden sollen, um einen Ausstellungsstand auf der ...-Messe zu bestellen?
5 Könnten Sie uns bei Hotelreservierungen (Beschaffung einer Wohnung während der Messe, Verpflichtung von Standpersonal) behilflich sein?
6 Können Sie uns Adressen von Firmen geben, die auf der Messe ...arbeiten durchführen?
7 Können Sie uns mitteilen, welche Dokumente wir für die Einfuhr von ... in Ihr Land benötigen?
8 Sind für die Einfuhr von ...produkten EU-Vorschriften erlassen worden?
9 Können Sie uns sagen, welche Papiere wir für den Transitverkehr durch EU-Länder benötigen?
10 Bestehen in der EU Kontingente für die Einfuhr von ...?

Demandes de renseignements

1 A la Chambre de commerce (et d'industrie) de ...
2 A l'attention de ... Chambre de commerce (et d'industrie) de ...
3 Nous vous prions de nous faire savoir si une exposition de ... a lieu à ... et à quelle date.
4 Nous aimerions avoir l'information suivante: à qui devons-nous nous adresser pour réserver un stand à l'exposition de ...?
5 Pourriez-vous nous aider à trouver un hôtel (un appartement pour la durée de la foire, le personnel pour le stand)?
6 Pourriez-vous nous communiquer des adresses d'entreprises qui s'occupent de ... à la foire de ...?
7 Pourriez-vous nous préciser de quels documents nous avons besoin pour importer ... dans votre pays?
8 Nous aimerions savoir si des directives européennes existent pour l'importation de ...
9 Pourriez-vous nous dire de quels documents nous avons besoin pour les transports en transit dans les pays de l'UE?
10 L'importation de ... est-elle contingentée au sein de l'UE?

Antworten offizieller Stellen

1 Wir teilen Ihnen mit, dass die nächste ...-Messe vom ... bis zum ... in ... stattfindet.

Réponses des organismes

1 Nous vous informons que la prochaine exposition de ... aura lieu du ... au ...

2 Wegen eines Ausstellungsstandes für die ...-Messe müssen Sie sich an die ... wenden. Wir haben diese veranlasst, Ihnen Formulare zu schicken, die Sie bitte ausgefüllt zurücksenden wollen.
3 Die ...-Messe findet vom ... bis zum ... statt.
4 Wir sind gern bereit, Ihnen bei Hotelreservierungen behilflich zu sein, wenn Sie uns Ihre Wünsche frühzeitig mitteilen.
5 Wir schicken Ihnen in der Anlage eine Hotelliste (eine Liste der auf der Ausstellung mit ...arbeiten beschäftigten Firmen) zu. Sie können sich dann selbst an das für Sie infrage kommende Hotel (an die für Sie infrage kommende Firma) wenden.
6 Als Handelskammer dürfen wir Ihnen keine einzelne Firma empfehlen. Sie erhalten aber anbei eine Liste der Firmen, die bei uns in der ...branche als Mitglieder eingetragen sind.
7 In der Anlage erhalten Sie unsere neueste EU-Broschüre, die Ihre Fragen sicherlich erschöpfend beantwortet.
8 Für die von Ihnen genannten Produkte bestehen zz. in der EU keine Importbeschränkungen.
9 Aus der in der Anlage beigefügten Broschüre können Sie ersehen, welche Kontingente für welche Waren bestehen.
10 Für weitere Fragen oder im Falle Ihres persönlichen Besuches stehen wir jederzeit gern zur Verfügung.
11 Für den Transitverkehr durch die EU benötigen Sie: ...
12 Wir sind gern bereit, Sie bei Bedarf mit den entsprechenden Firmen (einer Anwaltskanzlei, einem Notar, den zuständigen Leuten) in Verbindung zu bringen.

2 Pour réserver un stand à l'exposition de ... vous devez vous adresser à ... qui vous enverra, comme nous l'avons demandé, les formulaires d'admission à l'exposition que vous aurez à remplir et à retourner.
3 L'exposition de ... a lieu du ... au ...
4 Si vous voulez bien nous communiquer en temps voulu ce que vous désirez exactement, nous sommes disposés à vous aider à trouver un hébergement.
5 Vous trouverez ci-joint une liste d'hôtels (une liste d'entreprises travaillant à l'installation des stands). Vous pouvez vous adresser directement à l'hôtel (à l'entreprise) de votre choix.
6 En tant que chambre de commerce, nous ne sommes pas habilités à recommander une entreprise précise. Vous trouverez ci-joint une liste d'entreprises officiellement membres de la section ...
7 Vous trouverez ci-joint notre dernière brochure sur l'UE où vous trouverez certainement les renseignements requis.
8 Les produits que vous nous avez cités ne sont actuellement soumis à aucune restriction d'importation dans les pays de l'UE.
9 Vous trouverez dans la brochure ci-jointe des renseignements sur les marchandises contingentées.
10 Nous demeurons à votre entière disposition pour d'autres renseignements, n'hésitez pas à nous consulter lors de votre venue.
11 Pour le transport en transit dans l'UE vous avez besoin de: ...
12 Nous vous aiderons le cas échéant à contacter les entreprises dont vous auriez besoin (cabinet d'avocats, notaire, spécialiste).

Hotelkorrespondenz
Correspondance avec les hôtels

Allgemeines

1 Zimmerarten:
   Einzel- bzw. Einbettzimmer
   Doppel- bzw. Zweibettzimmer
   (getrennte Betten)
   Doppel- bzw. Doppelbettzimmer
   (nebeneinander stehende Betten)
   Doppelzimmer mit französischem Bett
   (breites Bett für zwei Personen)
   Dreier- bzw. Dreibettzimmer
   Klappbett
   Extrabett
   Kinderbett
   Couch
2 Einrichtungen:
   Bad bzw. Dusche
   Etagenbad
   Bidet und Toilette
   Etagentoilette
   fließend heißes und kaltes Wasser im
   Zimmer
   Telefon
   Radio und Fernsehapparat
   Kühlschrank (Minibar)
   Stahltresor
   Schreibtisch
   Sitzgruppe
   Küche, Kochnische
   Garderobenschrank, Garderobenzimmer
   Salon, Aufenthaltsraum
   Balkon, Veranda, Terrasse, Garten
3 Lage:
   Himmelsrichtung
   (nach Norden, Süden, Osten, Westen)
   Morgensonne, Abendsonne
   Blick auf ...
   Hauptgebäude, Neubau, Anbau,
   Nebengebäude
   mit (Sonnen-)Balkon
4 Preise:
   Zimmer mit Frühstück
   Halbpension (Zimmer, Frühstück und eine
   Mahlzeit)

Généralités

1 Catégories de chambres:
   chambre pour une personne
   chambre pour deux personnes
   (à deux lits)
   chambre pour deux personnes
   (lits jumeaux)
   chambre pour deux personnes à un
   grand lit
   chambre pour trois personnes
   lit pliant
   lit supplémentaire
   lit d'enfant
   canapé-lit
2 Equipement:
   salle de bains ou douche
   salle de bains à l'étage
   bidet et W.-C.
   W.-C. à l'étage
   eau courante chaude et froide dans
   la chambre
   téléphone
   radio et télévision
   frigo (minibar)
   coffre-fort
   bureau
   salon (ensemble canapé et fauteuils)
   cuisine, kitchenette
   armoire-penderie, penderie
   salon, séjour
   balcon, véranda, terrasse, jardin
3 Emplacement:
   exposition
   (au nord, au sud, à l'est, à l'ouest)
   soleil le matin, soleil le soir
   vue sur ...
   bâtiment principal, nouveau bâtiment,
   bâtiment voisin, annexe
   avec balcon (ensoleillé)
4 Prix:
   chambre avec petit déjeuner
   demi-pension (chambre, petit déjeuner,
   un repas)

Vollpension (Zimmer, Frühstück, Mittag- und Abendessen)
Pauschal (mit Erklärung, was inbegriffen)
Bedienung (Service), Taxen, Heizung inbegriffen/zusätzliche Berechnung
5 Benutzung von:
Tennisplatz, Skilift, Schwimmbad, Freibad, Hallenbad, Sauna, Solarium
Golfplatz, Strand, Ruderboot, Segelschiff, Motorboot
Hat Ihr Hotel ein eigenes Schwimmbad?
Ist die Benutzung der Tennisplätze im Zimmerpreis inbegriffen?
Steht ein Tennistrainer (Golflehrer) zur Verfügung?
6 Transporte:
Was kostet der Hotelwagen vom Bahnhof/Flughafen bis zum Hotel?
Wie lange braucht ein Taxi vom Hauptbahnhof bis zu Ihrem Hotel?
Wie oft fährt die Seilbahn?
Wie weit ist es bis zur Seilbahn?
Bieten Sie einen Hotel-Transferservice?

pension complète (chambre, petit déjeuner, déjeuner, dîner)
forfait (avec indications détaillées de ce qui est inclus)
service, taxes, chauffage inclus/en sus
5 Utilisation...
du court de tennis, du remonte-pente, de la piscine couverte, de la piscine en plein air, du sauna, du solarium
du terrain de golf, de la plage, de barques, de voiliers, de bateaux à moteur
Votre hôtel a-t-il une piscine?
L'utilisation des courts de tennis est-elle comprise dans le prix de la chambre?
Proposez-vous les services d'un moniteur de tennis (de golf)?
6 Transports
Combien coûte le trajet de la gare/ de l'aéroport à l'hôtel avec la navette de l'hôtel?
Quelle est la durée du trajet en taxi de la gare/de l'aéroport à votre hôtel?
Le téléphérique circule-t-il souvent?
A quelle distance se trouve le téléphérique?
L'hôtel a-t-il un service de navette?

Sonderwünsche

Transport

1 Hotelwagen:
Wir bitten Sie, uns mit Ihrem Hotelwagen am Bahnhof abzuholen.
2 Flugzeug/Eisenbahn:
Unser Flug Nr. .../Zug Nr. ... von ... kommt um ... Uhr an.
(Wichtig! Immer den Abfahrtsort, die Ankunftszeit und die Flug- bzw Zugnummer angeben. Der Hotelwagen kann Sie dann auch bei Flug- bzw. Zugverspätungen abholen.)
3 Mietwagen:
Wir bitten Sie, uns einen Mietwagen (möglichst einen ...) an den Flughafen zu schicken bzw. dort zur Verfügung stellen zu lassen.

Demandes spécifiques

Transport

1 Navette de l'hôtel
Nous vous demandons de passer nous chercher à la gare avec la navette de l'hôtel.
2 Avion/train
Vol N°.../Train N°... en provenance de ..., arrivée le ... à ... heure(s).
(Important! Mentionner la provenance, l'heure d'arrivée, le numéro de vol ou de train. La navette de l'hôtel vous attendra en cas de retard du vol ou du train.)
3 Voiture de location
Nous vous demandons de faire mettre à notre disposition une voiture de location (si possible une ...) à l'aéroport à notre arrivée.

Reservierungen

1 Essen:
Bitte reservieren Sie uns für ..., ... Uhr, einen Fenstertisch für ... Personen in Ihrem Restaurant ...
2 Theaterkarten:
Bitte bestellen Sie für ... im Schauspielhaus ... Karten, möglichst I. Rang Mitte. Bitte bestellen Sie für einen der Abende ... Opernkarten für ...
3 Könnten Sie uns bitte ... Karten für das Musical ... vorbestellen lassen?
4 Stadtrundfahrt:
Bitte melden Sie uns für eine Stadtrundfahrt am Vormittag des ... an.
5 Ausflug:
Bitte organisieren Sie für uns einen Ausflug nach ...
Bitte bestellen Sie uns einen Führer für die ...-Tour.
6 Dolmetscher:
Bitte bestellen Sie uns einen Dolmetscher für ... von ... bis ca. ... Uhr.
7 Sekretärin:
Bitte besorgen Sie mir eine Sekretärin für Geschäftskorrespondenz für ..., für den ..., um ... Uhr.
8 Material:
Für unsere Konferenz benötigen wir Schreibmaterial, Wandtafeln, Leinwand (Overheadprojektor, Flipchart, Videoanlage, Diaprojektor, Multivisionsanlage, Desktopcomputer, Faxgerät, E-Mail-Anschluss, 3 ISDN-Leitungen).

Réservations

1 Repas:
Veuillez nous réserver une table près d'une fenêtre pour ... personnes le ... à ... heure(s) dans votre restaurant ...
2 Billets de théâtre:
Veuillez nous procurer ... places, si possible au premier rang au milieu, pour ... au théâtre ... Nous désirons au cours de notre séjour aller un soir à l'opéra, veuillez nous procurer ... places à l'opéra pour ..., pas de préférence pour un soir précis.
3 Pourriez-vous nous procurer des billets pour le musical ...
4 Visites guidées:
Veuillez nous inscrire pour une visite guidée de la ville le matin le ...
5 Excursion:
Nous vous prions de nous organiser une excursion à ...
Nous vous demandons d'engager un guide pour la visite de ...
6 Interprète:
Nous vous prions d'engager un(e) interprète de ... (langue) pour le ... de ... à environ ... heures.
7 Secrétaire:
Nous vous prions de contacter une secrétaire pour faire la correspondance le ... de ... à ... heures.
8 Matériel:
Pour notre conférence nous avons besoin de matériel pour prendre des notes, d'un tableau, d'un écran pour les projections (d'un rétroprojecteur, d'un tableau à feuilles mobiles, d'un magnétoscope, d'un projecteur de diapos, d'un équipement multimédia, d'un ordinateur de bureau, d'un fax, d'une connexion email, 3 lignes RNIS).

Rechnungsstellung

1 Zahlungsweise:
Wir bitten Sie, uns die Rechnungen der Herren ... und ... zur Regulierung zu übersenden.
2 Rechnung:
Wir bitten Sie, uns die Rechnung für Zimmer und Frühstück zu schicken. Die übrigen Extras werden von Herrn ... direkt beglichen.

Facturation

1 Mode de paiement:
Nous vous prions de nous adresser pour le règlement les notes de Messieurs ... et ...
2 Facture:
Veuillez nous faire parvenir la note pour la chambre et le petit déjeuner. Monsieur ... vous réglera directement les autres suppléments.

3 Bank:
Wir haben unsere Bank beauftragt, den Betrag von . . . auf Ihr Konto zu überweisen.
4 Scheck:
Als Anlage überreichen wir Ihnen unseren Scheck Nr. . . . über . . . zur Begleichung der Rechnung für Herrn . . . vom . . .
5 Kreditkarte:
Bitte teilen Sie uns mit, ob Sie die . . .-Kreditkarte akzeptieren.
6 Anzahlung:
Gern leisten wir für obige Reservierung eine Anzahlung in Höhe von . . .
7 Vorauszahlung:
Als Anlage erhalten Sie unseren Scheck Nr. . . . über . . . Diesen Betrag wollen Sie bitte als Anzahlung für den Aufenthalt von Herrn . . . betrachten.

3 Banque:
Nous avons avisé notre banque d'effectuer le virement de . . . sur votre compte.
4 Chèque:
Vous trouverez ci-joint notre chèque N^{o} . . . d'un montant de . . . en règlement de la facture de Monsieur . . . datée du . . .
5 Carte de crédit:
Veuillez nous faire savoir si vous acceptez en paiement la carte de crédit . . .
6 Arrhes:
Nous acceptons de vous verser des arrhres se montant à . . . pour confirmer la réservation ci-dessus.
7 Règlement anticipé:
Vous trouverez ci-joint le chèque N^{o} . . . se montant à . . . Veuillez considérer cette somme comme un acompte sur le montant des frais de séjour de Monsieur . . .

Auskunft

1 Auf der Hotelrechnung finden wir unter „Sonstiges" den Betrag von . . . Wir bitten Sie, uns diesen Betrag aufzuschlüsseln.
2 In Ihrer Rechnung sind . . . für Wäsche (Reinigung) aufgeführt. Herr (Frau) . . . hat jedoch während seines (ihres) Aufenthalts keine Wäsche (Teile zur Reinigung) weggegeben. Wir bitten um Gutschrift des Betrages bei unserem nächsten Besuch in Ihrem Hause.

Renseignements

1 Nous vous demandons de nous fournir des explications à propos de la somme de . . . correspondant à des «frais divers» figurant sur la note d'hôtel.
2 Votre facture mentionne un poste linge (nettoyage). Or, Monsieur (Madame) . . . n'a pas donné de linge à laver (à nettoyer) au cours de son séjour dans votre hôtel. Veuillez reporter cette somme comme avoir sur la prochaine facture qui sera établie lors d'un séjour ultérieur.

Anforderung von Unterlagen

Menüvorschläge

Wir beabsichtigen, am . . . mit etwa . . . Personen in Ihrem Hotel das Mittagessen (Abendessen) einzunehmen. Deshalb bitten wir Sie, uns Menüvorschläge sowie eine Weinkarte zukommen zu lassen.

Prospekte

Für eine zwei- bis dreitägige Tagung in . . . suchen wir geeignete Übernachtungsmöglichkeiten sowie ein Sitzungszimmer für ca. . . . Personen. Bitte schicken Sie uns Ihren Prospekt mit Preisangaben.

Demande de documentation

Propositions de menu

Nous avons l'intention de venir déjeuner (dîner) dans votre établissement le . . . avec env. . . . personnes. Veuillez nous communiquer vos propositions de menus et votre carte de vins.

Documentation

A l'occasion d'un congrès de deux à trois jours à . . . nous avons besoin d'un hébergement adéquat et d'une salle de conférence pour les participants, . . . personnes environ. Veuillez nous envoyer une documentation et vos prix.

Fundgegenstände

1 Seit seinem (ihrem) letzten Aufenthalt vom ... bis zum ... in Ihrem Haus vermisst unser Herr (unsere Frau) ... folgenden Gegenstand: ... Wir wären Ihnen dankbar, wenn Sie uns mitteilen könnten, ob er bei Ihnen gefunden worden ist.
2 Herr (Frau) ... hat während seines (ihres) Aufenthaltes in ... am ... seine (ihre) Geldbörse mit folgendem Inhalt verloren: ... Falls Sie diese Geldbörse gefunden haben sollten, wären wir Ihnen für baldige Nachricht per Fax an unsere Nr. ... sehr dankbar.

Zimmer, Wert- und Fundgegenstände

Zimmerbezug:
laut Bestätigung
(normal ab 14.00/15.00 Uhr).
Zimmeraufgabe:
laut Hotelanweisung (normal zwischen 12.00 und 14.00 Uhr).
Wertgegenstände:
Das Hotel ist für Wertgegenstände nur verantwortlich, wenn diese dem Hotelier gegen schriftliche Quittung übergeben wurden.
Fundgegenstände:
Fundgegenstände werden dem Gast nicht automatisch nachgeschickt. Fragen Sie schriftlich im Hotel nach verlorenen Gegenständen nach, damit eine gründliche Nachforschung gewährleistet ist.

Objets trouvés

1 Monsieur (Madame) ... a perdu .... au cours de son dernier séjour du ... au ... dans votre établissement. Nous vous serions reconnaissants de bien vouloir nous informer si l'objet en question a été retrouvé chez vous.
2 Monsieur (Madame) ... a perdu au cours de son séjour du ... au ... à ... son portefeuille qui contenait ... Au cas où vous auriez retrouvé ce portefeuille, veuillez nous envoyer rapidement un fax au N° ... D'avance merci.

Chambre, objets de valeur et objets trouvés

Mise à disposition de la chambre:
la chambre sera prête comme indiqué dans la confirmation de réservation (en général à partir de 14.00/15.00 heures)
Libération de la chambre:
selon le règlement intérieur de l'hôtel (en général entre 12.00 et 14.00 heures)
Objets de valeur:
La direction n'est responsable de la perte d'objets de valeur que si ces derniers lui ont été confiés en dépôt avec un reçu signé par la direction de l'hôtel.
Objets trouvés:
Les objets trouvés ne sont pas renvoyés systématiquement à leur propriétaire. Veuillez envoyer une demande écrite à ce sujet afin que nous procédions d'abord à la vérification minutieuse nécessaire.

Checklists

Buchungen

Klare, übersichtliche Buchung.
Zusätzlich zum Wochentag Datum angeben.
Ungefähre Ankunftszeit angeben.
(Vielfach werden Reservierungen nur bis 18.00 Uhr aufrechterhalten.)
Bei Abholung Flug- oder Zugnummer angeben.
Bei Rechnungsstellung an Firma festhalten, wer was bezahlt.

Listes de contrôle

Réservations

Réservation précise, bien présentée.
Ajouter la date au jour de la semaine.
Indiquer approximativement l'heure d'arrivée. (Souvent les réservations sont garanties uniquement jusqu'à 18.00 heures.)
Indiquer N° de vol ou de train en cas d'accueil à l'aéroport ou à la gare.
Préciser qui paie quoi à propos de la facture envoyée à l'entreprise.

Formularvorschlag

Firmen mit viel Hotelkorrespondenz verwenden zweckmäßig einen vorgedruckten dreifachen Formularbrief: Original + Durchschlag 1 an Hotel, Durchschlag 1 mit Reservierungsbestätigung des Hotels an Firma zurück, Durchschlag 2 bleibt bei der Firma.
Formularbrief enthält:
1. Name des Gastes
2. Ankunftsdatum mit Wochentag
3. Abreisedatum mit Wochentag
4. Zimmerart
5. Ankunftszeit, Abholwünsche
6. Rechnungsstellung
7. Besondere Wünsche
8. Platz für Reservierungsbestätigung durch das Hotel.

Paragraphes standard

Les entreprises correspondant fréquemment avec des hôtels utilisent des lettres avec paragraphes standard en trois exemplaires. L'entreprise envoie l'original et 1 copie à l'hôtel, l'hôtel renvoie 1 copie avec confirmation de réservation, l'entreprise garde cette copie.
Les paragraphes standard mentionnent:
1. Nom du client
2. Date et jour d'arrivée
3. Date et jour de départ
4. Catégorie de chambre
5. Heure d'arrivée, accueil à l'aéroport, à la gare
6. Facturation
7. Demandes spécifiques
8. Espace pour confirmation de la réservation par l'hôtel

Telefon – Fax – Computer

Telefon

Vorteil: rasche Bestätigung
Nachteil: Fehlerquellen
Telefongespräche nach Möglichkeit schriftlich bestätigen!

Fax

Vorteil: Es geht über eine Telefonleitung in fast alle Teile der Welt. Es erfolgt in schriftlicher und unterschriftsreifer Form und wird in den meisten Ländern als rechtsverbindlich anerkannt.

Internet

Vorteil: Durch die Verfeinerung der Software-Systeme sind bereits die meisten Fluggesellschaften, Reisebüros und Hotels online. Ein Bestätigungscode garantiert die sofortige Buchung.

Téléphone – fax – ordinateur

Téléphone

Avantage: confirmation rapide
Inconvénient: source d'erreurs
Réclamer une confirmation écrite de la teneur de l'entretien téléphonique!

Fax

Avantage: il est transmis par une ligne téléphonique dans presque toutes les parties du monde. Il est transcrit en forme écrite, signé et il a valeur de preuve juridique dans la plupart des pays.

Internet

Avantage: En raison de l'amélioration du système logiciel la plupart des compagnies aériennes, des agences de voyages et des hôtels sont reliés en ligne. Un code de confirmation garantit une réservation immédiate.

Bankkorrespondenz
Correspondance avec les banques

Kontoeröffnung

1 Um unsere Exportgeschäfte erledigen zu können
   - haben wir die Absicht, bei Ihrer Bank ein Girokonto zu eröffnen.
   - bitten wir Sie, auf den Namen von ... ein Girokonto zu eröffnen.
   - wären wir Ihnen sehr dankbar, wenn Sie unter der Bezeichnung ... ein Girokonto eröffnen würden.
   - möchten wir hiermit die Eröffnung eines Girokontos beantragen.
2 Wir bitten Sie um Angabe der Formalitäten, die für die Eröffnung erforderlich sind.
3 Zwecks Eröffnung bitten wir um Angabe der zu erfüllenden Formalitäten.
4 Wir wären Ihnen sehr dankbar, wenn Sie uns Ihre Bedingungen mitteilen würden.
5 In der Anlage erhalten Sie als anfänglichen Betrag einen Scheck über die Summe von ...
6 Die unterschriftsberechtigten Personen, die aus diesem Grunde für uns verbindlich zeichnen, sind: (Name) (Unterschrift)
7 Herr ... kann allein oder die Herren ... und ... können gemeinschaftlich auf dieses Konto ziehen.
8 Zeichnungsberechtigt sind entweder Herr ... allein oder die Herren ... und ... gemeinsam.
9 Die Korrespondenz ist an ... zu richten.
10 Die Kontoauszüge müssen uns per Post
   - monatlich,
   - jedes Mal, wenn eine Kontobewegung erfolgt, zugestellt werden.

Ouverture de compte

1 Dans le cadre de nos activités d'exportation
   - nous avons l'intention d'ouvrir un compte courant auprès de votre banque.
   - nous sollicitons une ouverture de compte courant au nom de ...
   - nous vous demandons de procéder à l'ouverture d'un compte courant avec la spécification ...
   - nous sollicitons l'ouverture d'un compte courant.
2 Nous vous prions de nous indiquer les formalités à accomplir pour l'ouverture d'un compte.
3 Veuillez nous indiquer les formalités à accomplir pour l'ouverture d'un compte.
4 Nous vous demandons de nous faire connaître vos conditions et vous remercions d'avance.
5 Vous trouverez ci-joint un chèque se montant à ..., cette somme constitue un avoir initial.
6 Nous vous communiquons les noms des personnes autorisées à signer, cette signature engage notre société: (Nom) (Signature)
7 En cas d'émission de lettre de change, la signature sociale est soit individuelle, dans le cas de Monsieur ..., soit collective, dans le cas de Messieurs ... et ...
8 Monsieur ... a individuellement, ou Messieurs ... et ... ont collectivement, la signature sociale.
9 Prière d'envoyer toute correspondance à ...
10 Les extraits de compte doivent nous être envoyés par la poste:
   - une fois par mois.
   - après chaque mouvement de compte.

Kontoschließung

1 Aufgrund der Einstellung unserer Geschäfte ...
2 Als Folge des starken Rückgangs der Exportgeschäfte in Ihrem Land
   – bitten wir Sie, mit sofortiger Wirkung unser Girokonto zu schließen.
   – bitten wir Sie, das Konto, das wir bei Ihnen haben, zu löschen.
3 Wir bitten Sie, den Guthabensaldo auf ... zu übertragen.
4 Der Saldo, den das Konto zu unseren Gunsten aufweist, soll überwiesen werden auf ...
5 Der Saldo zu Ihren Gunsten einschließlich der Beträge, die Ihnen aus Zinsen und Provisionen zustehen, wird Ihnen gezahlt, sobald wir die Abrechnung erhalten.

Kreditanträge

1 Wir bitten Sie, uns die Bedingungen mitzuteilen, zu denen Sie bereit wären,
   – ein Akkreditiv zu eröffnen.
   – einen Kontokorrentkredit zu gewähren.
   – einen Überziehungskredit zu gewähren.
   – einen Blankokredit zu vereinbaren.
   – einen Diskontkredit zu gewähren.
   – einen Avalkredit zu gewähren.
   – ein widerrufliches/unwiderrufliches Akkreditiv zu eröffnen.
2 Um mögliche Zahlungen leisten zu können, ...
3 Um die günstigen Notierungen des Marktes nutzen zu können, ...
4 Um unsere Rohstoffkäufe zu finanzieren, ...
5 Da wir die Absicht haben, in nächster Zeit erhebliche Mengen von ... zu importieren, ...
6 Infolge des starken Anstiegs unserer Außenhandelsgeschäfte
   – bitten wir Sie um Mitteilung, zu welchen Bedingungen Sie bereit wären, uns einen kurzfristigen/mittelfristigen/langfristigen Kredit in Höhe von ... zu gewähren.

Clôture de compte

1 En raison de la cessation de nos activités,
2 En raison de la baisse considérable de nos exportations dans votre pays,
   – nous vous demandons de procéder immédiatement à la clôture de notre compte.
   – nous vous demandons de solder notre compte bancaire auprès de votre établissement.
3 Nous vous prions de transférer le solde créditeur sur ...
4 Le solde créditeur de votre compte en notre faveur est à virer sur ...
5 Dès réception du solde des comptes, nous porterons ces sommes au crédit de votre compte, y compris les montants d'intérêts et de commissions.

Demandes de crédit

1 Nous vous prions de nous communiquer vos conditions
   – pour l'ouverture d'un accréditif.
   – pour l'octroi d'un crédit en compte courant.
   – pour l'octroi d'un crédit revolving.
   – pour l'octroi d'un crédit en blanc.
   – pour l'octroi d'un crédit sur escompte.
   – pour l'octroi d'un crédit garanti par cautionnement.
   – pour l'ouverture d'un crédit documentaire révocable/irrévocable.
2 Afin de nous permettre des facilités de trésorerie,
3 Afin de nous permettre des transactions boursières en fonction de cotations intéressantes,
4 Afin de nous permettre de financer nos achats de matières premières,
5 Afin de nous apporter un soutien dans notre future politique d'importation massive de ...,
6 Suite à la forte croissance du volume de notre commerce extérieur,
   – nous désirons solliciter un crédit et vous prions de nous communiquer vos conditions pour l'octroi d'un crédit à court terme/à moyen terme/à long terme d'un montant de ...

7 Als Garantie können wir Ihnen
  – die Abtretung aller unserer Außenstände,
  – die Lombardierung von negoziierbaren Dokumenten/von Waren/von unbeweglichen Gütern/unseres Lagers/ unseres Fahrzeugparks
  anbieten.
8 Falls Sie zusätzliche Garantien wünschen, könnten wir Ihnen diese beschaffen.
9 Die Exportversicherung deckt 80 % des wirtschaftlichen und 85 % des politischen Risikos ab.
10 Zu Ihrer Information
  – teilen wir Ihnen mit, dass unsere Firma die Absicht hat, ihr Kapital um ca. ... auf ... zu erhöhen; dies bedeutet für Sie eine zusätzliche Sicherheit.
  – übersenden wir Ihnen in der Anlage unsere Bilanzen für die letzten drei Jahre.
  – erlauben wir uns, Ihnen anbei den Wirtschaftsprüfungsbericht zu übersenden.
11 Falls Sie zusätzliche Informationen über die Solvenz unseres Unternehmens wünschen,
  – bitten wir Sie, sich an folgende unserer Lieferanten zu wenden: ...
  – bitten wir Sie, sich mit der Handelskammer von ... in Verbindung zu setzen.

7 Nous vous proposons
  – une cession globale de nos créances
  – un nantissement sur titres/un prêt sur warrant/un prêt sur gage immobilier/ un warrantage des marchandises déposées en magasin/un nantissement sur notre parc de véhicules comme garantie du crédit.
8 Si vous souhaitez des garanties supplémentaires, nous pourrons vous les fournir.
9 80 % des risques économiques et 85 % des risques politiques sont couverts par l'assurance exportation.
10 Communication:
  – nous vous offrons une garantie supplémentaire, en effet nous avons l'intention de procéder à une augmentation de notre capital social, il s'agit d'un montant de ... env. portant ce capital à ...
  – nous vous envoyons en annexe nos bilans des trois dernières années.
  – nous nous permettons de vous envoyer en annexe le rapport de vérification de la gestion et des comptes.
11 Si vous désirez obtenir des renseignements supplémentaires sur la solvabilité de notre entreprise,
  – vous pouvez vous adresser à nos fournisseurs suivants: ...
  – veuillez contacter la Chambre de commerce et d'industrie de ...

Übersendung von Dokumenten

1 Wir bitten Sie, Ihrer Korrespondenzbank in ... Anweisungen zu erteilen,
  – die beigefügten Dokumente gegen Zahlung unseres Wechsels zu übergeben.
  – dem Empfänger/Konsignatar die Verschiffungsdokumente gegen Barzahlung unserer Rechnung Nr. ... vom ... auszuhändigen.
  – den Bezogenen den Frachtbrief sowie die Rechnung nach Akzeptierung unseres 30-Tage-Sichtwechsels zu übergeben.

Envoi de documents

1 Nous vous prions d'aviser votre correspondant bancaire à ...
  – de procéder, avec les documents ci-joints, à une remise documentaire contre paiement.
  – de procéder, avec les documents de transport maritime ci-joints, à une remise documentaire au destinataire/ consignataire contre paiement de notre facture N° ... datée du ...
  – de procéder, avec la lettre de voiture et la facture, à une remise documentaire contre acceptation de notre traite à 30 jours fin de mois.

2 Im Zusammenhang mit unserer Lieferung von ... übersenden wir Ihnen anbei:
das Konnossement,
die Versicherungspolice,
das Rechnungsdoppel,
das Ursprungszeugnis
– und bitten Sie, die Übergabe an die Empfänger/Konsignatare gegen Zahlung unserer Rechnung Nr. ... über den Gesamtbetrag von ... zu veranlassen.
– und bitten Sie, den Wechsel, den wir auf 30 Tage Sicht ausgestellt und gestern an Sie geschickt haben, den Bezogenen zum Akzept vorzulegen.
3 Bitte schreiben Sie den infrage stehenden Betrag nach Abzug Ihrer Auslagen unserem Konto gut.
4 Wir bitten Sie, den genannten Betrag zu gegebener Zeit dem Konto, das wir bei Ihnen haben, gutzuschreiben.

2 Nous vous transmettons les documents suivants accompagnant notre livraison du ...:
le connaissement,
la police d'assurance,
le double de la facture,
le certificat d'origine
– et vous demandons de procéder à une remise documentaire aux destinataires/consignataires contre paiement de notre facture N° ... d'un montant total de ...
– et vous demandons de procéder à une remise documentaire aux tirés contre acceptation de la traite à 30 jours fin de mois que nous vous avons envoyée hier.
3 Veuillez créditer notre compte de cette somme après déduction de vos frais.
4 Veuillez créditer notre compte chez vous de la somme mentionnée en temps voulu.

Kontoauszug

1 Nach Prüfung des Kontoauszugs, den Sie uns mit Ihrem Schreiben vom ... übersandten,
– bestätigen wir Ihnen hiermit, dass wir mit dem daraus hervorgehenden Saldo einverstanden sind.
– fügen wir unsere Einverständniserklärung mit unserer Unterschrift versehen bei.
– erlauben wir uns, Sie auf einen Fehler aufmerksam zu machen, den wir darin gefunden haben.
– möchten wir darauf hinweisen, dass Sie uns aus Versehen den Betrag von ... nicht gutgeschrieben haben.
– teilen wir Ihnen mit, dass Sie uns die am ... erfolgte Eingangsbuchung nicht gutgeschrieben haben.
2 Bitte prüfen Sie die Angelegenheit/diese Differenz und senden Sie uns einen berichtigten Kontoauszug zu.
3 Wir bitten Sie, die notwendigen Nachforschungen anzustellen.
4 Wir sind sicher, dass Sie die Rechtmäßigkeit unserer Beanstandung anerkennen.
5 Nach Überprüfung Ihrer Belastung für Zinsen/Provisionen/Bankgebühren müssen wir Ihnen leider mitteilen, dass wir mit Ihrer Abrechnung nicht einverstanden sind.

Relevé de compte

1 Après vérification du relevé de compte joint à votre lettre du ...
– nous vous donnons confirmation de notre approbation concernant le solde inscrit à notre compte.
– nous vous donnons par signature confirmation ci-jointe de notre approbation.
– nous nous permettons de vous signaler une erreur que nous avons remarquée.
– nous vous signalons que vous avez oublié de nous créditer la somme de ...
– nous vous signalons que la somme correspondant à la passsation d'écriture du ... n'a pas été créditée sur notre compte.
2 Veuillez vérifier les opérations contestées et nous envoyer un relevé de compte rectifié.
3 Veuillez procéder aux vérifications nécessaires dans ce cas.
4 Nous sommes certains que vous reconnaîtrez le bien-fondé de notre contestation des opérations effectuées.
5 Nous avons vérifié les frais mentionnés pour agios/commissions/frais de tenue de compte et vous signalons que nous n'acceptons pas le résultat de vos comptes.

6 Wie aus der dem Kontoauszug beigefügten Eintragung/Buchung ersichtlich ist, betrifft uns die Belastung/Gutschrift nicht.
7 Da die genannte Eintragung/Buchung uns nicht betrifft, bitten wir Sie um Richtigstellung/Verbesserung.
8 Die Anlage zu Ihrem Kontoauszug vom ... für die Eintragung des Betrags von ... mit dem Vermerk „gemäß Anlage" war Ihrem Kontoauszug nicht beigefügt.
9 In Übereinstimmung mit unseren Büchern lautet der von uns mit Datum vom ... ausgestellte Scheck auf den Betrag von ... und nicht ...
10 Leider haben wir die folgenden Tagesauszüge unseres Kontos Nr. ...
  – vom ... bis zum ...
  – der Nr. ... bis zur Nr. ...
  nicht erhalten.
11 Wir nehmen an, dass sie in der Post verloren gegangen sind.
12 Wir bitten Sie um Übersendung von Duplikaten.
13 Sie können mit Ihrer PIN (personal identification number) und entsprechender Software sämtliche Kontobewegungen über das Internet abrufen und speichern.

6 La somme débitée/créditée ne nous concerne pas, cette erreur d'écriture sur le relevé de compte ci-joint est un cas d'exécution défectueuse.
7 Nous vous prions de rectifier les écritures passées à notre compte qui ne nous concernent pas.
8 Votre relevé de compte du ... concernant l'inscription de la somme de ... était accompagné de la mention «selon annexe», vous avez oublié de nous envoyer ce document ainsi mentionné.
9 Après vérification comptable nous vous signalons que le montant du chèque que nous avons émis le ... était de ... et non pas de ...
10 Nous n'avons malheureusement pas reçu les relevés de compte journaliers pour notre compte N^o ...
  – , ceci depuis le ... jusqu'au ...
  – , ceci à partir du N^o ... jusqu'au N^o ...
11 Nous supposons que ces relevés se sont perdus par la poste.
12 Nous vous prions de nous faire établir des doubles des dits relevés.
13 Grâce à votre code PIN (numéro personnel d'identification) et au logiciel approprié vous pouvez avoir accès à tous les mouvements de votre compte sur internet et les stocker.

Börsengeschäfte

1 Wir bitten Sie, für uns zum niedrigstmöglichen Kurs die folgenden Wertpapiere zu kaufen:
  ... Aktien von ...
  ... Staatliche Obligationen
  ... Investmentzertifikate
  und unser Konto Nr. ... entsprechend zu belasten.
2 Wir möchten die Tendenz zur Baisse bei den Kursnotierungen der Aktien des Chemiesektors ausnutzen und bitten Sie daher, für uns ... Aktien von ... zur Höchstnotierung von ... zu kaufen.
3 Wir bitten Sie, diese Wertpapiere auf unsere Rechnung in einem Sammeldepot/Streifbanddepot aufzubewahren.
4 Die infrage stehenden Wertpapiere werden abgeholt/sollen uns übersandt werden.

Opérations boursières

1 Nous vous prions d'acheter pour notre compte au cours le plus bas les titres suivants:
  ... actions de ...
  ... obligations émises par l'Etat
  ... SICAV/FCP
  et de débiter en conséquence notre compte N^o ...
2 Nous désirons profiter de la tendance à la baisse des actions cotées en bourse dans le secteur chimie et vous passons un ordre d'achat concernant ... actions de ... ne dépassant pas un plafond de cotation de ...
3 Nous vous prions de conserver ces titres pour notre compte sur un dépôt de titres collectif/individuel avec mandat de gestion.
4 Nous passerons prendre/Nous vous demandons de nous envoyer les titres en question.

5 Wir bitten Sie, die folgenden Wertpapiere, die Sie auf unseren Namen aufbewahren, zum bestmöglichen Kurs zu verkaufen: ...
6 Unsere Börsen-Software ermöglicht es Ihnen, nicht nur sämtliche Börsenkurse abzurufen, sondern auch Transaktionen über das Internet durchzuführen.

Bargeldloser Zahlungsverkehr

1 Wir bitten Sie uns mitzuteilen, ob Sie damit einverstanden sind, dass wir in Zukunft Ihre Rechnung für ... durch Direktabbuchung vom Konto vornehmen.
2 Ab sofort zahlen Kunden, die ihren Zahlungsverkehr über das Internet abwickeln, um 50 % reduzierte Gebühren.
3 In der Anlage erhalten Sie Ihre Scheckkarte für das Jahr ...
4 Anbei erhalten Sie Ihre Code-Nummer für direkte Abbuchungen von Ihrem Bankautomaten.
5 Die beiliegende verschlüsselte Kennziffer-Kodierung ist sorgfältig aufzubewahren und bei Verlust sofort der Bank zu melden.
6 Über Ihre Telefon-PIN (personal identification number) können Sie Ihren Kontostand und die Kontenbewegungen erfahren und Überweisungen ausführen.
7 Ihr Bankauftrag Nr. ... ist heute per SWIFT erledigt worden. Sie erhalten sofort Nachricht, wenn die Abbuchung des Betrages von unserer ausländischen Filiale bestätigt worden ist.
8 Mit der beigefügten Kreditkarte können Sie bargeldlos bis zum jeweiligen Betrag von ... zahlen. Bitte bewahren Sie sie sorgfältig auf.
9 In der Anlage erhalten Sie Ihre neuen Schecks Nr. ... bis Nr. ... Die für das Jahr ... gültige Scheckkarte ist ebenfalls beigefügt.
10 Die beiliegende Kreditkarte berechtigt Sie zum Einkauf in folgenden Geschäften und Tankstellen: ...
11 Für jede Transaktion benötigen Sie eine TAN (transaction number), die Ihre Unterschrift ersetzt. Bitte denken Sie daran, die verbrauchten TAN's auszustreichen.

5 Nous vous prions d'exécuter au mieux notre ordre de vente concernant les titres suivants de notre dépôt:
6 Notre logiciel boursier vous permet non seulement d'avoir accès à tous les cours boursiers, mais également d'exécuter les transactions par internet.

Règlement sans argent liquide

1 Nous vous prions de nous faire savoir si vous êtes disposés à accepter dorénavant le règlement de votre facture pour ... par prélèvement direct sur notre compte.
2 A partir de maintenant tous les clients qui effectuent leurs règlements par internet paient des frais réduits à 50 %.
3 Vous trouverez ci-joint votre carte de garantie de chèque pour l'année ...
4 Vous trouverez ci-joint votre code confidentiel pour effectuer directement des retraits à un DAB.
5 Veuillez conserver dans un endroit sûr le code chiffré ci-joint et aviser immédiatement votre établissement bancaire en cas de perte.
6 En utilisant le code PIN de votre téléphone (numéro personnel d'identification) vous pouvez vous renseigner sur le solde et sur les mouvements de votre compte bancaire et vous pouvez également effectuer des virements.
7 Votre ordre de virement N° ... a été effectué aujourd'hui par S.W.I.F.T. Vous serez immédiatement informé du prélèvement du montant par notre agence à l'étranger.
8 La carte de crédit ci-jointe vous permet d'effectuer des retraits se montant chaque fois à ... maximum. Veuillez la conserver dans un endroit sûr.
9 Vous trouverez ci-joint votre nouveau chéquier, les chèques sont numérotés de ... à ... La carte garantie de chèque ci-jointe est aussi valable pour l'année ...
10 La carte de crédit ci-jointe vous permet d'effectuer vos achats dans les magasins et stations-service suivants:
11 Pour chaque transaction vous avez besoin d'un code de transaction qui remplace votre signature. Veuillez penser à supprimer les codes de transaction usagés.

Marketing und Werbung
Marketing et publicité

Marktforschung

Anfragen

1 Wir sind sehr daran interessiert, die Absatzmöglichkeiten der von uns hergestellten Waren ermitteln zu lassen.
2 Könnten Sie uns eine oder mehrere Agenturen nennen, die sich in ... mit Marktforschung beschäftigen? Welche von diesen Firmen empfehlen Sie?
3 Wir danken Ihnen für Ihr Schreiben vom ..., mit dem Sie sich bereit erklären, für uns eine Marktuntersuchung in ... zu übernehmen. Natürlich hätten wir gern gewusst, wie hoch die Kosten für uns sein werden.
4 Können Sie auch eine entsprechende Untersuchung im benachbarten ... übernehmen?
5 Bitte teilen Sie uns mit, für welche international bekannten Firmen Sie bereits Marktuntersuchungen in ... durchgeführt haben.
6 Wir sind vor allem daran interessiert zu erfahren, mit welcher Konkurrenz wir zu rechnen haben.
7 Könnten Sie Ihren Bericht in ... Sprache vorlegen?
8 Wie lange benötigen Sie, um einen vollständigen Bericht zu erarbeiten?
9 Als Anlage überreichen wir Ihnen eine Liste von Ländern, mit denen wir in erfolgreicher Geschäftsbeziehung stehen.
10 Haben Sie die Möglichkeit, eine Marktstudie für den gesamten EU-Bereich auszuarbeiten?

Antworten

1 Wir senden Ihnen heute eine Liste von Unternehmen, die für Sie Marktforschung in ... betreiben können.

Etude de marché

Demandes

1 Nous aimerions faire faire une étude pour connaître les débouchés potentiels de nos produits.
2 Pourriez-vous nous indiquer une ou plusieurs agences qui font des études de marché à ...? Laquelle nous recommandez-vous?
3 Dans votre lettre du ..., vous nous proposez vos services pour faire une étude de marché à ... Nous vous en remercions et vous demandons de nous donner des détails sur le montant des frais entraînés par une telle étude.
4 Pourriez-vous vous charger aussi d'une étude correspondante à ... qui se trouve à proximité de ...?
5 Nous aimerions savoir pour quelles entreprises internationales connues vous avez déjà fait des études de marché à ...
6 Identifier nos concurrents, voilà ce qui nous intéresse le plus.
7 Pourriez-vous présenter votre rapport en ... (langue)?
8 La rédaction d'un rapport complet vous prend combien de temps?
9 Vous trouverez ci-joint une liste de pays avec lesquels nous entretenons de bonnes relations d'affaires.
10 Avez-vous la possibilité de procéder à une étude de marché pour tous les pays de l'UE?

Réponses

1 Veuillez trouver ci-joint une liste d'entreprises qui peuvent faire une étude de marché pour vous à ...

2 Die Agentur ... ist uns bekannt; wir können sie Ihnen bestens empfehlen.
3 Wir sind bereit, die Marktuntersuchung in ... durchzuführen, und wären Ihnen für Ihren Auftrag dankbar. Die Kosten werden annähernd ... betragen.
4 Wir bedanken uns für Ihren Auftrag und werden diesen schnellstens und, wie wir hoffen, zu Ihrer vollen Zufriedenheit ausführen.
5 Wenn keine besonderen Schwierigkeiten auftreten, betragen die Kosten ...
6 Wir bedauern, Ihnen mitteilen zu müssen, dass wir auf dem ... Gebiet keine Marktforschung betreiben.
7 In ... empfehlen wir Ihnen die Firma ..., deren Arbeit uns bekannt ist.
8 Wir teilen Ihnen mit, dass wir bis heute folgende international anerkannte Firmen zu unseren Kunden zählen: ...
9 Wir sind gern bereit, den Bericht in ... Sprache vorzulegen.
10 Leider sind wir nicht in der Lage, den Bericht in ... Sprache vorzulegen, wir können ihn nur in ... Sprache abfassen.
11 Um Ihnen einen gründlichen Bericht zu liefern, benötigen wir ... Wir erwarten Ihre Nachricht baldigst und danken Ihnen schon heute dafür.
12 Da wir bereits im gesamten EU-Raum vertreten sind, besteht keinerlei Schwierigkeit, eine entsprechende Marktstudie zu erstellen. Sie kann in jeder EU-Sprache ausgefertigt werden.
13 Wir danken für Ihren Auftrag zur Durchführung der Marktstudie und werden Ihnen in den nächsten Tagen einen Vorschlag über das Marketing-Mix vorlegen.
14 Um die Field-Research bestmöglich durchführen zu können, müssten wir Außendienstmitarbeiter beschäftigen. Dies würde den Preis erheblich verteuern.
15 Zur Durchführung der Meinungsumfragen setzen wir vorwiegend Studenten ein. Die Auswertung der Fragebögen erfolgt durch unsere Marketing-Agentur.
16 Sobald die Auswertung der Marktforschung vorliegt, können wir Ihnen Vorschläge für geeignete Werbeträger unterbreiten.
17 Unser Institut ist auf Maßnahmen der Verkaufsförderung spezialisiert und könnte Ihnen in jeder Weise behilflich sein.

2 Nous connaissons l'agence ... et pouvons vous la recommander chaudement.
3 Nous sommes prêts à faire une étude de marché à ... et serions heureux de travailler pour vous. Le montant approximatif des frais entraînés par cette étude se monte à ...
4 Nous vous remercions de nous avoir confié cette commande et veillerons à sa parfaite exécution.
5 Les frais se montent normalement à ... sauf imprévu.
6 Nous regrettons de vous informer que nous ne faisons pas d'études de marché dans le domaine de ...
7 Nous vous recommandons l'entreprise ... à ... dont nous connaissons les méthodes de travail.
8 Nous vous communiquons la liste suivante des sociétés internationales connues appartenant à notre clientèle: ...
9 Nous pouvons vous présenter le rapport en ... (langue).
10 Nous regrettons de ne pouvoir vous présenter le rapport en ... (langue), nous pouvons le présenter uniquement en ... (langue).
11 Pour pouvoir vous remettre un rapport détaillé, nous avons besoin de ... Nous attendons une réponse rapide de votre part et vous remercions d'avance.
12 Nous sommes représentés dans l'ensemble des pays de l'UE. Faire une étude de marché correspondante ne nous pose donc pas de problèmes, cette étude peut être rédigée dans toutes les langues de l'UE.
13 Nous vous remercions d'avoir bien voulu nous confier cette étude de marché. Nous vous soumettrons bientôt une proposition sur le plan de marchéage.
14 Pour effectuer au mieux les études de terrain, nous devrions payer des collaborateurs externes, ce qui augmenterait considérablement le prix.
15 Nous employons surtout des étudiants pour effectuer les sondages. Notre agence de marketing se charge de l'exploitation des questionnaires.
16 Nous pourrons vous soumettre des propositions concernant les supports adéquats dès que nous aurons les résultats de l'étude de marché.
17 Notre institut est spécialisé dans les techniques de promotion des ventes et pourrait vous apporter un soutien intégral.

18 Für die Erstellung einer Marktstudie benötigen wir genaue Angaben über die Art des Produkts, seine Absatzmöglichkeiten und die Vertriebskanäle.

18 Nous avons besoin d'informations précises sur votre type de produit, ses débouchés potentiels et les canaux de distribution.

Werbung und Publicrelations

Anfragen

1 Hiermit möchten wir Sie bitten uns mitzuteilen, ob Sie daran interessiert wären, für unser Produkt ... eine Werbekampagne zu organisieren.
2 Bitte erarbeiten Sie uns ein Angebot für eine Werbekampagne im Wert von ca. ... Die Werbeträger sollen Rundfunk, Fernsehen, die Tagespresse und das Internet einschließen.
3 Bitte unterbreiten Sie uns ein Werbeangebot für ...
4 Die Firma ... hat uns Ihre Agentur empfohlen. Wir bitten Sie, uns kurz mitzuteilen, welches Marketing-Mix Sie für die in der Anlage näher beschriebenen Produkte unseres Hauses empfehlen würden.
5 Die Marke ... ist Ihnen sicher ein Begriff. Bisher hat uns die Agentur ... in ... vertreten. Da wir mit ihren Diensten nicht mehr zufrieden sind, möchten wir anfragen, ob Sie an der Übernahme eines Werbevertrages interessiert sind. Welche wären ggf. Ihre Bedingungen?
6 Sie sind uns als PR-Agentur empfohlen worden. Falls Sie an einer Zusammenarbeit interessiert sind, bitten wir um Kontaktaufnahme mit Herrn (Frau) ... unter der Telefonnummer ...
7 Die amerikanische Gesellschaft ... plant, sich auf dem ... Markt zu etablieren. Sie sucht zu diesem Zweck eine PR-Agentur. Sind Sie interessiert?
8 Unsere Firma möchte in nächster Zeit ihr Image in der Öffentlichkeit verbessern. Hierfür benötigen wir die Dienste einer erfahrenen Agentur. Könnten Sie uns entsprechende Vorschläge unterbreiten und eine Preisvorstellung nennen?

Publicité et relations publiques

Demandes

1 L'organisation d'une campagne publicitaire pour notre produit ... vous intéresserait-elle? Nous attendons votre réponse à ce sujet.
2 Veuillez nous soumettre une offre concernant une campagne publicitaire se montant à env. ... Radio, télévision, quotidiens et internet sont à inclure dans les supports publicitaires à choisir.
3 Veuillez nous soumettre une offre d'action publicitaire pour ...
4 Votre agence nous a été recommandée par l'entreprise ... Nous vous demandons de nous faire une brève proposition concernant le plan de marchéage à choisir pour les produits ci-joints avec leur description détaillée.
5 Vous connaissez certainement la marque ... L'agence ... nous a représentés jusqu'à présent. Comme nous ne sommes plus satisfaits de leurs services, nous aimerions savoir si vous êtes disposés à reprendre le contrat de promotion publicitaire. Quelles seraient alors vos conditions?
6 On nous a recommandé votre agence de publicité. Si cela vous intéresse de travailler avec nous, veuillez contacter Monsieur ... /Madame ... N° de téléphone ...
7 L'entreprise américaine ... a l'intention de s'implanter sur le marché ... Elle recherche à cet effet une agence de communication. Cela vous intéresse-t-il?
8 Notre entreprise désire améliorer son image de marque auprès du public. Nous avons besoin pour cela des services d'une agence ayant de l'expérience. Pouvez-vous nous faire des propositions correspondantes et nous communiquer vos prix?

Antworten

1 Vielen Dank für Ihr Schreiben vom ... Wir sind an der Übernahme eines Werbeauftrags für Ihre Produkte sehr interessiert und schlagen vor, dass unser(e) Mitarbeiter(in), Herr (Frau) ..., Sie persönlich aufsucht, um nähere Einzelheiten zu besprechen.
2 In der Anlage erhalten Sie unseren Prospekt für die Durchführung allgemeiner Werbekampagnen. Für die Ausarbeitung individueller Kampagnen benötigen wir nähere Angaben wie folgt: ...
3 Wir würden uns sehr freuen, die Werbung für Ihre Produkte (für Ihre Marke ..., Ihr Logo ...) zu übernehmen.
4 Als PR-Agentur, die im gesamten EU-Raum tätig ist, verfügen wir auch über sprachlich und fachlich geschulte Mitarbeiter, die in jedem EU-Land tätig sein können. Wir stehen für ein persönliches Gespräch jederzeit zu Ihrer Verfügung.
5 Für die von Ihnen vorgesehene Werbekampagne eignen sich besonders Werbespots im Fernsehen (Annoncen in der Tagespresse, Rundschreiben, Werbeslogans auf Haus- oder Wandplakaten, Werbung auf Tragetaschen und Packpapier, Werbung durch Neonreklame, Annoncen auf Theater- und Kinokarten oder -programmen, Reklame auf Kraftfahrzeugen).
6 Die statistische Auswertung Ihrer Marktstudie zeigt, dass die geeignetsten Werbe- (PR-) Mittel folgende wären: ...
7 Wenn Sie eine imagefördernde PR-Kampagne starten möchten, empfehlen wir Ihnen unbedingt unser neues Internet-Werbeprogramm mit folgenden Möglichkeiten zur Auswahl ...

Angebot einer Werbe- oder PR-Agentur

1 Wir sind auf die Werbung von ... spezialisiert und würden auch Sie gern zu unseren Kunden zählen. Anbei übersenden wir Ihnen unser Leistungsprofil.
2 Als Anlage überreichen wir Ihnen einen Katalog über die Dienstleistungen, die wir für Sie erbringen können.

Réponses

1 Nous vous remercions de votre lettre du ... Nous nous chargerions très volontiers d'une campagne publicitaire pour vos produits et vous proposons une rencontre avec notre collaborateur (collaboratrice), Monsieur (Madame) ... afin de régler les détails.
2 Vous trouverez ci-joint notre documentation sur des campagnes publicitaires standard. Pour organiser des campagnes personnalisées nous avons besoin des renseignements suivants: ...
3 Nous serions très heureux de nous charger de la publicité pour vos produits (votre marque ..., votre logo ...).
4 Notre agence de publicité travaille dans tous les pays de l'UE, elle dispose d'un personnel bien formé, maîtrisant les langues étrangères, capable d'intervenir dans chacun de ces pays. Nous sommes à votre entière disposition pour un entretien.
5 Pour la campagne de publicité que vous projetez nous vous recommandons les spots publicitaires à la télévision (les annonces dans les quotidiens, les circulaires, les messages publicitaires sur les façades, les murs, les sacs en plastique ou sur du papier d'emballage, sur les billets de théâtre et de cinéma, sur des véhicules).
6 En fonction des conclusions statistiques de votre étude de marché, les moyens publicitaires à privilégier seraient: ...
7 Si vous désirez lancer une campagne de promotion de votre image de marque, nous vous recommandons notre nouveau programme de publicité sur internet incluant les possibilités suivantes de votre choix ....

Offre d'une agence de publicité ou de communication

1 Nous sommes spécialisés dans la publicité de ... et aimerions vous compter au nombre de nos clients. Vous trouverez ci-joint notre profil.
2 Nous vous envoyons en annexe le catalogue de tous les services que nous avons à vous proposer.

3 Dank unseres weit verzweigten Filialnetzes im gesamten EU-Bereich haben wir ein breites Streuungsspektrum anzubieten.
4 Sie können auch bei Spezialaufträgen mit schnellster Abwicklung rechnen.
5 Dürfen wir Ihnen unser neues Online-Werbeprogramm vorstellen? Mit Hilfe dieses Programms erreichen Sie Ihre Kunden noch schneller und problemloser.
6 Ohne unser Online-System ist Werbung heutzutage kaum noch denkbar. Wir sind jederzeit gern bereit, es Ihnen vorzustellen.
7 Auf der Messe ... haben wir vor, Ihnen unser neues Werbeprogramm vorzustellen. Dürfen wir mit Ihrem Besuch rechnen?
8 Anbei erhalten Sie unseren vielseitigen Prospekt sowie eine Referenzliste der Firmen, für die wir erfolgreich gearbeitet haben.
9 Wir sind eine auf das Internet spezialisierte Agentur. Neben der Erstellung kompletter Homepages liegt unsere Stärke in der Werbung im Netz wie auch in den traditionellen Medien.
10 Wir bieten Ihnen eine reichhaltige Palette an Werbemöglichkeiten im Internet, wie: Banner, Spots, Gewinnspiele usw.

3 Nous avons un très large champ d'action à vous proposer grâce à la forte ramification de notre réseau dans tous les pays de l'UE.
4 Nous vous garantissons une intervention rapide aussi pour des actions personnalisées.
5 Nous nous permettons de vous présenter notre nouveau programme publicitaire en ligne qui vous assurera un contact encore plus rapide et sans problème avec tous vos clients.
6 Actuellement il serait difficile de se passer de notre système en ligne en matière de publicité. Nous sommes à votre entière disposition pour une présentation.
7 Nous avons l'intention de vous présenter notre nouveau programme de publicité lors du Salon ... Nous espérons y avoir le plaisir de votre visite.
8 Vous trouverez ci-joint notre documentation détaillée et une liste de références d'entreprises qui ont été satisfaites de nos services.
9 Nous sommes une agence de publicité spécialisée internet. Outre la configuration de sites internet complets notre force réside en matière de publicité autant dans le réseau électronique que dans les médias traditionnels.
10 Nous vous proposons une large gamme de possibilités de publicité sur internet comme: bannières, spots, jeux, etc.

Positive Antwort auf Angebot der Werbe- oder PR-Agentur

1 Wir danken für Ihr Angebot vom ... und würden uns freuen, einen entsprechenden Vorschlag von Ihnen ausarbeiten zu lassen.
2 Sie kennen unser Produkt ... Gern hören wir von Ihnen, wie Sie dieses werbeträchtig vermarkten.
3 Ihr neues Online-Programm würde uns sehr interessieren. Bitte machen Sie uns nähere Angaben.
4 Wir haben auf der ... Messe Ihre Firma kennen gelernt und interessieren uns für die modernen PR-Vorschläge, die Sie unterbreiten. Könnten Sie uns konkret sagen, wie Sie diese für unsere Firma umsetzen könnten?

Réponse positive à une offre d'une agence de publicité ou de communication

1 Nous vous remercions pour votre offre du ... Soumettez-nous une proposition adéquate que nous examinerons volontiers.
2 Vous connaissez notre produit ... Nous attendons avec intérêt vos propositions de commercialisation avec une publicité efficace.
3 Votre nouveau programme en ligne nous intéresse beaucoup. Nous vous remercions de nous faire parvenir des informations plus précises.
4 Nous avons fait la connaissance de votre entreprise au cours du Salon ... et nous intéressons à vos propositions de communication moderne. Pourriez-vous nous renseigner sur leur mise en application potentielle dans notre entreprise?

5 Wir planen für die nächste Zukunft eine gezielte Werbekampagne für unsere Marke ... (unser Produkt ..., unser Firmenlogo). Hierfür steht ein Werbeetat von ca. ... (Währung) zur Verfügung. Wir bitten um Ihre Vorschläge.
6 Ihr Katalog für Werbung und PR hat uns gut gefallen. Bitte teilen Sie uns mit, wann wir einen Besuchstermin mit einem Ihrer Fachleute in unserem Hause vereinbaren können.
7 Ihre Angebotspalette für Werbung im Internet mit Bannern, Spots, Gewinnspielen usw. erscheint uns für unser Produkt interessant. Machen Sie uns bitte ein Angebot.
8 Werbung wird immer ausgefeilter. Wir haben uns daher entschlossen, diese Arbeit in Zukunft einem erfahrenen Werbeteam außer Haus zu übertragen. Könnten Sie uns dabei unterstützen?

Negative Antwort auf Angebot einer Werbe- oder PR-Agentur

1 Wir danken für Ihr Angebot vom ..., müssen dies jedoch aus Kostengründen leider ablehnen.
2 Da wir seit Jahren in unserer eigenen Abteilung Werbung und PR betreiben, können wir von Ihrem wirklich interessanten Angebot leider keinen Gebrauch machen.
3 Ihr Prospekt hat uns sehr interessiert. Zurzeit planen wir jedoch keine Werbe- oder PR-Kampagne.
4 Da unsere Marke ... (unser Produkt ..., unser Firmenlogo) zurzeit recht gut bekannt ist, planen wir keine weitere Werbung.
5 Ihr Angebot hört sich zwar sehr gut an, übersteigt kostenmäßig jedoch bei weitem den von uns gesteckten Rahmen.
6 Es tut uns Leid Ihnen mitteilen zu müssen, dass wir bereits eine andere Werbeagentur (ein anderes PR-Team) beauftragt haben.
7 Ihr für uns ausgearbeitetes Programm eines Marketing-Mix gefällt uns nicht so sehr und übersteigt auch kostenmäßig unser Budget. Wir ziehen es statt dessen vor, mit eigener Homepage im Internet zu werben.

5 Nous avons l'intention de faire prochainement une campagne de publicité ciblée pour notre marque ... (notre produit ..., notre logo). Nous disposons à cet effet d'un budget publicité d'env. ... et sollicitons des propositions de votre part.
6 Votre documentation publicité et communication nous a beaucoup plu. Veuillez nous proposer une date de rencontre dans nos locaux avec un de vos experts.
7 Votre gamme d'offres relative à la publicité sur internet avec bannières, spots, jeux, etc, nous semble intéresssante pour notre produit. Veuillez nous faire une offre.
8 La publicité est un domaine de plus en plus pointu: nous avons décidé pour cette raison de confier à l'avenir cette tâche à une équipe de publicitaires chevronnés à l'extérieur. Pourriez-vous nous accorder votre soutien?

Réponse négative à une offre d'une agence de publicité ou de communication

1 Nous vous remercions de votre offre du ... que nous regrettons de devoir décliner pour des raisons financières.
2 Nous avons depuis des années notre propre service de publicité et de communication et regrettons de devoir refuser votre intéressante proposition.
3 Votre documentation nous a semblé très intéressante, mais actuellement nous ne projettons pas de campagne de publicité ou de communication.
4 Le degré actuel de notoriété de notre marque ... (notre produit ..., notre logo) est satisfaisant, si bien que nous n'avons pas de projet publicitaire.
5 Votre proposition nous semble très attrayante mais dépasse le cadre des frais que nous pouvons engager.
6 Nous regrettons de vous donner une réponse négative, car nous avons déjà confié une mission à une autre agence publicitaire (équipe de communication).
7 Le plan de marchéage que vous nous avez soumis ne nous convient pas vraiment et dépasse les limites de notre budget. Nous préférons le remplacer par la publicité sur internet avec un propre site.

Empfehlungsbriefe, Einführungsbriefe, Bewerbungen

Lettres de recommandation, lettres d'introduction, candidatures

Ankündigung eines Besuchers

1 Herr (Frau) ... von der Firma ... wird sich in den nächsten Tagen (Wochen) nach ... begeben und Sie auf meine Empfehlung aufsuchen.
2 Der Zweck des Besuches von Herrn (Frau) ... ist die Teilnahme an der Messe ... in Ihrer Stadt.

Annonce d'une visite

1 Monsieur (Madame) ... de l'entreprise ... se rendra dans les prochains jours (quelques semaines) à ... et vous rendra visite sur ma recommandation.
2 Monsieur (Madame) ... se rendra dans votre ville afin de participer à l'exposition de ...

Bitte um Unterstützung

1 Es wäre möglich, dass Herr (Frau) ... während seines (ihres) Besuches (Aufenthaltes) in Ihrer Stadt einen Rat oder Hilfe braucht.
2 Da Sie Experte(in) auf dem Gebiet ... sind, wäre ich Ihnen dankbar, wenn Sie Herrn (Frau) ... bei der Beantwortung von diesbezüglichen Fragen helfen könnten.
3 Da Herr (Frau) ... keine Kontakte zur Firma ... hat, wäre es sehr liebenswürdig von Ihnen, wenn Sie ihn (sie) mit den richtigen Leuten (richtigen Behörden, zuständigen Stellen) in Kontakt bringen könnten.
4 Ich habe Herrn (Frau) ... ein kurzes Einführungsschreiben an Sie mitgegeben.
5 Sie können Herrn (Frau) ... sicherlich einige nützliche Hinweise (Auskünfte) über die Marktlage in ... geben.

Demande de soutien

1 Monsieur (Madame) ... aimerait éventuellement au cours de sa visite (son séjour) dans votre ville vous demander conseil ou solliciter votre aide.
2 Comme vous êtes spécialiste dans le secteur ..., nous vous serions reconnaissants de bien vouloir accorder votre soutien à Monsieur (Madame) ... en cas de demandes spécifiques.
3 Monsieur (Madame) ... n'a pas de contact direct avec l'entreprise ..., nous vous serions très reconnaissants de bien vouloir le (la) mettre en rapport avec les personnes (les services administratifs, les services compétents) susceptibles de l'aider dans sa tâche.
4 J'ai remis à Monsieur (Madame) ... une brève lettre de recommandation qui vous est destinée.
5 Vous pouvez certainement communiquer à Monsieur (Madame) ... quelques informations utiles sur la situation du marché à ...

6 Wir sind Ihnen für jede Unterstützung, die Sie Herrn (Frau) ... geben könnten, sehr dankbar.

6 Nous vous serions reconnaissants pour tout soutien accordé de votre part à Monsieur (Madame) ...

Auskunft über neue Mitarbeiter

Renseignements sur de nouveaux collaborateurs

1 Bei seiner (ihrer) Bewerbung hat Herr (Frau) ... Sie als Referenz genannt.
2 Wir haben gehört, dass Herr (Frau) ... früher bei Ihnen beschäftigt war.
3 Ihr früherer Mitarbeiter, Herr ..., bemüht sich um eine Anstellung bei uns.
4 Herr (Frau) ... hat sich auf unser Stellenangebot beworben und benennt Sie als Referenz.
5 Mit welchen Auskünften über Herrn (Frau) ... können wir rechnen?
6 Bitte teilen Sie uns mit, wie Sie Herrn (Frau) ... als Mitarbeiter(in) beurteilen.
7 Wie beurteilen Sie die fachliche und menschliche Qualifikation des Herrn (der Frau) ... ?
8 Wir wüssten gern, ob Herr (Frau) ..., Ihr(e) ehemalige(r) ..., sich in dieser Position bewährt hat.
9 Aus welchen Gründen ist Herr (Frau) ... bei Ihnen ausgeschieden?
10 Glauben Sie, Herr (Frau) ... ist dieser Aufgabe gewachsen?

1 Monsieur (Madame) ... vous a cité comme référence en posant sa candidature.
2 Nous avons appris que Monsieur (Madame) ... a été autrefois employé(e) chez vous.
3 Monsieur ..., votre ancien collaborateur, a posé sa candidature chez nous.
4 Monsieur (Madame) ... a répondu à notre offre d'emploi et vous cite comme référence.
5 Quels sont les types de renseignements que vous pouvez nous communiquer sur Monsieur (Madame) ...?
6 Veuillez nous communiquer vos appréciations au sujet de Monsieur (Madame) ... en tant que collaborateur (collaboratrice).
7 Quelles sont vos appréciations à propos de la qualification de Monsieur (Madame) ... sur le plan professionnel et humain?
8 Nous aimerions savoir si Monsieur (Madame) ... qui occupait chez vous le poste de ... a fait ses preuves dans ses fonctions.
9 Quels ont été les motifs du départ de votre entreprise de Monsieur (Madame) ... ?
10 Estimez-vous que Monsieur (Madame) ... pourra assumer cette tâche?

Einarbeitung

Mise au courant

1 Bitte teilen Sie uns mit, wann Herr (Frau) ... zur Einarbeitung zu Ihnen ins Werk kommen kann.
2 Wir legen großen Wert darauf, dass Herr (Frau) ... in die Bedienung der Anlagen eingearbeitet wird.
3 Die Einarbeitung sollte so schnell wie möglich erfolgen.
4 Für die Einarbeitung haben wir ... Tage geplant.

1 Veuillez nous communiquer à quelle date Monsieur (Madame) ... pourra venir se mettre au courant dans votre usine.
2 Nous estimons que l'apprentissage du maniement des équipements par Monsieur (Madame) ... est primordial.
3 La mise au courant devrait avoir lieu le plus rapidement possible.
4 Nous avons prévu ... jours pour la mise au courant.

5 Hiermit bestätigen wir Ihnen den gewünschten Termin ... für die Einarbeitung von Herrn (Frau) ...
6 Wir versichern Ihnen, dass wir Herrn (Frau) ... zur Einarbeitung einen Platz in unserem nächsten Kurs reservieren werden.
7 Langjährige Erfahrung und erstklassiges Schulungspersonal geben Ihnen die Gewähr, dass die Einarbeitung allen Anforderungen entspricht.

5 Nous vous confirmons par la présente la date souhaitée du ... pour la mise au courant de Monsieur (Madame) ...
6 Nous vous promettons de réserver une place dans notre prochain cours pour la mise au courant de Monsieur (Madame) ...
7 Nous vous promettons que la mise au courant répondra à toutes vos attentes grâce à notre longue expérience dans ce domaine et au professionnalisme du personnel de formation.

Positive Referenz

1 In Beantwortung Ihrer Anfrage vom ... über Herrn (Frau) ... freue ich mich zu bestätigen, dass er (sie) ... Jahre in unserem Unternehmen tätig war und seine (ihre) Arbeit stets in hervorragender Weise verrichtet hat.
2 Wir haben Herrn (Frau) ... immer zuverlässig in seiner (ihrer) Arbeit und in höchstem Maße vertrauenswürdig und liebenswert gefunden.
3 Ich kann Ihnen Herrn (Frau) ... uneingeschränkt empfehlen.
4 Wir kennen Herrn (Frau) ... seit vielen Jahren als vertrauenswürdige(n) Geschäftspartner(in).
5 Herr (Frau) ... arbeitet seit vielen Jahren in unserem Unternehmen und erfreut sich allerseits größten Vertrauens und ausgesprochener Beliebtheit.
6 Herr (Frau) ... ist aufgeschlossen, freundlich, äußerst zuverlässig und immer gründlich in seiner (ihrer) Arbeit.
7 Auf eigene Initiative hin besuchte Herr (Frau) ... Lehrgänge und Fortbildungsveranstaltungen.
8 Ich bin sicher, dass Herr (Frau) ... jede verantwortungsvolle Aufgabe gewissenhaft erledigen wird.
9 Wir können uns über Herrn (Frau) ... nur äußerst positiv äußern und haben keine Bedenken, ihn (sie) weiterzuempfehlen.
10 Wir haben sehr bedauert, dass Herr (Frau) ... unsere Firma verlassen hat, da er (sie) seine (ihre) Arbeit stets mit äußerster Präzision, Pünktlichkeit und Zuverlässigkeit erledigt hat.

Références positives

1 En réponse à votre demande du ... concernant Monsieur (Madame) ..., j'ai le plaisir de vous confirmer que Monsieur (Madame) ... a travaillé ... années dans notre entreprise et a toujours effectué son travail de manière irréprochable.
2 Nous avons toujours estimé la fiabilité de Monsieur (Madame) ... dans son travail, cette personne était très agréable et jouissait de notre entière confiance.
3 Je peux vous recommander Monsieur (Madame) ... sans avoir à formuler une quelconque restriction.
4 Nous connaissons Monsieur (Madame) ... depuis de longues années, cette personne est un partenaire fiable en affaires.
5 Monsieur (Madame) ... travaille depuis de nombreuses années pour notre entreprise, cette personne jouit de notre entière confiance et est très appréciée par ses collègues.
6 Ouverture d'esprit, amabilité, grande fiabilité et haute conscience professionnelle caractérisent Monsieur (Madame) ...
7 Monsieur (Madame) a pris l'initiative de suivre des cours de formation et de perfectionnement.
8 Je suis certain que Monsieur (Madame) ... sera à la hauteur des responsabilités et des tâches qui lui seront confiées.
9 Nous n'avons que des éloges à formuler au sujet de Monsieur (Madame) ... et ne pouvons que le (la) recommander chaudement.
10 Nous avons beaucoup regretté le départ de notre entreprise de Monsieur (Madame) ... qui a toujours exécuté son travail d'une manière extrêmement précise, ponctuelle et fiable.

Vage Referenz

1 Es ist richtig, dass Herr (Frau) ... von ... bis ... bei uns beschäftigt war.
2 Herr (Frau) ... war von ... bis ... in unserer ...abteilung tätig und mit ... Arbeiten betraut.
3 Leider können wir nichts Näheres über Herrn (Frau) ... sagen.
4 Herr (Frau) ... hat sich stets bemüht, die ihm (ihr) übertragenen Aufgaben gewissenhaft zu erfüllen.
5 Herr (Frau) ... hatte die Aufgabe, in der ... Abteilung allgemeine Büroarbeiten zu verrichten. Zu Beanstandungen gab es keinen Anlass.
6 Wir müssen Ihnen leider mitteilen, dass wir über Herrn (Frau) ...s Tätigkeiten in unserem Hause keine näheren Angaben machen können, da der zuständige Vorgesetzte nicht mehr bei uns tätig ist.

Références vagues

1 Il est exact que Monsieur (Madame) ... a travaillé chez nous du ... au ...
2 Monsieur (Madame) ... a travaillé dans notre service ... du ... au ... et était chargé(e) de ...
3 Nous regrettons de ne pouvoir vous fournir de renseignements détaillés sur Monsieur (Madame) ...
4 Monsieur (Madame) ... a toujours fait de son mieux pour exécuter consciencieusement les tâches qui lui ont été confiées.
5 Monsieur (Madame) ... était chargé de faire un travail de bureau dans le service ... Nous n'avons pas eu lieu de nous plaindre de ses services.
6 Nous regrettons de ne pouvoir vous fournir de renseignements détaillés sur les activités de Monsieur (Madame) ... dans notre entreprise, ceci en raison du départ de son supérieur hiérarchique de l'époque.

Bewerbungsschreiben

Eingangsformeln

1 Wie ich aus ... entnehme, suchen Sie zum ... eine(n) ...
2 Von der hiesigen Stelle des Arbeitsamtes habe ich erfahren, dass Sie eine(n) versierte(n) ... suchen.
3 Hiermit bewerbe ich mich um die von Ihnen ausgeschriebene Stelle als ...
4 Herr (Frau) ... hat mir gesagt, dass Sie eine Vakanz für eine(n) ... haben. Ich wäre an dieser Stelle sehr interessiert und glaube, dass ich die nötigen Voraussetzungen erfülle.
5 Ich habe von Herrn (Frau) ... gehört, dass in Ihrem Unternehmen die Stelle eines (einer) ... frei ist, und erlaube mir, mich bei Ihnen zu bewerben.
6 Mit Interesse habe ich in der ... Zeitung (Zeitschrift) vom ... gelesen, dass Sie ab ... eine(n) ... suchen.
7 Ich möchte mich bei Ihnen um den Posten als ... bewerben.

Lettre de candidature

Formules d'introduction

1 Je me réfère à votre offre d'emploi proposé dans ... où vous recherchez un(e) ... pour le ... (date).
2 L'ANPE locale m'a fait savoir que vous recherchiez un(e) ... qualifié(e).
3 J'ai l'honneur de solliciter l'emploi de ... proposé.
4 Monsieur (Madame) ... m'a dit que le poste de ... était à pourvoir. Ce poste m'intéresse beaucoup et je pense avoir le profil requis.
5 J'ai appris par Monsieur (Madame) ... qu'il y avait une place de libre dans votre entreprise comme ... J'ai l'honneur de solliciter cet emploi.
6 C'est avec un vif intérêt que j'ai lu votre offre d'emploi pour le poste de ... parue dans le ... (journal).
7 Je désire poser ma candidature pour le poste de ... au sein de votre entreprise.

Weitere Einzelheiten

1 In der Anlage finden Sie meinen Lebenslauf (eine kurze Aufstellung meines beruflichen Werdegangs/eine Liste mit Referenzen/eine Übersicht über meine Ausbildung und Berufserfahrung).
2 Bitte entnehmen Sie Einzelheiten meines schulischen und beruflichen Werdegangs dem beigefügten Lebenslauf (Curriculum Vitae).
3 Ich habe vom ... bis ... als ... gearbeitet und verfüge über gründliche Kenntnisse im Bereich des/der ...
4 Ich bin ... Jahre alt, ... Nationalität und habe nach dem ... Schulabschluss eine Lehre als ... absolviert.
5 Nach dem Schulabschluss wurde ich bei der Firma ... zum ...-Kaufmann (zur ... -Kauffrau) ausgebildet.
6 Ich habe soeben mein Studium als ... an der ... Universität abgeschlossen.
7 Am ... habe ich mein Diplom als EU-anerkannte Europa-Sekretärin in den drei Sprachen Englisch, Französisch und Deutsch erhalten.
8 Mit der Erlangung des Europadiploms als ... habe ich den Nachweis erbracht, dass ich in jedem Land der EU als ... tätig sein kann.
9 Nach ...-jähriger Berufserfahrung auf dem Gebiet ... möchte ich mich nunmehr verändern und einige Erfahrungen auf dem Gebiet ... sammeln.
10 Ich habe gehört, dass Sie besonderen Wert auf Mitarbeiter legen, die Erfahrungen mit der ... Software (mit dem ... Computerprogramm, im Internet, im Online-Geschäft usw.) besitzen. Auf diesem Gebiet kenne ich mich besonders gut aus.
11 Mein gegenwärtiges Gehalt ist ... (Währung) pro Jahr.
12 Meine jetzige Stelle ist mit ... (Währung) pro Monat (Jahr) dotiert.
13 Ich kann Ihnen jederzeit Referenzen geben, falls Sie eine Auskunft über meine Person wünschen.
14 Folgende Personen sind bereit, für mich eine Referenz zu geben: ...
15 Zeugniskopien meiner früheren Arbeitgeber sind beigefügt.
16 Mein jetziger Arbeitgeber ist über meine Bewerbung informiert. Sie können sich daher jederzeit wegen einer Auskunft an ihn wenden.

Autres informations

1 Vous trouverez ci-joint mon CV (un bref aperçu de mes activités antérieures/une liste de références/une présentation succincte de ma formation et de mes expériences professionnelles).
2 Vous trouverez de plus amples détails sur ma formation et sur mes activités professionnelles antérieures dans le CV ci-joint.
3 J´ai travaillé comme ... du ... au ... et dispose de connaissances approfondies dans le secteur ...
4 J´ai ... ans, la nationalité ... et ai fait un apprentissage de ... après ... (établissement scolaire).
5 Après ma scolarité, j´ai fait une formation commerciale au sein de l´entreprise ...
6 Je viens de terminer mes études de ... à l´université de ...
7 J´ai fait une formation de secrétaire européenne trilingue anglais, français, allemand, ce diplôme est reconnu dans toute l´EU.
8 Mon diplôme de ... est reconnu dans toute l´EU, je peux donc travailler dans tous les pays membres.
9 Après avoir travaillé pendant ... ans dans le secteur ..., je désire élargir mon profil et acquérir de l´expérience dans le domaine ...
10 J´ai appris que vos collaborateurs doivent impérativement avoir de l´expérience avec le logiciel ... (avec le programme informatique ..., sur internet, en matière de transactions en ligne, etc.). C´est un domaine que je possède particulièrement bien.
11 Mon salaire actuel se monte à ... (monnaie) par an.
12 La rétribution mensuelle (annuelle) pour le poste que j´occupe actuellement est de ... (monnaie).
13 Au cas où vous le souhaitez, je peux vous fournir toutes les informations et références requises me concernant.
14 Les personnes suivantes sont susceptibles de vous fournir des références me concernant: ...
15 Vous trouverez ci-joint des copies de certificats de travail de mes anciens employeurs.
16 Mon employeur actuel est au courant de mes démarches de recherche d´emploi. Vous pouvez le contacter afin de prendre des renseignements.

17 Ich könnte in meiner jetzigen Stelle zum ... kündigen. Somit wäre das früheste Antrittsdatum bei Ihnen der ...
18 Da ich im Augenblick keine Beschäftigung habe, wäre ich sofort verfügbar.

Schlussworte

1 Ich wäre Ihnen dankbar, wenn Sie mir bald die Gelegenheit zu einem persönlichen Vorstellungsgespräch geben würden.
2 Zur Klärung weiterer Fragen stehe ich Ihnen jederzeit für ein persönliches Vorstellungsgespräch zur Verfügung.
3 Bitte unterrichten Sie mich unter der Tel.-Nr. ... (Fax-Nr. ..., E-Mail-Adresse ...) von Ihrer Entscheidung.
4 Ich wäre Ihnen dankbar, wenn Sie mich bei der Besetzung dieser Stelle in Betracht ziehen würden, und stehe Ihnen für ein persönliches Gespräch jederzeit gern zur Verfügung.
5 Ich bin für ein Vorstellungsgespräch auch kurzfristig verfügbar. Meine Tel.-Nr. ist ... Falls Sie mich nicht erreichen, wäre ich Ihnen dankbar, wenn Sie eine Nachricht auf meinem Anrufbeantworter hinterlassen oder mir eine Mail an meine E-Mail-Adresse ... schicken würden. Ich melde mich dann sofort.
6 Ich bitte, meine Bewerbung als streng vertraulich zu behandeln, und erwarte mit Interesse Ihre Antwort.
7 Ich danke Ihnen im Voraus für eine baldige Nachricht.

Antwort auf Bewerbung und Einladung zum Vorstellungsgespräch

1 Wir danken für Ihre Bewerbung vom ... für den Posten eines (einer) ...
2 Mit großem Interesse haben wir Ihre Anzeige in der Spalte „Stellengesuche" in der ... Zeitung (Zeitschrift) gelesen.
3 Füllen Sie bitte das beigefügte Bewerbungsformular aus. Wir bitten Sie, dieses zum Vorstellungsgespräch mitzubringen.
4 Herr (Frau) ..., Leiter (Leiterin) unseres Personalbüros, würde sich freuen, Sie am ... zu einem persönlichen Vorstellungsgespräch zu empfangen.

17 Je serais en mesure de donner mon congé pour le ... Ma date d'entrée en fonction dans votre entreprise serait donc le ... au plus tôt.
18 Je suis actuellement sans emploi et suis donc immédiatement disponible.

Fin de lettre

1 Je me permets de solliciter de votre bienveillance un entretien particulier.
2 Je suis à votre entière disposition pour d'autres informations que je pourrais vous communiquer au cours d'un entretien particulier.
3 Je vous demande de bien vouloir me communiquer votre décision par téléphone au numéro suivant ..., ou par fax au numéro suivant ... ou bien encore par email à l'adresse suivante ....
4 J'espère que vous voudrez bien retenir ma candidature pour le poste à pourvoir et demeure à votre entière disposition pour un entretien particulier.
5 Je suis à votre entière disposition pour un entretien d'embauche dont la date peut être fixée à très court terme. Si vous ne réussissez pas à me joindre, veuillez me laisser un message sur mon répondeur automatique ou m'envoyer un e-mail à mon adresse email .... Je prendrai immédiatement contact avec vous.
6 Dans l'attente de votre réponse, je vous demande de bien vouloir accorder un caractère confidentiel à ma candidature.
7 Je vous remercie d'avance de bien vouloir me donner une réponse rapide.

Réponse à une candidature et invitation à un entretien d'embauche

1 Nous vous remercions de votre candidature du ... pour l'emploi de ... proposé.
2 C'est avec un vif intérêt que nous avons lu votre demande d'emploi parue dans le ... (journal).
3 Veuillez remplir le formulaire de candidature ci-joint que nous vous demandons d'amener pour l'entretien d'embauche.
4 Monsieur (Madame) ..., notre directeur des ressources humaines a le plaisir de vous convoquer le ... pour un entretien d'embauche.

5 Wir haben Ihre Bewerbung für die Stelle als ... aus dem Internet erhalten und teilen Ihnen mit, dass wir interessiert sind, Sie persönlich kennen zu lernen. Wir werden Sie in den nächsten Tagen anrufen, um einen Vorstellungstermin zu vereinbaren.
6 Wir bitten Sie, sich am ... um ... Uhr in unserer Personalabteilung zu melden. Bitte bestätigen Sie schriftlich oder telefonisch diesen Termin.
7 Ihnen eventuell entstehende Reisekosten werden von uns übernommen.

5 Nous avons reçu par internet votre candidature pour le poste de ... et nous vous informons que nous aimerions bien faire votre connaissance. Nous allons vous appeler dans les prochains jours pour convenir de la date d'un entretien.
6 Nous vous demandons de bien vouloir vous présenter le ... à ... heures à notre service des ressources humaines. Veuillez confirmer ce rendez-vous par écrit ou par téléphone.
7 Nous prenons en charge tous les frais éventuellement occasionnés par votre déplacement.

Einstellung

1 Im Anschluss an unsere Unterhaltung (an unser Vorstellungsgespräch) am ... freue ich mich, Ihnen die Stelle als ... in unserem Unternehmen anbieten zu können.
2 Es freut uns, Sie zum ... (mit Wirkung vom ...) in unserer Abteilung als ... einzustellen.
3 Wir freuen uns Ihnen mitzuteilen, dass Sie bei uns zum ... einen Ausbildungsplatz als ... erhalten.
4 Hiermit bestätigen wir, dass wir Sie mit Wirkung vom ... als ... zu einem Gehalt von ... mit einer zunächst auf ... Monate befristeten Probezeit einstellen werden.
5 Ihre Einstellung erfolgt zu den folgenden Bedingungen: ...

Embauche

1 Suite à notre entretien (d'embauche) du ..., j'ai le plaisir de vous annoncer que nous vous proposons le poste de ... dans notre entreprise.
2 Nous avons le plaisir de vous annoncer que nous vous engageons dans notre service ... à partir (dater) du ...
3 Nous avons le plaisir de vous annoncer que nous vous proposons une place comme apprenti en ... à partir du ...
4 Nous vous confirmons par la présente que vous êtes engagé(e) comme ... à partir du ... sur la base d'une période d'essai de ... mois avec un salaire de ...
5 Vous êtes engagé(e) aux conditions suivantes: ...

Absage auf Bewerbung

1 Wir danken für Ihre Bewerbung vom ..., müssen Ihnen aber leider mitteilen, dass wir diese nicht berücksichtigen konnten (Sie nicht in den engeren Kreis der Interessenten gekommen sind/wir die freie Stelle bereits besetzt haben/die Stelle mit einem Mitglied der Belegschaft besetzt wurde).
2 Da die Zahl der Bewerber ungewöhnlich hoch war, konnten wir Sie bei der engeren Auswahl leider nicht berücksichtigen.
3 Aufgrund der schlechten Geschäftslage können wir leider zurzeit keine freien Stellen (keine zusätzlichen Ausbildungsplätze) anbieten.

Refus de candidature

1 Nous vous remercions de votre candidature du ... Nous sommes au regret de ne pouvoir la retenir (de vous informer que vous n'avez pas été sélectionné(e)/ de vous communiquer que ce poste est déjà pourvu/ de vous communiquer que le recrutement pour ce poste a été fait au sein de notre personnel).
2 Nous avons reçu un nombre très élevé de candidatures et nous sommes au regret de vous annoncer que votre candidature n'a pu être retenue.
3 Etant donné le marasme économique actuel, nous ne sommes pas en mesure d'embaucher (d'apprentis) pour l'instant.

4 Wir danken Ihnen für das gezeigte Interesse, bitten Sie jedoch um Verständnis, dass wir Ihre Bewerbung nicht berücksichtigen konnten.

4 Nous vous remercions de l´intérêt que vous témoignez à notre entreprise et sommes au regret de vous informer que nous n´avons pas pu retenir votre candidature.

Kündigung durch den Arbeitgeber

Licenciement

1 Hiermit teilen wir Ihnen mit, dass wir Ihren Arbeitsvertrag zum … kündigen.
2 Leider müssen wir Ihnen mitteilen, dass unsere Firma nicht bereit ist, Sie nach Ende der Probezeit weiter zu beschäftigen.
3 Bitte nehmen Sie dieses Schreiben als formelle Kündigung an.
4 Wegen der Rationalisierungsmaßnahmen in unserem Unternehmen sehen wir uns leider gezwungen, Ihren Arbeitsvertrag zum … zu kündigen.
5 Da die Abteilung, in der Sie beschäftigt sind, im Zuge der Umstrukturierung unseres Unternehmens geschlossen wird, sehen wir uns leider genötigt, Sie zum … zu entlassen.

1 Nous vous informons par la présente que votre contrat de travail prend fin le …
2 Nous sommes au regret de vous informer que notre entreprise n´est pas disposée à vous engager définitivement après la période d´essai.
3 Veuillez considérer cette lettre comme une lettre de licenciement.
4 En raison de mesures de rationalisation au sein de notre entreprise, nous sommes au regret de devoir dénoncer votre contrat de travail à partir du …
5 Nous sommes au regret de vous annoncer votre licenciement qui prendra effet le … Cette mesure est consécutive à la mise en place de la restructuration du service où vous êtes employé(e).

Kündigung des Arbeitnehmers

Démission de l'employé

1 Da mir mit Wirkung vom … die Stelle eines (einer) … angeboten worden ist, möchte ich hiermit mein Arbeitsverhältnis bei Ihnen zum … auflösen.
2 Bitte nehmen Sie meine Kündigung als … zum … entgegen.
3 Ich wäre Ihnen dankbar, wenn Sie meine Kündigung zum … annehmen würden.
4 Ich kündige hiermit fristgemäß mein Arbeitsverhältnis bei Ihnen zum …
5 Da ich in einem anderen Unternehmen meine Sprachkenntnisse in … verwerten kann, habe ich mich entschlossen, mein Arbeitsverhältnis bei Ihnen zum … zu kündigen.
6 Da mir die Möglichkeit geboten worden ist, eine Zeit lang im Ausland zu arbeiten, bitte ich Sie, mich zum … aus meinem Beschäftigungsverhältnis bei Ihnen zu entlassen.

1 Ayant accepté un emploi de … à partir du …, j´ai l´honneur de vous présenter ma démission dans votre entreprise à dater du …
2 Veuillez prendre acte de ma démission comme … qui prendra effet le …
3 Je vous prie de bien vouloir accepter ma démission qui prendra effet le …
4 Je vous présente ma démission qui prendra effet le … selon le préavis fixé.
5 Je peux utiliser mes connaissances de langues dans une autre entreprise et ai décidé pour cette raison de vous présenter ma démission qui prendra effet le …
6 On m´a proposé un emploi à l´étranger qui m´intéresse, je vous demande de bien vouloir mettre fin au contrat de travail qui nous lie, ceci à partir du …

Korrespondenz im Transportwesen
Correspondance avec les transporteurs

Luftfracht

Anfrage an die Spedition

1 Ihre Adresse ist uns von Ihrer Botschaft (Konsulat, Industrie- und Handelskammer usw.) genannt worden.
2 Sind Sie in der Lage, Luftfrachttransporte für uns durchzuführen, und zu welchen Bedingungen? Bitte geben Sie uns einen kurzen Bescheid.
3 Würden Sie uns bitte die Rechtsvorschriften für den Luftfrachtverkehr zukommen lassen?
4 Ihre Anschrift entnahmen wir der Fachzeitschrift „... ".
5 Künftig werden wir unsere Waren – es handelt sich um normale Handelsware – verpackt in Kartons mit den Einzelabmessungen pro Sendung 34 x 34 x 50 cm, durchschnittliches Einzelgewicht 35 kg, per Luftfracht nach Buenos Aires, London, Paris, Madrid, Lissabon und München abfertigen. Wir bitten Sie uns mitzuteilen, welche Kosten pro Sendung ab Fabrik bis Empfangsflughafen entstehen.
6 Bitte geben Sie uns die Kosten an, die bei Charterung eines Flugzeugs für die Verfrachtung von ... entstehen.
7 Unser wöchentliches Frachtaufkommen nach ... beträgt ... t. Wir bitten Sie, mit der Luftfahrtgesellschaft ... eine Spezialrate für uns zu vereinbaren.
8 Besteht die Möglichkeit, eine Maschine (unverpackt auf Bohlen, mit den Maßen ...) mit Nur-Frachter nach ... – und unter welchen Bedingungen – zu versenden?

Transport aérien

Demande de renseignements au transporteur

1 Votre adresse nous a été communiquée par votre ambassade (consulat, chambre de commerce et d'industrie etc.).
2 Etes-vous en mesure de transporter des marchandises par voie aérienne, et si oui, quelles sont vos conditions? Veuillez nous communiquer une réponse rapide.
3 Pourriez-vous nous faire parvenir une documentation sur la réglementation en vigueur pour le transport aérien?
4 Nous avons trouvé votre adresse dans la revue professionnelle suivante: «...»
5 Nous allons désormais expédier nos marchandises à destination de Buenos Aires, Londres, Paris, Madrid, Lisbonne et Munich par voie aérienne. Ces marchandises standard sont emballées dans des cartons aux dimensions suivantes: 34 x 34 x 50 cm, le poids unitaire de chaque colis à expédier est en moyenne de 35 kg. Nous vous prions de nous donner des informations sur les frais de transport départ usine jusqu´à aéoport de destination.
6 Veuillez nous indiquer ce que coûterait l´affrêtement d´un avion pour le transport de ...
7 Nous expédions ... t de fret par semaine à destination de ... Nous vous prions de négocier pour nous un tarif spécial avec la compagnie aérienne ...
8 Est-il possible d´expédier une machine (non emballée sur planches épaisses, dimensions ...) par avion-cargo à destination de ... et à quelles conditions?

9 Bitte überprüfen Sie, ob unsere Erzeugnisse (siehe beigefügten Prospekt) Beförderungsbeschränkungen im Luftfrachtverkehr unterliegen.
10 Wann wird die Warenwert-Nachnahme, die Sie mit AWB-Nr. ... erhoben haben, an uns überwiesen?
11 Können Sie eine Sendung von ... kg mit der ... (Fluggesellschaft) nach ... verfrachten?
12 Aus der vorliegenden Korrespondenz ist nicht ersichtlich, ob Sie IATA-Agent sind. Da dies für uns von besonderer Wichtigkeit ist, bitten wir Sie um einen entsprechenden Bescheid.
13 Wir legen Wert darauf, dass Sie die IATA-Konzession besitzen.

9 Veuillez contrôler si nos produits (voir documentation ci-jointe) sont soumis à des restrictions concernant le transport aérien.
10 Les marchandises livrées contre remboursement vous ont été réglées sur présentation de la lettre de transport aérien N° ..., quand comptez-vous nous virer cette somme?
11 Pouvez-vous expédier un envoi de ... kg à destination de ... par ... (compagnie aérienne)?
12 Nous ignorons si vous êtes agent IATA, le courrier que nous avons échangé ne nous donnant pas de précisions à ce sujet. Veuillez bien préciser ce point très important pour nous, nous attendons votre réponse.
13 Il est très important pour nous que vous soyez un agent agréé par l'IATA.

Antwort des Spediteurs

1 Aufgrund Ihrer Anfrage vom ... geben wir Ihnen folgende Einzelheiten bekannt: ...
2 Ihre Ware tarifiert unter der Nr. ...
3 Die Frachtkosten ab Flughafen ... bis Eingangsflughafen ... betragen pro kg ...
4 Die Abholung von Ihrem Werk, die Behandlung am Flughafen (Erstellung des AWB, zollamtliche Abfertigung usw.) richtet sich nach dem Luftfracht-Nebengebührentarif, den wir Ihnen als Anlage überreichen.
5 Sollten sich noch Fragen ergeben, beantworten wir sie Ihnen gern.
6 Wunschgemäß erhalten Sie als Anlage die angeforderten Rechtsvorschriften für den Luftfrachtverkehr.
7 Soweit wir feststellen können, unterliegen Ihre Waren (keinen) Beförderungsbeschränkungen.
8 Die Charterung eines kompletten Flugzeugs für die Beförderung von ... nach ... würde sich auf ... belaufen.
9 Eine Teilcharterung über ... m³ von ... nach ... würde ... kosten.
10 Eine Verfrachtung Ihrer Maschine in einem Nur-Frachter setzt voraus, dass Sie uns mindestens ... Tage vor Abflugdatum einen verbindlichen Ladetermin nennen.

Réponse du transporteur

1 En réponse à votre demande de renseignements du ... nous vous communiquons les points suivants: ...
2 Le tarif N° ... est applicable à vos produits.
3 Les frais de transport de l'aéroport de départ jusqu'à l'aéroport de destination sont de ... par kilo.
4 L'enlèvement des marchandises à votre usine, l'exécution des formalités (lettre de transport aérien à établir, formalités douanières à accomplir, etc.) sont à facturer en fonction du tarif surtaxe aérienne ci-joint.
5 Nous sommes à votre entière disposition pour éclaircir d'autres points le cas échéant.
6 Vous trouverez ci-joint la documentation souhaitée sur la réglementation en vigueur du transport aérien.
7 Après vérification, le transport de vos marchandises est (n'est pas) selon nous soumis à des restrictions.
8 L'affrètement de tout un avion pour le transport de ... à destination de ... coûterait ...
9 Un affrètement partiel de ... m³ au départ de ... à destination de ... coûterait ...
10 Pour expédier votre machine par avion-cargo, vous devez nous fixer une date de chargement ferme, ceci au moins ... jours avant la date prévue de départ du vol.

11 Um bei den einzelnen Luftfrachtgesellschaften eine Spezialrate zu erreichen, müssen täglich mindestens ... kg verfrachtet werden.
12 Der Flughafen ... wird zurzeit nur von der Fluggesellschaft ... angeflogen. Eine Verladung mit der ... ist deshalb nicht möglich.
13 Wir sind bereits seit ... IATA-Agent und bringen somit alle Voraussetzungen für die fachgerechte Abwicklung Ihrer Luftfrachtsendungen mit.

Auftragserteilung

1 Wir kommen heute auf Ihr Angebot vom ... zurück und erteilen Ihnen hiermit den Auftrag, am ... folgende Sendungen zu übernehmen und per Luftfracht unverzüglich abzufertigen:
... Kartons = ... kg nach ...
... Kisten = ... kg nach ...
... Collis = ... kg nach ...
Sämtliche Kosten bis zum jeweiligen Eingangsflughafen gehen zu unseren Lasten. Nach Abfertigung erwarten wir umgehend die Zusendung von je zwei Kopien der AWB.
2 Übernehmen Sie bitte am ... in unserem Werk ...... Kartons ... und versenden Sie diese gemäß beigefügtem Versandauftrag per Luftfracht nach ...
3 Bei der Firma ... sind am ... insgesamt ... Kisten Ersatzteile zu übernehmen, die Sie bitte unverzüglich per Luftfracht an nachstehende Adresse expedieren wollen: ...
4 Die Firma ... wird Ihnen die Ware am ... in Ihrem Flughafenbüro ... anliefern, die Sie bitte mit der nächsten Maschine nach ... ausfliegen wollen.
5 Die bei Ihnen lagernde Sendung ist nunmehr per Luftfracht nach ... zu versenden.
6 Genaue Versandinstruktionen entnehmen Sie bitte der beigefügten Fotokopie des Akkreditivs.
7 Wir beauftragen Sie hiermit, für den ... ein Charterflugzeug nach ... zum Preis von ... zu bestellen.
8 Die Sendung nach ... ist mit einer Warenwert-Nachnahme in Höhe von ... zu belasten.

11 Les tarifs spéciaux accordés par les compagnies aériennes sont appliqués uniquement à des envois quotidiens se montant à au moins ... kg.
12 La compagnie aérienne ... est la seule à desservir actuellement l'aéroport de ... Il est donc impossible de faire un chargement à bord de ...
13 Nous sommes agréés par l'IATA depuis ... et remplissons donc toutes les conditions pour une parfaite exécution de vos transports aériens.

Passation d'ordre

1 Nous reprenons votre offre du ... et vous chargeons par la présente de procéder le ... à l'expédition par voie aérienne de:
... cartons = ... kg à destination de ...
... caisses = ... kg à destination de ...
... colis = ... kg à destination de ...
Nous prenons en charge tous les frais jusqu'à l'aéroport de destination. Une fois les formalités accomplies, veuillez nous expédier immédiatement chaque fois deux exemplaires de la lettre de transport aérien.
2 Nous vous demandons de passer prendre en charge ... cartons à notre usine de ... le ... à expédier par avion à destination de ... conformément à l'ordre d'expédition ci-joint.
3 Veuillez passer enlever ... caisses de pièces de rechange dans les locaux de l'entreprise ... et les expédier immédiatement par avion à l'adresse suivante:
4 L'entreprise ... vous remettra ... /la marchandise le ... dans vos bureaux à l'aéroport de ... à acheminer sur ... par le premier avion.
5 Les marchandises entreposées dans vos locaux doivent maintenant être expédiées par avion à destination de ...
6 Vous trouverez des instructions détaillées sur l'expédition dans la photocopie ci-jointe de l'accréditif.
7 Nous vous chargeons par la présente d'affréter en notre nom un charter à destination de ... pour le ... au prix de ...
8 La valeur des marchandises à expédier à destination de ... doit être estimée à ... pour une livraison contre remboursement.

313

9 Sofern eine Warenwert-Nachnahme möglich ist, bitten wir Sie, den Betrag von ... zu erheben.
10 Sollte eine Warenwert-Nachnahme nicht statthaft sein, so schicken Sie bitte das Gut ohne Belastung ab. Dann wären lediglich Ihre Manipulationsgebühren einzuziehen.
11 Beachten Sie bitte, dass als Notadresse jeweils die Firma ... einzusetzen ist.
12 Wir legen besonderen Wert darauf, dass Sie offizieller IATA-Agent sind.
13 Wir haben vom Warenempfänger die Order erhalten, mit der Verfrachtung nur IATA-Agenten zu beauftragen.
14 Der Empfänger wünscht ausdrücklich die Einschaltung der Speditionsfirma ...

9 Dans le cas d'une livraison contre remboursement, veuillez percevoir la somme de ...
10 Si une livraison contre remboursement n'est pas praticable, veuillez expédier la marchandise sans facturer de frais. Vous pourriez alors encaisser uniquement vos frais de manutention.
11 Veuillez prendre note de l'adresse de l'entreprise ... à utiliser comme adresse provisoire.
12 Nous accordons beaucoup d'importance à votre qualité d'agent agréé de l'IATA.
13 Nous avons reçu du destinataire l'ordre de confier l'expédition uniquement à des agents IATA.
14 Le destinataire souhaite avoir exclusivement recours aux services du transporteur ...

Auftragsbestätigung

1 Wir danken Ihnen für Ihre generelle Auftragserteilung, alle einkommenden Luftfrachtsendungen durch uns abfertigen zu lassen.
2 Auftragsgemäß werden wir die am ... zur Verladung bereitstehenden Güter übernehmen und per Luftfracht nach ... versenden.
3 Am ... werden wir in Ihrem Auftrag bei der Firma ... die avisierten Güter übernehmen und per Luftfracht weiterverladen.
4 Sobald die avisierten Waren in unserem Flughafenbüro angeliefert sind, werden wir die Abfertigung vornehmen.
5 Wir werden uns beim Versand der Güter genau nach Ihren Instruktionen richten.
6 Absprachegemäß haben wir in Ihrem Auftrag für den ... ein Charterflugzeug mit einer Nutzlast von ... bei der ... bestellt. Die Maschine wird pünktlich bereitstehen.

Confirmation de commande

1 Nous vous remercions de nous avoir confié l'exécution des formalités douanières pour toutes les arrivées de marchandises transportées par avion.
2 Conformément à vos instructions, nous prendrons en charge le ... les marchandises, exécuterons leur enlèvement et les expédierons par avion à destination de ...
3 Conformément à vos instructions, nous exécuterons le ... la prise en charge des marchandises chez ... (entreprise) et leur réexpédition par voie aérienne.
4 Dès livraison des marchandises annoncées dans nos bureaux de l'aéroport, nous procéderons aux formalités à accomplir.
5 Nous nous conformerons à vos instructions en ce qui concerne l'expédition des marchandises.
6 Comme convenu, nous avons affrété en votre nom pour le ... un charter auprès de ... ayant une charge utile de ... et qui sera à votre disposition à la date fixée.

Diverse Bestimmungen

1 Sämtliche Packstücke im Flugverkehr nach ... sind neben der üblichen Markierung mit dem Ursprungsland zu kennzeichnen.
2 Die Handelsrechnungen sind in ... (Ort) vierfach, unbeglaubigt, mit allen handelsüblichen Angaben erforderlich.

Réglementations diverses

1 Il faut procéder au marquage habituel accompagné de la mention du pays d'origine pour tous les colis à acheminer par avion à destination de ...
2 Les factures commerciales pour ... doivent être en quatre exemplaires non certifiés conformes et comporter toutes les mentions habituelles.

3 In ... (Ort) benötigen Postsendungen gleiche Papiere wie Frachtsendungen.
4 Warenmuster ohne Handelswert können nach ... zollfrei eingeführt werden.
5 Von der Zollbehörde in ... nicht abgenommene Waren können unter Zollaufsicht 3 Monate (im Freihafen zum Teil länger) gebührenpflichtig eingelagert werden. Danach erfolgt die öffentliche Versteigerung.
6 Alle Einfuhrwaren unterliegen in ... einem Einheitszoll von ... % sowie einer Zusatzsteuer von ... % für so genannte Luxusgüter.
7 Warenmuster sind in ... zollfrei, wohingegen Werbegeschenke grundsätzlich der Zollpflicht unterliegen.
8 Da in ... jährlich Einfuhrquoten für ... eingesetzt werden, die nicht überschritten werden dürfen, bedarf es für darüber hinausgehende Lieferungen einer Genehmigung des ...-Ministeriums.

3 Les colis postaux pour ... doivent être accompagnés des mêmes documents que les envois par transporteurs.
4 Pour l'importation vers ... d'échantillons déclarés sans valeur, il n'y a pas de droits de douane à acquitter.
5 Les marchandises qui n'ont pas été acceptées pour dédouanement par le bureau de douane de ... peuvent être entreposées sous contrôle douanier pendant 3 mois (dans un port franc parfois plus longtemps). On procède ensuite à leur mise aux enchères publique.
6 Tous les produits venant de l'étranger sont soumis à ... à un tarif douanier unique de ... % et à une taxe supplémentaire de ... % pour les produits dits de luxe.
7 Les cadeaux publicitaires sont toujours soumis à des droits de douane en (à) ..., ce qui n'est pas le cas des échantillons.
8 L'importation de ... est contingentée annuellement à ..., ces contingents limités ne doivent pas être dépassés sauf autorisation expresse de livraison délivrée par le ministère de ...

Seefracht und Binnenschifffahrtsfracht

Angebotsanforderungen

1 Wir haben ... Kisten ... (Abmessungen: ..., Gesamtgewicht: ...), die FOB ... nach ... zu liefern sind, und bitten Sie, uns die günstigste Offerte vorzulegen.
2 Welche Kosten fallen bei Verfrachtung von ... Ballen ... (Maße: ..., Bruttogewicht: ...) ab beladenem Schiff ... nach ... an?
3 Laut uns vorliegender Seefrachttabelle unterliegt unser Gut (...) keiner Tariffracht. Können Sie uns demzufolge eine „offene Rate" anbieten?

Allgemeine Anfragen an die Spedition

1 Ihre Anschrift ist uns von der hiesigen Interessenvertretung Ihres Landes genannt worden.

Transport maritime et par voie fluviale

Demandes d'offre

1 Nous avons ... caisses de ... (dimensions: ..., poids total: ...) à livrer FOB à ... et vous prions de nous soumettre votre offre la plus avantageuse.
2 Quels sont les frais de transport pour ... ballots ... (volume: ..., poids brut: ...) départ marchandises chargées à bord ... à destination de ...?
3 Selon les tarifs de frets maritimes dont nous disposons, aucun tarif n'est applicable à notre marchandise (...). Pouvez-vous nous consentir un tarif sur mesure?

Demandes de renseignements généraux au transporteur

1 Votre adresse nous a été communiquée par la délégation locale de votre pays.

2 Teilen Sie uns bitte mit, welche Reedereien Sie vertreten.
3 Sind die von Ihnen zu befrachtenden Schiffe ohne Ausnahme im Lloyd-Register verzeichnet?
4 Welche Angaben in Bezug auf das zu verladende Gut benötigen Sie?
5 Würden Sie unsere Stückgutpartien mit Konferenzschiffen oder mit Outsidern verladen?
6 Übermitteln Sie uns bitte Informationsmaterial über Bulk-Carrier.
7 Wie wirkt sich das Lash-Verfahren in der Praxis aus?
8 Geben Sie uns bitte per Fax oder E-Mail an, ab wann Ladebereitschaft für das Binnenschiff ... besteht.
9 Beinhaltet Ihr allgemeines Frachtangebot auch die anfallenden Schleusengelder?

Charteraufträge

1 Welche Verbindungen haben Sie zu Reedereien, die eine Vollcharter durchführen können?
2 Haben Sie Beziehungen zu Reedereien, die in Form von Jahresverträgen, leere (Bareboatcharter) Schiffe vermieten? Wir suchen Seeschiffe in einer Größenordnung von rund ... BRT, deren Baujahr nach 20 ... liegen muss.
3 Wir möchten über Sie eine Teilcharter für eine Ladung nach ... abschließen.
4 Seitens des Auftraggebers erhielten wir die Auflage, dass ein Schiff unter ... Flagge zu verwenden ist.
5 Zu welchen Bedingungen können Tanker gemietet werden?
6 Können Sie uns einen bestimmten Schiffstyp empfehlen, der sich für die Verladung von Schüttgütern eignet?

Lademöglichkeit

1 Bitte prüfen Sie, ob für das Schiff ..., das am ... auslaufen soll, noch die Möglichkeit besteht, ... t ..., verpackt in Kunststoffsäcken, mit den Abmessungen ..., als Unterdeckladung fest zu übernehmen.

2 Veuillez nous communiquer les noms des compagnies maritimes que vous représentez.
3 Les navires que vous affrétez sont-ils tous cotés au Lloyd's?
4 De quelles données avez-vous besoin pour la marchandise à embarquer?
5 Chargeriez-vous nos colis de détail à bord de navires de l'entente ou à bord d'outsiders?
6 Veuillez nous envoyer une documentation sur les cargos de transport en vrac.
7 Comment fonctionne le système d'arrimage?
8 Veuillez nous envoyer un fax ou un email pour nous communiquer la date à laquelle la péniche ... est disponible pour un chargement.
9 Les droits de passage d'écluse sont-ils compris dans votre offre standard de fret?

Ordres d'affrètement

1 Etes-vous en contact avec des compagnies maritimes qui pratiquent l'affrètement total?
2 Etes-vous en relation avec des compagnies maritimes qui louent des navires coque nue par contrats à l'année? Nous recherchons un navire de ... tonneaux de jauge brute environ et dont l'année de construction ne soit pas antérieure à 20 ...
3 Nous désirons passer par votre intermédiaire un contrat d'affrètement partiel pour une cargaison à destination de ...
4 Nous avons reçu l'instruction de notre client d'utiliser un navire battant pavillon ...
5 Quelles sont les conditions d'affrètement de navires-citernes?
6 Pouvez-vous nous conseiller un type de navire qui soit particulièrement adapté au chargement de marchandises en vrac?

Capacités de charge

1 Veuillez vérifier si le ... qui doit appareiller le ... dispose encore d'une capacité de charge garantie au pont inférieur pour ... t de ..., emballé(e)s dans des sacs en plastique, avec les dimensions: ...

2 Kann für das am ... auslaufende Schiff ... noch eine Raumbuchung über ... m³ entgegengenommen werden?
3 Stellen Sie bitte fest, ob das Schiff ... unsere Sendung als Optionspartie übernehmen kann. Welche zusätzlichen Kosten entstehen dadurch?
4 Besteht eine Verlademöglichkeit per Binnenschiff ohne Umladung von ... nach ...?

2 Le cargo qui doit appareiller le ... peut-il encore charger un volume de ... m³ de fret?
3 Veuillez vous renseigner pour savoir si le navire ... peut charger nos marchandises comme lot en option. A combien se monteraient alors les frais supplémentaires?
4 Existe-t-il une possibilité de déchargement par péniche sans modification de chargement de ... à ...?

Verladen, Löschen, Verfrachten

1 Teilen Sie uns bitte mit, ob unsere Sendung im Laderaum oder auf Deck verladen wird.
2 Besteht die Möglichkeit, uns beim Verladen unseres Guts den Stauplan zur Verfügung zu stellen?
3 Geben Sie uns bitte bekannt, ob die nach ... zu verladenden Güter direkt verfrachtet werden, oder ob die Ware umgeladen werden muss.
4 Wann beginnt die Entladung von SS „...", die laut Schiffsliste am ... eintreffen soll?
5 Ist das Schiff schon eingelaufen?
6 Sind die mit MS „..." eingetroffenen Güter bereits entladen? Sofern nein – wann kann mit der Entladung gerechnet werden?
7 Bitte, sorgen Sie dafür, dass die mit SS „..." am ... eintreffenden Waren sofort auf ein Binnenschiff zur Weiterleitung nach ... umgeladen werden.
8 Können Sie die am Schuppen ... liegenden Waren zu günstigen Bedingungen übernehmen und per Lkw nach ... verfrachten?
9 Gibt es ab Schuppen ... eine direkte Verlademöglichkeit per Bahn oder ist eine Umfuhr erforderlich?
10 Können Sie für uns die Verzollung im Hafen vornehmen und anschließend die Sendung auf dem schnellsten Weg nach ... weiterleiten?
11 Die am ... eingetroffenen Waren sind mit einer Warenwert-Nachnahme in Höhe von ... belastet. Bitte senden Sie das Gut sofort unter Nachnahme aller bisher entstandenen Kosten an ...

Chargement, déchargement, affrètement

1 Veuillez nous faire savoir si notre marchandise sera chargée en cale ou sur le pont.
2 Pouvons-nous avoir le plan d'arrimage pour procéder au chargement de nos marchandises?
3 Veuillez nous renseigner sur le type de chargement à effectuer pour les marchandises à destination de ..., chargement direct ou transbordement.
4 Selon le calendrier des appareillages le ... devrait arriver le ..., le déchargement est prévu pour quelle date?
5 Le navire est-il déjà arrivé?
6 Est-ce que le déchargement des marchandises arrivées à bord du ... est fait? Si ce n'est pas le cas, pour quelle date est-il prévu?
7 Nous vous prions de vous charger du transbordement immédiat sur péniche des marchandises qui arriveront le ... à bord du ... pour être dirigées sur ...
8 Etes-vous disposés à prendre à des conditions avantageuses les marchandises entreposées aux docks ... et à les expédier par transport routier sur ...?
9 Peut-on procéder à partir des docks ... à un chargement direct sur wagon ou faut-il d'abord effectuer un transbordement?
10 Pouvez-vous procéder en notre nom aux formalités de dédouanement au port pour acheminer ensuite le plus rapidement possible les marchandises sur ...?
11 Les marchandises arrivées le ... ont été expédiées contre remboursement pour une valeur de ... Veuillez les acheminer immédiatement à ... contre remboursement de tous les frais encourus jusqu'à présent.

12 Bevor nicht mit dem Absender die Frage der Warenwert-Nachnahme geklärt ist, werden wir die Erzeugnisse auf keinen Fall übernehmen.
13 Können Sie auch in Zukunft die eintreffenden Stückgutsendungen unter ähnlich günstigen Bedingungen für ... Tage im Freihafen zwischenlagern und nach unseren Instruktionen Teilverzollungen durchführen?
14 Können Sie in unserem Auftrag mit Teilbarkonnossementen Lieferungen nach ... vornehmen?
15 Ermitteln Sie bitte, ob das Konnossement rein gezeichnet ist. Sollte eine Einschränkung erfolgt sein, müssten wir umgehend per Fax davon unterrichtet werden.
16 Hat das Ihnen vorliegende Konnossement einen Mängelvermerk?

Container

1 Wir beabsichtigen, eine Sendung ... per Container nach ... zu verfrachten. Können Sie ein Durchfracht-Konnossement erstellen?
2 Läuft das nächste Containerschiff nach ... tatsächlich erst am ... aus?
3 Gibt es eine direkte Containerverlademöglichkeit nach ... ?
4 Wann kann ein Container nach ... verladen werden?
5 Wie müssen die Waren im Container verpackt sein?
6 Müssen wir bei Verwendung eines Containers Leihgebühren bezahlen?
7 Muss für einen Container eine bestimmte Pauschalfracht (Lump sum) bezahlt werden?
8 Fallen bei der Rückführung des Containers zusätzliche Kosten an?
9 Welche Möglichkeiten haben Sie, den Container, der mit MS „..." am ... eintrifft, nach ... zu verfrachten?
10 Mit welcher Laufzeit müssen wir ab Eingangshafen, Containerterminal, nach der Empfangsstation ... rechnen?

12 Le montant de la valeur des marchandises expédiées contre remboursement doit de toute façon être précisé par l'expéditeur avant leur prise en charge de notre part.
13 Pouvez-vous continuer à entreposer à titre temporaire les envois groupés pour une durée de ... jours en port franc aux mêmes conditions avantageuses et procéder selon nos instructions à un dédouanement partiel?
14 Pouvez-vous effectuer en notre nom des livraisons à destination de ... sur la base de connaissements partiels?
15 Veuillez contrôler si le connaissement a été établi avec des clauses de réserve, si c'est le cas envoyez-nous de suite un fax pour nous en informer.
16 Est-ce que le connaissement porté à votre connaissance comporte une réserve de vice caché?

Conteneur

1 Nous avons l'intention d'expédier ... à destination de ... par conteneur. Pouvez-vous nous établir un connaissement direct?
2 La date de partance du prochain porte-conteneurs à destination de ... est-elle bien seulement le ...?
3 Peut-on effectuer un chargement direct sur conteneur pour ...?
4 A quelle date peut-on charger un conteneur à destination de ...?
5 Quel type d'emballage faut-il choisir pour le transport par conteneur?
6 Faut-il payer des frais de location pour l'utilisation d'un conteneur?
7 Faut-il payer un affrètement moyennant un fret global pour un conteneur?
8 Est-ce que le renvoi du conteneur occasionne des frais supplémentaires?
9 Veuillez nous indiquer les possibilités de transport ultérieur vers ... du conteneur arrivant le ... à bord du «...».
10 Quels sont les délais à prévoir pour acheminer les conteneurs du port de départ – terminal de conteneurs – au point de destination ...?

11 Da der Container CIF ... läuft, der Empfänger der Ware seinen Geschäftssitz jedoch in ... hat und von uns frei Haus beliefert werden will, müssen Sie uns alle ab Eingangshafen entstehenden Kosten berechnen. Sofern Sie eine Vorauszahlung wünschen, bitten wir Sie, uns per Fax zu informieren

Gebühren

1 In welchen Währungen können die Charterkosten bezahlt werden?
2 Ist in die vorgesehenen Zeit-Charterverträge auch eine Klausel aufgenommen worden (breakdown clause), die bestimmt, wann die Mietzahlung infolge Maschinenschadens, Kollision oder ungenügender Besatzung unterbrochen wird?
3 Fällt bei einem Charter eine zusätzliche Vergütung für schnellere Beladung oder Entlöschung (dispatch-money) an?
4 Müssen wir außer den bereits aufgegebenen Ganz-(Teil-)Chartergebühren zusätzlich noch Deklarationskosten übernehmen?
5 Wann müssen die Chartergebühren beglichen werden?
6 Besteht Vorauszahlungszwang und gegebenenfalls in welcher Höhe?
7 Besteht für den Hafen ... nach wie vor eine Surcharge in Höhe von ... %?
8 Kann in absehbarer Zeit mit einer ermäßigten Surcharge gerechnet werden?
9 Können Sie uns mitteilen, wann mit dem Wegfall der Surcharge zu rechnen ist bzw. ob in nächster Zeit eine Reduzierung erfolgt?
10 Informieren Sie uns bitte über Konferenzraten in Bezug auf Primagen und Rabatte für die nach ... zu verladenden Güter.
11 Welche Vergünstigungen erhalten wir bei Zeichnung von Kontrakten?
12 In welcher Höhe werden Winterzuschläge anfallen?
13 Die eingegangenen Waren sollen im Freihafen auf unbestimmte Zeit zu unseren Lasten gelagert werden. Teilen Sie uns die hier anfallenden Kosten bitte schnellstens mit.

11 Le conteneur est expédié CAF à ..., le destinataire a cependant son siège commercial à ... et désire être livré franco domicile. Vous devez donc nous facturer tous les frais dûs à partir du port de départ. Au cas où vous souhaiteriez un acompte, veuillez nous le faire savoir par fax.

Taxes

1 En quelle(s) monnaie(s) faut-il régler l'affrètement?
2 Nous désirons savoir si les contrats d'affrètement pour une durée déterminée comportent aussi une clause (de panne à bord) prévoyant une cessation de paiement en cas d'avarie ou de collision du navire ou si l'équipage présent à bord est insuffisant.
3 Est-ce que l'affrètement prévoit une prime supplémentaire pour un embarquement ou déchargement plus rapide que prévu?
4 Devons-nous prendre en charge des frais de déclaration en plus du versement effectué pour l'affrètement moyennant un fret total (partiel)?
5 A quelle date doit être réglée la rémunération pour l'affrètement ?
6 Est-ce qu'un versement anticipé est de rigueur et si oui, quel en est le montant?
7 Faut-il toujours payer une taxe supplémentaire de ... % dans le port de ...?
8 Est-ce qu'une réduction de la taxe supplémentaire est prévue pour bientôt?
9 Pouvez-vous nous indiquer si une suppression ou une réduction de la taxe supplémentaire est envisageable pour bientôt?
10 Veuillez nous renseigner sur les tarifs pratiqués par les navires de l'entente, notamment les primes et remises pour le chargement de marchandises à destination de ...
11 Quels sont les avantages accordés lors de la signature des contrats?
12 Quel sera le montant des primes d'hiver à payer?
13 Les marchandises doivent être entreposées à nos frais à l'arrivée au port franc pour une durée indéterminée. Veuillez nous indiquer rapidement le montant des frais qui en résulteront.

14 Welche Preisdifferenz besteht bei Verladung von ... t ..., Maße ..., mit Schiffen der Konferenzlinien gegenüber Outsiderverladung?

14 Quelle est la différence de prix entre un chargement de ... t, volume ..., effectué par des navires de l'entente ou par des outsiders?

Aufträge

1 Aufgrund Ihres Angebots vom ... übertragen wir Ihnen die FOB-Verschiffung für die Sendung von ... Kisten ... im Gesamtgewicht von ... nach ...
2 Ihr Angebot in Sachen des Transports von ... Ballen ... von ... nach ... akzeptieren wir und erteilen Ihnen hiermit den Auftrag.
3 Wir beauftragen Sie, für das am ... auslaufende Schiff „..." eine Raumbuchung über ... m^3 vorzunehmen.
4 Buchen Sie bitte auf dem Schiff „..." unsere Partie ... als Unterdeckladung.
5 Gemäß Ihrer Zusage bitten wir Sie, unsere Partie ... als Optionssendung mit MS „..." zu verfrachten.

Ordres

1 A la suite de votre offre du ... nous vous chargeons de l'embarquement FOB de ... caisses de ... d'un poids total de ... à destination de ...
2 Nous acceptons votre offre et vous chargeons du transport de ... ballots au départ de ... à destination de ...
3 Nous vous chargeons de procéder à l'affrètement d'un volume de ... m^3 à bord du navire «...» en partance de ...
4 Veuillez effectuer le chargement au pont inférieur de notre lot ... à bord du «...».
5 Veuillez procéder au chargement de nos marchandises ... comme lot en option à bord du ..., comme vous l'avez accepté.

Antworten auf Anfragen

1 In sofortiger Erledigung Ihrer Anfrage teilen wir Ihnen mit, dass sich die FOB-Kosten für Ihre Kisten ..., Gesamtgewicht ... kg, auf ... belaufen.
2 Die Kosten für die Verfrachtung von ... Ballen ... ab beladenem Schiff „..." nach ... gliedern sich wie folgt auf: Seefrachtkosten bis ... kg ..., Versicherungsgebühr vom Warenwert ..., Kaigebühren pro 100 kg ...
3 Anhand der Zusammensetzung Ihrer Erzeugnisse stellen wir fest, dass die Ware unter ... tarifiert.
4 Wir können Ihnen mitteilen, dass es nach ... eine direkte Verschiffungsmöglichkeit gibt.
5 Ihre Güter fallen aufgrund der Wertklausel unter den Begriff „ad valorem".
6 Auf Ihre Anfrage teilen wir Ihnen mit, dass für das am ... auslaufende Schiff „..." Ihre Raumbuchung noch entgegengenommen werden kann.
7 Es ist nicht üblich, bei Stückgutpartien mit Stauplänen zu arbeiten.
8 Folgende Zwischenhäfen werden von SS „..." angelaufen: ...

Réponses aux demandes de renseignements

1 Les frais FOB pour vos ... caisses de ... d'un poids total de ... kg se montent à ... Nous espérons avoir répondu aux renseignements que vous avez demandés.
2 Les frais de transport de ... ballots de ... chargés à bord du «...» à destination de ... sont les suivants: fret maritime ... jusqu'à ... kg, assurance couvrant la valeur des marchandises de ..., taxe de quai ... pour 100 kg.
3 En fonction de la composition de vos produits, le tarif suivant est d'après nous applicable à vos marchandises: ...
4 Nous vous informons de l'existence d'un acheminement direct par bateau à destination de ...
5 En raison de la clause de valeur, vos marchandises sont répertoriées sous la rubrique «ad valorem».
6 Nous vous informons que votre demande d'affrètement de volume à bord du «...» en partance le ... peut encore être acceptée.
7 Il n'est pas habituel de communiquer le plan d'arrimage pour des envois de détail.
8 Le «...» fera escale dans les ports suivants: ...

9 Eine Rückfrage bei der Reederei ergab, dass Ihre angebotene Partie ... vom MS „..." als Unterdeckladung übernommen werden kann.
10 Wir sind selbstverständlich gern bereit, auch alle künftig für Sie eintreffenden Stückgutsendungen preisgünstig abzuwickeln.
11 Seitens der Reederei wird soeben bekannt gegeben, dass Ihre Partie nach ... noch als Optionssendung verbucht werden kann.
12 Zusätzliche Kosten fallen in Höhe von ... an.
13 Laut Auskunft der Reederei wird Ihre Ware auf Deck (im Laderaum) verladen.
14 Unsere Verbindungen zu allen namhaften Reedereien erlauben uns, Ihnen jederzeit Ganzcharter für Schiffe von etwa 8000 BRT zu vermitteln.
15 Selbstverständlich unterhalten wir auch Beziehungen zu Reedereien, die in Form von Jahresverträgen leere (bareboat charter) Schiffe vermieten.
16 Für den Abschluss einer Teilcharter benötigen wir folgende Angaben: Gesamtgewicht der zu verladenden Güter, Raummaße der Einzelkolli, deren Gewichte, unter Umständen Besonderheiten der Ware.
17 Die handelsüblichen Bedingungen enthalten selbstverständlich auch die „Breakdown clause".
18 Zusätzliche Vergütungen für schnellere Beladung oder Entlöschung von Charterschiffen werden von unserer Gesellschaft gewährt (nicht gewährt).
19 Deklarationskosten fallen bei einer Ganz-(Teil-)Charter an, und zwar in Höhe von ... % des Gesamt-Charterbetrags (fallen nicht an).
20 Die Chartergebühren sind sofort bei Auftragserteilung mit ... % fällig, der Rest bei Übergabe der Ware im Empfangshafen.
21 Es besteht Vorauszahlungszwang in Höhe von ... %.
22 Die Charterkosten sind in ... zu bezahlen.

9 Nous nous sommes renseignés auprès de la compagnie maritime qui accepte de charger le lot ... que vous proposez à bord du «...» au pont inférieur.
10 Nous sommes naturellement à votre entière disposition pour effectuer toutes les formalités pour les envois de détail qui vous seront destinés, ceci à des conditions avantageuses.
11 La compagnie maritime vient de nous donner son accord pour l'expédition de vos marchandises à destination de ... comme lot en option.
12 Les frais supplémentaires entraînés se montent à ...
13 Selon les renseignements de la compagnie maritime vos marchandises seront chargées sur le pont (en cale).
14 En raison de nos multiples contacts avec des compagnies maritimes renommées, nous pouvons à tout moment procéder à un affrètement global de navires d'env. 8000 tonneaux de jauge brute.
15 Nous avons bien sûr également des contacts avec des compagnies maritimes qui affrètent des bateaux coque nue sur la base de contrats annuels.
16 Pour un affrètement moyennant fret partiel nous avons besoin des données suivantes: poids total des marchandises à charger, le volume et le poids de chaque colis, le cas échéant la désignation des marchandises.
17 Les conditions habituelles d'affrètement comportent bien sûr la «clause de panne à bord».
18 Notre compagnie accorde une prime supplémentaire (n'accorde pas de prime) pour chargement ou déchargement plus rapide de navires affrétés.
19 En cas d'affrètement global (partiel), les droits de déclaration se montent à ... % du montant de l'affrètement global (pas de droits de déclaration à payer).
20 ... % du montant de l'affrètement doivent être réglés de suite lors de la passation du contrat, le reste est à régler à la remise de la marchandise dans le port d'arrivée.
21 Un versement anticipé est de rigueur, il se monte à ... %.
22 Les frais d'affrètement sont à régler en ... (monnaie).

23	In Beantwortung Ihrer Anfrage teilen wir Ihnen mit, dass wir für Ihre Sendung nach ... ein (kein) Durchfracht-Konnossement erstellen können.	Voici l'information souhaitée: pour votre expédition à destination de ... nous pouvons établir un connaissement direct (nous ne pouvons pas établir de connaissement direct).
24	Das nächste Containerschiff läuft voraussichtlich am ... aus.	Le prochain appareillage d'un porte-conteneurs est prévu pour le ...
25	Bei Verwendung eines Containers müssen bestimmte Mindestfrachten bezahlt werden, die jedoch frei ausgehandelt werden können.	Certains frets minimum dont le montant est à débattre doivent être payés pour l'utilisation d'un conteneur.
26	Für die Rückführung eines Containers fallen (keine) folgende Frachtkosten an: ...	Il faut payer un fret de retour à savoir: ... (il ne faut pas payer de fret de retour) pour un conteneur.
27	Die Weiterleitung eines Containers ab Hafen ... nach ... wird von der uns angeschlossenen Speditionsfirma ... vorgenommen.	Le post-acheminement d'un conteneur à partir du port de ... à destination de ... est effectué par le transporteur ... associé à notre entreprise.
28	Die Laufzeit Ihres Containers ab Terminal ... nach Empfangsstation ... beträgt ca. ... Tage.	La durée du transport de votre conteneur à partir du terminal ... au point de destination ... est d'env. ... jours.
29	Durch die Umdisposition des Containers entstehen folgende Kosten: ..., die Sie bitte umgehend auf unser Konto bei der ... -Bank überweisen wollen.	La modification de l'emplacement du conteneur entraîne les frais suivants: ..., nous vous demandons de virer cette somme immédiatement sur notre compte auprès de la banque ...
30	Wunschgemäß überreichen wir Ihnen Informationsmaterial für Bulk-Carrier-Transporte.	Vous trouverez ci-joint comme souhaité une documentation sur les transports en vrac par cargos.
31	Über die Praxis des Lash-Verfahrens gibt Ihnen unsere beigefügte Broschüre „..." Auskunft.	Notre brochure ci-jointe «...» vous renseignera sur le système d'arrimage.
32	Die Maklerprovision richtet sich nach der jeweiligen Gebührenordnung.	La commision de courtage est calculée en fonction du tarif respectivement appliqué.
33	Die von der Hafenverwaltung festgelegte Gebührenordnung überreichen wir Ihnen als Anlage.	Nous vous adressons en annexe les tarifs fixés par l'administration portuaire.
34	Die Preisdifferenz zwischen Konferenz- und Outsiderfrachten beträgt etwa ... %.	La différence de prix entre les frets pratiqués par les navires de l'entente et les outsiders est de l'ordre d'env. ... %.
35	Die Löschungskosten gemäß der uns vorliegenden Maß- und Gewichtslisten betragen insgesamt ...	Les frais de déchargement se montent en tout à ... selon les barèmes de poids et de mesures dont nous disposons.
36	Die Entladung des Schiffs erfolgt sofort nach Eintreffen am Kai ...	Le déchargement du navire a lieu dès son arrivée au quai ...
37	Das Schiff liegt bereits am Schuppen Nr. ... Die Entladung beginnt voraussichtlich heute gegen ... Uhr.	Le navire est ancré aux docks N° ... Le déchargement est prévu pour aujourd'hui vers ... heures.
38	Auftragsgemäß werden wir die mit MS „..." eintreffenden Waren zum Zweck des Weitertransports nach ... sofort auf ein Binnenschiff umladen.	Selon vos instructions nous effectuerons le transbordement immédiat sur péniche des marchandises qui arriveront à bord du «...» afin d'assurer leur post-acheminement.
39	Selbstverständlich können wir jederzeit die am Schuppen ... liegenden Erzeugnisse per Lkw verfrachten.	Nous pouvons bien sûr procéder à tout moment au chargement sur camion des marchandises entreposées aux docks ...

40 Der Schuppen ... hat ein eigenes Anschlussgleis; wir empfehlen daher die Weiterverfrachtung per Bahn.
41 Wir sind auf Verzollungen im Hafen spezialisiert und verfügen über gut organisierte Sammeltransporte nach allen größeren Städten der EU.
42 Lieferungen nach ... können mit Teilbarkonnossementen vorgenommen werden.
43 Die Klassifikation des Schiffs „..." entnehmen Sie bitte beigefügter Liste.
44 Die von uns zu befrachtenden Schiffe sind ausnahmslos im Lloyd-Register verzeichnet.
45 Die am ... eingetroffene Ware liegt laut Konnossement unbeschädigt am Schuppen.
46 Das Konnossement weist einen Schadensvermerk auf. Mit der Besichtigung der Ware haben wir das Havariebüro ... beauftragt.
47 Das vorliegende Konnossement ist rein gezeichnet.
48 Eine eigene Gewichtsbescheinigung für die mit MS „..." am ... eingetroffenen Güter liegt (nicht) vor.
49 Die Franchise bei Verladung von ... in Fässern ist Bestandteil unserer Konnossementsbedingungen.
50 Die Bordbescheinigung ist am ... per Einschreiben an Sie abgesandt worden.
51 Der Liegeplatz des Binnenschiffs ... ist das Becken ...
52 Das Liegegeld für das Schubschiff ... beträgt ... pro Tag.
53 Der Kanal ... ist für Schiffe in der Größenordnung von ... BRT jederzeit passierbar.

40 Les docks ... ont leur propre voie de raccordement, nous vous recommandons donc un post-acheminement par voie ferrée.
41 Nous sommes des spécialistes en ce qui concerne le dédouanement dans les ports et pratiquons des transports groupés vers toutes les grandes villes de l'UE.
42 Il est possible de faire des livraisons à destination de ... avec des connaissements partiels.
43 Veuillez consulter la liste ci-jointe pour trouver la classification du navire «...».
44 Tous les navires dont nous disposons pour les chargements sont cotés au Llyod's.
45 Selon le connaissement, les marchandises arrivées le ... sont entreposées en parfait état aux docks.
46 Le connaissement mentionne une réserve d'avarie. Nous avons chargé le bureau des avaries ... de procéder à une inspection.
47 Le connaissement dont nous disposons est net de réserves.
48 Nous disposons d'un certificat de poids séparé (nous ne disposons pas de certificat de poids séparé) pour les marchandises arrivées à bord du «...» le ...
49 La franchise pour le chargement de ... en fûts fait partie intégrante de nos conditions de connaissement.
50 L'attestation avec mention reçu pour embarquement vous a été adressée par lettre recommandée le ...
51 La péniche ... mouille dans le bassin ...
52 La surestarie pour le pousseur ... est de ... par jour.
53 Le canal ... est pratiquable à tout moment pour les navires de ... tonneaux de jauge brute.

Auftragserteilung

1 Ihre Referenzen haben uns so überzeugt, dass wir Ihnen hiermit den generellen Auftrag erteilen, sämtliche ein- und ausgehenden Seefrachten für uns abzuwickeln.

Passation d'ordre

1 Nous sommes très satisfaits des références que vous nous avez fournies et vous confions par la présente un mandat général concernant toutes les opérations à effectuer pour les frets maritimes à l'arrivée et au départ.

2 Die uns vorliegenden Prospekte lassen Ihre Leistungsfähigkeit erkennen. Wir übertragen Ihnen hiermit – vorerst zeitlich begrenzt – unsere ausgehenden FOB-Lieferungen.
3 Ihr Leistungsangebot überzeugt uns; wir übertragen Ihnen daher unsere gesamten Binnenschifftransporte.

Auftragserteilung mit Vorbehalten

1 Bevor wir Ihnen endgültig den Auftrag zum Chartern eines 8000 BRT großen Schiffs geben, bitten wir Sie, uns die genauen Kosten per Fax oder E-Mail mitzuteilen.
2 Wir erteilen Ihnen den Auftrag, eine Teilcharter von ... nach ... für uns durchzuführen.
3 Da Sie Refaktien für schnellere Beladung oder Entlöschung gewähren, erteilen wir Ihnen den Auftrag, ein Charterschiff für uns zu bestellen. Das Schiff soll zum Transport von ... auf der Strecke ... - ... eingesetzt werden.
4 Die Ganz-(Teil-)Charter bitten wir nur zu vergeben, wenn für uns keine Deklarationskosten entstehen.
5 Da Sie gemäß Ihrem Angebot vom ... ein Durchfracht-Konnossement nach ... erstellen können, übertragen wir Ihnen hiermit den Transport.
6 Wir bitten Sie, die bereits im Hafen liegende Sendung mit dem nächsten Containerschiff nach ... zu verladen.
7 Da zwischen Konferenz- und Outsiderfrachten eine erhebliche Spanne liegt, verlangen wir generell die Verfrachtung unserer Erzeugnisse mit Outsidern.
8 Sofern Sie uns ... % Sofortrabatt einräumen könnten, würden wir Ihnen den Verschiffungsauftrag erteilen.
9 Sobald Sie uns den bereits längst fälligen Zeitrabatt überwiesen haben, werden wir Ihnen neue Verschiffungsaufträge zukommen lassen.
10 Wir werden aufgrund der preislichen Vorteile umgehend eine Kontraktzeichnung vornehmen.

2 Votre documentation nous a convaincu du professionnalisme de vos services. Nous vous chargeons donc par la présente de l'exécution de nos livraisons FOB pour une période limitée dans un premier temps.
3 C'est avec un vif intérêt que nous avons pris connaissance des services que vous proposez. Nous vous confions tous nos transports par voie fluviale.

Passation d'ordre avec réserves

1 Avant de vous passer un ordre ferme, nous vous prions de nous communiquer par fax ou par email le montant exact des frais à régler pour l'affrètement d'un navire de 8.000 tonneaux de jauge brute.
2 Nous vous chargeons de procéder en notre nom à un affrètement partiel au départ de ... à destination de ...
3 Vous accordez des primes pour un chargement ou un déchargement plus rapide, nous vous chargeons donc d'affréter en notre nom un navire qui devra effectuer la liaison entre ... et ... et transporter ...
4 Nous vous prions de confier l'affrètement global (partiel) uniquement si nous ne devons pas payer de droits de déclaration.
5 Votre offre du ... s'appliquant à un connaissement direct à destination de ..., nous vous chargeons donc de notre transport.
6 Nous vous prions de transborder les marchandises déjà arrivées au port sur le prochain porte-conteneurs à destination de ...
7 Vu la différence considérable entre les tarifs appliqués par les navires de l'entente et les outsiders, nous donnons en général la préférence à un transport de nos produits à bord d'un outsider.
8 Au cas où vous nous consentiriez une remise de ... %, nous vous confierions du chargement de notre marchandise.
9 Dès versement de la prime de fidélité – arrivée depuis longtemps à échéance –, nous vous confierons de nouveaux ordres de chargement.
10 En raison des tarifs intéressants consentis, nous allons signer incessamment le contrat.

11 Sobald MS „..." unsere Ware gemäß B/L entladen hat, bitten wir Sie, das Gut an nachstehende Adresse frei (unfrei/frei Haus) weiterzuleiten: ...
12 Wir haben Ihnen bereits mitgeteilt, dass die mit SS „..." eintreffende Ware ohne Zwischenlagerung sofort mit einem Binnenschiff nach ... zu verfrachten ist.
13 Die am Schuppen ... liegenden ... Kisten sind – unter Nachnahme aller bisher entstandenen Kosten – per Lkw (Bahn) an ... zu versenden.
14 Die im Freihafen unter Einlagerungs-Nr. ... liegenden ... Ballen sind zu verzollen und anschließend an ... frei Haus zu expedieren.
15 Sobald ein Havariekommissar die beschädigte Ware besichtigt hat, bitten wir, eine Freischreibung der Güter zu erwirken.
16 Das Havariezertifikat ist neben einer Ausfertigung des B/L unter Bezugnahme auf die Schadens-Nr. ... an unseren Transportversicherer zu leiten.
17 Aufgrund Ihrer Zusage erteilen wir Ihnen den Auftrag, das Binnenschiff mit 2000 BRT zur Übernahme von ... in loser Schüttung am ... im Seehafen ..., Becken ..., bereitzustellen.
18 Sie haben uns bestätigt, dass eine Direktverfrachtung per Binnenschiff von ... nach ... möglich ist. Bitte übernehmen Sie bei der Firma ... folgende Sendung und verfrachten Sie diese umgehend: ...

11 Dès le déchargement de la cargaison à bord du «..». selon le connaissement, nous vous prions de procéder au post-acheminement (en port dû/franco de port) de la marchandise à l'adresse suivante: ...
12 Nous vous redonnons nos instructions à propos de la marchandise qui arrivera à bord du «...», veuillez procéder immédiatement – sans entreposage temporaire – à son post-acheminement par voie fluviale à destination de ...
13 Les ... caisses entreposées aux docks ... doivent être expédiées par transport routier (voie ferrée) à ..., ceci contre remboursement de tous les frais encourus jusqu'à ce jour.
14 Les ... ballots entreposés sous le N° ... en port franc doivent être dédouanés pour être ensuite expédiés franco domicile à ...
15 Après inspection de la marchandise avariée par le commissaire des avaries, veuillez faire de suite le nécessaire pour obtenir leur admission définitive.
16 Il faut transmettre à l'assureur ayant établi notre police de transport le certificat d'avarie avec un exemplaire du connaissement portant mention du N° de sinistre suivant: ...
17 Suite à votre accord, nous vous chargeons de tenir à disposition la péniche de 2000 tonneaux de jauge brute pour chargement à bord de ... marchandises en vrac, le ..., bassin ... du port maritime ...
18 Vous nous avez confirmé la possibilité de faire un chargement direct par péniche au départ de ... à destination de ... Veuillez procéder à l'enlèvement des marchandises suivantes: ... dans les locaux de l'entreprise ... et effectuer immédiatement leur chargement.

Auftragsbestätigung

1 Wir nehmen gern zur Kenntis, dass Sie uns ab sofort alle FOB- und CIF-Sendungen zur Weiterbehandlung übergeben.
2 Unser Inlandsbüro teilt uns soeben mit, dass wir ab heute alle aus- und eingehenden Schiffssendungen für Sie abfertigen dürfen. Wir freuen uns sehr darüber.

Confirmation d'ordre

1 Nous vous remercions vivement de nous avoir confié l'exécution de toutes vos futures expéditions FOB et CAF.
2 Nous venons d'apprendre par notre agence que vous nous avez chargé à partir d'aujourd'hui de procéder au dédouanement au départ et à l'arrivée de tous les frets maritimes. Nous vous en remercions.

3 Das Maklerbüro ... erteilte uns den Auftrag, Ihnen zu bestätigen, dass die Raumbuchung auf SS „..." in Ordnung geht.
4 Wie Sie aus beigefügter B/L ersehen, ist die Sendung von ... Kisten ... am ... mit MS „..." ordnungsgemäß verschifft worden.
5 Dem Güterverzeichnis entnehmen wir, dass Ihre Sendung von ... Ballen ... aus ... am ... bei uns eintrifft.
6 Wir bestätigen Ihnen, dass Ihre Partie ... als Unterdeckladung auf SS „..." verfrachtet wurde.
7 Das am ... von Ihnen bestellte Charterschiff für eine Fahrt von ... nach ... liegt am ... im Hafen ..., Liegeplatz Nr. ..., zur Beladung bereit.
8 Ihre Sendung vom ... ist mit Container auftragsgemäß nach ... versandt worden.
9 Ihre Sendung von ... ist Ihrem Wunsch entsprechend mit dem Outsider „..." verschifft worden.
10 Wir können Ihnen ... % Sofortrabatt einräumen. Ihre im Schuppen lagernde Sendung werden wir noch heute verschiffen.
11 Da Sie die Kontrakte in der Zwischenzeit gezeichnet haben, werden wir sämtliche für Sie im Freihafen lagernden Sendungen schnellstens verschiffen.
12 Die mit MS „..." eingetroffene Ware ist sofort auf das Binnenschiff „..." umgeladen worden.
13 Die am Schuppen ... liegenden ... sind heute weisungsgemäß unter Nachnahme aller Kosten an ... versandt worden.
14 Wir haben heute Ihre Sendung ... verzollt und sofort frei Haus an Sie abgesandt.
15 Das Havariezertifikat ist gemäß Ihrem Schreiben direkt an ... geschickt worden.
16 Die Gewichtsbescheinigung wurde am ... an ... versandt.
17 Die beschädigte Ware ist nach der Besichtigung durch einen vereidigten Sachverständigen freigegeben worden.
18 Wir haben gestern bei der Firma ... gemäß Ihrer Abholanweisung die betreffenden Güter übernommen und werden diese weisungsgemäß per Binnenschiff nach ... verfrachten.

3 Le bureau de courtage ... nous a chargé de vous donner confirmation de la réservation d'affrètement de volume à bord du «...».
4 Le chargement de ... caisses de ... le ... à bord du ... a été effectué correctement comme le documente le connaissement ci-joint.
5 Selon le connaissement, les ... ballots expédiés de ... à destination de ... arriveront le ...
6 Nous vous donnons confirmation du chargement au pont inférieur de votre lot ... à bord du «...».
7 Le navire que vous avez réservé le ... pour affrètement sera prêt à être chargé le ... au port de ... dans le bassin ... pour assurer la liaison de ... à ...
8 Votre transport de ... à destination de ... a été effectué par conteneur selon vos instructions.
9 L'embarquement des ... a été effectué à bord de l'outsider «...» selon vos instructions.
10 Nous pouvons vous accorder une remise pour paiement comptant de ... %. Nous procéderons aujourd'hui même à l'embarquement de vos marchandises entreposées aux docks.
11 Vous avez entre-temps signé les contrats, nous allons donc procéder rapidement au chargement de toutes les marchandises entreposées pour vous en port franc.
12 La marchandise arrivée à bord du «...» a été immédiatement transbordée à bord de la péniche «...».
13 L'expédition à ... des ... en entrepôt aux docks ... a été effectuée aujourd'hui contre remboursement de tous les frais selon vos instructions.
14 Nous avons aujourd'hui dédouané vos marchandises ... que nous vous avons aussitôt expédiées franco domicile.
15 Le certificat d'avarie a été directement envoyé à ... comme vous le demandiez dans votre lettre.
16 Le certificat de poids a été envoyé le ... à ...
17 La marchandise avariée a été débloquée après exécution d'un contrôle par un expert agréé.
18 Conformément à vos instructions, nous avons pris en charge la marchandise dans les locaux de l'entreprise ... et allons procéder à son acheminement par voie fluviale à destination de ...

19 Wir danken Ihnen für Ihre Auftragserteilung und werden das Binnenschiff... zur Übernahme einer...ladung am... im Seehafen... bereitstellen.

19 Nous avons fait le nécessaire pour effectuer le transbordement de votre cargaison de... à bord de la péniche... dans le port maritime de... à la date suivante:... et vous remercions de votre confiance.

Straßentransport und Bahnfracht

Allgemeine Anfragen

1 Um unserer Kundschaft einen noch besseren Service bieten zu können, möchten wir mit leistungsstarken Speditionsfirmen zusammenarbeiten.
2 Um gegenüber unserer Konkurrenz bestehen zu können, sehen wir uns veranlasst, andere, verbesserte Verkehrsbedingungen zu wählen.
3 Übermitteln Sie uns bitte eine Leistungsübersicht über die einzelnen Sparten Ihrer Firma.
4 Da wir uns einen Überblick über die Leistungsfähigkeit Ihres Unternehmens verschaffen wollen, bitten wir Sie, uns Ihr Prospektmaterial zu senden.
5 Wir benötigen einen 20-t-Lkw für eine Sonderfahrt von... nach... Können Sie einen Sattelauflieger mit 12 m Ladelänge stellen?
6 Wir benötigen ein Fahrzeug mit Palettenbreite und... t Nutzlast für eine Fahrt von... nach...
7 Haben Sie eigene Lkw im Einsatz?
8 Verwenden Sie für die Verfrachtungen Subunternehmer?
9 Bedienen Sie nur bestimmte Verbindungen mit eigenen Fahrzeugen?
10 Übernehmen Sie auch Gelegenheitstransporte?
11 Führen Sie Fahrten im Nahverkehrsbereich aus?
12 Wir haben vor, unsere Lagerkapazität stark zu verringern. Können Sie just-in-time liefern?
13 Wir suchen ein Transportunternehmen, das dem Transport nachgelagerte Prozesse übernimmt. Konkret denken wir an die Montage unserer Maschinen vor Ort und die Übernahme des Kundendienstes.
14 Können Sie während des Transports eine automatische Sendungsverfolgung (tracking) gewährleisten?

Transport routier, transport par voie ferrée

Demandes de renseignements généraux

1 Afin d'améliorer la qualité de nos services, nous désirons travailler avec des transporteurs connus pour leur efficacité.
2 Pour pouvoir être plus compétitifs nous devons améliorer l'efficacité des transports routiers à notre disposition.
3 Veuillez nous communiquer des informations sur l'ensemble des services proposés par votre entreprise.
4 Veuillez nous envoyer une documentation pour nous renseigner sur les services proposés par votre entreprise.
5 Nous avons besoin d'un camion de 20 t pour un transport spécial de... à... Disposez-vous d'une semi-remorque de 12 m de longueur de chargement?
6 Nous avons besoin d'un véhicule disposant d'un plateau de chargement et de... t de charge utile pour un transport de... à...
7 Est-ce que vous utilisez vos propres camions?
8 Faites-vous effectuer le chargement par des sous-traitants?
9 Est-ce que vos propres camions effectuent uniquement certaines liaisons?
10 Est-ce que vous acceptez de faire des transports occasionnels?
11 Est-ce que vous effectuez aussi des transports sur une petite distance?
12 Nous avons l'intention de réduire considérablement notre capacité de stockage. Etes vous capable de livrer en juste à temps?
13 Nous cherchons un transporteur qui prendrait en charge les opérations post-transport. Concrètement nous pensons au montage de nos machines sur place et la prise en charge du service après-vente.
14 Pouvez vous garantir un suivi automatique de l'expédition pendant la durée du transport?

Spezielle Anfragen

1 Sind Sie in der Lage, einen Lkw zu stellen, der unter Zollverschluss eine Partie ... von ... nach ... befördern kann?
2 Haben Sie in Ihrem Fahrzeugpark auch Silo-Lkw?
3 Wir vergeben regelmäßig Transporte von ... nach ... Sind Sie an der Übernahme derartiger Ladungen interessiert und zu welchen Konditionen? Voraussetzung ist allerdings, dass die Verfrachtung mit Isotherm-Fahrzeugen durchgeführt wird.
4 Ab Seehafen ... verladen wir laufend 20-t-Partien und benötigen dafür Tankfahrzeuge der Güteklasse ... Können Sie Lkw dieser Art stellen?
5 Haben Sie Erfahrungen im Transport von ...?
6 Unterhalten Sie ein Fahrzeug mit einer entsprechenden Hängevorrichtung?
7 Haben Sie in Ihrem Fuhrpark Wechselpritschen im Einsatz?
8 Sind bei Ihnen die technischen Voraussetzungen gegeben, Container umzuschlagen?
9 Haben Sie entsprechende Betriebseinheiten?
10 Beschäftigen Sie sich auch mit Tiefladertransporten? Wir hätten eine Maschine, Gewicht ..., Maße ..., von ... nach ... zu transportieren.

Demandes spécifiques

1 Pouvez-vous mettre à notre disposition un camion plombé à la douane pour transporter ... de ... à ...?
2 Disposez-vous aussi de camions-silos dans votre parc de véhicules?
3 Nous devons régulièrement effectuer des transports de ... à destination de ... Au cas où vous seriez intéressés par la prise en charge de ces transports, quelles seraient vos conditions? Ces transports sont à effectuer impérativement par camions frigorifiques, telle serait notre condition préalable.
4 Nous faisons régulièrement des chargements de 20 t au port maritime de départ de .... Disposez-vous de camions-citernes de la catégorie ... dont nous avons besoin pour cela?
5 Pratiquez-vous couramment le transport de ...?
6 Disposez-vous d'un véhicules équipé d'un dispositif de suspension?
7 Disposez-vous de véhicules à plateaux de chargement interchangeables dans votre parc roulant?
8 Disposez-vous de l'équipement technique nécessaire pour charger des conteneurs?
9 Avez-vous les installations nécessaires?
10 Vous chargez-vous aussi de transports nécessitant l'emploi de plateformes surbaissées? Nous devons transporter une machine d'un poids de ..., d'un volume de ... de ... à destination de ...

Anschlussgleis

1 Wir beabsichtigen die Installierung eines Anschlussgleises für das Werk ...
2 Der Jahresausstoß unseres Werks beträgt ca. ... t.
3 Für den Abtransport der Erzeugnisse werden jährlich ca. ... Waggons benötigt.
4 Würden Sie durch einen Beauftragten Ihrer Gesellschaft die örtlichen Gegebenheiten prüfen lassen?
5 Ist unser Industriegelände in Ihrem Flächenplan bereits berücksichtigt?
6 Wie hoch werden die Baukosten des Anschlussgleises liegen?

Voie de raccordement

1 Nous avons l'intention de faire installer une voie de raccordement pour l'usine de ...
2 La production annuelle de notre usine se monte à env. ... t.
3 Nous avons besoin d'env. ... wagons par an pour effectuer le transport de nos produits.
4 Nous vous demandons de bien vouloir faire établir un état des lieux par un délégué de votre établissement.
5 Est-ce que l'emplacement de nos usines figure déjà sur le relevé de la zone industrielle?
6 A combien se monteront les frais de construction d'une voie de raccordement?

7 Ist mit der Installierung eines Anschlussgleises ein bestimmter Mindestversand verbunden?
8 Müssen für das Anschlussgleis besondere Unterhaltungsgebühren bezahlt werden?
9 Nach welchen Gesichtspunkten richten sich die Anschlussgleisgebühren?
10 Werden bei Errichtung eines Anschlussgleises die Wünsche des Verladers berücksichtigt?
11 Sofort nach Fertigstellung des Anschlussgleises werden wir unseren gesamten Versand auf Bahn umstellen.

Bitte um Konditionen

1 Geben Sie uns bitte die Frachtkosten für ... Kisten ..., Gewicht ..., von ... nach ... bekannt.
2 Zu welchem Frachtsatz werden von Ihnen ... von ... nach ... befördert? Bitte teilen Sie uns die Frachtkosten für 5-/10-/15- und 20-t-Partien mit.
3 Übernehmen Sie die Verladung des Guts in eigener Regie oder müssen wir Verladepersonal stellen?
4 Gliedern Sie uns bitte die beweglichen Kosten für einen 5-t-Lkw auf.
5 Welchen monatlichen Mindestumsatz fordern Sie bei einer durchschnittlichen Tagesleistung von ... für Fahrzeuge, die im Nahverkehrsbereich eingesetzt werden?
6 In welchem Verhältnis müssen Last- zu Leerkilometern stehen?
7 Kommen bei Anforderung von Spezialfahrzeugen zu den üblichen Frachtsätzen noch Zuschläge hinzu?
8 Können Sie unsere Waren mit einer Warenwert-Nachnahme belasten, die Sie bei Auslieferung des Guts vom Empfänger kassieren?
9 Wann wird uns die von Ihnen kassierte Warenwert-Nachnahme gutgebracht?

7 La construction d'une voie de raccordement est-elle subordonnée à l'existence d'un volume minimum de transport effectué?
8 Faut-il payer des taxes d'entretien spécifiques pour l'utilisation de la voie de raccordement?
9 Quels sont les critères pour calculer les taxes de voie de raccordement?
10 Est-ce que les desiderata de l'utilisateur procédant aux chargements entrent en ligne de compte lors de la construction d'une voie de raccordement?
11 Nous effectuerons désormais tous nos transports par voie ferrée dès que la construction de la voie de raccordement sera terminée.

Communication des conditions

1 Veuillez nous faire connaître le montant des frais de transport pour ... caisses de ... d'un poids de ... de ... à destination de ...
2 Quel est votre tarif de transport pour ... de ... à destination de ...? Veuillez nous indiquer en plus les prix de transport pour des chargements de 5-/10-/15 et 20 tonnes.
3 Est-ce que vous effectuez vous-mêmes le chargement ou devons-nous employer du personnel à cet effet?
4 Veuillez nous donner le détail des frais variables pour un camion de 5 tonnes.
5 Dans le cas des véhicules mis en service sur de courtes distances, quel est le chiffre d'affaires mensuel minimum que vous exigez sur la base d'une moyenne journalière de ...?
6 Quelle doit être la répartition entre kilomètres avec chargement et kilomètres à vide?
7 Comptez-vous des suppléments en sus du tarif habituel pour les transports par véhicules spéciaux?
8 Pouvons-nous effectuer des livraisons contre remboursement en vous chargeant d'encaisser les sommes dues lors de la délivrance de la marchandise?
9 A quel moment serons-nous crédités du montant que vous avez perçu lors de la livraison contre remboursement?

10 Wie hoch belaufen sich die Kosten für einen kompletten Güterzug mit 50 Waggons von ... nach ...?
11 Welche Sonderfrachtsätze können Sie uns anbieten?
12 Senden Sie uns bitte Ihren Gütertarif zu. Aus dem Tarifwerk müssen sowohl der Stückgut-Frachtsatz als auch der Wagenladungstarif ersichtlich sein.
13 Zugleich benötigen wir ein Bahnhofsverzeichnis.
14 Wir wünschen ferner ein Exemplar des Nebengebührentarifs.
15 Im Besonderen informieren Sie uns bitte über die Kosten für die Benutzung der bahneigenen Krananlage.
16 Sind diese Kosten pauschal angesetzt oder muss die stundenweise Überlassung bezahlt werden?
17 Welche Lieferfristen liegen einem Frachtvertrag zugrunde?
18 Müssen für verkürzte Lieferfristen Sonderzuschläge bezahlt werden?
19 Werden für angeforderte, jedoch nicht benötigte Waggons Abbestellgebühren verlangt?
20 In welcher Höhe fallen derartige Gebühren an? Wie lange darf ein Verladevorgang dauern, bevor Waggonstandgelder bezahlt werden müssen?

Verpackungsmaterial

1 Können Sie uns Ihre eigenen Verpackungsmittel (Behälter, Paletten, Collicos usw.) stellen?
2 Werden die Verpackungsmittel kostenfrei gestellt?
3 Verlangen Sie für Ihre speditionseigenen Behältnisse bestimmte Gebühren?
4 Werden bei Verwendung Ihrer Behälter (Paletten) Mindestfrachten erhoben?
5 Müssen für die Rückführung der Verpackungsmittel zusätzlich Kosten übernommen werden?
6 Könnten Sie uns Einwegbehälter zur Verfügung stellen?
7 Wie hoch wäre der Preis für eine Verpackungseinheit?

Transportkombinationen

1 Erläutern Sie uns bitte den Begriff „Kombinierte Verkehre".
2 Unterhalten Sie kombinierte Verkehre?

10 A combien se montent les frais de transport pour un train complet de marchandises avec 50 wagons de ... à destination de ...?
11 Quels tarifs spéciaux avez-vous à nous proposer?
12 Veuillez nous envoyer votre tarif de transport de marchandises qui devrait comprendre les tarifs pour colis de détail et les tarifs pour chargement de wagon.
13 Nous avons aussi besoin d'un répertoire des gares.
14 Nous désirons en outre avoir un exemplaire du tarif des surtaxes.
15 Nous désirons surtout avoir des précisions sur les frais entraînés par l'utilisation des grues de la compagnie ferroviaire.
16 Ces frais d'utilisation sont-ils calculés sur la base d'un forfait ou sur un tarif horaire?
17 Quels sont les délais de livraison prévus dans le contrat de transport?
18 Faut-il payer des suppléments dans le cas de livraisons plus rapides que prévues?
19 Facturez-vous des frais pour la réservation de wagons requis mais pas utilisés?
20 A combien se monte ce type de frais? A partir de quelle durée de l'opération de chargement faut-il payer des droits de place pour les wagons?

Matériel d'emballage

1 Pouvez-vous nous fournir vos emballages (réservoirs, palettes, caisses métalliques pliables, etc. ...)?
2 Les emballages sont-ils fournis gratuitement?
3 Facturez-vous les emballages qui vous appartiennent?
4 Facturez-vous un fret minimum pour utilisation de vos emballages (palettes)?
5 Quels sont les frais supplémentaires occasionnés pour le retour des emballages?
6 Pouvez-vous mettre à notre disposition des emballages perdus?
7 Quel serait le prix par unité d'emballage?

Transports combinés

1 Veuillez nous donner des précisions sur les transports combinés.
2 Faites-vous des transports combinés?

3 Wenn Ihre Firma solche Spezialverkehre nicht unterhält, können Sie uns dann mitteilen, an wen wir uns wenden sollen?
4 Welche Vorteile bringt der kombinierte Verkehr?
5 Bestehen für den kombinierten Verkehr besondere Auflagen?
6 Können wir uns gemeinsam mit Ihnen am kombinierten Verkehr beteiligen?
7 Welche Güter sind vom Transport im kombinierten Verkehr ausgeschlossen?
8 Müssen wir eine bestimmte Anzahl von Sattelaufliegern (Wechselpritschen/ Containern) in einen Pool einbringen?
9 Unterliegen die im kombinierten Verkehr eingesetzten Fahrzeuge bestimmten Höchst- oder Mindestmaßen?
10 Liegen genormte Paletten (Behälter) frachtmäßig günstiger?
11 Erhält man bei Aufgabe eines bestimmten monatlichen Kontingents Refaktien?
12 Nach welchen Gesichtspunkten werden Refaktien gewährt?
13 Wie gestaltet sich die Rückvergütung?
14 Sind damit zeitliche Auflagen verbunden?
15 Können im kombinierten Verkehr auch Sonderfahrzeuge wie etwa Silo-Lkw eingesetzt werden?
16 Muss für die Rückführung leerer Ladeeinheiten ebenfalls Fracht bezahlt werden?
17 Gibt es einen Sondertarif für die Rückführung von leeren Sattelaufliegern?
18 Muss für eine Ladeeinheit eine bestimmte Fracht bezahlt werden oder richtet sich diese nach dem geladenen Gewicht?

3 Qui pourrions-nous contacter au cas où vous ne feriez pas de transports combinés?
4 Quels sont les avantages d'un transport combiné?
5 Quelles sont les conditions pour un transport combiné?
6 Pouvons-nous envisager une éventuelle participation avec vous pour un transport combiné?
7 Quel type de marchandise est exclu des transports combinés?
8 Notre entrée dans un groupe est-elle liée à un apport concrétisé par un certain nombre de remorques (plateaux interchangeables/conteneurs)?
9 Existe-t-il des dimensions maximum ou minimum imposées pour les véhicules mis en service pour un transport combiné?
10 L'utilisation de palettes (d'emballages) standard est-elle plus avantageuse au niveau des frais de transport?
11 Existe-t-il un système de remises en cas d'un certain contingent mensuel de marchandises à transporter?
12 Quels sont les critères retenus pour l'accord de remises?
13 La remise est consentie sous quelle forme?
14 Cela implique-t-il des délais impératifs?
15 Les véhicules spéciaux, par exemple les camions-silos, peuvent-ils être mis en service pour un transport combiné?
16 Le retour à vide d'unités de chargement est-il aussi facturé?
17 Le retour à vide des remorques est-il facturé à un tarif spécial?
18 Est-ce que la facturation du fret est basée sur l'unité de chargement ou sur le poids effectivement chargé?

Beförderungspapiere

1 Müssen die Beförderungspapiere vom Absender erstellt werden?
2 Innerhalb welchen Zeitraums können wir nachträgliche Verfügungen vornehmen?
3 Es ist allgemein üblich, dem Spediteur bei Abholung eines Guts die Begleitpapiere zu übergeben.
4 Eine nachträgliche Verfügung ist immer dann möglich, wenn die Ware noch nicht an den ursprünglichen Empfänger ausgeliefert worden ist.

Documents de transport

1 L'expéditeur doit-il établir les documents de transport?
2 Quel est le délai prévu pour l'acceptation de dispositions supplémentaires?
3 Il est d'usage de remettre les documents de transport au transporteur au moment de la prise en charge de la marchandise.
4 Tant que la marchandise n'a pas été encore remise au destinataire initial, il est possible de prendre une disposition supplémentaire.

5 Können die uns vorliegenden Frachtbrief-Formulare für Stückgutsendungen ebenso wie für ganze Wagenladungen verwendet werden?
6 Sind im Frachtbrief Korrekturen erlaubt?
7 Müssen hierbei Besonderheiten beachtet werden?
8 Dürfen wir im Frachtbrief eine Kurzmitteilung an den Empfänger vermerken?
9 Müssen wir im Frachtbrief neben dem Bruttogewicht auch das Volumen der Sendung angeben?
10 Dürfen dem Frachtbrief Anlagen beigefügt werden?
11 Sind bei Verwendung von Behältern (Paletten) Begleitpapiere vorgeschrieben, die wir anzufertigen haben?

5 Nous disposons des formulaires de lettres de voiture pour les expéditions de détail, sont-ils aussi utilisables pour les expéditions wagons?
6 La lettre de voiture peut-elle comporter des corrections?
7 Quelles sont les particularités à observer dans ce cas?
8 La lettre de voiture peut-elle comporter une brève communication à l'adresse du destinataire?
9 Devons-nous indiquer aussi dans la lettre de voiture le volume de la marchandise expédiée en plus du poids brut?
10 Peut-il y avoir des documents en annexe à la lettre de voiture?
11 Devons-nous établir des documents de transport spécifiques en cas d'utilisation de conteneurs (palettes)?

Diverses

1 Teilen Sie uns bitte mit, wie lange eine Sendung per Express von ... nach ... braucht.
2 Kann eine Expressgutsendung nach ... mit einer Warenwert-Nachnahme belegt werden? Bis zu welcher Höhe?
3 Können Speditionsleistungen als Barvorschuss per Nachnahme eingezogen werden? Besteht der Höhe nach eine Beschränkung?
4 Wird eine Expressgutsendung grundsätzlich vor Zustellung dem Empfänger avisiert?
5 Kann der Empfänger die Ware selbst am Bestimmungsbahnhof abholen?
6 Besteht unter bestimmten Voraussetzungen ein Zustellungszwang durch den bahnamtlichen Rollführer?
7 Können Behälter als Expressgut verfrachtet werden?
8 Sind hierbei bestimmte Höchstgewichte zu beachten?
9 Können Sie uns für den Transport unserer Erzeugnisse Spezialwaggons vom Typ ... zur Verfügung stellen? Wir benötigen hiervon täglich ca. ... Stück.
10 Sind bei Ihrer Gesellschaft Waggons im Einsatz, die sich bevorzugt für Schüttgut eignen?

Divers

1 Veuillez nous communiquer combien de temps dure un envoi par express de ... à destination de ...
2 Peut-on faire un envoi de marchandises livrées contre remboursement par express à destination de ...? Jusqu'à quel montant?
3 Le montant encaissé lors de la livraison contre remboursement peut-il servir d'avance sur les débours du transporteur qui sont à régler? Si c'est le cas, jusqu'à quel montant?
4 Le destinataire est-il habituellement avisé de la livraison à domicile d'un envoi par express?
5 Le destinataire peut-il passer prendre les marchandises expédiées à la gare de destination?
6 La livraison doit-elle dans certains cas être impérativement effectuée par un service de camionnage d'une compagnie ferroviaire?
7 Peut-on envoyer des conteneurs par express?
8 Dans ce cas, y a-t-il un seuil limite de poids maximum à ne pas dépasser?
9 Pouvez-vous mettre à notre disposition des wagons spéciaux de type ... pour le transport de nos produits? Nous avons besoin d'env. ... wagons de ce type par jour.
10 Est-ce que votre entreprise met en service des wagons adaptés au transport en vrac?

11 Können Sie für den Abtransport einer großen Maschinenanlage Tiefladewaggons bereitstellen? Wann müssen wir diese spätestens bei Ihnen bestellen?
12 Hat der Bestimmungsbahnhof ... eine Krananlage, mit der die Maschinenteile entladen werden können?
13 Besteht am Bestimmungsbahnhof ... die Möglichkeit, die Waggons per Straßenroller zum Empfänger zu überführen?
14 Übermitteln Sie uns bitte ein Verzeichnis der sich im Einsatz befindlichen Waggontypen. Wissenswert ist für uns im Besonderen die Aufgliederung nach der zulässigen Achs- und Meterlast.
15 Wichtig ist für uns eine Aufstellung der Lademaße.
16 Können Sie uns für den Transport von ... täglich ... Waggons mit Selbstentladeeinrichtung stellen?

11 Pouvez-vous mettre à notre disposition des wagons à plateau surbaissé pour le transport d'un gros ensemble de machines? Quelle est la date limite pour effectuer une telle réservation?
12 Est-ce que la gare de destination de ... est équipée de grues pour le déchargement des pièces de machines?
13 Est-il possible à la gare de destination de ... d'acheminer les wagons par camions pour leur remise au destinataire?
14 Veuillez nous communiquer un répertoire des types de wagons en service. Nous désirons avant tout nous informer sur la limite de poids d'essieu et le poids limite au mètre.
15 Une liste des gabarits de chargement est capitale pour nous.
16 Pouvez-vous mettre à notre disposition ... wagons par jour équipés d'un dispositif automatique de déchargement pour le transport de ...?

Angebote

1 Wir sind jederzeit in der Lage, einen 20-t-Lkw für Sonderfahrten von ... nach ... für Sie abzustellen.
2 Die Gestellung eines Sattelaufliegers mit 12 m Ladelänge ist nach vorheriger Abstimmung möglich.
3 Fahrzeuge mit Palettenbreite müssen ca. ... Tage vor Transportbeginn angefordert werden.
4 Unser Unternehmen setzt ausschließlich eigene Fahrzeuge ein.
5 Für bestimmte Verbindungen bedienen wir uns verschiedener Subunternehmer.
6 Es trifft zu, dass wir in allen größeren Städten der EU eigene Lkw im Einsatz haben.
7 Wir verstehen uns als integriertes Logistikunternehmen und sind in der Lage, Zusatzleistungen zu übernehmen.
8 Selbstverständlich führen wir auch Fahrten im Nahverkehrsbereich aus.
9 Unsere Geschäftsbedingungen bitten wir Sie der Rückseite unseres Briefbogens zu entnehmen.

Offres

1 Nous sommes à tout moment prêts à mettre à votre disposition un camion de 20 tonnes pour des transports spéciaux de ... à destination de ...
2 La mise à disposition d'une semi-remorque de 12 m de longueur de chargement est effectuée sans problème sur demande préalable.
3 Les véhicules disposant d'un plateau de chargement doivent être réservés env. ... jours avant la date prévue du transport.
4 Notre entreprise met en service uniquement ses propres véhicules.
5 Nous avons recours à plusieurs sous-traitants sur certaines liaisons.
6 Nous mettons effectivement nos propres camions en service dans toutes les grandes villes de l'UE.
7 Nous nous considérons comme une entreprise de transport intégré et nous sommes en mesure de prendre en charge des services supplémentaires.
8 Nous effectuons aussi des transports sur des petites distances.
9 Veuillez consulter nos conditions générales de transport au dos de notre lettre.

10 Da wir in erster Linie Auslandstransporte durchführen, besitzt ein Großteil unserer Lkw Zollverschluß, so dass sich keine Schwierigkeiten bei der Verfrachtung Ihrer Ware von ... nach ... ergeben.
11 Wir sind ein ISO 2000 ff.-zertifierter Logistikanbieter und können auch extrem enge Zeitpläne garantieren.
12 Wir haben uns auf just-in-time Lieferungen spezialisiert. Kontaktieren Sie uns unter Tel./Fax. Nr. ... E-Mail-Anschrift ...
13 Die sich bei uns im Einsatz befindlichen Tankfahrzeuge haben die Güteklasse ..., und wir sind ab Seehafen ... aufnahmefähig.

10 La majorité des transports que nous effectuons sont des transports à l'étranger, la plupart de nos camions sont donc munis d'un plombage de douane. Le transport de vos marchandises de ... à destination de ... ne pose donc pas de problèmes.
11 Nous proposons des services de logistique certifiés selon la norme ISO 2000 ff et nous pouvons également garantir une intervention dans un laps de temps extrêmement limité.
12 Nous nous sommes spécialisés dans les livraisons juste à temps. Veuillez nous contacter au numéro de tel./fax ... ou à notre adresse email ....
13 Les camions-citernes mis en service font partie de la catégorie ... et sont disponibles pour un chargement à partir du port maritime de ...

Kostenstellung

1 Die Frachtkosten für ... Kisten ..., Gewicht ..., von ... nach ... betragen ...
2 Der Frachtsatz für ... von ... nach ... beträgt
   für   5-t-Partien pro kg ...
   für 10-t-Partien pro kg ...
   für 15-t-Partien pro kg ...
   für 20-t-Partien pro kg ...
3 Die Verladung des Guts muss durch den Absender vorgenommen werden.
4 Gern geben wir Ihnen die variablen Kosten für einen 5-t-Lkw an: ...
5 Der monatliche Mindestumsatz muss bei einer durchschnittlichen täglichen Entfernung/Strecke von ... km mit ..., im Nahverkehrsbereich mit ..., angesetzt werden.
6 Die Last- und Leerkilometer sollten in einem Verhältnis von ... zu ... stehen.
7 Für Spezialfahrzeuge gibt es Sondertarife, die alle Zuschläge bereits beinhalten.
8 Wir können Warenwert-Nachnahmen bei Zustellung erheben; der Nachnahmebetrag wird außerhalb des Kontokorrent-Verfahrens umgehend an Sie überwiesen.
9 Für die Einziehung der Nachnahme erheben wir ... % vom Warenwert.

Facturation des frais

1 Les frais de transport pour ... caisses de ..., d'un poids de ... au départ de ... à destination de ... se montent à ...
2 Le barème des frais de transport pour ... de ... à destination de ... est le suivant:
   pour un chargement de 5 t ... par kg
   pour un chargement de 10 t ... par kg
   pour un chargement de 15 t ... par kg
   pour un chargement de 20 t ... par kg
3 Le déchargement de la marchandise doit être effectué par l'expéditeur.
4 Nous nous permettons de vous communiquer les frais variables pour un camion de 5 tonnes:
5 Le seuil limite minimum du chiffre d'affaires à réaliser en un mois doit être de ..., ce seuil étant calculé sur une moyenne de transports quotidiens de ..., sur des petites distances il est de ...
6 Le rapport entre kilomètres accomplis à vide et avec chargement doit être de ...
7 Il existe des tarifs spéciaux appliqués aux véhicules spéciaux, tous les suppléments sont déjà inclus dans ces tarifs.
8 Nous pouvons encaisser les montants des livraisons contre remboursement lors de la délivrance de la marchandise. Nous vous virerons immédiatement ces sommes à part de nos engagements en compte courant.
9 Nous prélevons ... % de la valeur pour l'encaissement des livraisons contre remboursement.

Kosten für Verpackungsmittel

1 Unsere firmeneigenen Verpackungsmittel können wir Ihnen jederzeit stellen.
2 Die Gebühren richten sich nach unserer internen Preisaufstellung; eine kostenfreie Überlassung ist leider nicht möglich.
3 Bei Verwendung unserer speditionseigenen Verpackungsmittel müssen entsprechende Mindestfrachten berechnet werden, die sich nach Größenordnung staffeln.
4 Für die Rückführung unserer Verpackungseinheiten fallen (keine) folgende Gebühren an: ...
5 Einwegbehälter in den Formaten ... können Ihnen gegen Kostenerstattung zur Verfügung gestellt werden.
6 Die Preise entnehmen Sie bitte der beigefügten Aufstellung.

Transportkombinationen

1 Beim „Kombinierten Verkehr" handelt es sich um eine Beförderungsart, bei der der Lkw-Unternehmer gemeinsam mit der Bahn Leistungen erbringt.
2 Wir unterhalten „Kombinierte Verkehre" nach folgenden Orten: ...
3 Neben seiner allgemeinen volkswirtschaftlichen Bedeutung bringt der „Kombinierte Verkehr" für den einzelnen Transportunternehmer erhebliche Kosteneinsparungen, vor allem im Personalbereich, mit sich.
4 Eine Zusammenarbeit ist (leider nicht) möglich.
5 Folgende Güter können wegen der einschlägigen Bedingungen nicht im „Kombinierten Verkehr" befördert werden: ...
6 Die Einbringung einer bestimmten Anzahl von Sattelaufliegern (Wechselpritschen/Containern) in einen Pool ist gegenwärtig nicht erforderlich.
7 Die im „Kombinierten Verkehr" eingesetzten Fahrzeuge unterliegen bestimmten Höchstmaßen und einer begrenzten Gesamtlast.
8 Die Beförderung von Paletten (Behältern) liegt frachtmäßig (nicht) günstiger.

Frais d'emballage

1 Nous pouvons mettre nos emballages à votre disposition.
2 Nos tarifs sont basés sur nos listes de prix internes. Les emballages ne sont malheureusement pas gratuits.
3 Les prix de nos emballages sont échelonnés en fonction des divers seuils minimum de frais de transport prévus.
4 Le retour de nos emballages est facturé comme suit: ... (n'est pas facturé.)
5 Nous pouvons mettre à votre disposition des emballages perdus aux dimensions suivantes: ... que nous vous facturerons.
6 Veuillez consulter notre liste de prix ci-jointe.

Transports combinés

1 Le transport combiné résulte d'une collaboration entre un transporteur routier et un service de transport ferroviaire.
2 Nous pratiquons les transports combinés sur les destinations suivantes: ...
3 La modalité de transport dit combiné joue un rôle important sur le plan économique et permet aux transporteurs qui se regroupent de réduire considérablement leurs frais, notamment les frais de main-d'œuvre.
4 Il est possible (il n'est pas possible) de se regrouper pour effectuer le transport.
5 A cause de certaines réglementations, les marchandises suivantes ne peuvent pas être transportées par transport combiné: ...
6 Il n'est pas nécessaire actuellement de mettre en service un certain nombre de semi-remorques (de plateaux interchangeables/de conteneurs) au sein du réseau de transporteurs travaillant en transport combiné.
7 Les véhicules mis en service pour les transports combinés ne doivent pas dépasser certaines dimensions et ont une charge utile limitée.
8 Les tarifs de transport par palettes (conteneurs) sont (ne sont pas) plus avantageux.

9 Refaktien werden bei einer bestimmten Mindestaufgabe gewährt. Die Bedingungen entnehmen Sie bitte beiliegendem Merkblatt.
10 Im „Kombinierten Verkehr" können auch Silofahrzeuge eingesetzt werden, sofern sie die zulässigen Höchstmaße und -gewichte nicht überschreiten.
11 Bei der Rückführung von leeren Sattelaufliegern usw. fallen selbstverständlich Kosten an, die sich nach der jeweiligen Frachtentabelle richten.
12 Die Fracht wird zurzeit pro Ladeeinheit berechnet.

Fracht- und Begleitpapiere

1 Die Frachtbriefe sind in der Regel vom Auslieferer der Ware auszustellen.
2 Es müssen grundsätzlich die genormten Frachtbriefe ausgefertigt werden.
3 Für Stückgutsendungen und komplette Wagenladungen werden einheitliche Frachtbriefe verwendet.
4 Korrekturen im Frachtdokument sind erlaubt; sie müssen jedoch gegengezeichnet werden.
5 Kurzmitteilungen, die in unmittelbarem Zusammenhang mit der zu befördernden Ware stehen, sind erlaubt.
6 Es empfiehlt sich, im Frachtbrief die Brutto-, Tara- und Nettogewichte anzugeben.
7 In der Regel wird das frachtpflichtige Gewicht von der Bahn gestellt.

Diverses

1 Die Zustellung Ihrer Sendungen erfolgt durch die Firma . . .
2 Der Bestimmungsbahnhof . . . hat einen (keinen) bahnamtlichen Rollführer.
3 Sofern der Empfänger am Bestimmungsbahnhof eine Vollmacht zugunsten eines bestimmten Spediteurs abgegeben hat, erfolgt durch diesen die Zustellung seiner Sendungen.
4 Bestimmte zollamtliche Behandlungen nimmt der ortsansässige Spediteur vor.

9 L'accord de remises est effectué en fonction d'un seuil limite minimum de chargement. Vous trouverez tous les détails dans la brochure ci-jointe.
10 Les camions-silos peuvent être mis en service pour des transports combinés s'ils ne dépassent pas les maximums de dimensions et de poids autorisés.
11 Le retour des semi-remorques est facturé – comme tous les retours de véhicules à vide – sur la base des tarifs utilisés pour les frais de transport des chargements correspondants.
12 Les frais de transport sont actuellement calculés par unité de chargement.

Documents de transport

1 C'est à l'expéditeur d'établir en règle générale les lettres de voiture.
2 Les lettres de voiture établies sont par principe des documents standard.
3 On utilise le même type de lettre de voiture pour les expéditions au détail et pour les expéditions wagons.
4 Le document de transport peut comporter des corrections qui doivent cependant être contresignées.
5 De brèves communications peuvent figurer dans le document de transport s'il s'agit de communications concernant la marchandise transportée.
6 Il est recommandé de mentionner le poids brut, la tare et le poids net dans la lettre de voiture.
7 La compagnie ferroviaire procède en général au pesage du chargement qui sera facturé.

Divers

1 C'est l'entreprise . . . qui effectuera la livraison des marchandises expédiées.
2 Il y a un service de camionnage (il n'y a pas de service de camionnage) dépendant d'une compagnie ferroviaire à la gare de destination de . . .
3 Si le destinataire a donné un mandat à un transporteur précis à la gare de destination, c'est ce dernier qui effectuera la délivrance de la marchandise expédiée.
4 C'est le transporteur local qui s'occupe de certaines opérations de dédouanement.

5 Für Rollfuhrleistungen gibt es feste Tarife, zweiseitige Preisabsprachen sind jedoch möglich.
6 Ob die Zustellungskosten vom Empfänger zu tragen sind, richtet sich nach dem Frankaturvermerk.
7 Auf Ihre Anfrage teilen wir Ihnen mit, dass eine Expressgutsendung nach ... eine Laufzeit von ca. ... Stunden hat.
8 Eine Expressgutsendung kann mit einer Warenwert-Nachnahme bis zur Höhe von ... belegt werden.
9 Speditionsleistungen können per Nachnahme bis zur Höhe von ... eingezogen werden.
10 Wenn auf dem Frachtbrief ein entsprechender Hinweis auf die Avisierung der Sendung vorhanden ist, erfolgt seitens der Bahn die Benachrichtigung des Empfängers.
11 Der Empfänger kann die Ware am Bestimmungsbahnhof selbst abholen.
12 Ein Zustellungszwang besteht (nicht).
13 Behälter können nur bis zu einem Höchstgewicht von ... per Expressgut versandt werden.
14 Wir sind in der Lage, Ihnen Spezialwaggons vom Typ ... bei rechtzeitiger Anmeldung in ausreichender Zahl bereitzustellen.
15 Unser Wagenpark umfasst auch Spezialwaggons für Schüttgut.
16 Tiefladewaggons stehen uns nur beschränkt zur Verfügung; es muss daher eine rechtzeitige Anmeldung des Transports erfolgen.
17 Der Bestimmungsbahnhof ... hat eine ... t tragende Krananlage.
18 Eine Zustellung per Straßenroller ist (leider nicht) möglich.
19 Wunschgemäß erhalten Sie ein Verzeichnis der sich im Einsatz befindlichen Waggons, dem Sie auch die betriebstechnischen Daten entnehmen können.
20 Waggons mit Selbstladeeinrichtung können nach vorherigem Avis bereitgestellt werden.
21 Die Nachbeeisung von Kühlwagen wird ab einer bestimmten Entfernung vorgenommen.
22 Kühlwagen werden in der Regel nach Sonderfahrplan abgefertigt.

5 Les entreprises de camionnage ont des tarifs fixes, il est cependant toujours possible de débattre des prix.
6 Le destinataire doit ou non payer les frais d'expédition en fonction de la mention d'affranchissement.
7 En réponse à votre demande nous vous signalons qu'un envoi par express à destination de ... dure env. ... heures.
8 La valeur d'une livraison contre remboursement pour un envoi par express peut aller jusqu'à ...
9 Les débours du transporteur peuvent être réglés contre remboursement jusqu'à un seuil de ...
10 La compagnie ferroviaire informe le destinataire de l'arrivée de la marchandise expédiée si la lettre de voiture comprend une mention correspondante.
11 Le destinataire peut passer prendre lui-même la marchandise arrivée à la gare de destination.
12 Il y a une obligation (il n'y a pas d'obligation) de délivrance de la marchandise.
13 Les conteneurs ne dépassant pas un poids maximum de ... peuvent être expédiés par express.
14 Si nous sommes prévenus à temps, nous pouvons vous réserver suffisamment de wagons spéciaux de type ...
15 Notre parc de wagons comprend aussi des wagons spéciaux pour transports en vrac.
16 Il y a un nombre restreint de wagons à plateforme surbaissée, il faut donc réserver à temps pour le transport à effectuer.
17 La gare de destination de ... dispose de grues d'une capacité de charge de ... t.
18 Une expédition par camionnage est (n'est pas) possible.
19 Suite à votre demande, vous trouverez ci-joint une liste des wagons en services avec leurs caractéristiques techniques détaillées.
20 Si vous nous prévenez à l'avance, nous pouvons mettre à votre disposition des wagons avec dispositif de déchargement automatique.
21 On renouvelle l'abaissement de la température des wagons frigorifiques lorsqu'ils ont parcouru une certaine distance.
22 La mise en service des wagons frigorifiques est effectuée en fonction d'un calendrier spécial des arrivées et des départs.

Spezielle Auftragserteilung

1 Wir beziehen uns auf Ihre Offerte vom . . . und übertragen Ihnen die Durchführung des Transports per Sonderfahrt am . . . von . . . nach . . .
2 Bitte stellen Sie uns am . . . einen Sattelauflieger von . . . m Ladelänge.
3 Für den . . . benötigen wir ein Fahrzeug, das Palettenbreite hat.
4 Da Sie nach . . . eigene Fahrzeuge einsetzen, erteilen wir Ihnen hiermit den Auftrag, folgende Sendung zu übernehmen: . . .
5 Wir erteilen Ihnen die Order, für die Zeit vom . . . bis zum . . . sämtliche Nahverkehrstransporte ab Werk . . . nach . . . durchzuführen.
6 Mit Ihren Geschäftsbedingungen erklären wir uns einverstanden.
7 Hiermit erteilen wir Ihnen den Auftrag, am . . . unsere Sendung . . . bei der Firma . . . zu übernehmen und mit einem Fahrzeug mit Zollverschluss nach . . . zu verfrachten.
8 Wir wollen uns erstmals Ihrer Dienste im Siloverkehr bedienen und bitten Sie, am . . . gemäß Versandauftrag Nr. . . . folgende Partie zu übernehmen: . . .
9 Zu übernehmen sind mit Isotherm-Fahrzeug am . . . bei Firma . . . insgesamt . . . t . . .
10 Als Probeauftrag sind am Tanklager . . . . . . t gemäß beigefügter Abholbescheinigung zu übernehmen.
11 Am . . . sind bei der Firma . . . . . . abholbereit, die Sie bitte zum genannten Termin übernehmen wollen.
12 Wir haben heute einen Container an Sie abgesandt, der sofort nach Eingang zur Beladung der Firma . . . zugestellt werden muss.
13 Bei der Firma . . . sind am . . . ca. . . . t . . . abholbereit, die Sie bitte gleich übernehmen wollen.
14 Ihrem Angebot zufolge bitten wir Sie, die Sendung . . . am . . . bei uns abzuholen und nach . . . zu verfrachten.

Passation d'ordres spéciaux

1 Nous nous référons à votre offre du . . . et vous confions le transport exceptionnel au départ de . . . à destination de . . . le . . .
2 Veuillez mettre à notre disposition le . . . une semi-remorque de . . . de longueur de chargement.
3 Nous avons besoin d'un véhicule à plateau de chargement pour le . . .
4 Puisque vos propres véhicules sont mis en service à destination de . . ., nous vous chargeons d'effectuer l'envoi suivant: . . .
5 Nous vous chargeons d'effectuer tous les transports sur petites distances au départ de l'usine de . . . à destination de . . . pour la période allant de . . . à . . .
6 Nous acceptons les conditions de transport que vous nous avez soumises.
7 Nous vous chargeons par la présente de prendre en charge le . . . notre envoi de . . . dans les locaux de l'entreprise . . . et d'effectuer le transport à destination de . . . avec un véhicule muni d'un plombage de douane.
8 Nous voulons tout d'abord vous charger d'un transport par camion-silo et vous confions l'ordre d'expédition N° . . . pour le . . . concernant les chargements suivants: . . .
9 Vous devez prendre en charge un total de . . . t le . . . dans les locaux de l'entreprise . . . à bord d'un véhicule frigorifique.
10 Veuillez passer prendre . . . t à l'entrepôt de citernes de . . . selon le bon d'enlèvement ci-joint. Cet ordre est passé à titre d'essai.
11 Veuillez procéder à l'enlèvement de . . . à la date fixée, à savoir le . . ., dans les locaux de l'entreprise . . .
12 Nous vous avons expédié aujourd'hui un conteneur qui doit être envoyé dès son arrivée à l'entreprise . . . pour un chargement.
13 Nous vous chargeons de procéder à l'enlèvement d'env. . . . t de . . . le . . . dans les locaux de l'entreprise . . .
14 Conformément à votre offre, nous vous demandons de passer prendre . . . le . . . dans nos locaux et d'effectuer le transport à destination de . . .

15 Alle normalen Stückgutsendungen sind automatisch durch den Rollfuhrunternehmer ... zuzustellen, Sendungen mit Warenwert-Nachnahme sind uns grundsätzlich zuvor zu avisieren.
16 Geben Sie bitte Ihrer Empfangsstelle die Anweisung, dass eingehende Waggonladungen uns umgehend telefonisch avisiert werden, da wir die Entladung selbst vornehmen.
17 Ab sofort sind die für uns eingehenden Waggons am Anschlussgleis der Firma ... bereitzustellen.

15 Toutes les expéditions de détail doivent être effectuées automatiquement par l'entreprise de camionnage ... Veuillez nous prévenir toujours à l'avance de la date prévue d'arrivée des livraisons contre remboursement.
16 Etant donné que nous procédons nous-mêmes au déchargement, nous désirons être immédiatement prévenus par téléphone de l'arrivée des expéditions wagons par votre service responsable.
17 Le point de destination convenu des expéditions wagons qui nous sont destinés est à partir d'aujourd'hui la voie de raccordement de l'entreprise ...

Versandanzeige

1 Wir danken für den uns erteilten Auftrag und bestätigen Ihnen, dass Ihre Sendung vom ... ordnungsgemäß verfrachtet wurde.
2 Wir werden bemüht sein, auch künftige Transportaufträge stets zu Ihrer vollen Zufriedenheit abzuwickeln.
3 Die uns mit Ihrer Versandanweisung übergebenen Sendungen sind heute an die vorgeschriebenen Empfänger abgesandt worden.
4 Sämtliche Sendungen, die Sie uns am ... übergeben haben, sind noch am selben Tag bearbeitet worden.
5 Gemäß Ihren Frachtbriefen wurden die Waren unverzüglich expediert.
6 Laut Ihrer Verladeanweisung vom ... haben wir die Sendung ... am ... mit Eilvermerk nach ... versandt.

Avis d'expédition

1 Nous vous remercions de l'ordre que vous nous avez passé et vous confirmons que le transport a été effectué selon vos instructions le ...
2 Nous ferons tout notre possible pour exécuter vos ordres de transport à venir de manière à vous donner entière satisfaction.
3 Nous avons suivi vos instructions d'expédition et avons envoyé aujourd'hui la marchandise à ses destinataires.
4 Toutes les expéditions que vous nous avez confiées le ... ont été effectuées le jour même.
5 Nous avons procédé à l'expédition immédiate des marchandises selon vos lettres de voiture.
6 Nous avons envoyé ... le ... en régime accéléré à destination de ... conformément à votre avis de chargement.

Transportversicherung

Konditionen

1 Der Käufer (Verkäufer) trägt das Risiko des Transports.
2 Während des Transports ist die Ware gegen Verlust und/oder Beschädigung versichert.
3 Das Risiko des Verlusts oder der Beschädigung der Ware wird von uns getragen (ist von Ihnen zu tragen).
4 Die Ware ist auf dem Transport versichert.

Assurance transport

Conditions

1 L'acheteur (le vendeur) prend en charge les risques du transport.
2 La marchandise est assurée contre les risques de perte et/ou de dommages au cours du transport.
3 Les risques de perte ou de dommages de la marchandise sont à notre (votre) charge.
4 La marchandise est assurée pendant son transport.

5 Die Ware wird von uns auf unsere (Ihre) Kosten gegen Transportschäden versichert.
6 Wir (Sie) tragen die Kosten der Transportversicherung.
7 Die Ware ist bis zum Eintreffen am Erfüllungsort gegen Beschädigung oder Verlust versichert.
8 Die Kosten der Transportversicherung tragen Käufer und Verkäufer je zur Hälfte.
9 Auf Ihren Wunsch schließen wir eine Transportversicherung ab, deren Kosten wir Ihnen in Rechnung stellen.
10 Wenn Sie es wünschen, versichern wir die Ware zu Ihren Lasten.
11 Es kann eine Transportversicherung abgeschlossen werden, mit deren Kosten wir Sie belasten.
12 Die Kosten der Transportversicherung sind im Kaufpreis (nicht) enthalten.
13 Die Kosten der Transportversicherung werden (nicht) gesondert berechnet.

5 La marchandise est assurée à nos (vos) frais contre les risques de dommages au cours du transport.
6 Les frais de l'assurance contre les risques de transport sont à notre (votre) charge.
7 Les risques de dommages ou de perte de la marchandise sont pris en charge jusqu'à son arrivée au point de remise convenu.
8 L'acheteur et le vendeur prennent respectivement en charge la moitié du coût de l'assurance contre les risques de transport.
9 Nous souscrivons une assurance contre les risques de transport comme vous le souhaitez et vous en facturons le coût.
10 Si vous le désirez, l'assurance contre les risques de transport de la marchandise sera à votre charge.
11 La souscription d'une assurance contre les risques de transport que nous vous facturerions est envisageable.
12 Les frais de l'assurance contre les risques de transport sont (ne sont pas) compris dans le prix de vente.
13 Les frais de l'assurance contre les risques de transport seront (ne seront pas) facturés à part.

Anfragen

1 Für den Abschluss einer Transportversicherung benötigen wir Angaben über die Seetüchtigkeit und Güte des Schiffes (Schiffsklassifikation), das Sie zur Verladung unserer Güter vorgesehen haben.
2 Liegt die am ... eingetroffene Ware unbeschädigt im Warenzollverschlusslager? Sollten irgendwelche Beschädigungen/Diebstähle festgestellt worden sein, würden wir zur Vorlage bei unseren Transportversicherern unbedingt das Schadensattest eines vereidigten Sachverständigen benötigen.
3 Haben Sie die Bordbescheinigung (board receipt) bereits an uns abgesandt? Das Dokument wird von unseren Transportversicherern verlangt.
4 Liegt eine separate Gewichtsbescheinigung für die mit MS „..." eingetroffene Sendung vor? Eine solche Bescheinigung wird soeben von der Transportversicherung bei uns angefordert.

Demandes

1 Pour la souscription d'une assurance transport nous avons besoin de données sur l'état de navigabilité et l'appartenance à une catégorie répertoriée du navire à bord duquel nos marchandises seront embarquées.
2 Les marchandises arrivées le ... sont-elles entreposées en parfait état sous douane? En cas de constatation de dommages ou de vols - quels qu'ils soient -, nous aurions besoin d'une attestation des avaries survenues, document à faire établir par un expert agréé. Nous devrions la transmettre à notre assurance transport.
3 Nous avez-vous déjà envoyé le reçu de bord? Notre assureur ayant établi la police d'assurance contre les risques de transport nous réclame ce document.
4 Avez-vous un certificat séparé de poids pour la marchandise arrivée à bord du ...? Notre assurance transport nous a également réclamé ce document.

5 Teilen Sie uns bitte mit, ob unser Erzeugnis (durchschnittlicher Wert per kg ...) frachttechnisch unter den Begriff „ad valorem" fällt.
6 Sind bei Abschluss einer Versicherung gemäß der Institute Cargo Clauses, Deckung B, die folgenden Risiken abgedeckt:
Abhandenkommen
Aufruhr
Beraubung
Beschädigung
Beschmutzung
Bruch
Diebstahl
Erdbeben
Hakenriss
Krieg
Nässe
Oxydation
Plünderung
Raub
Rost
Sabotage
Schäden durch Beiladung
Seewasserschäden
Streik
Verbiegung?
7 Welche Risiken beinhaltet eine Clause C-Deckung?
8 Können (Müssen) wir bei Aufgabe der Versicherungssumme einen imaginären Gewinn einkalkulieren? Sofern ja, bis zu welcher Höhe?

Angebote

1 Wir danken Ihnen für Ihre Anfrage und übermitteln Ihnen heute die gewünschten Prämientarife.
2 Als Anlage überreichen wir Ihnen wunschgemäß die neuesten Prämientarife, aufgegliedert nach Land-/See-/ und Lufttransporten.
3 Da aus unserer Broschüre sämtliche Transportversicherungsarten ersichtlich sind, erübrigt es sich, auf Ihre spezielle Frage einzugehen.
4 Sie finden die entsprechende Prämie auf Seite ... Beachten Sie bitte, dass zur angeführten Prämie noch ... % Versicherungssteuern hinzukommen.

5 Veuillez nous faire savoir si notre marchandise (d'une valeur moyenne de ... par kilo) entre dans la catégorie de fret dite ad valorem?
6 Nous aimerions savoir si, avec une assurance selon les clauses de l'Institute Cargo de type couverture B, les risques suivants sont couverts:
perte
émeute
vol à main armée
avarie
détérioration causée par salissure
casse
vol
tremblement de terre
rupture du crochet de grue
guerre
détérioration causée par humidité
oxydation
pillage
rouille
sabotage
détérioration causée par d'autres marchandises faisant partie du même envoi
avarie par eau de mer
grève
déformation?
7 Quels sont les risques couverts par la clause C?
8 Pour établir le montant de l'assurance pouvons-nous (devons-nous) tenir compte d'un profit escompté? Si c'est le cas, existe-t-il un seuil maximum?

Offres

1 Nous vous remercions de votre demande et vous envoyons aujourd'hui les tarifs d'assurance souhaités.
2 Vous trouverez ci-joint les tarifs souhaités qui sont classés par assurance contre les risques de transport routier/maritime/aérien.
3 Vous trouverez ci-joint notre brochure avec toutes les assurances contre les risques de transport, nous espérons avoir ainsi répondu à votre demande spécifique.
4 Vous trouverez des détails sur la prime d'assurance qui vous intéresse page ... Nous vous signalons qu'il faut ajouter à cette prime ... % d'impôt sur le montant assuré.

5 Zum Zweck des Abschlusses einer Generalpolice erlauben wir uns, Ihnen ein Antragsformular zukommen zu lassen. Bitte geben Sie uns dieses Formular, in allen Teilen ausgefüllt, bald zurück. Wir werden Ihnen dann umgehend unser Angebot unterbreiten.

Auftragserteilung

1 Aufgrund der uns vorliegenden Prämientarife erteilen wir Ihnen hiermit den Auftrag, unsere Sendung ... nach ... gegen allgemeine Risiken zu versichern.
2 Wir bitten Sie, folgende Sendung mit f.p.a.-Deckung (w.p.a.-Deckung) gemäß den Institute Cargo Clauses, Deckung C (Deckung B) zu versichern: ...
3 Wir erteilen Ihnen den Auftrag, uns eine Versicherungspolice für unsere Exportsendungen zukommen zu lassen.
4 Die uns mitgeteilten/genannten Prämiensätze entsprechen nicht unseren Erwartungen. Der Abschluss einer Generalpolice steht deshalb nicht zur Diskussion.
5 Das Konkurrenzangebot liegt wesentlich günstiger. Wir werden unsere Versicherungsabschlüsse dort tätigen.

Auftragsbestätigung

1 Wir danken Ihnen für Ihren Auftrag und erlauben uns, Ihnen als Anlage die Versicherungspolice zu überreichen.
2 Für künftige Abschlüsse stehen wir Ihnen jederzeit zur Verfügung.
3 Für Ihre Sendung nach ... erhalten Sie wunschgemäß ein Versicherungszertifikat.
4 Durch den Abschluss einer Generalpolice bei unserer Gesellschaft sind Ihre Sendungen nunmehr gegen alle Risiken abgesichert. Die bei Ihnen ein- oder ausgegangenen Sendungen wollen Sie uns bitte monatlich nachträglich melden.

5 Pour la souscription d'une police générale d'assurance nous nous permettons de vous envoyer le formulaire correspondant que nous vous demandons de nous retourner dûment rempli. Nous vous soumettrons alors rapidement notre offre.

Demande de souscription

1 Nous souscrivons à l'assurance contre les risques communs de transport pour notre expédition de ... à destination de ... Cette souscription doit correspondre à l'offre de tarifs que vous nous avez communiquée.
2 Nous vous prions d'assurer avec une couverture pour avaries communes (pour avaries particulières) les marchandises expédiées suivantes : ..., le contrat est à établir sur la base des clauses de l'Institute Cargo Clauses, couverture C (couverture B).
3 Nous vous demandons de nous envoyer une police d'assurance pour nos expéditions en exportation.
4 Les tarifs d'assurance que vous nous avez soumis ne nous conviennent pas. Nous ne désirons pas souscrire à une police d'assurance générale.
5 Vos concurrents proposent des offres nettement plus avantageuses. Nous nous adresserons donc à eux pour une souscription d'assurance.

Confirmation de la souscription

1 Nous vous remercions de votre confiance et vous envoyons en annexe la police d'assurance.
2 Nous sommes à votre entière disposition pour de futures souscriptions.
3 Vous recevrez un certificat d'assurance pour votre envoi à destination de ... comme vous le souhaitez .
4 Vos expéditions sont couvertes contre tous les risques puisque vous avez souscrit à une police générale d'assurance auprès de notre compagnie. Veuillez nous envoyer tous les mois une liste des envois que vous aurez effectués ou reçus au cours de cette période.

Umfang des Versicherungsschutzes

1. Bitte versichern Sie unsere Sendung bis zur Grenze (einschließlich Verzollung/bis zum Bestimmungsort).
2. Gemäß Ihrer Anforderung haben wir die für Sie bestimmte Sendung bis zur Grenze (einschließlich Verzollung/bis zum Bestimmungsort) versichert.
3. Ist die Sendung nach Ankunft bis zur Anlieferung bei uns versichert?
4. Die Sendung ist bis zum Bestimmungsort (bis Entladung vom Sammeltransport/bis zur Anlieferung bei Ihnen) versichert.

Schadensfall

1. Betreff: Ihren (Unseren) Schadensfall vom ...
2. Bitte senden Sie uns die notwendigen Versicherungsformulare, damit wir den Schadensfall melden können.
3. Die von Ihnen angeforderten Versicherungsformulare sind an Sie abgegangen.
4. Wir möchten Ihnen den folgenden Schadensfall melden und bitten Sie, einen Ihrer Agenten damit zu beauftragen, den Schaden an Ort und Stelle zu inspizieren.
5. Wir haben von Ihrem Schadensfall Kenntnis genommen und ihn an die Versicherungsgesellschaft weitergeleitet.
6. Die beigefügten Versicherungsformulare wollen Sie bitte ausgefüllt an uns zurücksenden.
7. Wir haben Ihre Anweisungen vom ... erhalten und werden uns mit ... in Verbindung setzen.

Couverture de l'assurance

1. Veuillez assurer notre envoi jusqu'à la frontière (dédouanement/lieu de destination compris).
2. Selon vos instructions, nous avons assuré votre envoi jusqu'à la frontière (dédouanement/lieu de destination compris).
3. Est-ce que la marchandise à l'arrivée est assurée jusqu'à sa livraison chez nous?
4. La marchandise expédiée est assurée jusqu'au lieu de destination (jusqu'au déchargement du transport groupé/jusqu'à sa livraison chez vous).

Sinistre

1. Objet: Votre (Notre) sinistre du ...
2. Veuillez nous faire parvenir les formulaires d'assurance nécessaires pour effectuer une déclaration de sinistre.
3. Nous vous avons envoyé les formulaires d'assurance requis.
4. Nous désirons faire une déclaration de sinistre et vous prions de charger l'un de vos agents de l'inspection sur place du sinistre en question.
5. Nous avons pris connaissance de votre déclaration de sinistre que nous avons transmise à la compagnie d'assurance.
6. Veuillez nous retourner les formulaires ci-joints d'assurance dûment remplis.
7. Nous avons reçu vos instructions du ... et allons contacter ...

Internationale Handelsabkürzungen und Fachausdrücke

A.	acquitté *bezahlt* argent *Geld (z. B. auf Kurszetteln)* avoir *Haben, Guthaben*	B.B.	billet de banque *Banknote* bénéfice brut *Bruttogewinn*
		B.N.	bénéfice net *Nettogewinn*
A.B.S.	aux bons soins de *zu Händen (von)*	B.P.	boîte postale *Postfach* bon à payer *zur Zahlung angewiesen*
A.C.	achat au comptant *Barkauf* acompte *Anzahlung* assurance crédit *Kreditversicherung* avis de crédit *Gutschriftanzeige*	B.P.F.	bon pour francs *Betrag in Ziffern*
		C.A.	chiffre d'affaires *Umsatz*
		C. & A.	coût et assurance *Kosten und Versicherung*
A.D.	avis de débit *Lastschriftanzeige*	C.A.F/caf	coût, assurance, fret *Kosten, Versicherung, Fracht* (engl. c.i.f./cost insurance freight)
A.E.	autorisation d'exportation *Ausfuhrerlaubnis*
A.N.P.E.	Agence nationale pour l'emploi *Arbeitsamt*	C.B.	carte bancaire *(Bank-)Kreditkarte* code bancaire *Bankleitzahl*
A.P.	avis de paiement *Zahlungsanzeige*
A.R.	accusé de réception postal à remettre contre reçu *eingeschriebene Postzustellung mit Rückschein*	C.C.	code civil *Bürgerliches Gesetzbuch* code de commerce *Handelsgesetzbuch* compte courant *Girokonto*
a/s.	aux bon soins de *zu Händen von*	C.C.C.	copie certifiée conforme *beglaubigte Abschrift*
A.T.	achat à terme *Terminkauf*	C.C.P.	comptes chèques postaux *Postgiroamt* compte courant postal *Postgirokonto*
B.	balle, ballot *Ballen* billet *Geldschein, Banknote*

C.E.D.E.X.	courrier d'entreprise à distribution exceptionnelle *Postcode für Großkunden*	E.C.U.	European Currency Unit *ECU*
C. & F.	coût et fret *Kosten und Fracht/CFR*	E.P. (E.à P.)	effet à payer *Schuldwechsel, Tratte*
C.I.	certificat d'importation *Einfuhrbescheinigung*	E.R. (E.à R.)	effet à recevoir *Wechsel, „Rimesse"*
Cie	compagnie *Gesellschaft*	Ets	établissements *Firma/Fa.*
C.I.P.	fret/port payé, assurance comprise jusqu'au… *frachtfrei, versichert bis…*	E.U.R.L.	entreprise unipersonnelle à responsabilité limitée *Ein-Mann-GmbH*
C.O.	certificat d'origine *Ursprungszeugnis*	E.V.	en ville *postalisch: hier*
C.P.	chèques postaux *Postschecks* code postal *Postleitzahl*	ExW	départ usine, à l'usine *ab Werk*
		F	Franc *Franc, Franken*
C.R.	contre remboursement *gegen Nachnahme*	F.A.B./fab	franco à bord *frei an Bord*
C.R.P.	coupon-réponse postal *Postantwortschein*	F.A.S.	franco le long du navire *frei Längsseite Schiff*
C.T.	à court terme *kurzfristig*	FB	franc belge *belgischer Franc/bfr*
C.V.	chèque à vue *Scheck auf Sicht* curriculum vitae *Lebenslauf*	F.C.A.	franco transporteur *frei Frachtführer*
		F CFA	Franc CFA (communauté financière africaine) *(Währung der „afrikan. Finanzgemeinschaft")*
D/A	documents contre acceptation *Dokumente gegen Akzept*		
D.A.B.	distributeur automatique de billets *Geldautomat*	Fco	franco *frei*
		FF	franc français *Französischer Franc/FF*
DEM/DM	*Deutsche Mark*	FL	franc luxembourgeois *Luxemburgischer Franc/lfr*
D.F.	droit fixe *feste Abgabe/Gebühr*	FS	franc suisse *Schweizer Franken/sfr*
D.G.	directeur général *Generaldirektor*	GAB	guichet automatique bancaire *Bankautomat*
D.P.	délai de paiement *Zahlungsfrist*		
D/P	documents contre paiement *Dokumente gegen Bezahlung*	G.O.	garantie d'origine *Ursprungsgarantie*
		G.V.	grande vitesse *Eilgut*
E.C.R.	envoi contre remboursement *Postnachnahme*		

H.C.	hors commerce nicht im Handel	P.E.D.	pays en voie de développement Entwicklungsland
H.T.	hors taxe(s) ohne Steuern und Abgaben	P.E.L.	plan épargne-logement Bausparvertrag
H.T.V.A.	hors T.V.A. ohne Mehrwertsteuer	P.Ex.	par exemple zum Beispiel par exprès durch Eilboten
J.O.	journal officiel Gesetzblatt, Amtsblatt	P.I.B.	produit intérieur brut Bruttoinlandsprodukt
K.F.	kilofrancs = milliers de francs (bei größeren Beträgen, z.B. 250 000 F schreibt man häufig 250 KF oder 250 K. F.)	P.M.E.	petite(s) et moyenne(s) entreprise(s) Klein- und Mittelbetrieb(e)
L.C.	lettre de change Wechsel	P.M.I.	petites et moyennes industries industrielle Klein- und Mittelbetriebe
L.C.R.	lettre de change-relevé Wechselfälligkeitsliste		
L.T.A.	lettre de transport aérien Luftfrachtbrief	P.N.B.	produit national brut Bruttosozialprodukt
L.V.I.	lettre de voiture internationale internationaler Bahnfrachtbrief	p.o.	par ordre im Auftrag
		p.p.	par procuration im Auftrag, per procura port payé Porto bezahlt
M.D.	marque déposée eingetragene Schutzmarke		
N.B.	notez bien NB, nota bene	P. et P.	profits et pertes Gewinn- und Verlustrechnung
n/c	notre compte unser Konto	P.S.	post-scriptum Nachtrag
N.F.	norme française französische Norm	P.T.M.A.	poids total maximum autorisé zulässiges Höchstgewicht
O.E.B.	Office européen des brevets Europäisches Patentamt		
O.P.A.	offre publique d'achat Übernahmeangebot (Börse)	P.U.	poids utile Nutzlast prix unitaire Einheits-/Stückpreis
P.C.	pour cent Prozent prix courant handelsüblicher Preis	P.V.	payable à vue zahlbar auf Sicht (en) petite vitesse (als) Frachtgut
p/c	pour compte für	Q.	quintal Doppelzentner
P.C.C.	pour copie conforme für Übereinstimmung mit dem Original	R.A.	(en) régime accéléré (als) Eilgut
P.D.G.	Président-Directeur général Generaldirektor		

R.C.	Registre du commerce *Handelsregister*		S.M.I.C.	salaire minimum interprofessionnel de croissance *dynamisierter gesetzlicher Mindestlohn*
R.O.	(en) régime ordinaire *(als) Frachtgut*			
R.S.V.P.	Répondez, s'il vous plaît *um Antwort wird gebeten*		S.N.C.	société en nom collectif *offene Handesgesellschaft/ OHG*
S.A.	société anonyme/par actions *Aktiengesellschaft/AG*		S.N.C.F.	Société nationale des chemins de fer français *Französische Eisenbahngesellschaft*
S.A.R.L.	société à responsabilité limitée *Gesellschaft mit beschränkter Haftung/GmbH*		$S^{té}$	société *Gesellschaft, Firma*
S.A.V.	service après-vente *Kundendienst*		S.V.P.	s'il vous plaît *bitte*
S.B.F.	sauf bonne fin *Eingang vorbehalten*		T.	taux *Zins(satz)* tonne *Tonne*
S.C.	société civile *bürgerlich-rechtliche Gesellschaft*		T.I.R.	transport international routier *internationaler Straßengüterverkehr*
S.E.	sauf erreur *Irrtum vorbehalten*		T.J.B.	tonneaux de jauge brute *Bruttoregistertonnen*
SERNAM	Service national des messageries *Stückguttransportdienst der französ. Eisenbahn* (bis zu 5 t)		T.T.C.	toutes taxes comprises *einschl. aller Gebühren und Abgaben*
			T.V.A.	taxe sur la valeur ajoutée *Mehrwertsteuer*
S.I.C.A.V.	société d'investissement à capital variable *offener Investmentfonds*		U.C.	unité de compte *Rechnungseinheit*
S.I.R.E.N.E.	système informatique du répertoire des entreprises et des établissements *zentraler EDV-Katalog der französischen Unternehmen*		U.E.	Union européenne *Europäische Union, EU*
			V.	valeur *Wert, Wertstellung*
S.I.R.E.T.	système informatique du répertoire des établissements *zentraler EDV-Katalog der französischen Unternehmen*		V/…	votre… *Ihr…*
			X.P.	exprès *Eilboten, Eilzustellung*
S.M.E.	système monétaire européen *europäisches Währungssystem*		Z.I.	zone industrielle *Industriegebiet*

Länderverzeichnis und Landeswährungen

(das großgeschriebene Adjektiv ergibt den Namen der Einwohner)

In den meisten Ländern der EU gilt der Euro ab dem 01.01.2002 als offizielles Zahlungsmittel.

Land Pays		Währungseinheit Unité monétaire	Adjektiv Adjectif
Afghanistan	l'Afghanistan *m*	afghani *m* = 100 pool	afghan, e
Ägypten	l'Égypte *f*	livre égyptienne = 100 piastres	égyptien, ne
Albanien	l'Albanie *f*	lek *m* = 100 qintar	albanais, e
Algerien	l'Algérie *f*	dinar algérien = 100 centimes	algérien, ne
Andorra	Andorre *f*	franc français et peseta *f*	andorran, e
Angola	l'Angola *m*	kwanza = 100 lwei	angolais, e
Argentinien	l'Argentine *f*	peso *m* = 100 centavos	argentin, e
Äthiopien	l'Éthiope *f*	birr *m* = 100 cents	éthiopien, ne
Australien	l'Australie *f*	dollar australien = 100 cents	australien, ne
Bangladesch	le Bangladesh	taka *m* = 100 paisa	bangladeshi
Belgien	la Belgique	franc belge (BEF) = 100 centimes	belge
Benin	le Bénin	franc CFA = 100 centimes	béninois, e
Bolivien	la Bolivie	boliviano *m* = 100 centavos	bolivien, ne
Bosnien- Herzegowina	la Bosnie- Herzégovine	dinar *m* = 100 paras	bosniaque
Brasilien	le Brésil	real *m* = 100 centavos	brésilien, ne
Bulgarien	la Bulgarie	lev *m* = 100 stotinki	bulgare
Burkina Faso	le Burkina Faso	franc CFA = 100 centimes	burkinabé/burkinais, e
Chile	le Chili	peso chilien = 100 centavos	chilien, ne

Land Pays		Währungseinheit Unité monétaire	Adjektiv Adjectif
China (Volksrepublik)	la Chine	yuan *m* = 10 jiao	chinois, e
Costa Rica	le Costa-Rica	colón *m* = 100 céntimos	costaricain, e
Dänemark	le Danemark	couronne danoise (DKK) = 100 øre	danois, e
Deutschland	l'Allemagne *f*	mark (DEM) = 100 pfennige	allemand, e
Dominikanische Republik	la République dominicaine	peso dominicain = 100 centavos	dominicain, e
Ecuador	l'Équateur *m*	sucre *m* = 100 centavos	équatorien, ne
Elfenbeinküste	la Côte d'Ivoire	franc CFA = 100 centimes	ivoirien, ne
El Salvador	le Salvador	colón *m* = 100 centavos	salvadorien, ne
Estland	l'Estonie	kroon *m* = 100 senti	estonien, ne
Europäische Union	Union Européenne	Euro = 100 cent	européen, ne
Finnland	la Finlande	markka *m* (FIM) = 100 penniä	finlandais, e/finnois, e
Frankreich	la France	franc français (FF) = 100 centimes	français, e
Gabun	le Gabon	franc CFA = 100 centimes	gabonais, e
Georgien	la Géorgie	lari *m* = 100 tetri	géorgien, ne
Griechenland	la Grèce	drachme *m* (GRD) = 100 lepta	grec, grecque/ hellénique
Großbritannien	le Royaume-Uni	livre *f* sterling (GBP) = 100 pence	britannique/anglais, e
Guatemala	le Guatemala	quetzal *m* = 100 centavos	guatémaltèque
Guinea	la Guinée	franc guinéen = 100 couris	guinéen, ne
Haiti	Haïti *m*	gourde *f* = 100 centimes	haïtien, ne
Honduras	le Honduras	lempira *m* = 100 centavos	hondurien, ne
Indien	l'Inde *f*	roupie indienne = 100 paisa	indien, ne
Indonesien	l'Indonésie *f*	rupiah *f* = 100 sen	indonésien, ne
Irak	l'Irak *m*	dinar irakien = 1000 fils	irakien, ne

Land / Pays		Währungseinheit / Unité monétaire	Adjektiv / Adjectif
Iran	l'Iran m	rial m (RI) = 100 dinars	iranien, ne
Irland	l'Irlande f/Eire	livre irlandaise (IEP) = 100 pence	irlandais, e
Island	l'Islande f	couronne f islandaise = 100 aurar	islandais, e
Israel	l'Israël m	shekel m = 100 agorot	israélien, ne
Italien	l'Italie f	lire f (ITL) = 100 centesimi	italien, ne
Japan	le Japon	yen m (JPY) = 100 sen	japonais, e/nippon, e
Jemen	le Yémen	rial = 100 fils	yéménite
Jordanien	la Jordanie	dinar jordanien = 1000 fils	jordanien, ne
Jugoslawien	la Yougoslavie	dinar yougoslave = 100 paras	yougoslave
Kambodscha	le Cambodge	riel m = 100 sen	cambodgien, ne
Kamerun	le Cameroun	franc CFA = 100 centimes	camerounais, e
Kanada	le Canada	dollar canadien (CAD) = 100 cents	canadien, ne
Kasachstan	le Kazakhstan	tenge m = 100 kopecks	kazakh
Kenia	le Kenya	shilling m kenyan = 100 cents	kenyan, e
Kirgisistan (+ Kirgisien)	le Kirghizistan	som m = 100 kopecks	kirghiz
Kolumbien	la Colombie	peso colombien = 100 centavos	colombien, ne
Kongo (Volksrepublik)	le Congo-Brazzaville (République populaire du Congo)	franc CFA = 100 centimes	congolais, e
Korea – Nord	la Corée du Nord	won m = 100 chon	nord-coréen, ne
Korea – Süd	la Corée du Sud	won m = 100 chon	sud-coréen, ne
Kroatien	la Croatie	dinar m croate = 100 paras	croate
Kuba	Cuba	peso cubain = 100 centavos	cubain, e
Kuwait	le Koweït	dinar du Koweït = 1000 fils	koweïtien, ne
Laos	le Laos	kip m = 100 at	laotien, ne

Land		Währungseinheit	Adjektiv
Pays		Unité monétaire	Adjectif
Lettland	la Lettonie	latvian *m* = 100 santims	lette, letton, e
Libanon	le Liban	livre libanaise = 100 piastres	libanais, e
Liberia	le Libéria	dollar libérien = 100 cents	libérien, ne
Libyen	la Libye	dinar libyen = 1000 dirhams	libyen, ne
Liechtenstein	le Liechtenstein	franc suisse = 100 rappen	liechtensteinois, e
Litauen	la Lituanie	litas *m* = 100 centas	lituanien, ne
Luxemburg	le Luxembourg	franc luxembourgeois (LUF) = 100 centimes	luxemburgeois, e
Madagaskar	Madagascar	franc malgache = 100 centimes	malgache
Malaysia	la Malaisie	ringgit *m* = 100 sen	malais, e
Mali	le Mali	franc CFA = 100 centimes	malien, ne
Malta	Malte	livre *f* maltaise = 100 cents	maltais, e
Marokko	le Maroc	dirham *m* = 100 centimes	marocain, e
Mauretanien	la Mauritanie	ouguiya *m* = 5 khoums	mauritanien, ne
Mauritius	l'île Maurice	roupie *f* mauricienne = 100 cents	mauritien, ne
Mexiko	le Mexique	peso mexicain = 100 centavos	mexicain, e
Monaco	Monaco	franc français (FF) = 100 centimes	monégasque
Mongolei	la Mongolie	tugrik *m* = 100 möngö	mongol, e
Mosambik	le Mozambique	metical *m* = 100 centavos	mozambicain, e
Myanmar	la Birmanie Myanmar	kyat = 100 pyas	birman, e
Neuseeland	la Nouvelle-Zélande	dollar néo-zélandais = 100 cents	néo-zélandais, e
Nicaragua	le Nicaragua	córdoba *m* = 100 centavos	nicaraguayen, ne
Niederlande	les Pays-Bas *m*	florin *m* (NLG) = 100 cents	hollandais, e néerlandais, e
Niger	le Niger	franc CFA = 100 centimes	nigérien, ne

Land / Pays		Währungseinheit / Unité monétaire	Adjektiv / Adjectif
Nigeria	le Nigéria	naira *m* = 100 kobo	nigérian, e
Norwegen	la Norvège	couronne norvégienne (NOK) = 100 øre	norvégien, ne
Österreich	l'Autriche *f*	schilling *m* (ATS) = 100 groschen	autrichien, ne
Pakistan	le Pakistan	roupie pakistanaise = 100 paisa	pakistanais, e
Panama	le Panama	balboa *m* = 100 centésimos	panaméen, ne
Paraguay	le Paraguay	guaraní *m* = 100 céntimos	paraguayen, ne
Peru	le Pérou	sol *m* = 100 céntimos	péruvien, ne
Philippinen	les Philippines *f*	peso philippin = 100 centavos	philippin, e
Polen	la Pologne	zloty *m* = 100 groszy	polonais, e
Portugal	le Portugal	escudo *m* (PTE) = 100 centavos	portugais, e
Rumänien	la Roumanie	leu *m* = 100 bani	roumain, e
Russland	la Russie	rouble *m* = 100 kopecks	russe
Sambia	le Zambie	kwacha *m* = 100 ngwee	zambien, ne
Saudi-Arabien	l'Arabie Saoudite *f*	riyal saoudien = 100 halalas = 20 quirches	saoudien, ne
Schweden	la Suède	couronne suédoise (SEK) = 100 øre	suédois, e
Schweiz	la Suisse	franc suisse (CHF) = 100 rappen/centimes	suisse/helvétique
Senegal	le Sénégal	franc CFA = 100 centimes	sénégalais, e
Singapur	Singapour	dollar *m* de Singapour = 100 cents	singapourien, ne
Slowakei	la République slovaque	couronne *f* slovaque = 100 haleru	slovaque
Slowenien	la Slovénie	tolar *m* = 100 stotini	slovénien, ne
Spanien	l'Espagne	peseta *f* (ESB) = 100 céntimos	espagnol, e/hispanique
Sri Lanka	le Sri Lanka	roupie srilankaise = 100 cents	srilankais, e

Land / Pays		Währungseinheit / Unité monétaire	Adjektiv / Adjectif
Südafrikanische Republik	l'Afrique du Sud	rand *m* = 100 cents	sud-africain, e
Sudan	le Soudan	livre soudanaise = 100 piastres	soudanais, e
Syrien	la Syrie	livre syrienne = 100 piastres	syrien, ne
Tadschikistan	le Tadjikistan	rouble *m* = 100 kopecks	tadjik
Taiwan	Taiwan	dollar de Taiwan = 100 cents	taiwanais, e
Tansania	la Tanzanie	shilling tanzanien = 100 cents	tanzanien, ne
Thailand	la Thaïlande	baht *m* = 100 satangs	thaïlandais, e
Tschad	le Tchad	franc CFA = 100 centimes	tchadien, ne
Tschechische Republik	la République tchèque	couronne *f* tchèque = 100 haleru	tchèque
Tunesien	la Tunisie	dinar tunisien = 1000 millimes	tunisien, ne
Türkei	la Turquie	livre turque (TRL) = 100 kurus	turc, turque
Uganda	l'Ouganda *m*	shilling ougandais = 100 cents	ougandais, e
Ukraine	l'Ukraine	grivna *m* = 100 kopecks	ukrainien, ne
Ungarn	la Hongrie	forint *m* (HUF) = 100 fillér	hongrois, e
Uruguay	l'Uruguay *m*	peso uruguayen = 100 centésimos	uruguayen, ne
Venezuela	le Vénézuéla	bolívar *m* = 100 céntimos	vénézuélien, ne
Vereinigte Staaten von Amerika, USA	les États-Unis d'Amérique *m*	dollar *m* (USD) = 100 cents	américain, e
Vietnam	le Viêt-Nam	dông *m* = 10 haos; 100 xu	vietnamien, ne
Weißrussland	la Biélorussie	rouble *m* biélorusse = 100 kopecks	biélorusse
Zaire	le Zaïre	zaïre *m* = 100 makuta	zaïrois, e
Zentralafrikanische Republik	la République centrafricaine	franc CFA = 100 centimes	centrafricain, e
Zimbabwe	le Zimbabwe	dollar du Zimbabwe = 100 cents	zimbabwéen, ne
Zypern	Chypre *f*	livre chypriote = 100 cents	chypriote/cypriote

Alphabetisches Register

A
Abberufung 277
Abbuchung 296; Bar- 296, Direkt- 296
Abhandenkommen 341
Abholbereitschaft 178, 179
Abholung: Bitte um - 279
Abkommen: Interim- 99
ablehnende Antwort: - auf Angebotsanforderungen 25, 111, 112;
- auf Qualitätsrügen 204;
- auf Verpackungsmängel 205, 206;
- wegen Unvollständigkeit 204;
- auf Mängelrüge 203 ff.
Ablehnung der Referenzanfrage 145 f.
Ablehnung des Wunsches auf Angebotsänderung 35, 136, 137; - und neues Angebot 138
Abnahmemenge 29, 108, 113, 114, 121, 126, 129
Abrechnung 128; vertraglich festgelegte - 240
Abrechnungssystem 67, 281, 282
Absage: - auf Bewerbung 93, 309, 310;
- der Lageranfrage 148;
- des Hotels 72
Absatz 220, 221
Absatzchancen 220, 221, 246, 247
Absatzmarkt 53
Abschreibepolice 161, 162
Abweichungen: - in der Menge 120;
- in der Größe 120, 121; - in der Qualität 119, 120; - in der Verpackung 121; - und Störungen 183 ff.
Abzüge: Antworten auf fehlerhafte - 209, 210
Akkreditiv 40, 180, 286;
 Lieferung gegen - 166; Mitteilung über Eröffnung eines - 46; unwiderrufliches - 109, 125, 166, 173, 180, 292; widerrufliches - 292
Aktie 295
Aktiengesellschaft 274
Aktienkapital 275
Akzept 80, 166, 294; Vorlage von Dokumenten gegen - 80
Alleinverkaufsrecht 127
Alleinvertreter 128
Alleinwerbung des Vertreters 241

allgemeine Marktlage 245, 246
allgemeine Verpackungsbedingungen 160, 161
Analysezertifikat 79
Änderung der Garantie 135
Änderung: - der E-Mail-Adresse 275;
- der Faxnummer 275; - der Lieferbedingungen 40, 133, 134; - der Menge 131, 132; - der Telefonnummer 275;
- der Verpackung 132, 133; - der Versandart 135, 136; - des Beteiligungsverhältnisses 275; - von Firmenanschrift 274, 275; - von Firmennamen 274; - von Firmennamen und Anschrift 63, 274
Androhung von rechtlichen Schritten 190
Anerkennung der Mängel 206 ff.; - bei Falschlieferung 208; - bei Liefermenge 206, 207
Anerkennungsschreiben: - an Vertreter von Firma 251
Anforderung: - von Garantieangaben 106, 107; - von Größenangaben 107;
- von Mengenangaben 107;
- von Qualitätsangaben 106, 107;
- von Unterlagen 288 ff.
Anfrage 23 f., 104 ff.; - an Reederei 97;
- an Spediteur (Ausfuhr/Einfuhr) 95;
- an Spedition 311, 312; - der allgemeinen Geschäftsbedingungen einer Bank 74; - für Marktforschung 297;
rechtliche - 216; Weiterleitung der - 25, 26
Anfrage an PR-Agentur 299
Anfrage an Werbeagentur 299
Anfragen zur Verpackung 155
Angaben zur Person 228
Angebot 25 ff., 110 ff.; abweichendes - 29 ff., 119 ff.; befristetes - 30, 31, 32, 114; einschränkendes - 30 f., 125, 126;
- entsprechend Anfrage 27, 112 ff.;
erneutes - 138; Gültigkeit des - 114;
kein - 111, 112; mengenmäßig beschränktes - 126; positives - 27;
unverlangtes - 32 f., 127, 128, 129;
Widerruf des - 183, 184, 198; zeitlich beschränktes - 125, 126
Angebot des Spediteurs 100

355

Angebot einer PR-Agentur 300, 301
Angebot einer Werbeagentur 300, 301
Angebote zur Verpackung 157 ff.
Angebotsabgabe: keine - 111, 112
Angebotsänderung: - kann entsprochen werden 137
Angebotsänderungswunsch: bedingte Erfüllung des - 36; Erfüllung des - 35
Angebotsanforderung 23 f., 105
Ankauf von Effekten 84
Ankunft der Sendung 96, 98, 101
Anlagenvermerk 14, 15, 25, 27, 28, 29, 31, 32, 36, 66, 68, 71, 80
Annahme des Vertretungsgesuchs 229
Annahmeverweigerung 109, 250
Annoncen 230
Annullierung eines Schecks 83
Anrede 14, 15, 16
Anschluss an elektronisches Bankensystem 83
Anschreiben an offizielle Stellen 283
Anschrift 14, 15, 17
Anstellungsbeginn 226
Anstellungsdauer 227
Antwort auf Angebot 34 ff., 111 ff., 129 ff.; negative - 34, 111, 112, 130; positive - 34, 130; rechtliche - 216, 217
Antwort auf Angebotsanforderungen 25 ff., 111 ff.; ablehnende - 25; positive - 27 f.
Antwort auf Bewerbung 309, 310
Antwort auf Reklamation 51
Antwort auf Vertretungsangebot 54, 229
Antwort auf Vertretungsgesuch 55
Antwort der Reederei 98
Antwort des Hotels 72
Antwort einer PR-Agentur 300
Antworten auf Störanzeigen 198 ff.
Antwortschreiben offizieller Stellen 283, 284
Anwalt 216
Anwaltskanzlei 216
Anzahlung 125
Anzeige der Geschäftseröffnung 62, 271 ff.
Anzeige des Bestellungsverzugs 183
Anzeige des Produktionsbeginns 45, 178
Anzeige des Produktionsendes 178, 179
Anzeigenkampagne 88
Arbeitsvertrag 93, 94, 310
Artikel 116, 133, 175, 191, 192, 195, 220, 239, 245, 250; Marken- 233, 237, 240, 241, 244
Artikel: auslaufende - 252
Artikelnummer 133, 175, 191, 192, 195, 250, 252

Aufforderung zur Stellungnahme 82, 83
Aufforderung: - zur Anfrage 25; - zum Angebot 23; - zum Besuch 33
Aufnahme eines Gesellschafters 276
Aufruhr 341
Auftrag 43 ff., 168 ff.; - für bestimmte Mengen 169, 170; - für bestimmte Verpackung 170; Mindest- 128; - und Preise 171; - vermittelt durch Vertreter 250 ff.
Auftrag an Bahnspediteur 101
Auftrag an Lkw-Spediteur 101
Auftrag an Luftfracht-Spediteur 313, 314
Auftrag an Spediteur 96, 313, 314
Auftrag für Seefracht 323, 324
Auftragsablehnung 44, 176, 177; - für Lagerhaltung 151; grundlose - 176; - mit Angabe des Grundes 176, 177
Auftragsabteilung 206
Auftragsabwicklung 45 ff., 173, 174, 214; Abweichungen und Störungen der - 48 ff.; Beschwerden der Firma über - des Vertreters 250, 251; ordnungsgemäße - 45 ff., 175 ff.
Auftragsannahme 44, 175, 176; Formalien zur - 250; geänderte - 176; - mit Wiedergabe der Bestellung 175
Auftragsausführung 35
Auftragsbestätigung 43, 44, 174, 175; Aufforderung zur - 84, 85, 174; - für Lagerhaltung 151, 152; - für Verpackung 159
Auftragserteilung 34, 43, 168 ff.; - für Lagerung 150, 151; - für Verpackung 158, 159, 170; - im Firmenbericht an Vertreter 249
Auftragsnummer 250
Auftragswiderruf 48, 49, 199
Ausarbeitung einer Homepage 89
Ausbildungsplatz 309
Ausführung nicht der Anfrage entsprechend 29
Auskunft über Hotelrechnung 287, 288
Auskunft über neue Mitarbeiter 304
Auslagerungsgebühren 149
auslaufende Artikel 252
Auslieferung: pünktliche - 44
Auslieferungslager 146, 178
Ausstattung mit Vollmachten 65
Ausstellung 66, 280 ff.; Bekanntgabe der - 280; Einladung zu - 66, 280, 281; Einladungsannahme zu - 66; Organisation der - 281
Ausstellungskatalog 280, 281
Austritt eines Gesellschafters 64, 276, 277
Außendienstmitarbeiter 218

Außenhandelsgeschäfte 292
Außenwirtschaftsverordnung 96
Avalkredit 292
avisierende Bank 40, 78

B

Bahnanschlussgleis 100, 323, 328
Bahnhof: Bestimmungs- 101; Container- 101
Bahntransport 99, 100, 101, 327 ff.
Baisse 295
Ballen 116, 160
Bank: avisierende Bank 40, 78; Emissions- 74; eröffnende - 78; Korrespondenz- 293
Bankakkreditiv: unwiderrufliches - 162
Bankautomat 296
Bankkorrespondenz 74 ff., 291 ff.
Banküberweisung 164, 165
Barabbuchung 296
Bareboatcharter 316
bargeldloser Zahlungsverkehr 296
Barzahlung 42, 79, 109, 114, 124, 125, 163, 164, 196; - ohne Skonto bei Wareneingang 162, 163
Barzahlungsrabatt 171, 180
Beanstandung: - wird überprüft 51; - wird zurückgewiesen 52
Beantwortung einer Homepage-Anfrage 89
Beantwortung eines Empfehlungsbriefes 90 f.
Bedauern 25, 26, 29, 30
Beförderungsbeschränkung 312
Beförderungspapiere 331, 332
befristeter Vertrag 227
befristetes Angebot 30, 31, 32, 114
Begleitpapiere 336
Behälter 156, 330, 331, 332, 335
Bekanntgabe der Ausstellung 280
Beratungsstelle 63
Beraubung 341
Berufsanforderungen 222 ff.
Berufsbranche: Angabe der - bei Vertretungsgesuch 231
Berufserfahrung 92, 230, 307
beschädigte Ware 50, 194
Beschädigung 194, 214, 341
Beschmutzung 341
beschränkt haftender Gesellschafter 276
Beschwerde des Kommittenten 266, 267
Beschwerde des Konsignanten 266, 267
Beschwerden über Spesenabrechnung 256, 257, 258, 266, 267

Beschwerden: Antwort des Vertreters auf - über Auftragsabwicklung 254, 255, 256; - der Firma über Auftragsabwicklung des Vertreters 253, 254; - über Provisionsabrechnungen seitens des Vertreters 256, 257
Besprechungstermin 54
Bestätigung des Hotels 73
Bestätigung: - einer Konferenz 73
Bestellformular 211
Bestellmenge 116, 154, 155
Bestellschein 34
Bestelltermin: - kann nicht eingehalten werden 44
Bestellung 175, 195, 196, 197; laut - 175
Bestellung per Fax 129, 197
Bestellung per Internet 273, 282
Bestellung: Direkt- 237; Kunden- 237; laut - 175; Qualitätsabweichung von der - 193; - vormerken 44
Bestellungsverzug 183; Anzeige des - 183
Bestimmungsbahnhof 101, 172, 332, 333, 337
Bestimmungshafen 42
Bestimmungsort 172, 214
Bestuhlung 70
Besucher: Ankündigung eines - 90, 278, 303
Besuchsabsage 279
Besuchsanzeige 278
Besuchstermin 278; - avisieren 65; - bestätigen 65
Beteiligungsverhältnis: Änderung des - 275
Betreff 14, 15, 23
Bevollmächtigter 58
Bewerbung 90 ff., 303 ff.; Absage auf - 94, 309, 310; Antwort auf - 308, 309
Bewerbungsschreiben 92, 227, 306 ff.; Eingangsformeln zum - 306; - auf Vertretungsangebot 227, 228, 229; Einzelheiten im - 307, 308; Schlussworte im - 308
Bewerbungsunterlagen 93
Bewirtung 73
Bezahlung 162 ff.; - nach Erhalt der Rechnung 163
Bezirksvertretung 238
Bezogener 80
Bezug 14, 15
Bezugszeichen 14, 15
Bilanz 293
Binnenschifffahrt 97, 98, 315 ff.

357

Binnenschifffahrtsfracht 97, 315 ff.;
Anfragen an Spedition für - 315, 316;
Angebotsanforderung für - 315;
Antworten auf Anfragen für - 320 ff.;
Auftrag für - 320, 315; Auftragsbestätigung für - 325, 326, 327; Auftragserteilung für - 323, 324; Auftragserteilung mit Vorbehalten für - 324, 325; Charteraufträge für - 316
Bitte um Versicherungsabschluss 161, 162
Bitte: - um Änderung des Angebots 35, 130 ff.; - um Auftragsbestätigung 174; - um Ausarbeitung einer Homepage 89; - um Auskunft einer offiziellen Stelle 68; - um Unterstützung 303; - um Verständnis 51
Blankokredit 77, 292
Bodenbelastbarkeit 149
Bordbescheinigung 323, 341
Bordkonnossement: vollständiger Satz reiner -e 78
Börsenentwicklung 85
Börsengeschäfte 84, 85, 295, 296
Branche 231
Branchenangabe 233, 234
Briefinhalt 14, 15
Briefkopf 14, 15
Briefwechsel: - Firma an Kunden 254, 255; - Firma an Vertreter 253, 254; - Kunde an Firma 253; - Vertreter an Firma 254; - zwischen Kunde, Firma und Vertreter 253 ff.
Broschüre 68, 89; Werbe- 88
Bruch 341
Buchhaltung 202
Buchungen 289; Formularvorschlag für - 290; - per Telefon, Fax, Computer 290
Buchungsfehler 202
Bulk-Carrier-Transport 316, 322
Bundesgerichtshof 217

C
Callcenter 62, 67, 129, 219, 244, 245, 254, 273, 275
Charter 98, 312, 316, 319; -gebühren 319, 321; Voyage-Charter 97
Charterauftrag 316
Charterflugzeug 313, 314
Charterschiff 321, 324, 326
Checklisten 289 ff.
Code-Nummer 296
Collico 330
Computer: Umstellung auf - 67, 281, 282

Container 98, 101, 116, 122, 160, 213, 318, 322
Containerschiff 321, 324
Containerterminal 153, 318

D
Dank für Anfrage 25, 26, 27, 28
Dankschreiben 60, 270
Datenverarbeitung 282
Datumsangaben 14, 15
Deckungskauf und Schadenersatz 187
Delkredere-Provision 225, 231, 235
Depot 76, 84, 85, 295
Diebstahl/Raub 341
Direktabbuchung 296
Direktbestellung 237
Direktor: Ernennung zum - 64
Diskontkredit 292
Diskretion bei Referenzanfrage 140
Dokumente: - gegen Zahlung 78, 293; negoziierbare - 293; Übersendung von - 294, 295; Vorlage von - gegen Akzept 80; Vorlage von - zum Inkasso 79
Dokumentenakkreditiv 78 ff.; Eröffnung eines - 78; unwiderrufliches - 78
Drittländer 96
Durchkonnossement 318, 322, 324

E
E-Banking 83, 295, 296
EDV-Experte 282
EDV-Nummer 282
Effekten 84; Ankauf von - 84; Verkauf von - 85
Eigentumsrecht 216
Eigentumsvorbehalt: Lieferung mit - 166
Eilgut 179, 191, 211, 215
Einarbeitung 304, 305
Einfuhrgenehmigung 96, 105
Einführung des Vertreters 57, 243, 244
Einführungsbrief 91 ff., 303 ff.
Einführungspreis 113
Einführungsrabatt 30, 114, 196
Eingangsbestätigung des Angebots 34
Einheitszoll 315
Einkauf(sabteilung) 64
Einkaufskommission 260, 261, 262; Kommissionär ersucht um - 263, 264
Einkaufskommissionär 261, 262, 264, 269
Einkaufskommissionsvertrag 268

Einladung: - auf Messe 66, 280, 281; - zu Ausstellung 66, 280, 281; - zum Vorstellungsgespräch 91, 227, 308, 309
Einlagerungsgebühren 149
Einleitungsformel: - für Angebot entsprechend Nachfrage 112; - für Antwort auf Angebotsanforderung 111; für Auftragserteilung 168; - für unverlangtes Angebot 32
Einschäumen 156, 157
Einstellung 93, 309
einwandfreie Lieferung 43
Einwegverpackung 156, 158
E-Mail 18, 95, 96, 281
E-Mail-Adresse: - Änderung 275
Emissionsbank 74
Empfang: Bitte um - 278
Empfangsbestätigung 129, 130, 181
Empfehlungsbrief 90 f., 303 ff.; Beantwortung eines - 90 f.
Entschuldigung: - bei Zahlungsverzug 202, 203; - für Lieferverzug 51, 201, 202
Entsorgung der Verpackung 159
Erdbeben 342
Erfüllungsort 166; - der Lieferung 172
Erhalt von Warenmuster 28
Ernennung 277; - zum Direktor 64
Eröffnungsanzeige für Verkaufsniederlassung 63, 273
Ersatzlieferung 50, 194
EU: -Direktive 217; -Kontingent 277; -Länder 277; -Recht 217; -Richtlinie 138, 248; -Vorschriften 245, 283
Europäischer Binnenmarkt 86, 234, 247
Europäischer Gerichtshof 217
Exklusivvertretung 57, 127, 219, 232, 233
Exklusivvertrieb 222
Exportpreis 113, 114, 118
Exportversicherung 293
Expressgut 153
Expressgutsendung 332, 337

F
Fachkräfte 176
Fachmesse 280
Fachpersonal 63
Fachwissen 223
Fahrzeugpark 293
Falschlieferung 194, 195; Anerkennung der Mängel bei - 208
Fass 116, 156, 160; Aluminium- 160; Eisen- 158

Fax 18, 95, 96, 101, 290; -anschluss 275; Bestellung per - 129, 197; -nummer 275
Fertigungsabteilung 201
Fertigungslager 179
Fertigungsprogramm 29, 122
Festgeldkonto 84
Festpreis 113
Feuer- und Diebstahlversicherung 58
Finanzierung 164
Firma unbekannt 145
Firmen und Vertreter 218 ff.
Firmenbericht an Vertreter 249 ff.; Anmerkungen zu den Aufträgen im - 250, 251; Auftragsbestätigung im - 249; auslaufende Artikel im - 252; Preisveränderungen im - 252, 253; Produktionsausweitung im - 251, 252
Firmenvertretung 53 ff.
Fixum 56, 224, 225, 231, 235, 238
Flipchart 70, 287
Folgeauftrag: Hinweise auf - 174
Folienverpackung 156
Forderungsabtretung 165
Formalien zur Auftragsannahme 250
Formularbrief für Hotelkorrespondenz 290
Formularvorschlag für Buchungen 289
Fracht 113, 132, 331, 336; Pauschal- 318
Frachtbrief 80, 125, 293, 332, 336, 337, 339
frachtfrei 43, 159
Frachtgut 153, 159, 179
Frachtkosten 49, 209, 312, 329, 334
Frachtkostenstellung 334
Frachtpapiere 336
Frachttarif 100, 312, 315, 334
Freihafen 315, 318, 319, 325
Freilager 40, 146
Frist für Vertragsauflösung 56
Fristsetzung bei Zahlungsverzug 189, 190
Fuhrpark 293, 328, 337
Fundgegenstände 289

G
Garantie 76, 115, 116, 293; Änderung der - 135;
Garantieangaben: Anforderung von - 106, 107
Gebiet 54, 127, 222, 223; - aus Sicht des Vertreters 232; - der Generalvertretung 56; - im Vertretungsvertrag 238
Gebietsangabe 234
Gebietsbeschreibung 222
Gebietsschutz 237, 238
Gebietsvertreter 238

Gebietswünsche 232
Gebührenverordnung 322
Gehalt: 224, 225; Anfangs- 224; -sforderung 225; Monats- 225; vertraglich festgelegtes - 238
Generalpolice 342, 343
Generalvertreter 56, 219, 221
Generalvertretung 56, 112, 218, 233
Generalvertretungsvertrag 56
Geräteausstattung 70, 71, 73, 287
Gerichtsstand 56, 167
Geschäftsablauf: Störungen im - 67
Geschäftsabschluss 237
Geschäftsbrief: französischer - 14; Beispiele für - 21 ff.
Geschäftseröffnung 271; Anzeige der - 62, 273
Geschäftsführung 64
Geschäftsjubiläum 61, 271
Geschäftskapital 275
Geschäftsübernahme 63
Geschäftsverbindung 23, 64, 65, 105
Geschäftsvermittlung 237
Gesellschaft mit beschränkter Haftung 275
Gesellschafter 64; Aufnahme eines - 276, 277; Austritt eines - 64, 274, 275, 276; beschränkt haftender - 276
Gesellschafterversammlung 63
Gesellschaftsanteile 64, 276
Gesellschaftskapital 275, 276, 277
Gesprächstermin 65
Gewichtsbescheinigung 323, 341
Gewinnspanne 113
Girokonto 74, 76, 77, 82, 84, 292
Glückwunschbriefe 61, 271 ff.
Großauftrag 202
Größenangabe 116; Anforderung von - 107
Großhandel 127
Großhandlung 129
Gruppenreservierung 71
Grußformel 14, 15, 16, 29, 33, 36, 40, 55, 80
Gültigkeit des Angebots 114, 115
Guthaben 292
Gutschrift 81, 210, 211, 295
Gutschriftsanzeige 210, 211

H

Habensaldo 84, 182
Haftung der Gesellschafter 142
Hakenriss 341
Handelskammer 68, 77, 95, 283; Industrie- und - 219

Handelsrechnung 78, 80, 314
Handelsvertretung 33
Handhabung der Güter 100
Handwerk 234
Haus-zu-Haus-Lieferung 42, 100
Hausse 85
Havarie 50; allgemeine - 162; besondere - 161
Havariezertifikat 325, 326
Hinweis auf Computer/Internet 281
Hochkonjunktur 246
Holzverpackung 156, 157
Homepage 89, 129, 275, 281, 282
Hotel: Absage des - 72; Antwort des - 72 f.; Bestätigung des - 73; positive Antwort des - 72; Transport zum und vom - 286
Hotelbuchungen 289
Hotelkorrespondenz 69, 285 ff.; Formularbrief für - 289, 290; Sonderwünsche in der - 286 ff.
Hotelpreise 69, 285, 286
Hotelprospekt anfordern 288
Hotelrechnung 70, 71, 287, 288; Auskunft über - 288
Hotelzimmer 69, 70, 72, 73, 285

I

IATA-Agent 12, 313, 314
Importeur 127
Incoterms 40, 41, 78, 79, 97, 106, 114, 152
Industrie- und Handelskammer 219
Informationsmaterial 24, 25, 157
Inkasso 167: -büro 216; Vorlage von Dokumenten zum - 79
Inkassoauftrag 74
Institute Cargo Clauses 42, 162, 341, 342
Interimabkommen 99
Internet 89, 129, 281, 290, 301
Investitionsgüter 233
Investmentfonds 84
Investmentzertifikat 295
Isotherm-Fahrzeug 334

J

Jahresbericht 74

K

Kaigebühren 320
Kapital: Aktien- 275; Geschäfts- 275; Gesellschafts- 277
Kapitalanlage 84; kurzfristige - 84

Kapitalanteil 275
Kapitalbasis 140, 275
Kartonverpackung 156, 160
Kauf auf Probe 108
Kaufkraft 246
Kaufkraft im Vertreterbericht 246
kaufmännische Ausbildung 223, 230, 307
kaufmännische Lehre 230
Kaufvertrag 40, 48, 78, 95
Kilometer: Last- 329, 334; Leer- 329, 334
Kilometergeld 231
Kiste 116, 156, 158, 160; Holz- 160, 170
Klage 216, 217
kombinierter Verkehr 330, 335, 336
Kommanditgesellschaft 274
Kommission 262; Einkaufs- 260, 261, 262, 263, 264; Verkaufs- 262, 263, 265, 269
Kommissionär 261 ff.; Antwort des - auf Beschwerde des Kommittenten 267, 268; Einkaufs- 261, 262, 264, 269; Verkaufs- 262, 263, 265; - ersucht um Einkaufskommission 263, 264; - ersucht um Verkaufskommission 265
Kommissionsangebot 260, 261; Kommissionär antwortet auf - 261, 262
Kommissionsbasis 261, 262, 263, 264, 268
Kommissionsgeschäft 58, 260 ff.; Anbieten eines - (Einkauf) 260, 261; Anbieten eines - (Verkauf) 262, 263; Beendigung des - 268 ff.
Kommissionsgesuch 263, 264; Antwort des Kommittenten auf - 264, 265, 265, 266
Kommissionslager 63
Kommissionsvertrag 267, 268, 269
Kommissionsware 58, 267, 268
Kommittent 264 ff.; Beschwerde des - 266, 267
Konditionen 40 ff., 146 ff.; - der Transportversicherung 339
Kondolenzbriefe 272
Konferenzfracht 322, 324
Konferenzlinie 320
Konferenzraum 70, 72, 73
Konferenzschaltung 71, 73
Konferenzschiff 316
Konjunktur 246; Abschwächung der - 246; Belebung der - 246; Hoch- 246
Konkurrenz 246, 247, 248; - im Vertreterbericht 246, 247, 248
Konkurrenzkampf 247
Konkurrenzklausel 56
Konkurs 142

Konnossement 79, 294, 323; Durch- 318, 322, 324; reines - 46, 318, 323
Konsignant 263, 265; Antwort des - 265; Beschwerde des - 266, 267; Kündigung durch - 268, 269; Unstimmigkeiten zwischen - und Konsignatar 266 ff.
Konsignatar 263, 266; Antwort des - 263; Kündigung durch - 269
Konsignationsbasis 266, 268
Konsignationsgeschäft 266, 268, 269
Konsignationshandel 263
Konsignationslager 263, 266
Konsignationsvertrag 269
Konsignationsware 267, 268
Konsumgüterindustrie 218
Kontakt aufrechterhalten 25, 28, 29, 34
Kontaktadresse 68
Kontoauflösung 292
Kontoauszug 81, 82, 291, 294, 295; Bitte um Zusendung eines - 81; korrekter - 81; nicht korrekter - 82
Kontobewegung 81
Kontoeröffnung 74, 75, 291; - anweisen 75
Kontoführungsgebühren 74
Kontogutschrift 79, 81, 82, 85, 210
Kontoinhaber 75
Kontokorrentkredit 76, 292
Kontosaldo 75, 81, 292
Kontoschließung 75, 292
Kontoüberziehung 77
Konventionalstrafe 187
Kopfhörerkabine 71, 73
Korb 116
Korrespondenz: - im Transportwesen 311 ff.; - mit offiziellen Stellen 283
Korrespondenzbank 293
Kostenvoranschlag 157
Krananlage 149, 337
Kredit 292
Kreditantrag 76, 292, 293
Kreditgewährung 109, 164, 173
Kreditkarte 296; Verlust der - 83
Kreditwürdigkeit eines Unternehmens 37, 141, 142, 143, 144
Krieg 341
Kühlwagen 338
Kunden 128, 185, 219, 236, 237, 245, 246, 248 ff. ; -kreis 142, 174, 223; -stamm 127
Kundenbestellung 237
Kundendienst 58, 62, 145
Kundenschutz 54
Kündigung 94, 235, 242; - der Vertretung 258 ff.; - des Kommittenten 268, 269; - durch den Arbeitgeber 310; - durch

den Arbeitnehmer 310; - durch den Kommissionär 269; fristlose - der Firma 259, 260; fristlose - des Vertreters 260; vertragsgemäße - des Vertreters 259; vertragsgemäße - der Vertretung seitens der Firma 258, 259
Kündigung durch den Konsignanten 268, 269
Kündigung durch den Konsignatar 269
Kündigungsfrist 94, 226, 232, 235; gesetzliche - 94
Kunststoffverpackung 157
Kurier 95; Sonder- 215

L
Lademöglichkeit 316, 317
Ladeschein 79
Lageplan des Hotels 69
Lager: Auslieferungs- 146, 178; Frei- 40, 146; -leiter 101; Transport zum - 147, 148
Lageranfrage 146 f.; Absage der - 148
Lagerangebot 148 ff.; - für Freilager 148, 149; - für Lagerraum mit Sonderausstattung 149, 150; Weiterleitung des - 150
Lagerbestand 155
Lagergebühren 40, 149; Anfrage der - 40; Nachlass der - 40
Lagerhaus 161, 214
Lagerkapazitäten 55
Lagermiete 267, 268
Lagerraum 58, 147, 148, 149, 150, 151
Lagerung 40, 146 ff., 214; - abgesagt 148, 151; - allgemein 146; Auftragserteilung für - 150, 151; - bestätigen 151, 152; spezielle - 146, 147; Zwischen- 98
Lagervertrag 150, 151
Landeswährung 78
Lastschrift 81, 82, 295
Lebenslauf 91, 92, 223, 224, 307
Lieferanfragen 152
Lieferangebot 152
Lieferbedingungen 27, 28, 134, 152, 176; Abweichung der - 124; Änderung der - 40, 133, 134; Nachfrage nach - 109
Lieferfahrzeuge 55, 58
Lieferfrist 109, 117, 129, 133, 134; - und Auftrag 172; Verlängerung der - 48
Liefergarantie 109
Liefermenge: Anerkennung der Mängel bei - 206, 207
Lieferort 109
Lieferpreis 152
Lieferschein 149, 253
Liefertermin 28, 31, 34, 124, 133, 177
Lieferung 40, 41, 78, 80, 128, 133, 134, 152 ff., 171, 172; einwandfreie - 43; - entspricht Bestellung 52, 116; - entspricht nicht der Bestellung 50; Falsch- 194, 195; - frei Haus 124; - gegen Akkreditiv 166; Muster- 204; nicht fristgerechte - 51; Haus-zu-Haus- 42, 100; - mit Eigentumsvorbehalt 166; Mehr- 203; Nicht- 187; unvollständige - 204; vorbeugende Maßnahmen bei - 211; Zusatz- 203
Lieferverpflichtung 185
Liefervertrag 174
Lieferverzug 48, 49, 184, 185, 186, 199, 200, 211, 212; Entschuldigung für - 51, 201, 202; Rechtfertigung des - 199, 200
Lieferzeit 154, 155
Liegegeld 323
Liquiditätsschwierigkeiten 212
Listenpreis 128
Lloyd-Register 316, 323
Löschen 317, 318
Löschungskosten 322
Luftfahrtgesellschaft 96
Luftfracht 95, 96, 135, 171, 215, 311 ff.; Anfrage an Spedition bei - 311, 312; Antwort des Spediteurs bei - 312, 313; Auftragsbestätigung für - 314; Auftragserteilung für - 313, 314; diverse Bestimmungen bei - 314, 315
Lufttransport 95, 311

M
Mahnung 200, 201, 210; - an Rechtsanwalt 190; erste - 188; zweite - 188, 189; dritte - 189, 200; strenge - 190
Mängel 51; Anerkennung der - 206 ff.
Mängelrüge 49, 50, 191 ff.; ablehnende Antworten auf - 203 ff.
Mappe 71
Markenartikelhersteller 218
Marketing 86 ff., 297 ff.
Marketing-Mix 299, 302
Marktanteil 142, 253
Marktbeschreibung 220, 221
Marktforschung 127, 221, 297 ff.; Anfragen für - 297
Marktforschungsinstitut 53
Marktlage im Vertreterbericht 245, 246
Marktlage: allgemeine - 245, 246
Marktstudie: Anfrage auf Erstellung einer - 86, 297; Antwort auf Anfrage zur Erstellung einer - 87, 297, 298, 299

Maßnahmen: vorbeugende - 211 ff.
Materialangabe 27
Materialzufuhr 177
Mehrlieferung 191, 203
Mehrwertsteuer 72, 196; -Identifikationsnummer 250, 255
Menge 41, 155 f.; abweichende - 191, 192; Änderung der - 131, 132; Auftrag für bestimmte - 169, 170; entsprechende - nicht lieferbar 154, 155; Mindestabnahme- 154; tatsächlich gelieferte - 41; vorbeugende Maßnahme bei - 212
Mengenangabe 27, 28, 116; Anforderung von - 107; fehlende - 31
Mengenrabatt 171, 180, 196, 209, 210
Menüpreis 69
Menüvorschlag 69; - anfordern 288
Messe 66, 68, 280 ff.; Einladung zur - 66, 280, 281; Fach- 280
Messegelände 69
Messehalle 66, 280
Messestand 66, 280, 281
Messeveranstalter 68
Mindestabnahme 27, 41, 107, 115, 125, 128, 131, 154
Mindestauftrag 128
Missverständnisse und Unklarheiten 197, 198; Antworten auf - 211
mittlere Reife 230
Monatsverdienst 218
Multivisionsanlage 71, 73
Muster 27, 28, 29, 33, 89, 115, 118, 119, 120, 122, 211; -anforderung 107; Qualitätsabweichung vom - 192; Versandanzeige von - 118, 119
Musterkollektion 118, 123, 219
Musterlieferung 204
Mustermappe 211
Musterversand: kein - 122

N

Nachbestellung 116
Nachforschungen 198, 214
Nachfragen 33, 105 ff.
Nachlass der Lagergebühren 40
Nachlieferfrist 48, 185
Nachnahme 42, 173
Nahverkehrsbereich 327
Nahverkehrstransport 338
Nässe 341
negative Antwort auf Angebot 34 ff., 111 ff., 130 ff.
negoziierbare Dokumente 293
Nichtannahme der Mehrlieferung 203

Nichteinhaltung der versprochenen Abzüge 196
Nichterfüllung des Liefervertrags 187
Nichtlieferung 187
Notar 216
Notierung von Aktien 84, 85, 295

O

Obligation 84, 295
Optionspartie 317
Optionssendung 320
Organisation der Ausstellung 281
Originalbeleg 267
Originalrechnung 96
Outsider 324, 326; -fracht 322, 324; -linie 320; -schiff 316
Outsourcing 275
Overheadprojektor 70, 287
Oxydation 341

P

Packstück 314
Palette 116, 156, 160, 330, 331, 332, 336; Einweg- 158
Palettenbreite 333, 338
Palettenregal 149
Pappschachtel 116
Pauschalangebot 72
Pauschalfracht 318
Personal 142
Personalabteilung 64, 309
Persönlichkeit 222, 223
Plünderung 341
Portefeuille 80
postalische Vermerke und Ausdrücke 17, 18
Postleitzahlen 19
Postskriptum 15
PR-Agentur 299, 300; Anfrage an - 299; Angebot einer - 300, 301; Antwort einer - 300; negative Antwort auf Angebot einer - 302, 303; positive Antwort auf Angebot einer - 301, 302
Preis 28, 31, 33, 34, 113, 114, 118, 124, 125, 129, 132, 134, 154, 158, 162, 163, 180, 195, 196; -abweichungen 121; - anfordern 106; Einführungs- 113; Export- 113, 114, 118; Fest- 113; Liefer- 152; Listen- 128; Markt- 115; Menü- 69; Sonder- 121, 129; - und Auftrag 171
Preisänderung 40, 132
Preisangabe 40, 113, 114, 121
Preiskalkulation 29, 41, 113

Preiskampf 247
Preisliste 27, 31, 33, 106, 113, 121, 157, 171, 180, 209; Versandanzeige von - 118
Preisnachlass 108, 114, 128, 129, 132, 138, 191, 196, 207, 208, 211; nicht eingehaltener - 196
Preisveränderungen 252, 253
Preiszuschlag 114
Probeauftrag 27, 168, 338
Probelieferung 108, 169; keine - 30, 123; Qualitätsabweichung von der - 192, 193
Probezeit 227, 231, 235, 309, 310
Produkt und Markt 30, 33, 55, 115, 127, 128, 220, 221
Produktbeschreibung 220
Produktionsausfall 200
Produktionsausweitung 251, 252
Produktionsbeginn: Anzeige des - 45, 178
Produktionsende: Anzeige des - 178, 179
Produktionsverlagerung 177
Produktprobe 89
Produktprogramm 55, 56
Produktvorführung 66
Prospekt 25, 28, 29, 32, 89, 100, 168; - anfordern 105, 106; Versandanzeige von - 118
Provision 54, 56, 59, 74, 77, 128, 218, 225, 231, 234, 235, 256, 257; Umsatz- 231, 235; vertraglich festgelegte - 239
Provisionsabrechnung 260, 267, 268; Antwort der Firma wegen Beschwerde bei der - 257, 258; Beschwerden über - seitens des Vertreters 256, 257, 258; Stellungnahme des Vertreters zur - 258
Provisionsgeschäft 59, 260 ff.
Provisionsliste 56
Prüfung der Ware 43
Publicrelations 88, 299 ff.

Q

Qualität 28, 33, 115, 116, 120, 121, 122, 123, 130, 131, 137, 170; Anerkennung der Mängel bei - 207; Auftrag für bestimmte - 170; garantierte - 62; vorbeugende Maßnahmen bei - 213
Qualitätsabweichungen 29, 50, 119, 120, 131, 192, 193, 213; - vom Muster 192; - von den Angaben 193; - von der Bestellung 193, 197; - von der Probelieferung 192, 193
Qualitätsangaben 131, 205; Anforderung von - 106, 107
Qualitätskontrolle 115, 173, 213

Qualitätsrügen: ablehnende Antwort auf - 204
Quartalsende 128

R

Rabatt 32, 114, 210; Barzahlungs- 171, 180; Einführungs- 30, 114, 196; Mengen- 171, 180, 196, 209, 210; Sonder- 114, 180, 255
Rampe 149, 151
Raumausstattung 70
Raumbuchung 317, 320
Rechnung 79, 101, 128, 163, 164, 165, 195, 202, 203, 208, 209, 210, 293; Original- 96
Rechnungsbetrag 41, 162, 163, 164, 165, 173, 180
Rechnungsdoppel 79, 294
Rechnungsstellung 46, 180; Antworten auf fehlerhafte - 209, 210; falsche - 195, 196; Rechtfertigung der - 208 ff.; unklare - 211
Rechnungsübersendung: Begleitsätze für - 180, 181
Rechtsfragen 216 ff.
Rechtsstreit 217
Reederei 97, 98, 316, 321; Anfrage an - 97; Antwort der - 98
Referenzanfrage 37, 139 ff.; Ablehnung der - 145 f.; - bei Auskunfteien 141, 142; - bei Banken 140, 141; - bei Dritten 37; - beim Geschäftspartner 37, 140; Diskretion bei - 140; - über Mitarbeiter 304
Referenzen 28, 37 ff., 77, 139 ff., 177, 225, 230, 231; positive - 91, 305; vage - 91, 306
Referenzerteilung 38 f., 143 ff.; negative - 39, 144, 145; positive - 38, 143, 305; - unmöglich 39; - unüblich 145; vage - 38, 92, 143, 144, 306
Referenzliste 123
Regressandrohung 185, 186
Reisegruppe 72
Reisekostenerstattung 54, 309
Reisekreditbrief 76
Reisespesen 56, 239
Reklamation: Antwort auf - 51; - wegen Mengenabweichung 191, 192
Reparaturen 63
Reservierung 287
Reservierungsbestätigung 290
Restposten 108, 121
Revision 81
Rezession 246

Rohstoff 261, 264; -vorrat 177
Rost 341
Rückgabe von Verpackungsmaterial 41, 43, 101, 117
Ruf eines Unternehmens 37, 141, 220

S
Sabotage 341
Sachbearbeiter 67
Saldo 294; Soll- 77, 182
Sammelgutverkehr 159, 211
Sammelladung: Container- 153
Sammeltransport 323
Sattelauflieger 327, 333, 338
Schäden durch Beiladung 341
Schadenersatz 185, 186, 187
Schadenersatzanspruch 205, 207
Schadensattest 341
Schadensfall 343
Schadensnummer 325
Schaumstoffverpackung 214
Scheck 74, 82, 165; Annullierung eines - 83; - ausgestellt auf 82; - ohne Deckung 82; Rücksendung eines - 82; Verrechnungs- 173, 210; Vorlage eines - 82
Scheckkarte 296
Schiffsagent 97
Schiffsklassifikation 323, 340
Schleusengebühren 316
Schlusssatz: - bei Anfrage 23, 24, 42, 88, 96; - beim Angebot 27, 30, 31, 32, 33; - bei Auftrag 81; - bei Lieferung 45, 46; - bei Lieferverzögerung 51; - bei Mängelrüge 50; - bei Rechnungsstellung 46; - bei Referenzanfrage 37; - zu Auftragsablehnung 44; - zu Konditionen 41
Schreiben: - zum Berufsjubiläum 62; - zum Geburtstag 61, 272; - zur Antwort auf Angebot 34; - zur Filialeröffnung 61, 271 ff.; - zum Firmenjubiläum 61, 271; - zur Vermählung 272; - zu Weihnachten und Neujahr 271
Schubschiff 323
Schulabschluss 230, 307
Schulung 219
Schulungspersonal 305
Schüttgut 316, 333
Seefracht 97, 98, 315 ff.; Anfragen an Spedition für - 315, 316; Angebotsanforderung für - 315; Antworten auf Anfragen für - 320 ff.; Auftrag für - 320; Auftragsbestätigung für - 325, 326, 327; Auftragserteilung für - 323, 324; Auftragserteilung mit Vorbehalten für - 324, 325; Charteraufträge für - 316
Seefrachttabelle 315
Seetransportversicherung 42
Seewasserschäden 341
Sendung: Ankunft der - 96, 98, 101; verlorene - 198, 214, 215
Sichtwechsel 80, 166, 287, 293; 30-Tage- 80, 166, 293
Silofahrzeug 336
Simultandolmetschen 71, 73
Skonto 42, 43, 114, 124, 162, 163, 173, 196, 210
Software 35, 67, 282, 290, 307
Sonderanfertigung 119, 120, 199
Sonderangebot 32, 125, 126, 128, 129, 130, 138, 253
Sonderfahrt 327, 333, 338
Sonderkurier 215
Sonderpreis 121, 129
Sonderrabatt 114, 180, 255
Sondervereinbarung 128
Sonderwünsche in der Hotelkorrespondenz 280 ff.
Sortiment 50, 127, 129
Spediteur 46, 99, 179, 214;
Anfrage an - 95, 311, 312; Angebot des - 100; Antwort des - 96, 312, 313; Auftrag an - 96, 313, 314; Auftrag an Bahn- 101; Auftrag an Lkw- 101; Auftrag an Luftfracht- 313, 314
Spedition 45, 49, 100, 171, 179
Spesen 225, 226, 235, 239, 240, 258; vertraglich festgelegte - 239, 240
Spesenabrechnung: Beschwerden über - 256, 257, 258, 266, 267
Spezialrate 311, 313
Spezialverpackung 159
Staatsschuldpapier 84
Stapler 149
Stellungnahme: Aufforderung zur - 82, 83; - des Vertreters zur Provisions- und Spesenabrechnung 258
Störanzeigen: Antworten auf - 198 ff.
Störungen im Geschäftsablauf 67
Störungen: Abweichungen und - 183 ff.
Straßentransport 99, 100, 101, 327 ff.; Anfragen für - 327, 328, 329; Angebote für - 333, 334; Bitte um Konditionen für - 329, 330; Diverses bei - 332, 333, 337, 338; spezielle Auftragserteilung bei - 338, 339
Streik 177, 200, 341
Stückgutsendung 316, 318, 321, 326, 332, 336

Stückpreis 43
Stückzahl 41, 120
Swift-Auftrag 202, 296

T

Tagungsreservierung 70, 71, 287
Tankfahrzeug 160, 334
Taxe 72
technische Angaben 28
Teillieferung 30, 41, 50, 134
Teilnehmerliste 71
Teilnehmerzahl 73
Teilverschiffung 78
Telefonanlage 71, 73
Telefonnummer: Änderung der - 275
Tonbandgerät 70
Transitverkehr 283, 284
Transport 45; Weiter- 42; - zum Lager 147, 148
Transportdokumente 46, 78, 79, 80, 97, 99, 313, 318, 322 ff., 331, 332, 336
Transportkombination 330, 331, 335 f.
Transportkosten 43, 133
Transportmittel 45, 79, 97 ff., 101, 124, 135, 147, 153, 171, 179, 211, 311 ff.
Transportrisiko 78, 340, 341, 342, 343
Transportschaden 133, 213, 340, 343
Transportversicherung 41, 339 ff.; Anfragen wegen - 340, 341; Angebote für - 341; Auftragsbestätigung für - 342; Auftragserteilung für - 342; Konditionen der - 339; See- 42
Transportweg 95, 135, 136
Transportwesen 95 ff., 311 ff.
Treffpunkt 279

U

Übernahme einer Gesellschaft 63
Überseesendung 155, 157
Überweisung 181, 182, 196, 296
Überweisungsauftrag 75
Überweisungsgebühren 81
Überziehungskredit 77, 292
Umladung 100, 317, 318
Umsatz 44, 53, 128, 142, 234
Umsatzprovision 234, 235
Umstellung auf Computer 67, 281, 282
Umstellung auf neues Software-System 67
Umweltschutz 122, 133
Unstimmigkeiten: - zwischen Firma und Vertreter 255 ff.; - zwischen Kommittenten/Konsignanten und Kommissionär/Konsignatar 266 ff.

Unterdeckladung 316, 321, 326
Unternehmen bekannt durch 23, 32, 33, 55
Unternehmenssitz 63
Unterschrift 14, 15
Unvollständigkeit: ablehnende Antwort wegen - 204
unwiderrufliches Akkreditiv 109, 125, 166, 173, 180, 292
Ursprungsland 314
Ursprungszeugnis 78, 79, 294

V

Verabredungen 278 ff.
verarbeitende Industrie 234
Verbesserungsvorschläge im Vertreterbericht 248
Verbiegung 341
Verfahrenskosten 216, 217
Verfrachten 317, 318
Vergütung 56, 219, 224 ff., 231, 234, 235; vertraglich festgelegte - 238 ff.
Vergütung im Vertretungsvertrag 238 ff.
Vergütungsangebot seitens der vertretenen Firma 234
Vergütungsansprüche des Vertreters 231
Verkauf von Effekten 85
Verkauf(sabteilung) 64
Verkaufsförderung 88, 299
Verkaufsgespräch 252
Verkaufskommission 262, 263, 265, 269; Kommissionär ersucht um - 265
Verkaufskommissionär 262, 263, 265, 269
Verkaufsniederlassung: Eröffnungsanzeige für - 63, 273
Verkaufsprogramm 58, 129
Verkaufsstelle: Eröffnung einer - 62
Verladen 317, 318
Verlängerung der Lieferfrist 48
verlorene Sendung 198, 214, 215
Verlust der Kreditkarte 83
Verpackung 27, 28, 41, 43, 100, 113, 116, 117, 121, 122, 132, 133, 137, 138, 155 ff.; Änderung der - 132, 133; Anfragen zur - 155; Angebote zur - 157 ff.; Auftragsbestätigung für - 159, 160; Auftragserteilung für - 158, 159, 170; mangelhafte - 194; Einzel- 157; Sonder- 157; Standard- 157; vorbeugende Maßnahmen bei - 213, 214
Verpackungsbedingungen: allgemeine - 160, 161

Verpackungskosten 41, 43, 157, 158, 159, 171, 330
Verpackungsmängel 194; ablehnende Antwort auf - 205; Anerkennung von - 207, 208
Verpackungsmaterial 41, 116, 156 ff.; 170, 330; Rückgabe von - 41, 43, 101, 117
Verpackungsmittelkosten 335
Verpackungsmittelverfahren 156
Verrechnungsscheck 173, 210
Versand 41, 43, 44, 153
Versandabteilung 159
Versandangebot: zeitlich begrenztes - 153, 154
Versandanzeige 45, 46, 48, 159 f., 179, 180, 214, 339; - von Mustern 118; - von Preislisten 118; - von Prospekten 118
Versandart 135, 136; Änderung der - 135; - und Auftrag 171;
versandbereit 45, 179
Versandinstruktionen 313
Versandkosten 171, 180, 210
Verschiffungsauftrag 324
Verschiffungsdokumente 179, 293
Verschiffungshafen 152
Verschuldungsgrad 142
Versicherung 114, 161 ff.; Anfrage für - 161; Export- 293; Feuer- und Diebstahl- 58; Lager- 149; Seetransport- 42
Versicherungsabschluss: Bitte um - 161, 162
Versicherungsformular 342
Versicherungspolice 42, 78, 79, 161, 294, 341, 342
Versicherungsprämie 161, 341
Versicherungsschutz 343
Versicherungssumme 341
Vertrag: Arbeits- 93, 94; befristeter - 232; unbefristeter - 232
Vertragsänderungen 242, 243
Vertragsauflösung: Frist für - 56; - seitens des Vertreters 57; - seitens der Firma 58
Vertragsdauer 65, 227; - seitens des Vertreters 231, 232; - seitens der vertretenen Firma 235
Vertragsparteien 236; - im Vertretungsvertrag 236
Vertragspartner 240
Vertragsrücktritt 186
Vertreter 167, 230, 233, 236 ff.; Allein- 128; Einführung des - 57, 243, 244; Firmen und - 218 ff.; Firmenbericht an - 249 ff.; Gebiets- 239; Tätigkeitsbeschreibung eines - 219, 236, 237; Tour des - 244, 254
Vertreterbericht 244 ff.; Darstellung der Konkurrenz im - 246 ff.; Kaufkraft im - 246; Marktlage im - 245, 246; Präsentation von Schwierigkeiten im - 245; Tätigkeitsbeschreibung im - 244, 245; Verbesserungsvorschläge im - 248
Vertretertagung 69
Vertretungsangebot 53, 127, 128, 218 ff.; Antwort auf - 54, 229; - mittels persönlicher Briefe 218, 219; - mittels Zeitungsannoncen 218, 230
Vertretungsbedingungen 128, 129
Vertretungsgebiet 232, 238
Vertretungsgesuch 55; Ablehnung des - 232, 233; Annahme des - 233; Antwort auf - 55; - mittels Zeitungsannoncen 230
Vertretungsvertrag 56, 232, 235, 236 ff., 259, 260; Tätigkeitsbeschreibung im - 236, 237; Vergütung im - 238 ff.; Vertragsänderungen im - 242; Vertragsparteien im - 236; Vertretungsgebiet im - 238; Werbung im - 240, 241
Vertrieb: Exklusiv- 222
Vertriebsfirma 128
Vertriebsgesellschaft 128
Vertriebskanal 299
Videorekorder 70
Vollmachten: Ausstattung mit - 65
Vorauslieferung 159
Vorlage eines Schecks 82
Vorlage von Dokumenten gegen Akzept 80
Vorlage von Dokumenten zum Inkasso 79
Vorstellung des eigenen Unternehmens 23, 24, 32, 53, 58, 105, 127
Vorstellungsgespräch 92, 227, 228, 308, 309; Einladung zum - 93, 228, 308, 309
Vorstellungstermin 228, 229, 236
Voyage-Charter 97

W

Waggonladung 339
Ware: beschädigte - 50, 194; bruchempfindliche - 156
Warenangebot 252
Warenbezeichnung 129
Wareneinfuhr 96

Warenempfangsbestätigung 47, 181
Warenmuster: Erhalt von - 28
Warenposten 129
Warenprogramm 129
Warenrückgabe wegen abweichender Qualität 50
Warenwechsel 173
Warenwert-Nachnahme 312 ff., 332
Warenzollverschlusslager 341
Wechsel 80, 109, 166, 293; - diskontieren 80; - einziehen 80; Sicht- 80, 166, 293; Waren- 173
Weihnachtsgeschäft 215
Weiterleitung der Anfrage 25, 26
Weitertransport 42
Welthandelsorganisation 248
Werbeagentur 221, 240; Anfrage an - 299; Angebot einer - 300, 301; Antwort auf Anfrage einer - 300; Einschaltung einer - 87; negative Antwort auf Angebot einer - 302; positive Antwort auf Angebot einer - 301, 302
Werbebrief 89
Werbebroschüre 88
Werbeetat 231, 241
Werbekampagne 247, 299, 300, 301
Werbekosten 56, 240, 241
Werbemaßnahmen 128; - des Vertreters 221
Werbematerial 221, 241; Übersendung von - 89
Werbeträger 87, 299, 300
Werbeunterstützung seitens der Firma 240, 241
Werbevertrag 299
Werbung 56, 86 ff., 221, 299 ff.; - im Internet 89; Allein- des Vertreters 241; vertraglich festgelegte - 240, 241; - und Publicrelations 299 ff.
Wertpapiere 76, 84, 295
Wettbewerbsfähigkeit 142; -verbot 241
Wirtschaftsprüfungsbericht 293

Z

Zahlung: - nach Rechnungserhalt 163; - gegen Dokumente 78; vorbeugende Maßnahmen bei - 212
Zahlungsauftrag 81, 82
Zahlungsbedingungen 35, 42, 49, 78, 124, 134, 138, 162 ff., 173, 176; abweichende - 124, 134; Nachfrage nach - 109
zahlungsberechtigt 75
Zahlungseingangsbestätigung 181, 182
Zahlungsfähigkeit 139, 141, 142
Zahlungsverkehr: bargeldloser - 296
Zahlungsverzug 49, 188 ff.; Entschuldigung bei - 202, 203; Fristsetzung bei - 189, 190; Rechtfertigung des - 200
Zahlungsweise 27, 28
Zahlungsziel 42, 43, 78, 109, 124, 125, 163, 173, 188, 200
Zeitungs- und Internetannoncen 230
Zeugnis 92, 224
Zimmerabbestellung 279
Zimmerarten 285
Zimmeraushang 283
Zimmerausstattung 69, 70 ff., 279
Zimmerbestellung 289
Zimmerpreis 69, 285, 286
Zimmerreservierung 69, 73 ; - bestätigen 71; - eines Einzelzimmers 70
Zinsen 74, 83, 84, 294
Zoll: Einheits- 315
Zollabfertigung 95
Zollbehörde 315
Zolldokumente für Ausfuhr 95
Zollformalitäten 96, 179
Zollrückerstattung 263
Zollverschluss 328, 334, 338
Zulieferer 130, 177, 261
Zurechtweisung des Vertreters 251
Zusatzlieferung 203
Zusatzpolice 42
Zusendung: schnelle - 184, 191
Zweigniederlassung 272, 273
Zwischenhafen 320
Zwischenlagerung 98